首届向全國推薦優秀古籍整理圖書

清真集箋注

〔宋〕周邦彦 著
羅忼烈 箋注

上

上海古籍出版社

圖書在版編目(CIP)數據

清真集箋注 / (宋)周邦彥著; 羅忼烈箋注. —上海:
上海古籍出版社,2008.11 (2020.8重印)
(中國古典文學叢書)
ISBN 978-7-5325-5041-8

Ⅰ.清… Ⅱ.①周…②羅… Ⅲ.古典文學—作品集—中國—北宋 Ⅳ.I214.412

中國版本圖書館CIP數據核字(2008)第104652號

本書出版得到國家古籍整理出版專項經費資助

中國古典文學叢書
清真集箋注
(修訂本)
(全二册)
[宋]周邦彥 著
羅忼烈 箋注
上海世紀出版股份有限公司
上 海 古 籍 出 版 社 出版、發行
(上海瑞金二路272號 郵政編碼200020)
(1)網址:www.guji.com.cn
(2)E-mail:gujil@guji.com.cn
(3)易文網網址:www.ewen.co
新華書店上海發行所發行經銷 常州市金壇古籍印刷廠有限公司印刷
開本 850×1168 1/32 印張 22.5 插頁 14 字數 448,000
2008年11月第1版 2020年8月第8次印刷
印數:5,751-6,500

ISBN 978-7-5325-5041-8
I·2045 精裝定價:128.00元

如有質量問題,請與承印公司聯繫

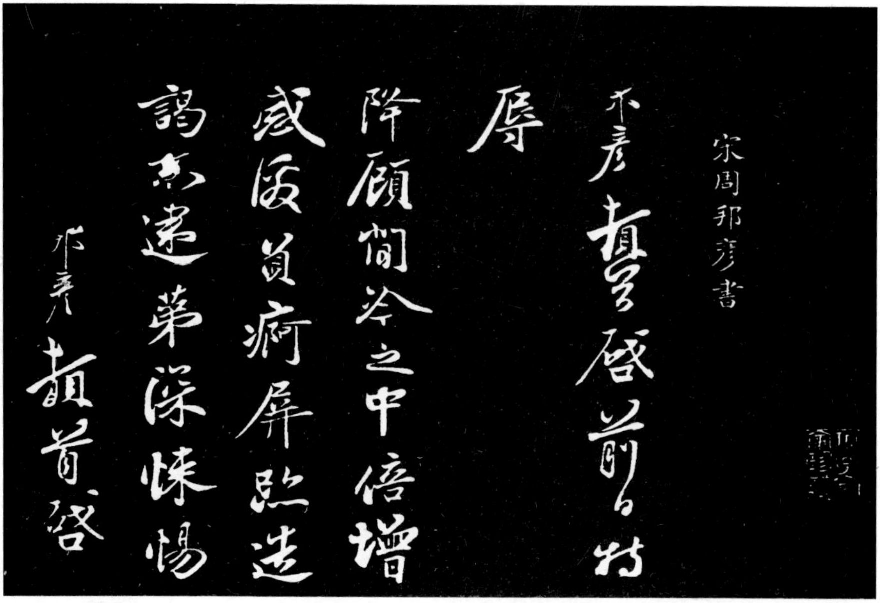

《屏跡帖》（《三希堂法帖》）

《田子茂墓志銘》（一九五七年山西忻縣出土）

中郎又迴太原師王公端佳謹公傳之太原皆欲泰公趙復為轄州銀城寨都監公固辭服除尚厲矣了於仕宦
由從賊鄉人逐絕起之後信從進動飛驛行賊近又募雄忠土門鎮遼三寨亦差公為天雄初一一朝廷以河朔
擒大虜逢擇人非有能者不使其任公首以應議除真定府路鈐轄偏將領步騎六宅使并勳驍騎尉又差同
管轄訓練河北第十二將兼馬磁州駐劄李進李免作亂程官吏遊登州用河東定州貝定三路兵捕之諸將推
以提衣山谷為囊公曰衆兵既集賊勢日弱更為張與王師為敵今囊盡既急必逃于外遂提兵數百上承天閣
以所入北諸路初人以為遠迴後賊果欲通關公已識其道乃失計聞而亟異日一詔下不當遠漏若賊
北□已不能以來法處置人又服公有先見之明始冠逢發帥王公博聞方論之策諸鎮在以助提綫請□稱議
之當獻言曰此一鼠冠烏厭為吾　國之患者兵衆既聚遠近□動以為賊脈如何也想念長驅勢又諸道兵
至矜結錯雜遠示相認寧知其賊別無統不若只揀擇精銳千人付有心力將以將之日夕息□非久□自
可將給也師竟務速不用謀焉果諸路兵出混而不辯賊亦易衣亦如天兵偽為提舉兵米乘隙多竟不能獲
國家念河朔久為賊撓以恩招之賊多歸遇公於塗問人曰此非田公乎對者然猶不敢正視久之謂其同者去
當時若用此公謀今日豈有我曹也尚有懼色　上授八寶進內藏庫使改同管轄訓練河北第十三將軍馬
洺州駐劄又移趙州四年北賊盧一行蘇娥兒聚黨數百人於兩界之間凡出入行過官吏不敢追捕幅圓千里
民不安往詭又劫北寨　朝廷聞而患之下本路令選有謀略將校以為統領提舉時師梁公□美曰非田仲□
堅目不可乃且差公以賊更無而紀拜皇城使北朝賀正使迴值趙州闕守安撫司以公權領郡事□接待人使
人皆以為得其當遷河東路兵副將　天子更正官号改正功大夫時錢公即帥太原雅知□未□之□
究上□□按兵遣罷不來致□歸隆德而不起實政和四年正月二十一日也享年五十有六聞訃數哄哈月餘
以□□道路哭□皆慟□政和六年五月初三日葬于寶□之平公為人敦厚有常寡言□□任右列未
□日亦首□□好□□曰汝輩復以□進吾亦不喜也有衣青衣而入門副我□□既而次子
讀由加獎頑羞務以激發□□也昔人所謂賢者公於是可以當之矣公待士尤有禮見□者不必言而酒
之凡親戚之君分俸以養不能婚娶殯葬者又皆以助其安又程公獨能有以大過人者與孫未嘗見□尤及他
房已所為事大率如此且公所以□永乎壽者以公生平歷官退食視事日夕不息故致勞得甚□神□耗其天
年也公得疾至殁不為□顏言語皆如平昔家人對泣亦無甚悲之色曰死生常事也凡□語□句皆不及私□
釋所恨者有　□君思未報嗚呼□之臨盡尚出此言可謂忠矣可謂忠矣公初娶□氏後娶于氏字仲堅曾祖
皆不仕父曰顏以公貴累贈左驍衛將軍妣任氏亦累贈大宜人三娶魏氏贈仙居縣君張氏贈仁和縣君王
封宜人男四人恭寧□郎恭瑞登仕郎恭中恭寧未仕皆□□一女已嫁公從□□部王□副之□□
其□代以□本者五年廣運問未任定襄縣主簿因家於焉銘曰
頑固至善兮不永乎壽　孝富先□兮不□十□
公之□哉兮中道而止　我今□之兮□□其□
陽防人□　□
一□□□□□□

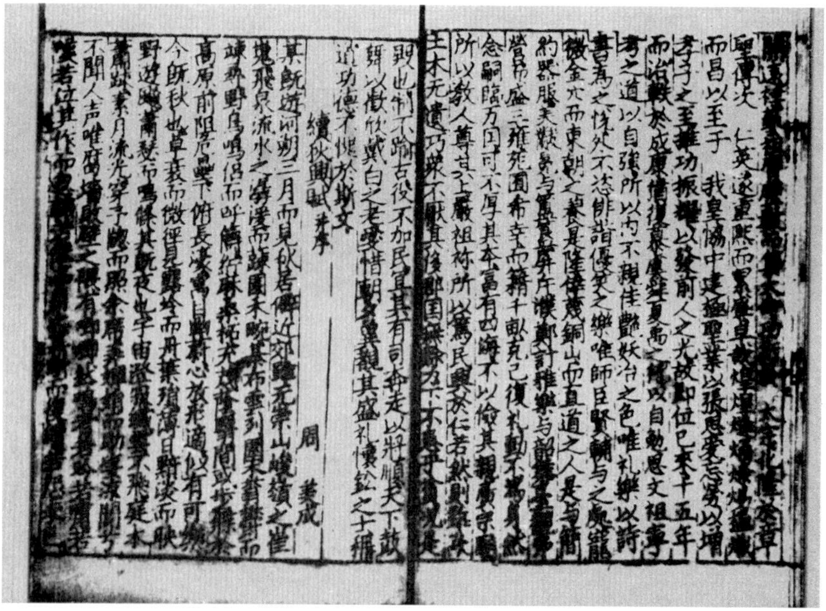

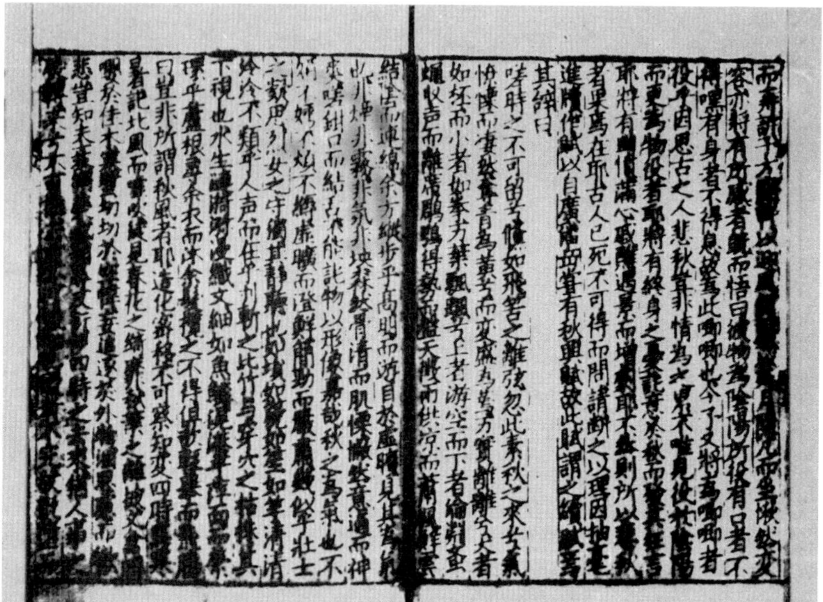

《續秋興賦·并序》（宋刊本《聖宋文海》）

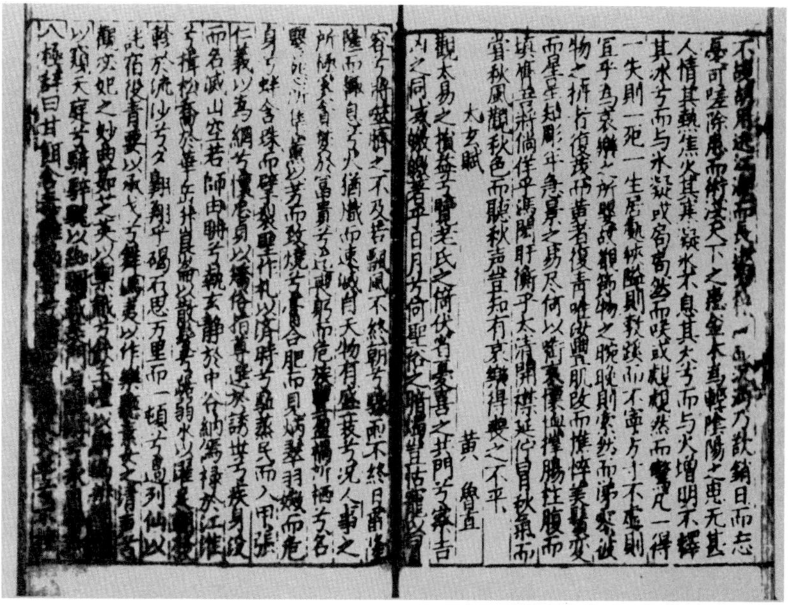

《續秋興賦·并序》
（宋刊本《聖宋文海》）

《足軒記》（宋刊本《聖宋文海》）

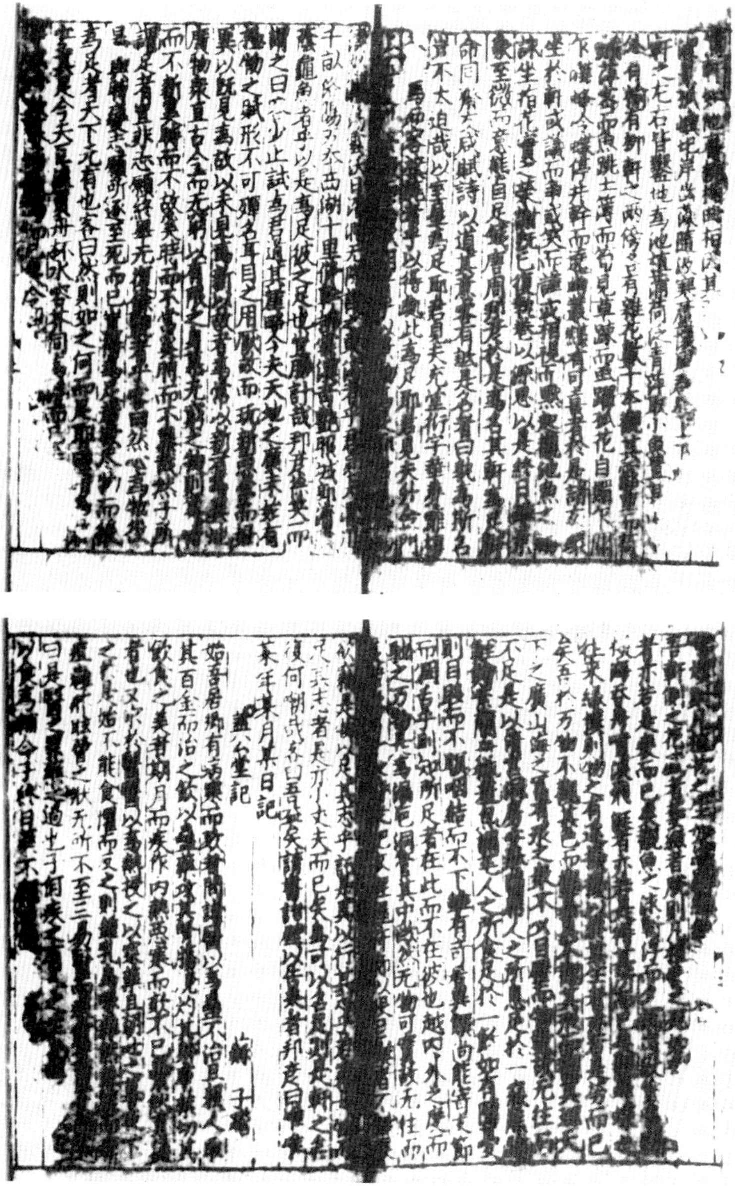

《足軒記》（宋刊本《聖宋文海》）

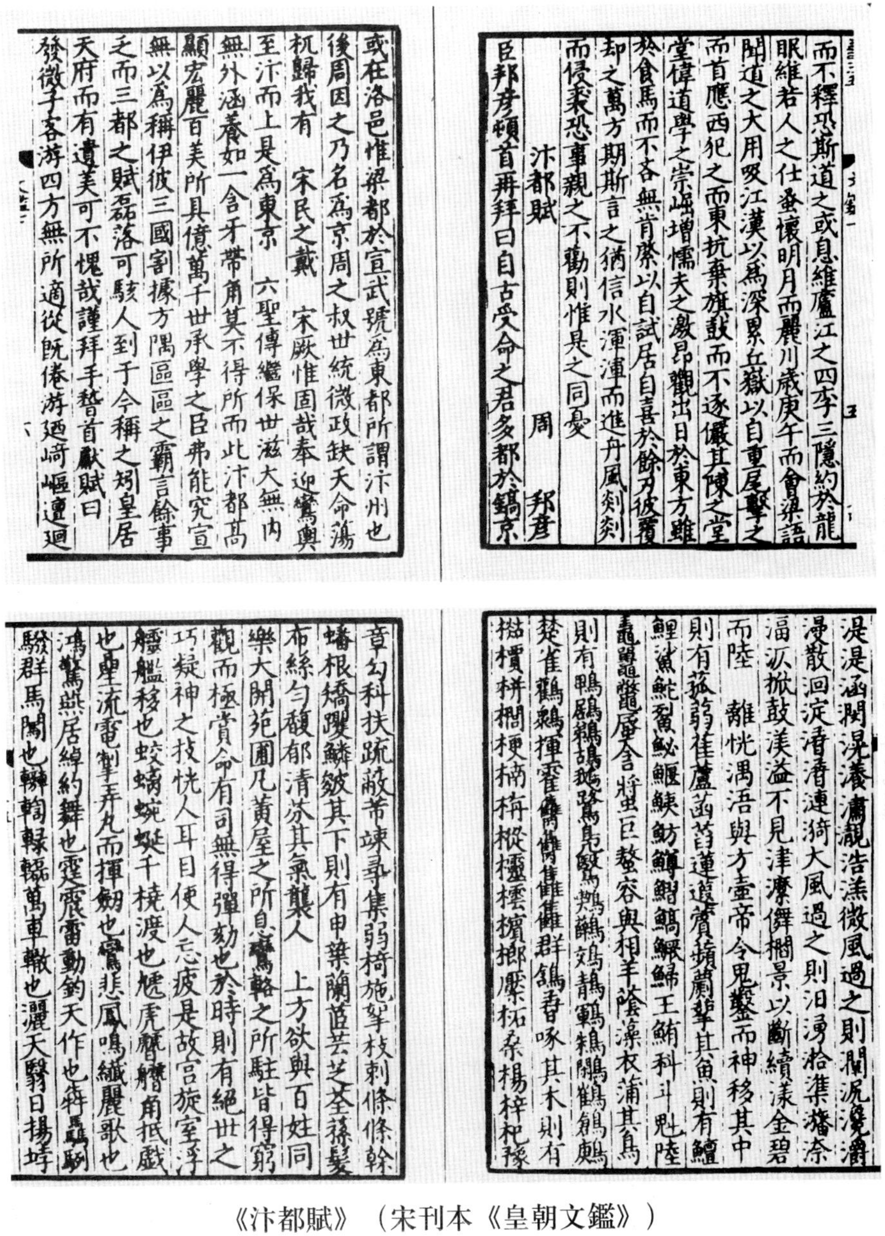

而不釋恐斯道之或息維盧江之四李三隱約於龍
眠維若人之仕蚤懷明月而麗川歲庚午而會梁語
聞道之大用叟江漢以為深累丘嶽以自重屋擊之
而首應西犯之而東抗棄旗鼓而不逐儼其陳之堂
堂偉道學之崇巘增懦夫之激昂觀出日於東方雖
於食馬而不吝無肯綮以自試居自喜於餘刃彼覆
却之萬方期斯言之猶信水渾渾而進舟風剡剡
而侵柔恐事親之不勸則惟是之同憂

汴都賦　　周　邦彥

臣邦彥頓首再拜曰自古受命之君多都於鎬京
或在洛邑惟梁都於宣武號為東都所謂汴州也
後周因之乃名為京周之叔世統微政鈌天命蕩
杌歸我有　宋民之戴　宋厥惟固哉奉迎鑾輿
至汴而止是為東京　六聖傳繼保世滋大無内
無外涵養如一含牙帶角莫不得所而此汴都髙
顯宏麗百美所具億萬千世承學之臣弗能究宣
無以為稱伊彼三國割據方隅區區之霸言餘事
之而三都之賦磊落可駭人到于今稱之矧皇居
天府而有遺美可不愧哉謹拜手稽首獻賦曰
發徵子客游四方無所適從旣倦游廼崎嶇邅迴

湜湜涵潤滉瀁瀟灑浩溔微風過之則瀾沉瀁濟
漫散回淀滑滑漣漪大風過之則汩湧洽潗瀿淥
湢汲撇鼓漾溢不見津濟俾㒵景以斷續漾金碧
而陸　離恍漻浯與方壺帝令鬼鑿而神移其中
則有菰蒻萑蘆菡萏蓮遐蘋蘋蔨䔲其魚則有鱣
鯉鰷魚鮀鮆鯈鰋鮧魴鱒鰼鰝鰥鯞王鮪科斗魁陸
黿鼉鼈鼊蜃蚌蛤巨螯容與相羊陰藻衣蒲其鳥
則有鴨鷗鵜鶘鵝鷺鷖鶖鵁鶄鸐鷫鸛鶬鷞
焚雀鸛鷞揮翟鷮鸛雝雝群鶬喈啄其木則有
椶檟栟櫚楩柟梢樅櫨樗櫃櫟柘桑楊梓杞橡

章幻科扶疏蔽芾竦尋集弱椅施拏枝刺條條幹
蟠根矯躩鱗皴其下則有申蘂蘭苣芸芝荃蓀髮
布綵匀馥郁清苾其氣襲人　上方欲與百姓同
樂大開苑囿凡黃屋之所息鸞輅之所駐皆得窮
觀而極賞命有司無得彈劾也於時則有絕世之
巧疑神之技恍人耳目使人忘疲是故宮旋室浮
艛艦移也蛟螭蜿蜒千橈渡也虩虎騰軆角抵戲
也星流電掣弄丸而揮劍也鸞悲鳳鳴纖麗歌也
鴻驚燕居綽約舞也霆震雷動鈞天作也犇騏駉
駿群馬鬧也轔轔轟轟萬車轍也灑天翳日揚埃

《汴都賦》（宋刊本《皇朝文鑑》）

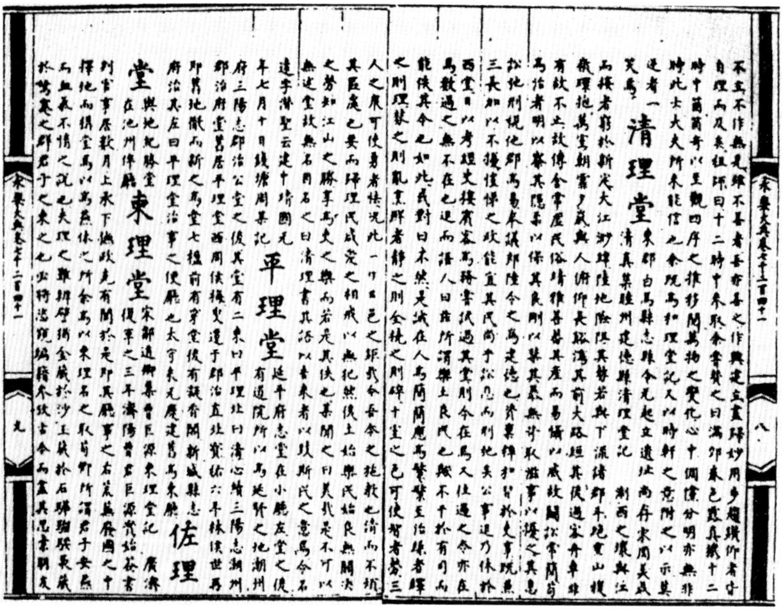

《睦州建德縣清理堂記》（明抄本《永樂大典》）

卷首語

羅忼烈

周邦彦字美成，晚號清真居士，堂名顧曲，北宋錢塘（浙江杭州市）人，生於仁宗嘉祐元年（一〇五六），卒於徽宗宣和三年（一一二一）。其仕歷之可考者，則神宗朝官太學正；哲宗朝教授廬州（州治在今安徽合肥市）、荆州（州治在今湖北江陵市），知溧水縣（今江蘇溧水縣），又還京爲國子主簿，遷祕書省正字。徽宗朝，歷考功員外郎、衛尉寺及宗正寺少卿，議禮局檢討（兼職）、衛尉寺正卿；以直龍圖閣出知隆德府（府治在今山西長治市），徙知明州（州治在今浙江寧波市鄞縣）；還爲祕書監，進徽猷閣待制，提舉大晟府（兼職）；旋出知真定府（府治在今河北正定縣），改順昌府（府治在今安徽阜陽縣），徙知處州（州治在今浙江麗水縣）；旋罷，提舉南京（今河南商丘市）鴻慶宫。卒，年六十六。宣和三年五月，追贈宣奉大夫。邦彦事蹟，《宋史》、《東都事略》、《咸淳臨安志》並有傳，殊簡略，歲月行誼，亦每參差，至於詞事軼聞，多見宋人筆記，復多附會。具見下編事蹟引録，不贅。大抵其人宦海浮沈近四十年，於事功無所建樹，而其長短句不惟流行於宋，影響後來詞學亦甚鉅。

邦彦著述，詞集外可考者尚有《清真先生文集》、《清真雜著》、《操縵集》，今並佚，詳見下編之詩文雜著項。其兼議禮局檢討時所修禮書，猶存《政和五禮新儀》二百餘卷，其中篇章當有出邦彦之手者，惟例不分别標注撰人，無從查考矣。陳師道嘗言：「美成箋奏雜著俱善，惜爲詞掩。」（《後山詩話》）張端義亦云：「美成以詞行，當時皆稱之，不知美成文章大有可觀，惜以詞掩其他文也。」（《貴耳集》）陳郁曰：「清真二百年來以樂府獨步，貴人學士，市儇妓女，知美成詞爲可愛，而能知美成爲何如人者，百無一二也。……至於詩歌，自經史中流出，當時以詩名家如晁（補之）、張（耒），皆自歎以爲不及。」（《藏一話腴》）樓鑰《清真先生文集序》言之尤備，引文見下編序録。可知邦彦當時，不徒以詞名家也。惜其詩文雜著，元明之時已日漸陵夷，至清遂無所聞，方其不絶如縷之際，又無人爲之輯佚，陳後山所謂「惜爲詞掩」者，今尤然也。

考諸載籍，宋樓鑰始編《清真先生文集》二十四卷，陳振孫《直齋書録解題》及晁公武《郡齋讀書記》所録即此。《宋史·藝文志》集類四，有「周邦彦《清真居士集》十一卷」，已非樓本之舊，當是宋時别本之傳於元者，王國維《清真先生遺事》，謂爲邦彦家集，亦不必然。明永樂間敕編《永樂大典》，引録邦彦詩文詞，出處多曰《清真集》，亦間云《周邦彦集》或《周美成集》，名稱雖異，其實則一，惟未知其爲二十四卷本抑爲十一卷本也。其後明正統六年楊士奇等修《文淵閣書目》，有「周美成《清真雜著》一部，缺一册」；又有「《周美成文集》一部五册，殘缺」之記載，此後則絶無所聞矣。清光緒庚子（一九〇〇），丁立中刊《武林往哲遺箸後編》，中有《汴都賦》一卷，前有《重進汴都賦表》，題「嘉惠堂重刊明本」，亦不詳其來自也。

清厲鶚、馬曰琯《宋詩紀事》，始輯得邦彦佚詩六首，丁立中因之，更得六首，並附於《汴都賦》後，且附佚文一篇。至王國維《清真先生遺事》，又補輯得手札兩通，斷句詩二。民初，日本以庚欵設東方文化委員會，有續修《四庫題要》之舉，以橋川時雄主其事，然所撰提要稿，久無所聞。十年前，忽見台灣商務印書館出版一書（無出版年月），名《續四庫全書提要》，署「王雲五主持」，或高橋氏舊物耳。其中史部有王國維《清真先生遺事》提要一條，謂王氏遺漏尚多，因爲補詩目八，文目三。至是邦彦之佚詩佚文發現漸多，然遺漏亦復不少。兹編所得，計古近體詩四十二首，各體文十二篇（已見所編《周邦彦詩文輯存》，一九八〇年香港一山書屋出版），略以著作先後爲編次。戔戔之數，一斑而已，於所謂「讀其書想見其爲人」，未必多助，然猶勝於徒觀其應歌之詞以論其人也。

雖然，彼其自宋以來，終以詞名家，據已故吴則虞先生《版本考辨》（已迻録於下編），謂清真詞在宋高宗紹興間已有專集流行（按説本王國維），今宋刻本可考者尚有十一種，元刻有二，明刻有五，清刻有八（其中一種爲鈔本），而近人校印者有十，不詳者二。唐圭璋先生之《宋詞版本考》（見《宋詞四考》），亦著録至三十五種之多，以一家之詞而版本之多至此，誠無出其右者矣。庶可窺其全豹者，亦惟詞集而已。故本書次第，上編爲長短句，中編爲佚詩佚文，下編爲參考資料。兹略加説明如下。

上編——詞箋

王國維《清真先生遺事》，謂清真詞集「僞詞最多，强焕本所增，强半皆是。」此通人之見也。所謂强本，即宋孝宗淳熙七年庚子（一一八〇），溧水令强焕序刻之《清真詞》，或謂明毛晋汲古閣所刻《宋六十名家詞·片玉詞》，即據强本而易其名者，凡二卷，一百八十二闋，另補遺一卷凡十首，則毛所增也。然毛跋自稱：「余見評注龐雜，一一削去，釐其訛謬」云云，則已非宋刻真面目矣。宋刻之一仍舊貫而傳於今者，但有《彊村叢書》本之《片玉集》十卷而已；此書爲陳元龍注，有宋寧宗嘉定四年辛未（一二一一）廬陵劉肅序，詞凡一百二十七闋，《清真先生遺事》所謂「篇篇精粹，雖非先生手定，要爲最先之本」者也。案以謂最先之本，誠不易言，然較之他本，似鮮僞託之作，較爲可信，故兹編一以陳本爲主。陳本所無，而見於毛本，可信非僞者，亦間採數闋補入。

昔王若虚言：「東坡嘗謂太白集中往往雜入他人詩，蓋其雄放不擇，故得容僞，於少陵則决不能。」（《滹南詩話》）竊謂清真詞仿佛少陵詩，其章法句法，命意下字，自成一格，不易學步習容。張炎《詞源》云：「美成負一代詞名，所作之詞，渾厚和雅，善於融化詩句。……作詞者多效其體製，失之軟媚而無所取。此惟美成爲然，不能學也。」夫「作詞者多效其體製」，則僞託定多；「此惟美成爲然，不能學也」，則辨僞亦非艱也。慢詞尤易分曉，萬樹《詞律》卷三《女冠子》注云：「諸刻或以此詞爲周待制作，然其語確是柳屯田；待制縝密，不作此疏枝闊葉也。」今試取同調者兩相比對，若《西河》「佳麗地」闋之與「長安道」闋，《瑞鶴仙》「悄郊原帶郭」闋之與「暖煙籠細柳」闋，《浪淘沙慢》之「晝陰重」闋與「萬葉戰」闋，則縝密之與疏枝闊葉，精鍊之與陳濫繁纏，一目瞭然矣。至於毛本中羼入他人之作，而文獻足以證其誤者，則唐圭璋先生之《宋詞互見考》列舉頗備。今概歸之《附録詞》，不曰補遺，以其多非作者之遺也，亦不復加箋。

所謂宋詞四大家者，東坡詞有已故龍榆生之編年校箋（《東坡樂府箋》），稼軒詞有鄧廣銘先生之《稼軒詞編年箋注》，白石詞有夏承燾先生之《姜白石詞編年箋校》。三家之詞多綴小序，不乏確證，清真之詞則反是。曩者唐圭璋先生見拙著《周清真詞時地考略》，因勉其效顰焉，籌思多時，終覺無從編年。然若陳本之以四景、單題、雜賦分類，或毛本之以調名相從，亦不足爲訓，蓋無以窺其撰作之後先也。今不辭狂謬，重行編次，探其歲月仕宦之迹與夫詞風變易之故以爲序。龍榆生先生《清真詞叙論》（見《詞學季刊》二卷四期），嘗謂「清真軟媚之作，大抵成於少日居汴京時」；又謂「三十後始出京教授廬州，旋復流轉荆州，侘傺無聊，稍捐綺思，詞境亦漸由軟媚而入於淒惋」；又謂及知溧水，「其人自遭時變，漂零不偶，即性情亦因之而變化，無復少年疏雋少檢之風矣」；又謂「《齊天樂》秋思、《西河》詠金陵之作，沈鬱頓挫，已漸開官溧水後之作風」；又謂「邦彦詞學之最大成就，當在重入汴京時，蓋異地漂零，飽經憂患，舊游重憶，刺激恆多，益以年齡關係，技術日趨精巧。」周詞時地，有明文可徵者少，然如龍先生之論，以意逆之，亦不中不遠矣。本編次第，頗師其意，以俟高明論定之。

清真詞集，版本最多，益以自宋以來詞選之書，採録甚夥，故文字異同，至爲紛紜，觀諸家校勘，蓋可知矣。往往同爲一書，如元巾箱本《清真集》、明吴訥《百家詞》本《片玉集》，編次闋數悉同宋陳元龍注本《片玉集》，而文字亦不無歧異。又如《草堂詩餘》，明刊本頗多，彼此亦不盡同，其中所收周詞，文字之間亦不盡同也。若欲集歷朝善本孤本於一室，臚列而校讎之，自是勢所不能。故本編校詞，但就所見諸本，參以朱彊村之《片玉集》校記，吴則虞之校點《清真集》之類而已。自宋詞樂歌失墜，詞律之家不知樂句之理，昧於襯字之故，每斤斤於句讀之短長，多一字或少一字之是非，前若萬紅友之《詞律》，後若鄭叔問之校《清真詞》，雖間有所得，終不免刻舟求劍耳。

清真詞全集箋注，迄今惟陳元龍一家。其擧出處，或引書文字多誤，或張冠而李戴，甚而以清真以後之作爲清真用字造語之所本，諸如此類，俯拾即是。蓋古人得書不易，其所見知不及今人之廣，著述體例未備，不足怪也。今所爲箋，視陳注或有一得之長，然自惟淺薄，讀書不多，亦五十步之與百步耳。前人謂清真詞善融化唐詩，信然；惟宋詞類多如此，不獨清真爲然也。故張祥齡《詞論》云：「片玉，人稱善融唐詩，稼軒或用《楚辭》，此亦偶然，長處固不在是。」斯篤論也。又沈義父《樂府指迷》，謂清真詞「往往自唐宋諸賢詩句中來」，殊不盡然。蓋其詞多用漢、魏、六朝、三唐之詩，用宋詩者絶尟，偶有之，亦稍用歐、梅、荆公三數老輩之詩而已。陳注屢以蘇、黄爲言，非也；此大抵爲沈氏所本。蓋東坡、山谷雖稍長於清真，而兩家之詩，當時猶未結集刊行，清真無由據爲典要也。至若字面之偶合，人皆有之，舉以印證則可，謂此出於彼則非是。

《片玉集》詞只一百二十餘首，其數瞠乎東坡、稼軒、夢窗諸名家後，亦減於張、柳、晏、歐，而歷代詞話論列所及者，幾乎半數，此亦他家所無也。蓋論者於他家，恒以三數首爲言，多者亦不過二三十首，裁及全集什一而已，此吾人粗檢《詞話叢編》而可知。所以致此，必有其故。至於鑑賞評議，各抒所見，或詳或略，今引録於各篇之後，以供參考，始宋王灼之《碧雞漫志》，止於唐圭璋先生之《唐宋詞簡釋》，不佞於此，不贊一辭。

「附記」一項，專以探求寫作時地，其間有可以斷言者，有懸疑以待解人者。蓋以清真生平行誼，既不能詳，詩文集又已散佚，文獻不足徵，無以參稽互證也。

中編——佚詩佚文箋

《清真集》一名，本指詩文集，樓鑰所編《清真先生文集》，陳振孫《直齋書録解題》曰《清真集》，或是宋時别本已有此稱，或是陳氏簡稱之，未可知。《清真集》於詩文之外或兼收長短句，故《永樂大典》

卷二〇三五三席字韻所録《蝶戀花》「席上賦」、《漁家傲》「席上作」，云出周美成《清真集》，毛本《片玉詞》亦屢言「《清真集》不載」云云。然宋刊各本詞集，未有名《清真集》者。大抵自詩文集日漸式微，獨以詞行，乃有以《清真集》名其詞者。若毛晋跋《片玉詞》，謂家藏三本，一名《清真集》，固不知是何時所刊；而四印齋覆刻元巾箱本，則亦稱《清真集》矣；近年吴則虞校點本，亦曰《清真集》，循名責實，誠有未安。今所得佚詩佚文雖無多，然既兼包矣，謂之《清真集》，或庶幾焉。

史稱邦彦「博涉百家之書」，樓鑰序亦稱其「經史百家之言，盤屈於筆下」，讀其詞猶未足證，觀佚詩佚文，乃得稍見一斑。若《汴都》一賦，不過少作，而七千三百餘言，句句皆有典實；冷僻之字甚多，毋怪當時李清臣讀於神宗之前，但以偏旁爲言也。惜樓鑰所撰《音釋》不傳，無由貪功。今以其篇幅過長，不盡爲箋出處，又闕其所不知也。他作之造語用事，深僻亦多此類，愧未能盡悉，紕謬之多，固不待言。佚詩佚文亦間有版本異同，以其不似詞之繁瑣，不另闢專欄，但附注於句下。詩文既不流行於後世，評隲自尠，亦不另闢專欄，有之則厠附記中。

下編——參考資料

「事蹟」、「著述及序録」兩項，十九皆轉載古今人之成篇，取於王静安先生者尤多。他若清真詞事，後世詞話之書皆録自宋人筆記，故無所取；又若陳思《清真居士年譜》之類，偶有一得，餘不足信，徒亂人意，亦無所取；時人佳構，文體殊異，恐其糅雜，遂亦割愛。箋用參考之書，所列尚有遺漏，未遑檢補，多屬習見者，往往別本頗多，故不言版本。

此書旨在提供研究材料。編寫時間前後只一載，本非積學有素，又復於講授之餘，抽暇爲之，舛誤特甚，所望讀者不棄，指謬匡正，幸如之何！

羅忼烈識　一九八二年六月於香港大學中文系

目録

附録詞

集評

中編　詩文箋

下編　參考資料

（下編各項，依事迹、著述粗爲詮次。其中鄭文焯《片玉詞》批本、王國維《片玉詞跋》墨蹟，余所未見，録自吴則虞先生《校點清真集》。至吴先生之《清真詞版本考辨》，早見於《西南師範學報》一九五七年創刊號矣，所附《版本源流表》，今删去。）

清真集箋注上編　詞箋

少年游

并刀如水〔一〕，吴鹽勝雪〔二〕，纖手破新橙〔三〕。錦幄初温，獸煙不斷，相對坐調笙〔四〕。低聲問向誰行宿〔五〕，城上已三更。馬滑霜濃〔六〕，不如休去，直是少人行。

【校】

〔少年游〕陳本注「商調」，無題。按芝庵《唱論》，商調唱悽愴怨慕，而此詞風流旖旎，是聲情與詞情不相應也，似誤。集中此調另三首，俱注「黄鍾」，而黄鍾宫唱富貴纏綿，復與三首之淒怨者不相應。今悉沿其舊，以下不復一一論列。此詞毛本題作「感舊」，而《草堂》及《詞統》則題作「冬景」，按文情，兩標題亦俱不相應。大抵此等標題，皆後人所加，故彼此不一，今亦不取。其可信爲作者自題者，始注於調名之下。

〔纖手破〕毛本、《詞統》、《詞萃》作「纖指破」，《雅詞》作「纖指割」；《貴耳集》、《百家詞》作「纖手破」，同陳本。

〔獸煙〕毛本、《雅詞》、《詞統》、《百家詞》作「獸香」。毛本注云：「『獸香不斷』，一作『手香不斷』。非長安巧工作博山香爐爲奇禽怪獸，煙自口中出。」按「手香」欠解，非是；「長安巧工」云云，見陳注，毛非之也。〔調笙〕毛本作「吹笙」，注云：「『相對坐吹笙』，或用王建《宫詞》『沈香火底坐吹笙』句。《清真集》又作『相對坐調箏』。」按王建詩見陳注引。又方千里和詞用「鸞笙」，楊澤民、陳允平和詞俱用「吹笙」，可證作「調箏」非是。〔誰行〕《雅詞》作「誰邊」。〔城上〕《貴耳集》作「嚴城上」，「嚴」字衍。〔直是〕《雅詞》、《草堂》、《詞的》、《古今詩餘醉》作「直自」。

【箋注】

〔一〕并刀：并州古以産刀著名。杜甫《戲題王宰畫山水歌》：「安得并州快翦刀，翦取吴松半江水。」

〔二〕吴鹽：吴地濱海，盛産鹽。李白《梁園吟》：「玉盤楊梅爲君設，吴鹽如花皎如雪。」蓋果味帶酸者，以鹽調之。史達祖《齊天樂》「賦橙」云：「并刀寒映素手，醉魂沈夜飲，曾倩排遣。沆瀣含酸，金罌裹玉，蔌蔌吴鹽輕點。」即自清真詞出，以橙含酸，故點鹽而食。

〔三〕新橙：梅堯臣《食橙寄謝舍人》：「雖生南土名猶重，未信中州客厭嘗。」知北宋時橙在汴京亦飲食所常有，非珍饌也；觀《東京夢華録》「飲食果子」條，尤資佐證。而南宋小説家不察，以爲猶隔重深，珍貴異常，非土貢莫致，遂因詞有新橙之語，乃謂道君自攜新橙一顆，云江南初進來云云。淺陋甚矣。

〔四〕調笙：《禮記·月令》：「調竽、笙、篪、簧。」「調笙」本此。他本或作「吹笙」，見校記。按和作最忌雷同，楊澤民、陳允平於此並作「吹笙」，知原作非「吹笙」也。清真《謾書》詩「調笙鳳味嗚」，亦其證。

〔五〕誰行：行，方語，猶言邊。此類甚多，若柳永《木蘭花》「若言無意向咱行」等是；清真《風流子》「今宵不到伊行」亦然。《雅詞》作「誰邊」，即「誰行」也。

〔六〕馬滑霜濃：杜甫《放船》：「直愁騎馬滑，故作放船迴。」又《水會渡》：「霜濃木石滑，風急手足寒。」

【評】

《古今詞論》引毛稚黄（先舒）曰：周清真《少年游》題云「冬景」，却似飲妓館之作。起句「并刀如水」四字，若掩却下文，不知何爲陡著此語。「吴鹽」、「新橙」，寫境清別。「錦幄」數語，似爲上下文太淡宕，故著濃耳。後闋絶不作了語，只以「低聲問」三字貫徹到底，藴藉曩娜，無限情景都自纖手破橙人口中説出，更不必別著一語。意思幽微，篇章奇妙，真神品也。又云：周美成詞家神品。如《少年游》：「馬滑霜濃，不如休去，直是少人行。」何等境味！若柳七郎，此處如何煞得住。

《填詞雜説》：「馬滑霜濃，不如休去，直是少人行。」言馬、言他人，而纏綿偎倚之情自見。若稍涉牽裾，鄙矣。

《皺水軒詞筌》：周清真避道君，匿李師師榻下，作《少年游》以詠其事。吾極喜其「錦幄初温，獸煙不斷，相對坐調笙」，情事如見。至「低聲問向誰行宿，城上已三更，馬滑霜濃，不如休去」等語，幾于魂摇目蕩矣。

《詞綜偶評》：情景如繪，宜遭道君之怒也。

《宋四家詞選》：此亦本色佳製也。本色至此便足，再過一分，便入山谷惡道矣。

《詞逕》：恐其平直，以曲折出之，謂之婉。如清真「低聲問」數句，深得婉字之妙。

《白雨齋詞話》：美成豔詞，如《少年游》、《點絳脣》、《意難忘》、《望江南》……等篇，別有一種姿態，句句灑脱，香匳泛語，吐棄殆盡。（按集中此調凡四首，惟此屬豔詞。）

《詞則·閑情集》一：曰向誰行宿，曰城上三更，曰不如休去，曰少人行，顛倒重複，層折入妙。

《雲韶集》：秀豔。情急而語甚婉約，妙絶古今。

譚評《詞辨》：麗極而清，清極而婉。然不可忽過「馬滑霜濃」四字。

【附記】

以此詞附會於李師師、宋徽宗及清真兒女恩怨，成小説家言者，其在南宋初詞話筆記之書，若《碧雞漫志》、《玉照新志》、《揮麈録話》、《夷堅支志》、《雞肋編》……等，猶未有之。迨後，《耆舊續聞》（按見沈雄《古今詞話》引，查今本《續聞》並無此條，未知所出，或不足據。後來葉申薌《本事詞》即合此及《貴耳集》爲説）始謂：

周美成至汴京，主角妓李師師家，爲作《洛陽春》，師師欲委身而未能也。與同起止，美成復作《鳳來朝》云（引詞從略）。一夕，徽宗幸師師家，美成倉卒不能出，匿複壁間，遂製《少年游》以紀其事，徽宗知而譴發之。師師餞送，美成作《蘭陵王》，云「應折柔條過千尺」，至「斜陽冉冉春無極」，人盡以爲詠柳，淡宕有情，不知爲別師師而作，便覺離愁在目。徽宗又至，師師遲歸，更誦《蘭陵王》别曲，含淚以告，乃留爲大晟府待制。

此節謬誤非一端：清真至汴京爲太學生，居太學齋舍，安得主李師師家？其謬一也；賦《少年游》與賦《蘭陵王》，其間相去四十年，乃並爲一談，其謬二也；大晟府無待制之官，其謬三也。詳下文王國維説。《貴耳集》亦云：

道君幸李師師家，偶周邦彦先在焉，知道君至，遂匿於牀下。道君自攜新橙一顆，云江南初進來，遂與師師謔語。邦彦悉聞之，檃括成《少年游》云：「并刀如水，吴鹽勝雪，纖手破新橙。」後云：「城上已三更，馬滑霜濃，不如休去，直是少人行。」李師師因歌此詞，道君問誰作，師師云周邦彦詞，道君大怒。坐朝，諭蔡京云：「聞開封府有監税周邦彦者，聞課額不登，如何京尹不案發來？」蔡京罔知所以，奏云：「容臣退朝，呼京尹叩問，續得覆奏。」京尹至，蔡以御前聖旨諭之，京尹云：「惟周邦彦課額增羨。」蔡云：「上意如此，只得遷就將上。」得旨：「周邦彦職事廢弛，可日下押出國門。」隔一二日，道君復幸李師師家，不見李師師，問其家，知送周監税。道君方以邦彦出國門爲喜，既至，不遇，坐久至初更，李始歸，愁眉淚睫，憔悴可掬。道君大怒云：「爾往那裏去？」李奏：「臣妾萬死！知周邦彦得罪，押出國門，略致一杯相别。不知官家來。」道君問：「曾有詞否？」李奏云：「有《蘭陵王詞》。」今「柳陰直」者是也。道君云：「唱一遍看。」李奏云：「容臣妾奉一杯，歌此詞爲官家壽。」曲終，道君大喜，復召爲大晟府樂正。後官至大晟樂府待制。

《貴耳集》下緊接此條之上，有云：

道君北狩，在五國城，或在韓州。凡有小小凶吉喪祭節序，北虜必有賜賚，一賜必要謝表。北虜集成一帙，刊在榷場中博易。四五十年，士大夫皆有之，余曾見一本，有李師師小傳，同行於時。則此條未知是否出李師師小傳也。

繪影繪聲，穿鑿附會，無異話本小説，後世不究虚誕，侈爲豔談者，大抵先出於此。《浩然齋雅談》亦載其事，則與《貴耳集》所云因詞獲罪者適相反，云：

宣和中，李師師以能歌舞稱，時周邦彦爲太學生，每遊其家。一夕，值祐陵（徽宗葬祐陵）臨幸，倉猝引去。既而賦小詞所謂「并刀如水，吴鹽勝雪」者，蓋紀此夕之事也。未幾，李被宣唤，遂歌於上前，問誰所爲，則以邦彦對，於是遂與解褐，自此通顯。既而朝廷賜酺，師師又歌《大酺》、《六醜》二解，上顧教坊使袁祹問，祹曰：「此起居舍人新知潞州周邦彦作也。」問六醜之義，莫能對。急召邦彦問之，對曰：「此犯六調，皆聲之美者，然絶難歌。昔高陽氏有子六人，才而醜，故以比之。」上喜，意將留行，且以近者祥瑞沓至，將使播之樂府。命蔡元長微叩之，邦彦云：「某老矣，頗悔少作。」會起居郎張果與之不咸，廉知邦彦嘗於親王席上作小詞贈舞鬟云（《望江南》「歌席上」闋，從略）。爲蔡道其事，上知之，由是得罪。

《貴耳》、《雅談》所載，年月乖戾，職銜無稽，事本不經，然八百年來，《少年游》故事深入人心，幾於牢不可破矣。至鄭文焯、王國維出，始辨其非是。王氏《清真先生遺事》非《貴耳》云：

案此條所言尤失實。《宋史·徽宗紀》：宣和元年十二月，帝數微行，正字曹輔上書極論之，編管郴州。又《曹輔傳》：自政和後，帝多微行，乘小轎子，數内臣導從。置行幸局，局中以帝出日謂之有排當，次日未還，則傳旨稱瘡痍不坐朝。始，民間猶未知，及蔡京謝表，有「輕車小輦，七賜臨幸」，自是邸報聞四方。是徽宗微行，始於政和而極於宣和。政和元年先生已五十六歲，官至列卿，應無冶遊之事；所云開封府監税，亦非卿監侍從所爲；至大晟樂正與大晟樂府待制，宋時亦無此官也。李𡋯《皇宋十朝綱要》卷十七「丙申政和六年，是歲，微行始出」，則非元年矣。清真已六十一矣。

又卷十八：「己亥宣和元年十二月，是月，正字曹輔上書諫微行，編管郴州。」

又非《雅談》云：

案此條失實與《貴耳集》同。云宣和中先生尚爲太學生，則事已距四十餘年，且苟以《少年游》致通顯，不應復以《憶江南》詞得罪，其所自記，亦相牴牾也。

鄭氏《清真詞校後録要》亦曰：

草窗《浩然齋雅談》云：「宣和中……遂與解褐。」（引文已見，從略）按强焕叙，言元祐癸酉春公爲溧水邑長，是其作宰已在哲宗朝。癸酉屬元祐八年，距宣和前廿餘年；且《宋史》稱其元豐中獻《汴都賦》，召爲太學正，安所謂宣和中始爲太學生？……《詞苑叢談》又載邦彦在師師家，聞道君至，匿牀下，道君自攜新橙一顆，云是江南初進，遂與諧謔。邦彦悉聞之，檃括成《少年游》，因師師歌以直對，道君大怒，因加遷謫，押出國門。越日復幸，聞歌其《蘭陵王》留别詞，乃大喜，復召邦彦爲大晟樂正。凡此皆小説家附會，或出好事忌名，故作訕笑，等諸無稽。倘史傳所謂邦彦疏儁少檢，不爲州里推重者，此歟？苕溪漁隱謂小詞紀事，率多舛誤，豈復可信。洵知言也。

陳思《清真居士年譜》，既採鄭氏《録要》，又以清真仕歷考之，謂一切附會，皆因以李邦彦爲周邦彦之故。別是一解，文長不録。

案此詞故事，《雅談》謂在清真爲太學生時；《續聞》所謂「美成至汴京」，意謂初至汴京，亦即爲太學生時也。

南宋人郭象《睽車志》卷一有林靈素對道君李師師乃狐狸事。案此志怪之書，《四庫提要》謂是洪邁《夷堅志》之先導。

《雅談》又稱「宣和中」，雖與爲太學生時相去甚久，想因傳聞不同，强爲牽合耳。《貴耳》不言時，然俱謂此詞爲徽宗、師師作，則亦不外爲太學生時或宣和中。今以清真行誼考之，均絶不能與趙、李相遇於汴京也。據《遺事》，清真以元豐二年至六年爲太學生，而徽宗生於元豐五年，若清真爲太學生時與師師遊，則徽宗尚未出生，或猶在襁褓，安能幸李師師家？至於宣和，則清真以重和元年知真定府，宣和元年徙知順昌府，宣和二年徙知處州，旋罷官奉祠，客居睦州，值方臘事起，還杭州，又居揚州；宣和三年春，赴提舉南京鴻慶宫，旋卒。是則宣和之世，清真不惟年已六十餘，必無冶游豔事，又未曾一日在師京，安能與道君俱過李家耶？晚宋小説家言，去周世代已遠，用資談柄，本無足怪，而遺誤滋甚矣，遂致《詞綜偶評》之類，所言不異癡人説夢，則又《貴耳》諸書之過也。毛先舒謂是「似飲妓館之作」，斯爲得實。

又案北宋人詞中具師師之名者，有張先《師師令》及《熙州慢》「送陳述古」詞，晏幾道《生查子》二首，秦觀《一叢花》，而清真無之。子野詞作於熙寧七年（據夏承燾先生《張子野年譜》），其時師師方在童年而以歌著矣，故有「學妝皆道稱時宜」、「蜀綵衣長勝未起」之句。子野有《醉垂鞭》詞，題云：「贈琵琶娘，年十二」，其《師師令》亦此類，皆是童妓也。小山、少游贈詞當作於元豐中，其時師師甫過二十。清真倘與交游，亦當在元豐數年之間。大抵其人自熙寧末年即以聲歌著名汴都，歷元祐、紹聖、崇寧、大觀、政和、宣和而不衰，考之《墨莊漫録》、《宋詩鈔・具茨集鈔》注所言晁沖之與師師交游事，《東京夢華録》所載崇寧、大觀以來京師瓦肆人物，《三朝北盟會編》所載師師被抄家事，蓋可見矣。比及宣和，師師已老，故南渡之初，劉子翬《汴京紀事》有云：「輦轂繁華事可傷，師師垂老過湖湘。縷衣檀板無顔色，一曲當時動帝王。」靖康之難上距宣和不過數年，而師師已「垂老」，蓋自熙寧末成名，至是年逾六十矣。道君果賞師師，當是徵歌而非選色也。論者以其荒淫，意師師必方盛年，而後狎之；若是元豐時李師師，至宣和已傷老醜矣，寧復相狎？因疑李師師有二，其實非也。蓋數百年來，無稽之談人皆信以爲真，非有元豐李師師及宣和李師師，則無以爲《貴耳》圓謊也。

《後村詩話》二：汴都角妓郜六、李師師，多見前輩雜記。郜即蔡奴也，元豐中，命待詔圖其貌入禁中。師師著名宣和，間入掖庭。頃見鄭左司子敬云：汪端明家有《李師師傳》，欲借鈔不果。劉屏山詩云（引文略），亦前人感慨杜秋娘、梨園子弟之類。

李師師、袁綯等被抄家事，見《三朝北盟會編》卷三十「正月十五日」。

一落索

眉共春山爭秀，可憐長皺。莫將清淚溼花枝〔一〕，恐花也、如人瘦〔二〕。　清潤玉簫閒久〔三〕，知音稀有。欲知日日倚欄愁，但問取、亭前柳〔四〕。

【校】

〔一落索〕陳本注「雙調」。毛本於詞調下注云：「《清真集》作《洛陽春》。」按《古今詞話》引《耆舊續聞》亦作《洛陽春》。《詞統》作《一絡索》。皆別名也。　〔恐花〕《詞統》作「怕花」，《百家詞》一本作「怨花」。　〔如人〕《百家詞》一本作「知人」。按「恐」作「怨」、「如」作「知」者，或是形近而字誤。

【箋注】

〔一〕溼花枝：　李商隱《天涯》：「鶯啼如有淚，爲溼最高花。」

〔二〕恐花也如人瘦：　李清照《醉花陰》「簾捲西風，人似（一作比）黄花瘦」；程垓《江城梅花引》「一夜被花憔悴損，人瘦也，比梅花，瘦幾分」；朱淑真《菩薩蠻》「人憐花似舊，花比人應瘦」，皆自清真句化出。

〔三〕清潤玉簫：　言玉簫聲清、色潤澤也。《禮記·聘義》謂玉有五德，「温潤而澤」，「叩之其聲清越以長」，皆玉德也，「清潤」字本此。

〔四〕欲知二句：王昌齡《閨怨》：「閨中少婦不知愁，春日凝妝上翠樓。忽見陌頭楊柳色，悔教夫壻覓封侯。」此用其意。又戴叔倫有《賦得長亭柳》詩，「亭前柳」即長亭柳也。又晏幾道《小山詞》有《愁倚闌令》。

【評】

《雲韶集》：情詞雙絶，奴婢秦、柳。

【附記】

《古今詞話》所引《耆舊續聞》，謂此亦爲李師師作，已見前引文。此蓋應歌之詞，代妓而作耳，苟如《續聞》所言，則作者方主李師師家，又何離恨之有？亦自相牴牾也。

鳳來朝

逗曉看嬌面〔一〕，小窗深、弄明未徧。愛殘朱宿粉雲鬟亂，最好是帳中見。說夢雙蛾微斂，錦衾温、酒香未斷。待起難捨拚〔二〕，任日炙畫欄暖〔三〕。

【校】

〔《鳳來朝》〕調始清真詞。陳本注「越調」，題作「佳人」；毛本題同，《粹編》無題。〔看嬌面〕《粹編》作「香嬌面」，字誤。〔未徧〕《古今詞話》引《耆舊續聞》作「未辨」，毛本、《詞統》同。〔殘朱〕《續聞》作「殘妝」，毛本、《詞統》同。　〔酒香〕《續聞》作「獸香」，毛本、《詞統》同。　〔待起難捨拚〕《續聞》作「待起難拋捨」。毛本注云：「『待起難捨拚』，《清真集》作『待起又如何拚』。」鄭文焯《校録》云：「案譜是句并作六字，陳和句法正同，今從之。」案鄭校所謂者，謂《欽定詞譜》卷九，於此句據毛本及注謂當作六字句，并引史達祖、陳允平詞爲證。清代詞譜之書，不知詞中襯字之法，每見一字之差，即謂之另一體，膠柱鼓瑟，鄭校不免遵乖習訛也。且陳西麓、史達祖皆後於清真，句本五字，史、陳多添一襯耳。此等事例，求之於唐五代兩宋詞中，更僕難數，余舊有《填詞襯字釋例》（見《詞曲論稿》、香港中華書局出版），論之已詳。　〔畫欄〕毛本、《詞統》作「畫樓」。

【箋注】

〔一〕逗曉：逗，方言辭，臨也。辛棄疾《臨江仙》「逗曉鶯啼呢呢」，亦臨曉之意。

〔二〕拚：方言辭，亦作判、拌，割捨之意。

〔三〕日炙：李賀《公莫舞歌》：「橫楣粗錦生紅緯，日炙錦嫣王未醉。」

【附記】

柳永《慢卷紬》云：「似恁般偎香倚暖，抱着日高猶睡。」此詞媟黷似之，故《續聞》又附會於李師師云：「與同起止，美成復作《鳳來朝》。」《捫蝨新語》云：「黃魯直好作豔歌小詞，道人法秀謂其以筆墨誨淫，於我法中當墮泥犂之獄。」毛晉跋《山谷詞》謂魯直答曰：「空中語耳。」案宋人豔詞亦多屬空中語，非夫子自道也。

望江南

歌席上，無賴是横波〔一〕。寶髻玲瓏攲玉燕〔二〕，繡巾柔膩染香羅。人好自宜多。　無箇事，因甚斂雙蛾。淺淡梳妝疑見畫〔三〕，惺鬆言語勝聞歌〔四〕。何況會婆娑〔五〕。

【校】

〔《望江南》〕陳本注「大石」調，題作「詠妓」，《百家詞》亦然；毛本無題。　〔染香羅〕《浩然齋雅談》作「掩香羅」，元本、毛本、《百家詞》同。按「掩」字義長，是也。　〔人好自宜多〕《雅談》作「何況會婆娑」。　〔何況會婆娑〕《雅談》作「好處是情多」。

【箋注】

〔一〕無賴句：隋煬帝《嘲羅羅》：「箇人無賴是横波，黛染隆顱蹙小蛾。幸好留儂伴成夢，不留儂住意如何？」末二句陳注引作「正好留儂伴儂睡，不留儂睡意如何。」

〔二〕玉燕：《洞冥記》：「元鼎元年，起招仙閣於甘泉宫西……以迎神女。神女留玉釵以贈帝，帝以賜趙婕好。至昭帝元鳳中，宫人猶見此釵。黄誺欲之，明日示之，既發匣，有白燕飛昇天。後宫人學作此釵，因名玉燕釵。」韓偓《春悶偶成十二韻》：「醉後金蟬重，歡餘玉燕攲。」

〔三〕淺淡梳妝：晏殊《浣溪沙》：「淡淡梳妝薄薄衣，天仙模樣好容儀。」

〔四〕惺鬆：輕靈貌。辛棄疾《鵲橋仙》「贈人」：「風流標格，惺鬆言語，真個十分奇絶。」即用清真此語。

〔五〕婆娑：《詩·陳風·東門之枌》：「子仲之子，婆娑其下。」毛傳云：「婆娑，舞也。」

【評】

《白雨齋詞話》：美成豔詞，如《少年游》、《點絳脣》、《意難忘》、《望江南》……等篇，别有一種姿態，句句灑脱，香奩泛語，吐棄殆盡。（此評已見前引録）

《詞則·閑情集》：美成以少年游一詞通顯，以此詞得罪，榮枯皆繫於一詞，異矣。豔詞至美成，一空前人，獨闢機杼，如此詞下半闋，不用香澤字面，而姿態更饒，濃豔益至，此美成獨絶處也。

《雲韶集》：此詞最芊緜而有則，他手自不及。

《蕙風詞話》：清真《望江南》云：「惺忪言語勝聞歌」，謝希深《夜行船》云：「尊前和淚不成歌」，皆熨帖入微之筆。

《喬大壯手批〈片玉集〉》：小令極近五季，不爲當行。

【附記】

《浩然齋雅談》謂清真自言頗悔少作，並録此詞以實之（見《少年游》附記）。案《雅談》敘事雖失實，而此等豔詞出於少作以付聲妓則是也。

望江南

游妓散〔一〕，獨自繞回堤。芳草懷煙迷水曲〔二〕，密雲銜雨暗城西〔三〕。九陌未霑泥〔四〕。　桃李下，春晚未成蹊〔五〕。牆外見花尋路轉，柳陰行馬過鶯啼。無處不悽悽。

【校】

〔《望江南》〕陳本注「大石」調，無題；毛本題作「春遊」。

〔銜雨〕《百家詞》一本作「銜雨」，形近致誤。

〔未成〕毛本作「自成」，《百家詞》同。

【箋注】

〔一〕游妓：蘇味道《正月十五夜》（一作上元）：「游妓皆穠李，行歌盡落梅。」

〔二〕懷煙：猶言含煙。《水經·漸江水注》：「其間傾澗懷煙，泉溪引霧。」

〔三〕密雲銜雨：《易·小畜》：「密雲不雨，自我西郊。」《小過·象辭》同。

〔四〕九陌：陌，街道。《三輔黃圖》：「《漢舊儀》曰：長安城中經緯各長三十二里十八步，地九百七十三頃，八街、九陌、三宮、九府、三廟、十二門、九市、十六橋。」駱賓王《上吏部侍郎帝京篇》：「三條九陌麗城隈，萬戶千門平旦開。」此類頗多，後因以「九陌」泛指帝京街道。詞謂汴京也。

〔五〕桃李二句：《漢書・李廣傳贊》：「諺曰，桃李不言，下自成蹊。」阮籍《詠懷》：「嘉樹下成蹊，東園桃與李。」

按詞「桃李」二句從此出，似以毛本作「自成蹊」爲長。

【附記】

前詞有「人好自宜多」句，謂與遊羣妓，此云「游妓散」，當是曲終人散，相繼而作。

丹鳳吟

迤邐春光無賴〔一〕，翠藻翻池〔二〕，黃蜂游閣。朝來風暴，飛絮亂投簾幕。生憎暮景〔三〕，倚牆臨岸，杏靨夭邪〔四〕，榆錢輕薄〔五〕。晝永惟思傍枕，睡起無憀，殘照猶在庭角。況是別離氣味，坐來但覺心緒惡。痛引澆愁酒〔六〕，奈愁濃如酒〔七〕，無計消鑠〔八〕。那堪昏暝，簌簌半檐花落〔九〕。弄粉調朱柔素手〔一〇〕，問甚時重握。此時此意，長怕人道著。

【校】

〔《丹鳳吟》〕調始清真詞。陳本注「越調」，無題。毛本、《草堂》、《粹編》、《詞統》俱題「春恨」。〔夭邪〕元本、毛本作「夭斜」，通用。〔惟思〕《草堂》、《粹編》、《詞統》作「思惟」，二字互置，誤。〔庭角〕元本作「亭角」。〔但覺〕《草堂》作「便覺」。〔痛引〕毛本、《詞萃》作「痛飲」。〔長怕〕元本、毛本作「生怕」。

【箋注】

〔一〕春光句：杜甫《絶句漫興九首》：「眼見客愁愁不醒，無賴春色到江亭。」無賴，猶言無意、無心。

〔二〕翠藻：王儉《春詩》：「青荑結翠藻，黄鳥弄春飛。」

〔三〕生憎：「生」，方言辭，猶偏、最。杜甫《送路六侍御入朝》：「不分桃花紅勝錦，生憎柳絮白於綿。」

〔四〕夭邪：亦作「夭斜」，多姿貌。白居易《和春深》詩：「錢塘（一作揚州）蘇小小，人道最夭斜。」

〔五〕榆錢：《本草綱目》：「榆……未生葉時，枝條間先生榆莢，形狀似錢而小，色白，成串，俗呼榆錢。」施肩吾《戲詠榆莢》：「風吹榆錢落如雨，繞林繞屋來不住。知爾不堪還酒家，空教夷甫無行處。」

〔六〕澆愁酒：韓愈《感春四首》：「乾愁漫解坐自累，與衆異趣誰相親？數杯澆腸雖暫醉，皎皎萬慮醒還新。」

〔七〕濃如酒：韓琮《春愁》：「勸君年少莫遊春，暖日遲風濃於酒。」

〔八〕消鑠：《文選》枚乘《七發》：「雖有金石之堅，猶將銷鑠而挺解也。」

〔九〕檐花落：杜甫《醉時歌》：「清夜沈沈動春酌，燈前細雨簷花落。」

〔一〇〕弄粉調朱：李商隱《木蘭》：「弄粉知傷重，調紅或有餘。」陳注引《古今詩話》云：「李九皋謂徐仲雅曰：『公詠詩如女弄粉調脂。』」案《古今詩話》已佚，雖宋人所輯，亦非清真此語所本也。

【評】

《草堂詩餘正集》：奈酒至愁還，又酒與愁尚分二候，愁濃于酒，知酒之爲愁，愁之爲酒乎！「重握」句可住。轉云「怕人道著」，直出數丈。

《海綃説詞》：本是「睡起無聊」，却説「春光無賴」；已「殘照」矣，始念「朝來」；已「暮景」矣，因思「晝永」；筆筆斷，筆筆逆，爲「迤邐」二字曲曲傳神，以墊起换頭「況是」二字。不爲「别離」，已是「無聊」，縮入上闋，小歇然後轉出下句。二句不可連讀。「心緒惡」則比「無聊」難遣，故曰「無計」。到此一步，已是盡頭，復作何語？却以「那堪」二句鉤轉，「弄粉」二句放開；至「怕人道著」，則「無聊」、「無計」，一齊收起，惟有「無賴」之「春光」耳。三「無」字極幻化。

《蓼園詞選》：按此亦猶前此之意。「翠藻翻池」，喻自己之顛覆；「黄蜂游閣」，喻别人之得意；「杏靨」、「榆錢」，俱刺譏之意耳。次闋是别京中好友而作。「素手」「重握」，指素心之友也。細玩自得其用意處。

《喬大壯手批〈片玉詞〉》：勾勒可思。（評下闋第二韻）

秋蘂香

乳鴨池塘水暖〔一〕，風緊柳花迎面〔二〕。午妝粉指印窗眼，曲裏長眉翠淺〔三〕。問知社日停針線，探新燕〔四〕。寶釵落枕夢春遠，簾影參差滿院。

【校】

〔《秋蘂香》〕陳本注「雙調」，無題。　〔水暖〕《雅詞》作「煙暖」，非。　〔問知〕《白雪》、《雅詞》、《百家詞》、毛本作「聞知」。　〔探新燕〕《百家詞》、毛本作「貪新燕」，非。　〔夢春遠〕《百家詞》作「春夢遠」，蓋據陳注原刻本，朱彊村據《雅詞》作「夢春遠」是也。按上下片第三句末三字皆去平上，「春夢遠」則不協矣。毛本作「夢魂遠」亦非。按杜甫有《春遠》詩，爲此語所本。

【箋注】

〔一〕乳鴨句：李賀《惱公》：「曲池眠乳鴨，小閣睡娃僮。」蘇軾《惠崇春江晚景二首》：「竹外桃花三兩枝，春江水暖鴨先知。」案清真時蘇詩未有刊本，水暖鴨嬉，所見同耳。

〔二〕風緊句：庾信《和宇文内史春日遊山》：「風逆花迎面，山深雲濕衣。」

〔三〕曲裏句：曲，妓女聚居之地。《北里志》：「平康里：入北門，東回三曲，即諸妓所居之聚也。妓中錚錚者多在南曲、中曲，其循牆一曲，卑屑妓所居，頗爲二曲輕斥之。」李賀《許公子鄭姬歌》：「自從小靨來東道，曲裏長眉少見人。」

〔四〕社日二句：張籍《吴楚歌詞》：「庭前春鳥啄林聲，紅夾羅襦縫未成。今朝社日停針線，起向朱櫻樹下行。」按此詞社日指春社，約在春分前後。杜甫《燕子來舟中作》：「舊入故園嘗識主，如今社日遠看人。」晏殊《破陣子》：「燕子來時春社，梨花落後清明。」

【評】

王楙《野客叢書》卷十：周詞：「午妝粉指印窗眼，曲裏長眉翠淺。問知社日停針綫，探新燕。寶釵落枕夢春遠，簾影參差滿院。」非工於詞，詎至是！或謂眉間爲窗眼，謂以粉指印眉心耳。此説非無據，然直作窗牖之眼，亦似意遠。蓋婦人妝罷，以餘粉指印於窗牖之眼，自有閒雅之態。僕嘗至一巷舍，見窗壁間粉指無限，詰其所以，乃其主人嘗攜諸妓抵此。因思周詞，意恐或然。

《皺水軒詞筌》：從來佳處不傳，不但隱鱗之士，名人猶抱此憾。周美成人所共稱，然如：「乳鴨池塘水暖，……（引詞從略）。」《草堂》所收周詞，不及此者多矣。

《抄本海綃説詞》：春閨無事，妝罷惟有睡耳。作想像之詞最佳；不必有本事也。「夢春遠」，妙；此時風景皆消歸夢中，正不止一簾内外。

漁家傲

灰暖香融消永晝〔一〕，蒲萄架上春藤秀〔二〕，曲角欄干羣雀鬬〔三〕。清明後，風梳萬縷亭前柳。　日照釵梁光欲溜〔四〕，循堦竹粉霑衣袖〔五〕，拂拂面紅如著酒〔六〕。沈吟久，昨宵正是來時候。

【校】

〔《漁家傲》〕陳本注「般涉」調。各本均無標題。〔架上〕毛本作「上架」，《白雪》作「上格」，皆非。〔拂拂〕《歷代詩餘》作「豔豔」。〔如著酒〕元本、毛本作「新著酒」，《白雪》作「新酌酒」。

【箋注】

〔一〕灰暖句：李賀《謝秀才有妾縞練改從於人秀才引留之不得從生感憶座人製詩嘲謝賀復繼四首》：「灰暖殘香炷，髮冷青蟲簪。」

〔二〕葡萄句：李嶠《藤》：「色映蒲萄架，花分竹葉杯。」儲光羲《薔薇》：「葡萄架上朝光滿，楊柳園中暝鳥飛。」

〔三〕雀鬬：雍陶《和劉補闕秋園寓興六首》：「雀鬬翻簷散，蟬驚出樹飛。」

〔四〕日照句：李百藥《笙賦》：「風搖裙佩，日照釵梁。」

〔五〕循堦句：韓愈《新竹》：「筍添南堦竹，日日成清閟……風枝未飄吹，露粉先涵淚。」李商隱《閒遊》：「危亭題竹粉，曲沼嗅荷花。」

〔六〕拂拂：散布貌。白居易《紅線毯》：「綵絲茸茸香拂拂，線軟花虛不勝物。」

南鄉子

晨色動妝樓〔一〕，短燭熒熒悄未收〔二〕。自在開簾風不定，颼颼，池面冰澌趁水流〔三〕。

早起怯梳頭，欲挽雲鬟又卻休。不會沈吟思底事〔四〕，凝眸。兩點春山滿鏡愁〔五〕。

【校】

〔《南鄉子》〕陳本注「商調」，無題。《草堂》、《古今詩餘醉》、《詞統》題作「曉景」。〔颼颼〕毛本、《百家詞》、《詞萃》作「颼飀」。〔欲挽〕元本、毛本、《草堂》、《粹編》、《百家詞》皆作「欲綰」；《百家詞》一本又作「滿綰」，非。

【箋注】

〔一〕晨色句：陳注：「元稹：『晨光未出簾影黑，太真梳洗樓上頭。』」按《連昌宮詞》云：「寢殿相連端正樓，太真梳洗樓上頭，晨光未出簾影黑（一作動），至今反掛珊瑚鉤。」陳注二句倒置。

〔二〕短燭熒熒：班固《漢書·敘傳》「守突奧之熒燭」，師古曰：「熒燭，熒熒小光之燭也。」

〔三〕冰澌：吴均《梅花落》：「流連逐霜影，散漫下冰澌。」

〔四〕底事：「底」詩詞常用方言字，猶言何、甚。如李賀《示弟》：「病骨猶能在，人間底事無」之類是。

〔五〕春山：「春山」喻眉，蹙則眉頭墳起，故云。猶毛滂《惜分飛》所謂「愁到眉峯碧聚」也。

【評】

《草堂詩餘正集》：曉景確。

《喬大壯手批〈片玉集〉》：詞客當行之筆。

浣溪沙

争挽桐花兩鬢垂〔一〕，小妝弄影照清池〔二〕，出簾踏韈趁蜂兒〔三〕。跳脱添金雙腕重〔四〕，琵琶撥盡四絃悲〔五〕，夜寒誰肯翦春衣〔六〕。

【校】

〔《浣溪沙》〕陳本注「黄鍾」宮，無題。〔出簾〕毛本作「珠簾」。案「出簾」與「踏襪」相對成文，作「珠簾」非是。〔撥盡〕毛本、《詞萃》作「破撥」，亦非。

【箋注】

〔一〕争挽句：古有花髻、百花髻之名，「桐花」或爲髻名，「挽」謂挽髻。若《女紅餘志》言魏文帝宮人陳巧笑，挽髻別無首飾，惟用圓頂金簪一隻插之是也。

〔二〕照清池：梅堯臣《夢與公度同賦藕花追録之》：「西施魂不滅，嬌豔照清池。」

〔三〕踏韈：杜牧《池州送孟遲先輩》：「呼兒旋供衫，走門空踏韈。」

〔四〕跳脱：腕釧。繁欽《定情詩》：「何以致契闊，繞腕雙跳脱。」

〔五〕四絃：白居易《琵琶行》：「曲終收撥當心畫，四絃一聲如裂帛。」

〔六〕翦春衣：王維《送綦毋潛落第還鄉》：「江淮度寒食，京洛縫春衣。」

浣溪沙

雨過殘紅溼未飛〔一〕，珠簾一行透斜暉〔二〕，游蜂釀蜜竊香歸〔三〕。金屋無人風竹亂〔四〕，衣篝盡日水沈微〔五〕。一春須有憶人時。

【校】

〔《浣溪沙》〕陳本無題，他本亦然，惟《草堂》題作「春懷」。唐圭璋先生《宋詞互見考》云：「類編本《草堂詩餘》誤作歐陽修詞。」〔珠簾〕毛本作「疏籬」。〔一行〕毛本、《草堂》、《粹編》、《詞萃》作「一帶」；《雅詞》、《百家詞》作「一桁」。案「行」、「桁」古通用。〔衣篝〕毛本、元本、《雅詞》、《草堂》、《粹編》、《詞萃》作「夜篝」。

【箋注】

〔一〕溼未飛：陳注云：「庾信《喜晴》：『溼花飛未久。』」案子山《同顔大夫初晴》：「溼花飛未遠，陰雲斂向低。」陳注誤。

〔二〕珠簾句：李煜《浪淘沙》：「一行珠簾閒不捲，終日誰來。」

〔三〕竊香歸：温庭筠《牡丹》：「蝶繁經粉住，蜂重抱香歸。」

〔四〕金屋句：李白《長門怨二首》：「天回北斗挂西樓，金屋無人螢火流。」又劉方平《春怨》：「紗窗日落漸黄昏，金屋無人見淚痕。」江總《經始興廣果寺題愷法師山房》：「竹近交枝亂，山長絶逕深。」鄭谷《池上》：「露荷香自在，風竹冷相敲。」

〔五〕衣篝：熏衣竹籠，宋人通稱衣篝。　水沈：杜牧《爲人題贈二首》：「桂席塵瑶佩，瓊爐燼水沈。」按《本草綱目》云：「沈香，木之心節置水則沈，故名沈水，亦曰水沈。」

浣溪沙

日射欹紅蠟蔕香〔一〕，風乾微汗粉襟涼〔二〕，碧紗對掩簟紋光〔三〕。　自翦柳枝明畫閣〔四〕，戲抛蓮菂種横塘〔五〕。長亭無事好思量。

【校】

〔碧紗〕毛本、《詞統》作「碧綃」。　〔對掩〕毛本、《雅詞》、《草堂》、《詞萃》作「對捲」。　〔畫閣〕《詞萃》作「幽閣」，誤；「幽」字平聲，失律。　〔横塘〕《雅詞》作「池塘」。

【箋注】

〔一〕蠟蔕句：燭形如瓜蔕也。韓偓《無題》：「紫蠟融花蔕，紅綿拭鏡塵。」温庭筠《碌碌古詞》：「融蠟作杏蔕，男兒不戀家。」「攲紅」謂紅燭攲斜。「香」謂燭香，如鄭谷《蠟燭》詩云：「淚滴杯盤何所恨，燼飄蘭麝暗和香。」李商隱《日射》：「日射紗窗風撼扉，香羅拭手春事違。」

〔二〕風乾句：吴融《賦雪十韻》：「雨凍輕輕下，風乾淅淅吹。」梁簡文帝《晚景出行》：「輕花鬢邊墮，微汗粉中光。」又劉孝綽《愛姬贈主人》：「垂釵繞鬢落，微汗染輕紈。」

〔三〕碧紗：謂窗也。李嶠《甘露殿侍宴應制》：「月宇臨丹地，雲窗網碧紗。」白居易《鄰女》：「何處閒教鸚鵡語，碧紗窗下繡牀前。」　簟紋：梁簡文帝《詠内人晝眠》：「簟文生玉腕，香汗浸紅紗。」李商隱《燈》詩：「影隨簾押轉，光信簟文流。」

〔四〕自翦句：陳注：「爲柳所暗，而翦之使明也。」

〔五〕蓮菂：「菂」，古作「的」，蓮子也。《爾雅・釋草》：「荷、芙渠，……其實蓮，其根藕，其中的。」李商隱《李夫人三首》：「剩結茱萸枝，多擘秋蓮的。」皇甫松《採蓮子》：「無端隔水抛蓮子，遥被人知半日羞。」陳注：「《揮犀》云：『投蓮菂於靛甕，種之則花碧。』元祐中，畿縣民池中生碧蓮，用此術。」案明人僞託於唐郭橐駝之《種樹書》云：「蓮菂投靛甕中，經年移植，發碧花。」即本於《墨客揮犀》。清真此詞作於元祐以前，與陳注所謂元祐中云云，固無涉也。　橫塘：非三國時自長江口沿淮築隄號爲橫塘者，詞句借用其字面，謂狹而長之池塘，故《雅詞》直作「池塘」。

【評】

《草堂詩餘正集》：「粉襟」句畫出佳人。

《喬大壯手批〈片玉集〉》：夏詞頗見新意。

浣溪沙

翠葆參差竹徑成〔一〕，新荷跳雨淚珠傾〔二〕，曲欄斜轉小池亭。　風約簾衣歸燕急〔三〕，水搖扇影戲魚驚〔四〕，柳梢殘日弄微明。

【校】

〔淚珠〕毛本、《雅詞》作「碎珠」。　〔扇影〕《雅詞》作「花影」。

【箋注】

〔一〕翠葆：飾以翠羽之傘蓋。此處喻指竹葉。吴融《奉和御製》：「天曉密雲開，亭亭翠葆來。」

〔二〕新荷句：錢起《蘇端林亭對酒喜雨》：「濯錦翻紅蕊，跳珠亂碧荷。」吴融《微雨》：「惆悵池塘上，荷珠點點傾。」

〔三〕簾衣：《南史·夏侯亶傳》：「晚年頗好音樂，有妓妾十數人，並無被服姿容，每有客，常隔簾奏之，時謂簾爲夏侯妓衣。」陸龜蒙《寄遠》：「畫扇紅弦相掩映，獨看斜月下簾衣。」

〔四〕水摇句：杜甫《城西陂泛舟》：「魚吹細浪摇歌扇，燕蹴飛花落舞筵。」樂府詩《江南可採蓮》：「魚戲蓮葉東，魚戲蓮葉西。」

【評】

《草堂詩餘正集》：景物一一不謬。

浣溪沙

薄薄紗廚望似空〔一〕，簟紋如水浸芙蓉〔二〕，起來嬌眼未惺忪〔三〕。　强整羅衣擡皓腕〔四〕，更將紈扇掩酥胸〔五〕，羞郎何事面微紅〔六〕。

【校】

〔《浣溪沙》〕一九七四年六月，江寧縣出土古瓷枕二，側面各墨書清真詞一首。一爲《隔浦蓮》，一爲此詞。文字全同，惟上片末句作「起來嬌眼，嬌眼味惺忪」；下片末句作「羞郎何事，何事面微紅」。調名作《相思引》，蓋變句法爲七七四五，上下片同，遂成《相思引》矣，當出好事者。「味」字訛。詳見《文物》一九七七年第一期《南京出土吉州窑瓷枕》一文，據鑒定爲元代之物。

【箋注】

〔一〕紗廚：紗帳。王建《贈王處士》：「松樹當軒雪滿地，青山掩障碧紗廚。」

〔二〕簟紋句：和凝《山花子》：「銀字笙寒調正長，水紋簟冷畫屏涼。」芙蓉，喻美人。李賀《美人梳頭歌》：「轆轤咿啞轉鳴玉，驚起芙蓉睡新足。」曹松《碧角簟》：「蠅行只恐煙黏竹，客卧渾疑水浸身。」閻選《虞美人》：「水紋簟映青紗帳，霧罩秋波上。一枝嬌卧醉芙蓉，良宵不得與君同，恨忡忡。」

〔三〕未惺忪：言猶朦朧也。元稹《送孫勝》：「桐花暗澹柳惺忪，池帶微波柳帶風。」楊萬里詩「晝眠初醒未惺忪」，即本清真語。

〔四〕擡皓腕：韋莊《江城子》：「緩揭繡衾抽皓腕，移鳳枕，枕潘郎。」

〔五〕紈扇：班婕妤《怨歌行》：「新裂齊紈素，皎潔如霜雪，裁爲合歡扇，團團如明月。」

〔六〕羞郎句：《晉書·音樂志》：「《團扇歌》者，中書令王珉與嫂婢有情，愛好甚篤，嫂捶撻婢過苦，婢素善歌，而岷好捉白團扇，故制此歌。」歌云：「團扇復團扇，持許自遮面，憔悴無復理，羞與郎相見。」（陳注引此而語焉不詳）韓偓《和吴子華侍郎》：「還似妖姬長年後，酒酣雙臉却微紅。」

浣溪沙

寶扇輕圓淺畫繒〔一〕，象牀平穩細穿藤〔二〕，飛蠅不到避壺冰〔三〕。　翠枕面涼頻憶睡，玉簫手汗錯成聲〔四〕，日長無力要人凭。

【校】

〔頻憶〕毛本作「偏益」。　〔要人〕《雅詞》作「看人」。

【箋注】

〔一〕寶扇：沈佺期《壽陽王花燭》：「燭送香車入，花臨寶扇開。」丘巨源《詠七寶團扇》：「表裏鏤七寶，中銜駭雞珍，畫作景山樹，圖爲河洛神。」

〔二〕象牀句：以象牙雕鏤爲飾之牀，又稱牙牀。《戰國策·齊策》：「孟嘗君出行國，至楚，獻象牀。」鮑照《代白紵舞歌詞》：「象牀瑶席鎮犀渠，雕屏匼匝組帷舒。」宋齊丘《陪華林園試小妓羯鼓》：「巧斲牙牀鏤紫金，最宜平穩玉槽深。」穿藤代板，取其涼軟，又稱藤牀，若白居易《苦熱中寄舒員外》：「藤牀鋪晚雪，角枕截寒玉」

之類是。

〔三〕壺冰：鮑照《代白頭吟》：「直如朱絲繩，清如玉壺冰……食苗實碩鼠，玷白信蒼蠅。」冰氣寒，故蠅避之。梅堯臣《韓子華遺冰》云：「開盤一見水玉璞，置坐百步無青蠅。」亦同此義。

〔四〕玉簫句：《禮記·檀弓》：「孔子既祥，五日彈琴而不成聲。」案詞謂指因汗滑，按簫孔時不免參差，故音有誤也。夏竦《宮詞》：「絳脣不敢深深注，却怕香脂汙玉簫。」（《後村先生大全集》卷一七四詩話引）

塞翁吟

暗葉啼風雨〔一〕，窗外曉色瓏璁〔二〕。散水麝〔三〕，小池東。亂一岸芙蓉。蘄州簟展雙紋浪〔四〕，輕帳翠縷如空。夢遠別，淚痕重。淡鉛臉斜紅。忡忡〔五〕。嗟憔悴、新寬帶結〔六〕，羞豔冶、都消鏡中。有蜀紙、堪憑寄恨〔七〕，等今夜、洒血書辭〔八〕，翦燭親封。菖蒲漸老，早晚成花〔九〕，教見薰風。

【校】

〔《塞翁吟》〕調始清真。陳本注「大石」調，無題；毛本題作「夏景」。　〔雙紋〕毛本、《百家詞》作「靃紋」。案「靃」，黄郭切，大雨也；其字亦通「雙」。　〔忡忡〕毛本作「沖沖」，誤。陳允平和詞作「匆匆」，當是有別本如此。

【箋注】

〔一〕暗葉句：李賀《傷心行》：「秋姿生白髮，木葉啼風雨。」

〔二〕瓏璁：《文選》陸機《文賦》「情曈曨而彌鮮」，李善注引《埤蒼》曰：「曈曨，欲明也。」音近假借，又作朣朧、朧暰、瓏璁，李賀《河南府試十二月樂詞》：「雞人唱罷曉瓏璁，鴉啼金井下梧桐。」

〔三〕散水麝：水麝，香名。《本草綱目》引蘇頌云：「又有一種水麝，其香更奇，臍中皆水，瀝一滴於水中，用灑衣物，其香不歇。唐天寶中，虞人曾一獻之，養於囿中，每以針刺其臍，捻以真雄黃，則臍復合，其香倍於肉麝。此說載在《酉陽雜俎》。」案此三句謂風吹荷香四散，香若水麝也。王安石《自白土村入北寺詩》，有「深荷水麝焚」之語，亦此意也。

〔四〕蘄州簟：《宋史・地理志》：「蘄州……貢苧布、簟。」歐陽修《有贈余以端溪綠石枕蘄州竹簟（下略）》詩：「端溪琢出缺月樣，蘄州織成雙水紋。」（參看《浣溪沙》「簟紋」注，見上）

〔五〕忡忡：憂貌。《詩・草蟲》：「未見君子，憂心忡忡。」

〔六〕帶結：衣帶綰結。《左傳・昭公十一年》：「衣有襘，帶有結。」

〔七〕蜀紙：李肇《國史補》：「紙則有蜀之麻面、屑末、滑石、金花、長麻、魚子十色箋。」韓偓《寄恨》：「秦釵枉斷長條玉，蜀紙虛留小字紅。」

〔八〕洒血句：陳注引韓愈《歸彭城》詩：「刳肝以爲紙，瀝（原注誤作洒）血以書辭。」毛晉云：「『等今夜灑血書詞』，或作『灑淚書詞』，非。韓愈云：『刳肝以爲紙，灑血以書詞。』」案昌黎此篇繼曰：「言詞多感激，文字少葳蕤。」傷心之言，不假雕飾，字字如瀝血，此清真之所取義，子晉似未達其旨；且上文既云「淚痕」，下又云「灑淚」，意重而字複矣。毛説非是。

〔九〕菖蒲二句：李賀《河南府試十二月樂詞》：「官街柳帶不堪折，早晚菖蒲勝綰結。」

【評】

《草堂詩餘正集》：後段累累諄諄，真字字更長漏永，聲聲衣寬帶鬆。

訴衷情

出林杏子落金盤〔一〕，齒軟怕嘗酸〔二〕。可惜半殘青紫，猶印小脣丹〔三〕。南陌上，落花閒，雨斑斑。不言不語，一段傷春，都在眉間。

【校】

〔《訴衷情》〕陳本注「商調」，無題，毛本題作「殘杏」。〔青紫〕毛本作「青子」。〔猶印〕陳本原作「猶有」，朱本據元本作「猶印」。

【箋注】

〔一〕金盤：杜甫《野人送朱櫻》：「金盤玉筯無消息，此日嘗新任轉蓬。」

〔二〕齒軟：韓偓《幽窗》：「手香江橘嫩，齒軟越梅酸。」

〔三〕小脣：李賀《蘭香神女廟》：「團鬟分珠窠，濃眉籠小脣。」

【評】

《喬大壯手批〈片玉集〉》：閨詠亦新，不似柳公塵下。

醉桃源

冬衣初染遠山青〔一〕，雙絲雲鴈綾〔二〕。夜寒袖溼欲成冰，都緣珠淚零〔三〕。　情黯黯，悶騰騰〔四〕，身如秋後蠅〔五〕。若教隨馬逐郎行，不辭多少程。

【校】

〔《醉桃源》〕陳本注「大石」調，無題。毛本於詞調下注云：「《清真集》作《阮郎歸》。」元本同。案《阮郎歸》一名《醉桃源》。

【箋注】

〔一〕冬衣句：何遜《登石頭城詩》：「天暮遠山青，潮去遙沙出。」

〔二〕雙絲句：《新唐書・地理志》：「徐州彭城郡，土貢雙絲綾、絹、綿紬、布、刀錯、紫石。」白居易《繚綾》：「去年中使宣口敕，天上取樣人間織，織爲雲外秋雁行，染作江南春水色。」

〔三〕夜寒二句：鄭谷《鷓鴣》：「遊子乍聞征袖溼，佳人纔唱翠眉低。」白居易《寒閨夜》：「籠香銷盡火，巾淚滴成冰。」王仁裕《開元天寶遺事》：「楊貴妃初承恩詔，與父母相別，泣涕登車，時天寒，淚結爲紅冰。」（陳注引此，文字多參差。）

〔四〕騰騰：慵懶貌。韓偓《倚醉》：「抱柱立時風細細，繞廊行處思騰騰。」

〔五〕秋後蠅：杜甫《早秋苦熱堆案相仍》：「常愁夜來皆是蝎，況乃秋後轉多蠅。」李商隱《洞庭魚》：「鬧若雨前蟻，多於秋後蠅。」案秋蠅附物每久久不去，詞借以喻難捨之意，非取多義，故下文云云。

【評】

《古今詞統》徐士俊評：「身如」三句，蠅附驥尾，極陳之語，用得極新。

醉桃源

菖蒲葉老水平沙〔一〕，臨流蘇小家〔二〕。畫欄曲徑宛秋蛇〔三〕，金英垂露華〔四〕。　燒蜜炬〔五〕，引蓮娃〔六〕，酒香薰臉霞〔七〕。再來重約日西斜，倚門聽暮鴉。

【校】

〔薰〕毛本作「醺」。

【箋注】

〔一〕菖蒲句：李白《送祝八之江東賦得浣沙石》：「桃李新開映古查，菖蒲猶短出平沙。」詞句自此化出。

〔二〕蘇小：蘇小小之省稱。《樂府詩集》卷八十五《蘇小小歌》：「我乘油壁車，郎騎青驄馬。何處結同心，西陵松柏下。」注云：「一曰《錢塘蘇小小歌》。《樂府廣題》曰：『蘇小小，錢塘名倡也，蓋南齊時人。西陵在錢塘江之西，歌云西陵松柏下是也。』」温庭筠《蘇小小歌》：「吴宫女兒腰似束，家在錢塘小江曲。」是所謂臨流也。案《東京夢華録》，汴京有蔡河、汴河、五丈河、金水河貫城中。朱雀門臨蔡河，「出朱雀門……東去大街稭巷，狀元樓，餘皆妓館。至康門街，其御街東朱雀門外，西通新門瓦子，以南殺豬巷亦皆妓館。」州橋臨汴河，「向西去皆妓館，都人謂之院街。」是則當時舞榭歌樓，多在水邊，故云「臨流蘇小家」也。

〔三〕宛秋蛇：陳注：「王獻之字字若綰秋蛇，此言欄徑屈曲，宛若秋蛇。」案《晉書·王羲之傳》，制曰：「子雲近出，擅名江表，然僅得成書，無丈夫氣，行行若縈春蚓，字字如綰秋蛇。」案子雲乃蕭子雲，王獻之字子敬，陳注誤。

〔四〕金英：謂黄菊。陳叔達《詠菊》：「霜間開紫蒂，露下發金英。」

〔五〕蜜炬：李賀《河陽歌》：「觥船沃口紅，蜜炬千枝爛。」

〔六〕蓮娃：採蓮女。柳永《望海潮》：「羌管弄晴，菱歌泛夜，嬉嬉釣叟蓮娃。」

〔七〕臉霞：韓偓《詠手》：「背人細撚垂肩鬢，向鏡輕勻襯臉霞。」謂臉上胭脂如紅霞也。

虞美人

金閨平帖春雲暖〔一〕，晝漏花前短〔二〕。玉顏酒解豔紅消〔三〕，一面捧心啼困不成嬌〔四〕。　別來新翠迷行徑，窗鎖玲瓏影〔五〕。研綾小字夜來封〔六〕，斜倚曲欄凝睇數歸鴻。

【校】

〔《虞美人》〕陳注「正宮」，無題。　〔紅消〕《百家詞》作「紅綃」，誤。　〔一面〕毛本、《詞萃》作「一向」。

〔研綾〕毛注云：「一作『研綾』，非。王介甫詩：『小研紅綾鬭詩句。』」案王安石詩見陳注。

【箋注】

〔一〕金閨句：《釋名·釋牀帳》：「牀前帷曰帖，言帖帖而垂也。」高蟾《偶作二首》：「丁當玉佩三更雨，平帖金閨一覺雲。」春雲，喻帖籠罩下垂。李賀《蝴蝶飛》：「楊花撲帳春雲熱，龜甲屏風醉眼纈。」

〔二〕晝漏：日間漏壺，指白日，與夜漏相對。《後漢書·律曆志》李賢注引蔡邕《月令章句》云：「夏至之爲極有三焉：晝漏極長，去極極近，晷景極短。」杜甫《紫宸殿退朝口號》：「晝漏稀聞高閣報，天顏有喜近臣知。」

〔三〕玉顏句：李白《古風》第四十四首：「玉顏豔紅彩，雲髮非素絲。」白居易《王昭君二首》：「滿面胡沙滿鬢霜，眉消殘黛臉消紅。」

〔四〕一面捧心：《莊子·天運》：「西施病心而矉其里，其里之醜人見而美之，歸亦捧心而矉其里。」

〔五〕窗鎖句：韓愈《題百葉桃花》：「百葉雙桃晚更紅，窺窗映竹見玲瓏。」

〔六〕砑綾句：韓偓《余作探使以繚綾手帛子寄賀因而有詩》：「解寄繚綾錦字封，探花筵上映春叢。黛眉印在微微綠，檀口消來薄薄紅。緶處直應心共緊，砑時兼恐汗先融。帝臺春盡還東去，卻繫裙腰伴雪胸。」砑綾，以石碾磨使平滑之綾，蓋便於書也。

如夢令

塵滿一絣文繡〔一〕，淚溼領巾紅皺〔二〕。初暖綺羅輕，腰勝武昌官柳〔三〕。長晝，長晝，困卧午窗中酒〔四〕。

【校】

〔《如夢令》〕陳本注「中呂」宮，題作「思情」。毛本無題，調名作《宴桃源》，蓋別名也。　〔一絣〕毛本作「一枰」，注云：「《清真集》作『塵滿一絣文繡』。」《百家詞》同。　〔困卧〕毛本作「閒卧」。

【箋注】

〔一〕塵滿句：絣，無文綺也（見《一切經音義》引《字林》）。劉禹錫《歷陽書事七十韻》：「柳長千絲宛，西膝一線絣。」「文繡」謂刺繡，非所謂文繡之衣。言無心女紅，任綺上文繡塵封也。

〔二〕領巾：《方言》：「帍裱謂之被巾。」郭璞注：「婦人領巾也。」庾信《春賦》：「鏤薄窄衫袖，穿珠帖領巾。」

〔三〕武昌句：劉禹錫《有所嗟二首》：「庾亮樓中初見時，武昌春柳似腰肢。」王安石《送方劭祕校》：「武昌官柳年年好，他日春風憶此時。」

〔四〕中酒：《史記·樊噲傳》：「項羽既饗軍士，中酒。」《集解》引張晏曰：「酒酣也。」《漢書·樊噲傳》顏師古注：「飲酒之中也，不醉不醒，故謂之中。」杜牧《睦州四韻》：「殘春杜陵客，中酒落花前。」

如夢令

門外迢迢行路〔一〕，誰送郎邊尺素〔二〕。巷陌雨餘風，當面溼花飛去〔三〕。無緒，無緒，閒處偷垂玉筯〔四〕。

【校】

〔《如夢令》〕陳本題作「閨情」，毛本、《粹編》、《百家詞》無題。

【箋注】

〔一〕迢迢句：蕭統《飲馬長城窟行》：「行客行路遥，故鄉日迢迢。」

〔二〕尺素：古書札每以一尺生絹寫之，故名。蔡邕《飲馬長城窟行》：「客從遠方來，遺我雙鯉魚，呼兒烹鯉魚，中有尺素書。」陸機《文賦》：「函綿邈於尺素，吐滂沛乎寸心。」

〔三〕溼花：見《浣溪沙》「雨過殘紅」闋注。

〔四〕玉筯：淚也。《白氏六帖》：「魏甄后面白，淚雙垂如玉筯。」章碣《春别》：「花邊馬嚼金銜去，樓上人垂玉筯看。」

月中行

蜀絲趁日染乾紅〔一〕，微暖面脂融。博山細篆靄房櫳〔二〕，靜看打窗蟲〔三〕。　愁多膽怯疑虛幕〔四〕，聲不斷、暮景疏鐘。團團四壁小屏風〔五〕，啼盡夢魂中。

【校】

〔《月中行》〕陳本皆注宮調，惟此獨缺，題作「怨恨」。劉禹錫《晚泊牛渚》：「無人能詩史，獨自月中行。」

〔面脂〕毛本、《詞統》作「口脂」。　〔細篆〕《雅詞》作「細炷」。　〔團團〕《雅詞》、《白雪》、《詞統》、《百家詞》毛本皆作「團圞」。毛注云：「『團圞四壁小屏風』，一作『團團一面小屏風』，非。孫亮作圓琉璃屏風，多布螢其中，月下清夜舒之，常寵四姬皆比絶色，使入四座屏風内，望之若無隔，惟香氣不通於外。」案孫亮云云一節，見陳注，毛本及《詞統》均略改易其文而用之，惟不言出處。　〔啼盡夢魂中〕《白雪》「啼」作「淚」。陳注：「一本又作『淚盡夢啼中。』」

【箋注】

〔一〕蜀絲：單絲羅也。蜀郡、蜀州，産單絲羅，見《新唐書・地理志六》。詞言胭脂淚滴羅衣，日照而乾，若染紅也。

〔二〕博山：香爐之刻鏤爲重疊山形者。鮑照《擬行路難》：「洛陽名工鑄爲金，博山千斲復萬鏤，上刻秦女攜手仙，承君清夜之歡娱。」吕大臨（與清真同時）《考古圖》云：「博山香爐者，象海中博山，下盤貯湯，潤氣蒸香，象海之四環，故名之。」「細篆」，狀煙裊裊細如篆書也。　房櫳：《漢書・班倢伃傳》「房櫳虚兮風泠泠」，顔師古注：「櫳，疏檻也。」即窗櫺。引伸爲指房舍，《文選》張協《雜詩》：「房櫳無行跡，庭草萋以緑。」

〔三〕打窗蟲：李商隱《水齋》：「捲簾飛燕還拂水，開户暗蟲猶打窗。」

〔四〕虚幕：庾信《竇氏墓誌銘》：「空帷舊館，虚幕新封。」陳注引張君房《麗情集》（已佚）：「愛愛歌云：『帳虚膽怯夢易破。』」

〔五〕團團句：陳注：「吴孫亮作緑琉璃屏風，薄布瑩徹，月下清夜舒之。常寵四姬皆振世絶色，使入四坐屏風内，望之若無隔，惟香氣不通於外。一本（案指末句）又作『淚盡夢啼中』。」注文蓋取自《侍兒小名録》云：「孫亮有愛姬四人，皆振古絶倫，一名朝姝，二名麗居，三名潔華，四名洛寶。又作緑琉璃屏風，甚薄而徹，每月下清夜舒之，使四姬坐屏風内，而外望之如無隔，惟氣不通耳。」案此故事與清真詞句無涉，陳注强附會之耳，而毛晉、卓人月又展轉因襲，以實「團團」當作「團圞」之説，皆强作解人也，不知詞句義極明白，一經穿鑿，反費解矣。又案孫亮乃權之少子，被黜時年甫十六耳，小説家言，亦未足信也。

迎春樂

人人花豔明春柳〔一〕，憶席上，偷攜手。趁歌停舞罷來相就，醒醒箇〔二〕，無些酒。　比目香囊新刺繡〔三〕，連隔坐、一時薰透。爲甚月中歸，長是他，隨車後。

【校】

〔《迎春樂》〕陳本注「雙調」，題作「攜妓」；毛本題同，《粹編》無題。　〔花豔〕毛本作「豔色」。　〔舞罷〕毛本作「無歇」。

【箋注】

〔一〕花豔明春柳：《樂府詩集》無名氏《襄陽樂》：「朝發襄陽城，暮至大堤宿。大堤諸女兒，花豔驚郎目。」「春柳」，見《如夢令》「塵滿」詞注。又李賀《花遊曲》：「春柳南陌態，冷花寒露姿。」

〔二〕箇：句末語助辭，有估量之意。如李煜《一斛珠》：「曉妝初過，沈檀輕注些兒箇。」蘇軾《蝶戀花》：「苦被多情相折挫，病緒厭厭，渾似去年箇。」

〔三〕比目句：香囊上刺繡比目魚，以喻形影不離之意。徐幹《室思詩》：「故如比目魚，今隔如參辰。」繁欽《定情詩》：「何以致叩叩，香囊繫肘後。」

〔四〕月中歸：李白《醉題王漢陽廳》：「時尋漢陽令，取醉月中歸。」

〔五〕隨車後：韓愈《嘲少年》：「祗知閒信馬，不覺誤隨車。」又《詠雪贈張籍》：「隨車翻縞帶，逐馬散銀杯。」

【評】

《喬大壯手批〈片玉集〉》：見詞家新意。

滿路花

金花落燼燈〔一〕，銀礫鳴窗雪〔二〕。夜深微漏斷，行人絕。風扉不定〔三〕，竹圃琅玕折〔四〕。玉人新間闊〔五〕，著甚情悰〔六〕，更當恁地時節。無言攲枕，帳底流清血〔七〕。愁如春後絮〔八〕，來相接。知他那裏，争信人心切。除共天公説。不成也還、似伊無箇分別。

【校】

〔《滿路花》〕陳本注「仙吕」宫，無題。毛本題「詠雪」。〔夜深〕毛本、《草堂》、《粹編》、《古今詩餘醉》作「庭深」。〔著甚〕毛本作「著這」。〔情悰〕毛本作「情懷」，《古今詩餘醉》誤倒作「悰情」。

【箋注】

〔一〕金花：喻燭焰。李商隱《無題》：「曾是寂寥金燼暗，斷無消息石榴紅。」王珪《宫詞》：「素英飄灑昨宵寒，一寸金花燭淚殘。」

〔二〕銀礫：喻雪粒。梁簡文帝《同劉諮議詠春雪》：「曉霰飛銀礫，浮雲暗未開。」

〔三〕風扉：杜甫《雨》：「風扉掩不定，水鳥過仍迴。」

〔四〕琅玕：玉名，借以喻竹。杜甫《鄭駙馬宅洞中宴》：「主家陰洞細煙霧，留客夏簟青琅玕。」李紳《南庭竹》：「煙惹翠梢含玉露，粉開春籜聳琅玕。」

〔五〕間闊：猶久别。《漢書·諸葛豐傳》：「京師爲之語曰：『間何闊，逢諸葛。』」師古注：「言間者何久闊不相見，以逢諸葛故也。」

〔六〕著甚情悰：猶言有甚歡情。「著」猶言有，宋人詩詞中常用。如陸游《泊舟》：「兩行楊柳吹晴雪，只著啼鶯未著蟬。」「悰」，樂也。

〔七〕清血：血淚。杜牧《杜秋娘詩》：「清血灑不盡，仰天知問誰。」

〔八〕春後絮：晏幾道《玉樓春》詞：「牆頭丹杏雨餘花，門外綠楊風後絮。」

【評】

《草堂詩餘正集》：起句煉。「争信」幾句，一信了有何意味？「説」、「行」、「成」，一發没味了。「知他」幾語如食橄欖，多回味。

《皺水軒詞筌》：詞家用意極淺，然愈翻愈妙。如周清真《滿路花》後半云：「愁如春後絮，來相接。知他那裏，争信人心切！除共天公説。不成也還，似伊無箇分別。」酷盡無聊賴之致。至陸放翁《一叢花》則云：「從今判了，十分憔悴，圖要箇人知。」其情加切矣。至孫夫人《風中柳》則更云：「別離情緒，待歸來都告，怕傷郎又還休道。」則又進一層。然總此一意也，正如剥蕉者轉入轉深耳。

《海綃説詞》：「玉人新間闊」，脱，「更當恁地時節」，複上六句，後闋全寫「著這情懷」。前用虚提，後用實證。

滿路花

簾烘淚雨乾〔一〕，酒壓愁城破〔二〕。冰壺防飲渴，培殘火〔三〕。朱消粉退，絶勝新梳裹。不是寒宵短，日上三竿，殢人猶要同卧〔四〕。　如今多病，寂寞章臺左〔五〕。黄昏風弄雪，門深鎖。蘭房密愛〔六〕，萬種思量過。也須知有我。著甚情悰，你但忘了人呵。

【校】

〔《滿路花》〕陳本、《百家詞》題作「思情」，毛本題「冬景」，元本無題。此詞《類編草堂詩餘》誤爲朱敦儒詞。

〔寒宵短〕此語各本一致，近人吴則虞《清真集》校點忽云：「案『短』字宜叶，此字疑『矬』字之訛，《廣韻》『矬，短也』，『矬』字有讀去聲者。」案此句亦有不叶韻者，楊澤民、陳西麓和詞是也，不知吴氏何以忽略。又《鳴鶴餘音》載牛真人此調，上闋「不愛乘肥馬」，下闋「五更忙上馬」，均不叶韻，好事者因名其調爲《喝馬一枝花》。且「矬」字極僻，非聲歌所宜，詞中亦未見用之者。吴説無乃素隱行怪歟？

〔情悰〕毛本亦作「情懷」。

【箋注】

〔一〕簾烘：李商隱《石城》：「簟冰將飄井，簾烘不隱鉤。」又《無題》：「樓響將登怯，簾烘欲過難。」朱鶴齡注本沈厚塽輯評引朱彝尊云：「烘字難解，意香煙透出，簾中有人，故過之難。」馮浩《玉溪生詩集箋注》云：「按《詩》『卬烘于煁』，烘、燎也，取實而照物之義。」按義山此兩聯，烘字皆作狀辭；清真此處及《玉樓春》「簾烘樓迥月宜人，酒暖香融春有味」，《早梅芳》「故隱烘簾自嬉笑」及《謾成》詩「麗日烘簾幔影斜」亦然。李賀《惱公》：「玳瑁釘簾薄，琉璃疊扇烘。」扇謂屏也。疑簾烘、扇烘爲方語，烘有暖義，簾烘、烘簾指暖簾。

〔二〕酒壓句：陳注引庾信《愁賦》：「攻許愁城終不破，蕩許愁門終不開。」按今通行本庾集無此賦，然宋人頗有引用者，詳《宴清都》箋。

〔三〕冰壺二句：言以微火炙冰壺，冰解水冷，可以消酒渴。姚崇有《冰壺賦》。杜甫《贈崔十三評事》：「冰壺動瑶碧，野水失蛟螭。」

〔四〕殢：亦作滯，義同泥，有戀纏之意。如柳永《玉蝴蝶》：「要索新詞，殢人含笑立花前。」

〔五〕章臺：本秦昭王所築，見《史記·楚世家》及《藺相如傳》。漢之章臺街在其地。《漢書·張敞傳》：「敞無威儀，時罷朝會，走馬過章臺街，使御吏驅，自以便面拊馬。」後人因以章臺爲妓女所居之地。李白《少年子》：「青雲少年子，挾彈章臺左。」

〔六〕蘭房：樂府《子夜秋歌》：「蘭房競妝飾，綺帳待雙情。」

歸去難

佳人約未知，背地伊先變。惡會稱停事〔一〕，看深淺。如今信我〔二〕，委的論長遠。好采無可怨〔三〕，洎合教伊，因些事後分散。　密意都休，待説先腸斷。此恨除非是，天相念。堅心更守，未死終相見。多少閒磨難，到得其時，知他做甚頭眼。

【校】

〔《歸去難》〕即《滿路花》，陳本仍注「仙吕」；題作「期約」，毛本同，《粹編》無題。　〔先變〕陳本脱「先」字。　〔停事〕《粹編》作「亭事」。案「亭」爲本字，「停」爲後起字，通用。　〔好采〕《粹編》作「好來」。　〔洎合〕毛本作「自合」。　〔因些〕毛本作「推些」。　〔相見〕毛本作「厮見」，一本又作「須見」。　〔閒磨難〕《粹編》作「闗磨難」。

【箋注】

〔一〕惡會：「惡」者甚辭，如柳永《滿江紅》「惡發姿顔歡喜面」，黄庭堅《撼庭竹》「空恁惡憐伊」，又《步蟾宫》「蟲兒真個惡靈利」之類是。

〔二〕信我：猶言知我。晏殊《漁家傲》「須信道，人間萬事何時了」；清真《玉燭新》「須信道羌管無情，看看又奏」，此類頗多，「信」皆作知解。

〔三〕好采：幸運或徼幸之義，如南宋人許棐《選官圖》云：「縱有黃金無好采，也難平白到公卿。」詞句言幸而無可怨恨也。

【評】

《喬大壯手批〈片玉集〉》：纏令可厭，語體之敝如此。「堅心」九字自好。

【附記】

吴則虞《清真集》校點云：「此類詞未必美成所撰，抑或當筵付歌者之作，故不著雋語，信手拈來，只合音拍易於演唱耳。」案以俚語爲詞，宋人遊戲之作有此一路，山谷其尤者也。《中原音韻》云：「不必要上紙，但只要好聽，俗語、譃語、市語皆可。前輩云，街市小令唱尖新茜意。」詞曲一例，此之謂也。此詞闌入山谷之調耳，但與毛本多收僞託庸濫之作有異，不必疑非清真作也。又此等市井俗語，當時無人不曉，時易世移，言語亦變，今則不易通解矣。

意難忘

衣染鶯黃〔一〕，愛停歌駐拍，勸酒持觴。低鬟蟬影動〔二〕，私語口脂香〔三〕。檐露滴〔四〕，竹風涼〔五〕，拚劇飲淋浪。夜漸深、籠燈就月〔六〕，子細端相〔七〕。知音見説無雙，解移宫換羽〔八〕，未怕周郎〔九〕。長顰知有恨〔一〇〕，貪耍不成妝〔一一〕。些箇事，惱人腸，試說與何妨。又恐伊、尋消問息，瘦減容光〔一二〕。

【校】

〔《意難忘》〕陳注「中吕」宮，題作「詠美」。《草堂》、《古今詩餘醉》題作「美人」，《粹編》題作「佳人」，《詞的》題作「歌伎」，毛本無題。案調始清真。毛本《東坡詞》亦有此調，注云：「妓館，元刻不載。」《續選草堂詩餘》卷下亦題東坡，並誤。唐圭璋先生《宋詞互見考》云：「案此闋毛本《東坡詞》有之，四印齋本《東坡詞》則無。毛據當時金陵本子删去他人之作，若此闋則毛氏所未及删耳。《花草粹編》卷九收此詞，作程垓書舟作，亦可曉然矣。」案書舟《意難忘》與清真此詞相似，蓋仿作也。故此調當以清真爲首。　〔愛停歌駐拍〕《雅詞》作「解停歌駐客」。

〔檐露滴〕《花庵》、《古今詩餘醉》作「荷露滴」，元本作「蓮露滴」，《雅詞》、《詞統》作「蓮露冷」。　〔竹風〕《草堂》作「竹松」。　〔夜漸深籠燈就月子細端相〕《花庵》、《雅詞》作「漏漸深、移燈背壁，細與端相」。《詞旨》作「籠燈燃月」。「子細」，《古今詩餘醉》亦作「細與」。　〔換羽〕《雅詞》作「換徵」。　〔長顰〕《雅詞》作「顰眉」。　〔惱人〕《雅詞》作「惱心」。　〔試說〕《雅詞》、《詞統》作「待說」。　〔問息〕毛本作「聽息」。

〔瘦減〕毛本作「瘦損」，《詞源》亦然。

【箋注】

〔一〕鶯黃：温庭筠《舞衣曲》：「蟬衫麟帶壓愁香，偷得鶯黃鎖金縷。」

〔二〕低鬟句：元稹《續張生會真詩三十韻》：「低鬟蟬影動，迴步玉塵蒙。」見《會真記》，陳注誤以爲杜牧詩。

〔三〕私語句：顧夐《甘州子》：「山枕上，私語口脂香。」

〔四〕檐露滴：杜甫《倦夜》：「露重成涓滴，稀星乍有無。」

〔五〕竹風涼：白居易《渭村退居》：「望春花景暖，避暑竹風涼。」案陳注引《麗情集》漁家女吟詩云云，無關宏旨，非是。

〔六〕籠燈：殷堯藩《宫詞》：「夜深怕有羊車過，自起籠燈看雪紋。」

〔七〕子細端相：司空圖《障車文》：「且子細思量，内外端相。」「端相」，審視也。

〔八〕移宫换羽：變易樂曲宫調。張炎《詞源》卷下：「美成諸人，又復增演慢曲、引、近，或移宫换羽，爲三犯四犯之曲。」語出此。

〔九〕未怕周郎：庾信《和趙王看伎》：「懸知曲不誤，無事畏周郎。」《三國志·吴書·周瑜傳》：「瑜時年二十四，吴中皆呼爲周郎。……瑜少精意於音樂，雖三爵之後，其有闕誤，瑜必知之，知之必顧，故時人謡曰：『曲有誤，周郎顧。』」案清真以音律自負，又氏周，故堂名「顧曲」，詞云「未怕周郎」，又云「坐上有人能顧曲」（《玉樓春》），又云「惆悵周郎已老」（《六幺令》），蓋可見矣。

〔一〇〕長顰：李羣玉《金塘路中》：「十口繫心抛不得，每回回首即長顰。」

〔一一〕貪耍：《古今詞話》卷下用字：「耍，嬉也。周美成『貪耍不成妝』，蔣竹山『羞與鬧蛾争耍』。」

〔一二〕瘦減容光：《會真記》：「崔知之，潛賦一章，詞曰：『自從清瘦減容光，萬轉千迴懶下牀；不爲旁人羞不起，爲郎憔悴却羞郎。』」

【評】

《浩然齋雅談》卷下：周美成長短句，純用唐人詩句，如「低鬟蟬影動，私語口脂香」，此乃元、白全句。

《詞源》：詞欲雅而正，志之所之，一爲情役，則失其雅正之音。耆卿、伯可不必論，雖美成亦有所不免。如「爲伊淚落」（《解連環》）；如「最苦夢魂，今宵不到伊行」（《風流子》）；如「天便教人，霎時得見何妨」（同上）；如「又恐伊尋消問息，瘦損容光」（《意難忘》）；如「許多煩惱，只爲當時，一晌留情」（《慶春宮》）；所謂淳厚日變成澆風也。

《山中白雲》卷四《意難忘》詞序：中吳車氏號秀卿，樂部中之翹楚者，歌美成曲，得其音旨，余每聽，輒愛歎不能已，因賦此以贈。余謂有善歌而無善聽，雖抑揚高下，聲字相宣，傾耳者指不多屈，曾不若春蚓秋蛩，争聲響於月籬煙砌間。絶無僅有，余深感於斯，爲之賞音，豈亦善聽者耶。

《山中白雲》卷一《國香》詞序：沈梅嬌，杭妓也，忽於京都見之，把酒相勞苦，猶能歌周清真《意難忘》、《臺城路》二曲，因囑余記其事。詞成，以羅帕書之。

尤侗《蒼梧詞序》：每念李後主「小樓昨夜又東風」，輒欲以淚眼洗面。及詠周美成「低鬟蟬影動，私語口脂香」，則淚痕猶在，笑靨自開矣。詞之能感人如此。

《古今詞論》引毛稚黄曰：清真「衣染鶯黄」詞，忽而歡笑，忽而悲泣，如同枕席，又在天畔，真所謂不可解、不必解者。此等最難作，作亦最難得佳。

《填詞雜説》：小令中有排蕩之勢者，吴彦高之「南朝千古傷心事」，范希文之「塞下秋來風景異」是也。長調中極狎昵之情者，周美成之「衣染鶯黄」，柳耆卿之「晚晴初」是也。於此足以悟偷聲變律之妙。

《白雨齋詞話》：美成豔詞，如《少年游》、《點絳脣》、《意難忘》、《望江南》等篇，别有一種姿態，句句灑脱，香匳泛語，吐棄殆盡。

《詞則閑情集》一：灑落有致，吐棄一切香奩泛話。

《雲韶集》：此詞香豔極矣。但香豔不難，難在吐棄一切泛語。誰不能作香奩詞，誰能如此擺脱有致？

《抄本海綃説詞》：「檐露滴，竹風涼」六字，如繁休伯《與魏文帝箋》：「是時日在西隅，涼風拂衽」也。

《喬大壯手批〈片玉集〉》：「停歌」八字作對，甚密。「低鬟」十字作對跳擲。「檐露」六字作對寫景。又自命周郎。「長顰」十字甚新。

荔枝香

照水殘紅零亂〔一〕，風喚去。盡日惻惻輕寒〔二〕，簾底吹香霧〔三〕。黄昏客枕無憀，細響當窗雨。看兩兩相依燕新乳〔四〕。　樓下水，漸緑偏行舟浦。暮往朝來，心逐片帆輕舉〔五〕。何日迎門，小檻朱籠報鸚鵡〔六〕。共翦西窗蜜炬〔七〕。

【校】

〔《荔枝香》〕陳本注「般涉」調。調名或作《荔枝香近》，或作《荔枝香近拍》，其實一也。按調始柳永，見《樂章集》，亦注般涉調。　〔喚去〕《粹編》作「掀去」。　〔看兩兩句〕按此句柳永九字，三家和《清真詞》亦九字，萬樹《詞律》遂謂「看」字之上或脱「閒」字、「愁」字之類。戈載《宋七家詞選》乃爲補作「閒看」。《彊村叢書》翻刻陳本雖不爲添字，而仍以爲當作九字句，作「□看」，校記云：「原本無□，從鄭叔問校。」按鄭校多膠柱鼓瑟，前於《鳳來朝》校語中已言之。宋人倚聲填詞，一樂句中字數每有參差，非若後世按文字之譜爲之，一成不變也。清真此調二首，不唯句法不一，通體字數亦不一，蓋可知矣。此句陳本毛本皆八字，不必强之爲九字也。　〔燕新乳〕《圖譜》作「新燕語」，誤也，語本温庭筠詩，見箋。按此調二首上下闋兩結末三字，均用去平上三聲，夏承燾先生謂有似於元曲之務頭（《唐宋詞論叢》），「新燕語」則不協矣。　〔末一句〕毛本作「如今誰念淒楚」，注云：「《清真集》

作『共翦西窗蜜炬』。」按三家和詞皆押「炬」字韻，毛所據或爲溧水本，三家所未見。以文字論，毛本結句浮泛平庸，清真語句精鍊，當不如是。

【箋注】

〔一〕照水：虞世南《侍宴應詔賦得前字》：「横空一鳥度，照水百花然。」清真《玉燭新》及《花犯》亦用之。

〔二〕惻惻輕寒：韓偓《夜深》：「惻惻輕寒翦翦風，小梅飄雪杏花紅。」陳注引此二句，前後倒置；又詞及引詩均作「測測」，亦非。

〔三〕簾底吹香霧：李賀《秦宫詩》：「樓頭曲宴仙人語，帳底吹笙香霧濃。」

〔四〕燕新乳：《説文》：「人及鳥生子曰乳，獸曰産。」温庭筠《醉歌》：「簷柳初黄燕新乳，曉碧芊綿過微雨。」

〔五〕心逐句：鄭谷《登杭州城》：「歲窮歸未得，心逐片帆還。」

〔六〕小檻句：陳注引《麗情集》云：「小玉歌：西北檻前掛鸚鵡，籠中報道李郎來。」按張君房《麗情集》今佚，近時程毅中《麗情集考》（見《文史》第十一輯），輯得三十九條，似未見陳注所引。

〔七〕共翦句：李商隱《夜雨寄北》：「何當共翦西窗燭，却話巴山夜雨時。」蜜炬，蠟炬。李賀《河陽歌》：「觥船飫口紅，蜜炬千枝爛。」

荔枝香

夜來寒侵酒席，露微泫〔一〕。舄履初會，香澤方薰〔二〕，無端暗雨催人，但怪燈偏簾捲〔三〕。回顧始覺驚鴻去雲遠〔四〕。　大都世間最苦惟聚散〔五〕，到得春殘，看即是、開離宴。細思別後，柳眼花鬚更誰翦〔六〕，此懷何處消遣。

【校】

〔一〕《荔枝香》鄭校云：「此詞訛脱殊甚，方、楊、陳和作並沿其誤，以爲又一體，非也。案此調如耆卿、夢窗所作三首，並與清真前首相同，更無别體。即此首下闋字句，亦無少異，則上闋之舛駁可知。蓋宋本已然，或緣傳抄之脱誤，當時和之者未暇深考耳。今諦審其上闋『舄履初會』下，原脱平聲二字。『燈偏簾捲』，『偏』字殊不可解。蓋本作『偏』字，當在『香澤方薰』下爲韻，與上闋『簾底吹香霧』五字句正同。如是訂正，前後一揆，聲律釐然，庶今古詞人可以痦疑辨惑矣。」案鄭氏斠律，每執着不通，前已屢言之。楊易霖《周詞訂律》云：「鄭叔問先生云：『初會』下脱平聲二字，『方薰』下脱一『偏』字，『燈偏』之『偏』字不可解，疑衍，應改爲『但怪燈簾捲』云云。尋三家和作，『舄履初會』句，平仄句法皆與原作相合，則『初會』之下似無脱字。鄭謂『但怪燈偏簾捲』之『偏』字係『偏』字之誤，是也。又謂『偏』字應在『方薰』之下，則非。竊疑是句原作當爲『但怪簾捲燈偏』，劉長卿詩『菡萏千燈偏』，是其故實。較之千里『是處池館春徧』，澤民『大白須捲歌徧』，其韻脚平仄正復相同。方、楊二家去美成未遠，其所作乃不謀而合，自宜據爲顯證。澤民認『卷』字爲句中韻而和之，尤與愚説符合。至《歷代詩餘》録千里此句，作『是處簾櫳高捲』，蓋由好事之徒，誤以爲不合而改之。各家刊本作『但怪燈偏簾捲』，或係當時尚有另本。西麓和詞及宣卿所作，即據另本無疑，且於下句脱一『雲』字。故知此詞字數句法雖與第一首微有出入，並非脱誤。……宋賢所作，同一調而字數句法各異者，觸處皆是。美成《瑞鶴仙》二首，字數平仄句法皆有異同，即其例證，不必强爲之説也。」〔去雲遠〕毛本「雲遠」，非。

【箋注】

〔一〕露微泫：謝靈運《從斤竹澗越嶺溪行》：「巖下雲方合，花上露猶泫。」

〔二〕舄履二句：《史記·淳于髡傳》：「日暮酒闌，合尊促坐，履舄交錯，杯盤狼藉，堂上燭滅，主人留髡而送客；羅襦襟解，微聞薌澤，當此之時，髡心最歡，能飲一石。」

〔三〕燈偏：應作「燈徧」，見校記。劉長卿《題靈祐上人法華院木蘭花》：「菡萏千燈徧，芳菲一雨均。」按詩本謂池塘荷花徧滿，如燈千盞。詞借用字面，言燈光徧照。

〔四〕驚鴻：曹植《洛神賦》：「翩若驚鴻，婉若游龍。」

〔五〕大都句：杜甫《送殿中楊監赴蜀見相公》：「人生在世間，聚散亦暫時。」

〔六〕柳眼花鬚：元稹《生春》：「何處生春早，春生柳眼中。」謂初生柳葉細長如睡眼初展也。杜甫《陪李金吾花下飲》：「見輕吹鳥毳，隨意數花鬚。」李商隱《二月二日》：「花鬚柳眼各無賴，紫蝶黃蜂俱有情。」

【評】《褒碧齋詞話》：柳詞云：「算人生、悲莫悲於輕别。」又云：「置之懷袖時時看。」此從古樂府出。美成詞云：「大都世間最苦惟聚散。」乃得此意。

漁家傲

幾日輕陰寒惻惻〔一〕，東風急處花成積〔二〕。醉踏陽春懷故國〔三〕，歸未得，黃鸝久住如相識〔四〕。　賴有蛾眉能暖客〔五〕，長歌屢勸金杯側。歌罷月痕來照席〔六〕，貪歡適，簾前重露成涓滴〔七〕。

【校】〔《漁家傲》〕陳本注「般涉」調，無題。《草堂》、《粹編》題作「春恨」，《永樂大典》卷二萬三百五十三引周美成《清真集》題爲「席上作」。當以《大典》爲近是，蓋應歌之詞也。〔惻惻〕《大典》云：「一作測測」，元本及《百家詞》同。按姜夔《淡黃柳》「馬上單衣寒惻惻」，正用清真語；方千里、楊澤民、陳允平和詞亦作「惻」。〔懷故國〕《百家詞》作「思故國」。《大典》作「懷故園」，失協，乃誤抄。〔鸝〕《大典》云：「一作鸎。」〔蛾眉〕《大典》云：「一作娥媌。」〔暖客〕《詞萃》作「緩客」，非。〔杯〕《大典》云：「一作樽。」

【箋注】

〔一〕惻惻：《文選》歐陽建《臨終詩》：「下顧所憐女，惻惻中心酸。」

〔二〕花成積：王勃《遊梵宇三覺寺》：「葉齊山路狹，花積野壇深。」

〔三〕醉踏陽春：陳注引《洪駒父詩話》：「長安少女踏春陽，無處春陽不斷腸。舞袖弓彎渾忘却，蛾眉空帶九秋霜。」按此詩見《酉陽雜俎》前集卷十四，「少女」原作「女兒」，「弓彎」原作「弓腰」。又駒父名芻，黄庭堅之甥，哲宗紹聖間舉進士，於清真爲後輩，必不及見其所作詩話也。此語若有所本，宜出《雜俎》。又郭紹虞先生《宋詩話輯佚》中《洪駒父詩話》未見此條，順及之。

〔四〕黄鸝句：戎昱《移家别湖上亭》：「好是春風湖上亭，柳條藤蔓繫離情。黄鶯久住渾相識，欲别頻啼四五聲。」陳注引此，誤題作「遣妓詩」，「渾相識」作「如相識」。按昱别有《送零陵妓》詩，陳注張冠李戴耳。

〔五〕暖客：杜甫《自京赴奉先縣詠懷五百字》：「暖客貂鼠裘，悲管逐清瑟。」按暖者俗煖字。《邵氏聞見前録》：「宋景文納子婦，其婦家饋食物，書云煖女，皆曰煖字錯用，宜作餪。」按《玉篇》引《倉頡篇》：「餪，饋女也。」《廣韻》：「女嫁三日送食曰餪。」蛾眉暖客，亦可如此解。

〔六〕來照席：杜甫《送孔巢父謝病歸游江東兼呈李白》：「罷琴惆悵月照席，幾歲寄我空中書。」

〔七〕簾前句：杜甫《倦夜》：「重露成涓滴，稀星乍有無。」

【評】

《七頌堂詞繹》：美成「春恨」《漁家傲》，以「黄鸝久住如相識」、「重露成涓滴」作結，有離鉤三寸之妙。

《抄本海綃説詞》：「醉」字倒提，「金杯側」逆挽。

《喬大壯手批〈片玉集〉》：起處急拍哀弦。

浣溪沙

樓上晴天碧四垂〔一〕，樓前芳草接天涯，勸君莫上最高梯〔二〕。　新筍已成堂下竹〔三〕，落花都上燕巢泥〔四〕。忍聽林表杜鵑啼〔五〕。

【校】

〔《浣溪沙》〕毛本注：「或刻李易安。」案《詩詞雜俎》本《漱玉詞》有此，《古今詞統》、《歷代詩餘》亦題李清照；《四印齋所刻詞》既入《清真集》，又入《漱玉詞》。唐圭璋先生《宋詞互見考》云：「見《片玉詞》，《詩詞雜俎》本《漱玉詞》收之，非是。」案曾慥《樂府雅詞》卷三，收入清真所作二十九首中，慥與易安同時，必不誤題作者。王學初《李清照集校注》不收此詞，蓋亦以爲非易安作。吴則虞《清真集》校點則云：「此詞神態不似清真，『林表杜鵑』

之思，清真亦無此懷抱。」案清真《一落索》亦有「杜宇思歸聲苦，和春催去」之語，何以見其無此懷抱耶？〔勸君〕四印齋本《漱玉詞》作「傷心」。〔已成〕毛本、《雅詞》、《草堂》作「看成」。〔都上〕毛本、《雅詞》、《粹編》作「都入」。

【箋注】

〔一〕樓上句：韓偓《有憶》：「愁腸泥酒人千里，淚眼倚樓天四垂。」案《經典釋文·豳風》釋文「屋四垂爲宇」，宇，屋簷也。

〔二〕高梯：應瑒《侍五官中郎將建章臺集詩》：「欲因雲雨會，濯翼陵高梯。」

〔三〕新筍句：陳注引張擴詩「檐前新筍看成竹」箋之。案擴爲兩宋間人，崇寧進士，南渡後，秦檜賞其詩，又與曾慥、吕本中等交游，生世後於清真。陳注誤以爲前，不知詩句正自詞句出也。然因詩句作「看成竹」，或詞句本作「新筍看成堂下竹」，如毛本、《雅詞》、《草堂》所刻。

〔四〕落花句：陳注引皮光業詩：「行人折柳和輕絮，飛燕銜泥帶落花。」案光業爲皮日休子，五代時仕吳越爲宰相，有詩名。蔡絛《西清詩話》亦稱此二句，而原篇已佚，李調元《全五代詩》但存光業四言一首，亦無此。

〔五〕忍聽句：李中《鍾陵禁煙寄從弟》：「交親書斷竟不到，忍聽黄昏杜宇啼。」

一落索

杜宇思歸聲苦〔一〕，和春催去。倚欄一霎酒旗風〔二〕，任撲面桃花雨〔三〕。　目斷隴雲江樹〔四〕，難逢尺素〔五〕。落霞隱隱日平西〔六〕，料想是分攜處。

【校】

〔思歸〕毛本作「催歸」。　〔催去〕毛本作「歸去」。

【箋注】

〔一〕杜宇：《蜀中廣記》引《禽經》：「江左曰子規，蜀右曰杜宇，甌越曰怨鳥。」

〔二〕酒旗風：杜牧《江南春絶句》：「千里鶯啼緑映紅，水村山郭酒旗風。」

〔三〕桃花雨：李賀《將進酒》：「況是青春日將暮，桃花亂落如紅雨。」

〔四〕目斷句：宋之問《送趙六貞固》：「目斷南浦雲，心醉東郊柳。」柳惲《擣衣詩》：「亭皋木葉下，隴首秋雲飛。」謝朓《之宣城郡出新林浦向板橋》：「天際識歸舟，雲中辨江樹。」

〔五〕尺素：見《如夢令》「門外迢迢行路」闋箋。

〔六〕隱隱：隱約也。《水經・㶟水注》：「雁門之山，雁出其門，在高柳北，高柳在代中，其山重巒疊巘，霞舉雲高，連山隱隱，東出遼塞。」杜牧《寄揚州韓綽判官》：「青山隱隱水迢迢，秋盡江南草木凋。」

蘇幕遮

燎沈香，消溽暑〔一〕。鳥雀呼晴，侵曉窺檐語〔二〕。葉上初陽乾宿雨，水面清圓，一一風荷舉〔三〕。　故鄉遥，何日去。家住吴門〔四〕，久作長安旅〔五〕。五月漁郎相憶否，小檝輕舟，夢入芙蓉浦〔六〕。

【校】

〔《蘇幕遮》〕陳本注「般涉」調，元本、《百家詞》同。各本俱無標題。

【箋注】

〔一〕消溽暑：沈約《休沐寄懷》：「臨池清溽暑，開幌望高秋。」溽者炎蒸之氣，沈香可以辟惡氣（見《本草綱目》），故上云「燎沈香」。

〔二〕窺檐：隋煬帝《晚春》：「窺檐燕争入，穿林鳥亂飛。」

〔三〕風荷：司空圖《王官二首》：「風荷似醉和花舞，沙鳥無情伴客閒。」

〔四〕吴門：古吴縣城亦稱吴門，張繼《閶門即事》詩「試上吴門看郡國」是也，即今之蘇州市。清真乃錢塘人，詞不云家住錢塘而曰吴門，或假借言之，或曾移家於此，未可知也。

〔五〕長安：今西安市。案唐以後不都長安，後世每借指帝都，清真他作如「指長安日下」、「長安亂葉」，皆借指汴京。即明蔣一葵之《長安客話》，亦指明都燕京也，此類甚多。

〔六〕芙蓉浦：張宗昌《太平公主山亭侍宴》：「折桂芙蓉浦，吹簫明月灣。」

【評】

《宋四家詞選》：上闋，若有意，若無意，使人神眩。

《雲韶集》：不必以詞勝，而詞自勝。風致絶佳，亦見先生胸襟恬淡。

《人間詞話》：美成《青玉案》（當作《蘇幕遮》）詞：「葉上初陽乾宿雨，水面清圓，一一風荷舉。」此真能得荷花之神理者，覺白石《念奴嬌》、《惜紅衣》二詞，猶有隔霧看花之恨。

滿江紅

晝日移陰〔一〕，攬衣起、春帷睡足〔二〕。臨寶鑑、緑雲撩亂〔三〕，未忺妝束〔四〕。蝶粉蜂黄都褪了〔五〕，枕痕一線紅生肉。背畫欄、脈脈悄無言〔六〕，尋棋局〔七〕。　重會面，猶未卜。無限事〔八〕，縈心曲〔九〕。想秦箏依舊〔一〇〕，尚鳴金屋。芳草連天迷遠望，寶香薰被成孤宿〔一二〕。最苦是、蝴蝶滿園飛，無人撲。

【校】

〔《滿江紅》〕陳本注「仙吕」宫，無題。《草堂》、《粹編》、《詞的》、《詞統》、《古今詩餘醉》題作「春閨」。〔未忺〕毛本作「未慊」。〔褪了〕《草堂》、《粹編》、《詞統》、《古今詩餘醉》作「過了」，非。此句或作「蝶粉蜂黄渾退了」，見箋。〔紅生肉〕毛本、《草堂》、《詞的》作「紅生玉」。按楊升庵引作「肉」，見下引詞評。〔悄無言〕毛本作「儘無言」。〔猶未卜〕《草堂》、《粹編》、《古今詩餘醉》作「何時卜」。〔無人撲〕毛本、《草堂》、《粹編》、《古今詩餘醉》作「無心撲」。案姜白石《滿江紅》詞序云：「《滿江紅》，舊調用仄韻多不協，如末句云『無心撲』三字，歌者將『心』字融入去聲，方諧音律。」則所見本作「無心撲」也。考此調在清真之前者，若柳永作「從軍樂」，張先作「東風惡」，張昇作「眠芳草」，第二字皆用平聲，無例外，豈諸家皆不知音耶？

【箋注】

〔一〕晝日：《易·晋卦》：「晝日三接。」

〔二〕攬衣句：白居易《長恨歌》：「攬衣推枕起裴回，珠箔銀屏迤邐開。」又《自問行何遲》：「酒醒夜深後，睡足日高時。」

〔三〕寶鑑：孟浩然《春情》：「青樓曉日珠簾映，紅粉春妝寶鏡催。」緑雲：杜牧《阿房宫賦》：「緑雲擾擾，梳曉鬟也。」

〔四〕未忺妝束：《方言》：「青、齊呼意所好爲忺。」「未忺」猶言未喜、未欲。元稹《連昌宮詞》：「春嬌滿眼睡紅綃，掠削雲鬟旋裝束。」

〔五〕蝶粉句：《鶴林玉露》卷十四：「楊東山言《道藏經》云：『蝶交則粉退，蜂交則黄退。』周美成詞云：『蝶粉蜂黄渾退了。』正用此也。而説者以爲宮妝，且以退爲褪，誤矣。」按陳注引李商隱《酬崔八早梅有贈兼示之作》：「何處拂胸資蝶粉，幾時塗額藉蜂黄。」正作宮妝解。又《古今詞話》用字條云：「美成詞『蝶粉蜂黄都褪了』，宋祁詞『淚落胭肢，界破蜂黄淺』，則知宮中時妝有時褪盡也。」

〔六〕脈脈句：杜牧《題桃花夫人廟》：「細腰宮裏露桃新，脈脈無言幾度春。」

〔七〕尋棋局：李商隱《無題》：「莫近彈棋局，中心最不平。」

〔八〕無限事：白居易《琵琶行》：「低眉信手續續彈，説盡心中無限事。」

〔九〕縈心曲：《詩·秦風·小戎》：「在其板屋，亂我心曲。」鄭箋：「心曲，心之委曲也。」北魏高孝緯《空城雀》：「日暮縈心曲，橫琴聊自奬。」陳注引上句，誤作高孝綽詩。

〔一〇〕秦箏：《初學記》卷十六引《風俗通義》云：「箏，秦聲也，或曰蒙恬所造。」《文選》潘岳《笙賦》：「晋野悚而投琴，況齊瑟與秦箏。」

〔一一〕寶香句：庾丹《秋閨有望》：「羅襦曉常襞，翠被夜徒薫。」韋莊《謁金門》詞：「有個嬌嬈如玉，夜夜繡屏孤宿。」

【評】

《草堂詩餘正集》：茗溪云：「蝶粉蜂黄都過」，「過」字乃「褪」字。蝶粉蜂黄，宫中時妝。宋子京《蝶戀花》詞「淚落胭脂，界破蜂黄淺」，則知方睡起時，宫妝褪盡，所見唯一綫枕痕。如以蜂蝶時節都過，與下句不屬，兼卒章蝶飛相發，此説可據矣。羅鶴林《道藏經》：「粉退」「黄退」，謂美成詞乃「退」字，非「褪」字，其説更確。無言尋棋局，無心撲蝴蝶，思路絶靈。

《弇州山人詞評》：美成能作景語，不能作情語；能入麗字，不能入雅字；以故價微劣於柳。然至「枕痕一線紅生肉」；「喚起兩眸清炯炯，淚花落枕紅棉冷」；其形容睡起之妙，真能動人。

憶舊游

記愁横淺黛，淚洗紅鉛〔一〕，門掩秋宵。墜葉驚離思，聽寒螿夜泣〔二〕，亂雨瀟瀟。鳳釵半脱雲鬢〔三〕，窗影燭光摇。漸暗竹敲涼〔四〕，疏螢照晚〔五〕，兩地魂消。迢迢。問音信，道徑底花陰，時認鳴鑣〔六〕。也擬臨朱户，歎因郎憔悴，羞見郎招〔七〕。舊巢更有新燕，楊柳拂河橋〔八〕。但滿目京塵〔九〕，東風竟日吹露桃〔一〇〕。

【校】

〔《憶舊游》〕調始清真。陳本注「越調」，無題。《草堂》題作「春恨」。毛本注云：「《清真集》不載。」〔寒螿〕陳刻《草堂》作「寒蛩」。〔瀟瀟〕《白雪》、毛本作「蕭蕭」。〔燭光〕元本、毛本、《草堂》、《粹編》、《百家詞》作「燭花」。〔照晚〕毛本作「照曉」。〔滿目〕毛本、《草堂》、《粹編》、《詞萃》作「滿眼」。〔京塵〕《白雪》作「驚塵」。

【箋注】

〔一〕記愁横二句：温庭筠《江南曲》：「倚瑟紅鉛溼，分香翠黛嚬。」李賀《金銅仙人辭漢歌》：「空將漢月出宮門，憶君清淚如鉛水。」案「愁横」、「淚洗」、「門掩」三句相對，謂之三對或鼎足對。

〔二〕寒螿：《爾雅·釋蟲》「蜺寒蜩」，郭璞注：「寒螿也，似蟬而小，青赤。」高適《宋中遇林慮楊十七山人因而有别》：「朔風忽振蕩，昨夜寒螿啼。」

〔三〕鳳釵：鳳首釵。羅虬《比紅兒詩》：「妝成渾欲認前朝，金鳳釵雙逐步摇。」

〔四〕暗竹敲涼：鄭谷《池上》：「露荷香自在，風竹冷相敲。」陳注引下句，誤爲杜甫詩。

〔五〕疏螢照晚：鮑溶《秋晚銅山道中宿隱者》：「秋窗照疏螢，寒犬吠落木。」

〔六〕鳴鑣：《説文》「鑣馬銜也」，段玉裁注：「馬銜横貫口中，其兩耑外出者，繫以鑾鈴。」《文選》枚乘《七發》：「逐馬鳴鑣，魚跨麋角。」李善注：「鳴鑣，鑾鳴於鑣也。」

〔七〕歎因二句：元稹《會真記》：「後歲餘，崔已委身於人，張亦有所娶。適經所居，乃因其夫言於崔，求以外兄見。夫語之，而崔終不爲出。張怨念之誠，動於顔色。崔知之，潛賦一章，詞曰『自從消瘦減容光，萬轉千迴懶下牀；不爲旁人羞不起，爲郎憔悴却羞郎。』竟不之見。」

〔八〕河橋：韓偓《春晝》：「藤垂戟户，柳拂河橋。」《宋會要輯稿·方域》十三：「大中祥符元年五月詔，在新舊城裏汴河橋八座，令開封府除七座放過重車外，並平橋只得座車子往來。」

〔九〕京塵：陸機《爲顧彦先贈婦詩》：「京洛多風塵，素衣化爲緇。」

〔一〇〕吹露桃：杜牧《題桃花夫人廟》：「細腰宫裏露桃新，脈脈無言幾度春。」李商隱《春游》：「煙輕惟潤柳，風濫欲吹桃。」

【評】

《草堂詩餘正集》：一起下個「記」字，後來下個「聽」字。「新燕」「東風」是題旨。有以「門掩秋宵」明説是秋。寒蛩疏螢，秋宵物類，疑是錯簡，則虚字何往。「因郎」二句，散活尖酸過崔氏語。

《詞絜》：「舊巢」下，如琴曲泛音，盡而不盡。美成詞是此等筆意處最難到，玉田亦似十分模擬者。

《雲韶集》：無限淒涼，鍊字鍊句，精勁絶倫。

【附記】

此詞似有絃外之音，疑作於元豐末、元祐初，將出都教授廬州之前。蓋其時哲宗以沖齡繼位，高太后主政，逐新黨,起舊黨,司馬光、吕公著相繼爲相,以次召復昔之被擯者,是「舊巢更有新燕」也。十載之後,哲宗親政,又逐舊黨而起新黨,清真自溧水召還,賦《瑞龍吟》,則云「定巢燕子,歸來舊處」,兩相印證,託意自見。方舊黨得政之初,亦稍招攬新黨之操兩可而非居高位者,若蔡肇本出王安石門下,至是復交結蘇軾諸人是也。大抵清真不爲所動,詞云:「也擬臨朱户,歎因郎憔悴,羞見郎招。」或即指此。觀其後來《重進汴都賦表》,自稱「旋遭時變,不能俯仰取容,自觸罷廢」;而樓鑰《清真先生文集序》,亦謂「未幾神宗上賓,公亦低徊不自表襮」。則所謂「羞見郎招」者,非無故也。王國維《清真先生遺事》云:「先生於熙寧、元祐兩黨均無依附,其於東坡爲故人子弟。哲宗初,東坡起謫籍,掌兩制,時先生尚留京師,不聞有往復之跡。」按清真實右熙寧變法,屬新黨,觀《汴都賦》及《田子茂墓志銘》可證,非無依附,惟事功不著,故知之者鮮耳。東坡秖長清真二十歲,清真叔父邠與東坡交好,是所謂故人子弟也。元祐初東坡復起時,清真尚在太學正任,不容不相知,然而無交往之跡者,其「羞見郎招」歟?抑道不同不相爲謀歟?文獻無徵,不可知矣。

宴清都

地僻無鐘鼓〔一〕,殘燈滅,夜長人倦難度〔二〕。寒吹斷梗,風翻暗雪,洒窗填户。賓鴻謾説傳書〔三〕,算過盡、千儔萬侣。始信得、庾信愁多〔四〕,江淹恨極須賦〔五〕。淒涼病損文園〔六〕，徽絃乍拂〔七〕，音韻先苦。淮山夜月〔八〕，金城暮草〔九〕，夢魂飛去。秋霜半入清鏡〔一〇〕，歎帶眼、都移舊處〔一一〕。更久長、不見文君〔一二〕，歸時認否。

【校】

〔《宴清都》〕調始清真。陳本注「中吕」宮，無題。《草堂》、《粹編》、《古今詩餘醉》題作「秋思」。〔暗雪〕《草堂》、《粹編》、《百家詞》、《詩餘醉》作「暗雨」。案雨不能填户，非是。〔淮山〕《粹編》、《詩餘醉》作「淮水」。案此二句皆兩平兩仄，作「水」非是。〔清鏡〕《詩餘醉》作「青鏡」。

【箋注】

〔一〕無鐘鼓：極言地僻，與王建《原上新居》之「住處鐘鼓外」相似。又，白居易《琵琶行》：「潯陽地僻無音樂，終歲不聞絲竹聲。」

〔二〕夜長句：歐陽修《錦香囊》：「一寸相思無著處，甚夜長難度。」

〔三〕賓鴻：《禮記・月令》：「季秋之月……鴻雁來賓。」鄭注：「來賓，言其客止未去也。」

〔四〕庾信愁多：陳注：「《南史》庾信《愁賦》：『閉户欲驅愁，愁終不肯去；深藏故避愁，愁已知人處。』」案《南史》並無庾信傳，《北史》有傳，却無引文，《周書》有傳，只録《哀江南賦》，陳注不知何所本而云然也。查夏承燾先生《姜白石詞編年箋校》《齊天樂》「庾郎先自吟《愁賦》」句箋云：「今本《庾子山集》無《愁賦》，前人謂白石此句杜撰。案王若虛《滹南遺老集》(三十四)《文辨》，謂『嘗讀庾氏詩賦，類不足觀，而《愁賦》尤狂易可怪。』又劉辰翁《須溪詞·蘭陵王》『送春』亦云：『更江令恨別，庾信愁賦。』似宋金人所見庾集實有《愁賦》。（頃錢鍾書先生見告：《愁賦》見葉廷珪《海録碎事》卷九下。宋代王安石、黃庭堅、韓駒、薛季宣皆嘗引此文。）」案葉廷珪南宋初人，《海録碎事》卷九下《愁樂門》引「庾信《愁賦》：攻許愁城終不破，蕩許愁門終不開。何物煮愁能得熟？何物燒愁能得然？閉門欲驅愁，愁終不肯去。深藏欲避愁，愁已知人處。」

〔五〕江淹恨極：江淹有《恨賦》，見《文選》卷十六。有云：「僕本恨人，心驚不已，直念古者，伏恨而死。」末云：「自古皆有死，莫不飲恨而吞聲。」是所謂恨極也。

〔六〕文園：司馬相如漢武帝時拜孝文園令，故稱文園。杜牧《爲人題贈二首》：「文園終病渴，休詠《白頭吟》。」

〔七〕徽絃：琴徽也。琴上表識撫抑之處或琴軫繫絃之繩，皆謂之徽，泛言之則琴絃也。韓愈《秋懷詩十一首》：「有琴具徽絃，再鼓聽愈淡。」

〔八〕淮山夜月：案《宋史·地理志》三，廬州屬淮南西路，轄合肥、舒城、梁三縣。時清真教授廬州，居合肥，故稱山曰淮山。姜夔《踏莎行》「燕燕輕盈」闋乃懷合肥之作，有「淮南皓月冷千山」之句，從清真此語化出。

〔九〕金城暮草：案地名金城者極多。陳注謂在金陵，固非；陳思《清真居士年譜》謂合肥縣界樓故城，一名金牛城，金城是其省稱，亦非。清《續修廬州府志》卷七：「金城河即鐵索澗，在合肥縣西九十里。」金城蓋河名也。二句以山水對言，狀其蕭瑟，與地僻相應，以其荒涼不可久留，故下句云夢魂亦欲離去也。

〔一〇〕清鏡：沈佺期《雜詩三首》：「清鏡紅埃入，孤燈緑焰微。」李白《秋浦歌》：「不知明鏡裏，何處得秋霜。」

〔一一〕帶眼：沈約《與徐勉書》：「百日數旬，革帶常應移孔。」《西崑酬唱集》楊億《此夕》詩：「程鄉酒薄難成醉，帶眼頻移奈瘦何。」

〔一二〕文君：漢蜀郡臨邛人，卓王孫女，司馬相如妻，事詳《史記・司馬相如傳》。

【評】

《詞絜》：美成詞，乍近之覺疏樸苦澀，不甚悦口，含咀久之，則舌本生津。

《樂府指迷》：詞中用事、使人姓名，須委曲，得不用出最好。清真詞多要兩人名對使，亦不可學也。如《宴清都》云：「庾信愁多，江淹恨極」；《大酺》云：「蘭成憔悴，衛玠清羸」；《過秦樓》云：「才減江淹，情傷荀倩」之類是也。

《蓼園詞選》：曰文園，曰文君，似爲旅宦思家之作。或别有所託，亦未可知。而詞旨自爾淒然欲絶。

【附記】

據詞中地名，知爲教授廬州時作，州學在今安徽省合肥市。清真以元祐二年自太學正出教授廬州，時年三十二歲，旋遭時變，不能俯仰取容。乍别繁庶之都，遠謫荒涼之域，故詞多淒苦之音。《友議帖》云：「此月末挈家歸錢唐，展省墳域，季春遠當西邁。」蓋二年春初攜家回杭，然後赴任也。婦既相隨，則詞中所謂文君，當别有指擬，未可知也。

晁公武《郡齋讀書志》卷十九：「《許表民詩集》十卷。右皇朝許彦國字表民，青社人，周邦彦稱其寬平優游，中極物情，惜乎流落不偶，故世人知之者或寡也。」案：宋人通稱青州爲青社，如《嵩山文集》卷十九《李挺之傳》云：「李之才，字挺之，青社人。」查之才乃青州人也。見《宋史》本傳。

《苕溪漁隱叢話》前集卷六十、虞美人草行一條云：「《冷齋夜話》云：『曾子宣夫人魏氏，作《虞美人草行》』云云。苕溪漁隱曰：此詩乃許彦國表民作。表民合肥人。余昔隨侍先君守合肥，嘗借得渠家集，集中有此詩。又合肥老儒郭全美，乃表民席下舊諸生，云親見渠作此詩。今曾伯端編詩選，亦列此詩於表民詩中，遂與余所見所聞暗合，筆者可以無疑，亦知冷齋之妄也。」表民合肥人，當是清真教授廬州時所識，或爲其詩集作序，爲晁氏引用。清真交游，於此又得一人。

朱彧《萍州可談》卷一：先公（朱服，宋史三四七有傳）在元祐背馳，與蘇轍尤不相好。公知廬州，轍門人吴儔爲州學教授，論公延鄉人方素於學舍講三經義（新學也），轍爲内應，公坐降知壽州。（下略。案吴儔教授廬州，出清真後，或是繼任者，未可知也。）

《樂府指迷》謂兩人名對使爲不可學，是不盡然。白石《秋宵吟》亦客合肥之作（夏承燾先生説），其中「帶眼銷磨，爲近日愁多頓老，衛娘何在，宋玉歸來，兩地暗縈繞」數語，即學清真此種。

玉樓春

桃溪不作從容住〔一〕，秋藕絶來無續處〔二〕。當時相候赤欄橋〔三〕，今日獨尋黃葉路。煙中列岫青無數〔四〕，雁背夕陽紅欲暮〔五〕。人如風後入江雲〔六〕，情似雨餘黏地絮。

【校】

〔《玉樓春》〕陳本注「大石」調，無題。《草堂》、《詞統》、《詩餘醉》題作「天台」。　〔當時相候赤欄橋〕毛本注：「《絶妙詞選》作『當時無奈鳥聲哀』。」（案《花庵詞選》無此闋）《草堂》、《詞的》、《詩餘醉》同。案此詞通體對句，作「無奈鳥聲哀」不惟失對，文情亦與上句不接，當誤。　〔獨尋〕《草堂》、《詞的》作「重尋」。　〔黃葉路〕《粹編》作「黃葉渡」，《草堂》、《詞的》、《詞統》作「芳草路」。　〔夕陽〕《詞統》作「斜陽」。

【箋注】

〔一〕桃溪：明《一統志》：「桃溪在廬州府舒城縣北二十五里，發源自六安州界河，流入巢湖。」清《續修廬州府志》亦云：「桃溪河在舒城縣北三十里，發源安州渒河，入巢湖（明隆慶《志》）。桃溪水源出六安州界，入巢湖（《名勝志》）。」案桃溪、巢湖俱在合肥之南，地名今同。又劉晨、阮肇入天台採藥，於桃花溪上遇女仙故事，清真亦暗用之，作雙關語。周濟不知桃溪本是地名，遂謂此詞只賦天台事，誤矣。

〔二〕秋藕：謝朓《在郡卧病呈沈尚書》：「夏李沈朱實，秋藕折輕絲。」

〔三〕赤欄橋：橋名赤欄，所在甚多，此則合肥橋也。案姜夔《淡黄柳》詞序云：「客居合肥南城赤闌橋之西，巷陌淒涼，與江左異，惟柳色夾道，依依可憐。」又《送范仲訥往合肥》詩云：「我家曾住赤闌橋，鄰里相過不寂寥。」白石之客合肥，蓋後清真百年矣。案陳注引《北夢瑣言》謂赤闌橋在桑乾河，不止謬以千里也。

〔四〕煙中句：李中《秋日途中》：「遥天疏雨過，列岫亂雲收。」元王沂《御街行》：「煙中列岫青無數，遮不斷，長安路。」即全用清真語。

〔五〕雁背句：温庭筠《春日野行》：「蝶翎胡粉盡，鴉背夕陽多。」《樂府餘論》云：「《漁隱叢話》曰：『少游《踏莎行》爲郴州旅舍作也。山谷曰：此詞高絶，但斜陽暮爲重出。欲改斜陽爲簾櫳。范元實曰：只看孤館閉春寒，似無簾櫳。山谷曰：亭傳雖未有簾櫳，有亦無礙。范曰：詞本摹寫牢落之狀，若曰簾櫳，恐損初意。今《郴州志》竟改作斜陽度。余謂斜陽屬日，暮屬時，不爲累，何必改。東坡回首斜陽暮，美成雁背夕陽紅欲暮，可法也。』按引東坡、美成語是也。分屬時日，尚欠明析，《説文》：『莫，日且冥也，從日在茻中。』今作暮者俗也。是斜陽爲日斜時，暮爲日入時，言自日昃至暮，杜鵑之聲亦云苦矣。山谷未解暮字，遂生轇轕。」

〔六〕入江雲：杜甫《江閣對雨有懷行營裴二端公》：「野流行日地，江入度山雲。」案陳注誤引作「風入渡江雲」，《渡江雲》注亦然。

【評】

《草堂詩餘正集》： 風雲入江散難聚，雨絮沾地牢不解，即「秋藕」句意，而味之有無迥別。

《蓼園詞選》： 按東坡有《點絳脣》詞詠天台云：「醉漾輕舟……亂紅如雨，不記來時路。」蓋全用劉阮天台事也，今併附於此。 按美成由秘書監徽猷閣待制出知順昌，是其被出後，借題寄託也。 東坡亦由翰林學士被謫，其《點絳脣》一詞，亦其寓意耳。 是皆工於寫意者。

《宋四家詞選》： 只賦天台事，態濃意遠。

《白雨齋詞話》： 美成詞有似拙實工者，如《玉樓春》結句云：「人如風後入江雲，情似雨餘黏地絮。」上言人不能留，下言情不能已，呆作兩譬，別饒姿態，卻不病其板，不病其纖，此中消息難言。

《詞則・大雅集》二評結拍云： 上句人不能留，下句情不能已。 平常意寫得姿態如許。

《雲韶集》： 只縱筆直寫，情味愈出。

《抄本海綃説詞》： 上闋大意已足，下闋加以渲染，愈見精采。

【附記】

此詞當是元祐四年任滿去廬州，祖帳留別時付聲歌之作，味「今日獨尋黃葉路」一語，其行當在秋冬間。《遠遊》詩云：「淮西渡兩槳，江左隨一鷗。 苦嗟波濤窄，所至膠吾舟。 借問舟中人，流轉何時休……」首言渡淮，別廬而去也，以下皆傷行役之言，似與此詞同時之作：「流轉何時休」，則又「人如風後入江雲」耳，詩顯詞隱，可以互參。

還京樂

禁煙近〔一〕，觸處浮香秀色相料理〔二〕。正泥花時候，奈何客裏，光陰虛費。望箭波無際〔三〕，迎風漾日黃雲委〔四〕。任去遠，中有萬點相思清淚。　到長淮底〔五〕。過當時樓下〔六〕，殷勤爲說，春來羇旅況味。堪嗟誤約乖期，向天涯、自看桃李。想而今、應恨墨盈牋，愁妝照水。怎得青鸞翼〔七〕，飛歸教見憔悴。

【校】

〔《還京樂》〕調始清真。陳注「大石」調，無題。　〔而今〕毛本作「如今」。

【箋注】

〔一〕禁煙：亦曰禁火，謂寒食節。《荆楚歲時記》：「去冬節一百五日，即有疾風甚雨，謂之寒食，禁火三日。」唐常兗《大赦京畿三輔制》：「屬禁煙之令節，方薦鮪於寢園。」

〔二〕觸處：猶言到處。白居易《春盡日宴罷感事獨吟》：「閑聽鶯語移時立，思逐楊花觸處飛。」　料理：猶言逗引。韓愈《飲城南道邊古墓上逢中丞過》：「爲逢桃樹相料理，不覺中丞喝道來。」

〔三〕箭波：盧照鄰《江中望月》：「鏡圓珠溜徹，弦滿箭波長。」

〔四〕黄雲委：謝靈運《擬魏太子鄴中集》：「河洲多沙塵，風悲黄雲委。」

〔五〕長淮：淮水也。何遜《望新月示同羈》：「初宿長淮上，破鏡出明雲。」杜甫《乾元中寓居同谷縣作歌七首》：「長淮浪高蛟龍怒，十年不見來何時。」

〔六〕當時樓下：杜牧《題安州浮雲寺樓寄湖州張郎中》：「當時樓下水，今日到何處。」案陳注引此誤作李白詩。

〔七〕青鸞翼：朱晝《喜陳懿老示新製》：「將攀下風手，願假仙鸞翼。」自注云：「予欲見詩人孟郊，故寄誠於此。」

【評】

《喬大壯手批〈片玉集〉》：陳匪石説：此篇乃用古文筆法。

【附記】

詞情哀怨，與《宴清都》同調。過徧：「到長淮底，過當時樓下，殷勤爲説、春來羈旅況味。」似是别廬州、初至荆州之作。《玉樓春》廬州惜别詞有「今日獨尋黄葉路」之語，則時在秋冬間；此云「春來」，則次年春抵荆也。清康熙敕編《駢字類編》卷一三五「黄雲」條引《物類相感志》云：「襄陽石梁山出雲應驗符合，白雲起定雨，黄雲起則風。」蓋風土早有此説。詞中「迎風漾日黄雲委」之句，未知是否暗用襄陽黄雲事，若然，則作於荆南無疑也。

倒犯

霽景對霜蟾乍昇〔一〕，素煙如掃。千林夜縞，徘徊處、漸移深窈。何人正弄、孤影蹁躚〔二〕，西窗悄。冒霜冷貂裘，玉斝邀雲表〔三〕。共寒光，飲清醥〔四〕。淮左舊游〔五〕，記送行人，歸來山路窵〔六〕。駐馬望素魄〔七〕，印遥碧〔八〕，金樞小〔九〕。愛秀色初娟好，念漂浮、緜緜思遠道〔一〇〕。料異日宵征，必定還相照。奈何人自衰老。

【校】

〔《倒犯》〕調始清真。陳注「仙吕」宫，題作「新月」。毛本題作「咏月」，注云：「《清真集》作《吉了犯》。」

〔霜冷〕毛本作「露冷」。　〔清醥〕毛云：「或作『清醪』，非韻。考《蜀都賦》『置酒高堂，觴以清醥』。」引賦文蓋本陳注。　〔自衰老〕毛本作「自老」。案楊澤民、陳允平、吴文英此調結句皆五言，或謂「衰」字衍。

【箋注】

〔一〕霽景：杜甫《寄岳州賈司馬六丈》：「哭廟悲風急，朝正霽景鮮。」　霜蟾：僧貫休《詩》：「吟向霜蟾下，終須鬼神哀。」

〔二〕蹁躚：《文選》張衡《南都賦》：「翹遥遷延，蹴躃蹁躚。」皆舞貌。案此及上句，用李白《月下獨酌》「我歌月徘徊，我舞影零亂」詩意。

〔三〕玉斝句：此用李白《月下獨酌》「舉杯邀明月」詩意。盧藏用《夜宴安樂公主宅》：「珠釭綴日那知夜，玉斝流霞畏底晨。」玉斝，玉杯。

〔四〕清醥：酒之清者。《文選》左思《蜀都賦》：「觴以清醥，鮮以紫鱗。」

〔五〕淮左舊游：謂教授廬州舊事。宋廬州屬淮南西路，在淮水以南，故曰淮左，猶江南之稱江左。晋伏滔《正淮》（《晋書》本傳引）：「淮南者，三代揚州之分也。……約（祖約）之出奔，淮左爲虚。」

〔六〕窵：深遠貌。《説文》：「窵，窅深也。」

〔七〕素魄：月也。梁簡文帝《京洛篇》：「夜輪懸素魄，朝光蕩碧空。」（案《樂府詩集》以此詩爲鮑照作，題爲《煌煌京洛行》，非是。照别有《代陳思王京洛篇》。）

〔八〕遥碧：碧空也。劉禹錫《白鷺兒》：「前山正無雲，飛去入遥碧。」

〔九〕金樞：《文選》木華《海賦》「大明摭轡於金樞之穴」，李善注：「言月將夕也。大明，月也。……月者金之精，月有窟，故言穴。伏韜《望清賦》曰：『金樞理轡，素月告望。』義出於此。」又五臣注吕延濟曰：「金樞，西方月没之處。」杜甫《大曆三年春白帝城放船出瞿唐峽》：「落霞沈緑綺，殘月壞金樞。」

〔一〇〕緜緜句：《文選》樂府古辭《飲馬長城窟行》：「青青河邊草，緜緜思遠道。」（案《玉臺新詠》題蔡邕作）

【附記】

此詞亦多抑鬱之情，味其「淮左舊游」等語，似亦客荆州時有懷合肥之作。

少年游　荆州作

南都石黛掃晴山〔一〕，衣薄耐朝寒〔二〕。一夕東風，海棠花謝，樓上捲簾看〔三〕。　而今麗日明如洗，南陌暖雕鞍〔四〕。舊賞園林，喜無風雨，春鳥報平安〔五〕。

【校】

〔《少年游》〕陳本注「黄鍾」宫，無題。《白雪》、毛本題「荆州作」。　〔耐朝寒〕毛本作「奈朝寒」。

【箋注】

〔一〕南都石黛：徐陵《玉臺新詠序》：「南都石黛，最發雙蛾；北地燕支，偏開兩靨。」《文選》張衡《南都賦》李善注引摯虞曰：「南陽郡治宛，在京之南，故曰南都。」此古南都也。《新唐書·吕諲傳》：「諲始建請荆州置南都，詔可。於是更號江陵府，以諲爲尹。」此唐以來之南都也。詞中南都，蓋兼指江陵，與所題「荆州作」合。「掃晴山」，謂晴山如黛掃蛾眉。李商隱《代贈二首》：「總把春山掃眉黛，不知供得幾多愁。」

〔二〕耐：與奈通用。如李煜《浪淘沙》「羅衾不耐五更寒」，不耐猶言無奈也，單用曰奈或耐。

〔三〕海棠二句：韓偓《懶起》：「海棠花在否，側卧捲簾看。」

〔四〕南陌句：王安石《送丁廓秀才三首》：「殷勤陌上日，爲客暖征鞍。」

〔五〕報平安：岑參《逢入京使》：「馬上相逢無紙筆，憑君傳語報平安。」

【附記】

龍沐勛《清真詞叙論》（《詞學季刊》第二卷第四號）云：「教授廬州，旋復流轉荆州，侘傺無聊，稍捐綺思，詞境亦漸由軟媚而入於淒惋。例如《少年游》『荆州作』（詞略），看似清麗，而絃外多悽抑之音。」《遺事》云：「先生少年曾客荆州，《片玉詞》上有《少年游》『南都石黛掃晴山』一闋，注云『荆州作』。」案證以荆州號南都，益確。味「舊賞園林」一語，則非始客之年所作矣。吴則虞校語謂「此詞似非荆州作」，不知何所據而云然。

點絳脣

臺上披襟〔一〕，快風一瞬收殘雨。柳絲輕擧〔二〕，蛛網黏飛絮。　極目平蕪，應是春歸處。愁凝竚，楚歌聲苦〔三〕，村落黄昏鼓〔四〕。

【校】

〔《點絳脣》〕陳本注「仙吕」宫，各本均無題。

〔春歸處〕陳允平和詞「處」作「路」，或其所見本有作「春歸路」者。

【箋注】

〔一〕臺上披襟：《文選》宋玉《風賦》：「楚襄王游於蘭臺之宮，宋玉、景差侍，有風颯然而至，王迺披襟而當之曰：『快哉此風，寡人所與庶人共者邪？』」

〔二〕輕舉：杜甫《白絲行》：「落絮游絲亦有情，隨風照日宜輕舉。」

〔三〕楚歌：《史記·項羽本紀》：「夜聞漢軍四面皆楚歌，項王乃大驚曰：『漢皆已得楚乎？是何楚人之多也！』」庾信《哀江南賦序》：「楚歌非取樂之方，魯酒無忘憂之用。」

〔四〕村落句：《北史·李崇傳》：「崇乃村置一樓，樓懸一鼓。盜發之處，雙槌亂擊，四面諸村，聞鼓皆守要路。」陳注誤出《南史》。杜甫《屏跡三首》：「村鼓時時急，漁舟箇箇輕。」

【附記】

此詞淒抑甚於《少年游》「荆州作」，漂泊幽寂之思，溢於言表，當是同時之作。案「楚歌」一語，可泛用，亦可專指，此則專指楚人之歌也。劉禹錫《竹枝詞序》云：「四方之歌，異音而同樂。歲正月，余來建平，里中兒聯歌《竹枝》，吹短笛擊鼓以赴節，歌者揚袂睢舞，以曲多爲賢。聆其音，中黄鍾之羽，卒章如吳聲，雖傖儜不可分，而含思宛轉，有淇澳之豔。昔屈原居沅、湘間，其民迎神，詞多鄙陋，乃作《九歌》，到於今荆楚鼓舞之。故余亦作《竹枝詞》九篇，俾善歌者颺之。」夢得以永貞革新之故，被貶荆楚十年，清真以新黨被逐，流落荆南，殆有同感，故聞楚歌而覺其聲苦也。

掃花游

曉陰翳日〔一〕，正霧靄煙横，遠迷平楚〔二〕。暗黄萬縷，聽鳴禽按曲〔三〕，小腰欲舞〔四〕。細繞回堤〔五〕，駐馬河橋避雨。信流去，想一葉怨題〔六〕，今在何處。　春事能幾許，任占地持杯〔七〕，掃花尋路。淚珠濺俎，歎將愁度日，病傷幽素〔八〕。恨入金徽〔九〕，見説文君更苦。黯凝竚，掩重關、徧城鐘鼓〔一〇〕。

【校】

〔《掃花游》〕調始清真。陳本注「雙調」，無題。《草堂》題作「春恨」。調名或作《掃地花》。　〔鳴禽〕《白雪》、《詞萃》作「鳴琴」，非是。　〔想一葉〕元本、毛本、《草堂》均無「想」字。案宋龐元英《談藪》載清真詞兩用御溝紅葉事，引《掃花游》正作「想一葉題怨」。　〔今在〕元本、毛本作「今到」。

【箋注】

〔一〕曉陰翳日：　曹植《感節賦》：「折若華之翳日，庶朱光之常照。」又《情詩》（一作《雜詩》）：「微陰翳陽景，清風飄我衣。」

〔二〕平楚：謝朓《宣城郡内登望》：「寒城一以眺，平楚正蒼然。」

〔三〕按曲：方干《李侍御上虞别業》：「直爲援毫方掩卷，常因按曲便開尊。」

〔四〕小腰欲舞：李商隱《無題》：「腰細不勝舞，眉長惟是愁。」花蕊夫人《宫詞》：「回鶻衣裝回鶻馬，就中偏稱小腰身。」

〔五〕回堤：指大堤，詳下《玉樓春》「大堤花豔」箋。

〔六〕一葉怨題：龐元英《談藪》：「唐小説記紅葉事凡四。一《本事詩》：顧況在洛，乘間與一二詩友游苑中，流水上得大梧葉題詩云：『一入深宫裏，年年不見春；聊題一片葉，寄與有情人。』況明日於上流亦題云：『愁見鶯啼柳絮飛，上陽宫女斷腸時。君恩不禁東流水，葉上題詩寄與誰？』後十餘日，客來苑中，又於葉上得詩以示況，曰：『一葉題詩出禁城，誰人酬和獨含情？自嗟不及波中葉，蕩漾乘春取次行。』又明皇代，以楊妃、虢國寵盛，宫娥皆衰悴，不願備掖庭，嘗書落葉隨御溝水流出云：『舊寵悲秋扇，新恩寄早春；聊題一片葉，將寄接流人。』顧況聞而和之，既達聖聽，遣出禁内人不少，或有五使之號。況所和即前四句也。其二，《雲溪友議》：盧渥舍人應舉之歲，偶臨御溝，見紅葉上有詩云：『流水何太急，深宫盡日閑；殷勤謝紅葉，好去到人間。』其三，《北夢瑣言》：進士李茵嘗遊苑中，見紅葉自御溝流出，上題詩曰……（與盧渥詩同）。其四，《玉溪編事》：侯繼圖秋日於大慈恩寺倚闌樓上，忽木葉飄墜，上有詩曰：『拭翠斂愁蛾，爲鬱心中事。搦筆下庭除，書作相思字。此字不書名，此字不書紙。書向秋葉上，願逐秋風起。天下有情人，盡解相思死。』余意前三則本只一事，而傳記者各異耳。劉斧《青瑣》中有《流紅記》，最爲鄙妄，蓋竊取前説，而易其名爲于祐云。本朝詞人罕用此事，惟周清真樂府兩用之，《掃花遊》云：『隨流去，想一葉怨題，今到何處？』《六醜》詠落花云：『飄流處莫趁潮汐，恐斷紅上有相思字，何由見得。』脱胎换骨之妙極矣。」按紅葉題詩故事，用者多本《雲溪友議》，言盧渥唐宣宗時人，既得紅葉而藏之，其後宣宗放宮女許從人，盧得其一，即昔之題詩者。

〔七〕占地：方干《于秀才小池》：「占地未過四五尺，浸天惟入兩三星。」

〔八〕病傷幽素：李賀《傷心行》：「咽咽學楚吟，病骨傷幽素。」

〔九〕金徽：梁元帝《秋夜》：「金徽調玉軫，兹夕撫離鴻。」（參看《宴清都》「徽絃」箋）

〔十〕重關：戴叔倫《奉酬盧端公飲後贈諸公》：「綺席晝開留上客，朱門半掩擬重關。」

【評】

《樂府指迷》：結句須要放開，含有餘不盡之意。以景結情最好，如清真之「斷腸院落，一簾風絮」；又「掩重關偏城鐘鼓」之類是也。

《草堂詩餘正集》：詞秾意穩。

《詞則大雅集》二：宛雅幽怨，梅溪全祖此種。

《褒碧齋詞話》：詞中四聲句最爲着眼，如《掃花游》之起句，《渡江雲》之第二句，《解連環》、《暗香》之收句是也。又如《瑣窗寒》之「小唇秀靨」、「冷薰沁骨」，《月下調》之「品高調側」，美成、君特無不用上平去入，乃詞中之金科玉律。今人隨手亂填又何也？

《抄本海綃説詞》：微雨春陰，繞堤駐馬，閒閒寫景。「信流去」陡接，「怨題」逆出。「任占地持杯，掃花尋路」，言任是如此，春亦無多耳；縮入上句。「看將愁度日」，再推進一層，如此則日日好春，亦只是愁，而春事之多少，更不足問矣。「文君更苦」，復從對面反逼「偏城鐘鼓」，游思縹緲，彌見沈鬱。

【附記】

詞中有「平楚」、「回堤」，明是客荆州時作。「歎將愁度日，病傷幽素，恨入金徽，見説文君更苦」；與《宴清都》之「淒涼病損文園，徽絃乍拂，音韻先苦」，「更久長不見文君，歸時認否」，懷抱正同。而兩詞之文君，所指亦同也。《宴清都》云「地僻無鐘鼓」，此云「偏城鐘鼓」，動靜雖殊境，而淒苦亦同。

風流子

楓林凋晚葉，關河迥、楚客慘將歸〔一〕。望一川暝靄，雁聲哀怨，半規涼月〔二〕，人影參差。酒醒後、淚花消鳳蠟〔三〕，風幕捲金泥〔四〕。砧杵韻高，喚回殘夢，綺羅香減，牽起餘悲。亭皋分襟地〔五〕，難拚處、偏是掩面牽衣。何況怨懷長結，重見無期。想寄恨書中，銀鉤空滿〔六〕，斷腸聲裏，玉筯還垂〔七〕。多少暗愁密意，惟有天知。

【校】

〔《風流子》〕陳本注「大石」調，題作「秋怨」。《百家詞》、《詞統》、《詩餘醉》題同，《花庵詞選》題作「秋詞」，毛本無題。〔分襟〕《雅詞》作「分袂」。案清真此調二首，此句均連用四平，「袂」字仄聲，似非。〔難拚〕毛本作「難堪」。〔怨懷〕《草堂》、《粹編》作「愁懷」。〔還垂〕《花庵》、《雅詞》、《詩餘醉》作「偷垂」，《樂府指迷》引作「雙垂」。〔暗愁〕《雅詞》作「舊愁」。

【箋注】

〔一〕楚客句：《左傳·襄公二十六年》：「楚客聘於晉，過宋。」清真客江陵，故自稱楚客。宋玉《九辯》：「憭慄兮若在遠行，登山臨水兮送將歸。」

〔二〕半規：半圓。謝靈運《遊南亭》：「密林含餘清，遠峯隱半規。」

〔三〕淚花句：《南齊書·王僧虔傳》：「僧虔年數歲，獨正坐採蠟燭珠爲鳳凰。」詞稱燭蠟曰鳳蠟，以此。杜牧《贈別》：「蠟燭有心還惜別，替人垂淚到天明。」詞句暗用其意。

〔四〕金泥：銷金也，布帛之塗金或嵌金線者，如銷金帳是。李商隱《燕臺詩》：「瑤琴愔愔藏楚弄，越羅冷薄金泥重。」李煜《臨江仙》：「畫簾朱箔，惆悵卷金泥。」

〔五〕亭皋：水邊平地。王勃《餞韋兵曹》：「亭皋分遠望，延想間雲涯。」

〔六〕銀鉤：形容書法筆畫遒勁。索靖《書勢》：「蓋草聖之爲狀也，宛若銀鉤，漂若驚鸞。」白居易《寫新詩寄微之偶題卷後》：「寫了吟看滿卷愁，淺紅牋紙小銀鉤。」

〔七〕玉筯：喻淚。《白氏六帖》：「魏甄后面白，淚雙垂如玉筯。」章碣《春別》：「花邊馬嚼金銜去，樓上人垂玉筯看。」

【評】

《樂府指迷》：鍊字下語，最是緊要。如説桃，不可直説破桃，須用紅雨、劉郎等字；如詠柳，不可直説破柳，須用章臺、灞岸等字。又用事，如曰「銀鉤空滿」，便是書了，不必更説書字；「玉筯雙垂」，便是淚了，不必更説淚。

《蓼園詞選》：「花銷鳳蠟」「幕捲金泥」，自是以待制出知順昌時作。而戀主之情，婉曲周至。至「惟有天知」字，其心亦苦矣。

《蕙風詞話》：（論「多少暗愁密意，惟有天知」句，並見以下《風流子》「新緑小池塘」闋之評語，此從略）云云。

《夏評》：此詞四句對偶凡三處，句調皆變換不同。又云：通篇一氣銜貫。（《唐宋名家詞選》引夏敬觀《評清真集》）

【附記】

《遺事》云：「先生少年曾客荆州……《風流子》詞云：『楚客慘將歸。』均此時作也。其時當在教授廬州之後，知溧水之前。」審如是，當爲元祐七年秋間知溧水命下，將離荆州時作。《虞美人》「廉纖小雨」闋，似亦同時之製；而《紅羅襖》有「楚客憶江蘺」語，則新別有所思而作也。

虞美人

廉纖小雨池塘徧〔一〕，細點看萍面〔二〕。一雙燕子守朱門，比似尋常時候易黄昏。宜城酒泛浮香絮〔三〕，細作更闌語。相將羈思亂如雲〔四〕，又是一窗燈影兩愁人。

【校】

〔《虞美人》〕陳本注「正宫」，無題。〔看萍面〕毛本作「破萍面」，「破」字仄，不協，非是。〔比似〕毛本作「此似」，非義，亦非。〔香絮〕毛本作「春絮」。〔相將〕元本、毛本作「相看」。

【箋注】

〔一〕廉纖句：韓愈《晚雨》：「廉纖晚雨不能晴，池岸草間蚯蚓鳴。」

〔二〕細點句：李商隱《細雨》：「氣涼先動竹，點細未開萍。」

〔三〕宜城酒：《太平寰宇記》：「襄陽郡宜城縣：宜城故城漢縣，在今縣南，其地出美酒。」張華《輕薄篇》：「蒼梧竹葉清，宜城九醖醝。」蕭統《將進酒》：「宜城溢渠盌，中山浮羽卮。」劉孝儀有《謝晉安王賜宜城酒啓》。

〔四〕羇思：劉商《賦得月下聞蛩送别》：「感時兼惜别，羇思自紛紛。」詞句用意略同。

【附記】

「宜城酒泛」句兼以所在地言之，他日重過荆南，作《六幺令》有云「聞道宜城酒美，昨日新醅熟」，亦然。

玉樓春

大堤花豔驚郎目〔一〕，秀色穠華看不足。休將寶瑟寫幽懷，坐上有人能顧曲〔二〕。平波落照涵赬玉〔三〕，畫舸亭亭浮澹淥〔四〕。臨分何以祝深情，只有别愁三萬斛。

【校】

〔《玉樓春》〕陳本注「大石」調，無題。　〔别愁〕陳本原作「别離」，非義，朱本據毛本改正。

【箋注】

〔一〕大堤句：《一統志》：「大堤在襄陽府城外。」《湖廣志》：「大堤東臨漢江，西自萬山經澶溪、土門、白龍池、東津渡，繞城外老龍堤，復至萬山之麓，周圍四十餘里。」梁《清商曲·襄陽樂》：「朝發襄陽城，暮至大堤宿。」；大堤諸女兒，花豔驚郎目。」

〔二〕顧曲：見《意難忘》「未怕周郎」箋。

〔三〕赬玉：赤玉也。李白《幽州胡馬客歌》：「婦女馬上笑，顔如赬玉盤。」

〔四〕畫舸亭亭：鄭文寶《柳枝詞》：「亭亭畫舸繫寒潭，直到行人酒半酣。不管煙波與風雨，載將離恨過江南。」餘參《尉遲杯》「無情畫舸」注。

【評】

《喬大壯手批〈片玉集〉》：結筆大處，非周不能。

【附記】

此别荆州時作，大堤祖帳，平波落日，緑水維舟，詞意分明。

紅羅襖

畫燭尋歡去，羸馬載愁歸。念取酒東壚，尊罍雖近，採花南浦，蜂蝶須知。自分袂、天闊鴻稀，空懷夢約心期〔一〕。楚客憶江蘺〔二〕，算宋玉、未必爲秋悲〔三〕。

【校】

〔《紅羅襖》〕調始清真。陳本注「大石」調，題作「秋悲」。《百家詞》題作「秋思」。〔南浦〕元本、毛本作「南圃」。〔空懷〕毛本作「空懷乖」，《歷代詩餘》因之，「乖」字衍文。〔江蘺〕陳西麓和詞用「離」字，蓋二字相通也。

【箋注】

〔一〕空懷句：何遜《劉博士江丞朱從事同顧不值作詩云爾》：「心期不會面，懷之成首疾。」

〔二〕楚客句：李商隱《九日》：「不學漢臣栽苜蓿，空教楚客詠江蘺。」

〔三〕算宋玉句：《楚辭》宋玉《九辯》：「悲哉秋之爲氣也，蕭瑟兮草木摇落而變衰。」又云：「坎廩兮，貧士失職而志不平；廓落兮，羇旅而無友生。」詞云「未必爲秋悲」者，意謂爲失職無友而悲也。

【附記】

《風流子》云：「楓林凋晚葉，關河迥、楚客慘將歸。」是將去荆南之作。此云：「楚客憶江蘺。」是别後有憶而作，詞情凄怨與客江陵諸篇同調，似是知溧水前、甫離荆時作，故與溧水及以後之作，格調殊異。

滿庭芳　夏日溧水無想山作〔一〕

風老鶯雛〔二〕，雨肥梅子〔三〕，午陰嘉樹清圓〔四〕。地卑山近〔五〕，衣潤費爐煙〔六〕。人静烏鳶自樂〔七〕，小橋外、新緑濺濺〔八〕。凭欄久，黄蘆苦竹〔九〕，擬泛九江船〔一〇〕。　年年，如社燕，〔一一〕，飄流瀚海〔一二〕，來寄修椽〔一三〕。且莫思身外，長近尊前〔一四〕。憔悴江南倦客〔一五〕，不堪聽、急管繁絃〔一六〕。歌筵畔，先安簟枕，容我醉時眠〔一七〕。

【校】

〔《滿庭芳》〕陳本注「中吕」宮，無題。元本、毛本題「夏日溧水無想山作」，當出清真自注。〔嘉樹〕毛本、《詞統》作「佳樹」，《雅詞》作「槐影」。〔人静〕《雅詞》作「人去」。吴則虞校云：「案非是，此用杜詩句，静字是。」案陳注云：「杜甫詩『人静烏鳶樂』。」實則杜詩並無此語。陳注多張冠李戴，吴氏失考。〔新緑〕《雅詞》、元本、毛本作「新渌」。〔擬泛〕《雅詞》、《花庵》作「疑泛」。〔繁絃〕《雅詞》、《花庵》作「危絃」。〔簟枕〕《草堂》、《粹編》、《詩餘醉》作「枕簟」。

【箋注】

〔一〕溧水：今南京市東南之溧水縣，宋代與上元、江寧、句容、溧陽同屬江寧府。江寧爲古金陵，又稱建康。無想山：宋周應合《景定建康志》卷二十一：「韓熙載讀書堂在溧水無想寺中。熙載集有贈寺僧詩：『無想景幽遠，山屏四面開。憑師領鶴去，待我掛冠來。藥爲依時採，松宜繞舍栽。林泉自多興，不是效劉雷。』」蓋寺以山爲名也。元張鉉《至正金陵新志》卷五上：「無想山在州南十八里，有禪寂院，院有韓熙載書堂。」清嘉慶十六年修《江寧府志》卷十：「無想寺在縣南十八里無想山，一名禪寂院。」

〔二〕風老句：杜牧《赴京初入汴口曉景即事先寄兵部李郎中》：「露蔓蟲絲多，風蒲燕雛老。」

〔三〕雨肥句：杜甫《陪鄭廣文遊何將軍山林》：「緑垂風折筍，紅綻雨肥梅。」

〔四〕午陰句：劉禹錫《晝居池上亭獨吟》：「日午樹陰正，獨吟池上亭。」杜甫《舟中》：「今朝雲細薄，昨夜月清圓。」

〔五〕地卑：賈誼《鵩鳥賦序》：「誼既謫居長沙，長沙卑濕，誼自傷悼，以爲壽不得長。」白居易謫江州司馬，所作《琵琶行》有「住近湓江地低溼」之語，詞中「地卑」、「衣潤」，言其地卑溼，暗寓坎坷自傷之意。杜甫《遣興》：「地卑荒野大，天遠暮江遲。」

〔六〕衣潤：衣衫潮濕。杜甫《自閬州領妻子却赴蜀山行》：「衫裛翠微潤，馬銜青草嘶。」貫休《寄王滌》：「梅月多開户，衣裳潤欲滴。」

〔七〕人静：「人静」《樂府雅詞》作「人去」。案歐陽修《醉翁亭記》：「樹林陰翳，鳴聲上下，遊人去而禽鳥樂也。」詞句意相似。柳宗元《田家三首》：「札札耒耜聲，飛飛來烏鳶。」則烏鳶不因人静始來也。陳注以「人静烏鳶樂」爲言，誠極切合，然謂此句見於杜甫詩，杜詩實無此句。烏鳶，鴟也，見郭璞《穆天子傳》注。

〔八〕濺濺：《楚辭·湘君》：「石瀨兮淺淺，飛龍分翩翩。」王逸注：「淺淺，流疾貌。」洪興祖《補注》：「淺音牋。」字亦作濺。又水聲也，白居易《引泉》：「誰教明月下，爲我聲濺濺。」

〔九〕黄蘆苦竹：白居易《琵琶行》：「住近湓江地低溼，黄蘆苦竹繞宅生。」

〔一〇〕九江船：《琵琶行》并序：「元和十年，余左遷九江郡司馬。明年秋，送客湓浦口，聞船中夜彈琵琶者，聽其音錚錚然有京都聲。」詩云：「移船相近邀相見，添酒回燈重開宴。」九江船用其事，寓天涯零落之意。擬者似也，《漢書·公孫弘傳》「侈擬於君」，師古曰：「擬、疑也，言相似也。」《後漢書·張衡傳》「乃與五經相擬」，義同。

〔一一〕社燕：立春後第五戊日爲春社，立秋後第五戊日爲秋社。燕以春社前後來，秋社前後去，故稱社燕。（參看《秋蕊香》箋）

〔一二〕瀚海：本作翰海，泛指邊遠荒寒之地。《史記·衛將軍驃騎列傳》，霍去病「登臨翰海」，《索引》引崔浩云：「北海名，羣鳥之所解羽，故云翰海。」

〔一三〕修椽：屋頂用來承瓦之長木。杜甫《陳拾遺故宅》：「拾遺平昔居，大屋尚修椽。」又《回棹》：「几杖將衰齒，茅茨寄短椽。」

〔一四〕且莫思二句：杜甫《絶句漫興九首》：「莫思身外無窮事，且盡生前有限杯。」晁端禮《雨中花》：「不如沈醉，莫思身外，且門尊前。」

〔一五〕江南倦客：鄭谷《席上貽歌者》：「座中亦有江南客，莫向春風唱《鷓鴣》。」

〔一六〕急管繁絃：陸機《文賦》：「炳若縟繡，淒若繁絃。」杜甫《促織》：「悲絲與急管，感激異天真。」又《陪王使君晦日泛江就黄家亭子》：「不須吹急管，衰老易悲傷。」錢起《瑪瑙杯歌》：「繁絃急管催獻酬，倏若飛空生羽翼。」

〔一七〕容我句：《宋書·陶潛傳》：「潛若先醉，便語客：『我醉欲眠卿可去。』其真率如此。」

【評】

《樂府指迷》：詞中多有句中韻，人多不曉，不惟讀之可聽，而歌時最叶韻應拍，不可以爲閒字而不押。如《木蘭花慢》云：「傾城盡尋勝去」，「城」字是韻；又如《滿庭芳》過處「年年如社燕」，「年」字是韻，不可不察也。

《古今詞話》：「費」：周美成「衣潤費爐煙」，謝勉仲「心情費消遣」，晏小山「莫向花箋費淚行」，本於「學書費紙」之「費」。（《詞品》下用字）

《草堂詩餘正集》：「衣潤費爐煙」，景語也，景在「費」字。（沈際飛語）

《詞綜偶評》：通首疏快，實開南宋諸公之先聲。「人静烏鳶樂」，杜句也（案此沿陳注之誤）；「黄蘆苦竹」，出香山《琵琶行》。

《宋四家詞選》：體物入微，夾入上下文中，似褒似貶，神味最遠。（案指「人静」等二句）

《詞潔》：「黄蘆苦竹」，此非詞家所常設字面，至張玉田《意難忘》詞尤特見之，可見當時推許大家者自有在，决非後人以土泥脂粉爲詞耳。

《白雨齋詞話》：美成詞有前後若不相蒙者，正是頓挫之妙。如《滿庭芳》上半闋云：「人静烏鳶自樂，小橋外新緑濺濺。凭闌久，黄蘆苦竹，擬泛九江船。」正擬縱樂矣，下忽接云：「年年如社燕，飄流瀚海，來寄修椽。且莫思身外，長近樽前。憔悴江南倦客，不堪聽急管繁絃。歌筵畔，先安簟枕，容我醉時眠。」是烏鳶雖樂，社燕自苦，九江之船，卒未嘗泛。此中有多少説不出處，或是依人之苦，或有患失之心。但説得雖哀怨，却不激烈，沈鬱頓挫中别饒蘊藉。後人爲詞，好作盡頭語，令人一覽無餘，有何趣味？

《詞則大雅集》二：烏鳶自樂，社燕自苦，九江之船卒未嘗泛。沈鬱頓挫中别饒蘊藉。

《雲韶集》：起筆絶秀，以意勝，不以詞勝。筆墨真高，亦淒惻，亦疏狂。

《譚評詞辨》：「地卑」二句，覺《離騷》廿五，去人不遠；「且莫」二句，杜詩韓筆。

《復堂詞》自序：周美成云：「流潦妨車轂」；又云：「衣潤費爐煙」；辛幼安云：「不知筋骨衰多少，衹覺新來懶上樓」。填詞者試於此消息之。

《蓼園詞選》：此必其出知順昌後作。前三句見春光已去。「地卑」至「九江船」，言其地之僻也。「年年」三句，見宦情如逆旅。「且莫思」句至末，寫其心之難遣也。末句妙於語言。

《藝蘅館詞選》：最頹唐，語最含蓄。（梁啓超云）

《抄本海綃説詞》：方喜「嘉樹」，旋苦「地卑」；正羡「烏鳶」，又懷蘆竹。人生苦樂萬變，年年爲客，何時了乎！「且莫思身外」，則一齊放下。「急管繁絃」，徒增煩惱，固不如醉眠之自在耳。詞境静穆，想見襟度，柳七所不能爲也。又云：層層脱卸，筆筆鉤勒，面面圓成。

《唐宋詞簡釋》：此首在溧水作。上片寫江南初夏景色，極細密；下片抒飄流之哀，極宛轉。「風老」二句，實寫景物之美。鶯老梅肥，緑陰如幄，其境可想。「地卑」二句，承上，言所處之幽静。江南四月，雨多樹密，加之地卑山近，故濕重衣潤而費爐煙，是静中體會之所得。「人静」句，用杜詩，增一「自」字，殊有韻味。「小橋」句，亦静境。「憑闌久」，承上。「黄蘆」句，用白香山詩，言所居卑濕，恐如香山當年之住湓江也。換頭，自嘆身世，文筆曲折。嘆年年如秋燕之飄流。「且莫思」句，以撇作轉，勸人行樂，意自杜詩「莫思身外無窮事，且盡尊前有限杯」出。「憔悴」兩句，又作一轉，言雖强抑悲懷，不思身外，但當筵之管絃，又令人難以爲情。「歌筵畔」一句，再轉作收。言愁思無已，惟有借醉眠以了之也。

【附記】

毛本《片玉詞》載有南宋强煥《題周美成詞》（簡稱《强序》）一文，云：

文章政事，初非兩途。學之優者，發而爲政，必有可觀；政有其暇，則游藝於詠歌者，必其才有餘刃者也。溧水爲負山之邑，官賦浩穰，民訟紛沓，似不可以絃歌爲政，而待制周公，元祐癸酉春中爲邑長於斯，其政敬簡，民到於今稱之者，固有餘愛，而其尤可稱者，於撥煩治劇之中，不妨舒嘯。一觴一詠，句中有眼，膾炙人口者，又有餘聲洋洋乎在耳，則其政有不亡者存。余慕周公之才名，有年於兹，不謂於八十餘載之後，踵公舊蹤，既喜而且愧。故自到任以來，訪其政事，於所治後圃得其遺致，有亭曰姑射，有堂曰蕭閒，皆取神仙中事揭而名之，可以想像其襟抱之不凡。而又睹新緑之池，隔浦之蓮，依然在目。……

據此，知清真以哲宗元祐八年癸酉（一〇九三）知溧水，序作於孝宗淳熙七年庚子（一一八〇），故云八十餘載之後。考《景定建康志》卷二十七溧水縣廳壁縣令題名：「周邦彦元祐八年二月到任，何愈紹聖三年三月到任。」則在任適三載也。又據《建康志》，强焕知溧水始於淳熙五年，則其序刻清真詞蓋在到任二載後也。

《强序》但稱縣圃中之姑射亭、蕭閒堂、新緑池、隔浦爲清真所題之名，而清末鄭文焯《清真詞校後録要》云：

> 集中《隔浦蓮近》題云「中山縣圃姑射亭避暑作」，《滿庭芳》題云「夏日溧水無想山作」，《鶴冲天》題云「溧水長壽鄉作」，此三闋當屬元祐癸酉官溧邑時所作。證以《强序》稱其所治後圃有亭曰姑射，有堂曰蕭閒，皆取神仙中事揭而名之，則所注無想山、長壽鄉亦其遺蹟，足補《强序》所未及也。

案無想山之名古已有之，非清真所改稱，已見箋引《建康志》及《金陵志》。長壽鄉亦前有之名，非清真所命，蓋溧水、江寧、句容等縣，皆被茅山仙道之風，若江寧之葛仙鄉、處真鄉，句容之茅山鄉、承仙鄉、望仙鄉，溧水之思鶴鄉、白鹿鄉、仙壇鄉，皆以神仙中事揭而名之，不惟長壽鄉爲然也。悉見《建康志》卷十六。鄭君臆測，以爲可補《强序》所未及，不識强焕固知其不然，故不及之也。時人吴則虞校點《清真集》猶云：「此長壽鄉亦必美成以神仙中言自名所屬者，當與無想山同，堪補《强序》所未及。」亦沿鄭之誤。

樓鑰《送趙南仲丞溧水》詩云：「往題斯立藍田壁，更訪清真溧上詩。」（《攻媿集》卷十）知在任時所作必多，今全集雖亡，佚詩尚較衆也。惟詞亦然，若詠梅諸篇及《西河》金陵之作，或皆出此時。

又《至正金陵新志》卷十二下《古蹟志》有「《蕭閒堂碑》周邦彦作」，是强序所謂有堂曰蕭閒者也，惜其文不傳。

又有《插竹亭記》一目，不署撰人，然據《遺事》，亦清真作也。又有「周美成《會客題名》，溧水縣丞高學刻於聽事」，惜亦不傳，否則清真交游可知者尚多。

隔浦蓮 中山縣圃姑射亭避暑作〔一〕

新篁搖動翠葆，曲徑通深窈〔二〕。夏果收新脆〔三〕，金丸落、驚飛鳥〔四〕。濃翠迷岸草，蛙聲鬧〔五〕，驟雨鳴池沼。　水亭小，浮萍破處〔六〕，簾花簷影顛倒。綸巾羽扇〔七〕，困臥北窗清曉〔八〕。屏裏吴山夢自到〔九〕，驚覺，依然身在江表〔一〇〕。

【校】

〔《隔浦蓮》〕白居易有《隔浦蓮》詩，調名取此。他本或作《隔浦蓮近》、《隔浦蓮近拍》。陳本注「大石」調，無題。元本、毛本題「中山縣圃姑射亭避暑作」，當出清真原注。《景定建康志》卷三十七樂府引此詞題作「溧水縣圃姑射亭避暑作」。　〔深窈〕《雅詞》作「深杳」。　〔金丸落驚飛鳥〕毛注云：「一作『金丸落飛鳥』。」案一九六四年江寧縣出土元吉州窑瓷枕，所書此詞，此句又作「金丸驚落飛鳥」。（參看《浣溪沙》「薄薄紗櫥」闋校記）　〔濃翠〕《雅詞》、《景定建康志》、《花庵》、《草堂》、《粹編》、《詞萃》、元本、毛本俱作「濃靄」，是也。蓋上云「翠葆」，下云「濃翠」，則意複矣。　〔驟雨〕《雅詞》作「暴雨」。　〔水亭小〕毛本、《花庵》、《詞萃》、《景定建康志》卷三十七樂府引此詞均以此句屬上闋。毛注云：「時刻或於池沼下分段。」案宋人於此有以「水亭小」句屬上者，若陳允平和詞及陸游、史達祖、吴潛、高觀國之用此調是也；有以屬下闋者，若方千里、楊澤民和詞及《雅詞》、《苕溪漁隱叢話》之引此詞是也。

〔簾花簷影〕《雅詞》作「簷花簾影」。《建康志》録此詞，於「簾花簷影」下注「一本作簷花簾影」。上述元瓷枕亦作「簷花簾影」。按此句論者頗多，《漁隱叢話》云：「周美成：『水亭小，浮萍破處，簷花簾影顛倒。』按少陵詩『燈前細雨簷花落』，美成用此，簷花二字，全與出處意不合。」王楙《野客叢書》卷十周侍郎詞意條非之曰：「苕溪漁隱謂周侍郎詞『浮萍破處，簷花簾影顛倒』，『簷花』二字用杜少陵『燈前細雨簷花落』，與出處意不相合。又趙次公注杜少陵詩，引劉邈『簷花初照日』之語。僕謂二説皆考究未至。少陵簷花落三字，原有所自，丘遲詩曰：『共取落簷花。』何遜詩曰：『燕子戲還飛，簷花落枕前。』少陵用此語。趙次公但見劉邈有此二字，引以證杜詩；漁隱但見杜詩有此二字，引以證周詞。不知劉邈之先，已有簷花落三字矣。李白詩『簷花落酒中』，李暇亦有『簷花照月鶯對栖』之語，不但老杜也。詳味周用『簷花』二字，於理無礙，漁隱謂與出處不合，殆膠於所見乎？大抵詞人用事圓轉，不在深泥出處，其紐合之工，出於一時自然之趣。」楊慎《詞品》云：「杜詩『燈前細雨簷花落』，注謂簷下之花，恐非，蓋謂簷前雨映燈光如花爾。後人不知，改作『簷前細雨燈花落』，則直致無味矣。宋人小詞多用簷花字，周美成云：『浮萍破處，簷花簾影顛倒。』又云『簷花細雨照芳塘』，多不悉記。」毛本云：「『簾花簷影』，一作『簷花簾影』。……（此處抄楊慎語，從略）《花庵詞選》作『簾花簷影』，今從之。」沈雄《古今詞話》云：「美成詞『浮萍破處，簷花簾影顛倒』，謝無逸詞『簷花細雨照芳塘』，以簷間畫花爲是，非雨花也。」陳洵《抄本海綃説詞》云：「『簷花簾影』，從萍破處見。蓋晚燈未滅，所以有簷花；風動簾開，所以有簾影。若作『簾花簷影』，興趣索然矣。胡仔固是膠柱鼓瑟，王楙又愈引愈遠，可惜於此佳趣都未領會。」案清真《謾成》詩，有「窗影蠅飛見，簾花照日成」之句，簾花二字，蓋謂簾上所畫花卉也。詞但言簾上之花與屋簷之影，映照水中成顛倒耳。

〔困卧〕《草堂》作「醉卧」。　〔依然〕毛本、《草堂》作「依前」，案瓷枕亦作「依然」。

【箋注】

〔一〕陳維崧《湖海樓詞》有《念奴嬌》題云：「途經溧水，是宋周美成作令地，慨焉賦此。」詞中夾注云：「《隔蓮蒲》、《滿庭芳》詞，俱美成在溧水署中作。」又云：「美成令溧水時，署中搆一亭，名曰姑射。」　中山：《景定建康志》卷十七：「中山，在溧水縣一十五里，高一十丈，周迴五里。《圖經》云：『宣州中山又名濁山，溧水縣東一十里，不與羣山相接。古老相傳中有白兔，世稱爲筆最精。』《元和郡國志》云：『中山出兔毫，爲筆精妙。山前有水源，號曰濁水。』《輿地志》云：『宣州溧水縣有濁山，有濁水流演不息』，即此也。」案同書卷三十七樂府，引録此詞，題爲「溧水縣圃姑射亭避暑作」。溧水縣圃即中山縣圃，亦《强序》之「所治後圃」。　姑射：《莊子·逍遥游》：「藐姑射之山，有神人居焉，肌膚若冰雪，綽約若處子，不食五穀，吸風飲露，乘雲氣，御飛龍，而遊乎四海之外。」後人因以藐姑、姑射爲仙子之稱。柳宗元《夏夜苦熱登西樓》：「諒非姑射子，静勝安能希。」

〔二〕曲徑：常建《題破山寺後禪院》：「曲徑通幽處，禪房花木深。」

〔三〕夏果句：宋之問《登粤王臺》：「冬花採盧橘，夏果摘楊梅。」韓愈《李花二首》：「冰盤夏薦碧實脆，斥去不御慚其花。」按詩指李實，此借指梅實。

〔四〕金丸二句：《西京雜記》：「韓嫣好彈，常以金爲丸，所失者日有十餘。長安爲之語曰：『苦飢寒，逐金丸。』」李白《少年子》：「金丸落飛鳥，夜入瓊樓卧。」按詞以金丸喻黄梅。

〔五〕蛙聲鬧：韓愈《答柳柳州食蝦蟇》：「强號爲蛙蛤，於實無所校……鳴聲相呼和，無理祇取鬧。」

〔六〕浮萍破處：張先《西溪》詩：「浮萍破處見山影，小艇歸時聞草聲。」

〔七〕綸巾羽扇：陳注：「《蜀志》云：諸葛亮乘素車，葛巾白羽扇，指揮三軍。」蘇軾《東坡樂府·念奴嬌》「赤壁懷古」，宋傅榦注「羽扇綸巾」句亦引《蜀志》云：「諸葛武侯與宣王（司馬懿）在渭濱。將戰，宣王戎服莅事，使人視武侯，乘素車，葛巾毛扇，指麾三軍，皆從其進止。宣王聞之，歎曰：『可謂文士也！』」案今本《三國志·諸葛亮傳》無此節。綸巾，以絲綬結成之帽，便服也。《世説新語·簡傲》：「謝郎中（萬）是王藍田（述）女壻，嘗箸白綸巾，肩輿至揚州聽事，見王，直言曰：『人言君侯癡，君侯信自癡！』」

〔八〕困卧句：《晉書·陶潛傳》：「嘗言夏月虚閑，高卧北窗之下，清風颯至，自謂羲皇上人。」李賀《天上謡》：「秦妃捲簾北窗曉，窗前植桐青鳳小。」

〔九〕吴山：在今浙江杭州市西湖東南，一名胥山，湖山勝景也。温庭筠《春日》：「屏上吴山遠，樓中朔管悲。」案或泛指吴地之山。《方輿勝覽》卷一《臨安府》：「吴山在錢塘縣南六里，上有伍子胥廟，命曰胥山。有井泉，清而且甘。」

〔一〇〕江表：泛指長江以南地區。《三國志・魏書・文帝紀》，黄初三年，「以荆、揚、江表八郡爲荆州」，「荆州江北諸郡爲郢州」。

【評】

《草堂詩餘正集》：果如丸，巧喻。「浮萍」句，小而致。

《抄本海綃説詞》：自起句至换頭第三句，皆「驚覺」後所見。「綸巾」、「困卧」，卻用逆叙。「身在江表」、「夢到吴山」，船且到，風輒引去。仙乎仙乎，周詞固善取逆勢，此則尤幻者。

鶴冲天　溧水長壽鄉作〔一〕

梅雨霽〔二〕，暑風和，高柳亂蟬多〔三〕。小園臺榭遠池波，魚戲動新荷〔四〕。　薄紗厨，輕羽扇，枕冷簟涼深院。此時情緒此時天，無事小神仙〔五〕。

【校】

〔《鶴冲天》〕一樣兩首，陳本不收。毛本題作「溧水長壽鄉作」，注云：「《清真集》俱不載。」元本題同。《雅詞》無題。《景定建康志》卷三十七樂府引此詞，題「溧水縣長壽鄉作」。

〔小園句〕《雅詞》作「小欄庭檻繞池波」，「繞」爲是。

〔枕冷〕《雅詞》作「枕穩」。

【箋注】

〔一〕長壽鄉：在溧水縣北，見《景定建康志》卷十六，清修《溧水志》亦有之。

〔二〕梅雨：宋陸佃《埤雅》：「江南三月爲迎梅雨，五月爲送梅雨。」宋陳巖肖《庚溪詩話》：「江南五月梅熟時，霖雨連旬，謂之黄梅雨。」

〔三〕高柳亂蟬：劉長卿《送元八遊汝南》：「繁蟬動高柳，疋馬嘶平澤。」

〔四〕魚戲句：謝朓《遊東田》：「魚戲新荷動，鳥散餘花落。」

〔五〕小神仙：仙之卑者。陳陶《仙人詞》：「小仙皆云十洲客，莓苔爲衣雙耳白。」魏野《述懷》：「有句閒富貴，無事小神仙。」

【附記】

此詞並無深致，遠遜溧水他作，故陳本不收，毛氏所見《清真集》亦不載。然《樂府雅詞·補遺》下録之，《景定建康志》卷三十七復採之以實溧水樂府，當非僞託，詞題亦出自注也。蓋即事之篇，不免稍率耳，下一首亦然。

鶴冲天

白角簟〔一〕，碧紗厨，梅雨乍晴初。謝家池畔正晴虚〔二〕，香散嫩芙蕖。　日流金〔三〕，風解慍〔四〕，一弄素琴歌舞。慢搖紈扇訴花牋，吟待晚涼天。

【校】

〔池畔正〕《雅詞·拾遺》作「池館太」。〔歌舞〕《雅詞·拾遺》作「歌韻」是也，「舞」字失韻矣。〔訴花牋〕《雅詞·拾遺》作「百花前」，義較長。

【箋注】

〔一〕白角簟：竹席之色白者。羅鄴《白角簟》：「疊玉駢珪巧思長，露華煙魄讓清光。」曹松亦有《白角簟》詩云：「角簟工夫已到頭，夏來全占滿牀秋。」松又有《碧角簟》詩，則謂青竹席也，見《浣溪沙》「薄薄紗廚」闋箋引。

〔二〕謝家：謝娘家，猶言倡家也，非謂王謝家之類。南唐張泌《寄人》：「別夢依依到謝家，小廊迴合曲闌斜。多情只有春庭月，猶爲離人照落花。」

〔三〕日流金：《楚辭·招魂》：「十日代出，流金鑠石些。」王逸注：「其熱酷烈，金石堅剛，皆爲銷釋也。」

〔四〕風解慍：《孔子家語》：「舜彈五絃之琴，歌《南風》之詩，其詩曰：『南風之薰兮，可以解吾民之慍兮；南風之時兮，可以阜吾民之財兮。』」案《禮記·樂記》：「昔者舜作五絃之琴，以歌南風。」鄭玄云：「其辭未聞也。」《家語》乃晉王肅所僞造以攻鄭玄者，此詩亦出於僞託。

【附記】

《景定建康志》不録此闋。

風流子

新緑小池塘〔一〕，風簾動〔二〕、碎影舞斜陽〔三〕。羨金屋去來〔四〕，舊時巢燕，土花繚繞〔五〕，前度莓牆。繡閣鳳幃深幾許，聽得理絲簧。欲説又休，慮乖芳信，未歌先咽〔六〕，愁近清觴。遥知新妝了，開朱户、應自待月西廂〔七〕。最苦夢魂，今宵不到伊行〔八〕。問甚時説與，佳音密耗〔九〕，寄將秦鏡，偷換韓香〔一〇〕。天便教人，霎時厮見何妨。

【校】

〔《風流子》〕陳本注「大石」調，無題。《粹編》題作「風情」，《花庵》題作「初夏」。《歷代詩餘》誤作賀鑄詞。

〔繡閣〕《雅詞》、元本、毛本作「繡閣裏」。《詞源》作「鳳閣繡幃」。　〔芳信〕《揮麈録話》引作「芳性」，誤。

〔愁近清觴〕《雅詞》作「愁近清商」，毛本作「愁轉清商」。案方、楊、西麓和詞皆押「觴」字。　〔遥知〕《雅詞》作「暗想」。　〔應自〕《雅詞》作「應是」。　〔最苦〕《雅詞》作「苦恨」。　〔説與〕《雅詞》、毛本作「却與」。

〔寄將秦鏡〕《雅詞》作「暗將潘鬢」。毛注云：「『寄將秦鏡，偷換韓香』，一作『秦女』、『韓郎』，非。考賈充女悦韓壽美姿，遂通焉，竊奇香以與壽。樂府云：『盤龍明鏡餉秦嘉，辟惡生香寄韓壽。』美成全用此作對。」案毛録陳注是也。　〔厮見〕《雅詞》作「相見」，《詞源》引作「得見」。

【箋注】

〔一〕新緑：據强焕《題周美成詞》「又睹新緑之池」，知池在縣治後圃，其名爲清真所號。一説廳亭軒之名，見下附記引文。案《滿庭芳》「新緑濺濺」即謂此池，非軒亭名也。

〔二〕風簾：杜甫《月》詩：「塵匣元開鏡，風簾自上鉤。」

〔三〕碎影：唐太宗《謁并州大興國寺》：「圓光低月殿，碎影亂風筠。」

〔四〕金屋：《漢武故事》載：漢武帝作太子時，曾對人説：「若得阿嬌作婦，當作金屋貯之也。」

〔五〕土花：苔也。李賀《金銅仙人辭漢歌》：「畫欄桂樹懸秋香，三十六宫土花碧。」

〔六〕未歌先咽：歐陽修《訴衷情》：「未歌先歛，欲笑還顰，最斷人腸。」

〔七〕待月西厢：元稹《會真記》：「是夕紅娘復至，持綵牋以授張曰：『崔所命也。』題其篇曰《明月三五夜》，其詞曰：『待月西厢下，迎風户半開，拂牆花影動，疑是玉人來。』」

〔八〕最苦夢魂二句：晏幾道《臨江仙》：「如今不是夢，真個到伊行。」蔡伸《極相思》云：「不如早睡，今宵夢魂，先到伊行。」從晏、周出。

〔九〕秏：俗作耗，消息。李朝威《柳毅傳》：「脱獲回耗，雖死必謝。」

〔一〇〕寄將二句：庾信《燕歌行》：「盤龍明鏡餉秦嘉，辟惡生香寄韓壽。」倪璠注云：「漢秦嘉字士會，隴西人。嘉爲上郡椽，其妻徐淑寢疾，還不獲而别，贈詩三章，有『寶釵好耀首，明鏡可鑑形』之句，妻亦答詩。見《玉臺新詠》。《晉書》曰：『韓壽與賈充女私。時西域貢奇香，一着人經月不脱，武帝以賜充，充女盜以予壽。充僚屬聞其芬馥，稱於充。充知與壽私也，秘之，以女妻壽。』」劉禹錫《泰娘歌》：「秦嘉鏡有前時結，韓壽香銷故篋衣。」

【評】

《詞源》：詞中句法要平妥精粹，一曲之中安能句句高妙？只要拍搭襯副得去，於好發揮筆力處極要用工，不可輕易放過，讀之使人擊節可也。如東坡楊花詞云：「似花還似非花，也無人惜從教墜」；又云：「春色三分，二分塵土，一分流水。」如美成《風流子》云：「鳳閣繡幃深幾許，聽得理絲簧。」……此皆平易中有句法。

又云：詞欲雅而正，志之所之，一爲情所役，則失其雅正之音。耆卿、伯可不必論，雖美成亦有所不免。如「爲伊淚落」；如「最苦夢魂，今宵不到伊行」；如「天便教人，霎時得見何妨」；如「又恐伊尋消問息，瘦損容光」；如「許多煩惱，只爲當時，一晌留情」；所謂淳厚日變，成澆風也。

《樂府指迷》：結句須要放開，含有餘不盡之意，以景結情最好。如清真之「斷腸院落，一簾風絮」；又「倚重關偏城鐘鼓」之類是也。或以情結尾亦好。往往輕而露，如清真之「天便教人，霎時厮見何妨」；又云：「夢魂凝想鴛侶」之類，便無意思。亦是詞家病，却不可學也。

《本事詞》：此詞雖極情致纏綿，然律以名教，恐亦有傷風雅也。（編著者葉申薌之案語）

《蕙風詞話》：元人沈伯時作《樂府指迷》，於清真詞推許甚至。惟以「天便教人，霎時厮見何妨」；「夢魂凝想鴛侣」等句爲不可學，則非真能知詞者。清真又有句云：「多少暗愁密意，惟有天知」；「最苦夢魂，今宵不到伊行」；「拌今生對花對酒，爲伊淚落」。此等語愈樸愈厚，愈厚愈雅，至真之情由性靈肺腑中流出，不妨説盡，而愈無盡。南宋詞人如姜白石云：「酒醒波遠，政凝想明璫素韤。」庶幾近似，然已微嫌刷色。誠如清真等句，惟有學之不能到耳！如曰不可學也，詎必顰眉搔首，作態幾許然後出之，乃爲可學耶？明以來詞纖豔少骨，致斯道爲之不尊，未始非伯時之言階之厲矣。竊嘗以刻印比之：自六代作者以縈紆拗折爲工，而兩漢方正平直之風蕩然無復存者，救敝起衰，欲求一丁敬身、黄大易而未易遽得。乃至倚聲小道，即亦將成絶學，良可慨夫！

《填詞雜説》：「天便教人，霎時厮見何妨」；「花前月下，見了不教歸去」。卞急迂妄，各極其妙，美成真深於情者。

《蓼園詞選》：因見舊燕度莓牆而巢於金屋，乃思自身已在鳳幃之外，而聽別人理絲簧，未免悲咽耳。次闋亦託詞以戀主之意，讀者不可以辭害意也。

《抄本海綃説詞》：「池塘」在「莓牆」外，「莓牆」在「繡閣」外，「繡閣」又在「鳳幃」外，層層布景，總爲「深幾許」三字出力。既非「巢燕」可以任意去來，則相見亦良難矣。「聽得」、「遥知」，只是不見，夢亦不到。「見」字絶望，「甚時」轉出「見」字。後路千回百折，逼出結句，畫龍點睛，破壁飛去矣。

《唐宋詞簡釋》： 此首寫懷人，層次極清。「新緑」三句，先寫外景，圖畫難足。簾影映水，風來搖動，故成碎影，而斜日反照，更成奇麗之景，一「舞」字尤能傳神。「羡金屋」四句，寫人立池外之所見。燕入金屋，花過莓牆，而人獨不得去，一「羡」字貫下四句，且見人不得去之恨，徒羡燕與花耳。「繡閣裏」三句，寫人立池外之所聞。「欲説」四句，則寫絲簧之深情。換頭三句，寫人立池外之所想，故曰「遥知」。「最苦」兩句，更深一層，言不獨人不得去，即夢魂亦不得去。「問甚時」四句，則因人不得去，故問可有得去之時。通篇皆是欲見不得見之詞。至末句乃點破「見」字。嘆天何妨教人厮見霎時，亦是思極恨極，故不禁呼天而問之。

【附記】

《揮麈餘話》説此詞事云：

周美成爲江寧府溧水令，主簿之室有色而慧，美成常欵洽於尊席之間，世所傳《風流子》詞，蓋所寓意焉。（引詞從略）詞中新緑、待月，皆簿廳亭軒之名也。俞義仲云。

《歷代詩餘》所引録，「主簿之室」作「主簿之姬」，「美成常欵洽於尊席之間」只作「每出侑酒」，無「俞義仲云」一句。《遺事》曰：「案明清記美成事，前後牴牾者甚多，此條疑亦好事者爲之也。《御選歷代詩餘·詞話》引此條，作『主簿之姬』，疑所見别有善本。」

案新緑池名，而以爲亭軒名，其牴牾一也。既常欵洽於尊席間矣，而詞所言則爲屋外人不得入見之苦，其牴牾二也。新緑、待月爲縣圃中物，當屬邑令所有，安得爲主簿之廳亭軒？其牴牾三也。古者官吏尊卑之分甚嚴，主簿爲邑令之屬員，以其妻歘洽其上，固無此理，即姬妾亦不當也。此蓋應歌之作耳，因新緑、待月而附會成詞事，亦《少年游》「并刀如水」之類也。王明清父銍，以後輩與清真相識，故《揮麈録》記清真事較多。然宋人筆記每多信手記録，不復考覈，此所以往往失實也。

過秦樓

水浴清蟾，葉喧涼吹〔一〕，巷陌馬聲初斷。閒依露井〔二〕，笑撲流螢，惹破畫羅輕扇〔三〕。人静夜久凭欄，愁不歸眠，立殘更箭〔四〕。歎年華一瞬，人今千里，夢沈書遠。空見説、鬢怯瓊梳，容消金鏡，漸嬾趁時匀染。梅風地溽〔五〕，虹雨苔滋〔六〕，一架舞紅都變〔七〕。誰信無憀爲伊，才減江淹〔八〕，情傷荀倩〔九〕。但明河影下，還看稀星數點。

【校】

〔《過秦樓》〕毛注云：「《清真集》作《選官子》，或作《惜餘春慢》。」案詞調本名《選冠子》（作官非也），又名《過秦樓》或《惜餘春慢》。陳本注「大石」調，無題。《花庵詞選》題作「夜景」。　〔水浴〕毛注云：「俗本作『京浴』，誤。」《詞品》云：「今刻本誤作『涼浴』。」　〔馬聲〕《詞萃》作「雨聲」，非是。　〔地溽〕《白雪》作「地溼」。

〔虹雨〕毛本、《白雪》、《草堂》、《粹編》皆作「紅雨」。案與下句「舞紅都變」文情不調協，非是。　〔情傷〕《白雪》作「神傷」。　〔荀倩〕毛注云：「一作『荀令』非。」

【箋注】

〔一〕葉喧：李商隱《雨》：「秋池不自冷，風葉共成喧。」

〔二〕露井：李商隱《臨發崇讓宅紫薇》：「桃綬含情依露井，柳綿相憶隔章臺。」

〔三〕笑撲二句：杜牧《秋夕》：「銀燭秋光冷畫屏，輕羅小扇撲流螢。」

〔四〕更箭：更漏、漏箭。《周禮・夏官・挈壺氏》「分以日夜」，鄭注：「漏之箭，晝夜共百刻。」孫詒讓《周禮・正義》：「蓋壺以盛水爲漏，下當有槃以承之，箭刻百刻，樹之槃中，水下槃内，淹箭以定刻。」

〔五〕梅風句：許敬宗《麥秋賦》：「扇漸秀於梅風，潤岐苗於穀雨。」《禮記・月令》：「季夏之月……土潤溽暑，大雨時行。」

〔六〕苔滋：杜甫《雨四首》：「楚雨石苔滋，京華消息遲。」

〔七〕舞紅：孫光憲《浣溪沙》：「花漸凋疏不耐風，畫簾垂地晚堂空，墮階縈蘚舞愁紅。」

〔八〕才減江淹：《南史・江淹傳》：「淹少以文章顯，晚節才思微退，云爲宣城太守時罷歸，始泊禪靈寺渚，夜夢一人自稱張景陽，謂曰：『前以一匹錦相寄，今可見還。』淹探懷中得數尺與之，此人大恚曰：『那得割截都盡。』顧見丘遲，謂曰：『餘此數尺既無所用，以遺君。』自爾，淹文章躓矣。又嘗宿於冶亭，夢一丈夫自稱郭璞，謂淹曰：『吾有筆在卿處多年，可以見還。』淹乃探懷中得五色筆一以授之。爾後爲詩絶無美句，時人謂之才盡。」

〔九〕情傷荀倩：《世説新語·惑溺》：「荀奉倩（粲）與婦至篤，冬月婦病熱，乃出中庭自取冷，還以身熨之。婦亡，奉倩後少時亦卒。以是獲譏於世。」劉孝標注引《粲别傳》云：「粲常以婦人才智不足論，自宜以色爲主。驃騎將軍曹洪女有色，粲於是聘焉。容服帷帳甚麗，專房燕婉。歷年後，婦病亡。未殯，傅嘏往唁粲，粲不哭而神傷。嘏問曰：『婦人才色并茂爲難，子之聘也，遺才存色，非難遇也，何哀之甚？』粲曰：『佳人難再得。顧逝者不能有傾城之異，然未可易遇也。』痛悼不能已已，歲餘亦亡，時年二十九。」

〔一〇〕稀星：杜甫《倦夜》：「重露成涓滴，稀星乍有無。」

【評】

《樂府指迷》：詞中用事、使人姓名，得不用出最好。清真詞多要兩人名對使，亦不可學也。……《過秦樓》云：「才減江淹，情傷荀倩」之類是也。

《草堂詩餘雋》：出口成詞，平平鋪叙，自有一種閑情，不當以凡品目之。（李攀龍語）

《宋四家詞選》：「梅風地溽，虹雨苔滋，一架舞紅都變」：入此三句，意味淡厚。

《雲韶集》：婉約芊綿。淒豔絶世，滿紙是淚，而筆墨極盡飛舞之致。

《海綃説詞》：换頭三句，承「人今千里」，虚。「梅風」三句，承「年華一瞬」，然後以「無聊爲伊」三句結情，以「明河影下」兩句結景。篇法之妙，不可思議。

又抄本云：通篇只做前結三句。自起句至「更箭」，是去秋情事。「梅風」三句，又歷春夏，所謂「年華一瞬」。「見説」三句，「人今千里」。「誰信」三句，「夢沈書遠」也。「明河」、「疏星」，又到秋景。前起逆入，後結仍用逆挽，構局精奇，金針度盡。

【附記】

梅風虹雨，江南初夏；露井流螢，庭院清宵；綺情未衰，離思自苦；此殆亦溧水之作也。《抄本海綃説詞》，時序紛紜，豈其然？

側犯

暮霞霽雨，小蓮出水紅妝靚〔一〕。風定，看步襪江妃照明鏡〔二〕。飛螢度暗草，秉燭游花徑〔三〕。人静，攜豔質〔四〕、追涼就槐影。金環皓腕〔五〕，雪藕清泉瑩〔六〕。誰念省、滿身香，猶是舊荀令〔七〕。見説胡姬〔八〕，酒壚寂静，煙鎖漠漠，藻池苔井〔九〕。

【校】

〔《側犯》〕調始清真。陳本注「大石」調，無題。《詩餘醉》題作「夏夜」。〔誰念省〕方千里、楊澤民、陳允平和詞，皆押「省」字韻；然亦有不押者，如姜白石此調是也。〔舊荀令〕毛注云：「或作『舊時令』，非。」〔胡姬〕毛注云：「或作『文姬』，非。」〔寂静〕《歷代詩餘》作「深迴」。朱彊村校記云：「『静』韻與上複，按方、楊及陳允平和作，并押『迴』字。」

【箋注】

〔一〕小蓮出水：何遜《看伏郎新婚》：「霧夕蓮出水，霞朝日照梁。」李白《經亂離後贈江夏韋太守》：「清水出芙蓉，天然去雕飾。」

〔二〕步襪江妃：曹植《洛神賦》：「凌波微步，羅襪生塵。」《列仙傳》：「江妃，鄭交甫常遊漢江，見二女皆麗服華裝，佩兩明月珠，大如鷄卵。交甫見而悦之，不知其神人也。……手解佩以與交甫，交甫受而懷之，既趨而去，行數十步，視懷空無珠，二女忽不見。」《文選》郭璞《江賦》：「冰夷倚浪以傲睨，江妃含嚬而矊眇。」

〔三〕秉燭游：《古詩十九首》：「晝短苦夜長，何不秉燭游。」

〔四〕豔質：陳後主《玉樹後庭花》：「麗宇芳林對高閣，新妝豔質本傾城。」

〔五〕金環皓腕：曹植《美女篇》：「攘袖見素手，皓腕約金環。」

〔六〕雪藕：杜甫《丈八溝納涼二首》：「公子調冰水，佳人雪藕絲。」雪，洗滌也，《莊子·知北游》：「澡雪而精神。」

〔七〕誰念省三句：李商隱《韓翃舍人即事》：「橋南荀令過，十里送衣香。」又《牡丹》：「石家蠟燭何曾翦，荀令香爐可待熏。」清馮浩注：「習鑿齒《襄陽記》，劉季和曰：『荀令君至人家，坐處三日香。』按《後漢書》、《魏志》，荀彧字文若，爲漢侍中，守尚書令。曹公征伐在外，軍國之事皆與彧籌，稱荀令君。……梁昭明《博山香爐賦》曰：『粤文若之留香』，正此事也。朱氏以爲晋之荀勗，誤矣。」案荀令君亦稱荀令，《晋書·禮志》上：「荀令所善，漢朝所從」是也。陳元龍注此詞，以爲荀羨事；羨字令則，故誤爲荀令也。蓋在朱鶴齡之前矣。

〔八〕胡姬：《玉臺新詠》辛延年《羽林郎》：「昔有霍家奴，姓馮名子都，依倚將軍勢，調笑酒家胡。胡姬年十五，春日獨當鑪。」胡姬，胡女之通稱，見於歌詩者更僕難數，而陳注云：「《左傳》注，胡姬乃齊景公妾也。」何止謬以千里。

〔九〕藻池苔井：李建勳《歸燕》：「待侶臨書幌，尋泥傍藻池。」李商隱《汴上送李郢之蘇州》：「露桃塗頰依苔井，風柳誇腰住水村。」

【附記】

出水芙蓉，步襪江妃，所寫當是隔浦之蓮。槐影追涼，花徑秉燭，亦《滿庭芳》「莫思身外，且近尊前」之意。自起句至過徧第二句，皆夏夜縣圃行樂情景。薫香荀令，當壚胡姬，則緬懷汴京少年游也。時在紹聖，舊黨既去，新黨登壇，未見召命，故有所思耳。當於言外求之。而《貴耳集》卷上云：「《舜典》曰：『八音克諧，無相奪倫，神人以和。』自宣（和）、政（和）間，周美成、柳耆卿輩出，自製樂章，有曰《側犯》、《尾犯》、《花犯》、《玲瓏四犯》，八音雜律，宫吕奪倫，是不克諧矣。天寶後，曲遍繁聲，皆曰入破；破者破碎之義，明皇幸蜀。宣和之曲皆曰犯，犯者侵犯之義，二帝北狩。曲中之讖，深可畏哉！」曲讖之談，固屬妄誕，以柳永爲徽宗時人，抑何無知至此。其言清真《少年游》詞事，可想而知矣。

紅林檎近

高柳春纔軟，凍梅寒更香。暮雪助清峭，玉塵散林塘〔一〕。那堪飄風遞冷〔二〕，故遺度幕穿窗〔三〕。似欲料理新妝〔四〕，呵手弄絲簧。冷落詞賦客〔五〕，蕭索水雲鄉〔六〕。援毫授簡〔七〕，風流猶憶東梁〔八〕。望虛檐徐轉〔九〕，迴廊未掃，夜長莫惜空酒觴。

【校】

〔《紅林檎近》〕一樣兩首，調始清真。陳本注「雙調」，無題，毛本題作「詠雪」，《粹編》題作「冬雪」。

【箋注】

〔一〕玉塵：喻雪。何遜《和司馬博士詠雪》：「若逐微風起，誰言非玉塵。」白居易《酬皇甫十早春對雪》：「漠漠復雰雰，東風散玉塵。」

〔二〕飄風：《楚辭·大司命》「令飄風兮先驅」，王逸注：「迴風爲飄。」

〔三〕度幕穿窗：《文選》謝惠連《雪賦》：「始緣甍而冒棟，終開簾而入隙。」案此詞多用賦意，「度幕穿窗」，即本「開簾入隙」。

〔四〕料理：撩理、整理。《世説新語·簡傲》：「王子猷作桓車騎參軍。桓謂王曰：『卿在府日久，比當相料理。』」别義見《還京樂》箋。

〔五〕詞賦客：指司馬相如，亦以自況。

〔六〕蕭索：雪狀。《雪賦》：「其爲狀也，散漫交錯，氛氲蕭索。」水雲鄉：以溧水多江河湖泊故云。詳附記。

〔七〕授簡：《雪賦》：「王乃歌北風於《衛詩》，詠南山於《周雅》，授簡於司馬大夫曰：『抽子秘思，騁子妍辭，侔色揣稱，爲寡人賦之。』」杜甫《又作此奉衛王》：「白頭授簡焉能賦，愧似相如爲大夫。」

〔八〕東梁：《史記·司馬相如傳》「客游梁，梁孝王令與諸生同舍。」梁在今河南開封市。

〔九〕虚檐徐轉：謂雪花展轉於簷間也。《雪賦》：「迴散縈積之勢，飛聚凝曜之奇，固展轉而無窮。」

【附記】

清真詠梅諸作，就其歷官之地推之，當以溧水最切合。蓋地處江南水鄉，盛産梅，若隆德、真定，則純屬山國，順昌亦非水國也。明州雖在江南，惟在任甚短，且年在桑榆，情懷當不如此。陳思《清真居士年譜》云：《太平寰宇記》：「溧水縣廬山，在縣東二十里，有水源三派，流入秦淮合大江。」「䌫船山一名感泉山，在縣南十二里，山有青絲洞，泉脈泓澄，四時不絶。」「丹陽湖在縣西南。」「石臼湖在縣東南三十里，西連丹陽湖，岸廣一百六十餘里，軍山、塔子、馬頭、雀壘四山，並在湖中。」《江寧府志》：「秦淮水有二源，其西源出溧水東廬山，西北流，過溧水城東北烏刹橋，與臙脂河合。臙脂河首引引高淳、石臼湖水，西入溧水界。又東至洪藍埠入山，又東北流過天生橋出山，受溧水城西南山溪。又北流過沙河橋，東出通城壕，西北入秦淮水。」「溴洞山在溧水西南二十五里。」按丹陽、石臼二湖皆在縣，秦淮西源及臙脂河水環經縣城。故《詠雪》云：「蕭索水雲鄉」；《雪晴》云：「水鄉增暮寒」，「對南山横素」。南山即靈船山。

案陳説是也。此首之「玉塵散林塘」，下一首之「清池漲微瀾」，或即縣圃中之新緑池，而「虚檐」、「迴廊」，或即姑射等亭軒也。

紅林檎近

風雪驚初霽，水鄉增暮寒〔一〕。樹杪墮飛羽〔二〕，檐牙挂琅玕〔三〕。纔喜門堆巷積，可惜迤邐消殘。漸看低竹翩翻，清池漲微瀾〔四〕。步屧晴正好〔五〕，宴席晚方歡。梅花耐冷，亭亭來入冰盤。對前山横素〔六〕，愁雲變色〔七〕，放杯同覓高處看〔八〕。

【校】

〔《紅林檎近》〕此首《粹編》題万俟詠作，非是。陳本無題，毛本題作「雪晴」，《草堂》、《粹編》題作「冬初」。

〔飛羽〕毛本、《詞萃》作「毛羽」。

〔門堆巷積〕《草堂》、《粹編》作「堆門積巷」。

〔翩翻〕《詞萃》作「翩翩」。

〔步屧〕《百家詞》作「步履」。

〔前山〕陳本原作「山前」，朱彊村據元本及毛本改。

【箋注】

〔一〕水鄉句：祖詠《終南望餘雪》：「林表明霽色，城中增暮寒。」

〔二〕墮飛羽：錢起《禁闈玩雪寄薛左丞》：「細逐迴風轉，輕隨落羽浮。」

〔三〕挂琅玕：喻簷滴成冰下垂。琅玕，石之似珠或似玉者，《尚書·禹貢》：「璆琳琅玕。」

〔四〕漲微瀾：許渾《看雪》：「山明迷舊徑，溪滿漲新瀾。」

〔五〕步屧：杜甫《答鄭十七郎一絕》：「雨後過畦潤，花殘步屧遲。」

〔六〕前山橫素：言橫山被雪，如素橫於望中也。《景定建康志》云：「橫山在城東南一百二十里，周迴八十里，高二百丈。……四面望之皆橫，故有是名。」嘉慶《江寧府志》：「橫山在江寧東南一百二十里，古曰衡山，又曰橫望山，其半入溧水。」前詞《附記》引《年譜》云：「『南山橫素』，南山即匵船山也。」非是。各本清真詞均無作「南山」者，陳思氏誤記，又從而爲之説耳。

〔七〕愁雲：謝惠連《雪賦》：「歲將暮，時既昏，寒風積，愁雲繁。」

〔八〕高處看：劉禹錫《終南秋雪》：「閒時駐馬望，高處捲簾看。」

【附記】

均是雪耳，《宴清都》則以「灑窗填户」爲可悲，《紅林檎近》則以「度幕穿窗」、「門堆巷積」爲可喜。境自心生，因年事而變，亦因政事而變，此中消息，不難體會。

醜奴兒

肌膚綽約真仙子〔一〕，來伴冰霜，洗盡鉛黄，素面初無一點妝〔二〕。　尋花不用持銀燭，暗裏聞香，零落池塘〔三〕，分付餘妍與壽陽〔四〕。

【校】

〔《醜奴兒》〕陳本注「大石」調，題作「梅花」，元本同。毛本題作「詠梅」。《粹編》無題。

【箋注】

〔一〕肌膚句：《莊子·逍遥遊》：「藐姑射之山，有神人居焉，肌膚若冰雪，綽約若處子。」（參看《隔浦蓮》箋）

〔二〕素面：樂史《楊太真外傳》：「封大姨爲韓國夫人，三姨爲虢國夫人，八姨爲秦國夫人，同日拜命，皆月給錢十萬，爲脂粉之資。然虢國不施妝粉，自衒美豔，常素面朝天。」此句及上句，即暗用其事作譬。

〔三〕池塘：或即《風流子》之「新緑小池塘」，《紅林檎近》之「林塘」、「清池」，似亦指此。

〔四〕壽陽：《太平御覽》卷九七零引《宋書》曰：「武帝女壽陽公主人日卧於含章簷下，梅花落公主額上，成五出之華，拂之不去。皇后留之。自後有梅花妝，後人多效之。」又卷三十引《雜五行書》曰：「宋武帝女壽陽公主人日卧於含章殿簷下，梅花落公主額上，成五出花，拂之不去。皇后留之，看得幾時，經三日，洗之乃落。宮女奇其異，竟效之，今梅花妝是也。」按《宋書》無此文，當出後者。

【評】

《喬大壯手批〈片玉集〉》：「來伴」、「暗裏」，先後承上。「洗盡」、「零落」先後啓下，此北宋詞法。

玉燭新

溪源新臘後〔一〕，見數朵江梅，翦裁初就。暈酥砌玉，芳英嫩、故把春心輕漏。前村昨夜〔二〕，想弄月黃昏時候。孤岸峭、疏影橫斜，濃香暗霑襟袖〔三〕。　尊前賦與多材，問嶺外風光〔四〕，故人知否。壽陽謾鬭〔五〕，終不似、照水一枝清瘦。風嬌雨秀〔六〕，好亂插繁花盈首〔七〕。須信道、羌管無情，看看又奏〔八〕。

【校】

〔《玉燭新》〕陳本注「雙調」，題作「梅花」，《百家詞》同。元本、毛本題作「早梅」。此詞《梅苑》題李清照作，非是。四印齋本《清真集》及《漱玉詞》兩收之。　〔數朵〕《梅苑》作「幾朵」。　〔翦裁〕《梅苑》作「裁翦」。案秦觀一首字句與此全同，此句第二字須平聲，《梅苑》誤倒耳。　〔砌玉〕《粹編》、《詩餘醉》作「破玉」。　〔問嶺外〕《粹編》作「向嶺外」，非是。　〔亂插〕《梅苑》脱「亂」字，非是。　〔羌管〕《梅苑》、《草堂》作「羌笛」。

【箋注】

〔一〕溪源：陳思《清真居士年譜》謂「溪源即出廬山三派入秦淮之水」。案廬山在溧水縣東二十里，詳《紅林檎近》「高柳」闋附記。熊皎《早梅》：「江南近臘時，已亞雪中枝。」

〔二〕前村昨夜：僧齊己《早梅》：「前村深雪裏，昨夜一枝開。」

〔三〕疏影二句：林逋《山園小梅》：「疏影横斜水清淺，暗香浮動月黄昏。」詞句從此化出。

〔四〕嶺外風光：指庾嶺梅花。《白氏六帖》：「大庾嶺上梅，南枝落，北枝開。」李嶠《梅》：「大庾歛寒光，南枝獨早芳。」李商隱《對雪》：「梅花大庾嶺頭發，柳絮章臺街裏飛。」

〔五〕壽陽：見《醜奴兒》箋。

〔六〕風嬌：李賀《三月過行宫》：「渠水紅繁擁御牆，風嬌小葉學娥妝。」

〔七〕亂插繁花：杜甫《蘇端薛復筵簡薛華醉歌》：「安得健步移遠梅，亂插繁花向晴昊。」

〔八〕羌管二句：羌管即羌笛，馬融《長笛賦》：「近世雙管從羌起，羌人伐竹未及已，龍鳴水中不見已，截竹吹之聲相似。」李商隱《和鄭愚贈汝陽王孫家箏妓》：「羌管促蠻柱，從醉吴宫耳。」《樂府雜録》：「笛者，羌樂也，古有《落梅花》曲。」

【評】

《草堂詩餘正集》：曉景確。

《喬大壯手批〈片玉集〉》：詞客當行之筆。

菩薩蠻

銀河宛轉三千曲〔一〕，浴鳧飛鷺澄波緑〔二〕。何處是歸舟〔三〕，夕陽江上樓。　天憎梅浪發，故下封枝雪〔四〕。深院捲簾看，應憐江上寒。

【校】

〔《菩薩蠻》〕陳本注「正平」調，題作「梅雪」，元本同。毛本無題。　〔波緑〕毛本作「波淥」。案方、楊、西麓及盧炳《哄堂詞》，和韻皆押「緑」。

【箋注】

〔一〕銀河句：指環繞溧水縣城之秦淮西源及臙脂河，二水穿插河梁城壕間，受城西南山溪水。以溪河宛轉曲折，故云。

〔二〕浴鳧飛鷺：杜甫《涪城縣香積寺官閣》：「小院迴廊春寂寂，浴鳧飛鷺晚悠悠。」

〔三〕何處句：謝朓《之宣城出新林浦向版橋》：「天際識歸舟，雲中辨江樹。」李白《菩薩蠻》：「何處是歸程，長亭連短亭。」

〔四〕封枝雪：《西京雜記》：「太平之世……雪不封條，凌殄毒害而已。」

【評】

《宋四家詞選》：造語奇險。（案謂「天憎」二句）

《白雨齋詞話》：美成《菩薩蠻》上半闋云：「何處望歸舟，夕陽江上樓。」思慕之極，故哀怨之深。下半闋云：「深院捲簾看，應憐江上寒。」哀怨之深，亦忠愛之至。似此不必學温、韋，已與温、韋一鼻孔出氣。

《詞則大雅集》一：美成小令，於温、韋、晏、歐外別開境界，遂爲南宋諸名家所祖。

三部樂

浮玉霏瓊〔一〕，向邃館静軒，倍增清絶。夜窗垂練〔二〕，何用交光明月〔三〕。近聞道、官閣多梅〔四〕，趁暗香未遠，凍蘂初發。倩誰摘取，寄贈情人桃葉〔五〕。　迴文近傳錦字〔六〕，道爲君瘦損，是人都説。祅知染紅著手〔七〕，膠梳黏髪。轉思量、鎮長墮睫〔八〕，都只爲、情深意切。欲報消息無一句，堪愈愁結。

【校】

〔《三部樂》〕陳本注「商調」，題曰「梅雪」。元本、毛本題同，《粹編》無題。　〔霏瓊〕元本、毛本作「飛瓊」。

〔近聞〕毛本無「近」字。　〔摘取寄贈〕毛本作「折取持贈」。　〔衹知〕陳注本原作「衹知」，元本、毛本、《百家詞》同。《歷代詩餘》、《欽定詞譜》、《詞萃》作「祇如」，《彊村叢書》本據改。案楊易霖《周詞訂律》云：「《歷代詩餘》、《詞譜》均作『祇知』，彊村翁從之。按《大典》二二六五引林淳《定齋詩餘・鷓鴣天》云『天近衹知雨露濃』，楊澤民《宴清都》云『衹如宋玉難賦』，疑『衹』字乃宋人俗語。」詳見下文箋注。　〔消息〕毛本作「信息」。　〔堪愈〕毛本作「堪喻」，非是。

【箋注】

〔一〕浮玉：任昉《同謝朏花雪》：「散葩似浮玉，飛英若束素。」

〔二〕夜窗垂練：杜甫《湖城東遇孟雲卿因爲醉歌》：「照室紅爐促曙光，縈窗素月垂文練。」

〔三〕交光明月：李商隱《無題》：「如何雪月交光夜，更在瑤臺十二層。」

〔四〕官閣多梅：杜甫《和裴迪登蜀州東亭送客逢早梅見寄》：「東閣官梅動詩興，還如何遜在揚州。」

〔五〕桃葉：《樂府詩集・吴聲曲辭・桃葉歌》解題云：「《古今樂録》曰：『《桃葉歌》者，晉王子敬之所作也。桃葉，子敬妾名，緣於篤愛，所以歌之。』《隋書・五行志》曰：『陳時，江南盛歌王獻之《桃葉詞》云：桃葉復桃葉，渡江不用檝，但渡無所苦，我自迎接汝。』」按末句一作「我自來迎接」，歌凡三章。

〔六〕迴文：《晉書・列女傳》：「竇滔妻蘇氏，始平人也，名蕙，字若蘭，善屬文。滔苻堅時爲秦州刺史，被徙流沙，蘇氏思之，織錦爲《迴文旋圖》詩以贈滔。宛轉循環以讀之，詞甚悽惋。凡八百四十字。」

〔七〕祅知：張相《詩詞曲語辭滙釋》：「祅知，猶云情知也。……周邦彥《三部樂》詞：『迴文近傳錦字，道爲君瘦損，是人都説。祅知染紅着手，膠梳黏髮。』着手黏髮云云，爲相思不捨之象徵，言情知其如此不捨也。汲古閣本、四印齋本《清真詞》均作祅知，《花草粹編》作沃知，《詞譜》、《歷代詩餘》、《西泠詞萃》及鄭文焯本《清真詞》均作祇如，《彊村叢書》本《片玉集》作祇知，校記云，原本祇作祅。按彊村原本，乃宋嘉定本也，則知作祅知者最爲可據矣。林淳《鷓鴣天》詞『天近祅知雨露濃』，義同上。詞見楊易霖《周詞訂律》八、《三部樂》詞校記，引《大典》二二六五林淳《定齋詩餘》。楊按云：『疑祅字乃宋人俗語。《説文》讀火干切，《玉篇》讀阿憐切，《廣韻》讀於喬切。』按讀火干切者其字當從天，即祅教之祅字。讀於喬切者其字當從夭，疑即祅知之祅也。復次，楊澤民《宴清都》詞：『沙邊塞雁聲遥，料不見當時伴侣。似怎地滿眼愁悲，祅如宋玉難賦。』此祅如字疑亦當作祅知。」

〔八〕鎮長：鎮亦長義，鎮長字詩詞中所常見，若韓愈《杏花》：「浮花浪蕊鎮長有，纔開還落瘴霧中」之類是。

【附記】

上闋雖言雪言梅，而詞非詠物，寥寥數語，發興而已。「倩誰」二句，暗用陸凱《贈范蔚宗》「折花逢驛使」詩意，已與梅雪無涉，下闋愈説愈開，令人莫測。此中定有寄託，可與《玉燭新》「問嶺外風光，故人知否」同參。

花犯

粉牆低〔一〕，梅花照眼〔二〕，依然舊風味。露痕輕綴〔三〕，疑净洗鉛華，無限佳麗。去年勝賞曾孤倚〔四〕，冰盤同宴喜〔五〕。更可惜、雪中高樹，香篝薰素被〔六〕。今年對花最悤悤，相逢似有恨，依依愁悴。吟望久，青苔上、旋看飛墜。相將見、脆丸薦酒〔七〕，人正在、空江煙浪裏。但夢想、一枝瀟灑，黃昏斜照水〔八〕。

【校】

〔《花犯》〕調始清真。陳本注「小石」調，題爲「梅花」，《白雪》同。毛本題作「詠梅」，《詩餘醉》題作「梅」，《雅詞》、《粹編》無題。　〔凝净洗〕《全芳備祖》無「疑」字。　〔佳麗〕《雅詞》、《白雪》、《花庵》作「清麗」，《粹編》誤作「佳期」。　〔同宴喜〕《草堂》、《粹編》、《詞統》作「共宴喜」。鄭校：「共，汲古作同，從《草堂》……共即供字……較同字義長。後人因此字宜平聲，誤會其意，遂改作同，不知同字與上句孤倚義未洽也。」汪東《鄭校清真集批語》云：「燕喜雖與人同，而低徊勝賞，不妨孤倚，何嫌未洽耶？」　〔更可惜〕《白雪》作「最好是」。　〔高樹〕《雅詞》作「高士」。　〔最悤悤〕《花庵》、《詞統》、《詩餘醉》作「太匆匆」。　〔愁悴〕《詞統》作「憔悴」。　〔吟望〕《雅詞》、《花庵》、《粹編》作「凝望」。　〔脆丸〕《花庵》、《詩餘醉》、《詞萃》、毛本作「脆圓」。

【箋注】

〔一〕粉牆低：張先《菊花新》：「院深池静花相妒。粉牆低、樂聲時度。」

〔二〕照眼：杜甫《酬郭十五判官》：「藥裹關心詩總廢，花枝照眼句還成。」

〔三〕露痕輕綴：李頎《雙筍歌送李回兼呈劉四》：「春風解籜雨潤根，一枝半葉清露痕。」唐玄宗《千秋節宴》：「月銜花綬鏡，露綴綵絲囊。」

〔四〕勝賞：《陳書·孫瑒傳》：「泛長江而置酒，亦一時之勝賞。」

〔五〕宴喜：《詩·小雅·六月》「吉甫燕喜」，陳奐疏：「喜，樂也。」

〔六〕雪中二句：言梅樹如篝，樹上之雪如素被也。上句「最可惜」，惜愛也。香篝，熏香竹籠。

〔七〕脆丸句：林洪《山家清供》云：「剥梅浸雪釀之，露一宿，取去，蜜漬之，可薦酒。」脆丸，謂梅子。

〔八〕一枝二句：林逋《山園小梅》：「疏影横斜水清淺，暗香浮動月黄昏。」

【評】

《花庵詞選》：此只詠梅花，而紆餘反覆，道盡三年間事，昔人謂好詩圓美流轉如彈丸，余於此詞亦云。

《草堂詩餘雋》：機軸圓轉，組織無痕，一片錦心繡口，端不減天孫妙手，宜占花魁矣。（李攀龍語）

《宋四家詞選》：清真詞其清婉者至此，故知建章千門，非一匠所營。

《雲韶集》： 此詞非專詠梅花，以寄身世之感耳。黄叔暘謂「此詞只詠梅花，而紆徐反覆，道盡三年間事，圓美流轉如彈丸」，可謂知言。

《譚評詞辨》：「依然」句，逆入。「去年」句，平出。「今年」句，放筆爲直幹。「凝望久」以下，筋摇脈動。「相將見」二句，如顔魯公書，力透紙背。

《蓼園詞選》： 總是見宦跡無常，情懷落漠耳。忽借梅花以寫，意超而思永。言梅猶是舊風情，而人則離合無常；去年與梅共安冷淡，今年梅正開而人欲遠別，梅似含愁悴之意而飛墜；梅子將圓，而人在空江中，時夢見梅影而已。又云： 愚謂此爲梅詞第一。

《海綃説詞》： 只「梅花」一句點題，以下卻在題前盤旋。換頭一筆鉤轉。「相將」以下，卻在題後盤旋，收處復一筆鉤轉。往來順逆，盤控自如，圓美不難，難在拙厚。又云：「正在」應「相逢」，「夢想」應「照眼」，結構天然，渾然無迹。又云： 此詞體備剛柔，手段開闔。後來稼軒有此手段，無此氣韻；若白石，則並不能開闔矣。

又《抄本海綃説詞》： 起七字極沈著，已將三年情事一齊攝起。「舊風味」，從「去年」虚提。「露痕」三句，復爲「照眼」作周旋。然後「去年」逆入，「今年」平出，「相將」倒提，「夢想」逆挽。圓美不難，難在渾勁。

《喬大壯手批〈片玉集〉》： 此是古今絶唱，讀之可悟詞境。「舊風味」、「去年」、「曾」、「今年」、「相將見」、「夢想」，皆時也。「粉墻」、「雪中」、「苔上」、「空江」、「照水」，皆地也，合時與地遂成境界。

【附記】

按清真以元祐八年（一〇九三）二月知溧水，至紹聖三年（一〇九六）三月何愈繼任，旋入京任國子主簿。此詞爲在溧水最後一次賞梅之作，蓋其時已奉召命矣，故有「相將見脆丸薦酒，人正在空江煙浪裏」之嘆。疑此篇作於紹聖二年冬或三年春初梅開之候。花庵所謂「三年間事」，海綃翁所謂「三年情事」，並得其實。黃蓼園謂「宦跡無常，情懷落寞」，亦知言也。

品令

夜闌人静，月痕寄、梅梢疏影。簾外曲角欄干近，舊攜手處，花霧寒成陣〔一〕。應是不禁愁與恨〔二〕，縱相逢難問，黛眉曾把春衫印。後期無定，腸斷香消盡。

【校】

〔《品令》〕陳本注「商調」，題作「梅花」，元本、毛本題同，《雅詞》無題。〔舊攜手處〕毛本作「倩攜手處」，字誤。

〔花霧寒成陣〕毛注云：「或刻『花發霧寒成陣』，按譜第五句宜五字，且沈詩『落花紛似霧』（按見陳注），增一發字便少味。」按《雅詞》、毛本同，陳本、《百家詞》有發字，朱本據毛本删。蓋此句有作五言者，有作六言者，故各本多少不同也；毛注謂按譜宜五字，吴則虞校本謂宜六字，皆一偏之論耳。《雅詞》先於各本，當可據。

〔春衫〕《詞譜》作「春山」，誤。　〔腸斷〕陳本原作「斷腸」，彊村本據《雅詞》、毛本乙正。

【箋注】

〔一〕花霧：陳注引沈約《八詠詩》：「遊絲曖如網，落花雰（陳作紛）似霧。」毛本復據以校注。按沈詩非詞意，花霧字每見於清真前人詩，如吴均《同柳吴興烏亭集送柳舍人》：「雲山離晻曖，花霧共依霏。」儲光羲《至嵩陽觀》：「花霧生玉井，霓裳晝列仙。」詞句本此，疑不當於成語中插入一字，且花安能發霧耶？

〔二〕應是句：杜甫《暮秋將歸秦留别湖南幕府親友》：「途窮那免哭，身老不禁愁。」

【評】

《抄本海綃説詞》：如此美景，只於簾内依稀。「曲角欄干」卻不敢凭，以其爲「舊攜手處」也。如此則「應是不禁愁與恨」矣，以换頭結上闋。「縱相逢難問」，加一倍寫。「黛痕」七字，即恨即愁。「後期無定」，未有相逢。「腸斷香消」，收足起句。

【附記】

此詞似與《花犯》爲同時同地之作：近簾外曲角闌干之梅，《花犯》粉牆之梅，皆縣圃中梅也；「黛眉曾把春衫印」，即「去年勝賞曾孤倚」也；「後期難定」者，蓋「人正在空江煙浪裏」矣。

白石《暗香》云：「長記曾攜手處，千樹壓西湖寒碧。」從「舊攜手處，花霧寒成陣」變化而來。

西河　金陵懷古〔一〕

佳麗地〔二〕，南朝勝事誰記。山圍故國繞清江〔三〕，髻鬟對起〔四〕。怒濤寂寞打孤城，風檣遥度天際〔五〕。　斷崖樹猶倒倚，莫愁艇子曾繫〔六〕。空遺舊跡鬱蒼蒼，霧沈半壘。夜深月過女牆來，賞心東望淮水〔七〕。　酒旗戲鼓甚處市，想依稀、王謝鄰里。燕子不知何世，入尋常、巷陌人家相對〔八〕，如説興亡斜陽裏。

【校】

〔《西河》〕調始清真。陳本注「大石」調，題曰「金陵」，無懷古字，《百家詞》同。《景定建康志》、《花庵》、《草堂》、《粹編》、《詞統》、毛本皆作「金陵懷古」。案王安石《桂枝香》「金陵懷古」已有此題，清真繼之，當出自注。又毛本分兩段，以第一、二片並爲上闋，注云：「《花庵詞選》作三疊，『風檣遥望天際』作一截，『賞心東望淮水』又作一截。《清真集》在『空餘舊迹』分段。」　〔孤城〕《建康志》、《花庵》作「空城」。　〔曾繫〕《雲麓漫鈔》引作「誰繫」。　〔空遺〕毛本作「空餘」。　〔賞心〕《建康志》、《花庵》、《詞統》、《詩餘醉》作「傷心」。《耆舊續聞》卷九：「周美成《西河》詞『賞心東畔淮水』，今作『傷心』。」　〔東望〕《續聞》及《草堂》、《粹編》作「東畔」。　〔甚處市〕《建康志》作「甚處是」，注云：「一作『市』。」毛本亦作「是」。　〔入尋常〕《建康志》、《花庵》、元本、毛本、《詩餘醉》均作「向尋常」。

【箋注】

〔一〕金陵：其名始於戰國楚之金陵邑，即今江蘇南京市。

〔二〕佳麗地：謝朓《入朝曲》：「江南佳麗地，金陵帝王州。」《景定建康志》卷二十一：「東南佳麗樓在銀河街，舊爲賞心樓基。樓久廢，景定元年，馬大使光祖建，規模宏壯，增倍舊樓，改立今名。」

〔三〕山圍故國：劉禹錫《石頭城》：「山圍故國周遭在，潮打空城寂寞回。」石頭城即金陵城，詞中此句及「怒濤」、「夜深」、「賞心」三句，即融化詩語入詞。

〔四〕髻鬟對起：髻鬟狀山之形，對起指鍾山與石頭山對峙。《景定建康志》：「鍾山一名蔣山，在城東北一十五里，周迴六十里，高一百五十八丈。……諸葛亮云：『鍾山龍盤。』蓋謂此也。」又云：「石頭山在城西二里，案《輿地志》：環七里，一百步。……諸葛亮云：『石頭虎踞，真帝王之宅。』」

〔五〕風檣：劉禹錫《魚復江中》：「風檣好住貪程去，斜日青帘背酒家。」

〔六〕莫愁艇子：樂府詩《西曲歌》無名氏《莫愁樂》：「莫愁在何處，莫愁石城西；艇子打兩槳，催送莫愁來。」李商隱《莫愁》：「若是石城無艇子，莫愁還自有愁時。」韓偓《南浦》：「應是石城艇子來，兩槳咿啞過花塢。」案《舊唐書·音樂志》：「《莫愁樂》，出於《石城樂》。石城有女子名莫愁，善歌謠，《石城樂》和中有《莫愁》聲，故歌云。」此石城在今湖北。洪邁《容齋隨筆》：「莫愁，石城人，近世誤以金陵石頭城爲石城。」曾三異《同話録》云：「周美成詞《金陵懷古》，用莫愁字；金陵石頭城非莫愁所在，前輩指其誤。予嘗守郢，郡治西偏臨漢江上，石崖峭壁可長數十丈，兩端以繩續之，流傳此爲石頭城。莫愁名見古樂府，意者是神，漢江之西岸，至今有莫愁村，故謂艇子往來是也。莫愁像有石本，衣冠甚古，不知何時流傳郢中。郢中倡女嘗擇一人名以莫愁，示存古意，亦僭瀆矣。」蓋以金陵石城與江陵石城同名，故亦有莫愁之傳説，而莫愁湖亦因之得名矣。梁武帝《河中之水歌》云：「河中之水向東流，洛陽女兒名莫愁。莫愁十三能織綺，十四採桑南陌頭，十五嫁爲盧家婦，十六生子字阿侯。」是則洛陽亦有莫愁，不獨石城也。趙彦衛《雲麓漫鈔》卷五：「石頭城有二，又有石城『鍾阜龍蟠，石城虎踞』，此金陵之石頭城也。梁蕭勃父子，余孝頃所據，此豫章之石頭城也。江彦章爲《豫章石頭驛記》引洪喬附書投諸水事，乃金陵之石頭。周美成作《西河》詞有云『莫愁艇子誰繫』，此郢州之石城，皆誤用。莫愁郢人，古樂府云：『莫愁在何處，莫愁石城西。艇子打兩槳，催送莫愁來。』」

〔七〕夜深二句：劉禹錫《石頭城》：「淮水東邊舊時月，夜深還過女牆來。」女牆，《釋名·釋宫室》：「城上垣曰睥睨，亦曰女牆。言其卑小，比於城，若女子之於丈夫也。」賞心，亭名。《湘山野録》：「金陵賞心亭，丁晋公出鎮日重建也，秦淮絶致，清在軒楹。」《景定建康志》：「賞心亭在下水門之城上，下臨秦淮，盡觀覽之勝。丁晋公謂建。」

〔八〕想依稀三句：劉禹錫《烏衣巷》：「朱雀橋邊野草花，烏衣巷口夕陽斜。舊時王謝堂前燕，飛入尋常百姓家。」此三句蓋融詩入詞。王謝鄰里指烏衣巷，《六朝事跡類編》云：「在（江寧）縣東南四里。」《能改齋漫録》:「《世説》諸王諸謝世居烏衣巷。《丹陽記》曰:『烏衣之起,吴時烏衣營所處也。』審此,則名營以烏衣,蓋軍兵所衣之服,因此得名。」

【評】

《詞統》:瞿宗吉《西湖十景》云:「鈴音自語,也似説成敗。」許伯揚《詠隋河柳》云:「如將亡國恨,説與路人知。」都與此詞末句一例。

《草堂詩餘正集》:介甫《桂枝香》獨步不得。又云:吴彦高「舊時王謝,堂前燕子,飛向誰家。」遜婉切。(沈際飛語)

《詞綜偶評》:檃括唐句,渾然天成。「山圍故國繞清江」四句,形勝;「莫愁艇子曾繫」三句,古迹;「酒旗戲鼓甚處是」至末,目前景物。

《詞則放歌集》一:此詞以「山圍故國」「朱雀橋邊」二詩作藍本,融化入律,氣韻沈雄,音節悲壯。

《雲韶集》:此詞純用唐人成句融化入律,氣韻沈雄,蒼涼悲壯,直是壓徧古今。金陵懷古詞,古今不可勝數,要當以美成此詞爲絶唱。

《藝蘅館詞選》:張玉田謂清真最長處,在融化古人詩句,如自己出。讀此詞,可見詞中三昧。(梁啓超語)

《唐宋詞簡釋》:此首金陵懷古,檃括劉禹錫詩意,但從景上虚説,不似王半山之「門外樓頭」、陳西麓之「後庭玉樹」，搬弄六朝史實也。起言「南朝盛事誰記」，即撇去史實不說。「山圍」四句，寫山川形勝，氣象巍峨。第二片，仍寫莫愁與淮水之景象，一片空曠，令人生哀。第三片，藉斜陽、燕子，寫出古今興亡之感。全篇疏蕩而悲壯，足以方駕東坡。

【附記】

溧水爲江寧府屬邑，西北接江寧，東北接句容，遊蹤所及，佚詩尚多。溧水以外，若《芝术歌》、《宿靈仙觀》、《投子山》，句容茅山之作也；《鳳凰臺》、《越臺曲》，則江寧金陵之作也，金陵懷古詞當與此同時。故《景定建康志》與姑射亭、長壽鄉兩首，都爲一録。

劉過《清平樂》「贈妓」云：「忔憎憎地，一捻兒年紀，待道瘦來肥不是，宜著淡黄衫子。　脣邊一點櫻多，見人頻斂雙蛾。我自金陵懷古，唱時休唱《西河》。」正謂此詞。蓋南宋偏安之局與南朝等，而燕安鴆毒，種種淫奢粉飾之爲，亦六朝金粉之覆轍也，故結有感而云。清真詞傳唱之盛，於此亦可見一斑。

迎春樂

清池小圃開雲屋〔一〕，結春伴、往來熟。憶年時、縱酒杯行速，看月上，歸禽宿。　牆裏修篁森似束〔二〕，記名字、曾刊新緑。見説別來長，沿翠蘚、封寒玉〔三〕。

【校】

〔《迎春樂》〕一樣二首，陳本注「雙調」，無題。　〔長沿〕毛本作「長冷」。

【箋注】

〔一〕雲屋：《漢書·外戚傳》班倢伃賦：「仰視兮雲屋。」師古注：「雲屋，言其黮䨴，狀若雲也。」徐幹《情詩》：「踟蹰雲屋下，嘯歌倚華楹。」

〔二〕森似束：元稹《連昌宮詞》：「連昌宮中滿宮竹，歲久無人森似束。」

〔三〕寒玉：喻竹。雍陶《韋處士郊居》：「門外晚晴秋色老，萬條寒玉一溪煙。」

【附記】

楚地以竹著，刊竹題名，土風所尚。陳注引《墨客揮犀》云：「楚竹初生，苔封之，土人斫之浸水中，洗去蘚，故蘚痕成紫暈封擁著也。」詞結拍所言蘚封寒玉，蓋楚竹常見之象。味「見説別來」一語，當去荆南不久，疑是在溧水時憶昔游之作。姑次於此，更待查考。

迎春樂

桃蹊柳曲閒蹤跡，俱曾是、大堤客〔一〕。解春衣〔二〕、貰酒城南陌，頻醉卧、胡姬側〔三〕。

鬢點吳霜嗟早白〔四〕，更誰念、玉溪消息〔五〕。他日水雲身，相望處、無南北。

【箋注】

〔一〕大堤客：大堤已見《玉樓春》「大堤花豔驚郎目」箋。李白《憶襄陽舊遊贈馬少府巨》：「昔爲大堤客，曾上山公樓。」

〔二〕解春衣句：用杜甫《曲江二首》「朝回日日典春衣，每日江頭盡醉歸」詩意。

〔三〕頻醉卧：《晉書・阮籍傳》：「鄰家少婦有美色，當壚沽酒，籍嘗詣飲，醉，便卧其側。籍既不自嫌，其夫察之，亦不疑也。」胡姬：見《側犯》箋。

〔四〕鬢點吳霜：李賀《還自會稽歌》：「吳霜點歸鬢，身與塘蒲晚。」

〔五〕玉溪消息：李商隱號玉溪生，《九日》詩有云：「十年泉下無消息，九日樽前有所思。」（參看附記）

【評】

《喬大壯手批〈片玉集〉》：結語高横。

【附記】

此首以大堤言，舊游之地視前詞更明。「玉溪消息」一語用義山事，似有所託。孫光憲《北夢瑣言》云：「李商隱員外依彭陽令狐公楚，以牋奏受知。……彭陽之子綯，繼有韋平之拜（按謂拜相），似疏隴西（按謂李），未嘗展分。重陽日，義山詣宅，於廳事上留題，其略云：『十年泉下無消息，九日樽前有所思……郎君官重施行馬，東閣無因許再窺。』相國覩之，惝悵而已。乃扃閉此廳，終身不處也。」紹聖間新黨已再執政，清真猶在溧水任，未見知遇，故以令狐綯、李義山事爲喻。溯自元祐二年出都，至紹聖三年，爲時十載，正所謂「十年泉下無消息」也。時年逾四十矣，故有「鬢點吴霜」之嘆。偃蹇薄宦，故有歸隱水雲之思耳。亦姑編次於此，更待查考。

浣溪沙

日薄雲飛官路平〔一〕，眼前喜見汴河傾〔二〕，地遥人倦莫兼程。　下馬先尋題壁字，出門閒記牓村名，早收燈火夢傾城。

【校】

〔《浣溪沙》〕陳本注「黄鍾」宫，無題。　〔眼前〕《白雪》、元本、毛本作「眼明」。　〔出門〕《白雪》作「入門」。

【箋注】

〔一〕日薄：日暮。徐陵《爲王儀同致仕表》：「星回日薄，通人有乞告之言。」歐陽修《黄楊樹子賦》：「日薄雲昏，煙霏露滴。」

〔二〕汴河：《宋史·河渠志》：「汴河，自隋大業初，疏通濟渠，引黄河通淮，至唐，改名廣濟。宋都大梁，以孟州河陰縣南爲汴首受黄河之口，屬於淮、泗。每歲自春及冬，常於河口均調水勢，止深六尺，以通行重載爲準。歲漕江、淮、湖、浙米數百萬，及東南之産，百物衆寳，不可勝數。又下西山之薪炭，以輸京師之粟，以振河北之急，内外仰給焉。故於諸水，莫此爲重。」按汴京即因汴河而名，元時爲黄河所奪，今開封市即宋都汴京，已無此河。

【附記】

此詞似是紹聖三年赴京途中作。十載飄零，今始得歸朝，故見汴河而歡喜；若是後來頻頻出入汴都，冉冉征途間，則感傷之不暇，何喜之有？尋題壁之字，記牓村之名，亦見重來之可喜。與《綺寮怨》之「當時曾題敗壁，蛛絲罩，澹墨苔暈青。念去來歲月如流，徘徊久，歎息愁思盈」，又自不同。結拍未捐綺思，亦非晚年懷抱。

浣溪沙

不爲蕭娘舊約寒〔一〕，何因容易別長安〔二〕，預愁衣上粉痕乾。幽閤深沈燈焰喜〔三〕，小爐鄰近酒杯寬〔四〕，爲君門外脱歸鞍。

【校】

〔《浣溪沙》〕陳本注「黄鍾」宮，無題。

【箋注】

〔一〕蕭娘：《南史・臨川王（蕭）宏傳》：「武帝詔宏都督諸軍侵魏。……宏聞魏援近，畏懦不敢進。……魏人知其不武，遺以巾幗，北軍歌曰：『不畏蕭娘與吕姥，但畏合肥有韋武。』」後因以爲女子之泛稱。楊巨源《崔娘詩》：「風流才子多春思，腸斷蕭娘一紙書。」此類甚多。

〔二〕長安：在今西安市，以其爲著名古帝都，故每用作京師之通稱。若李白《金陵三首》：「晉朝南渡日，此地舊長安。」謂六朝國都金陵也；宋都汴京，清真詞數言長安，皆指汴京。又若明都燕京，蔣一葵之《長安客話》，則指北京矣。

〔三〕燈焰喜：杜甫《獨酌成詩》：「燈花何太喜，酒緑正相親。」

〔四〕酒杯寬：杜甫《遣悶戲呈路十九曹長》：「晚節漸於詩律細，誰家數去酒杯寬。」

【附記】

此首似與前詞同爲赴京途中作。「不爲」二句，追思十年前去國之故，《陳譜》云：「如《浣溪沙》之『不爲蕭娘舊約寒，何因容易别長安』；《夜遊宫》之『有誰知，爲蕭娘，書一紙』；其中所指，斷非所歡，惜文集久佚，無術探索。」按所言近是。「預愁」以下，皆設想之辭，結句尤深婉。老杜《喜觀即到》云：「泊船悲喜後，款款話歸秦。」情景雖異，深摯則同。

瑞龍吟

章臺路〔一〕，還見褪粉梅梢，試花桃樹〔二〕。愔愔坊陌人家〔三〕，定巢燕子〔四〕，歸來舊處。

黯凝竚，因念箇人癡小，乍窺門户〔五〕。侵晨淺約宮黄〔六〕，障風映袖，盈盈笑語。

前度劉郎重到〔七〕，訪鄰尋里，同時歌舞。惟有舊家秋娘〔八〕，聲價如故，吟牋賦筆，猶記燕臺句〔九〕。知誰伴、名園露飲〔一〇〕，東城閒步〔一一〕。事與孤鴻去〔一二〕，探春盡是，傷離意緒。官柳低金縷〔一三〕，歸騎晚、纖纖池塘飛雨，斷腸院落，一簾風絮。

【校】

〔《瑞龍吟》〕調始清真。陳本注「大石」調，無題。《花庵》題作「春詞」，注云：「今按此詞自『章臺路』至『歸來舊處』是第一段，自『黯凝竚』至『盈盈笑語』是第二段，此謂之雙拽頭，屬正平調。自『前度劉郎』以下即犯大石調，係第三段。至『歸騎晚』以下四句再歸正平。今諸本皆於『吟牋賦筆』處分段者，非也。」　〔還見〕《草堂》、《粹編》作「還是」。　〔褪粉〕朱校：「明本《樂府雅詞》作退。」　〔坊陌〕楊慎《詞品》云：「唐制，妓女所居曰坊曲。《北里志》有南曲、北曲，今之南院、北院也。宋陳敬叟詞『窈窕青門紫曲』，周美成詞『小曲幽坊月暗』，又『愔愔坊曲人家』；近刻《草堂詩餘》改作『坊陌』，非也。謝皋羽《天地間集》載孟綆《南京》詩云：『愔愔坊曲傍深春，活活河流過雨渾……』」按此説近是，然《雅詞》、《白雪》、《花庵》諸宋選及陳本、元本，皆作「坊陌」，不待明刻《草堂》也，不知楊升庵所見何本而云然。《詞綜》謂「陌一作曲」，大抵本之升庵耳。　〔因念〕《雅詞》作「曾記」，《白雪》、《花庵》、毛本作「因記」。　〔侵晨〕《雅詞》作「清晨」。　〔宮黄〕毛注：「或作宮妝，非。」　〔前度〕鄭校以「度」字爲短韻，非是。蓋偶合耳，方、楊和作皆不押。　〔燕臺〕毛注：「或作蘭臺，非。」　〔意緒〕《草堂》、《粹編》脱「意」字。　〔一簾〕朱校：「《雅詞》一作入。」

【箋注】

〔一〕章臺路：章臺，秦昭王臺名，漢時章臺街在其地。《漢書·張敞傳》：「敞無威儀，時罷朝會，走馬過章臺街，使御吏驅，自以便面拊馬。」後人因以章臺稱妓女聚居之地。如馮延巳（或作歐陽修）《蝶戀花》：「玉勒雕鞍游冶處，樓高不見章臺路。」（參看《滿路花》箋）

〔二〕試花桃樹：張籍《新桃行》：「植之三年餘，今年初試花。」

〔三〕坊陌：已見校記。按李賀《洛姝真珠》「市南曲陌無秋涼」，王琦注：「市南曲陌，皆妓女所居之地。」街道曰陌，曲陌謂坊曲中道，坊陌亦然，蓋單言則曰坊或曲也。坊陌即章臺路，不必定作「坊曲」也。

〔四〕定巢燕子：杜甫《堂成》：「暫止飛烏將數子，頻來語燕定新巢。」寇凖《點絳脣》：「定巢新燕，溼雨穿花轉。」

〔五〕乍窺門户：宋人稱妓院爲門户人家，此即倚門賣笑之意。姜白石《玲瓏四犯》「端正窺户」，《長亭怨慢》「緑深門户」同。

〔六〕淺約宫黄：梁簡文帝《美女篇》：「約黄能效月，裁金巧作星。」黄者黄色脂粉，用以塗額作裝飾，故稱額黄；宫中所用者最上，故稱宫黄。約者，言塗抹時有約束使狀月也。庾信《舞媚娘》：「眉心濃黛直點，額角輕黄細安。」淺約宫黄即輕黄細安之意。

〔七〕前度句：劉禹錫《元和十年自朗州承召至京戲贈看花諸君子》：「紫陌紅塵拂面來，無人不道看花回。玄都觀裏桃千樹，盡是劉郎去後栽。」又《再游玄都觀絶句并引》：「余貞元二十一年爲屯田員外郎，時此觀未有花。是歲出牧連州，尋貶朗州司馬。居十年，召至京師，人人皆言有道士手植仙桃，滿觀如紅霞，遂有前篇以志一時之事。旋又出牧，今十有四年，復爲主客郎中。重游玄都，蕩然無復一樹，唯兔葵燕麥動摇於春風耳，因再題二十八字以俟後游。時大和二年三月。」詩云：「百畝中庭半是苔，桃花净盡菜花開。種桃道士歸何處？前度劉郎今又來。」

〔八〕舊家秋娘：杜牧《杜秋娘詩》序：「杜秋，金陵女也。年十五，爲李錡妾。後錡叛滅，籍之入宫，有寵於景陵。穆宗即位，命秋爲皇子傅姆。皇子壯，封漳王。鄭注用事，誣丞相欲去異己者，指王爲根，王被罪廢削，秋因賜歸故鄉。予過金陵，感其窮且老，爲之賦詩。」

〔九〕燕臺句：李商隱《柳枝五首》序云：「柳枝，洛中里孃也……生十七年，塗妝綰髻，未嘗竟，已復起去。吹葉嚼蕊，調絲擫管，作天風海濤之曲，幽憶怨斷之音。……余從昆讓山，比柳枝居爲近。他日春曾陰，讓山下馬柳枝南柳下，詠余《燕臺詩》，柳枝驚問：『誰人有此？誰人爲是？』讓山謂曰：『此吾里中少年叔耳。』柳枝手斷長帶，結讓山爲贈叔乞詩。明日，余比馬出其巷，柳枝丫鬟畢妝，抱立扇下，風障一袖，指曰：『若叔是？後三日，鄰當去濺裙水上，以博山香爐待，與郎俱過。』余諾之。會所友有偕當詣京師者，戲盜余卧裝以先，不果留。……」按義山《燕臺詩四首》，分題春夏秋冬，又《梓州罷吟寄同舍》有云：「楚雨含情皆有託，漳濱卧病竟無憀。長吟遠下燕臺去，惟有衣香染未銷。」

〔一〇〕露飲：梁簡文帝《六根懺文》「風禪露飲」，詞借用字面，言露天而飲也。

〔一一〕東城：杜牧《張好好詩》序云：「牧大和三年，佐故吏部沈公江西幕，好好年十三，始以善歌來樂籍中。後一歲，公移鎮宣城，復置好好於宣城籍中。後二歲，爲沈著作述師以雙鬟納之。後二歲，於洛陽東城重覩好好，感舊傷懷，故題詩贈之。」

〔一二〕事與句：杜牧《題安州浮雲寺樓寄湖州張郎中》：「恨如春草多，事與孤鴻去。」

〔一三〕官柳：杜甫《鄭城西原送李判官》：「野花隨處發，官柳著行新。」謂官府所種楊柳也，見《晉書·陶侃傳》。

【評】

《樂府指迷》：結句須要放開，含有餘不盡之意，以景結情最好。如清真之「斷腸院落，一簾風絮」，又「掩重關偏城鐘鼓」之類是也。

《草堂詩餘雋》：此詞負才抱志，不得於君，流落無聊，故託以自況。（李攀龍語）

《宋四家詞選》：「事與孤鴻去」，只一句，化去町畦。又云：不過桃花人面，舊曲翻新耳。看其由無情入，結歸無情，層層脱换，筆筆往復處。

《詞則別調集》二：筆筆迴顧，情味雋永。（評第三叠）

《詞學通論》：余謂詞至美成，乃有大宗，前收蘇、秦之終，後開姜、史之始，自有詞人以來，爲萬世不祧之宗祖。究其實，亦不外沉鬱頓挫四字而已。（按以上乃雜取《白雨齋詞話》中語）即如《瑞龍吟》一首，其宗旨所在，在「傷離意緒」一語耳。而入手先指明地點曰章臺路，却不從目前景物寫出，而云「還見」，此即沈鬱處也。須知梅梢桃樹，原來舊物，惟用「還見」云云，則令人感慨無端，低徊欲絶矣。首疊末句云：「定巢燕子，歸來舊處。」言燕子可歸舊處，所謂前度劉郎者，即欲歸舊處而不得，徒彳亍於愔愔坊陌、章臺故路而已，是又沉鬱處也。第二疊「黯凝佇」一語爲正文，而下文又曲折，不言其人不在，反追想當日相見時狀態。用「因記」二字，則通體空靈矣，此頓挫處也。第三疊「前度劉郎」至「聲價如故」，言箇人不見，但見同里秋娘，未改聲價，是用側筆以襯正文，又頓挫處也。燕臺句，用義山柳枝故事，情景恰合。名園露飲，東城閒步，當日己亦爲之，今則不知伴着誰人，賡續雅舉？此「知誰伴」三字，又沈鬱之至矣。「事與孤鴻去」三語，方説正文；以下説到歸院，層次井然，而字字淒切。末以飛雨風絮作結，寓情於景，倍覺黯然。通體僅「黯凝竚」、「前度劉郎重到」、「傷離意緒」三語，爲作詞主意；此外則頓挫而復纏綿，空靈而又沈鬱。驟視之，幾莫測其用筆之意，此所謂神化也。

《夏評》：詞中對偶，最忌堆砌板重。如此詞「褪粉」二句，「名園」二句，皆極流動，所以妙也。又云：「愔愔」、「侵晨」挺接。又云：末段挺接處尤妙，用潛氣内轉之筆行之。（《唐宋名家詞選》引夏敬觀評《清真集》）

《海綃説詞》：第一段地，「還見」逆入，「舊處」平出。第二段人，「因記」逆入，「重到」平出；作第三段换頭。以下撫今追昔：「訪鄰尋里」，今；「同時歌舞」，昔；「惟有舊家秋娘，聲價如故」，今猶昔。而秋娘已去，卻不説出，乃吾所謂留字訣者。於是「吟箋賦筆」、「露飲」、「閒步」，與窺户、約黄、障袖、笑語，皆如在目前矣。又吾所謂能留，則離合順逆皆可隨意指揮也。「事與孤鴻去」，咽住；「探春盡是，傷離意緒」，轉出官柳以下，風景依稀，與「梅梢」、「桃樹」映照，詞境渾融，大而化矣。

《唐宋詞簡釋》：此首爲歸院後追述遊踪之作，與《瑞鶴仙》、《夜飛鵲》追述送客之作作法相同。第一片記地，「章臺路」三字，籠照全篇。「還見」二字，貫下五句，寫梅桃景物依稀，燕子歸來，而人則不知何往，但徘徊於章臺故路、愔愔坊陌，其悵惘之情爲何如耶！第二片記人，「黯凝竚」三字，承上起下。「因念」二字，貫下五句，寫當年人之服飾情態，細切生動。第三片寫今昔之感，層層深入，極沉鬱頓挫纏綿宛轉之致。「前度」四句，不明言人不在，但以側筆襯托。「吟箋」二句，仍不明言人不在，但以「猶記」二字，深致想念之意。「知誰伴」二句，乃嘆人去。「事與孤鴻去」一句，頓然咽住，蓋前路盡力盤旋，至此乃歸結，既以束上三層，且起下意。所謂事者，即歌舞、賦詩、露飲、閒步之事也。「探春」二句，揭出作意，唤醒全篇。前言所至之處，所見之景，所念之人，所記之事，無非傷離意緒，「盡是」二字，收拾無遺。「官柳」二句，寫歸途之景，回應篇首「章臺路」。「斷腸」二句，仍寓情於景，以風絮之悠揚，觸起人情思之悠揚，亦覺空靈，耐人尋味。

【附記】

此詞《陳譜》及龍沐勛《清真詞叙論》，並以爲還京任國子主簿時作是也。時在紹聖四年，清真四十二歲。看似章臺感舊，而絃外之音，實寓身世之感，則又繫乎政事滄桑者也。惟詞情惝恍迷離，言近意遠，若不迹其生平及仕宦得失而尋繹之，誠如周止庵所謂「不過桃花人面，舊曲翻新耳」。

蓋自元祐二年教授廬州，至是十載，十載之中，新舊黨争未已。元祐時舊黨爲政，罷新法，逐新人；紹聖時新黨復起，則又復新法，逐舊人，起新人，清真以是召還。詞云「還見」，又云「重到」，指十載之後再來京師，殆無疑義。「定巢燕子，歸來舊處」二句，乍看似只寫春景，其實亦有寓意。方元祐初政，新黨既逐，舊黨居政府，《憶舊游》則以「舊巢更有新燕」爲言；方其知溧水時，自傷飄零不偶，則有「年年如社燕」之歎；今舊黨既逐，新黨復居政地，是「歸來舊處」也。三詞所言燕子，比而觀之，其旨自見。「前度劉郎重到」，取譬更顯白，永貞變法敗績，劉夢得坐貶朗州司馬十年；己亦因新黨之故，去朝十載，事與時皆相似。比及反永貞變法者或老或死，失其政柄，於是夢得始獲召回爲主客郎中，其間得失之故，又相類也。夢得前後兩絶句，蓋寓人政滄桑之感，本無涉於冶游，而此詞與

「訪鄰尋里，同時歌舞」並稱，撲索迷離，毋怪論者但以桃花人面視之也。「吟箋賦筆，猶記《燕臺》句」二語，乍看似只謂昔日所歡，猶能歌其詞；實則暗指《汴都賦》。《樓序》謂其「以一賦而得三朝之眷」，所以不忘於當道者以此，故次年復重進此賦而擢官也。然則舊家秋娘，猶記《燕臺》，其此之謂乎？王灼稱清真詞中有《離騷》者，大抵如是；所謂秋娘，當是有力者，惜無從考知其爲誰耳。

應天長　寒食

條風布暖〔一〕，霏霧弄晴，池塘徧滿春色〔二〕。正是夜堂無月，沈沈暗寒食〔三〕。梁間燕，前社客，似笑我、閉門愁寂。亂花過、隔院芸香〔四〕，滿地狼藉。長記那回時，邂逅相逢，郊外駐油壁〔五〕。又見漢宮傳燭，飛煙五侯宅〔六〕。青青草，迷路陌，强載酒、細尋前跡。市橋遠，柳下人家，猶自相識。

【校】

〔《應天長》〕陳本注「商調」，無題。元本、毛本、《粹編》題作「寒食」。按詞中有明文，或出自注。　〔條風〕《白雪》作「蕙風」。毛注：「坊刻或遺『條風』至『正是』二十字。」蓋本楊慎《詞品》説。　〔池塘〕《白雪》、元本、毛本作「池臺」。　〔前社〕《白雪》、元本、毛本作「社前」。非是，春社前燕未來也。　〔愁寂〕《白雪》作「岑寂」。　〔載酒〕陳本原作「帶酒」，朱本據元本改。毛本同。

【箋注】

〔一〕條風：東風也。《淮南子·地形》：「東風曰條風。」《初學記》：「《易通卦驗》曰：『立春，條風至。』宋均曰：『條風者，條達萬物之風。』」

〔二〕謝靈運《登池上樓》：「池塘生春草，園柳變鳴禽。」

〔三〕夜堂二句：白居易《寒食夜》：「無月無燈寒食夜，夜深猶立暗花前。」寒食，宋吴自牧《夢粱録》：「清明交三月節，前兩日謂之寒食。京師人從冬後數起，至一百五日便是此日，家家以柳條插於門上，名曰明眼。」（參看《還京樂》箋）

〔四〕芸香：明王象晋《羣芳譜》：「此草香聞數百步外，栽亭園間，自春至秋，清香不歇。」傅咸、成公綏皆有《芸香賦》，見《藝文類聚》卷八十一引。

〔五〕油壁：樂府古辭《蘇小小歌》：「妾乘油壁車，郎騎青驄馬；何處結同心？西陵松柏下。」詞用其意。

〔六〕漢宫二句：韓翃《寒食》：「春城無處不飛花，寒食東風御柳斜。日暮漢宫傳蠟燭，青煙散入五侯家。」《夢粱録》：「寒食第三日即清明節，每歲禁中命小内侍於閤門用榆木鑽火，先進者賜金碗、絹三匹。宣賜臣僚巨燭，正所謂鑽燧改火者，即此時也。」按此是唐、宋以來故事，不惟南渡爲然也。五侯有二説，一爲漢成帝封諸舅王譚、王商、王立、王根、王逢時爲侯，五人同日封，故世謂之五侯，見《漢書·元后傳》。一爲漢桓帝封宦官單超、徐璜、具瑗、左悺、唐衡爲侯，五人同日封，故世謂之五侯，見《後漢書·宦者傳》。

【評】

《古今詞論》引毛稚黄（先舒）曰：前半泛寫，後半專叙，蓋宋人多此法。如子瞻《賀新涼》後段只說榴花，《卜算子》後段只說鳴雁；周清真寒食詞後段只說邂逅，乃更覺意長。

《草堂詩餘雋》：上半叙景色寥寂，下半與世人睽絶。又曰：不用介子推典實，但意俱是不求名，不徼功，似有埋光剷采之卓識。（李攀龍語）

《詞潔》：美成《應天長》，空淡深遠，較之石帚作，寧復有異。石帚專得此種筆意。遂於詞家另開宗派，如「條風布暖」句，至石帚皆淘洗盡矣。然淵源相沿，固是一祖一禰也。

《宋四家詞選》：「池臺」二句生辣，「青青草」以下反剔所不見。

《海綃說詞》：「布暖」、「弄晴」，已將後闋游興之神提起。「夜堂無月」，從「閉門」中見。梁燕笑人，亂花過院，一有情，一無情，全爲「愁寂」二字出力。後闋全是閉門中設想，「强載酒細尋前迹」，言意欲如此也；人家相識，反應「邂逅相逢」。又《抄本》曰：前闋如許風景，皆從「閉門」中過；後闋如許情事，偏從「閉門」中記。「青青草」以下，真似一夢；是日間事，逆出。

【附記】

此亦重返汴京，緬憶昔游之作。漢宮侯宅，所在京師。《東京夢華録》云（節録）：「京師以冬至後一百五日爲大寒食，寒食第三日即清明節矣。四野如市，往往就芳樹之下，或園囿之間，羅列杯盤，互相勸酬，都城之歌兒舞女，遍滿園亭，抵暮而歸。」詞言「長記那回時，邂逅相逢，郊外駐油壁」，即當時少年勝賞也。十載之後，細尋前迹，人已中年，心事都非，勉趁佳節而已，故云「强載酒」也。舊游如夢，惟「柳下人家，猶自相識」耳。宋人稱倡家爲門户人家，若姜白石《長亭怨慢》所謂「是處人家，緑深門户」之類是，「柳下人家」亦然也。所謂「猶自相識」者，蓋舊家秋娘之類。宋時寒食節共三日，兼包清明，上引《夢華録》已言之矣。《歲時廣記》引吕原明《歲時雜記》云：「清明節在寒食第三日，故節物樂事，皆爲寒食所包。」又云：「清明前二日爲寒食節，前後各三日，凡假七日。而民間以一百四日始禁火，謂之私寒食，又謂之大寒食。」此詞所寫，起調三句爲昨日事；「正是夜堂無月」至「滿地狼藉」，乃昨夜事；「又見」至末爲今日事，皆在寒食中。海綃不知當時風俗，以爲古之寒食亦猶後世，只有一日，於是「又見」以下明是實寫，却謂「全是閉門中設想」，强作通解，實則削趾就履耳。

洪芻《香譜》引魚豢《典略》云：「芸香辟紙魚蠹，故藏書臺稱芸臺。」芸閣、芸窗、芸編、芸籤、芸卷諸名，義亦本此。國子主簿掌文簿之官，若詞作於此時，則芸香一語亦雙關者也。

垂絲釣

縷金翠羽〔一〕，妝成纔見眉嫵。倦倚繡簾，看舞風絮。愁幾許，寄鳳絲雁柱〔二〕。春將暮，向層城苑路。鈿車似水〔三〕，時時花徑相遇。舊游伴侶，還到曾來處，門掩風和雨。梁燕語，問那人在否。

【校】

〔《垂絲釣》〕調始清真。陳本注「商調」，無題。此詞分段異同頗多：毛本以「鈿車似水」屬上片，失協，非是。《詞萃》、《宋四家詞選》及鄭文焯校本，以「向層城苑路」屬上段，與吳文英、趙彥端詞同。《粹編》以「春將暮」屬上段，與陳允平和詞同。方千里和詞及元本、《百家詞》則同陳本，就文氣言，當以此爲是。〔繡簾〕毛本作「玉匳」。〔苑路〕毛本作「宛路」，字誤。〔似水〕毛本作「如水」。〔梁燕語〕陳本原作「梁間燕語」，朱校云：「原本梁下衍間字，從元本。」《宋四家詞選》云：「梁間二字可衍。」

【箋注】

〔一〕縷金：謂金縷之衣。杜牧《杜秋娘詩》自注：「『勸君莫惜金縷衣，勸君須惜少年時；花開堪折直須折，莫待無花空折枝。』李錡長唱此辭。」翠羽，釵飾也。曹植《七啓》：「戴金搖之熠燿，揚翠羽之雙翹。」

〔二〕鳳絲：謂絃色美如鳳羽，温庭筠《和沈參軍招友生觀芙蓉池》：「桂棟坐清曉，瑶琴商鳳絲。」雁柱，絃軫之端作雁形者。歐陽修（一作張先）《生查子》詞：「雁柱十三絃，一一春鶯語。」

〔三〕鈿車句：白居易《春來》：「金谷蹋花香騎入，曲江碾草鈿車行。」《後漢書·明德馬皇后傳》：「前過濯龍門上，見外家問起居者，車如流水，馬如游龍。」鈿車，以金花爲飾之車。

【評】

《雲韶集》：重尋舊迹，却寫得如許淒涼，唐人「桃花依舊笑東風」，不及此也。

【附記】

據「層城苑路」語，此詞當作於京師。按汴京舊城周迴二十里一百五十五步，有十門，新城周迴五十里一百六十五步，有十一門，見《宋史·地理志》。楊侃《皇畿賦》云「高城千雉」，《東京夢華録》云「城門皆甕城三層」，是所謂「層城」也。《皇畿賦》又云：「其東則有汴水之陽，宜春之苑。」李長民《廣汴都賦》云：「苑囿非一，聚衆芳而駢羅。」清真《汴都賦》云：「上方欲與百姓同樂，大開苑囿，凡黄屋之所息，鸞輅之所駐，皆得窮觀而極賞。」以其不禁遊人，故「苑路」之上，「鈿車似水」也。

此詞自起句至「時時花徑相遇」，皆追憶汴京初旅時事。「舊游伴侣」，作者自謂，重來訪舊則樓空人去矣，故末數語云云。辛稼軒《念奴嬌》（書東流村壁）云：「樓空人去，舊游飛燕能説。」似從此出，特化去町畦耳。

少年游

朝雲漠漠散輕絲，樓閣淡春姿。柳泣花啼〔一〕，九街泥重〔二〕，門外燕飛遲。　而今麗日明金屋，春色在桃枝〔三〕。不似當時，小橋衝雨，幽恨兩人知。

【校】

〔《少年游》〕陳本注「黄鍾」宫，無題。毛本題作「雨後」。　〔小橋〕元本、毛本作「小樓」。按詞謂於小橋上冒雨而行，小樓不能衝雨，非是。

【箋注】

〔一〕柳泣花啼：李咸用《和殷衙推春霖即事》：「柳眉低帶泣，蒲劍鋭初抽。」

〔二〕九街：即九陌、九衢，京師街巷之通稱。《三輔黄圖》：「長安城中……八街、九陌、三宫、九府、三廟、十二門、九市、十六橋。」薛能《送浙東王大夫》：「賓客招閒地，戎裝擁上京，九街鳴玉勒，一宅照紅旌。」韓偓《初赴期集》：「輕寒著背雨淒淒，九陌無塵未有泥。」詞句反用詩意。

〔三〕春色句：林逋《梅花三首》：「慚愧黄鸝與蝴蝶，只知春色在桃溪。」

【評】

《喬大壯手批〈片玉集〉》：起輕倩，亦一法。結意翻新。

【附記】

上闋舊遊，下闋重來，撫今追昔，與《垂絲釣》同。據「九街」句，當是汴京再旅之作。

少年游

檐牙縹緲小倡樓〔一〕，涼月挂銀鉤〔二〕。聒席笙歌，透簾燈火，風景似揚州〔三〕。當時面色欺春雪，曾伴美人游。今日重來，更無人問，獨自倚欄愁。

【校】

〔《少年游》〕陳本注「黄鍾」宫，題作「樓月」。《雅詞》、《粹編》、毛本無題。〔倡樓〕《雅詞》、《粹編》作「紅樓」。〔欺春雪〕《雅詞》作「期春雪」，字誤。

【箋注】

〔一〕檐牙句：杜甫《白帝城最高樓》：「城尖徑昃旌旆愁，獨立縹緲之飛樓。」

〔二〕涼月句：戴叔倫《蘭溪棹歌》：「涼月如眉挂柳灣，越中山色鏡中看。」

〔三〕似揚州：杜牧有《揚州三首》，又《題揚州禪智寺》云：「誰知竹西路，歌吹是揚州。」又《贈别》云：「娉娉裊裊十三餘，荳蔻梢頭二月初。春風十里揚州路，卷上珠簾總不如。」詞謂緬懷昔遊，似杜牧之在揚州也。

【附記】

此亦舊地重遊，撫今追昔之作，「今日重來」一語，意甚明白。

玉樓春

當時攜手城東道〔一〕，月墮檐牙人睡了。酒邊難使客愁驚，帳底不教春夢到。　別來人事如秋草，應有吴霜侵翠葆〔二〕。夕陽深鎖緑苔門，一任盧郎愁裏老〔三〕。

【校】

〔《玉樓春》〕陳本注「大石」調，無題。毛注云：「按譜，《木蘭花令》實是一調，又如《滿庭芳》與《鎖陽臺》，《蘇幕遮》與《雲鬢鬆令》之類，俱同調而異名，前後錯見。姑仍之。」　〔難使〕陳本小注：「難一作誰。」元本、毛本作「誰使」。　〔愁驚〕陳本小注：「驚一作輕。」毛本作「愁輕」。　〔緑苔〕毛本作「緑楊」。　〔盧郎〕毛注：「盧郎一作庾郎，非。考盧家郎年暮爲校書，晚娶崔氏女，女有詞翰，結褵之後，微有嫌色，盧因請詩爲戲，崔立成云：『不怨檀郎年紀大，不怨檀郎官職卑；自恨妾身生較晚，不見盧郎年少時。』」按毛考云云，乃抄録陳注引《南部新書》者。

【箋注】

〔一〕城東：即東城，見《瑞龍吟》箋。又白居易《中隱》：「君若愛遊蕩，城東有春園。」

〔二〕吴霜句：吴霜喻鬢斑，翠葆喻髮。李賀《還自會稽歌》：「吴霜點歸鬢，身與塘蒲晚。」

〔三〕一任句：《北史·盧玄傳》：「伯源（玄之孫）年十四，嘗詣長安。將還，餞送者五十餘人，別於渭北。有相者扶風人王遠曰：『諸君皆不如此盧郎，雖位不副實，然得聲名甚盛，望踰公輔。後二十餘年，當制命關右，願不相忘。』」詞句取義於此，自傷少有雋聲，卒無所成也，陳注非是。杜荀鶴《秋宿臨江驛》：「舉世盡從愁裏老，誰人肯向死前閑。」

【附記】

上闋「當時」，汴京初旅。「攜手城東」，與《瑞龍吟》之「東城閒步」同意；「酒邊難使客愁驚」，與《漁家傲》之「賴有蛾眉能暖客，長歌屢勸金杯側」同意。下闋別後重來，則鬢點吴霜，愁老盧郎矣。

玉樓春

玉奩收起新妝了，鬢畔斜枝紅裊裊。淺顰輕笑百般宜，試著春衫猶更好。　裁金簇翠天機巧〔一〕，不稱野人簪破帽〔二〕。滿頭聊插片時狂，頓減十年塵土貌。

【校】

〔《玉樓春》〕陳本注「大石」調，無題。〔猶更好〕《百家詞》、毛本作「應更好」，義較長。〔簇翠〕陳本原作「鏃羽」，字誤。朱本據元本、毛本改正。〔簪破帽〕毛本作「篸破帽」。按篸本篸差字，後亦用以通簪。

〔聊插〕毛本、《詞萃》作「聊作」。按語承上謂簪花，「聊作」非是。

【箋注】

〔一〕裁金簇翠：翦裁金箔爲花，聚翠羽爲葉也，即今所謂假花。以其可亂真，故曰「天機巧」。宋龐元英《文昌雜録》：「正月七日爲人日，家家翦綵或鏤金薄爲人，以帖屏風，亦戴之頭鬢。今世多刻爲花勝……公卿家尤重此日，莫不鏤金刻繒，加飾珠翠，或以金銀，窮極工巧。」

〔二〕破帽：《晉書·王濛傳》：「美姿容，嘗覽鏡自照，稱其父字曰：『王文開生此兒邪！』居貧，帽敗，自入市買之，嫗悦其貌，遺以新帽。時人以爲達。」

【附記】

此蓋重返汴京，歌席賦贈之作。野人破帽，十年塵土者，自元祐二年出都，漂零不偶，至是十載矣。

玲瓏四犯

穠李夭桃〔一〕，是舊日潘郎〔二〕，親試春豔。自別河陽〔三〕，長負露房煙臉。憔悴鬢點吴霜〔四〕，細念想、夢魂飛亂。歎畫欄玉砌都換，纔始有緣重見。　夜深偷展香羅薦，暗窗前、醉眠葱蒨。浮花浪蕊都相識〔五〕，誰更曾擡眼。休問舊色舊香，但認取、芳心一點。又片時一陣風雨惡，吹分散。

【校】

〔《玲瓏四犯》〕調始清真。陳本注「大石」調，無題。《草堂》、《粹編》題作「春思」。〔細念想〕朱本校記云：「原本無『細』字，從毛本。按方、楊和作並作七字句。」毛注：「按譜第七句六言。」非也。〔舊色〕《草堂》、《粹編》、《詞萃》、《歷代詩餘》作「蒨色」，字誤。〔又片時〕毛本作「奈又片時」。

【箋注】

〔一〕穠李句：沈佺期《芳樹》：「夭桃色若綬，穠李光如練。」

〔二〕潘郎：指潘岳。《晉書·潘岳傳》：「岳美姿儀，少時常挾彈出洛陽道，婦人遇之者皆連手縈繞，投之以果，遂滿車而歸。」徐陵《洛陽道》：「潘郎車欲滿，無奈擲花何。」又司空圖《馮燕歌》：「擲果潘郎誰不羨，朱門別見紅妝露。」

〔三〕河陽：今河南孟縣。《白氏六帖》：「潘岳爲河陽令，樹桃李花，人號曰河陽一縣花。」庾信《枯樹賦》：「若非金谷滿園樹，即是河陽一縣花。」（按注家謂潘岳河陽花出《晉書》，實則無有。）按自起調至此句用潘岳事，「自別」云云，兼用江淹《別賦》「君居淄右，妾家河陽」之意。

〔四〕鬢點吴霜：李賀《還自會稽歌》：「吴霜點歸鬢，身與塘蒲晚。」

〔五〕浮花浪蕊：韓愈《杏花》：「浮花浪蕊鎮長有，纔開還落瘴霧中。」

【評】

《草堂詩餘正集》：下片後幾句，有層節，淒痛自篤。

【附記】

此首似爲重返汴京贈舊歡之作，以花譬人，不即不離。「穠李」三句，往日情悰。「自別河陽」，喻當時出都遠行。比及重來，「有緣重見」，己則「鬢點吴霜」，地則欄砌都換，人則色香俱褪矣，故曰「休問」。綺豔盈紙，亦不外滄桑之感耳。

一寸金 新定作〔一〕

州夾蒼崖，下枕江山是城郭。望海霞接日，紅翻水面，晴風吹草，青摇山腳〔二〕。波暖鳧鷖作〔三〕，沙痕退、夜潮正落。疏林外、一點炊煙，渡口參差正寥廓。自歎勞生，經年何事，京華信漂泊。念渚蒲汀柳，空歸閒夢，風輪雨檝〔四〕，終辜前約。情景牽心眼，流連處、利名易薄。回頭謝、冶葉倡條〔五〕，便入漁釣樂。

【校】

〔一〕《一寸金》〕陳本注「小石」調，題作「江路」。毛本題作「新定詞」，《花庵》題作「新定作」。《花庵》所據，似出作者自注，蓋集中所注地名，皆非後人妄添者。〔渚蒲〕《百家詞》作「渚蘆」。〔便入〕朱校云：「毛本便作更。」按未知所據何本而云。〔漁釣〕吴校云：「《百家詞》釣作村。」亦未知何所據而云。

【箋注】

〔一〕新定：宋鄭瑶《景定嚴州續志》云：「（唐玄宗）天寶元年，改睦州爲新定郡。」又云：「嚴州在國初，仍唐舊爲睦州……宣和三年，改爲嚴州。」按州治在浙江建德新安江畔之古梅鎮。其改稱嚴州時，清真已卒矣。

〔二〕望海霞四句：杜甫《晴二首》：「碧知湖外草，紅見海東雲。」詞句自此化出。

〔三〕波暖句：趙嘏《發青山》：「鳧鷖聲暖野塘春，鞍馬嘶風驛路塵。」

〔四〕風輪雨檝：風中車駕，雨中舟楫，道途辛苦之意。風輪本佛家語，《華嚴經》：「金輪水際，外有風輪。」此借作別解。清真《汴都賦》：「閩謳楚語，風帆雨楫。」

〔五〕冶葉倡條：李商隱《燕臺詩》：「蜜房羽客類芳心，冶葉倡條徧相識。」晏幾道《清平樂》詞：「側帽風前花滿路，冶葉倡條情緒。」

【附記】

清真於徽宗建中靖國元年曾客新定，有記二篇可證。《敕賜唐二高僧師號記》見宋董棻《嚴陵集》卷八，略云（有節録）：「有二大士，顯於有唐，在新定城，住阿蘭若，咸舉宗教，轉大法輪。其故道場，皆有遺像，而奉事弗虔，稱號無聞，爲日久矣。元符二年，馬公玗來守是邦，始知崇敬，乞加褒顯。元符三年十二月二十四日命下，明年三月十七日，具花幡威儀，表揭新號。」末署「年月日錢塘周邦彦記」，雖省去某年某月字，然元符三年之明年則建中靖國元年也。又《睦州建德縣清理堂記》見《永樂大典》卷七千二百四十一，末署「建中靖國元年七月十日錢塘周某記」。兩文所記，皆親見者，是則自春至秋皆在新定也。此詞題「新定作」，當是同年之作。

按州治建德縣本水鄉山郭。《清理堂記》云：「浙西之壤與江而接者，窮於新定，大江渺綿，陸地險阻，其勢若與下流諸郡斗絶。重山複嶺，環抱萬室，朝霏夕嵐，與人俯仰。」據宋陳公亮《嚴州圖經》，仁安山在城北一里，高六百丈，周一百六十里，平壁山在城西四十里，千仞壁立，是詞所謂「州夾蒼崖」也。《嚴州續志》云：「郡城岸江枕山……瀕江一帶，雉堞如削。」是所謂「下枕江山是城郭」也。《圖經》又言新安江在城東，東陽江在城東南二里，東津渡在縣東南，水南渡在縣西南，小里渡在縣東十五里云云。詞有「望海霞接日」至「渡口參差正寥廓」八句，所寫正是此等山水景象。清真自紹聖四年至政和元年，十五年間皆官於朝，未聞外任，其客新定及還吴（見後），當是乞假南歸。

建中靖國元年，清真四十六歲，自太學正至是，偃蹇薄宦，已十九年，故下闋歸歟之歎，情見乎辭。「冶葉倡條」一語，極堪尋味，蓋其時新黨之人，偷樂貪婪，競奔名利，不知操守爲何物，如章臺楊柳之因風動止也。《尉遲杯》之「冶葉倡條俱相識」，亦同此意。今不欲同流合汙，故曰「回頭謝」也。

近世説清真詞者或不知「新定」何謂，妄作解人，徒資笑柄。陳思《清真居士年譜》云：「新定作者，新製定之譜也。姜白石《揚州慢》序所謂因自度此曲，即其例也。《宋史》：『邦彦好音樂，能自度曲，製樂府長短句，詞韻清蔚。』《詞源》云：『美成諸人，又復增慢曲引近，或移宮換羽，爲三犯四犯之曲。』今考集中如《隔浦蓮近拍》、《玲瓏四犯》、《拜星月慢》、《蕙蘭芳引》、《紅林檎近》、《浪淘沙慢》、《浣溪沙慢》、《花犯》、《粉蝶兒慢》、《長相思慢》諸調，皆爲新定之作無疑。」姑不論「新定」爲地名，即《一寸金》、《浪淘沙慢》等詞，亦非清真始譜也。

鄭文焯《清真詞校後録要》知其爲地名矣，而於地志之書所見極少，其言曰：「案新定爲宋縣名，屬寧州建寧郡。按李兆洛《歷代地理志韻編今釋》：『新定，晉縣，寧州建寧郡；南宋縣，寧州建寧郡；南齊縣，寧州建平郡。今闕。按當在雲南境，唐縣，羈縻劍南道淯州，今四川叙州府長寧縣南。』按居士遊踪宦跡，不但未曾到此，即『海霞接日』、『夜潮正落』等句景象，亦非滇、蜀所有。」僅據李氏之書，問道於盲之類也。

《遺事》云：「先生晚年自杭徙居睦州，故《嚴陵集》有先生《敕賜唐二高僧師號記》，《景定嚴州續志》載州校書板有《清真集》、《清真詩餘》，以此。集中《一寸金》詞，恐亦在睦州時改定也。」按王静安淹博，雖未見《清理堂記》，而既睹《師號記》矣，當知清真客睦州不惟晚年一次；亦當知新定即睦州，不宜爲字面所惑，謂是改定。楊易霖《周調訂律》云：「按宋之新定，即今浙江建德、淳安、遂安等縣。」是也。

點絳脣

遼鶴歸來〔一〕，故鄉多少傷心地〔二〕。寸書不寄，漁浪空千里〔三〕。憑仗桃根〔四〕，説與淒涼意。愁無際，舊時衣袂，猶有東門淚〔五〕。

【校】

〔《點絳脣》〕陳本注「仙吕」宫，題作「傷感」。《粹編》題作「寄楚雲」，《詞統》題作「寄妓」，《雅詞》、毛本無題。〔歸來〕王灼《碧雞漫志》、洪邁《夷堅三志》、《粹編》、《詞統》作「西歸」，《雅詞》作「重來」。〔故鄉〕《夷堅志》、《粹編》、《詞統》作故人。〔傷心地〕《夷堅志》、《碧雞漫志》、《粹編》、《詞統》作「傷心事」。〔寸書〕《夷堅志》、《碧雞漫志》、《粹編》、《詞統》作「短書」，《雅詞》作「錦書」。〔淒涼〕《夷堅》、《碧雞》、《粹編》、毛本作「相思」。〔無際〕《夷堅》、《碧雞》、《粹編》、《詞統》作「何際」。〔東門〕《夷堅》、《碧雞》、《雅詞》、《粹編》、《詞統》、元本、毛本作「東風」。

【箋注】

〔一〕遼鶴：《搜神後記》：「遼東城門有華表柱，忽有一白鶴集柱頭，時有少年舉弓欲射之，鶴乃飛徘徊空中而言曰：『有鳥有鳥丁令威，去家千歲今來歸，城郭如故人民非，何不學仙冢纍纍。』遂高上沖天。」武元衡《和楊三舍人》（下略）：「玉笙王子駕，遼鶴令威身。」

〔二〕傷心地：杜甫《至日遣興奉寄兩院補遺二首》：「欲知趨走傷心地，正想氤氳滿眼香。」

〔三〕魚浪句：言無音書也。《玉臺新詠》蔡邕《飲馬長城窟行》：「呼兒烹鯉魚，中有尺素書。」韋皋《憶玉簫》：「長江不見魚書至，爲遣相思夢入秦。」詞意似之。

〔四〕桃根：《桃葉歌》：「桃葉復桃葉，桃樹連桃根。相憐兩樂事，獨使我殷勤。」（參看《三部樂》箋）相傳桃根爲桃葉之妹，見《古今樂録》。吴均《行路難》：「君不見長安客舍門，倡家少女名桃根。」

〔五〕東門：古樂府有《東門行》云：「出東門，不顧歸。」東門蓋别離之地，劉長卿《送馬秀才》：「南客懷歸鄉夢頻，東門悵别柳條新。」清真《浪淘沙》「南陌脂車待發，東門帳飲乍闋」，義同。「東門淚」猶言别淚，他本作「東風淚」，於義無取矣。

【評】

《詞綜偶評》：淡淡寫來，深情無限，宜楚雲爲之感泣也。

《白雨齋詞話》：「美成豔詞，如《少年游》、《點絳脣》、《意難忘》、《望江南》等篇，别有一種姿態，句句灑脱，香匳泛語，吐棄殆盡。」

《詞則閑情集》一：纏綿淒咽，措語亦極大雅，艷體正則也。

【附記】

此詞本事，《碧雞漫志》云：「周美成初在姑蘇，與營妓岳七楚雲者游甚久，後歸自京師，首訪之，則已從人矣。明日，飲於太守蔡巒子高，坐中見其妹，作《點絳脣》曲寄之。（引詞從略）」《夷堅三志》壬集七亦云：「周美成頃在姑蘇，其營妓岳七楚雲者追遊甚久，後從京師歸，過蘇訪之，則已從人數年矣。明日，飲於太守蔡巒子高，坐中因見其妹，作《點絳脣》詞寄之云（引詞從略）。楚雲覽之，累日感泣。」

《遺事》云：「案《吴郡志》，自元豐至宣和，蘇州太守並無蔡戀其人，僅崇寧間有蔡渭耳。渭，故相蔡確之子，後改名懋，與戀字不類，義亦與子高之字不相應。以他書所記先生事觀之，則此説疑亦出附會也。」按明人王鏊《姑蘇志》（景印《四庫全書》本）卷三古今令守表中宋知州：「蔡嵤，《實録》：大觀二年十一月，除顯謨閣待制，知蘇州。三年七月，落職提舉嵩山崇福觀。」按嵤爲崇之别體，與子高之字正相應；然其字罕見，又與戀之俗體峦形近，故易誤，《年譜》所引《蘇州府志》，即作蔡戀。又引《吴門補乘》云：「嵤，亦作戀，字子高。周美成在姑蘇，曾飲於衙齋，見王灼《碧雞漫志》。」《遺事》但據《吴郡志》，謂並無其人，非是。蓋方志常有疏漏，《吴郡志》於此闕如耳，當以明修《姑蘇志》爲是。

王灼生長北宋，其《頤堂詞》中有題政和作用，蓋與清真先後同時，所聞或多得實，且蔡嵤其人無賴，亦不足附會也。倘所記可據，則大觀二三年之間，清真曾乞假南歸而過姑蘇也。惟與楚雲從遊甚久之説，似未必是。

按《宋人傳記資粹索引》頁三七九三，據《宋史翼》卷四十云：「蔡嵤，仙遊人，京族子。性矯妄，喜談鬼神事，京黨薦於朝，以道士服入謁，累官給事中兼侍讀。京去位，言者併攻之，奪職。及京復相，徽宗戒毋得用嵤，但復集英殿修撰，旋還待制，提舉洞霄宫。」考蔡京去位，在大觀四年，次年即復相，則奪職當在四年，而據《姑蘇志》，則三年七月已落職矣，其時京猶在位也。又《志》言提舉嵩福觀，而此謂洞霄宫，亦不合，當以《志》爲是。

《揮麈録》卷三：「本朝以來，以遺逸起達者，惟種明逸、常夷甫二人而已。徽宗朝，王易簡、蔡嵤、吕注自布衣拜崇政殿説書，然薦紳間多不與之也。」又案柳永祖父名崇，字子高，見王禹偁《小畜集》卷三十《建谿處士贈大理評事柳府君墓碣銘》，亦崈與子高名字相應之一例。又案宋人有楊崈，字景山，曾與山谷交游，大觀中爲仙居令。見《宋詩紀事補遺》，其名崈，亦作密。《曲洧舊聞》卷八：「陳瑩中，大觀末，以其子訟蔡密語言事，就逮開封獄。時黄經臣監勘，有旨令瑩中疏蔡京過失，瑩中因辭曰：『瓘在垣嘗論京，今爲獄囚而論三公，不可也。』」

解語花　元宵

風消焰蠟，露浥烘爐，花市光相射。桂華流瓦〔一〕，纖雲散、耿耿素娥欲下〔二〕。衣裳淡雅，看楚女、纖腰一把〔三〕。簫鼓喧、人影參差，滿路飄香麝〔四〕。　因念都城放夜〔五〕，望千門如畫，嬉笑游冶。鈿車羅帕〔六〕，相逢處、自有暗塵隨馬〔七〕。年光是也，惟只見、舊情衰謝。清漏移、飛蓋歸來〔八〕，從舞休歌罷。

【校】

〔《解語花》〕調始清真。按《欽定詞譜》卷二十八有秦觀《解語花》，然宋乾道高郵軍學本《淮海居士長短句》、汲古閣本《宋六十名家詞》及《詞苑英華》本《淮海詞》均無，少游詞多僞託，此亦似然也。陳本注「高平」調，題作「元宵」，《白雪》同，毛本作「上元」，《詞源》引作「元夕」。　〔焰蠟〕毛本作「絳蠟」。　〔烘爐〕毛本、《詞萃》作「紅蓮」。　〔花市〕毛本《詞萃》作「燈市」。　〔纖腰〕《白雪》作「宫腰」。　〔香麝〕《白雪》作「蘭麝」。

〔都城〕《草堂》、《詩餘醉》作「帝城」。按《詞源》亦引作「帝城」。　〔如晝〕《粹編》作「如畫」。陳注：「易齋云，舊本作『千門如畫』者，誤也。雖有妙手，安能畫其明耶？」按方、楊和詞，皆以「晝」爲韻，所據者則所謂舊本也，明陳耀文《花草粹編》所據亦然。然《白雪》及《詞源》亦作「如畫」，陳西麓和詞於此不叶韻，吳夢窗二首雖非和作，於此亦不用韻，可知宋本多作「如畫」者。吳則虞校云：「改畫作晝，蓋始於元龍之注。」非也。　〔只見〕《白雪》作「只有」。

【箋注】

〔一〕桂華流瓦：韓愈《明水賦》：「桂華吐輝，兔影騰精。」李商隱《陳後宮》：「茂苑城如畫，閶門瓦欲流。」

〔二〕素娥：謝莊《月賦》：「引玄兔於帝臺，集素娥於后庭。」李商隱《霜月》：「青女素娥俱耐冷，月中霜裏鬬嬋娟。」

〔三〕楚女：杜甫《清明二首》：「胡童結束還難有，楚女腰支亦可憐。」（參看附記）

〔四〕飄香麝：劉遵《繁華應令詩》：「腕動飄香麝，衣輕任好風。」

〔五〕都城放夜：《太平御覽》引唐韋述《兩京新記》：「正月十五日夜，敕金吾弛禁，前後各一日以看燈，光若晝日。」宋趙德麟《侯鯖録》：「京師元夕放燈三夜。錢氏納土，進錢買兩夜，今十七、十八夜燈，因錢氏而添之。」按蔡絛《鐵圍山叢談》，則謂非因錢氏。汴京元宵之盛，備載《東京夢華録》。

〔六〕鈿車：見《垂絲釣》箋。

〔七〕暗塵隨馬：蘇味道《正月十五夜》：「暗塵隨馬去，明月逐人來。」

〔八〕飛蓋：曹植《公宴》：「清夜游西園，飛蓋相追隨。」

【評】

《詞源》：昔人詠節序，不爲不多，付之歌喉者，類是率俗，不過應時納祜之聲耳。所謂清明「拆桐花爛漫」，端午「梅霖初歇」，七夕「炎光謝」，若律以詞家調度，則皆未然。豈如美成《解語花》賦元夕云……（引詞從略）。如此等妙詞，不獨措辭精粹，又且見時序風物之勝，人家宴樂之同。

《草堂詩餘雋》：上是佳人遊玩，下是燈下相逢，一氣呵成。（李攀龍語）

《七頌堂詞繹》：詞起結最難，而結尤難於起，蓋不欲轉入別調也。「呼翠袖，爲君舞」；「倩盈盈翠袖，搵英雄淚」；正是一法。然又須結得有「不愁明月盡，自有夜珠來」之妙，乃得。美成《元宵》云：「任舞休歌罷。」則何以稱焉？

《宋四家詞選》：此美成在荆南作，當與《齊天樂》同時。到處歌舞太平，京師尤爲絶盛。

《白雨齋詞話》：美成《解語花》後半闋云：（引詞從略）。縱筆揮灑，有水逝雲卷之妙。

《詞則·大雅集》二：後半闋念及禁城放夜時，縱筆揮灑，有水逝雲卷，風馳電掣之感。

《雲韶集》：因元宵而念禁城放夜時，屈指年光，已成往事。此種着筆，何等姿態，何等情味。若泛寫元宵衣香燈影如何豔冶，便寫得工麗百二十分，終覺看來不俊。

《人間詞話》：詞忌用替代字。美成《解語花》之「桂華流瓦」，境界極妙，惜以「桂華」二字代月耳。夢窗以下，則用代字更多。其所以然者，非意不足則語不妙也。蓋意足則不暇代，語妙則不必代。此少游之「小樓連苑」、「繡轂雕鞍」，所以爲東坡所譏也。

【附記】

杜少陵《清明二首》，作於潭州，故有「楚女腰支」之語，周止庵《宋四家詞選》遂據以爲此詞作於荊南，其實非也。蓋詩詞中楚女字多泛用，若李賀《屏風曲》之「城上烏啼楚女眠」，《釣魚詩》之「楚女淚沾裾」，李商隱《細雨》之「楚女當時意」，温庭筠《酒泉子》之「楚女不歸」，此類甚多，不必實指。且詞中有「年光是也」、「舊情衰謝」之嘆，則年在桑榆矣，若客荊南時在元祐，方壯歲，當無此等語。

陳譜云：「《武林舊事》：『元夕至五夜，則京尹乘小提轎，諸舞出隊，次第簇擁，前後連亘十餘里，錦繡填委，簫鼓振作，耳目不暇及。』詞曰：『簫鼓喧，人影參差』；又曰：『清漏移，飛蓋歸來，從舞休歌罷』。足證《舊事》所記五夜京尹乘小提轎，舞隊簇擁，仍沿浙東西之舊俗也。」因以詞爲政和五年知明州（治今浙江鄞縣）作，其說近是。按清真於政和二年以衛尉卿直龍圖閣出知隆德府（治今山西長治市），五年徙知明州，見《乾道四明圖經》、《寶慶四明志》、《延祐四明志》太守題名，次年入爲秘書監，而以毛友代之。此詞果爲明州元宵作，則是時六十歲矣，故曰「年光是也」。徐陵《答李顒之書》云：「年光遒盡，觸目崩心。」殆有同感。

齊天樂

緑蕪凋盡臺城路〔一〕，殊鄉又逢秋晚。暮雨生寒，鳴蛩勸織〔二〕，深閣時聞裁剪。雲窗静掩〔三〕，歎重拂羅裀〔四〕，頓疏花簟〔五〕。尚有練囊〔六〕，露螢清夜照書卷〔七〕。　荆江留滯最久〔八〕，故人相望處，離思何限。渭水西風，長安亂葉〔九〕，空憶詩情宛轉。凭高眺遠，正玉液新篘〔一〇〕，蟹螯初薦〔一一〕。醉倒山翁〔一二〕，但愁斜照斂。

【校】

〔《齊天樂》〕調始清真。陳本注「正宫」，題作「秋思」，元本同。《花庵》題作「秋詞」，《粹編》題作「秋」。

〔鳴蛩〕《雅詞》作「鳴蛙」，字誤。　〔練囊〕《花庵》同。元本、《百家詞》作「踈囊」，字可通用。《雅詞》、《白雪》、毛本作「練囊」，非是。見箋。　〔玉液〕《雅詞》作「淥液」。

【箋注】

〔一〕臺城：宋張敦頤《六朝事迹類編》：「《建康實録》：『晋成帝咸和七年，新宫成，名建康宫。』注：『即今之所謂臺城也，在縣東北五里，周回八里。』又按《輿地志》云：『同泰寺，南與臺城隔路，今法寶寺及圓寂寺，即古同泰寺基，故法寶亦名臺城院。』以此考之，法寶、圓寂寺之南，蓋古臺城地也，今之基址尚在。」又宋洪邁

《容齋隨筆》云：「晉、宋間謂朝廷禁近爲臺，故稱禁城爲臺城。」按遺址在今南京市江寧縣南。

〔二〕鳴蛩句：錢起《晚次宿預館》：「迴雲隨去雁，寒露滴鳴蛩。」蛩，本字作蛬。《爾雅・釋蟲》「蟋蟀，蛬」，郭璞注：「今促織也。」邢昺疏：「幽州人謂之趨（同促）織。里語曰，趨織鳴，嬾婦驚是也。」

〔三〕雲窗：韓愈《華山女》：「雲窗霧閣事慌惚，重重翠幔深金屏。」

〔四〕羅裀：鮑令暉《代葛沙門妻郭小玉作》：「明月何皎皎，垂幌照羅茵。」茵通裀。

〔五〕花簟：李賀《河南府試十二月樂詞》：「僅厭舞衫薄，稍知花簟寒。」清王琦《三家評注李長吉歌詩彙解》云：「晉《子夜四時歌》：『反覆花簟上，屏帳了不施。』顔師古《急就篇》注：『織竹爲席謂之簟。』《段氏蜀記》云：『渝州出花竹簟，爲時所重。』」

〔六〕綀囊：《玉篇》：「綀，紡纑絲也。」《晉書・王導傳》：「時帑藏空竭，庫中惟有綀數千端。」按此調始自清真，其後成常用詞調，南宋人皆依之，此句必作仄仄平平。綀字平聲方合，若必據囊螢讀書故事作「綀囊」，則失律矣，非是。《晉書・車胤傳》：「胤恭勤不倦，博學多通。家貧不常得油，夏月則綀囊盛數十螢火以照書，以夜繼日焉。」

〔七〕露螢句：韓愈《城南聯句》：「露螢不自暖，凍蝶尚思輕。」

〔八〕荆江：長江流經荆州，故荆南稱荆江。許渾《思歸》：「殷勤樓下水，幾日到荆江。」（按陳注於此引張賁詩「不用吴江歎留滯」，吴江誤作荆江。）

〔九〕渭水二句：賈島《憶江上吴處士》：「秋風吹渭水，落葉滿長安。」

〔一〇〕玉液新篘：劉孝儀《謝晋安王賜宜城酒啓》：「瓶瀉椒芳，壺開玉液。」篘，竹製漉酒器，段成式《怯酒贈周繇》：「大白東西飛正狂，新篘石凍雜梅香。」又《唐詩紀事》載杜荀鶴斷句：「舊衣灰絮絮，新酒竹篘篘。」

〔一一〕蟹螯：《晋書·畢卓傳》：「卓嘗謂人曰：『得酒滿數百斛船，四時甘味置兩頭，右手持酒杯，左手持蟹螯，拍浮酒船中，便足了一生矣。』」

〔一二〕醉倒句：《晋書·山簡傳》：「鎮襄陽。……諸習氏荆土豪族，有佳園池，簡每出嬉遊，多之池上，置酒輒醉，名之曰高陽池。時有兒童歌曰：『山公出何許？往至高陽池。日夕倒載歸，酩酊無所知。時時能騎馬，倒著白接䍦。』」李白《襄陽歌》：「傍人借問笑何事，笑殺山翁醉似泥。」

【評】

張炎《山中白雲》卷一《國香》詞序：沈梅嬌，杭妓也。忽於京都見之，把酒相勞苦，猶能歌周清真《意難忘》、《臺城路》（按《齊天樂》因此詞起句又名《臺城路》）二曲，因囑余記其事。詞成，以羅帕書之。

《宋四家詞選》：此清真荆南作也，胸中猶有塊壘。南宋諸公多模仿之。又云：身在荆南，所思關中，故有「渭水」、「長安」之句，碧山用作故實。（按謂王沂孫《水龍吟》落葉詞「渭水風生」句）

《白雨齋詞話》：美成《齊天樂》：「緑蕪凋盡臺城路，殊鄉又逢秋晚。」傷歲暮也。結云：「醉倒山翁，但愁斜照斂。」幾於愛惜寸陰。日暮之悲，更覺餘於言外。此種結構，不必多費筆墨，固已意無不達。

《詞則·大雅集》二：蒼涼沈鬱，開白石、碧山一派。

《雲韶集》：只起二句，便覺黯然銷魂。下字用意，無不精鍊。沈鬱蒼涼，太白「西風殘照」後，有嗣音矣。

《譚評詞辨》：起句亦是以掃爲生法。「荆江」應「殊鄉」。「渭水」二句，點化成句，開後來多少章法。結束出奇，正是哀樂無端。

《人間詞話》：「西風吹渭水，落日滿長安」，美成以之入詞，白仁甫以之入曲，此借古人之境界爲我之境界也。然非自有境界，古人亦不爲我用。（按白樸《梧桐雨》雜劇第二折《普天樂》：「傷心故園，西風渭水，落日長安。」）

又《遺事》：《齊天樂》「緑蕪凋盡」一首，作於金陵，當在知溧水前後。

《抄本海綃説詞》：此美成晚年重游荆南之作。覩起句，當是由金陵入荆南，又先有次句然後有起句，因殊鄉秋晚，始念「緑蕪凋盡」也。「留滯最久」，蓋合前游言之。「渭水」、「長安」指汴京，此行又將由荆南入開封矣。《渡江雲》「晴嵐低楚甸」，疑繼此而作。王國維謂作於金陵，微論後闋，即第二句已不可通矣。周濟謂渭水、長安指關中，亦非。

【附記】

此詞時地，前説紛紜，周止庵、王静安外，《陳譜》編入元豐二年爲太學生之前、十九歲時游荆南作，其説悠謬不足論。止庵不言歲月，惟於地名借代處殊不通達，以渭水、長安爲實指，亦猶《解語花》有楚女字而誤認爲荆州作也。静安又忽略結拍遲暮之悲，亦誤。

按海綃翁之説是也。「醉倒山翁，但愁斜照斂」二句，陳亦峯謂「日暮之悲，更覺餘於言外」，是善讀詞者。宋祁《玉樓春》之「爲君持酒勸斜陽，且向花間留晚照」，情景正相同，皆所謂年在桑榆，自然如此者也。海綃斷爲「晚年重游荆南之作」，又謂「此行將由荆南入開封」，確不可移。抑有進者，當是政和五年明州解組，入都爲秘書監，取道金陵，至荆南逢九日作，故用把酒持螯事。舊地重游，回首當年，故有「荆江留滯最久」之語。用山簡事，極切合所在地。秘書監掌圖書，故有「露螢清夜照書卷」之喻。政和五年，六十歲矣，故結拍有日暮之悲。次年抵京後有《瑣窗寒》寒食詞，明言年已「遲暮」，更足前後印證也。

瑣窗寒　寒食

暗柳啼鴉，單衣竚立〔一〕，小簾朱户。桐花半畝，静鎖一庭愁雨。洒空堦、夜闌未休，故人翦燭西窗語〔二〕。似楚江暝宿，風燈零亂〔三〕，少年羈旅。遲暮〔四〕，嬉游處，正店舍無煙〔五〕，禁城百五〔六〕。旗亭喚酒〔七〕，付與高陽儔侶〔八〕。想東園、桃李自春〔九〕，小脣秀靨今在否〔一〇〕。到歸時、定有殘英，待客攜尊俎。

【校】

〔《瑣窗寒》〕調始清真。陳本注「越調」，無題。元本、毛本、《草堂》、《粹編》題作「寒食」。瑣與鎖通，毛本調名作《鎖窗寒》，《粹編》調名作《鎖寒窗》。〔桐花〕毛本作「桐陰」，《詞萃》作「花陰」。〔酒空堦〕《詞統》作「滴空階」。〔夜闌〕《草堂》、《粹編》、《詞萃》作「更闌」。〔遲暮〕毛注：「時刻或于遲暮下分段。」〔自春〕毛本作「經春。」

【箋注】

〔一〕單衣：本作襌衣，《釋名·釋衣服》：「襌衣，言無裏也。」《後漢書·陸續傳》：「祖父閎，字子春，建武中爲尚書令。美姿貌，喜著越布單衣，光武見而好之，自是常敕會稽郡獻越布。」

〔二〕故人句：李商隱《夜雨寄北》：「君問歸期未有期，巴山夜雨漲秋池。何當共翦西窗燭，卻話巴山夜雨時。」

〔三〕風燈：杜甫《漫成一首》：「江月去人只數尺，風燈照夜欲三更。」又《船下夔州郭宿》：「風起春燈亂，江鳴夜雨懸。」

〔四〕遲暮：《離騷》：「惟草木之零落兮，恐美人之遲暮。」杜甫《寓目》：「自傷遲暮眼，喪亂飽經過。」

〔五〕店舍無煙：元稹《連昌宮詞》：「初過寒食一百六，店舍無煙宮樹緑。」

〔六〕禁城百五：禁城，宮城也。顔延之《拜陵廟作》：「夙御嚴清制，朝駕守禁城。」百五，冬至後一百五日，即寒食節，詳《應天長》箋。姚合《寒食二首》：「今朝一百五，出户雨初晴。」

〔七〕旗亭句：唐薛用弱《集異記》：「開元中，詩人王昌齡、高適、王之涣共詣旗亭貰酒。忽有伶官十數人會宴，三人因私約曰：『我輩各擅詩名，今觀諸伶謳，若詩入歌辭多者爲優。』俄一伶唱『寒雨連江夜入吴』，昌齡引手畫壁曰：『一絶句。』又一伶唱『開篋淚霑臆』，適引手畫壁曰：『一絶句。』尋又一伶謳『奉帚平明金殿開』，昌齡又畫壁曰：『二絶句。』之涣因指諸妓中最佳者曰：『此子所唱，如非我詩，終身不敢與争衡矣。』須臾，雙鬟發聲，則『黄河遠上白雲間』。之涣揶揄二子曰：『田舍奴，我豈妄哉？』因大諧笑，飲醉竟日。」(引文有删節)旗亭，市樓也，古建於市中，上立旗爲觀察指揮市集之所。王勃《臨高臺》：「旗亭百隧開新市，甲第千甍分戚里。」杜甫《入衡州》：「旗亭壯邑屋，烽櫓蟠城隍。」

〔八〕高陽儔侣：《史記・酈生傳》：「初，沛公引兵過陳留，酈生踵軍門上謁曰：『高陽賤民酈食其，竊聞沛公暴露，將兵助楚討不義，敬勞從者，願得望見，口畫天下事。』(中略)使者出謝曰：『沛公敬謝先生，方以天下爲事，未暇見儒人也。』酈生瞋目案劍叱使者曰：『走！復入言沛公，吾高陽酒徒也，非儒人也。』」李商隱《寄羅劭興》：「高陽舊徒侣，時復一相攜。」

〔九〕想東園二句：張喬《楊花落》：「東園桃李芳已歇，猶有楊花嬌暮春。」

〔一〇〕小脣秀靨：李賀《蘭香神女廟》：「團鬟分珠窠，濃眉籠小脣。」又《惱公》：「曉匳妝秀靨，夜帳減香筒。」

【評】

《草堂詩餘雋》：上描旅思最無聊，下描酒興最無聊。又云：寒窗獨坐，對此禁煙時光，呼盧浮白，寧多遜高陽生哉？（李攀龍語）

《宋四家詞選》：奇横。（此評「似楚江暝宿」三句）

《雲韶集》：起三語精工，若他人寫來，秀麗或過之，骨韻終遜。「少年羈旅」四字凄慘。一味直來直往，自非他手所能到。

《蓼園詞選》：前闋寫宦況淒清，次闋起處點清寒食，以下引到思家情懷，風情旖旎可想。

《海綃説詞》：由户而庭，由昏而夜，一步一境，總趨歸「故人翦燭」一句。「楚江暝宿，少年羈旅」，又換一境，一一「似」字極幻。「遲暮」鉤轉，渾化無迹。以下設景設情，層層脱換，皆收入「西窗語」三字中。美成藏此金針，不輕與人。

又《抄本海綃説詞》：此篇機杼，當認定「故人翦燭西窗語」一句。自起句至「愁雨」，是從「夜闌」追溯。由户而庭，乃有此「西窗」；由昏而夜，乃爲此「翦燭」，用層層趕下。「嬉游」五句，又從「暗柳」、「單衣」前追溯。旗亭無分，乃來此户庭；儔侣俱謝，乃見此故人。用層層繳足，作意已極圓滿。「東園」以下，復從後一步繞出，筆力直破餘地。「少年」、「遲暮」，大開大闔，是上下片緊凑處。

《唐宋詞簡釋》：此首寒食感懷詞。起句點染，次句入事，第三句記地。「桐花」兩句寫雨。「灑空階」兩句承上，言夜深話雨。「似楚江」三句，因今思昔，文筆蕩開。「暝宿」與夜「雨」應，「風燈」與「翦燭」應。「遲暮」自「少年」轉下，更寫羈客之淒寂。旗亭唤酒，已屬他人之事，故曰「付與」，用撇筆以襯己之無心作樂。「想」字直到底，言思家之切。家中桃李無人同賞，故曰「自春」。「定有」與「在否」應。「攜尊俎」與「唤酒」應。「待客」之「客」字，從「笑問客從何處來」之「客」字悟出，頗有意味。

【附記】

清真於政和六年還京爲秘書監，進徽猷閣待制，提舉大晟府，在京共兩載，至重和元年出知真定府，自是不復回京矣，此詞當作於此二載中。「禁城百五」，京師寒食之謂，已明示作地。「遲暮」一語，自傷晚景，蓋其時已六十一二歲矣。《應天長》詞，亦京師寒食之作，時當紹聖末、元符初，作者猶在壯年，故回首舊游，尚存綺思，細尋前跡，差堪載酒。此則二十年後京師寒食之作，老懷落寞，遲暮嬉游，徒傷羈旅，旗亭唤酒，已屬他人，但有歸思而已。景隨情遷，兩相對比，不中不遠。

燭影摇紅

芳臉匀紅，黛眉巧畫宫妝淺。風流天付與精神，全在嬌波眼。早是縈心可慣，向尊前、頻頻顧眄〔一〕。幾回相見，見了還休，爭如不見〔二〕。燭影摇紅，夜闌飲散春宵短。當時誰會唱陽關〔三〕，離恨天涯遠。爭奈雲收雨散，凴闌干、東風淚滿。海棠開後，燕子來時，黄昏深院。

【校】

〔《燭影摇紅》〕調始清真，蓋增飾王詵《憶故人》而成（見附記），故《草堂》、《花庵》誤以爲亦晉卿作，題曰「春恨」，《粹編》仍其誤。以此，各本周詞皆不載。前此，《雅詞・拾遺》下及吴曾《能改齋漫録》卷十七，均題清真作，並無可疑。且晉卿既作《憶故人》，又復自行增飾爲《燭影摇紅》，亦無此理。上録詞文據《漫録》。〔芳臉勻紅〕《雅詞》作「丹臉輕勻」，《花庵》、《草堂》、《粹編》作「香臉輕勻」。〔嬌波眼〕《雅詞》、《花庵》、《草堂》、《粹編》作「嬌波轉」。〔向尊前〕同右四本皆作「更那堪」。〔顧眄〕同右四本皆作「顧盼」。〔相見〕《雅詞》作「席上」，《花庵》、《草堂》、《粹編》作「得見」。按《後村詩話》引作「相見」。（見附記）〔誰會〕《雅詞》、《花庵》、《草堂》、《粹編》作「誰解」。〔爭奈〕同右四本皆作「無奈」。〔淚滿〕同右四本皆作「淚眼」。〔深院〕同右四本皆作「庭院」。

【箋注】

〔一〕顧眄：顧，回首視；眄，斜視。

〔二〕幾回三句：司馬光《西江月》：「相見爭如不見，有情何似無情。」

〔三〕陽關：謂《陽關曲》，出王維《送元二使安西》詩云：「渭城朝雨浥輕塵，客舍青青柳色新。勸君更進一杯酒，西出陽關無故人。」《樂府詩集》題作《渭城曲》，解云：「《渭城》一曰《陽關》，王維之所作也。本送人使安西詩，後遂被於歌。劉禹錫與歌者詩云：『舊人唯有何戡在，更與慇懃唱《渭城》。』白居易《對酒》詩云：『相逢且莫推辭醉，聽唱《陽關》第四聲。』第四聲即『勸君更盡一杯酒，西出陽關無故人』也。《渭城》、《陽關》之名，蓋因辭云。」

【附記】

宋吳曾《能改齋漫録》卷十七《樂府》：「王都尉（詵）有《憶故人》詞云：『燭影摇紅，向夜闌，乍酒醒，心情懶。尊前誰爲唱《陽關》，離恨天涯遠。　無奈雲沈雨散，凭闌干、東風淚眼。海棠開後，燕子來時，黄昏庭院。』徽宗喜其詞意，猶以不豐容宛轉爲恨，遂令大晟府別撰腔。周美成增損其詞，而以首句爲名，謂之《燭影摇紅》。（引詞從略）」據此，則詞爲政和六、七年間提舉大晟府時奉敕作也。《遺事》謂清真提舉大晟府，「不聞有所建議，集中又無一頌聖貢諛之作」，信然。此非頌聖貢諛之作，不似府中舊員晁端禮、万俟詠諸人之所製也。

宋劉克莊《後村詩話》：「嘉定更化，收召故老。一名公拜參政，雖好士而力不能援，謂客曰：『贄而來見者，吾皆倒屣，未嘗敢失一士。外議如何？』客素滑稽，曰：『自公大用，外間盛唱《燭影摇紅》詞。』參政問何故，客舉卒章曰：『幾回相見，見了還休，争如不見。』賓主相視一笑。」按周密《癸辛雜識》別集卷下：「嘉定間，宇文紹節爲樞密，樓鑰爲參政。」按《宋史·宰輔表四》：「（嘉定）二年己巳（一二〇九），正月丁巳，樓鑰自同知樞密院事除參知政事。」「宇文紹節自通議大夫試吏部尚書，除端明殿學士、簽書樞密院事，仍兼太子賓客。」按《宋史》三九五本傳，以忤韓侂胄告老，侂胄既誅，遂復起，時年已逾七十，嘉定六年卒，壽七十七，爲參政時，已七十三歲矣。又鑰始編《清真先生文集》，則于其詞，當甚稔也。

黃鸝繞碧樹

雙闕籠嘉氣〔一〕，寒威日晚，歲華將暮。小院閒庭，對寒梅照雪，澹煙凝素。忍當迅景〔二〕，動無限、傷春情緒。猶賴是、上苑風光漸好〔三〕，芳容將煦。草莢蘭芽漸吐，且尋芳、更休思慮。這浮世、甚驅馳利祿，奔競塵土〔四〕。縱有魏珠照乘〔五〕，未買得、流年住。爭如盛飲流霞〔六〕，醉偎瓊樹〔七〕。

【校】

〔《黃鸝繞碧樹》〕陳本注「雙調」，題作「春情」，元本、《百家詞》同。《粹編》、毛本無題。〔嘉氣〕毛本作「佳氣」。〔盛飲流霞〕毛本作「剩引榴花」，注云：「《清真集》作爭如盛飲流霞。」

【箋注】

〔一〕雙闕：《古詩十九首》：「兩宮遥相望，雙闕百餘尺。」崔豹《古今注》云：「闕，觀也。古每門樹兩觀於其前，所以表宮門也。」按詞以此喻皇城，趙令時（與清真同時）《侯鯖録》云：「本朝東京宮城周迴二十里一百五十步，即汴州城，唐建中二年節度使李勉重築，國初號曰闕城。」嘉氣：李商隱《爲安平公兖州謝上表》：「歡聲雷動，嘉氣雲高。」

〔二〕迅景：猶言急景、短景。

〔三〕上苑二句：參看《垂絲釣》附記。唐獨孤授《花發上林》：「上苑韶容早，芳菲正吐花。」

〔四〕奔競塵土：謂奔走塵土中以求富貴也。干寶《晋紀總論》：「悠悠風塵，皆奔競之士。列官千百，無讓賢之舉。」蘇舜欽《答韓持國書》云：「終日勞苦，應持之不暇，寒暑奔走塵土泥淖中，不能了人事，羸馬敝僕，日棲棲取辱於都城。」詞意與此相似。

〔五〕魏珠照乘：《史記·田敬仲完世家》：「（齊威王）與魏王會田於郊。魏王問曰：『王亦有寶乎？』威王曰：『無有。』梁王曰：『若寡人國小也，尚有徑寸之珠，照車前後各十二乘者十枚，奈何以萬乘之國而無寶乎？』」按魏王即梁惠王，故珠稱魏珠也。

〔六〕流霞：《論衡·道虚》：「（項）曼都曰：『有仙人數人，將我上天，離月數里而止。……口饑欲食，仙人輒飲我以流霞一杯，每飲一杯，數月不饑。』」後因以爲美酒名，庾信《衛王贈桑落酒奉答》：「愁人坐狹邪，喜得送流霞。」

〔七〕瓊樹：喻美人。《陳書·張貴妃傳》：「其曲有《玉樹後庭花》、《臨春樂》等，大指所歸，皆美張貴妃、孔貴嬪之容色也。其略曰：『璧月夜夜滿，瓊樹朝朝新。』」

【附記】

此首蓋刺徽宗及蔡京黨人之作，非佳篇，而用意頗明白，度其時當在政和末提舉大晟府時。詞調始見端禮，端禮於政和三年以承事郎爲大晟府協律，此曲疑是大晟府所製新聲。

徽宗耽於淫樂，蔡京復逢迎慫恿之，自崇寧以來，營宮觀苑囿無虚日，而極於政和七年作萬歲山。《宋史紀事本末》卷五十《花石綱之役》言政和七年，「大率靈壁、太湖、慈溪、武康諸石，二浙奇竹、異花、海錯，福建荔枝、橄欖、龍眼，南海椰實，登、萊文石，湖、湘文竹，四川佳果木，皆越海渡江，毁橋梁，鑿城郭而至，植之皆生。」方其時也，外則金人日逼，内則民不聊生，猶逸樂之是務。詞云：「雙闕籠嘉氣」；又云：「猶賴是上苑風光漸好，芳容將煦。」蓋感時刺君也。自崇寧、大觀以還，蔡京久擅政柄，樹黨營私，權傾中外，黨羽遍天下，其黨又皆小人，趨炎附勢，競逐名利，不顧廉耻。詞云：「這浮世甚驅馳利禄，奔競塵土？縱有魏珠照乘，未買得流年住。」即指此輩。《陳譜》謂此數語，言「以黨敗人，終以黨敗國」，信然。

蝶戀花　柳

愛日輕明新雪後〔一〕，柳眼星星，漸欲穿窗牖。不待長亭傾别酒，一枝已入騷人手〔二〕。

淺淺挼藍輕蠟透〔三〕，過盡冰霜，便與春争秀。强對青銅簪白首〔四〕，老來風味難依舊。

【校】

〔《蝶戀花》〕一様四首，陳本注「商調」，題作「柳」，毛本題作「詠柳」。茲共録五首，末一首陳本所無，見毛本。以其韻脚俱同，當出一手，似非僞託。作旨見第五首附記。　〔愛日句〕毛注：「《清真集》作『綏日輕明新霽後』。」　〔柳眼〕《全芳備祖》後集卷十七作「媚眼」。　〔騷人〕朱校云：「勞巽卿鈔振綺堂本『騷』作『離』。」　〔挼藍〕毛本作「柔黃」。

【箋注】

〔一〕愛日：《左傳・文公七年》：「酆舒問於賈季曰：『趙衰、趙盾孰賢？』對曰：『趙衰，冬日之日也；趙盾，夏日之日也。』」杜預注：「冬日可愛，夏日可畏。」

〔二〕一枝句：韓翃《寄柳氏》（一作《章臺柳》）：「縱使長條似舊垂，也應攀折他人手。」詞意本之。

〔三〕挼藍：白居易《池上》：「直似挼藍新汁色，與君南宅染羅裙。」

〔四〕青銅：李益《罷鏡》：「手中青銅鏡，照我少年時。」

二

桃萼新香梅落後，暗葉藏鴉，苒苒垂亭牖。舞困低迷如著酒，亂絲偏近游人手〔一〕。

雨過朦朧斜日透，客舍青青〔二〕，特地添明秀。莫話揚鞭回別首，渭城荒遠無交舊。

【校】

〔暗葉〕毛本作「葉暗」，《全芳備祖》作「葉葉」。　〔亂絲〕《全芳備祖》作「輕絲」。　〔朦朧〕《全芳備祖》作「曨曨」。　〔莫話〕《全芳備祖》作「停話」。

【箋注】

〔一〕亂絲，謂柳條。沈約《春咏詩》：「楊柳亂如絲，綺羅不自持。」

〔二〕客舍青青：王維《送元二使安西》：「渭城朝雨浥輕塵，客舍青青柳色新。勸君更進一杯酒，西出陽關無故人。」詞此句及末句本之。按時人陳直《三輔黄圖校證》引《雍録》云：「王維詩隨地紀别，而曰渭城、陽關，其實用灞橋折柳故事也。」

三

蠢蠢黄金初脱後〔一〕，暖日飛緜，取次黏窗牖。不見長條低拂酒，贈行應已輸先手〔二〕。

鶯擲金梭飛不透〔三〕，小榭危樓，處處添奇秀。何日隋堤縈馬首〔四〕。路長人遠空思舊。

【校】

〔先手〕勞抄本作「纖手」。黄侃《鄭校清真集批語》云：「此因不見長條，故云應有先折者，作纖字無義，勞氏抄本殊不足據。」　〔人遠〕《全芳備祖》、元本、毛本作「人倦」。

【箋注】

〔一〕蠢蠢句：謂柳蠢動，脱黄而變青也。李白《宮中行樂詞》：「柳色黄金嫩，梨花白雪香。」

〔二〕輸先手：五代吴圓《答李曜》：「韶光今已輸先手，領得蠙珠掌上看。」自注：「韶光，營籍妓名。」

〔三〕鶯擲金梭：言黄鶯如金梭投柳中也。杜牧《鵁鶄》：「芝莖抽紺趾，清唳擲金梭。」

〔四〕隋堤：隋煬帝開通濟渠，沿河築堤種柳，謂之隋堤。其在汴河故道者，亦稱汴堤。宋之汴京隋堤，在開封城外三里，見《清一統志》。

四

小閣陰陰人寂後，翠幕褰風，燭影摇疏牖。夜半霜寒初索酒，金刀正在柔荑手〔一〕。綵薄粉輕光欲透，小葉尖新，未放雙眉秀。記得長條垂鷁首〔二〕，别離情味還依舊。

【校】

〔綵薄粉輕〕毛本作「粉薄絲輕」。《全芳備祖》作「絲薄粉香」，並誤爲方千里作。

【箋注】

〔一〕柔荑：《詩·衛風·碩人》「手如柔荑」，毛傳：「如荑之新生。」按荑茅也。

〔二〕鷁首：《淮南子·本經訓》：「龍舟鷁首，浮吹以娱。」高誘注：「鷁大鳥（一作水鳥）也，畫其象著船頭，故曰鷁首。」

五

晚步芳塘新霽後，春意潛來，迤邐通窗牖。午睡漸多濃似酒，韶華已入東君手〔一〕。嫩緑輕黄成染透，燭下工夫，洩漏章臺秀。擬插芳條須滿首，管交風味還勝舊〔二〕。

【校】

〔洩漏〕《歷代詩餘》作「漏洩」，誤倒。

【箋注】

〔一〕東君：司春之神。唐成彦雄《柳枝詞》：「東君愛惜與先春，草澤無人處也新。」

〔二〕管交：春秋齊管仲與鮑叔牙至交，見《史記·管仲傳》。杜甫《貧交行》：「君不見管鮑貧時交，此道今人棄如土。」

【附記】

此五首與《黄鸝繞碧樹》皆非佳作，而有所指擬則同。除每首卒章悲年老遠別外，其餘皆反覆再三，以柳爲譬，不憚辭費，亦乏韻致，不類他作。按集中所謂「冶葉倡條」，意指蔡京一黨，亦以柳取譬，此五首則刺蔡京也。竊謂詞中「窗牖」、「亭牖」、「疏牖」喻政地；「先手」、「騷人手」、「游人手」、「柔荑手」、「東君手」，則蔡京「懷奸植黨，威福在手」也。（《宋史紀事本末》四十九）京本陰險小人，方元祐初罷免役法復差役法，京知開封府，奉行最力，深受司馬光讚賞；及舊黨既敗，又反舊黨以阿附章惇。紹聖間官户部尚書時，羽翼已成，故常安民論劾之曰：「奸足以惑衆，辯足以飾非，巧足以移奪人主之視聽，力足以顛倒天下之是否。内結中官，外連朝士，一不附己，則誣以元祐黨，非先帝法，必擠之而後已。今在朝之臣，京黨過半。」（《宋史·常安民傳》）迨徽宗朝，前後爲相幾二十年，權傾天下，「内而執政侍從，外而帥臣監司，無非其門人親戚」（《綱鑑易知録》四七引方軫上書）。詞借楊柳之自微之顯，穿牖垂亭，落落盤據，無處不有，卒至「與春争秀」，喻京之俟機蠢動，權威日盛，金刀在手，生殺予奪，無所不至，而人皆爲魚肉矣。孰令致之，則君主荒淫愚昧，「舞困低迷如著酒」，「午睡漸多濃似酒」，遂使權柄入「游人手」、「騷人手」、「柔荑手」、「東君手」矣，而與之争權奪利者皆「輸先手」矣。

《揮麈録話》云：「蔡元長用事，美成獻生日詩，略云：『化行《禹貢》山川内，人在周公禮樂中。』元長大喜，即以秘書監召。又復薦之，上殿契合，詔再取其本（按指《汴都賦》）來。」《遺事》辯之曰：「其重進《汴都賦》，參考諸書，當在哲宗元符之初，而不在蔡元長用事之後。」又云：「先生於熙寧、元祐兩黨均無所附。其於東坡爲故人子弟，哲宗初，東坡起謫籍，掌兩制，時先生尚留京師，不聞有往復之跡。其賦《汴都》也，頗頌新法，然紹聖之中，不因是以求進，晚年稍顯達，亦循資格得之。其於蔡氏，亦非絶無交際，蓋文人脱略，於權勢無所趨避，然終與强淵明、劉昺諸人，由蔡氏以躋要路者不同。」按清真實主熙寧，但不齒附黨人以求進耳，《樓序》稱其「雖歸班於朝，坐視捷徑，不一趨焉」，蓋不欲同流合污也。其交際蔡氏，亦冀所謂明哲保身而已。在朝既置之閒散，中間復累徙州郡，未始非不附蔡氏之故。國事日非，蔡氏實爲禍首，此《蝶戀花》五首之微旨也。

味「老來風味難依舊」、「渭城荒遠無交舊」等語，疑是政和七年，真定之命既下，將出都前作。

蘭陵王

柳陰直〔一〕，煙裏絲絲弄碧。隋堤上〔二〕，曾見幾番，拂水飄緜送行色。登臨望故國，誰識，京華倦客〔三〕。長亭路、年去歲來，應折柔條過千尺〔四〕。　閒尋舊蹤跡，又酒趁哀絃〔五〕，燈照離席，梨花榆火催寒食〔六〕。愁一箭風快，半篙波暖，回頭迢遞便數驛，望人在天北。　悽惻〔七〕，恨堆積，漸別浦縈迴〔八〕，津堠岑寂〔九〕，斜陽冉冉春無極。念月榭攜手〔一〇〕，露橋聞笛。沈思前事，似夢裏，淚暗滴。

【校】

〔一〕《蘭陵王》調始清真。陳本注「越調」，題作「柳」。《花庵》、《草堂》、元本、毛本、《百家詞》題同，《雅詞》、《粹編》無題，《詞統》題作「詠柳」。按《詞苑英華》本《少游詩餘》中有《蘭陵王》一首，而宋乾道高郵軍學本《淮海居士長短句》、毛本《淮海詞》、明鄧章漢編刊《淮海後集》均無。友人饒宗頤跋《詞苑英華》本《少游詩餘》云：「《英華》本溢出之詞，多近明人胎息，不可憑信，且未詳所據。」今觀其辭氣，極似《南北宮詞紀》、《雍熙樂府》中小曲，與秦少游相去何止天淵，蓋低手所僞託也，饒先生所論甚是。《欽定詞譜》卷三十七誤據《文苑英華》而收之，並稱「此調始於此詞」云云。不知此詞樂譜出大晟府，宋毛幵《樵隱筆録》已言之（詳後），少游早卒矣，安得有此？

〔煙裏〕毛本作「煙縷」。　〔誰識〕《草堂》、《粹編》作「誰惜」。按此兩字句，宋人或並下四字作六字一句，不用韻。《全芳備祖》後集十七引作「誰説」。　〔應折〕雅詞作「攀折」，《全芳備祖》作「因折」。　〔酒趁〕《全芳備祖》作「酒聽」。　〔一箭〕《粹編》作「一翦」。　〔回頭〕《粹編》作「回首」。　〔念月榭〕《花庵》作「記月榭」，《全芳備祖》同。　〔聞笛〕《草堂》、《粹編》、《詞統》作「吹笛」。　〔沈思〕《雅詞》作「追思」。　〔似夢裏〕毛本作「似夢魂裏」，魂字衍。

【箋注】

〔一〕柳陰直：庾信《忝在司水看治渭橋》：「平堤石岸直，高堰柳陰長。」按《東京夢華録》一：「東都外城方圓四十餘里，城壕曰護龍河，闊十餘丈，壕之内外，皆植楊柳。」

〔二〕隋堤：見《蝶戀花·柳》注。

〔三〕京華：京師。杜甫《奉贈韋左丞丈二十二韻》：「騎驢十三載，旅食京華春。」

〔四〕應折句：謂折柳贈别也。《三輔黄圖》：「灞橋在長安城東，跨水作橋。漢人送客至此，折柳贈别。」後遂成故事。

〔五〕哀絃：曹丕《善哉行》：「哀絃微妙，清氣含芳。」

〔六〕梨花句：梨花榆火皆寒食清明節物。温庭筠《鄠杜郊居》：「寂寞遊人寒食後，夜來風雨送梨花。」梅堯臣《次韻和永叔雨中寄原甫舍人》：「細籠芳草踏春後，欲打梨花寒食時。」《周禮・夏官・司爟》「四時變國火」，鄭注：「春取榆柳之火。」李嶠《寒食清明日早赴王門率成》：「槐煙乘曉散，榆火應春開。」

〔七〕悽惻：江淹《别賦》：「行子腸斷，百感悽惻。」

〔八〕别浦：徐堅《初學記》：「大水有小口别通曰浦。」杜甫《贈李八秘書别三十韻》：「清秋凋碧柳，别浦落紅蕖。」

〔九〕津堠：堠，記里數之土堡，古五里一堠，十里二堠，亦稱單堠、雙堠。韓愈《路傍堠》：「堆堆路旁堠，一雙復一隻。」元稹《西歸絶句十二首》：「雙堠頻頻減去程，漸知身得近京城。」在水邊者曰津堠。

〔一〇〕月榭：庾信《哀江南賦》：「月榭風臺，池平樹古。」

【評】

《樵隱筆録》：紹興初，都下盛行周清真《蘭陵王慢》，西樓南瓦皆歌之，謂之《渭城三疊》。以周詞凡三换頭，至末段聲尤激越，惟教坊老笛師能倚之以節歌者。其譜傳自趙忠簡（鼎）家，忠簡於建炎丁未九日南渡，泊舟儀真江口，遇宣和大晟樂府協律郎某，叩獲九重故譜，因令家伎習之，遂流傳於外。

《碧雞漫志》：《蘭陵王》：《北齊史》及《隋唐嘉話》稱齊文襄之子長恭，封蘭陵王，與周師戰，嘗著假面對敵，擊周師金墉城下，勇冠三軍，武士共歌謠之，曰《蘭陵王入陣曲》。今越調《蘭陵王》凡三段、二十四拍，或曰遺聲也。此曲聲犯正宫，管色用大凡字、大一字、勾字，故亦名《大犯》。又有大石調《蘭陵王慢》，殊非舊曲，周、齊之際，未有前後十六拍慢曲子耳。

又云：世間有《離騷》，惟賀方回、周美成時時得之。賀《六州歌頭》、《望湘人》、《吴音子》諸曲，周《大酺》、《蘭陵王》諸曲，最奇崛。或謂深勁乏韻，此遭柳氏野狐涎吐不出者也。歌曲自唐、虞三代以前，秦、漢以後皆有，造語險易則無定法。今必以「斜陽芳草」、「淡煙細雨」繩墨後來作者，愚甚矣！故曰，不知書者，尤好耆卿。

《皺水軒詞筌》：周清真避道君，匿李師師榻下，作《少年游》以詠其事，吾極喜其「錦幄初温，獸煙不斷，相對坐調笙」，情事如見。至「低聲問向誰行宿，城上已三更，馬滑霜濃，不如休去」等語，幾於魂摇目蕩矣。及被謫後，師師持酒餞别，復作《蘭陵王》贈之，中云：「愁一箭風快，半篙波暖，回頭迢遞便數驛。」酷盡别離之慘，而題作詠柳，不書其事，則意趣索然，不見其妙矣。

《草堂詩餘正集》：閒尋舊跡以下，不沾題而宣寫别懷，無抑塞。（沈際飛語）

《介存齋論詞雜著》：北宋有無謂之詞以應歌，南宋有無謂之詞以應社。然周美成《蘭陵王》、東坡《賀新涼》，當筵命筆，冠絶一時。碧山之《齊天樂》詠蟬，玉潛《水龍吟》之詠白蓮，又豈非社中作乎？故知雷雨鬱蒸，是生芝菌；荆榛蔽芾，亦産蕙蘭。

又《宋四家詞選》：客中送客，一「愁」字代行者設想；以下不辨是情是景，但覺煙靄蒼茫。「望」字、「念」字尤幻。

《白雨齋詞話》：美成詞極其感慨，而無處不鬱，令人不能遽窺其旨。如《蘭陵王》：「登臨望故國，誰識京華倦客。」二語是一篇之主，上有「隋堤上曾見幾番，拂水飄綿送行色」之句，暗伏「倦客」之根，是其法密處。故下文接云：「長亭路年去歲來，應折柔條過千尺。」久客淹留之感，和盤托出。他手至此，以下便直書憤懣矣。美成則不然，「閒尋舊蹤跡」二疊，無一語不吞吐，只就眼前景物約略點綴，更不寫淹留之故，卻無處非淹留之苦。直至收筆云：「沈思前事，似夢裏，淚暗滴。」遥遥挽合，妙在纔欲説破，便自咽住，其味正自無窮。

《詞則·大雅集》二：一則曰登臨望故國，再則曰閒尋舊蹤跡，至收筆沈思前事，似夢裏淚暗滴，遥遥挽合，有許多説不出處，欲語復咽，是爲沈鬱。

《雲韶集》：意與人同，而筆力之高，壓徧今古。又沈鬱，又勁直，有獨往獨來之概。

《譚評詞辨》：已是磨杵成針手段，用筆欲落不落。「愁一箭風快」等句之噴醒，非玉田所知。「斜陽冉冉春無極」七字，微吟千百遍，當入三昧，出三昧。

《藝蘅館詞選》：「斜陽」七字，綺麗中帶悲壯，全首精神振起。（梁啓超語）

《海綃説詞》：　託柳起興，非詠柳也。「弄碧」一留，卻出「隋堤」；「行色」一留，卻出「故國」；「長亭路」應「隋堤上」，「年去歲來」應「拂水飄綿」；全爲「京華倦客」四字出力。第二段「舊蹤」，往事，一留；「離席」今情，一留；於是以「梨花榆火催寒食」一句脱開。「愁一箭」至「數驛」三句逆提，然後以「望人在天北」合上「離席」作歇拍。第三段「漸別浦」至「岑寂」，乃證上「愁一箭」至「波暖」二句；蓋有此「漸」，乃有此「愁」也。「愁」是逆提，「漸」是順應；「春無極」正應上「催寒食」。「催寒食」是脱，「春無極」是複。「月榭攜手，露橋聞笛」是「離席」前事；「似夢裏，淚暗滴」，仍用逆挽。周止庵謂複處無脱不縮，故脱處如望海上仙山。詞境至此，謂之不神不可也。

又《抄本海綃説詞》：　託柳起興，非詠柳也。「弄碧」一留，却出「隋堤」；「行色」一留，却出「故國」；「長亭路」複「隋堤上」，「年去歲來」複「曾見幾番」，「柔條千尺」複「拂水飄綿」；全爲「京華倦客」四字出力。第二段「舊蹤」，往事，一留；「離席」今情，又一留。於是以「梨花榆火」一句脱開，「愁一箭」至「數驛」三句逆提，然後以「望人在天北」一句，複上「離席」作歇拍。第三段「漸別浦」至「岑寂」，證上「愁一箭」至「波暖」二句。蓋有此「漸」，乃有此「愁」也。「愁」是倒提，「漸」是逆挽。「春無極」遥接「催寒食」，「催寒食」是脱，「春無極」是複。結則所謂「閒尋舊蹤跡」也。「蹤跡」虚提，「月榭」、「露橋」實證。

《唐宋詞簡釋》：此首第一片，緊就柳上説出别恨。起句，寫足題面。「隋隄上」三句，寫垂柳送行之態。「登臨」一句陡接，唤醒上文，再接「誰識」一句，落到自身。「長亭路」三句，與前路回應，彌見年來漂泊之苦。第二片寫送别時情景。「閒尋」承上「登臨」。「又酒趁」三句，記目前之别筵。「愁一箭」四句，是别去之設想。「愁」字貫四句，所謂愁者即風快、舟快、途遠、人遠耳。第三片實寫人。「愁愈行愈遠，愈遠愈愁。別浦、津堠、斜陽冉冉，另開拓一綺麗悲壯之境界，振起全篇。「念月榭」兩句，忽又折入前事，極吞吐之妙。「沈思」較「念」字尤深，傷心之極，遂迸出熱淚。文字如百川歸海，一片蒼茫。

【附記】

此詞當是重和元年春，自徽猷閣待制提舉大晟府出知真定府時，留别汴京故舊之作。隋堤、京華，明指汴京。據《樵隱筆録》，譜是宣和大晟樂府協律郎某所傳，其爲清真提舉時所撰新腔無疑，而此協律郎某者，或亦清真昔日屬僚也。真定今河北正定，在開封（汴京）北，故詞云「望人在天北」。「人」謂作者自己，猶《花犯》「人正在空江煙浪裏」之「人」，「望」乃設想送别者望行人也。周止庵謂此爲客中送客之詞，蓋爲此一語所惑耳。陳亦峯謂無處非淹留之苦，亦非；蓋作者一生仕宦，此時最爲清貴，惟恐不克淹留耳。考清真生平，元祐二年自太學正出教授廬州，是一别京華；政和二年自衛尉卿直龍圖閣出知隆德府，是再别京華；至是復自待制出知真定府，是三别京華矣。故云：「曾見幾番，拂水飄綿送行色。」又云：「長亭路年去歲來，應折柔條過千尺。」皆人送己，非己送人，論者昧於作者行實，故生眩惑耳。至如《皺水軒論筌》云云，蓋據《貴耳集》無稽之談，不足深論。

《東都事略》、《咸淳臨安志》並言清真「知真定，改順昌府」。按所謂「改」者，史書通例指命下旋改，未履任，然清真實已赴任。其《續秋興賦》序云：「某既遊河朔，三月而見秋。」真定府屬河北西路，見《宋史·地理志》二，故云「遊河朔」也。考吴廷燮《北宋經撫年表》，亦載清真以宋徽宗重和元年至宣和元年知真定，在任二年，繼任者爲盛章。或謂黄河以北之地古泛稱河朔，清真曾知隆德府，亦所謂「遊河朔」也。是不然，蓋隆德、太原、平陽三府，於宋時屬河東路，非河朔可知。據《蘭陵王》「梨花榆火催寒食」句，則北行赴真定當在暮春，故抵任後「三月而見秋」，歲月亦相合。

瑞鶴仙

悄郊原帶郭〔一〕，行路永、客去車塵漠漠。斜陽映山落，斂餘紅猶戀〔二〕，孤城欄角。凌波步弱〔三〕，過短亭〔四〕、何用素約〔五〕。有流鶯勸我，重解繡鞍，緩引春酌。不記歸時早暮，上馬誰扶〔六〕，醒眠朱閣。驚飈動幕，扶殘醉，繞紅藥。歎西園已是，花深無地，東風何事又惡。任流光過卻，猶喜洞天自樂〔七〕。

【校】

〔《瑞鶴仙》〕陳本注「高平」調，無題。《草堂》、《粹編》題作「春游」。按此調北宋人惟山谷、清真有之，而後來倚聲家多本清真。　〔不記〕《詞律》作「不計」，未知所本。宋、元、明無如此者，疑出萬樹誤抄。　〔歸時〕《詞苑叢談》作「春時」。按宋、元、明亦無如是者，疑出徐釚誤抄。　〔扶殘醉〕《揮麈餘話》、《詩話總龜》作「猶殘醉」。

〔紅藥〕《詩話總龜》作「紅蕖」，誤。　〔過卻〕《餘話》、《總龜》作「過了」。　〔猶喜〕《餘話》、《總龜》作「歸來」。

【箋注】

〔一〕帶郭：毗鄰外城之處。韋莊《齊安郡》：「傍村林有虎，帶郭縣無官。」

〔二〕斂餘紅：杜甫《登四安寺鐘樓寄裴十四迪》：「孤城返照紅將斂，近市浮煙翠且重。」

〔三〕步弱：韓愈《南溪始泛三首》：「足弱不能步，自宜收朝蹟。」

〔四〕短亭：古於城郊五里處設短亭，十里處設長亭。庾信《哀江南賦》：「十里五里，長亭短亭。」

〔五〕素約：先前約定。《史記・韓世家》：「楚、韓非兄弟之國也，又非素約而謀伐秦也。」

〔六〕上馬誰扶：李白《魯中都東樓醉起作》：「昨日東樓醉，還應倒接䍦；阿誰扶上馬，不省下樓時。」晏幾道《玉樓春》：「來時醉倒旗亭下，不省阿誰扶上馬。」

〔七〕洞天：神仙所居之地。《雲笈七籤》：「十大洞天者，處大地名山之間，是上天遣羣仙統治之處。」道教又有三十六洞天、七十二洞天之説。詳杜光庭《名山洞天福地記》。

【評】

《草堂詩餘正集》：「『流鶯相勸』，目空海内人物，真醉人情事。末句周郎才盡。」

《草堂詩餘雋》：自斟自酌，獨往獨來，其莊漆園乎？其邵堯叟乎？其葛天、無懷氏乎？（李攀龍語）

《蓼園詞選》：按此詞美成或在出守順昌後作乎？似有鬱鬱不得意而託於遊、託於酒，以自排遣。醉中猶自繞闌而怨東風，所云洞天自樂，亦無聊之意也，細玩應自得其用意所在。

《宋四家詞選》：只閒閒説起。又云：不「扶殘醉」，不見「紅藥」之繫情，「東風」之作惡。因而追溯昨日送客後，薄暮入城，因所攜之妓倦游，訪伴小憩，復成酣飲。又云：换頭三句，反透出一個「醒」字，「驚飆」句倒插「東風」，然後以「扶殘醉」三字點睛。結構精奇，金針度盡。

《詞綜偶評》：「任流光過卻」，緊接上文；「猶喜洞天自樂」，收拾中間。

《喬大壯手批〈片玉集〉》：入手字峭拔。「任」字一轉，他人不能。

《唐宋詞簡釋》：此首追述昨日送客之作。起句，點送客之地。「客去」句言「客去」之狀。「斜陽」三句，是送客後返城之所見。「凌波」三句，寫過短亭時又有所遇，因解鞍重酌。换頭，從酒醒説起，略去昨日薄暮醉時之事。「驚飆」三句，因風起而念落花，故扶醉往視。「嘆西園」三句，極寫東風之惡與花落之多。末兩句，聊以自娱之意也。

【附記】

《玉照新志》云：「明清《揮麈餘話》記周美成《瑞鶴仙》事（按見《餘話》卷二）。近於故篋中得先人（按指其父王鋌）所叙，特爲詳備，今具載之。美成以待制提舉南京鴻慶宫，自杭徙居睦州，夢中作長短句《瑞鶴仙》一闋，既覺猶能全記，了不詳其所謂也。未幾，青溪賊方臘起，逮其鴟張，方還杭州舊居，而道路兵戈已滿，僅得脱死。始得入錢塘門，但見杭人倉皇奔避，如蜂屯蟻沸，視落日半在鼓角樓簷間；即詞中所云『斜陽映山落，斂餘紅猶戀，孤城欄角』者，應矣。當是時，天下承平日久，吴、越享安閑之樂，而狂寇嘯聚，徑自睦州直擣蘇、杭，聲言遂踞二浙，浙人傳聞，内外響應，求死不暇。美成舊居既不可住，是日無處得食，饑甚。忽於稠人中有呼待制何往者，視之，鄉人之侍兒，素所識者也，且曰：『日昃未必食，能捨車過酒家乎？』美成從之，驚遽間連引數杯，散去，腹枵頓解；乃詞中所謂『凌波步弱，過短亭何用素約，有流鶯勸我，重解繡鞍，緩引春酌』之句驗矣。飲罷覺微醉，便耳目惶惑，不敢少留，徑出城北江漲橋諸寺，士女已盈，不能駐足。獨一小寺經閣偶無人，遂宿其上；即詞中所謂『上馬誰扶，醒眠朱閣』又應矣。既見兩浙處處奔避，遂絶江居揚州，未及息肩，而傳聞方賊已盡據二浙，將涉江之淮、泗。因自計方領南京鴻慶宫，有齋廳可居，乃挈家往焉；則詞中所謂『念西園已是，花深無地，東風又惡』之語應矣。至鴻慶，未幾，以疾卒；則『任流光過了，歸來洞天自樂』，又應於身後矣。美成生平好作樂府，將死之際，夢中得句，而字字俱應，卒章又應於身後，豈偶然哉。美成之守潁上，與僕相知，其至南京，又以此詞見寄，尚不知此詞之言，待其死，乃竟驗如此。」

《西湖遊覽志餘》卷十二引此説略異：美成晚歸錢塘，夢中得《瑞鶴仙》詞一闋云云，未幾，方臘亂，自桐廬入杭，時美成方宴客，倉皇出奔，趨於西湖墳庵。適際殘冬，落日在山，忽逢故人之妾，奔逃而來，乃與小飲於道旁旗亭，聞鶯聲於木杪。少焉分背抵庵，尚有餘醺，困卧小閣之上，恍如詞中所云。逾月入城，故居皆遭蹂踐矣。後得請，提舉洞霄宫而終老焉。

按王明清父銍字性之，兩宋間汝陰人，所著《雪溪集》、《四六話》、《默記》、《續清夜録》、《補侍兒小名録》今尚存。清真於重和元年自真定徙知順昌府（治今安徽阜陽），地在潁河旁，故稱潁上。是時清真已六十三歲，王銍蓋以晚輩相知也。陸游《老學庵筆記》云：「王性之記問該洽，尤長於國朝故事，莫不能記，對客指畫誦説，動數百千言，退而質之，無一語謬。予自少至老，惟見一人。」其所推崇者如此。銍所記謂《瑞鶴仙》詞作於睦州，復自南京以此詞見寄，必當不誤。則作詞在宣和二年，寄詞在次年卒前不久也。所謂夢中作及附會於詞讖之談，古人多有之，固屬無稽，然不得因此而並疑其他也。

此詞當是暮年避地睦州時紀事之作，一如《唐宋詞簡釋》所説。按方臘以宣和二年十一月起事於睦州青溪，詞作於是歲春間，禍亂未生，故有「猶喜洞天之樂」之語。然其時花石綱擾民愈甚，已啓禍亂，其後方臘終以是而聚衆起義。詞云：「歎西園已是，花深無地，東風何事又惡。」絃外之音，或刺民窮財盡而猶横征暴斂也。

又作者似極喜睦州，前《一寸金》「新定作」云：「回頭謝冶葉倡條，便入漁釣樂。」此云：「任流光過却，猶嘉洞天之樂。」前詞之作在建中靖國元年、四十六歲時，方在仕宦中，故思謝絶冶葉倡條而退隱；此詞之作，時已六十五歲，已致仕奉祠，故有流光過却之歎，不必謝冶葉倡條，但洞天自樂可耳。余前以《一寸金》詞亦屬晚年客睦州作，非是。

西平樂

元豐初，予以布衣西上，過天長道中。後四十餘年，辛丑正月二十六日，避賊復遊故地，感歎歲月，偶成此詞。

稚柳蘇晴，故溪歇雨，川迥未覺春賒〔一〕。駝褐寒侵〔二〕，正憐初日，輕陰抵死須遮。歎事逐孤鴻盡去〔三〕，身與塘蒲共晚〔四〕，争知向此，征途迢遞，竚立塵沙。追念朱顔翠髮，曾到處、故地使人嗟。　道連三楚〔五〕，天低四野，喬木依前，臨路敧斜。重慕想、東陵晦跡〔六〕，彭澤歸來〔七〕，左右琴書自樂，松菊相依〔八〕，何況風流鬢未華。多謝故人，親馳鄭驛〔九〕，時倒融尊〔一〇〕，勸此淹留，共過芳時，翻令倦客思家。

【校】

〔《西平樂》〕此調押仄韻者始柳永，入小石調。押平韻者始清真，陳本注「小石」調，無題。《草堂》題作「春遊」。按周詞自行標題者已甚少，有小序者惟此一首而已，絶非後人所代擬。元本無「二十六日」四字，兹從毛本。

〔歇雨〕毛本作「渴雨」，形近致誤。　〔盡去〕毛本作「去盡」。　〔迢遞〕《草堂》、毛本作「區區」，蓋二本意以「争知向此征途」爲一句，「區區竚立塵沙」爲一句也。

【箋注】

〔一〕春賒：春日遲遲。梁簡文帝《有所傷三首》：「入林看碚礧，春至定無賒。」

〔二〕駞褐：駝毛衣襖。《新唐書·地理志》：「會州會寧郡，土貢：……駞毛褐。」

〔三〕嘆事逐句：杜牧《題安州浮雲寺樓寄湖州張郎中》：「恨如春草多，事與孤鴻去。」

〔四〕身與句：李賀《還自會稽歌》：「吴霜點歸鬢，身與塘蒲晚。」

〔五〕三楚：戰國楚地，有西楚、東楚、南楚之分。《史記·貨殖傳》以淮北、沛、陳、汝南、南郡爲西楚；彭城以東，東海、吴、廣陵爲東楚；衡山、九江、江南、豫章、長沙爲南楚。宋代天長軍（今安徽天長縣）在東楚。阮籍《詠懷詩》：「三楚多秀士，朝雲進荒淫。」

〔六〕東陵晦跡：《史記·蕭相國世家》：「召平者，故秦東陵侯。秦破，爲布衣，貧，種瓜於長安城東。瓜美，故世俗謂之東陵瓜，從召平爲名也。」李白《題元丹邱潁陽山居》：「卜地初晦跡，興言且成文。」

〔七〕彭澤歸來：《宋書·陶潛傳》：「爲彭澤令。……郡遣督郵至縣，吏白應束帶見之。潛歎曰：『我不能爲五斗米，折腰向鄉里小人。』即日解印綬去職，賦《歸去來》。」

〔八〕左右二句：陶淵明《歸去來辭》：「悦親戚之情話，樂琴書以消憂。」又云：「三徑就荒，松菊猶存。」

〔九〕親馳鄭驛：《史記·鄭當時傳》：「鄭當時者，字莊。……孝景時爲太子舍人。每五日洗沐，常置驛馬長安諸郊，存諸故人，請謝賓客，夜以繼日，至其明旦，常恐不徧。」

〔一〇〕時倒融尊：《後漢書・孔融傳》：「及退閑職，賓客日盈其門，常歎曰：『坐上客恒滿，尊中酒不空，吾無憂矣。』」

【評】

《樂府指迷》：詞中用事使人姓名，須委曲得不用出最好，清真詞多要兩人名對使，亦不可學也。如《宴清都》云：「庾信多愁，江淹恨極」；《西平樂》云：「東陵晦迹，彭澤歸來」；《大酺》云：「蘭成憔悴，衛玠清羸」；《過秦樓》云：「才減江淹，情傷荀倩」之類是也。

《詞旨・屬對》：穲柳蘇晴，故溪歇雨。

龍沐勛《清真詞叙論》：細玩此闋，一種蕭颯淒涼景象，想見作者内心之悲哀，結構亦不及前此諸作之謹嚴，所謂「深勁」之風格，駸不復有。年齡環境與作風之消長，從可知矣。

【附記】

此詞小序甚明白。辛丑乃宋徽宗宣和三年，清真六十六歲，上溯四十餘年「元豐初，予以布衣西上」，即元豐二年自杭州入都爲太學生也，蓋相去四十二載矣。據小序及詞，知是卒之年正月二十六日重過天長爲居停主人作，蓋自揚州赴南京(今河南商丘)鴻慶宮途中也。旋卒於宮之齋廳，見《玉照新志》，則此詞在集中爲絶筆矣。

四園竹

浮雲護月〔一〕，未放滿朱扉。鼠搖暗壁〔二〕，螢度破窗，偷入書幃〔三〕。秋意濃，閒竚立、庭柯影裏，好風襟袖先知〔四〕。夜何其〔五〕，江南路繞重山，心知謾與前期〔六〕。奈向燈前墮淚，腸斷蕭娘，舊日書辭猶在紙〔七〕。雁信絶〔八〕，清宵夢又稀。

【校】

〔《四園竹》〕調始清真。陳本注「小石」調，無題。元本注云：「官本作《西園竹》。」鄭校云：「所謂官本者，或即淳熙庚子强焕宰溧水時所刻。」按《景定嚴州續志》有《清真集》及《清真詩餘》，見州校書板，亦官本也。《草堂》題作「秋怨」。　〔奈向〕《粹編》作「奈何」。　〔書辭〕方、楊和詞，以「辭」字爲句中韻；陳允平此句作「粉淚盈盈先滿紙」，不叶「辭」字。

【箋注】

〔一〕浮雲護月：杜甫《季秋蘇五弟纓江樓夜宴》：「明月生長好，浮雲薄漸遮。」

〔二〕鼠搖：王安石《登寶公塔》：「鼠搖岑寂聲隨起，鴉矯荒寒影對翻。」

〔三〕螢度二句：僧齊己《螢》：「透窗穿竹住還移，萬類俱閒始見伊……後代儒生懶收拾，夜深飛過讀書帷。」

〔四〕好風句：杜牧《秋思》：「微雨池塘見，好風襟袖知。」

〔五〕夜何其：《詩·小雅·庭燎》：「夜如何其？夜未央。」箋：「夜如何其，問早晚之辭。」注：「其音基，辭也。」

〔六〕前期：先前之期望。沈約《别范安成》：「生平少年日，分手易前期。」

〔七〕腸斷二句：見《浣溪沙》「不爲蕭娘舊約寒」箋。

〔八〕雁信：舊有雁足傳書之説，因云。温庭筠《寄湘陰閻少府乞釣輪子》：「若向三湘逢雁信，莫辭千里寄漁翁。」

【評】

《草堂詩餘正集》：景妙。清趣。跌入底裏。

《抄本海綃説詞》：「鼠摇」、「螢度」，於静夜懷人中見，有《東山》詩人之意。「猶在紙」一語驚人，是明明有「前期」矣，讀結語則仍是「漫與」。此等處皆千迴百折出之，尤佳在拙樸。

【附記】

《四園竹》云：「江南路繞重山，心知謾與前期。」當是將返江南之作。《傷情怨》云：「江南人去路渺。」《點絳脣》云：「柳汀煙浦，看盡江南路。」又云：「苦恨斜陽，冉冉催人去。」《玉樓春》云：「萋萋芳草迷千里，惆悵王孫行未已，天涯回首一銷魂，二十四橋歌舞地。」則去江南之作也。而仕宦四十年間，往來非一，時則不可考矣。

傷情怨

枝頭風勢漸小，看暮鴉飛了。又是黄昏，閉門收返照〔一〕。　江南人去路渺，信未通、愁已先到。怕見孤燈，霜寒催睡早。

【校】

〔《傷情怨》〕本名《清商怨》，又名《關河令》。陳本注「林鍾」，當指林鍾宫，俗名南吕宫，唱感嘆傷悲者是也。

〔風勢〕毛本、《百家詞》作「風信」。

【箋注】

〔一〕又是二句：杜甫《返照》：「楚王宫北正黄昏，白帝城西過雨痕。返照入江翻石壁，歸雲擁樹失山村。衰年病肺惟高枕，絶塞愁來早閉門。不可久留豺虎亂，南方實有未招魂。」詞本第一、三、六等句。

【評】

《詞則・別調集》二：警絶。

《雲韶集》：「又」字妙，「收」字妙。

關河令

秋陰時晴漸向暝，變一庭淒冷。佇聽寒聲，雲深無雁影。　更深人去寂靜，但照壁、孤燈相映。酒已都醒，如何消夜永。

【校】

〔《關河令》〕陳本、《百家詞》無，元本入集外詞。毛注云：「《清真集》不載，時刻作《清商怨》。」　〔時晴〕陳本、元本、毛本皆如此，《歷代詩餘》、《詞萃》、《宋四家詞選》作「時作」，異於前代傳本，未知何據。蓋或以此調起句第四字，若張先、晏殊皆用仄聲字，故改「晴」爲「作」也。不知清真既用平聲字，則此處當可仄可平，非一成不變也。

【評】

《宋四家詞選》：淡永。

《詞則・别調集》二評下闋云：進一層説，愈勁直，愈纏綿。

《雲韶集》：「雲深無雁影」，五字千古。不必説借酒銷愁，偏説「酒已都醒」，筆力勁直，情味愈見。

《抄本海綃説詞》：由「更深」而追想過去之暝色，預計未盡之長夜，但神味拙厚，總是筆有餘力。

《唐宋詞簡釋》：此首寫旅況淒清。上片是日間淒清，下片是夜間淒清。日間由陰而暝而冷，夜間由入夜而更深而夜永。寫景抒情，層層深刻，句句精絶。小詞能拙重如此，誠不多見。上片末兩句，先寫寒聲入耳，後寫仰視雁影。因聞聲，故欲視影，但雲深無雁影，是雁在雲外也。天氣之陰沈、寒雲之濃重，並可知已。下片，「人去」補述，但有孤燈相映，其境可知。末兩句，一收一放，哀不可抑。搏兔用全力，觀此愈信。

【附記】

僞託於清真者多出庸手所爲，一望而知。此詞研鍊瘦勁，淡永拙厚，雖不載陳本，定非僞作。宋人有通首押韻之法，即無須押處亦用韻，若賀方回之《水調歌頭》「南國本瀟灑」、《六州歌頭》之「少年俠氣」是也，清真此詞亦然。「聲」、「醒」亦韻，與上去通協，「晴」字似是句中韻。此法已開北曲之先聲。

點絳脣

征騎初停，酒行莫放離歌擧〔一〕。柳汀煙浦，看盡江南路。苦恨斜陽，冉冉催人去。

空回顧，淡煙横素〔二〕，不見揚鞭處。

【校】

〔《點絳脣》〕陳本注「仙呂」宮，無題。　〔酒行莫放〕《雅詞》作「酒杯欲散」。毛注：「《清真集》作『畫筵欲散』。」鄭本因之改爲「酒行欲散」。　〔煙浦〕《雅詞》、元本、毛本作「蓮浦」。　〔看盡〕《粹編》作「香盡」，字誤。

【箋注】

〔一〕酒行：《史記·南越傳》：「酒行，太后謂嘉曰：『南越內屬，國之利也。』」岑參《西亭子送李司馬》：「酒行未醉聞暮雞，點筆操紙爲君題。」

〔二〕橫素：劉攽《次韻蘇子瞻韓幹馬贈李伯時》：「韓幹畫馬名獨垂，冰紈數幅橫素絲。」

【評】

《雲韶集》：情景兼勝，筆力高絶，較柳耆卿「今宵酒醒何處」，更高一着。

《喬大壯手批〈片玉集〉》：送別似不經意，然小詞能臻重大之境。結意厚。

玉樓春

玉琴虛下傷心淚，只有文君知曲意〔一〕。簾烘樓迥月宜人，酒暖香融春有味。　萋萋芳草迷千里，惆悵王孫行未已〔二〕。天涯回首一消魂，二十四橋歌舞地〔三〕。

【校】

〔《玉樓春》〕陳本注「仙呂」宮，題作「惆悵」。毛注：「或另見別卷，或刻秦少游。」按不知別卷爲何，各本《淮海詞》均無此首。　〔樓迴〕毛作作「樓迫」，字誤。

【箋注】

〔一〕文君知曲意：見《宴清都》箋。按《樂府詩集》卷六十引《琴集》云：「司馬相如客臨邛，富人卓王孫有女文君，新寡，竊於壁間見之，相如以琴心挑之，爲《琴歌》二章。」辭云：「鳳兮鳳兮歸故鄉，遨遊四海求其凰，時未遇兮無所將。何悟今夕升斯堂，有豔淑女在閨房，室邇人遐毒我腸！何緣交頸爲鴛鴦，胡頡頏兮共翱翔。」「鳳兮鳳兮從我棲，得託孳尾永爲妃，交情通體心和諧。中夜相從知者誰？雙翼俱起翻高飛，無感我思使余悲。」

〔二〕萋萋二句：劉安《招隱士》：「王孫游兮不歸，春草生兮萋萋。」

〔三〕二十四橋：《一統志》：「揚州二十四橋在府城，隋置，並以城門坊市爲名，後韓令坤築州城，別立橋梁，所謂二十四橋者莫考矣。」杜牧《寄揚州韓綽判官》：「二十四橋明月夜，玉人何處教吹簫。」歌舞地：杜甫《秋興八首》：「回首可憐歌舞地，秦中自古帝王州。」

驀山溪

湖平春水，菱荇縈船尾〔一〕。空翠入衣襟〔二〕，拊輕桹、游魚驚避〔三〕。晚來潮上，迤邐没沙痕，山四倚，雲漸起，鳥度屏風裏〔四〕。周郎逸興，黄帽侵雲水〔五〕。落日媚滄洲〔六〕，泛一棹、夷猶未已〔七〕。玉簫金管，不共美人游〔八〕，因箇甚，煙霧底，獨愛蓴羹美〔九〕。

【校】

〔《驀山溪》〕陳本注「大石」調，無題。　〔春水〕按此調首句不用韻，故非與下片之「雲水」重韻，乃偶合耳。

〔菱荇〕毛本作「藻荇」。　〔入衣〕毛本作「撲衣」。　〔獨愛〕元本、毛本作「偏愛」。

【箋注】

〔一〕菱荇：儲光羲《貽余處士》：「遲遲菱荇上，泛泛菰蒲裏。」

〔二〕空翠：王維《闕題二首》：「山路元無雨，空翠溼人衣。」

〔三〕拊輕桹二句：《文選》潘岳《西征賦》「鳴桹厲響」，李善注：「《説文》：『桹，高木也。』以長木叩舷爲聲，……所以驚魚，令入網也。」

〔四〕鳥度句：李白《清溪行》：「人行明鏡中，鳥度屏風裏。」

〔五〕黄帽句：《漢書·鄧通傳》：「蜀郡南安人也，以濯船爲黄頭郎。」師古曰：「土勝水，其色黄，故刺船之郎皆著黄帽，因號黄頭郎。」杜甫《奉酬寇十侍御錫》：「南瞻按百越，黄帽待君偏。」汪東《鄭校清真集批語》云：「杜甫《有懷台州鄭十八司户》云：『黄帽映青袍，非供折腰具。』仍是黄冠野服之意，曩以鄧通傳解之，未是。」可備一説，亦未必是也。

〔六〕滄洲：濱水之地，隱逸之居，詩歌中所常見，如謝朓《之宣城出新林浦向板橋》：「既懽懷禄情，復協滄洲趣。」

〔七〕夷猶：《楚辭·九歌·湘君》「君不行兮夷猶」，王逸注：「猶豫。」李商隱《無題》：「萬里風波一葉舟，憶歸初罷更夷猶。」

〔八〕玉簫二句：李白《江上吟》：「木蘭之枻沙棠舟，玉簫金管坐兩頭，美酒尊中置千斛，載妓隨波任去留。」不共美人游，謂不載妓也。

〔九〕蓴羹：《晉書·張翰傳》：「因見秋風起，乃思吴中菰菜、蓴羹、鱸魚膾，曰：『人生貴得適志，何能羈宦數千里以要名爵乎！』遂命駕而歸。」

【附記】

此泛湖之作，滄洲、蓴羹，寓薄宦思歸之意。按佚詩有《次韻周朝宗六月十日泛湖五首》、《二月十四日至越州置酒泛湖欲往諸刹風作不能前》一首，未知是否同時之作。《泛湖五首》之二，有「眷言江海期，百年行欲半」之語，亦寓思歸隱之意；百年將半，則當崇寧二三年間也。

渡江雲

晴嵐低楚甸〔一〕，暖回雁翼，陣勢起平沙。驟驚春在眼，借問何時，委曲到山家。塗香暈色，盛粉飾、争作妍華。千萬絲、陌頭楊柳〔二〕，漸漸可藏鴉〔三〕。　堪嗟，清江東注，畫舸西流，指長安日下〔四〕。愁宴闌、風翻旗尾〔五〕，潮濺烏紗〔六〕。今宵正對初弦月〔七〕，傍水驛〔八〕、深艤蒹葭。沈恨處，時時自剔燈花〔九〕。

【校】

〔《渡江雲》〕調始清真。陳本注「小石」調，無題。《花庵》題作「春詞」，《詩餘醉》題作「春景」。　〔今宵〕《草堂》、《詩餘醉》作「今朝」，非是。　〔時時〕《白雪》、毛本作「但時時」，亦非。　〔自剔〕元本、毛本作「頻剔」，亦非。　〔燈花〕毛注云：「或作『銀花』，非。吴融《剪刀賦》：『鶯聲囀曉，畫眉而頻剔燈花。』」按陳注云：「吴融《剪刀賦》：『鶯春向曉，畫眉而頻剔燈花。』」毛注之所出也。考《全唐文》及《拾遺》、《續拾遺》，並無吴融剪刀賦，或已佚。

【箋注】

〔一〕晴嵐：鄭谷《華山》：「峭仞聳巍巍，晴嵐染近畿。」又沈括《夢溪筆談》：「度支員外郎宋迪工畫，尤善爲平遠山水，其得意者有平沙落雁、遠浦歸帆、山市晴嵐、江天暮雪、洞庭秋月、瀟湘夜雨，煙寺晚鐘、漁村落照，謂之八景。」楚甸：謝朓《和伏武昌登孫權故城》：「鵲起登吳山，鳳翔陵楚甸。」

〔二〕陌頭楊柳：王昌齡《閨怨》：「忽見陌頭楊柳色，悔教夫婿覓封侯。」

〔三〕藏鴉：梁簡文帝《金樂歌》：「槐香欲覆井，楊柳正藏鴉。」

〔四〕長安日下：王勃《秋日登洪府滕王閣餞別序》：「望長安於日下，指吳會於雲間。」《世説新語・夙慧》：「晋明帝年數歲，坐元帝膝上，有人從長安來，元帝問洛下消息，潸然流涕。明帝問何以泣，具以東渡意告之。因問明帝：『汝意謂長安何如日遠？』答曰：『日遠，不聞人從日邊來，居然可知。』元帝異之。明日，集羣臣宴會，告以此意，更重問之。乃答曰：『日近。』元帝失色曰：『爾何故異昨日之言邪？』答曰：『舉目見日，不見長安。』」

〔五〕旗尾：杜甫《奉和嚴中丞西城晚眺十韻》：「旗尾蛟龍會，樓頭燕雀馴。」

〔六〕烏紗：烏紗帽，起自東晋，唐以後官民所常服。李白《答友人贈烏紗帽》：「領得烏紗帽，全勝白接䍦，山人不照鏡，稚子道相宜。」

〔七〕初弦月：指農曆初八九時的月亮，形爲滿月的一半。杜甫《遣意二首》：「雲掩初弦月，香傳小樹花。」

〔八〕水驛：《新唐書・百官志・兵部》：「視路要隙置官馬，水驛有舟。」岑參《送張昇卿宰新淦》：「水驛楚雲冷，山城江樹重。」

〔九〕剔燈花：唐彦謙《無題》：「滿園芳草年年恨，剔盡燈花夜夜心。」

【評】

《渚山堂詞話》：周清真《渡江雲》首云：「晴嵐低楚甸，暖回雁翼，陣勢起平沙。」繼云：「千萬絲陌頭楊柳，漸漸可藏鴉。」今以景物而觀，暖初回雁，柳漸藏鴉，則仲春候也。後乃云：「今宵正對初弦月，傍水驛深艤蒹葭。」則又似夏秋之際，容語病乎？謂若少更句中云：「今宵正對江心月，憶年時水宿蒹葭。」庶幾映帶過無礙也。

《蓼園詞選》：想是由待制出守時，水程艤舟時作也。「雁起平沙」，是舟中所見。「借問」句，是因目中而想到家中之春耳。「塗香」句至「藏鴉」，是心中摹想春到家園光景如此。次闋起處，寫身在舟中，心懷魏闕之意。「宴闌」句，是寫被黜之故。「今朝」二句，點明其時其地。收處含蓄不露。

《雲韶集》：寫秋去春來，意亦猶人，而筆法自别。雅韻欲流，視《花間》、秦、柳如皂隸矣。筆力勁絶，是美成獨步處，所謂「清真」。結句情真語切。

《裒碧齋詞話》：詞中四聲句最爲着眼，如《掃花游》之起句，《渡江雲》之第二句，《解連環》、《暗香》之收句是也。

《抄本海綃説詞》：「暖回」二句，「人歸落雁後」也，「驟驚春在眼」，「偏驚物候新」也，皆從前人詩句化出，又皆宦途之感，於是不禁有羨於「山家」矣。「何時」妙，「委曲」又妙。下四句極寫春色，乃極寫「山家」。換頭「堪嗟」二字突出，甚奇，東西又奇，「指長安」又奇。如此則還山無日矣。春到而人不到，謂之何哉！此行當是由荆南入都，「風翻」、「潮濺」，視「山家」安穩如何？「水驛」、「蒹葭」，視「山家」偃息如何？「處」字如「此心安處」之「處」，是全篇結穴。

【附記】

《遺事》云：「先生少年曾客荆州。……《渡江雲》詞云『晴嵐低楚甸』，……此時作也。其時當在教授廬州之後，知溧水之前。」

《陳譜》云：「《渡江雲》『晴嵐低楚甸』，爲政和六年自明州還京之作。《一統志》：『鄞江在鄞縣東北二里，即甬江也。奉化江自南來，慈溪江自西來，俱至縣東三港口，合流而入鎮海界爲大浹江，東入海。』此詞爲召爲秘監明州解組時作，故曰『清江東注，畫舸西流』。家住杭州，爲歸途所經，故曰『問何時委曲到山家』。據『暖回雁翼』及『今宵正對初弦月』，則去明州爲二月上旬。」

按兩説爲時相去甚遠，一爲少年作，一爲暮年作，皆非也。《陳譜》以江流附會成説，於「楚甸」已不可通；《遺事》謂客荆州時作，於詞中傷行役之旨，亦難自圓也。考集中如《齊天樂》、《綺寮怨》、《六幺令》及此，皆南北往來過荆南所作，海綃翁謂「此行當是由荆南入都」是也，歲月則不可考矣。

綺寮怨

上馬人扶殘醉〔一〕，曉風吹未醒。映水曲、翠瓦朱檐，垂楊裏、乍見津亭〔二〕。當時曾題敗壁，蛛絲罩、澹墨苔暈青。念去來、歲月如流，徘徊久、歎息愁思盈〔三〕。去去倦尋路程，江陵舊事〔四〕，何曾再問楊瓊〔五〕。舊曲淒清，斂愁黛、與誰聽。尊前故人如在，想念我、最關情。何須渭城〔六〕，歌聲未盡處，先淚零。

【校】

〔《綺寮怨》〕調始清真。陳本注「中吕」宫，題作「思情」，元本、《百家詞》同。毛本、《粹編》無題。又毛注云：「或於『徘徊久歎息』下分段。」按毛本分段正同，而不同者今不可考。　〔朱檐〕毛本作「朱簾」。

【箋注】

〔一〕上馬人扶：見《瑞鶴仙》箋。

〔二〕津亭：張九齡《春江晚景》：「薄暮津亭下，餘花滿客船。」

〔三〕歲月三句：江淹《别賦》：「明月白露，光陰往來，與子之别，思心徘徊。是以别方不定，别理千名。有别必怨，有怨别盈。」

〔四〕江陵舊事：指約宋哲宗元祐五年至七年客荆州事。江陵今湖北江陵縣。

〔五〕楊瓊：元稹《和樂天示楊瓊》：「我在江陵少年日，知有楊瓊初喚出，腰身瘦小歌圓緊，依約年應十六七。去年十月過蘇州，瓊來拜問郎不識。青衫玉貌何處去，安得紅旗遮頭白！我語楊瓊瓊莫語，汝雖笑我我笑汝，汝今無復小腰身，不似江陵時好女。楊瓊爲我歌送酒，爾憶江陵縣中否？江陵王令骨爲灰，車來嫁作尚書婦，盧戡及第嚴澗在，其餘死者十八九。我今賀爾亦自多，爾得老成余白首。」自注：「楊瓊本名播，少爲江陵酒妓，去年姑蘇過瓊叙舊，及今見樂天此篇，因走筆追書此曲。」詞用其事。按白居易《寄李蘇州兼示楊瓊》：「真娘墓頭春草碧，心奴鬢上秋霜白。爲問蘇臺酒席中，使君歌舞與誰同？就中猶有楊瓊在，堪上東山伴謝公。」又《問楊瓊》：「古人唱歌兼唱情，今人唱歌惟唱聲；欲説向君君不會，試將此語問楊瓊。」

〔六〕渭城：即《陽關曲》，用王維《送元二使安西》詩。起句爲「渭城朝雨浥輕塵」，故又名《渭城曲》。

【評】

《褒碧齋詞話》：周清真《綺寮怨》第三、四句：「映水曲翠瓦朱簷，垂楊裏、乍見津亭。」元人王竹澗則云：「疏簾下茶鼎孤煙，斷橋外梅豆千林。」純用對偶語，不成《綺寮怨》矣。此不明句調之失。鄙人嘗論詞有單行、有儷體，學者不可不考。至陳西麓和作，失去「清」字一韻，尤爲疏忽。

《抄本海綃説詞》：此重過荆南途中作。楊瓊，江陵歌者，見白香山詩。徘徊、歎息，蓋有在矣。念我、關情，已是黯然銷魂，正不見此故人，故聞歌落淚也。所謂何曾再問，正急於欲問也。舊曲、誰聽、念我、關情，問之不已，特不知故人在否耳。拙重之至，彌見沈渾。

夏承燾先生《唐宋詞字聲之演變》：作「平去平」者，如《綺寮怨》一首中六句如此：「曉風吹未醒」、「澹墨苔暈青」、「歎息愁思盈」、「去去倦尋路程」、「何須渭城」、「歌聲未盡處先淚零」（按指句末三字）。去聲最爲拗怒，取介乎兩平之間，有擊撞戛捺之妙；今雖詞樂失傳，但依字聲讀之，猶含異響。（《唐宋詞論叢》）

六幺令　重九

快風收雨〔一〕，亭館清殘燠〔二〕。池光静横秋影，岸柳如新沐。聞道宜城酒美〔三〕，昨日新醅熟。輕鑣相逐〔四〕，衝泥策馬，來折東籬半開菊〔五〕。華堂花豔對列，一一驚郎目〔六〕。歌韻巧共泉聲，間雜琮琤玉〔七〕。惆悵周郎已老〔八〕，莫唱當時曲。幽歡難卜，明年誰健，更把茱萸再三囑〔九〕。

【校】

〔《六幺令》〕陳本注「仙吕」宮，題作「重九」，元本、《百家詞》同。毛本題作「重陽」，一也。〔如新沐〕毛本作「知新沐」，疑形近而誤。〔琮琤玉〕毛注：「《清真集》作『淙哀玉』。」按文理欠通，當是誤刻。

【箋注】

〔一〕快風：《文選》宋玉《風賦》：「快哉此風，寡人所與庶人共者邪？」參看《點絳脣》「臺上披襟」闋箋。

〔二〕殘燠：權德輿《侍從游後湖宴坐》：「宿雨蕩殘燠，惠風與之俱。」

〔三〕宜城酒：襄陽郡宜城縣出美酒，詳《虞美人》「廉纖小雨」闋箋。

〔四〕輕鑣：猶言輕騎，王融《游仙詩五首》：「命駕隨所即，燭龍導輕鑣。」參看《憶舊游》「記愁橫淺黛」闋箋。

〔五〕東籬：陶淵明《飲酒》詩：「採菊東籬下，悠然見南山。」

〔六〕華堂二句：梁《清商曲·襄陽樂》：「朝發襄陽城，暮至大堤宿；大堤諸女兒，花豔驚郎目。」參看《玉樓春》「大堤花豔」闋箋。

〔七〕琮琤玉：韓愈、孟郊《城南聯句》：「竹影金瑣碎，泉聲玉琮琤。」

〔八〕周郎：周瑜，亦自喻，詳《意難忘》「衣染鶯黄」闋箋。

〔九〕明年二句：杜甫《九日藍田崔氏莊》：「明年此會知誰健，醉把茱萸仔細看。」《西京雜記》三：「戚夫人侍兒賈佩蘭，後出爲扶風人段儒妻。說在宫内時……九月九日佩茱萸，食蓬餌，飲菊花酒，令人長壽。」

【評】

《喬大壯手批〈片玉集〉》：周郎自用家典。兩「郎」字，不傷復，可資玩索。

【附記】

此詞當是晚年重過荆南之作。池光横影，岸柳如沐，似指白龍池、大堤柳，其地已見《玉樓春》「大堤花豔驚郎目」闋箋。宜城與襄陽近在咫尺，故昨日酒熟，今日得飲也。《玉樓春》留别荆南云：「休將寶瑟寫幽懷，坐上有人能顧曲。」其時方在壯年。至賦《綺寮怨》，曰「江陵舊事」，曰「舊曲淒清」，則哀樂中年矣。今則「惆悵周郎已老」，無復曩日情懷，宜其「莫唱當時曲」，惟付囑茱萸，聊祝遐齡云爾。

夜游宫

葉下斜陽照水，捲輕浪、沈沈千里〔一〕。橋上酸風射眸子〔二〕，立多時，看黄昏，燈火市。古屋寒窗底，聽幾片、井桐飛墜。不戀單衾再三起，有誰知，爲蕭娘，書一紙。

【校】

〔《夜游宫》〕一樣二首，陳本注「般涉」調，無題。《詞統》題作「秋晚」，毛本題作「秋暮晚景」。〔井桐〕《詞統》作「井梧」。

【箋注】

〔一〕沈沈：《文選》司馬相如《上林賦》「沈沈隱隱」，李善注：「沈沈，深貌也。」

〔二〕橋上句：李賀《金銅仙人辭漢歌》：「魏官牽車指千里，東關酸風射眸子。」

【評】

《宋四家詞選》：此亦是層疊加倍寫法，本只「不戀單衾」一句耳，加上前闋，方覺精力彌滿。

【附記】

《陳譜》云：「集中令慢，固兒女情多，然楚雨含情，意別有託，亦復不少。如《浣溪沙》之『不爲蕭娘舊約寒，何因容易別長安』；《夜游宮》之『爲蕭娘，書一紙』；其中所指，斷非所歡，惜文集久佚，無術探索。」

夜游宮

客去車塵未斂，古簾暗〔一〕、雨苔千點。月皎風清在處見，奈今宵，照初弦〔二〕，吹一箭〔三〕。　池曲河聲轉，念歸計、眼迷魂亂。明日前村更荒遠，且開尊，任紅鱗，生酒面。

【校】

〔古簾〕《詞萃》作「空階」。

【箋注】

〔一〕古簾暗：李賀《崇義里滯雨》：「南宮古簾暗，溼景傳籤籌。」

〔二〕初弦：謂半圓之月，詳《渡江雲》「晴嵐低楚甸」闋箋。

〔三〕一箭：謂風，與《蘭陵王》之「一箭風快」同。

【評】

《喬大壯手批〈片玉集〉》：「月照」「風吹」可見兩承之妙。

木蘭花

郊原雨過金英秀〔一〕，風拂霜威寒入袖。感君一曲斷腸歌，勸我十分和淚酒〔二〕。古道塵清榆柳瘦，繫馬郵亭人散後。今宵燈盡酒醒時〔三〕，可惜朱顔成皓首〔四〕。

【校】

〔《木蘭花》〕陳本注「高平」調，題作「暮秋餞別」。元本、毛本調名作《木蘭花令》，一也，題同。《粹編》無題。

〔風拂〕元本、毛本、《詞萃》作「風掃」。　〔勸我〕毛本作「送我」。

【箋注】

〔一〕金英：謂黄菊，王筠《摘園菊贈謝僕射舉》：「菊花偏可憙，碧葉媚金英。」

〔二〕感君二句：白居易《曉別》：「請君斷腸歌，送我和淚酒。」

〔三〕今宵句：柳永《雨霖鈴》：「今宵酒醒何處，楊柳岸、曉風殘月。」

〔四〕可惜句：孟郊《暮秋感思》：「上有噪日蟬，催人成皓首。亦恐旅步難，何獨朱顔醜。」

點絳脣

孤館迢迢，暮天草露霑衣潤〔一〕。夜來秋近，月暈通風信〔二〕。　今日原頭，黃葉飛成陣。知人悶，故來相趁，共結臨歧恨〔三〕。

【校】

〔《點絳脣》〕陳本注「仙吕」宮，無題。　〔秋近〕《雅詞》作「秋盡」。　〔原頭〕毛本作「源頭」。　〔臨歧〕《雅詞》作「分歧」。

【箋注】

〔一〕草露句：王粲《從軍詩五首》：「下船登高防，草露霑我衣。」

〔二〕月暈句：蘇洵《辨姦論》：「月暈而風，礎潤而雨，人皆知之。」按此二語乃古之常言。

〔三〕臨歧恨：杜甫《送梓州李使君之任》：「不作臨歧恨，唯聽舉最先。」

訴衷情

堤前亭午未融霜〔一〕，風緊雁無行〔二〕。重尋舊日歧路，茸帽北游裝。期信杳，别離長，遠情傷。風翻酒幔〔三〕，寒凝茶煙，又是何鄉。

【校】

〔《訴衷情》〕陳本注「商調」無題。

【箋注】

〔一〕亭午：日午也。《文選》孫公興《游天台山賦》：「羲和亭午，游氣高褰。」五臣注：「亭，至也。」

〔二〕風緊句：杜甫《冬晚送長孫漸舍人歸州》：「雲晴鷗更舞，風逆雁無行。」

〔三〕酒幔：酒旗。許渾《送人歸吴興》：「春橋懸酒幔，夜栅集茶檣。」

浣溪沙

貪向津亭擁去車，不辭泥雨濺羅襦，淚多脂粉了無餘。酒釅未須令客醉〔一〕，路長終是少人扶，早教幽夢到華胥〔二〕。

【校】

〔《浣溪沙》〕陳本與「日薄塵飛」、「不爲蕭娘」二首并録，注「黄鍾」宫，無題。

【箋注】

〔一〕酒醲：味厚曰醲。曹唐《小游仙詩九十八首》之十四：「酒醲春濃瓊草齊，真公飲散醉如泥。」

〔二〕華胥：《列子·黄帝篇》：「黄帝晝寐而夢游於華胥氏之國，無帥長，自然而已。其民無嗜欲，自然而已。既寤，悟然自得，天下大治。」

【附記】

此詞上片所叙，當是解職州郡，行時官妓送別情景，下片設想於登程以後。按宋時官妓送迎官長故事，多見於北宋人詞，惟此類應歌代言之作，每不標題，後人不知，見其哀豔纏綿，遂以爲真個作者自道也。東坡於此等詞常加標題，千載以後，庶堪解惑。如《菩薩蠻》「西湖席上代諸妓送述古」云：「娟娟缺月西南落，相思撥盡琵琶索。枕淚夢魂中，覺來眉暈重。」又《菩薩蠻》「西湖送述古」云：「佳人千點淚，灑向長河水。」又《江城子》「孤山竹閣送述古」云：「翠蛾羞黛怯人看，掩霜紈，淚偷彈。且盡一尊，收淚唱陽關。漫道帝城天樣遠，天易見，見君難。」又《南鄉子》「送述古」云：「今夜殘燈斜照處，熒熒，秋雨晴時淚不晴。」後三首但云送，其實亦代送，非髯蘇之效顰者也。陳襄字述古，當時以攻王安石，出知杭州。四詞苟無標題，讀者將以爲作者與所歡腸斷分袂之言矣。只此一端，可概其餘。大抵當時官妓須有一副急淚，送行時例作掩抑啼妝之狀，故東坡《木蘭花令》「次馬中玉韻」又云：「故將別語惱佳人，要看梨花枝上雨。」可謂一語道破矣，此又讀宋詞者不可不知。

味此詞下片，似是晚年之作。身已衰老，故嘆道路無人扶持，一也。前自溧水還京，賦《浣溪沙》（日薄雲飛官路平）結拍云：「早收燈火夢傾城。」蓋時年猶壯盛，未捐綺思。此則曰：「早教幽夢到華胥。」老年不堪煩劇，但願任所如華胥之國，冀能無爲而治耳，二也。按清真數綰州麾，並在晚年：政和四年自隆德府徙知明州，時五十九歲；明州解組時六十歲；重和元年知真定府，時六十三歲；其後又改知順昌府，徙處州。惟未知此詞作於何時。

定風波

莫倚能歌斂黛眉，此歌能有幾人知。他日相逢花月底，重理，好聲須記得來時。苦恨城頭傳漏水，催起，無情豈解惜分飛〔一〕。休訴金尊推玉臂，從醉，明朝有酒遣誰持〔二〕。

【校】

〔《定風波》〕陳本注「商調」，題作「美情」，元本、《百家詞》同，《雅詞》、毛本無題。〔相逢〕《雅詞》作「風前」。〔傳漏水〕陳本原作「更漏永」，元本同；《雅詞》、《百家詞》、毛本作「傳漏永」。按此句末一字須與其下之二字句協韻，「永」字失韻。疑本作「水」，因形近而譌，故鄭校本改爲「水」字，是也。〔催起〕陳本、元本、

《百家詞》脱此二字，於調不合。毛本知其然，但未校補，只空二格，兹據《雅詞》補入。〔豈解〕《雅詞》作「那解」。〔分飛〕《雅詞》作「相思」。〔休訴〕《雅詞》作「莫訴」。

【箋注】

〔一〕無情句：徐夤《蝴蝶二首》：「無情豈解關魂夢，莫信莊周説是非。」

〔二〕休訴三句：訴，推辭不飲之義，方語也。韋莊《菩薩蠻》：「須愁春漏短，莫訴金杯滿。」又《對梨花贈皇甫秀才》：「且戀殘陽留綺席，莫推紅袖訴金卮。騰騰戰鼓正多事，須信明朝難重持。」韋詩末句又本沈約《别范安成》：「勿言一樽酒，明日難重持。」

蝶戀花

月皎驚烏棲不定〔一〕，更漏將殘，轣轆牽金井〔二〕。唤起兩眸清炯炯〔三〕，淚花落枕紅綿冷。　執手霜風吹鬢影〔四〕，去意徊徨〔五〕，别語愁難聽。樓上闌干横斗柄〔六〕，露寒人遠雞相應。

【校】

〔《蝶戀花》〕陳本注「商調」，題作「秋思」，元本、《百家詞》同。《花庵》、毛本作「早行」。《草堂》、《粹編》、《詞的》、

《詞統》、《詩餘醉》俱題「曉行」。　〔將殘〕《花庵》、毛本、《詩餘醉》作「將闌」。　〔轣轆〕陳本原作「轆轤」，《花庵》、元本同。按轤字平聲失黏，《草堂》、毛本作「轣轆」爲是。　〔清炯炯〕毛本作「青炯炯」　〔淚花〕《詞統》注云：「一作胭脂」。又此句《詞萃》作「淚花滴破珊瑚枕」，未知所本，復失韻協，非是。　〔徊徨〕毛本作「徘徊」。

【箋注】

〔一〕月皎句：孟浩然《秋宵月下有懷》：「驚鵲棲不定，飛螢捲簾入。」

〔二〕轣轆：《方言》：「維車，趙魏之間謂之轣轆車。」按通稱轆轤。張籍《楚妃怨》：「梧桐葉下黄金井，横架轆轤牽素綆。」歐陽修《鵯鵊詞》：「一聲兩聲人漸起，金井轆轤聞汲水。」

〔三〕炯炯：《楚辭》嚴忌《哀時命》：「夜炯炯而不寐兮，懷隱憂而歷兹。」

〔四〕執手句：李賀《咏懷二首》：「彈琴看文君，春風吹鬢影。」

〔五〕徊徨：彷徨憂思貌。梁武帝《孝思賦》：「晨孤立而縈結，夕獨處而徊徨。」

〔六〕斗柄：北斗七星，四星象斗，三星象柄，故曰斗柄，又稱斗杓。劉禹錫《和河南裴尹宿齋太平寺》：「咿喔晨雞鳴，闌干斗柄垂。」

【評】

《弇州山人詞評》：美成能作景語，不能作情語；能入麗字，不能入雅字。以故價微劣於柳。然至「枕痕一綫紅生玉」，又「喚起兩眸清炯炯，淚花落枕紅綿冷」，其形容睡起之妙，真能動人。

《草堂詩餘正集》沈際飛云：「喚起」句，形容睡起之妙。

《古今詞統》徐士俊評：　夜色晨光將斷將續之際，寫得黯然欲絶。

《詞學集成》張祖望曰：「淚花落枕紅綿冷，……苦語也。」

《蓼園詞選》：　按首一闋言未行前聞烏驚漏殘，轆轤響而驚醒落淚。次闋言别時情況凄楚，玉人遠而雞相應，更覺凄婉矣。

《唐宋詞簡釋》：　此首寫送别，景真情真。「月皎」句點明夜深。「更漏」兩句，點明將曉。天將曉即須趕路，故不得不喚人起，但被喚之人，猛驚將别，故先眸清，而繼之以淚落，落淚而至於濕透紅綿，則悲傷更甚矣。以次寫睡起之情，最爲傳神。「執手」句，爲門外送别時之情景，「風吹鬢影」，寫實極生動。「去意」二句，寫難分之情亦纏綿。「樓上」兩句，則爲人去後之景象。斗斜露寒，雞聲四起，而人則去遠矣。此作將别前、方别及别後都寫得沈着之至。

《喬大壯手批〈片玉集〉》：　秀語。

早梅芳

花竹深，房櫳好〔一〕，夜闃無人到〔二〕。隔窗寒雨，向壁孤燈弄餘照〔三〕。淚多羅袖重，意密鶯聲小。正魂驚夢怯，門外已知曉。去難留，話未了，早促登長道。風披宿霧，露洗初陽射林表。亂愁迷遠覽，苦語縈懷抱。謾回頭，更堪歸路杳。

【校】

〔《早梅芳》〕一樣二首，此闋陳本注「正宮」，題作「別恨」。元本、《百家詞》不注宮調，題同。毛本作《早梅芳近》，注云：「譜無近字。」無題。《草堂》題「冬景」，《詞統》、《詩餘醉》題「曉別」。〔羅袖〕《詩餘圖譜》作「羅帕」。〔意密〕《粹編》作「密意」，誤倒非是，蓋二句對偶，「意密」對「淚多」也。〔長道〕《草堂》作「途道」，朱校謂毛本同，非是。毛本正作「長道」。

【箋注】

〔一〕房櫳：《漢書·孝成班倢伃傳》：「廣室陰兮帷幄暗，房櫳虛兮風泠泠。」師古曰：「櫳，疏檻也。」庾信《七夕賦》：「此時併捨房櫳，共往庭中。」

〔二〕夜闃句：《易·豐卦》：「闃其户，闃其無人。」《正義》曰：「闃，寂無人也。」

〔三〕向壁句：江總《和張記室源傷往詩》：「空帳臨窗掩，孤燈向壁燃。」

【評】

《草堂詩餘正集》：曉得「袖」因「淚」重，「聲」因「意」小，老於個中人。「亂愁」二句，離愁紛來，方寸爲亂。

《蓼園詞選》：前闋由「曉」字寫入，漸引到別字，是未別以前也。次闋從別時寫起，説到別以後，是去路也。詞意綿密細膩，無一剩字。

《喬大壯手批〈片玉集〉》：製作甚密，起伏也大。

早梅芳

繚牆深，叢竹繞，宴席臨清沼。微呈纖履，故隱烘簾自嬉笑〔一〕。粉香妝暈薄，帶緊腰圍小。看鴻驚鳳翥〔二〕，滿坐歎輕妙。酒醒時，會散了，回首城南道。河陰高轉〔三〕，露脚斜飛夜將曉〔四〕。異鄉淹歲月，醉眼迷登眺。路迢迢，恨滿千里草。

【校】

〔《早梅芳》〕此闋陳本題作「牽情」，元本、《百家詞》同，毛本、《雅詞》無題。〔微呈〕《詞萃》作「漸呈」。〔粉香〕《粹編》作「粉花」，按失對，當非。〔看鴻驚〕《雅詞》作「歎鴻驚」。〔歎輕妙〕《雅詞》作「看輕妙」。

【箋注】

〔一〕烘簾：詳《滿路花》「簾烘淚雨乾」闋箋。

〔二〕鴻鶩鳳翥：陸機《浮雲賦》：「鸞翔鳳翥，鴻鶩鶴奮。」

〔三〕河陰：謂銀河之陰影，與《過秦樓》之「明河影」同意，非地名。

〔四〕露脚句：李賀《李憑箜篌引》：「吴質不眠倚桂樹，露脚斜飛溼寒兔。」

芳草渡

昨夜裏，又再宿桃源〔一〕，醉邀仙侣。聽碧窗風快，珠簾半捲疏雨〔二〕，多少離恨苦。方留連啼訴，鳳帳曉，又是悤悤，獨自歸去。愁覩，滿懷淚粉，瘦馬衝泥尋去路。謾回首、煙迷望眼，依稀見朱户。似癡似醉，暗惱我、凭欄情緒。澹暮色〔三〕，看盡棲鴉亂舞。

【校】

〔《芳草渡》〕陳本注「雙調」，題作「別恨」。元本、《百家詞》不注宫調，題同。《粹編》、毛本無題。〔珠簾〕毛本作「疏簾」。〔疏雨〕毛本作「愁雨」。〔愁覩〕毛本作「愁顧」，按陳允平和詞亦作「顧」。

【箋注】

〔一〕桃源：後唐莊宗《憶仙姿》詞：「曾宴桃源深洞，一曲清歌舞鳳。長記別伊時，和淚出門相送。如夢，如夢，殘月落花煙重。」清真詞本此，非用陶淵明《桃花源記》事，蓋記無涉於兒女情也。乃用劉晨、阮肇入天台山於桃花溪遇仙女，邀還家留宿故事。詳《太平廣記》卷六十一引《神仙記》。

〔二〕珠簾句：王勃《滕王閣》：「畫棟朝飛南浦雲，珠簾暮捲西山雨。」

〔三〕澹暮色：杜甫《宿鑿石浦》：「回塘澹暮色，日没衆星嘒。」

感皇恩

露柳好風標〔一〕，嬌鶯能語，獨占春光最多處。淺顰輕笑，未肯等閒分付。爲誰心子裏，長長苦〔二〕。洞房見説，雲深無路，憑仗青鸞道情素〔三〕。酒空歌斷，又被濤江催去。怎奈向、言不盡，愁無數。

【校】

〔《感皇恩》〕陳本注「大石」調，題作「標韻」，元本及《百家詞》同。《粹編》、毛本無題。〔濤江〕《粹編》作「江濤」。〔催去〕《粹編》、毛本作「催度」，按陳允平和詞亦叶「度」字。〔怎奈向〕《粹編》作「怎奈何」，毛本作「怎向」。朱校：「毛本向上無奈字，按律是句五字。柳永《過澗歇》、秦觀《鼓笛慢》並有怎向語，可證。」

【箋注】

〔一〕風標：猶言風采。《南史·文學傳論》：「文章者蓋性情之風標，神明之律吕也。」

〔二〕爲誰二句：晉《子夜四時歌・春歌》：「黄蘗向春生，苦心日日長。」

〔三〕青鸞：猶言青鳥，能傳消息。《漢武故事》：「七月七日，忽有青鳥飛集殿前，東方朔曰：『此西王母欲來。』有頃，王母至。」李商隱《相思》：「相思樹上合歡枝，紫鳳青鸞並羽儀。」

虞美人

燈前欲去仍留戀，腸斷朱扉遠。未須紅雨洗香顋，待得薔薇花謝便歸來〔一〕。舞腰歌板閒時按〔二〕，一任旁人看。金爐應見舊殘煤，莫使恩情容易似寒灰〔三〕。

【校】

〔《虞美人》〕一樣三首，陳本注「正宮」，無題。　〔朱扉〕《粹編》作「朱屏」。　〔未須〕《粹編》、毛本作「不須」。　〔莫使〕《草堂》、毛本作「莫遣」。

【箋注】

〔一〕待得句：杜牧《留贈》：「不用鏡前空有淚，薔薇花謝即歸來。」

〔二〕歌板：李賀《酬答二首》：「試問酒旗歌板地，今朝誰是拗花人。」

〔三〕金爐二句：吴均《行路難》：「玉階行路生細草，金爐香滅變成灰。」詞略用其意。

虞美人

疏籬曲徑田家小，雲樹開清曉。天寒山色有無中〔一〕，野外一聲鐘起送孤篷。　添衣策馬尋亭堠〔二〕，愁抱惟宜酒。菰蒲睡鴨占陂塘，縱被行人驚散又成雙。

【校】

〔清曉〕《雅詞》、《詞統》、毛本作「秋曉」。　〔縱被〕《雅詞》作「疑被」。　〔驚散〕《詞統》作「驚起」。

〔又成〕《雅詞》作「不成」。

【箋注】

〔一〕天寒句：　王維《漢江臨汎》：「江流天地外，山色有無中。」

〔二〕亭堠：　高適《塞上》：「亭堠列萬里，漢兵猶備胡。」按本作亭候，《後漢書・光武帝紀》「築亭候」，李賢注：「伺候望敵之所。」

虞美人

玉觴纔掩朱絃悄，彈指壺天曉〔一〕。回頭猶認倚牆花，只向小橋南畔便天涯。　銀蟾依舊當窗滿，顧影魂先斷〔二〕。淒風猶颭半殘燈，擬倩今宵歸夢到雲屏〔三〕。

【校】

〔小橋〕《粹編》作「小樓」。　〔魂先〕《詞統》作「先魂」。　〔猶颭〕《雅詞》、元本、《粹編》、毛本作「休颭」。

【箋注】

〔一〕壺天：《後漢書·費長房傳》：「市中有老翁賣藥，懸一壺於肆頭，及市罷，輒跳入壺中。市人莫之見，唯長房於樓上覩之，異焉，因往再拜奉酒脯。翁知長房之意其神也，謂之曰：『子明日可更來。』長房旦日復詣翁，翁乃與俱入壺中，唯見玉堂嚴麗，旨酒甘肴，盈衍其中，共飲畢而出。」張喬《題古觀》：「洞水流花早，壺天閉雪春。」白居易《酬吴七見寄》：「誰知市南地，轉作壺中天。」皆用其事。

〔二〕顧影句：殷堯藩《醉贈劉十二》：「別路魂先斷，還家夢幾迷。」

〔三〕雲屏：劉長卿《昭陽曲》：「芙蓉帳小雲屏暗，楊柳風多水殿涼。」

大酺

對宿煙收〔一〕，春禽静，飛雨時鳴高屋。牆頭青玉旆〔二〕，洗鉛霜都盡，嫩梢相觸。潤逼琴絲〔三〕，寒侵枕障，蟲網吹黏簾竹。郵亭無人處〔四〕，聽檐聲不斷，困眠初熟。奈愁極頓驚，夢輕難記，自憐幽獨。　行人歸意速，最先念、流潦妨車轂。怎奈向〔五〕、蘭成憔悴〔六〕，衛玠清羸〔七〕，等閒時、易傷心目。未怪平陽客，雙淚落、笛中哀曲〔八〕。況蕭索、青蕪國〔九〕。紅糝鋪地〔一〇〕，門外荆桃如菽〔一一〕，夜游共誰秉燭〔一二〕。

【校】

〔《大酺》〕調始清真。陳本注「越調」，題作「春雨」。元本、毛本、《白雪》同。此詞毛本《夢窗詞》又誤收入。

〔宿煙〕《詩餘醉》作「雨煙」，誤。　〔頓驚〕《白雪》、毛本作「頻驚」。　〔蘭成〕毛注：「一作蘭臺，非。」

〔衛玠〕《白雪》、毛本作「樂廣」。按樂廣無清羸事，非。《樂府指迷》亦引作衛玠，見評。

【箋注】

〔一〕宿煙收：劉禹錫《登陝州城北樓却寄京都親友》：「廛息長道白，林清宿煙收。」

〔二〕青玉旆：謂緑竹如旗也。白居易《秋霖即事聯句》：「竹霑青玉潤，荷滴露珠圓。」

〔三〕潤逼琴絲：《論衡》：「天且雨，螻蟻徙，丘蚓出，琴瑟緩，固疾發，此物爲天所動之驗也。」

〔四〕郵亭：《漢書·薛宣傳》：「宣從臨淮遷至陳留，過其縣，橋梁郵亭不修。」師古曰：「郵，行書之舍，亦如今之驛及行道館舍也。」

〔五〕怎奈向：《宋四家詞選》云：「宋人語，向作一向二字解，今語向來也。」

〔六〕蘭成：庾信小字，詳《宴清都》箋。

〔七〕衛玠：《世説新語·容止》：「衛玠從豫章下都，人久聞其名，觀者如堵牆。玠先有羸疾，體不堪勞，遂成病而死，時人謂看殺衛玠。」

〔八〕平陽客三句：馬融《長笛賦》序：「融既博覽典雅，精核數術，又性好音，能鼓琴吹笛。而爲督郵無留事，獨卧郿平陽塢中，有雒客舍逆旅，吹笛爲《氣出》、《精列》、《相和》，融去京師踰年，蹔聞甚悲。」賦云：「於是放臣逐子，棄妻離友……泣血泫流，交横而下。」詞句本此，平陽客指馬融。近代陳鋭《裒碧齋詞話》云：「清真《大酺》云『未怪平陽客』，又《月下笛》云：『最感平陽孤客』。按平陽帝都，見於《春秋》、《史》、《漢》，此平陽客未知何指。唐陳嘉言《宴高氏園》詩云：『人是平陽客，地即石崇家。』或所本也。」按陳嘉言爲武后時酷吏，其《晦日宴高氏林亭》詩，唱和者有高正臣等十餘人，燕喜之辭，當非所本，字面偶合耳。

〔九〕青蕪國：温庭筠《春江花月夜詞》：「《玉樹》歌闌海雲黑，花庭忽作青蕪國。」

〔一〇〕紅糝：韓愈《送無本師歸范陽》：「始見洛陽春，桃枝綴紅糝。」

〔一一〕荆桃如菽：《爾雅·釋木》「楔、荆桃」，郭璞注：「今櫻桃。」菽，豆之總名。句謂櫻桃實如豆大也。

〔一二〕夜游句：《古詩十九首》：「晝短苦夜長，何不秉燭游。」

【評】

《碧雞漫志》：世間有《離騷》，惟賀方回、周美成時時得之。賀《六州歌頭》、《望湘人》、《吴音子》諸曲，周《大酺》、《蘭陵王》諸曲，最奇崛。或謂深勁乏韻，此遭柳氏野狐涎吐不出者也。歌曲自唐虞三代以前，秦漢以後皆有，造語險易，則無定法。今必以「斜陽芳草」、「淡煙細雨」，繩墨後來作者，愚甚矣！故曰，不知書者，尤好耆卿。

《樂府指迷》：詞中用事，使人姓名，須委曲，得不用出最好。清真詞多要兩人名對使，亦不可學也。如《宴清都》云：「庾信愁多，江淹恨極」；《西平樂》云：「東陵晦迹，彭澤歸來」；《大酺》云：「蘭成憔悴，衛玠清羸」；《過秦樓》云：「才減江淹，情傷荀倩」之類是也。

《草堂詩餘雋》李攀龍云：「自憐幽獨」，又「共誰秉燭」，如常山蛇勢，首尾自相擊應。

《詞綜偶評》：通首俱寫雨中情景。

《蓼園詞選》：馬融好音律，而爲督郵，無留事，獨卧郿縣平陽塢中。有雒客舍逆旅，吹笛，爲氣出精列相和。融去京師逾年，聞聲甚悲。觀「平陽客」句，用馬融去京事，知爲由待制出知順昌後作。寫得淒清落寞，令人惻惻。

《譚評詞辨》：「牆頭」三句，辟灌皆有賦心，前周後吴，所以爲大家也。「行人」二句，亦新亭之淚。「況蕭索」下，一句一折，一步一態，然周昉美人，非時世妝也。

又《復堂詞》自序：周美成云：「流潦妨車轂」；又云：「衣潤費爐煙」。辛幼安云：「不知筋骨衰多少，祇覺新來懶上樓。」填詞者試於此消息之。

《藝蘅館詞選》梁啓超云：「流潦妨車轂」句，託想奇拙，清真最善用之。

《褒碧齋詞話》：清真詞《大酺》云：「牆頭青玉旆。」玉字以入代平。下文云：「郵亭無人處。」句法皆四平一仄。夢窗此句第四字亦用入聲，守律之嚴如此。

《海綃説詞》：自「宿煙收」至「相觸」六句，屋外景。「潤逼」至「簾竹」三句，屋内景。「困眠初熟」四字逆出，「聽簷聲不斷」是未眠熟時情景，「郵亭」上九句是驚覺後情事。困眠則聽，驚覺則愁，「郵亭」一句作中間停頓，「愁極」二句作兩邊照應。曰「煙收」，曰「禽静」，則不特「無人」。蟲網吹黏，鉛霜洗盡，静中始見，總趨歸「幽獨」二字。「行人歸意速」陡接，「最先念流潦妨車轂」倒提；復以「怎奈向」三字鉤轉，將上闋所有情事總納入「傷心目」三字中。「未怪平陽客」墊起，「況蕭索青蕪國」跌落「共誰秉燭」與「自憐幽獨」。顧盼含情，精光離合，乍陰乍陽，美成信天人也。

又《抄本海綃説詞》：玩一對，已是驚覺後神理。「困眠初熟」，却又拗轉，而以「郵亭」五字作中間停頓，前後周旋。換頭五字陡接，「流潦」八字復繞後一步出力。然後以「怎奈向」三字鉤轉，將前闋所有情景，盡收入「傷心目」中。「平陽客」二句脱開作墊，跌落下六字。「紅糝」二句，復加一層渲染，託出結句與「自憐幽獨」。神光離合，乍陰乍陽，美成信天人也。

《唐宋詞簡釋》：此首因春雨而有感。起三句，點春雨。「牆頭」三句，寫屋外景；「潤逼」三句，寫屋内景，皆於靜中會得。「郵亭」三句，寫聽雨入夢；「奈愁極」三句，寫雨驚夢醒，皆足見雨聲之繁，與獨處之愁。換頭，抒思歸之情。「怎奈向」三句一轉，言歸去不得，觸景傷感。「傷心目」三字，是全篇主腦，與《瑞龍吟》之「傷離意緒」相同。「未怪」二句，言傷極而淚落。「況蕭索」三句，重述雨景。「夜遊」句與「自憐幽獨」相應，餘情淒絶。

【附記】

王灼謂清真詞中有《離騷》，並舉此詞及《蘭陵王》爲例，極堪玩味。馬季長自負博學知音，而出京踰年，自傷仕途坎坷，故聞笛興悲。清真亦自負如季長，而暮年數綰州麾，屢別京華，所遇復與季長之作督郵略同，故對雨傷懷也。此詞當是離京赴任，途中遇雨作。考其仕歷，或在政和二年，以直龍圖閣出知隆德府時；或在政和七年，自徽猷閣待制出知真定府時，未可知也。

六醜　薔薇謝後作

正單衣試酒〔一〕，恨客裏、光陰虛擲。願春暫留，春歸如過翼〔二〕，一去無跡。爲問花何在，夜來風雨，葬楚宮傾國〔三〕。釵鈿墮處遺香澤〔四〕。亂點桃蹊，輕翻柳陌〔五〕，多情爲誰追惜。但蜂媒蝶使，時叩窗隔〔六〕。　東園岑寂，漸蒙籠暗碧。靜繞珍叢底〔七〕、成歎息。長條故惹行客，似牽衣待話〔八〕，别情無極。殘英小、强簪巾幘〔九〕。終不似、一朵釵頭顫裊〔一〇〕，向人攲側。漂流處、莫趁潮汐。恐斷紅、尚有相思字〔一一〕，何由見得。

【校】

〔《六醜》〕調始清真。陳本注「中吕」宫，題作「落花」，《白雪》、《草堂》、元本、《詞的》、《詞統》、《百家詞》同。毛本、《詞萃》題作「薔薇謝後作」。　〔恨客裏〕《草堂》、《粹編》、《詞的》、《詞統》、《詩餘醉》作「悵客裏」。　〔花何在〕《草堂》、《粹編》、《詞的》、《詞統》、《詩餘醉》、《詞萃》皆作「家何在」。　〔葬楚宫〕《草堂》、《粹編》作「送楚宫」。　〔爲誰〕《草堂》、《粹編》、《詞統》、《詞萃》作「更誰」；毛本作「最誰」，誤。　〔東園岑寂〕《白雪》、毛本以此句屬上闋，非是。　〔斷紅〕陳本原作「斷鴻」，元本、《草堂》、《百家詞》同。陳注：「《摭遺》云：『烏衣國寄王榭詩，來春縱有相思字，三月天南無雁飛。』」毛注因之云：「或作『恐斷紅上有相思字』，非。詩云：

『來春縱有相思字，三月天南斷雁飛。』」按此説非是。朱校云：「《陽春白雪》鴻作紅。按龐元英《談藪》謂御溝紅葉，本朝詞人罕用其事，惟清真《六醜》詠落花云，『恐斷紅尚有相思字』則鴻字疑誤。」鄭校亦云：「此詞通首賦落花，又題云薔薇謝後作，則此句上承漂流之意，本作斷紅，其意甚顯，有《陽春白雪》可證。又宋龐元英《談藪》，謂御溝流紅葉，本朝詞人罕用其事，惟清真樂府《六醜》詠落花，云『恐斷紅尚有相思字』。是更爲宋本作紅得一佐證已。」　〔何由〕《白雪》作「無由」。

【箋注】

〔一〕試酒：品嚐新酒。宋時例於四月初開煮酒，謂之試酒。見《武林舊事》卷三。

〔二〕過翼：杜甫《夜二首》：「城郭悲笳暮，村墟過翼稀。」葛立方《韻語陽秋》卷二十：張景陽《七命》有「浮三翼，泛中沚」之句，故詩家多用三翼爲輕舟，如梁元帝「日華三翼舸」，元微之「光陰三翼過」是也。按《越絶書》伍子胥水戰兵法内經曰：大翼一艘，廣一丈三尺五寸，長五丈六尺；小翼一艘，廣一丈二尺，長九丈，所謂三翼者，皆巨戰船也，用爲輕舟，誤矣。

〔三〕夜來二句：韓偓《哭花》：「若是有情争不哭，夜來風雨葬西施。」陸龜蒙《重題薔薇》：「更被夜來風雨惡，滿階狼藉没多紅。」楚宫傾國，以美人喻花。《後漢書·馬廖傳》上疏云：「傳曰，吴王好劍客，百姓多創瘢；楚王好細腰，宫中多餓死。」（按《墨子·兼愛》中：「昔者楚靈王好士細腰，故靈王之臣，皆以一飯爲節，脅息然後帶，扶牆然後起。」《晏子春秋·外篇》及《韓非子·二柄》亦載其事，初不謂女子。）

〔四〕釵鈿句：《新唐書·楊貴妃傳》：「遺鈿墮舄，瑟瑟璣琲，狼藉於道，香聞數十里。」詞用其事以喻落花。

〔五〕桃蹊柳陌：劉禹錫《踏歌詞四首》：「桃蹊柳陌好經過，燈下妝成月下歌。」

〔六〕窗隔：隔當作槅，通格，謂窗間木格子也。《説文》「槅，大車枙也」，引伸爲木條，其字罕見，與隔形近，故譌。

〔七〕静繞句：梁劉緩《看美人摘薔薇》：「繞架尋多處，窺叢見好枝。」詞意似之。

〔八〕牽衣：梁元帝《看摘薔薇》：「横枝斜綰袖，嫩葉下牽裾。」蓋薔薇多刺，易鉤牽衣裾。

〔九〕巾幘：幘裹頭巾，單言曰幘，重言曰巾幘。《三國志·魏書·武帝紀》裴松之注引《曹瞞傳》：「每與人談論，戲弄言誦，盡無所隱，及歡悦大笑，至以頭没杯案中，肴膳皆沾汙巾幘，其輕易如此。」

〔一〇〕顫裊：韓偓《自撫州往南城縣舟行見拂水薔薇因有是作》：「緑刺紅房戰褭時，吴娃越豔醺酣後。」

〔一一〕斷紅：見《掃花遊》「一葉怨題」句箋。

【評】

《談藪》：唐小説記紅葉事凡四……本朝詞人罕用此事，惟周清真樂府兩用之。《掃花遊》云：「隨流去，想一葉怨題，今到何處？」《六醜》詠落花云：「飄流處莫趁潮汐，恐斷紅上有相思字，何由見得。」脱胎换骨之妙極矣。

《草堂詩餘正集》：真愛花者，一花將蕚，移枕攜襆卧其下，以觀花之由微至盛至落，至於萎地而後已，善哉。又云：「漂流」一段，節起新枝，枝發奇蕚，長調不可得矣。（沈際飛語）

《宋四家詞選》：「願春暫留，春歸如過翼，一去無迹」十三字，千回百折，千錘百鍊，以下乃鵬羽自逝。又云：不説人惜花，卻説花戀人；不從無花惜春，卻從有花惜春；不惜已簪之殘英，偏惜欲去之斷紅。

《白雨齋詞話》：美成詞極其感慨，而無處不鬱，令人不能窺其旨。……《六醜》薔薇謝後作云：「爲問家何在。」上文有「悵客裏光陰虚擲」之句，此處點醒題旨，既突兀，又綿密，妙只五字束住。下文反覆纏綿，更不糾纏一筆，卻滿紙是羈愁抑鬱，且有許多不敢説處，言中有物，吞吐盡致。大抵美成詞一篇皆有一篇之旨，尋得其旨，不難迎刃而解，否則病其繁碎重複，何足以知清真也。

《雲韶集》：如泣如訴，語極嗚咽，而筆力沈雄，如聞孤鴻如聽江聲。筆態飛舞，反覆低徊，詞中之聖也。結筆愈高。又云：美成詞大半皆以紆徐曲折制勝，妙於紆徐曲折中，有筆力，有品骨，故能獨步千古。

《譚評詞辨》：「願春」二句，逆入平出，亦平入逆出。「爲問」三句，搏兔用全力。「静繞」三句，處處斷，處處連。「殘英」句，即「願春暫留」也。「飄流」句，即「春歸如過翼」也。末二句逆挽，片玉所獨。

《蓼園詞選》：自歎年老遠宦，意境落寞，借花起興。以下是花、是自己，比興無端，指與物化，奇情四溢，不可方物，人巧極而天工生矣。結處意致尤纏綿無已，耐人尋繹。

《芬陀利室詞話》：清真《六醜》一詞，精深華妙，後來作者，罕能繼踪。

《唐宋名家詞選》引夏敬觀云：一氣貫注，轉折處如天馬行空。所用虛字，無一不與文情相合。

《抄本海綃説詞》：薔薇謝後，言春去也，故直從惜春起。「留」字、「去」字，將大意揭出。「爲問家何在」，猶言春歸何處也。「夜來」以下，從薔薇謝後點出。結則言蜂蝶但解惜花，未解惜春也；惜花小，惜春大。「東園」二句，謝後又换一境。「成嘆息」三字用重筆，蓋不止惜花矣。「長條」三句，花亦「願春暫留」。「殘英」七字，「留」字結束。「終不似」至「欹側」，「去」字結束。「漂流」七字，「願」字轉身；「斷紅」逆挽「留」字；「何由見得」逆挽「去」字。言外有無限意思，讀之但覺迴腸蕩氣，復何處尋其源耶？

《唐宋詞簡釋》：此首「薔薇謝後作」，精深華妙，後難爲繼。起句，點天時人事。次句，言久客之感。「願春」三句，言花落春去，留之不住。上言光陰虛擲，已是悵惘；此言留春不住，悵惘更甚。又「春歸如過翼」，已見春之速，再足「一去無迹」一句，更見花盡春盡矣。周止庵謂此十三字「千回百折，千錘百鍊」，信不誣也。「爲問」五字，一「問」字振起全篇，意亦雙關。「夜來」兩句，承上作答，風雨葬傾國，是無家也。「釵鈿」三句，言落花狼藉之狀。「多情」一句問，又作頓挫，蜂蝶叩窗槅尋香，即追惜者。换頭，承上落花。花已落盡，無人賞，故曰「岑寂」。「朦朧」句，以緑葉爲襯。「静繞」句，可見徘徊之久，與惜花之深。「成嘆息」，束上起下，亦頓挫處。此下三事，皆可嘆息之事也。「長條」三句，言長條戀人。「殘英」三句，言殘英無神。末三句，言斷紅難見。「何由見得」一問，尤見情致纏綿，依依不盡。

【附記】

《浩然齋雅談》謂宣和中清真因賦《少年游》詞而得官，自此通顯。「既而朝廷賜酺，師師又歌《大酺》、《六醜》二解。上顧教坊使袁祹問，祹曰：『此起居舍人新知潞州周邦彥作也。』問《六醜》之義，莫能對。急召邦彥問之，對曰：『此犯六調，皆聲之美者，然絶難歌。昔高陽氏有子六人，才而醜，故以比之。』」（全文已見《少年游》「并刀如水」闋附記引）事誠無稽，蓋宣和中清真已卒矣，遑論其他。故鄭文焯《清真詞校後録要》非之曰：「按《宋史·文苑傳》，言邦彥仕至徽猷閣待制，出知順昌府，徙處州，卒，未嘗稱其知潞州。玉田《詞源》云：『崇寧立大晟府，命美成諸人討論古音，八十四調之聲稍傳。美成復增慢曲引近，或爲三犯四犯之曲，依月律進之，其曲遂繁。』是其《六醜》犯六調之曲，當在提舉大晟府時所製。」

按草窗固非，鄭氏亦不必然。唐之潞州，宋升爲隆德府，金、元復稱潞州；清真以政和二年出知隆德府，故云知潞州耳，此其一。又犯曲頗多，作者不一，其以犯名者，若柳耆卿之《尾犯》、《小鎮西犯》，姜白石之《淒涼犯》，固與大晟無涉；即清真之《花犯》、《側犯》、《倒犯》、《玲瓏四犯》，亦不待提舉大晟然後製也，此其二。《碧雞漫志》云：「江南某氏者，解音律，時時度曲，周美成與有瓜葛，每得一解，即爲製詞，故周集中多新聲。」亦猶柳永善爲歌辭，「教坊樂工每得新腔，必求永爲辭，始行於世」（《避暑録話》）耳。

黄蓼園謂此詞蓋「自歎年老遠宦，意境落寞」，庶幾近是。然詞中未見老年懷抱，飄零之感則滿紙盡是，當與《滿庭芳》之「年年如社燕」同看可也。

水龍吟 梨花

素肌應怯餘寒，豔陽占立青蕪地。樊川照日〔一〕，靈關遮路〔二〕，殘紅斂避。傳火樓臺〔三〕，妒花風雨〔四〕，長門深閉〔五〕。亞簾櫳半溼，一枝在手，偏勾引，黃昏淚〔六〕。別有風前月底，布繁英、滿園歌吹〔七〕。朱鉛退盡，潘妃卻酒〔八〕，昭君乍起〔九〕。雪浪翻空，粉裳縞夜，不成春意。恨玉容不見，瓊英謾好〔一〇〕，與何人比。

【校】

〔《水龍吟》〕陳本注「越調」，題作「梨花」。各本題同，《雅詞》無題。〔占立〕《草堂》、《粹編》、《詩餘醉》作「占盡」。〔照日〕《草堂》作「照月」，《詞萃》作「照目」，皆形近致誤。〔勾引〕《草堂》、《粹編》作「勾引得」，「得」字衍文。〔繁英〕《雅詞》、《白雪》、毛本作「繁陰」。〔潘妃〕《雅詞》作「潘郎」，非。〔春意〕《雅詞》作「春思」。

【箋注】

〔一〕樊川：《三秦記》：「漢武帝園，一名樊川，一名御宿，有大梨如五升瓶，落地則破。其主取者以布囊承之，名含消梨。」（《藝文類聚》八十六引，按辛氏《三秦記》今佚。）

〔二〕靈關：謝朓《謝隋王賜紫梨啓》：「味出靈關之陰，旨珍玉津之莖，豈徒真定歸美，大谷慚兹。」

〔三〕傳火樓臺：謂寒食既過，宮中傳火於近臣也。樓臺，指貴豪之家。詳《應天長》「條風布暖」闋箋。

〔四〕妒花風雨：杜甫《風雨看舟前落花戲爲新句》：「影遭碧水潛勾引，風妒紅花却倒吹。」温庭筠《鄠杜郊居》：「寂寞遊人寒食後，夜來風雨送梨花。」

〔五〕長門深閉：《文選》司馬相如《長門賦》序：「孝武皇帝陳皇后時得幸，頗妒，別在長門宮，愁悶悲思。」劉長卿《長門怨》：「何事長門閉，珠簾只自垂。月移深殿早，春向後宮遲。蕙草生閒地，梨花發舊枝。芳菲自恩幸，看却被風吹。」長門梨花本此。非用「雨打梨花深閉門」，蓋此語出秦觀及李甲詞，皆清真時人，不至用爲典實。

〔六〕一枝三句：從白居易《長恨歌》「玉容寂寞淚闌干，梨花一枝春帶雨」化出。

〔七〕滿園歌吹：借用梨園事。《新唐書·禮樂志》十二：「玄宗既知音律，又酷愛法曲，選坐部伎子弟三百教於梨園，聲有誤者，帝必覺而正之，號皇帝梨園弟子。宮女數百，亦爲梨園弟子，居宜春北院。」

〔八〕潘妃卻酒：《南史·齊廢帝東昏侯紀》：「以閱武堂爲芳樂苑，窮奇極麗。……又於苑中立市肆……以潘妃爲市令，自爲市吏録事。……又開渠立埭，躬自引船，埭上設店，坐而屠肉。于時百姓歌云：『閲武堂，種楊柳，至尊屠肉，潘妃沽酒。』」潘妃名玉兒，齊亡後縊死，潔美如生，見《南史·王茂傳》。按飲則臉紅，卻酒不飲則潔白，以喻梨花也。又辭人詠物，每不拘於故實，如蘇軾《次韻楊公濟梅花詩十首》之「玉奴終不負東昏」，則以潘妃喻白梅矣。（玉奴當作玉兒，蓋出誤記。）

〔九〕昭君：陳注《琴操·昭君歌》：「梨葉萋萋其葉黄，有鳥處此，集於苞桑。」按今《琴操》作「秋木萋萋，其葉萎黄」。

〔一〇〕恨玉容二句：玉容，合上文所言陳皇后、楊玉環、潘妃、昭君諸美人。瓊英，《詩·齊風·著》「尚之以瓊英乎而」，毛傳：「瓊英，美石似玉者。」

【評】

《樂府指迷》：如詠物須時時提調，覺不分曉，須用一兩件事印證方可。如清真詠梨花《水龍吟》第三第四句，用樊川、靈關事，又深閉門及一枝帶雨事。覺後段太寬，又用玉容事，方表得梨花。若全篇只説花之白，則凡是白花皆可用，如何見得是梨花？又云：詠物最忌説出題字，如清真梨花及柳，何曾説出一個梨柳字？梅川不免犯此戒，如《月上海棠》詠月，出兩個「月」字，便覺淺露。周草窗諸人多有此病，宜戒之。

《蓮子居詞話》：周美成詠梨花云：「傳火樓臺，妒花風雨，長門深閉。亞簾櫳半溼，一枝在手，偏勾引，黄昏淚。」用「深閉門」及「一枝春帶雨」意，圓轉工切。

《蓼園詞選》：但寫梨花冷淡性情，曰「占盡青蕪」，曰「長門深閉」，曰「引黄昏淚」，曰「不成春意」，爲梨花寫神矣，却移不到桃李梅杏上。

【附記】

詠物之詞，多有寄託。起句至「殘紅斂避」，《離騷》初服之意；「傳火樓臺」至「黄昏淚」，則蛾眉見妒也；「别有」至「不成春意」，則孤芳自賞也；結三句，傷珷玞之亂玉也。《樓序》謂其「學道退然」，「坐視捷徑，不一趨焉」；黄蓼園謂此詞「但寫梨花冷淡性情」，即安於冷淡，寓己退然不求捷徑之意。

清真集中詠物詞，每因當地草木而發，故詠梅則在溧水，詠柳多以汴堤。真定以梨著，《藝文類聚》八十六引魏文帝詔曰：「真定郡梨，甘若蜜，脆若凌，可以解煩飴。」又引何晏《九州論》云：「安平好棗，中山好栗，魏郡好杏，河内好稻，真定好梨。」而謝朓謝啓，亦有「豈徒真定歸美」（見箋）之語。則此詞之作，或在知真定時乎？

解連環

怨懷無託，嗟情人斷絶，信音遼邈。信妙手、能解連環〔一〕，似風散雨收，霧輕雲薄。燕子樓空〔二〕，暗塵鎖、一牀弦索。想移根換葉，盡是舊時，手種紅藥。　汀洲漸生杜若，料舟移岸曲，人在天角。漫記得、當日音書，把閒語閒言，待總燒卻。水驛春回，望寄我、江南梅萼〔三〕。拚今生、對花對酒，爲伊淚落。

【校】

〔《解連環》〕陳本注「商調」，無題，元本、《百家詞》同。《花庵》、毛本題作「怨别」，《草堂》、《粹編》題作「閨情」。又毛本於調名下注云：「譜名《玉連環》。」按此調與無名氏《望梅》同，見《梅苑》四，以其詠梅故易名耳。《草堂》誤爲柳永作，《全宋詞》存目已諟正之。則此調當始清真也。　〔無託〕《花庵》、《草堂》、《粹編》、《詩餘醉》作「難託」。　〔情人〕《粹編》作「行人」。　〔信妙手〕《草堂》作「意妙手」，《花庵》、《百家詞》、毛本作「縱妙手」，《粹編》作「憶妙手」。按諸異文當以「縱」字爲是。　〔舟移〕元本、毛本作「舟依」。　〔漫記得〕《草堂》、《粹編》、毛本無「漫」字。　〔待總〕《草堂》、《粹編》作「盡總」。　〔對花對酒〕《草堂》、《粹編》、《詩餘醉》作「對酒對花」，非。

【箋注】

〔一〕能解連環：《戰國策·齊策》：「秦昭王嘗遣使者遺君王后以玉連環，曰：『齊多智，而解此環不？』君王后以示羣臣，羣臣不知解。君王后引錐破之，謝秦使曰：『謹以解矣。』」

〔二〕燕子樓空：白居易《燕子樓三首·并序》：「徐州故張尚書有愛妓曰盼盼，善歌舞，雅多風態。予爲校書郎時，遊徐、泗間，張尚書宴予，酒酣，出盼盼以佐歡，予因贈詩云：『醉嬌勝不得，風嫋牡丹枝。』一歡而去，爾後絶不相聞，迨兹一紀矣。……尚書既殁，歸葬東洛，而彭城有張氏舊第，第中有小樓名燕子，盼盼因念舊愛而不嫁，居是樓十餘年，幽獨塊然，於今尚在。」按此事流傳甚廣，皆謂尚書爲張建封，以時考之，非是。蓋建封卒於貞元十六年，而居易於貞元十九年始授校書郎，則序言予爲校書郎時，建封已卒三年矣。查建封子愔曾任武寧軍節度使，檢校工部尚書，後召爲兵部尚書，未及任而卒，見《新唐書·張建封傳》附愔傳。序所謂張尚書者，張愔也。

〔三〕江南梅萼：陸凱《贈范曄詩》：「折花逢驛使，寄與隴頭人，江南無所有，聊贈一枝春。」按《荆州記》：「陸凱與范曄交善，自江南寄梅花一枝，詣長安與曄，兼贈詩。」

【評】

《詞源》：詞欲雅而正，志之所之，一爲情役，則失其雅正之音。耆卿、伯可不必論，雖美成亦有所不免。如「爲伊淚落」；如「最苦夢魂，今宵不到伊行」；如「天便教人，霎時得見何妨」；如「又恐伊尋消問息，瘦損容光」；如「許多煩惱，只爲當時，一餉留情」；所謂淳厚日變成澆風也。

《草堂詩餘雋》李攀龍曰：形容閨婦哀情，有無限懷古傷今處，至末尤見詞語壯麗，體度豔冶。

《蕙風詞話》：元人沈伯時作《樂府指迷》，於清真詞推許甚至。唯以「天便教人，霎時厮見何妨」，「夢魂凝想鴛侶」等句爲不可學，則非真能知詞者也。清真又有句云：「多少暗愁密意，唯有天知」；「最苦夢魂，今宵不到伊行」；「拌今生對花對酒，爲伊淚落」。此等語愈樸愈厚，愈厚愈雅，至真之情，由性靈肺腑中流出，不妨説盡而愈無盡。南宋人詞如姜白石云：「酒醒波遠，政凝想明璫素襪。」庶幾近似，然已微嫌刷色。誠如清真等句，唯有學之不能到耳。如曰不可學也，詎必顰眉搔首，作態幾許，然後出之，乃爲可學耶？

鄭文焯《與朱彊村書》：承示柳詞「舍」字非協。至云起三句句用均，易致轉折怪異之音。按清真《解連環》起調，碻直連三句爲均，夢窗賦此解，猶墨守惟謹。蓋兩宋大家，如柳、周、姜、史詞，往往句中夾協，似均非均，於句投尤多見之。屯田是句似亦偶合，不須深究譜例。（《詞學季刊》第三卷第三號《大鶴先生手札彙鈔》。按所謂柳詞舍字非協，乃指耆卿《望遠行》之「淅淅瑶花初下，亂飄僧舍」。）

《抄本海綃説詞》：全是空際盤旋，「無託」冒起，「淚落」鉤勒。中間「紅藥」一情，「杜若」一情，「梅萼」一情，隨手拈來，都成妙諦。夢窗「思和雲結」，從此脱胎。又云：味「縱妙手能解連環」句，當有事實在，疑亦謂李師師也。今既「信音遼邈」，昔之「閒語閒言」，又不足凭，篇中設景設情，純是空中結想。此固語之極幻者。

《唐宋詞簡釋》：此首託爲閨怨之詞，起句「怨懷無託」，已攝全篇。「嗟情人」兩句，承上，言人去信杳。「縱妙手」兩句，言人不在，無與爲歡。「縱」字與「似」字呼應。「燕子」兩句，言獨處之淒涼。「想移根」兩句，因見紅藥换葉，又憶及人去之久。换頭推開，從遠處説起。「人在天角」與「情人斷絶」相應。「漫記得」句一開，「把閒語」句一合。燒却音書，蓋怨之深也。「水驛」兩句，仍望寄梅以慰相思。末句，更述其思極落淚，並合忠厚之旨。

浪淘沙

晝陰重、霜凋岸草，霧隱城堞〔一〕。南陌脂車待發〔二〕，東門帳飲乍闋〔三〕。正拂面垂楊堪攬結〔四〕，掩紅淚、玉手親折。念漢浦、離鴻去何許〔五〕，經時信音絶。情切，望中地遠天闊。向露冷風清無人處，耿耿寒漏咽。嗟萬事難忘，惟是輕别。翠尊未竭，憑斷雲、留取西樓殘月。羅帶光消紋衾疊，連環解、舊香頓歇〔六〕，怨歌永、瓊壺敲盡缺〔七〕。恨春去、不與人期，弄夜色，空餘滿地梨花雪。

【校】

〔《浪淘沙》〕陳本注「商調」，無題。毛本題作「恨别」，《草堂》作「春别」。按調始柳永，名《浪淘沙》入歇指調，分三段，見《樂章集》。以其爲慢詞，恐與小令名稱相混，故或稱《浪淘沙慢》。又按清真此首，陳本、元本、毛本及《百家詞》皆只分兩段，即「情切」、「羅帶」兩片合爲一段。毛注云：「時刻在『情切』分段。」則明刊本有以「情切」屬上片者。《詞綜》及張惠言《詞選》皆分三段，蓋祖其初，是也。又元本調名《浪濤沙》，非。〔晝陰〕元本、毛本作「曉陰」。〔帳飲〕毛本作「悵飲」，形近而誤。〔攬結〕陳本原作「纜結」，元本、《草堂》亦然；朱校據毛本改。〔漢浦離鴻〕《詞律》作「溪浦離魂」，未知何所據。〔信音〕《歷代詩餘》、《詞萃》誤倒作「音信」。

〔輕別〕《百家詞》作「離别」。

【箋注】

〔一〕城堞：城上短牆。元稹《欲曙》：「片月低城堞，稀星轉角樓。」按此四字句乃所謂四聲句也。

〔二〕脂車：《左傳·襄公三十一年》：「巾車脂轄。」言以脂塗車轄。轄，軸頭鍵也。梁簡文帝《大同八年秋九月》：「時余守西掖，脂車歸北宫。」

〔三〕東門帳飲：《漢書·疏廣傳》：「上疏乞骸骨……公卿大夫故人邑子設祖道，供帳東都門外，送者車數百兩，辭決而去。」江淹《别賦》：「帳飲東都，送客金谷。」

〔四〕拂面垂楊：韋莊《河傳》詞：「翠娥争勸臨邛酒，纖手，拂面垂絲柳。」

〔五〕漢浦離鴻：暗用鄭交甫事。《列仙傳》：「鄭交甫嘗游漢江，見二女皆麗服華飾，佩兩明珠，大如雞卵。交甫見而悦之，不知其神人也。……二女手解佩以與交甫，交甫受而懷之。既趨而去，行數十步，視懷空無珠，二女忽不見。」漢浦，指漢江之濱。離鴻，喻人不見也。

〔六〕連環解：見《解連環》注。

〔七〕怨歌永二句：《晋書·王敦傳》：「每酒後輒詠魏武帝樂府，歌曰：『老驥伏櫪，志在千里；烈士暮年，壯心不已。』以如意打唾壺爲節，壺邊盡缺。」（又見《世説新語》）

【評】

《詞律》：精綻悠揚，真千秋絶調。其用去聲字尤不可及，觀竹山和詞，通篇四聲一字不殊，豈非詞調有定格耶？（見本調小注）

《宋四家詞選》：空際出力，夢窗最得其訣。又云：「翠尊未竭」三句，一氣趕下，是清真長技。又云：鉤勒勁健峭舉。

《白雨齋詞話》：美成詞操縱處有出人意表者。如《浪淘沙慢》一闋，上二疊寫别離之苦，如「掩紅淚玉手親折」等句，故作瑣碎之筆。至末段云：「羅帶光消紋衾疊，連環解舊香頓歇，怨歌永瓊壺敲盡缺。恨春去不與人期，弄夜色，空餘滿地梨花雪。」蓄勢在後，驟雨飄風，不可遏抑，歌至曲終，覺萬彙哀鳴，天地變色。老杜所謂「意愜關飛動，篇終接混茫」也。

《詞則·大雅集》二：第三段飄風驟雨，急管繁弦，歌至曲終。覺萬彙哀鳴，天地變色。「恨春去」七字，甚深。

《雲韶集》：美成善於摹寫秋景，每讀晏、歐詞後，再讀美成詞，正如水逝雲捲，風馳電掣，覺萬彙哀鳴，天地變色。第三段急管繁絃，飄風驟雨，如聆樂章之亂。

《譚評詞辨》：「正拂面」二句，以見「難忘」在此。「翠尊」三句，所謂以無厚入有間也。「斷」字、「殘」字，皆不輕下。末三句，本是人去不與春期，翻説是無聊之思。

《人間詞話》：長調自以周、柳、蘇、辛爲最工。美成《浪淘沙慢》二詞（按並集外詞之「萬葉」闋而言），精壯頓挫，已開北曲之先聲。若屯田之《八聲甘州》，東坡之《水調歌頭》，則佇興之作，格高千古，不能以常調論也。

《海綃説詞》：自「曉陰重」至「玉手親折」，全述往事。「東門」，京師，「漢浦」則美成今所在也。「經時信音絶」，逆挽。「念」字，益幻。「不與人期」者，不與人以佳期也。「梨花」無情，固不如「拂面垂楊」。

《抄本海綃説詞》：「經時信音絶」，是全篇點睛。自起句至「親折」，皆是追叙别時。下二段全寫憶别，上下神理結成一片，是何等力量！

《喬大壯手批〈片玉集〉》：「羅帶」句以色彩作提筆。此下内轉，儼然急管繁絃。

《唐宋詞簡釋》：此首懷人。自起處至「親折」，皆追述往事。「曉陰重」三句，述曉發時景色。「南陌」兩句，述餞行。「正拂面」二句，述折柳送别。「念漢浦」二句，始拍到現在。以下兩片皆承上，念悵望之深。「嗟萬事」二句，嘆輕别之難忘。「翠尊」兩句，即承述難忘之實。第三片，寫别後之怨情，一氣貫注。所謂光消、衾疊、香歇、壺缺，皆層層深入，如驟雨飄風，颯然而至。「恨春去」二句，總束春去無情，不與人以佳期，但鋪滿一地梨花，使人愁絶。「弄夜色」三字，於前路奔馳之下，忽作停頓，姿態横生。末句，又暢説，極盡摇曳之致。萬紅友謂此詞「精綻悠揚，真千秋絶調」，確是的評。

法曲獻仙音

蟬咽涼柯，燕飛塵幕，漏閣籤聲時度〔一〕。倦脱綸巾〔二〕，困便湘竹〔三〕，桐陰半侵朱户。向抱影凝情處，時聽打窗雨。　耿無語，歎文園、近來多病情緒嬾，尊酒易成間阻〔四〕。縹緲玉京人〔五〕，想依然京兆眉嫵〔六〕。翠幕深中，對徽容、空在紈素〔七〕。待花前月下，見了不教歸去。

【校】

〔《法曲獻仙音》〕陳本注「大石」調，無題。《草堂》、《粹編》題作「初夏」。　〔漏閣〕毛注：「或作『滿閣』，非。」　〔朱户〕毛本作「庭户」。　〔耿無語〕毛本以此句屬上闋，非。　〔徽容〕毛注：「或作孅容，非。」蓋毛氏本陳注，以徽爲崔徽故也，其實乃附會之談，非是。孅，美也，亦可用。

【箋注】

〔一〕漏閣籤聲：《廣雅·釋詁》：「閣，載也。」漏閣，載漏之器。籤指漏箭，李賀《崇義里滯雨》：「南宫古簾暗，濕景傳籤籌。」

〔二〕綸巾：見《隔浦蓮》注。

〔三〕困便句：言困疲則安眠於湘竹簟也。《説文》：「便，安也。人有不便，更之，從人更。」李端《古别離》：「空令猿嘯時，泣對湘簟竹。」

〔四〕嘆文園二句：杜甫《贈李八秘書别三十韻》：「文園多病後，中散舊交疏。」參看《宴清都》注。

〔五〕玉京：仙人之都，《魏書·釋老志》：「上處玉京，爲神王之宗，下在紫微，爲飛仙之主。」玉京人，謂玉京仙子，喻所歡。李商隱《杏花》：「仙子玉京路，主人金谷園。」

〔六〕京兆眉嫵：見《垂絲釣》注。

〔七〕徽容：猶美容。謝惠連《豫章行》：「願子保淑慎，良訊代徽容。」

【評】

《樂府指迷》：鍊字下語，最是緊要。如説桃，不可直説破，須用「紅雨」、「劉郎」等字；説柳，不可直説破，須用「章臺」、「灞岸」等字。又用事，如曰「銀鉤空滿」，便是書了，不必更説書字；「玉筯雙垂」，便是淚了，不必更説淚。如「緑雲繚繞」，隱然髻髮；「困便湘竹」，分明是簟。正不必分曉如教初學小兒，説破這是甚物事，方見妙處。

《宋四家詞選》：結是本色俊語。

《抄本海綃説詞》：着眼兩「時」字，曰倦、曰困，皆由此生。又着眼「向」字、「處」字，窗外窗内，一齊收拾。以换頭三字結足上闋，「文園」以下，全寫「抱影凝情」。虚提實證，是清真度人處。

華胥引

川原澄映〔一〕，煙月冥濛，去舟如葉，岸足沙平，蒲根水冷留雁唼〔二〕。別有孤角吟秋，對曉風嗚軋〔三〕。紅日三竿，醉頭扶起還怯〔四〕。離思相縈，漸看看、鬢絲堪鑷。舞衫歌扇，何人輕憐細閱。點檢從前恩愛，但鳳牋盈篋。愁翦燈花，夜來和淚雙疊。

【校】

〔《華胥引》〕調始清真。陳本注「黄鍾」宫，題作「秋思」，元本、《百家詞》同。《草堂》題作「秋怨」，毛本無題。〔川原〕《草堂》、《粹編》作「川源」。〔如葉〕《草堂》、《百家詞》、毛本作「似葉」。〔舞衫〕毛注：「一作舞靴，非。」〔點檢〕《粹編》作「檢點」。〔但鳳牋〕元本、《草堂》、毛本皆無「但」字。

【箋注】

〔一〕川原句：韓愈《和李相公攝事南郊》：「川原共澄映，雲日還浮飄。」

〔二〕雁唼句：李商隱《子初全溪作》：「戰蒲知雁唼，皺月覺魚來。」杜牧《初春雨中舟次和州》：「蒲根水暖雁初浴，梅徑香寒蜂未知。」唼，魚或水鳥進食。

〔三〕嗚軋：角聲。杜牧《題齊安城樓》：「嗚軋江樓角一聲，微陽瀲瀲落寒汀。」

〔四〕紅日二句：杜牧《醉題五絶》：「醉頭扶不起，三丈日還高。」按烈酒易醉，昏眩時以手扶頭也；或謂扶頭乃酒名，非是。

【評】

《古今詞論》毛稚黄（先舒）曰：詞家刻意、俊語、濃色，此三者皆作者神明，然須有淺深處，平處忽着一二乃佳。如美成秋思，平叙景物已足，乃出「醉頭扶起還怯」，便動人工妙。

《蓼園詞選》：美成由徽猷閣待制出知順昌府，徙處州，此詞或在順昌作乎？後結三句戀戀主恩，情詞悱惻，不失敦厚之致。

《抄本海綃説詞》：日高醉起，始念夜來離思，即景叙情，順逆伸縮，自然深妙。

《喬大壯手批〈片玉集〉》：「啶」韵新艷，爲夢窗所祖。「舞衫歌扇」、「從前恩愛」，乃與歌者别離之作耳。

霜葉飛

露迷衰草，疏星挂，涼蟾低下林表。素娥青女鬬嬋娟〔一〕，正倍添悽悄。漸颯颯丹楓撼曉，横天雲浪魚鱗小〔二〕。似故人相看，又透入、清暉半餉，特地留照。迢遞望極關山，波穿千里，度日如歲難到。鳳樓今夜聽秋風，奈五更愁抱。想玉匣哀絃閉了〔三〕，無心重理相思調〔四〕。見皓月、牽離恨，屏掩孤顰，淚流多少。

【校】

〔《霜葉飛》〕陳本注「大石」調，無題。《草堂》題作「秋怨」，《粹編》作「秋夜」。〔似故人〕《草堂》、《百家詞》、毛本作「見皓月」。〔秋風〕《草堂》作「西風」。〔見皓月〕《草堂》、《百家詞》、毛本作「念故人」。

【箋注】

〔一〕素娥句：李商隱《霜月》：「青女素娥俱耐冷，雲中霜裏鬭嬋娟。」素娥，指羿妻嫦娥。青女，主霜雨之神。

〔二〕魚鱗：《呂氏春秋·有始覽·應同》篇：「山雲草莽，水雲魚鱗，旱雲煙火，雨雲水波，無不皆以其所生以示人。」《淮南子·冥覽》略同，高誘注：「水氣出雲似魚鱗。」王筠《春日》：「風生似羊角，雲上若魚鱗。」

〔三〕玉匣句：崔珪《孤寢怨》：「自君遼海去，玉匣閉春絃。」

〔四〕相思調：陶穀《春光好》詞：「琵琶撥盡相思調，知音少。」（宋釋文瑩《玉壺清話》）

【評】

《草堂詩餘正集》：下片後半，曼聲冶容。

《雲韶集》：寫秋夜景色，字字淒斷。「撼」字下得精神。曉何可撼？「撼曉」何可解？惟其不可撼，所以爲奇妙；惟其不可解，所以爲神化也。

《抄本海綃説詞》：只是「美人邁兮音塵絶，隔千里兮共明月」二句耳。以换頭三句結上闋，「鳳樓」以下則爲其人設想。一邊寫景，即景見情；一邊寫情，即情見景。雙煙一氣，善學者自能於意境中求之。

蕙蘭芳引

寒瑩晚空，點清鏡、斷霞孤鶩〔一〕。對客館深扃，霜草未衰更緑〔二〕。倦游厭旅〔三〕，但夢繞、阿嬌金屋〔四〕。想故人別後，盡日空疑風竹〔五〕。塞北氍毹〔六〕，江南圖障〔七〕，是處温燠。更花管雲箋，猶寫寄情舊曲。音塵迢遞，但勞遠目。今夜長、争奈枕單人獨。

【校】

〔《蕙蘭芳引》〕調始清真。陳本注「仙吕」宫，無題，《百家詞》作《蕙蘭芳》。《草堂》題作「秋怨」，毛本作「秋懷」。〔清鏡〕元本、毛本、《草堂》、《百家詞》作「青鏡」。〔人獨〕王士禛《衍波詞·蕙蘭芳引》題作「春思用清真秋懷韻」，結句云「依舊錦衾孤宿」，押「宿」字，似有別本如此。

【箋注】

〔一〕清鏡：喻水。韓愈《池上絮》：「爲將纖質凌清鏡，濕却無窮不得歸。」

〔二〕霜草句：謝朓《酬王晉安》：「春草秋更緑，公子未西歸。」詞用其意。

〔三〕倦游：《史記·司馬相如傳》「長卿故倦游」，集解：「郭璞曰：『厭游宦也。』」

〔四〕阿嬌金屋：《漢武故事》：「數歲，公主抱置膝上，問曰：『兒欲得婦否？』長主指左右長御百餘人，皆云不用。指其女阿嬌好否？笑對曰：『好。若得阿嬌作婦，當作金屋貯之。』」李商隱《茂陵》：「玉桃偷得憐方朔，金屋修成貯阿嬌。」

〔五〕疑風竹：李益《竹窗聞風寄苗發司空曙》：「開門復動竹，疑是故人來。」

〔六〕氍毹：《風俗通義》：「織毛褥謂之氍毹。」《玉臺新詠》古樂府詩《隴西行》：「請客北堂上，坐客氈氍毹。」

〔七〕圖障：李肇《國史補》：「李益詩名早著，有《征人歌且行》一篇，好事者畫爲圖障。」

【評】

《草堂詩餘正集》：「想故人」句，一部《西厢》只此句。「今夜長」句，直吐真情，亦老。

塞垣春

暮色分平野，傍葦岸、征帆卸。煙村極浦〔一〕，樹藏孤館，秋景如畫。漸別離氣味難禁也，更物象、供瀟灑〔二〕。念多材、渾衰減，一懷幽恨難寫。追念綺窗人，天然自、風韻嫻雅。竟夕起相思，漫嗟怨遥夜〔三〕。又還將、兩袖珠淚，沈吟向、寂寥寒燈下。玉骨爲多感，瘦來無一把〔四〕。

【校】

〔《塞垣春》〕陳本注「大石」調，無題。《粹編》題作「秋怨」。　〔寂寥〕《粹編》作「寂寞」。

【箋注】

〔一〕極浦：《楚辭·九歌·湘君》「望涔陽兮極浦」，王逸注：「極，遠也；浦，水涯也。」

〔二〕瀟灑：杜甫《玉華宫》：「萬籟真笙竽，秋色正蕭灑。」

〔三〕竟夕二句：張九齡《望月懷遠》：「情人怨遥夜，竟夕起相思。」

〔四〕玉骨二句：李商隱《偶成轉韻七十二句贈四同舍》：「天官相吏府中趨，玉骨瘦來無一把。」

【評】

《蓼園詞選》引沈際飛曰：將「珠淚」「沉吟」，傷矣，「沉吟向」「寒燈」，傷如之何。比耶興耶，情文相生，音節俱極清雋。

《海綃説詞》：「漸別離氣味難禁也」，脱。「更物象供蕭灑」，複「暮色分平野」五句，然後以「念多才渾衰減，一懷幽恨難寫」，歸到「別離滋味」上。後闋却全從對面寫，總歸納「追念」二字中，正是「難禁」、「難寫」處。前用虚提，後用實證。比「金花落燼燈」一首，又加變化，學者悟此，固當飛昇。

丁香結

蒼蘚沿階，冷螢黏屋，庭樹望秋先隕〔一〕。漸雨淒風迅，澹暮色、倍覺園林清潤。漢姬紈扇在，重吟玩、棄擲未忍〔二〕。登山臨水〔三〕，此恨自古，消磨不盡。　牽引，記試酒歸時，映月同看雁陣。寶幄香纓〔四〕，薰爐象尺〔五〕，夜寒燈暈。誰念留滯故國，舊事勞方寸。惟丹青相伴，那更塵昏蠹損。

【校】

〔《丁香結》〕調始清真。陳本注「商調」，無題。　〔試酒〕毛本作「醉酒」。　〔映月〕毛本、《百家詞》作「對月」。　〔故國〕《粹編》誤作「故園」。

【箋注】

〔一〕望秋先隕：《晋書·顧悦之傳》：「顧悦之字君叔，少有義行。與簡文同年，而髮早白。帝問其故，對曰：『松柏之姿，經霜猶茂；蒲柳常質，望秋先零。』」

〔二〕漢姬三句：漢姬，指漢成帝時班婕妤。《文選》班婕妤《怨歌行》：「新裂齊紈素，皎潔如霜雪。裁爲合歡扇，團團似明月。出入君懷袖，動摇微風發。常恐秋節至，涼風奪炎熱。棄捐篋笥中，恩情中道絶。」

〔三〕登山臨水：《楚辭》宋玉《九辯》：「憭慄兮若在遠行，登山臨水兮送將歸。」

〔四〕寶幄香纓：李白《擣衣篇》：「横垂寶幄同心結，半拂瓊筵蘇合香。」《爾雅·釋器》「婦人之禕謂之縭」，郭注：「即今之香纓也。」按即香囊，見《文選》張衡《思玄賦》「纗幽蘭」句李善注。劉孝威《賦得香出衣》：「香纓麝帶縫金縷，瓊花玉勝綴珠徽。」

〔五〕薰爐象尺：温庭筠《織錦詞》：「象尺熏爐未覺秋，碧池已有新蓮子。」

【評】

《海綃説詞》：「漢姬」十二字，已是「舊」意；「登山臨水」，即又提開。從空處展步，然後跌落换頭五句。復以「誰念」二句鉤轉。「惟丹青相伴」，已是歇步，再跌進一步作收。讀之但覺空濛淡遠，何處尋其源耶？

又《抄本海綃説詞》：起五句全寫秋氣，極力逼出「漢姬」五字，愈覺下句筆力千鈞。「登山臨水」，却又推開，從寬處展步，然後跌落换頭「牽引」二字。一步一轉，一步一留，極頓挫之能事。

《喬大壯手批〈片玉集〉》：雅飭絶倫。

氐州第一

波落寒汀，村渡向晚，遥看數點帆小。亂葉翻鴉，驚風破雁〔一〕，天角孤雲縹緲。官柳蕭疏，甚尚挂、微微殘照。景物關情，川途換目，頓來催老。漸解狂朋歡意少，奈猶被思牽情繞。坐上琴心〔二〕，機中錦字〔三〕，覺最縈懷抱。也知人、懸望久，薔薇謝、歸來一笑〔四〕。欲夢高唐〔五〕，未成眠、霜空又曉。

【校】

〔《氏州第一》〕調始清真。陳本注「商調」，無題。《草堂》題作「秋怨」，《粹編》、《詩餘醉》題「秋思」。毛注云：「《清真集》作《熙州摘遍》，字句稍異。」按今不可考矣。　〔官柳〕元本、毛本、《百家詞》作「宮柳」，形近而誤。　〔尚挂〕《草堂》、《粹編》、《詩餘醉》作「上挂」。　〔換目〕《草堂》作「換日」，形近而誤。　〔又曉〕《草堂》、元本、毛本作「已曉」。

【箋注】

〔一〕破雁：謂吹破雁行也。參看《訴衷情》「堤前」闋注。

〔二〕坐上琴心：《史記·司馬相如傳》：「相如不得已，彊往，一坐盡傾。酒酣，臨邛令前奏琴曰：『竊聞長卿好之，願以自娛。』相如辭謝，爲鼓一再行。是時卓王孫有女文君新寡，好音，故相如繆與令相重，而以琴心挑之。」參看《玉樓春》「玉琴虛下」闋注。

〔三〕機中錦字：《晉書·列女傳》：「竇滔妻蘇氏，始平人也，名蕙，字若蘭，善屬文。滔，苻堅時爲秦州刺史，被徙流沙，蘇氏思之，織錦爲迴文旋圖詩以贈滔。宛轉循環以讀之，詞甚悽惋，凡八百四十字。」李白《烏夜啼》：「機中織錦秦川女，碧紗如煙隔窗語。」

〔四〕薔薇謝：杜牧《留贈》：「不用鏡前空有淚，薔薇花謝即歸來。」又見《虞美人》「燈前欲去」闋。

〔五〕欲夢句：《文選》宋玉《高唐賦》并序：「昔者先王嘗游高唐，怠而晝寢，夢見一婦人曰：『妾巫山之女也，爲高唐之客，聞君游高唐，願薦枕席。』王因幸之。去而辭曰：『妾在巫山之陽，高丘之阻，旦爲朝雲，暮爲行雨，朝朝暮暮，陽臺之下。』」

【評】

《宋四家詞選》：竭力追逼得換頭一句出，鉤轉「思牽情繞」，力挽千鈞。此與《瑞鶴（仙）》一闋，皆絶新機杼，而結體各别；此輕利，彼沈鬱。

《蓼園詞選》：詞旨淒清，情懷闇淡，其境地可於筆墨外思之。

《雲韶集》：「翻」字「破」字煉得妙。寫秋景淒涼，如聞商音羽奏。語極悲婉，一波三折，曲盡其妙。美成詞大半皆以紆徐曲折制勝，妙于紆徐曲折中有筆力有品骨，故能獨步千古。

《喬大壯手批〈片玉集〉》：「亂葉」二句作對，寫難狀之景。「闌情」以後入情。「坐上」二句作對，當是思家之作。「薔薇」三字，是未來之景。

解蹀躞

候館丹楓吹盡〔一〕，面旋隨風舞〔二〕。夜寒霜月，飛來伴孤旅。還是獨擁秋衾，夢餘酒困都醒，滿懷離苦。　甚情緒，深念凌波微步〔三〕。幽房暗相遇，淚珠都作、秋宵枕前雨。此恨音驛難通，待憑征雁歸時，帶將愁去。

【校】

〔《解蹀躞》〕調始清真。陳本注「商調」，無題。《花庵》題作「秋詞」，《草堂》作「秋怨」，毛本作「秋思」。

〔面旋〕《詞萃》誤作「回旋」，蓋循《詞律》妄改。　〔帶將〕《花庵》作「寄將」。

【箋注】

〔一〕候館：《周禮·地官·遺人》「市有候館」，鄭注：「候館，樓可以觀望者也。」後以接待行旅之館舍，亦稱之。若常建《泊舟盱眙》：「平沙依雁宿，候館聽雞鳴。」歐陽修《踏莎行》詞：「候館梅殘，溪橋柳細。」

〔二〕面旋：舞姿名，當是宋時所習見者。歐陽修《蝶戀花》：「面旋落花風蕩漾，柳重煙深，雪絮飛來往。」蘇軾《南鄉子》「用前韻贈田叔通舞鬟」：「花遍六幺毬，面旋迴風帶雪流。」清真句亦言楓葉隨風蕩漾，若面旋舞也。

〔三〕凌波微步：曹植《洛神賦》：「凌波微步，羅襪生塵。」

慶春宮

雲接平岡，山圍寒野，路回漸轉孤城。衰柳啼鴉，驚風驅雁，動人一片秋聲。倦途休駕〔一〕，淡煙裏、微茫見星。塵埃憔悴，生怕黄昏，離思牽縈。　華堂舊日逢迎，花豔參差〔二〕，香霧飄零。絃管當頭，偏憐嬌鳳，夜深簧暖笙清〔三〕。眼波傳意，恨密約、悤悤未成。許多煩惱，只爲當時，一餉留情。

【校】

〔《慶春宫》〕調始清真。陳本注「越調」，無題。毛本題作「悲秋」，《粹編》作「秋怨」。按至正本《草堂詩餘》誤爲柳永詞，故毛本注云：「或刻柳耆卿。」而毛刻《夢窗詞》又有此首，題作「旅思」，亦誤收。　〔雲接〕《雅詞》作「天接」。　〔路回漸轉〕《雅詞》作「路長乍轉」。　〔驅雁〕《雅詞》作「過雁」。　〔絃管〕《粹編》誤倒作「管絃」，平仄不合。　〔偏憐嬌鳳〕《雅詞》作「惟他絶藝」。毛注：「偏憐嬌鳳作唯他絶藝。」　〔簧暖〕毛本作「篁暖」，非。　〔只爲〕《雅詞》作「都爲」。　〔當時〕元本作「常時」。　〔留情〕《雅詞》作「心情」。

【箋注】

〔一〕休駕：停住車馬。杜甫《發同谷縣》：「始來茲山中，休駕喜地僻。」

〔二〕花黶：指女子美黶如花也。《樂府詩集》載《堤上行》引《古今樂録》曰：「大堤諸兒女，花黶驚郎目。」

〔三〕簧暖笙清：周密《齊東野語》卷十七：「趙元父祖母齊安郡夫人徐氏，幼隨其母入吴郡王家，又入平原郡王家，嘗談兩家侈盛之事。……只笙一部，已是二十餘人，自十月旦至二月終，日給焙笙炭五十斤，用錦熏籠藉笙於上，復以四和香燻之。蓋笙簧必用高麗銅爲之，艶以緑蠟，簧暖則字正而聲清越，故必須焙而後可。陸天隨詩云：『妾思冷如簧，時時望君暖。』美成樂府，亦有『簧暖笙清』之語，舉此一事，餘可想見也。」案庾信《春賦》有「更炙笙簧，還移箏柱」之語，則笙簧須暖，自來已然。

【評】

《詞源》：詞欲雅而正，志之所之，一爲情役，則失其雅正之音。耆卿、伯可不必論，雖美成亦有所不免。如「爲伊淚落」；如「最苦夢魂，今宵不到伊行」；如「天便教人，霎時得見何妨」；如「又恐伊尋消問息，瘦損容光」；如「許多煩惱，只爲當時，一餉留情」；所謂淳厚日變成澆風也。

《人間詞話》：詞家多以景寫情，其專作情語而絶妙者，如牛嶠之「甘作一生拚，盡君今日歡」；顧敻之「换我心爲你心，始知相憶深」；歐陽修之「衣帶漸寬終不悔，爲伊消得人憔悴」（按此乃柳永詞）；美成之「許多煩惱，只爲當時，一晌留情」。此等詞，求之古今人詞中，曾不多見。

《海綃説詞》：前闋離思，滿紙秋氣；後闋留情，一片春聲。而以「許多煩惱」一句，作兩邊呼應，法極簡要。

《喬大壯手批〈片玉集〉》：結意甚窘。

拜星月

夜色催更，清塵收露〔一〕，小曲幽坊月暗〔二〕。竹檻燈窗，識秋娘庭院〔三〕。笑相遇，似覺瓊枝玉樹相倚〔四〕，暖日明霞光爛。水眄蘭情〔五〕，總平生稀見。畫圖中、舊識春風面〔六〕。誰知道、自到瑶臺畔〔七〕，眷戀雨潤雲温，苦驚風吹散。念荒寒、寄宿無人館，重門閉、敗壁秋蟲歎。怎奈向、一縷相思，隔溪山不斷。

【校】

〔《拜星月》〕調始清真。陳本注「高平」調，題作「秋思」，元本、《百家詞》同。《草堂》題作「秋怨」，《詞的》、《詞統》、《詩餘醉》同。毛本、《粹編》無題。按以其爲慢詞，故各本皆作《拜星月慢》。　〔相倚〕元本、《草堂》、《百家詞》、《詞的》、《詞統》均無此二字。　〔水眄〕毛注：「或作木眄，非。」　〔舊識〕吴校云：「毛本、《草堂》作誤識。」按兩本皆作「舊識」，未知何據，當是循朱校云爾。　〔雲温〕《粹編》作「雲濕」，誤。　〔無人館〕《詞統》作「無人管」，非。　〔怎奈向〕《草堂》作「怎奈何」，《詞的》、《詞統》作「争奈何」。朱校謂「毛本作争奈向」，吴校因之，實則毛本正作「怎奈向」也。

【箋注】

〔一〕清塵：《文選》班固《東都賦》：「雨師汎灑，風伯清塵。」

〔二〕小曲幽坊：妓女聚居之地，詳《瑞龍吟》「坊陌」箋。

〔三〕秋娘：見《瑞龍吟》「舊家秋娘」箋。

〔四〕似覺句：柳永《尉遲杯》：「綢繆鳳枕鴛被，深深處、瓊枝玉樹相倚。」

〔五〕水眄蘭情：韓琮《春愁》：「吴魚嶺雁無消息，水盼蘭情别來久。」

〔六〕畫圖句：杜甫《詠懷古迹五首》：「畫圖省識春風面，環佩空歸夜月魂。」

〔七〕瑶臺：王嘉《拾遺記》：「崑崙山有昆陵之地，其高出日月之上。山有九層……第九層山形漸小狹，下有芝田蕙圃，皆數百頃，羣仙耨焉。傍有瑶臺十二，各廣千步，皆五色玉爲臺基。」李商隱《無題》：「如何雪月交光夜，更在瑶臺十二層。」

【評】

《詞統》卓人月云：蟲曰歎，奇。實甫草橋店許多鋪寫，當爲此一字屈首。

《草堂詩餘雋》李攀龍云：上相遇間，如瓊玉生光；下相思處，渾如溪山隔斷。

《古今詩餘醉》潘游龍云：前「一晌留情」，此「一縷相思」，無限傷感。

《宋四家詞選》：全是追思，却純用實寫。但讀前半闋，幾疑是賦也。换頭再爲加倍跌宕之，他人萬萬無此力量。

《蓼園詞選》：按美成以内廷供奉，出守順昌，道中寂寞，旅況淒清，自所不免，而依依戀主之情，「隔溪山不斷」，饒有敦厚之致，「驚風吹散」句，怨自有所歸也，可以怨矣。

《雲韶集》：迤邐寫來，入微盡致。當年畫中曾見，今日重逢，其情愈深。旅館淒涼相思情況，一一如見。

《詞則·別調集》二評下闋云：曲折恣肆，筆情酣暢。

《抄本海綃説詞》：荒寒寄宿，追憶舊歡，只消秋蟲一歎。「伊威在室，蠨蛸在户」，「不可畏也，伊可懷也。」畫圖昭君，瑶臺玉環，以比師師，在美成爲相思，在道君爲長恨矣。當悟此微旨。（按此爲小説所誤，事既烏有，説遂無稽。）

《唐宋詞簡釋》：此首追思昔遊，無限傷感。昔日之樂與今日之哀，俱能加倍寫足。起三句寫坊曲之夜色。「竹檻」兩句，寫入門見人。「笑相遇」以下數句，極稱人情態纏綿。「似覺」兩句貫下，「總平生」一句總承上文。「畫圖中」一句開，「誰知道」一句合。「瑶臺畔」與「竹檻燈窗」相應。「眷戀」句承上，「苦驚風」句起下。「念荒寒」三句，皆寫現今苦況，與上片對照，最爲出色。末句，説出相思之情，亦悠然不盡。

尉遲杯

隋堤路〔一〕，漸日晚、密靄生深樹。陰陰淡月籠沙〔二〕，還宿河橋深處。無情畫舸，都不管煙波隔南浦。等行人、醉擁重衾，載將離恨歸去〔三〕。因念舊客京華，長偎傍疏林，小檻歡聚。冶葉倡條俱相識〔四〕，仍慣見珠歌翠舞。如今向、漁村水驛，夜如歲、焚香獨自語。有何人、念我無憀，夢魂凝想鴛侶〔五〕。

【校】

〔《尉遲杯》〕陳本注「大石」調，題作「離恨」，元本、《百家詞》同。毛本、《草堂》、《詞的》、《詞統》、《詩餘醉》題作「離別」，《粹編》題作「離情」。〔南浦〕毛本作「前浦」。〔因念〕毛本作「因思」。〔漁村〕《詞的》、《詩餘醉》作「魚村」。〔凝想〕陳本、元本作「疑想」，《草堂》、《百家詞》、毛本作「凝想」。朱校云：「原本凝作疑，從毛本。」

【箋注】

〔一〕隋堤：見《蘭陵王》注。

〔二〕月籠沙：杜牧《泊秦淮》：「煙籠寒水月籠沙，夜泊秦淮近酒家。」

〔三〕無情畫舸四句：陳注云：「唐鄭仲賢詩：『亭亭畫舸繫寒潭，直到行人酒半酣。不管煙波與風雨，載將離恨過江南。』」按鄭仲賢名文寶，宋初寧化人，此詩題爲《柳枝詞》。楊升庵《詩話》卷八：余弟姚安太守未庵慥，字用能，酒邊誦一絶句云：「亭亭畫舸繫春潭，只待行人酒半酣。不管烟波與風雨，載將離恨過江南。」兄以爲何人詩？余曰：按《宋文鑑》，則張文潛也。未庵取《草堂詩餘》周美成《尉遲杯》注云「唐鄭仲賢詩」。余因嘆唐之詩人，姓名隱而不傳者何限，或張文潛愛而書之，遂以爲文潛之作耳。

〔四〕冶葉倡條：見《一寸金》箋及附記。

〔五〕鴛侶：李端《同苗發慈恩寺避暑》：「卧草同鴛侶，臨池似虎溪。」

【評】

《樂府指迷》：結句須要放開，含有餘不盡之意，以景結情最好。如清真之「斷腸院落，一簾風絮」；又「掩重關偏城鐘鼓」之類是也。或以情結尾亦好。往往輕而露，如清真之「天便教人，霎時厮見何妨」；又云「夢魂凝想鴛侣」之類，便無意思，亦是詞家病，却不可學也。

《草堂詩餘正集》沈際飛云：蘇詞「只載一船離恨向西州」，秦詞「載取暮愁歸去」，又是一觸發。

《宋四家詞選》：南宋諸公所斷不能到者，出之平實，故勝。又云：一結拙甚。

《蓼園詞選》：按此詞應是美成由待制出知順昌，初出汴京時作，自汴水買船東下，因念京中舊友，故曰「想鴛侣」也，情辭自爾淒切。

《譚評詞辨》：「無情」二句，沈着。「因思」（據毛本）句，見筆法。「漁村水驛」是挽，收處率意。

《蕙風詞話》：元人沈伯時作《樂府指迷》，於清真詞推許甚至。惟以「天便教人，霎時厮見何妨」，「夢魂凝想鴛侶」等句爲不可學，則非真能知詞者也。清真又有句云：「多少暗愁密意，惟有天知」；「最苦夢魂，今宵不到伊行」；「拌今生對花對酒，爲伊淚落」。此等語愈樸愈厚，愈厚愈雅，至真之情，由性靈肺腑中流出，不妨説盡而愈無盡。南宋人詞如姜白石云：「酒醒波遠，正凝想明璫素襪。」庶幾近似，然已微嫌刷色。誠如清真等句，惟有學之不能到耳。如曰不可學也，詎必顰眉搔首，作態幾許，然後出之，乃爲可學耶？

《海綃説詞》：隋堤一境，京華一境，漁村水驛一境，總入「焚香獨自語」一句中，鴛侶則不獨自矣。只用實説，樸拙渾厚，尤清真之不可及處。「長偎傍」九字，紅友謂於「傍」字豆，正可不必。「偎傍疏林」與「小檻歡聚」是搓挪對。「冶葉倡條」、「珠歌翠舞」、「俱相識」、「仍慣見」，皆如此法。

又《抄本海綃説詞》：淡月河橋，始念隋堤日晚。畫舸煙波，重衾離恨，節節逆遡，還他隋堤。「舊客京華」，仍用逆遡，「漁村水驛」，收合河橋。夢魂是重衾裏事，無聊自語，則酒夢都醒也。「小檻」對「疏林」，「歡聚」對「偎傍」，「珠歌翠舞」對「冶葉倡條」，「仍慣見」對「俱相識」，是搓挪對法。紅友謂於「傍」字讀，非。

《唐宋詞簡釋》：此首夜宿舟中之作。「隋堤路」兩句，寫舟行所見兩岸之晚景。「陰陰」兩句，寫舟泊河橋之夜景。「無情」四句，逆入近事，用唐人鄭仲賢詩意，恨舟行之速，載人到此荒涼之景。換頭逆入遠事。「因思」二字，直貫五句。「舊客」三句，是當日歡聚之地。「冶葉」兩句，是當日歡聚之人。「如今向」，勒轉現境，「漁村水驛」正應「河橋深處」。陳述叔云：「隋堤一境，京華一境，漁村水驛一境，總收入『焚香獨自語』一句中。」蓋所語者，即當日之樂與今日之苦也。清真之因今及昔，因景及情，皆從柳出，特較之更深婉，更多變化耳。末句，言此際無人念我，我則念人不置，用意極樸拙渾厚。

繞佛閣

暗塵四斂，樓觀迥出，高映孤館。清漏將短，厭聞夜久，籤聲動書幔〔一〕。桂華又滿，閒步露草。偏愛幽遠。花氣清婉，望中迤邐。城陰度河岸〔二〕。　倦客最蕭索，醉倚斜橋穿柳線〔三〕。還似汴堤，虹梁橫水面〔四〕。看浪颭春燈，舟下如箭。此行重見，歎故友難逢，羈思空亂。兩眉愁、向誰舒展〔五〕。

【校】

〔一〕《繞佛閣》調始清真。陳本注「大石」調，題作「旅情」，元本、《百家詞》同。《草堂》、毛本題作「旅況」。按此調各本皆分兩段，戈載《宋七家詞選》謂應是三疊，以「桂華又滿」爲第二段起句，蓋字數相等，合雙曳頭之體也。又按毛本《夢窗詞》亦有此詞，惟脱「高映」二字，誤收非是。〔舒展〕毛本作「行展」。

【箋注】

〔一〕籤聲：謂漏箭聲，見《法曲獻仙音》注。

〔二〕城陰：杜甫《東樓》：「樓角淩風迥，城陰帶水昏。」

〔三〕倚斜橋：韋莊《菩薩蠻》：「騎馬倚斜橋，滿樓紅袖招。」

〔四〕虹梁句：《東京夢華録》一《河道》：「自東水門外七里至西水門外，河上有橋十三。從東水門外七里，曰虹橋，其橋無柱，皆以巨木虚架，飾以丹雘，宛如飛虹。」虹梁即此橋也。

〔五〕兩眉愁：韓偓《閨情》：「敲折玉釵歌轉咽，一聲聲入兩眉愁。」

【評】

《詞絜》：「一刻吴文英，玩其筆意，亦頗似夢窗，然望中迆邐，浪颭春燈，則多屬美成本色語。」

夜飛鵲

河橋送人處，涼夜何其〔一〕。斜月遠墮餘輝，銅盤燭淚已流盡，霏霏涼露霑衣。相將散離會，探風前津鼓〔二〕，樹杪參旗〔三〕。花驄會意，縱揚鞭、亦自行遲。迢遞路回清野，人語漸無聞，空帶愁歸。何意重紅滿地，遺鈿不見〔四〕，斜徑都迷。兔葵燕麥〔五〕，向殘陽、欲與人齊。但徘徊班草〔六〕，唏噓酹酒，極望天西。

【校】

〔《夜飛鵲》〕調始清真。陳本注「道宫」，題作「別情」，元本、毛本、《百家詞》同。《草堂》、《詩餘醉》題作「離別」。〔涼夜〕毛本、《詞統》、《詩餘醉》作「良夜」。〔何其〕《草堂》誤作「何期」。〔離會〕《草堂》、《粹編》、《百家詞》、《詩餘醉》作「離會處」，多一字。〔漸無〕《詩餘醉》作「盡無」。〔重紅滿地〕毛本、《詞統》作「重經前地」，義較長。〔兔葵〕毛云：「或作菟葵，非。」〔欲與〕《草堂》、毛本作「影與」。〔班草〕毛云：「或作青草，非。」

【箋注】

〔一〕夜何其：《詩·小雅·庭燎》：「夜如何其？夜向晨，庭燎有煇。」清王引之《經傳釋詞》云：「其，問詞之助也。……《書·微子》『若之何其』，鄭注曰：『其，語助也，齊、魯之間聲如姬。』」杜甫《從事行贈嚴二別駕》：「銅盤燒蠟光吐日，夜如何其初促膝。」此及「銅盤」句參用之。

〔二〕津鼓：李端《古別離》：「天晴見海檣，月落聞津鼓。」河邊津渡之更鼓也。

〔三〕參旗：《史記·天官書》：「參爲白虎，其西有句曲九星，三處羅，一曰天旗。」《正義》云：「參旗九星在參西，天旗也。」按即今所謂獵户星座。李商隱《明日》:「天上參旗過,人間燭焰消。」

〔四〕遺鈿句: 徐夤《薔薇》:「朝露灑時如濯錦,晚風飄處似遺鈿。」又《尚書會仙亭詠薔薇》:「含煙散纈佳人惜,落地遺鈿少妓爭。」參看《六醜》箋。按重紅滿地,則非遺鈿不見,上一句當以作「何意重經前地」爲是。

〔五〕兔葵燕麥: 劉禹錫《再游玄都觀絶句并引》:「余貞元二十一年爲屯田員外郎,時此觀未有花。是歲出牧連州,尋貶朗州司馬。居十年,召至京師,人人皆言有道士手植仙桃,滿觀如紅霞,遂有前篇(《戲贈看花諸君子》)以志一時之事。旋又出牧,今十有四年,復爲主客郎中。重游玄都觀,蕩然無復一樹,惟兔葵燕麥動摇於春風耳。」詳《瑞龍吟》箋。按洪邁《容齋三筆》卷三云:「劉禹錫《再游玄都觀》詩序云:『惟兔葵燕麥動摇春風耳。』今人多引用之。予讀《北史·邢邵傳》,載邵一書云:『國子雖有學官之名,而無教授之實,何異兔絲燕麥、南箕北斗哉?』然則此語由來久矣。」

〔六〕班草: 班,布也。布草坐地,亦班荆之意。《後漢書·陳留父老傳》:「張升去官歸里,道逢友人,共班草而言。」謝靈運《相逢行》:「行行即長道,道長息班草。」江淹《别賦》:「左右兮魂動,親賓兮淚滋,可班荆兮贈恨,惟尊酒兮叙悲。」「班草」三句,自此變化而出。

【評】

《草堂詩餘正集》沈際飛云: 今之人,務爲欲别不别之狀,以博人憐,避人議,而真情什無二三矣。能使華騘會意,非真情所潛格乎?

《宋四家詞選》：班草是散會處，酹酒是送人處。二處皆前地也，雙起故須雙結。

《白雨齋詞話》：美成《夜飛鵲》云：「何意重經前地，遺鈿不見，斜徑都迷。兔葵燕麥，向斜陽影與人齊。但徘徊班草，欷歔酹酒，極望天西。」哀怨而渾雅，白石《揚州慢》一闋，從此脱胎，超處或過之，而厚意微遜。

《詞則·大雅集》二云：哀怨而渾雅，白石《揚州慢》一闋，從此脱胎。

《蓼園詞選》：一首送别詞耳，自將行至遠送，又自去後寫懷望之情，層次井井而意綿密，詞采穠深，時出雄厚之句，耐人咀嚼。

《藝蘅館詞選》梁啓超云：「兔葵燕麥」二語，與柳屯田之「曉風殘月」，可稱送别詞中雙絶，皆鎔情入景也。

《海綃説詞》：「河橋送人處」，逆入；「何意重經前地」，平出。换頭三句，將上闋盡化煙雲，然後轉出下句，事過情留，低徊無盡。

又《抄本海綃説詞》：「河橋」逆入，「前地」平出。换頭三句，鉤勒渾厚，轉出下句，始覺沈深。

《唐宋詞簡釋》：此首，上片追述昨夜送行情況，下片則述送客歸來，更寫一夜到曉之景。「相將」句，束上起下。「風前」兩句，寫前程景色，曙光已可見，故曰「探」。「花驄」兩句，寫離會散後，再送一程，不言人不願行，而言花驄會意，語極巧妙，「縱」字與「亦」字呼應。「迢遞」三句，言歸路，去時難分，故不覺遠，歸來無侣，故覺迢遞。「何意」一轉，貫下數句。「前地」應篇首，地則猶是，而情景大異矣。尋昨日之遺跡既無，而路又遥遠，但見斜陽影裏葵麥之高與人齊耳。「但徘徊」三句，撫今追昔，悵望無極！

附録詞

玉團兒

鉛華淡竚新妝束，好風韻、天然異俗。彼此知名，雖然初見，情分先熟。　爐煙淡淡雲屏曲，睡半醒、生香透肉。賴得相逢，若還虛過，生世不足。

【附記】

見毛本卷上，注「《清真集》不載」。《百家詞·片玉集抄補》、四印齋本《清真集外詞》並收。《粹編》録此而不著撰人，題作「風韻」，次句脱「好」字。趙長卿《惜香樂府》亦有此，「虛過」作「虛度」。《宋詞互見考》云：「案此首周邦彥詞，見《片玉詞》，又誤入趙長卿《惜香樂府》。」按盧炳《哄堂詞》有《玉團兒》「用周美成韻」，即和此作。

玉團兒

妍姿豔態腰如束，笑無限、桃粗李俗。玉體橫陳，雲鬟斜墜，春睡還熟。　夕陽斗轉闌干曲，乍醉起、餘霞襯肉。搦粉搓酥，翦雲裁霧，比並不足。

【附記】

此首僅見《抄補》，他本均無，當是後人和前詞者耳。《抄補》以此次前詞之後，注「雙調」。又按《抄補》只共收二十七首，此及《無悶》、《琴調相思引》、《青房並蒂蓮》，亦他本所無。

醜奴兒

南枝度臘開全少，疏影當軒，一種宜寒，自共清蟾別有緣。　江南風味依然在，玉貌韶顏，今夜憑闌，不似釵頭子細看。

醜奴兒

香梅開後風傳信，繡户先知，霧溼羅衣，冷豔須攀最遠枝。　高歌羌管吹遥夜，看即分披，已恨來遲，不見娉婷帶雪時。

【附記】

毛本卷上一樣三首，題作「詠梅」，第一首「肌膚綽約真仙子」闋，已見陳本。毛注「下二闋《清真集》不載」。《集外詞》調名作《采桑子》，蓋同調異名耳。按「高歌羌管」，殆不成語，似非研鍊如清真者所宜有也。

蝶戀花　席上賦

魚尾霞生明遠樹，翠壁黏天，玉葉迎風舉。一笑相逢蓬海路，人間風月如塵土。　翦水雙眸雲鬢吐，醉倒天瓢，笑語生青霧。此會未闌須記取，桃花幾度吹紅雨。

【評】

《白雨齋詞話》：　美成《蝶戀花》云云。語帶仙氣，似贈女冠之作，否則故爲隱語，已爲夢窗「北斗秋横」、「春温紅玉」兩篇開其先路。

《詞則·閑情集一》：語帶仙氣，贈女冠之作。

【附記】

此首《永樂大典》卷二〇三五三席字韻引周美成《清真集》，題爲「席上賦」。毛本卷上此調共十首，於此首之詞牌下注云：「下五闋《清真集》不載。」因知《大典》與毛本所見《清真集》不同也。又五闋中之「晚步芳塘」一首，前已移入繫年詞中，故此處但有四首。原來五首《集外詞》亦收之，《抄補》無。《陽春白雪》有此詞，題何大圭作。「霞生」作「霞收」，「翠壁」作「翠色」，「玉葉」作「一葉」，「鬢吐」作「半吐」，「青霧」作「香霧」，「桃花」作「蟠桃」。《互見考》云：「案此首周邦彥詞，見《片玉詞》。《陽春白雪》誤作何大圭詞。」

蝶戀花

美盼低迷情宛轉，愛雨憐雲，漸覺寬金釧。桃李香苞秋不展，深心黯黯誰能見。　宋玉牆高纔一覘，絮亂絲繁，苦隔春風面。歌板未終風色便，夢爲蝴蝶留芳甸。

蝶戀花

葉底尋花春欲暮，折遍柔枝，滿手真珠露。不見舊人空舊處，對花惹起愁無數。　却倚闌干吹柳絮，粉蝶多情，飛上釵頭住。若遣郎身如蝶羽，芳時争肯抛人去。

蝶戀花

酒熟微紅生眼尾，半額龍香，冉冉飄衣袂。雲壓寶釵撩不起，黄金心字雙垂耳。　愁入眉痕添秀美，無限柔情，分付西流水。忽被驚風吹别淚，只應天也知人意。

減字木蘭花

風鬟霧鬢，便覺蓬萊三島近。水秀山明，縹緲仙姿畫不成。　廣寒丹桂，豈是夭桃塵俗世。只恐乘風，飛上瓊樓玉宇中。

【附記】見毛本卷上，注「《清真集》不載」。《集外詞》有録，《抄補》無。

木蘭花令

歌時宛轉饒風措，鶯語清圓啼玉樹。斷腸歸去月三更，薄酒醒來愁萬緒。　孤燈翳翳昏如霧，枕上依稀聞笑語。惡嫌春夢不分明，忘了與伊相見處。

【評】《抄本海綃説詞》：「薄酒」七字是全闋點睛，「歌時」三句從醒後逆遡，下闋句句是愁。

【附記】見毛本卷上，注云：「《清真集》不載。原本二首，考『殘春一陣狂風雨』是六一詞，删去。」按此首《集外詞》有録，《抄補》無。

蕎山溪

樓前疏柳，柳外無窮路。翠色四天垂，數峯青、高城闊處。江湖病眼，偏向此山明，愁無語，空凝竚，兩兩昏鴉去。　平康巷陌，往事如花雨。　十載歸來，倦追尋、酒旗戲鼓。　今宵幸有，人似月嬋娟，霞袖舉，杯深注，一曲黄金縷。

【評】

《抄本海綃説詞》：「無窮路」從「歸來」後追憶，此柳真是黯然銷魂。「偏向此山明」，有多少往事在！「倦追尋酒旗戲鼓」，所以見此山而無語凝佇也。前虚後實，鉤勒無迹。「今宵」以下，聊復爾爾，正見往事都非。「幸有」云者，聊勝於無耳。

【附記】

一樣二首，見毛本卷上，注云：「此二闋《清真集》不載。」按《集外詞》有録，《抄補》無。

驀山溪

江天雪意，夜色寒成陣。　翠袖捧金蕉，酒紅潮、香凝沁粉。　簾波不動，新月淡籠明，香破豆，燭頻花，减字歌聲穩。　恨眉羞斂，往事休重問。　人去小庭空，有梅梢、一枝春信。　檀心未展，誰爲探芳叢，消瘦盡，洗妝匀，應更添風韻。

【評】《抄本海綃説詞》：「恨眉羞斂」，結上闋所謂往事也。「人去」五字，轉出今情；却從梅寫，氣味醲厚。

一翦梅

一翦梅花萬樣嬌，斜插疏枝，略點眉梢。輕盈微笑舞低回，拍手相招。夜漸寒深酒漸消，袖裏時聞，玉釧輕敲。城頭誰恁促殘更，銀漏何如，且慢明朝。

【附記】見毛本卷上，注「《清真集》不載」。《集外詞》、《抄補》並録。

南柯子

寶合分時菓，金盤弄賜冰。曉來階下按新聲，恰有一方明月可中庭。露下天如水，風來夜更清。嬌羞不肯傍人行，颺下扇兒拍手引流螢。

【附記】

此及下闋一樣兩首，見毛本卷上，注「《清真集》俱不載」。按《集外詞》俱有，《抄補》則無。《雅詞》拾遺下題周邦彦作：「寶合」作「玉殿」，「曉來」作「晚來」，「恰有」作「恰好」，「嬌羞」句作「偏他不肯大家行」，「颾下」作「漾下」。

南柯子

膩頸凝酥白，輕衫淡粉紅。碧油涼氣透簾櫳，指點庭花低映、雲母屏風。　恨逐瑶琴寫，書勞玉指封。等閒贏得瘦儀容，何事不教雲雨、略下巫峯。

鵲橋仙令

浮花浪蕊，人間無數，開遍朱朱白白。瑶池一朵玉芙蓉，秋露洗、丹砂真色。　晚涼拜月，六銖衣動，應被姮娥認得。翩然欲上廣寒宫，横玉度、一聲天碧。

【附記】

見毛本卷上，注「《清真集》不載」。《集外詞》、《抄補》並録，《抄補》注「歇拍」宫調，當是歇指之譌。

花心動

簾捲青樓，東風滿、楊花亂飄晴晝。蘭袂褪香，羅帳褰紅，繡枕旋移相就。海棠花謝春融暖，偎人恁、嬌波頻溜。象牀穩、鴛衾謾展，浪翻紅縐。　一夜情濃似酒，香汗漬鮫綃，幾番微透。鸞困鳳慵，婭姹雙眼，畫也畫應難就。問伊可煞於人厚，梅萼露、臙脂檀口，從此後，纖腰爲郎管瘦。

【附記】

見毛本卷上，注「《清真集》不載」。《集外詞》、《抄補》並録。《抄補》注「雙調」，「風滿」作「風暖」。

雙頭蓮

一抹殘霞，幾行新雁，天染斷紅，雲迷陣影，隱約望中，點破晚空澄碧。助秋色，門掩西風，橋横斜照，青翼未來，濃塵自起，咫尺鳳幃，合有人相識。　歎乖隔，知甚時恣與，同攜歡適。度曲傳觴，並韉飛轡，綺陌畫堂連夕。樓頭千里，帳底三更，盡堪淚滴。怎生向、總無聊，但只聽消息。

【附記】見毛本卷上，注「《清真集》不載」。《集外詞》、《抄補》並録。《抄補》注「雙調」，「天染斷紅」二句，作「天染雲斷，紅迷陣影」。

長相思　曉行

舉離觴，掩洞房。箭水泠泠刻漏長，愁中看曉光。　整羅裳，脂粉香。見掃門前車上霜，相持泣路傍。

【附記】見毛本卷上，一樣四首，注云「《清真集》俱不載」。《集外詞》四首並録，《抄補》俱無，《詞統》有此首，題周美成詞。

長相思　閨怨

馬如飛，歸未歸。誰在河橋見別離，修楊委地垂。　掩面啼，人怎知。桃李成陰鶯哺兒，閒行春盡時。

長相思　舟中作

好風浮，晚雨收。林葉陰陰映鷁舟，斜陽明倚樓。　黯凝眸，憶舊遊。艇子扁舟來莫愁，石城風浪秋。

長相思

沙棠舟，小棹遊。池水澄澄人影浮，錦鱗遲上鉤。　煙雲愁，簫鼓休。再得來時已變秋，欲歸須少留。

大有

仙骨清羸，沈腰顦顇，見傍人、驚怪消瘦。柳無言、雙眉盡日齊鬭，都緣薄倖賦情淺，許多時、不成歡偶。幸自也總由他，何須負這心口。　令人恨，行坐呪，斷了更思量，没心永守。前日相逢，又早見伊仍舊，卻更被温存後。都忘了、當時僝僽，便搊撮、九百身心，依前待有。

【附記】見毛本卷上，注「《清真集》不載」。《集外詞》、《抄補》並録。《抄補》注「小石」調，「温存後」下小注「一作厚」。

萬里春

千紅萬翠，簇定清明天氣。爲憐他、種種清香，好難爲不醉。我愛深如你，我心在、個人心裏。便相看、老卻春風，莫無些歡意。

【附記】見毛本卷上，注「《清真集》不載」。《集外詞》有録，《抄補》無。

鎖陽臺　懷錢塘

山崦籠春，江城吹雨，暮天煙淡雲昏。酒旗魚市，冷落杏花村。蘇小當年秀骨，縈蔓草、空想羅裙。潮聲起，高樓噴笛，五兩了無聞。　淒涼懷故國，朝鐘暮鼓，十載紅塵。但夢魂迢遞，長到吴門。聞道花開陌上，歌舊曲、愁殺王孫。何時見，名娃喚酒，同倒甕頭春。

【附記】見毛本卷下，共三首，注云：「懷錢塘，《清真集》俱不載。即《滿庭芳》。」《集外詞》不收，《抄補》全録，此首亦題作「懷錢塘」。按《蘇幕遮》有云：「家住吴門，久作長安旅。」此云：「但夢魂迢遞，長到吴門。」疑出擬作。

鎖陽臺

花撲鞭鞘，風吹衫袖，馬蹄初趁輕裝。都城漸遠，芳樹隱斜陽。未慣羈遊況味，征鞍上、滿目淒涼。今宵裏，三更皓月，愁斷九迴腸。　佳人何處去，別時無計，同引離觴。但唯有相思，兩處難忘。去即十分去也，如何向、千種思量。凝眸處，黄昏畫角，天遠路岐長。

鎖陽臺

白玉樓高，廣寒宫闕，暮雲如幛展開。銀河一派，流出碧天來。無數星躔玉李，冰輪動、光滿樓臺。登臨處，全勝瀛海，弱水浸蓬萊。雲鬟香霧溼，月娥韻壓，雲凍江梅。況餐花飲露，莫惜裵徊。坐看人間如掌，山河影、倒入瓊杯。歸來晚，笛聲吹徹，九萬里塵埃。

【附記】

《全宋詞》云：「案以上三首，王鵬運《四印齋所刻詞》本《清真集》不録，蓋以爲非周邦彦作。」

西河

長安道，瀟灑西風時起。塵埃車馬晚游行，霸陵煙水。亂鴉棲鳥夕陽中，參差霜樹相倚。到此際，愁如葦，冷落關河千里。追思唐漢昔繁華，斷碑殘記。未央宫闕已成灰，終南依舊濃翠。對此景、無限愁思，遶天涯、秋蟾如水，轉使客情如醉。想當時、萬古雄名，盡作往來人，淒涼事。

【附記】

見毛本卷下，注「《清真集》不載」。《集外詞》收，《抄補》弗録。《遺事》云：「先生游蹤或至關中，故有《西河》長安道一闋，惟此詞真僞尚不可定。」竊以爲若與金陵懷古闋比而觀之，則真僞不難見也。

瑞鶴仙

暖煙籠細柳，弄萬縷千絲，年年春色。晴風蕩無際，濃於酒、偏醉情人詞客。闌干倚處，度花香、微散酒力。對重門半掩，黄昏淡月，院宇深寂。　愁極，因思前事，洞房佳宴，正值寒食。尋芳遍賞，金谷里，銅駝陌。到而今、魚雁沈沈無消息，天涯常是淚滴。早歸來、雲館深處。那人正憶。

【附記】

見毛本卷下，注「《清真集》不載」。《集外詞》收，《抄補》弗録。「詞客」，毛本作「調客」，誤，茲從《集外詞》。「銅駝」，毛本及《集外詞》作「銅陀」，《詞律》改作「駝」。按此首若與「悄郊原帶郭」相比，妍媸立判，真僞可知。

浪淘沙慢

萬葉戰、秋聲露結，雁度砂磧。細草和煙尚緑，遥山向晚更碧。見隱隱雲邊新月白，映落照、簾幕千家。聽數聲何處倚樓笛，裝點盡秋色。　脈脈，旅情暗自消釋。念珠玉臨水猶悲感，何況天涯客。憶少年歌酒，當時蹤跡。歲華易老，衣帶寬、懊惱心腸終窄。飛散後、風流人阻，藍橋約、悵恨路隔，馬蹄過、猶嘶舊巷陌。歎往事、一一堪傷，曠望極，凝思又把闌干拍。

【附記】 見毛本卷下，注「《清真集》不載」。《集外詞》收，《抄補》無。按此首字面滑熟，鋪叙處語多意少，鉤勒無方，與清真「晝陰重」闋之力透紙背，驟雨飄風，不可遏抑者，相去何止一塵。絶類柳屯田口吻，置《樂章集》中猶不失中等而已。

南鄉子

秋氣遶城闉，暮角寒鴉未掩門。記得佳人衝雨别，吟分，别緒多於雨後雲。　小棹碧溪津，恰似江南第一春。應是採蓮閒伴侣，相尋，收取蓮心與舊人。

【附記】 一樣四首，見毛本卷下，注云：「下四闋《清真集》不載。」《集外詞》俱録，《抄補》則否。按《少年游》云：「不似當時，小橋衝雨，幽恨兩人知。」此云「記得佳人衝雨别」，似出一口。然以「尋」叶「春」、「雲」，失黏，知音如清真者定不至此，《片玉集》中亦無其例也。

南鄉子

寒夜夢初醒，行盡江南萬里程。早是愁來無會處，時聽，敗葉相傳細雨聲。　書信也無憑，萬事由他別後情。誰信歸來須及早，長亭，短帽輕衫走馬迎。

南鄉子　詠秋夜

户外井桐飄，淡月疏星共寂寥。恐怕霜寒初索被，中宵，已覺秋聲引雁高。　羅帶束纖腰，自翦燈花試彩毫。收起一封江北信，明朝，爲問江頭早晚潮。

南鄉子　撥燕巢

輕軟舞時腰，初學吹笙苦未調。誰遣有情知事早，相撩，暗舉羅巾遠見招。　癡騃一團嬌，自折長條撥燕巢。不道有人潛看著，從教，掉下鬟心與鳳翹。

【評】

《雨村詞話》：周邦彦《片玉詞·南鄉子》云云。詞景俱新麗動人，此春閨詞也，刻本題下注「撥燕巢」三字，蛇足。

浣溪沙慢

水竹舊院落，櫻筍新蔬果。嫩英翠幄，紅杏交榴火。心事暗卜，葉底尋雙朵。深夜歸青鎖，燈盡酒醒時，曉窗明、釵横鬢嚲。怎生那，被間阻時多，奈愁腸數疊，幽恨萬端，好夢還驚破。可怪近來，傳語也無個。真個若嗔人，却因何、逢人問我。

【附記】

見毛本卷下，注「《清真集》不載」。《集外詞》收，《抄補》無。《苕溪漁隱叢話》前集卷五十九引起調二句，云是古詞，不著撰人，云：「詞句欲全篇皆好，極爲難得。……古詞『水竹舊院落，櫻筍新蔬果』，一本是『水竹田院落，鶯引新雛過』。不然，『櫻筍新蔬果』，則與上句有何干涉？」按漁隱去清真甚近，且此條上文乃論及清真《隔浦蓮》之「簷花簾影」語者，此首若果爲清真作，似不當泛謂之「古詞」也。

夜游宫

一陣斜風横雨，薄衣潤、新添金縷。不謝鉛華更清素，倚筠窗，弄么絃，嬌欲語。　小閣横香霧，正年少、小娥愁緒。莫是栽花被花妒，甚春來，病懨懨，無會處。

【附記】

見毛本卷下，注「《清真集》不載」。《集外詞》收，《抄補》無。

訴衷情

當時選舞萬人長，玉帶小排方。喧傳京國聲價，年少最無量。　花閣迥，酒筵香，想難忘。而今何事，佯向人前，不認周郎。

【附記】

見毛本卷下，注「《清真集》不載」。《集外詞》收，《抄補》無。毛注又云：「『喧傳京國聲價』，時刻『讓與都城聲價』。」按王國維《片玉詞題跋》（見下編參考資料），謂據玉帶排方語，「頗疑此詞或爲師師作」云。

虞美人

淡雲籠月松溪路，長記分攜處。夢魂連夜遶松溪，此夜相逢恰似夢中時。海山陡覺風光好，莫惜金尊倒。柳花吹雪燕飛忙，生怕扁舟歸去斷人腸。

【附記】見毛本卷下，注「一本無此首」，謂另一本《清真集》無之也。《集外詞》收，《抄補》無。

粉蝶兒慢

宿霧藏春，餘寒帶雨，占得羣芳開晚。豔□初弄秀，倚東風嬌懶。隔葉黄鸝傳好音，唤入深叢中探。數枝新，比昨朝、又早紅稀香淺。眷戀，重來倚檻，當韶華。未可輕辜雙眼。賞心隨分樂，有清樽檀板。每歲嬉遊能幾日，莫使一聲歌欠。忍因循，片花飛、又成春減。

【附記】見毛本卷下，《集外詞》、《抄補》並收。毛本及《集外詞》作「豔□」，缺一字，《抄補》無缺字符號。

紅窗迥

幾日來，真個醉。不知道窗外，亂紅已深半指，花影被、風搖碎。　擁春醒乍起，有個人人，生得濟楚，來向耳畔，問道今朝醒未。情性兒、慢騰騰地，惱得人又醉。

【附記】

見毛本卷下，又見《詞統》、《集外詞》、《抄補》並收。毛本、《詞統》、《集外詞》如此分段，《抄補》以「擁春」句屬上闋，注「仙吕」宫。

念奴嬌

醉魂乍醒，聽一聲啼鳥，幽齋岑寂。淡日朦朧初破曉，滿眼嬌情天色。最惜香梅，凌寒偷綻，漏泄春消息。池塘芳草，又還淑景催逼。　因念舊日芳菲，桃花永巷，恰似初相識。荏苒時光因慣却，覓雨尋雲蹤跡。奈有離拆，瑶臺月下，回首頻相憶。重愁疊恨，萬般都在胸臆。

【附記】見毛本卷下，注「《清真集》不載」。《集外詞》、《抄補》並收。《抄補》注「大石」調，「嬌情」作「嬌晴」。

燕歸梁 詠曉

簾底新霜一夜濃，短燭散飛蟲。曾經洛浦見驚鴻，關山隔，夢魂通。　明星晃晃，津回路轉，榆影步花驄。欲攀雲駕倩西風，吹清血，寄玲瓏。

【附記】見毛本卷下，注云：「詠曉，《清真集》不載。」《集外詞》、《抄補》並收。《抄補》注「高平」調，「明星」作「朗星」。

南浦

淺帶一帆風，向晚來、扁舟穩下南浦。迢遞阻瀟湘，衡皋迥、斜艤蕙蘭汀渚。危檣影裏，斷雲點點遥天暮。菡萏裏，風偷送清香，時時微度。　吾家舊有簪纓，甚頓作天涯，經歲羈旅。羌管怎知情，煙波上、黄昏萬斛愁緒。無言對月，皓彩千里人何處。恨無鳳翼身，只待而今，飛將歸去。

【附記】見毛本卷下，注「《清真集》不載」。《集外詞》、《抄補》並收。《抄補》注「中呂」宮。

醉落魄

葺金細弱，秋風嫩桂花初著。蕊珠宮裏人難學，花染嬌荑，羞映翠雲幄。　清香不與蘭蓀約，一枝雲鬢巧梳掠。夜涼輕撼薔薇萼，香滿衣襟，月在鳳皇閣。

【附記】見毛本卷下，注「《清真集》不載」。《集外詞》、《抄補》並收。

留客住

嗟烏兔，正茫茫、相催無定，只恁東生西没，半均寒暑。　昨見花紅柳緑，處處林茂，又覩霜前籬畔，菊散餘香，看看又還秋暮。　忍思慮，念古往賢愚，終歸何處。　争似高堂，日夜笙歌齊舉。選甚連宵徹晝，再三留住。待擬沈醉扶上馬，怎生向、主人未肯交去。

【附記】見毛本卷下，注「《清真集》不載」。《集外詞》、《抄補》並收。按此詞數用清真字面，且師其《黄鸝繞碧樹》下闋之意，原作已非佳構，此又畫虎不成者也。

長相思慢

夜色澄明，天街如水，風力微冷簾旌。幽期再偶，坐久相看，纔喜欲歎還驚。醉眼重醒，映雕欄修竹，共數流螢。細語輕輕，儘銀臺挂蠟潛聽。自初識伊來，便惜妖嬈豔質，美眄柔情。桃溪換世，鸞馭淩空，有願須成。游絲蕩絮，任輕狂、相逐牽縈。但連環不解，難負深盟。

【附記】見毛本卷下，注「《清真集》不載」。《集外詞》、《抄補》並收。《抄補》注「高調」。按此詞模擬之跡甚明。清真《過秦樓》云「閒依露井，笑撲流螢」；此云「雕欄修竹，共數流螢」。《側犯》云「攜豔質」，《拜星月》云「水眄蘭情」；此云「妖嬈豔質，美眄柔情」。《玉樓春》云「桃溪不作從容住」；此云「桃溪換世」。《解連環》云「信妙手能解連環，似風散雨收，霧輕雲薄」，《浪淘沙》云「羅帶光消紋衾疊，連環解舊香頓歇」；此云「但連環不解，難負深盟」。似此種種，毛本《片玉詞》中注《清真集》不載者，十九皆此類也，慢詞更難藏拙，明眼人一望即知，不待贅舉。

看花迴　詠眼

秀色芳容明眸，就中奇絶。細看豔波欲溜，最可惜微重，紅綃輕帖。勻朱傅粉，幾爲嚴妝時涴睫。因個甚，抵死嗔人，半餉斜盼費貼燮。　斗帳裏、濃歡意愜，帶困時、似開微合。曾倚高樓望遠，自笑指頻瞤，知他誰説。那日分飛，淚雨縱横光映頰。搵香羅，恐揉損，與他衫袖裛。

【附記】見毛本卷下，一二首，《集外詞》、《抄補》亦收。此首毛本題作「詠眼」。《抄補》注「越調」，無題，《集外詞》同。

看花迴

蕙風初散輕暖，霽景澄潔。秀蕊乍開乍斂，帶雨態煙痕，春思紆結。危絃弄響，來去轉，謾作匆匆別。

節。猶有當時氣味，挂一縷相思，不斷如髮。雲飛帝國，人在雲邊心暗折。語東風，共流

驚人鶯語滑。無賴處，麗日樓臺，亂絲歧路總奇絕。何計解、黏花繫月，歎冷落、頓辜佳

【附記】

毛注：「或在黏花繫月下分段，非。」按《抄補》即以「何計解黏花繫月」句屬上闋。又《詞統》亦有此首，「總奇絕」作「兩奇絕」。清真《拜星月》云：「怎奈向一縷相思，隔溪山不斷。」此云：「挂一縷相思，不斷如髮。」不惟模仿之跡顯然可見，工拙亦自懸殊也。全篇更不待論矣。

月下笛

小雨收塵，涼蟾瑩徹，水光浮璧。誰知怨抑，静倚官橋吹笛。映宮牆、風葉亂飛，品高調側人未識。想開元舊譜，柯亭遺韻，盡傳胸臆。　闌干四繞，聽折柳徘徊，數聲終拍。寒燈陋館，最感平陽孤客。夜沈沈、雁啼正哀，片雲盡卷清漏滴。黯凝魂，但覺龍吟萬壑天籟息。

【附記】

見毛本卷下，注「《清真集》不載」。《集外詞》、《抄補》並收。《抄補》注「越調」。按戈載《宋七家詞選》調名作《瑣窗寒》，楊易霖《周詞訂律》云：「按此調九十八字，與美成《瑣窗寒》句法平仄頗多相合，但不同者亦不少。」言「與美成」云云，蓋亦疑此詞非清真作也。按清真《大酺》云：「未怪平陽客，雙淚落笛中哀曲。」此首即由此兩語鋪敘成篇，而「最感平陽孤客」句，亦用清真語也。

無悶 冬

雲作重陰，風逗細寒，小溪凍冰初結。更聽得悲鳴，雁度空闊。暮雀喧喧聚竹，聽竹上清響風敲雪。洞房悄、時見香消翠樓，獸煤紅爇。　凄切，念舊歡、聚舊約，至此方惜輕別。又還是離亭，楚梅堪折。暗想鶯時似夢裏，又却是、似鶯時節。要無悶、除是擁爐對酒，共譚風月。

【附記】

《抄補》共收二十七首，其中二十三首均毛本所有，惟此及《玉團兒》（見前）、《琴調相思引》（見下）、《青房並蒂蓮》（見下）四首，爲他本所無，亦未知所據也。然皆與清真格調不侔，工力懸殊，一望而知出他人之手。

琴調相思引

生碧香羅粉蘭香，冷綃緘淚倩誰將。故人何在，煙水隔瀟湘。　花落燕□春欲老，絮吹思浪日偏長。一些兒事，何處不思量。

青房並蒂蓮　維揚懷古

醉凝眸，正楚天秋晚，遠岸雲收。草緑蓮紅，□映小汀洲。芰荷香裏鴛鴦浦，恨菱歌、驚起眠鷗。望去帆，一派湖光，棹聲咿啞櫓聲柔。　愁窺汴堤細柳，曾舞送鶯時，錦纜龍舟。擁傾國纖腰皓齒，笑倚建樓。空令五湖夜月，也羞照三十六宫秋。正浪吟、不覺回橈，水花風葉兩悠悠。

【附記】

此首又見《白雪》卷四，題王聖與（沂孫）作，注云：「明本誤附美成集後。」《全宋詞》云：「所謂明本，殆指明州所刊《清真集》二十四卷。此書刊於嘉泰中，王沂孫時代較晚。此詞是否周邦彦作，尚未可知，但亦非王沂孫作。」

（頁六二二上）

感皇恩

小閣倚晴空，數聲鐘定，斗柄垂寒暮天静。朝來殘酒，又被春風吹醒。眼前猶認得，當時景。往事舊歡，不堪重省，自歎多愁更多病。綺窗依舊，敲徧闌干誰應。斷腸明月下，梅摇影。

【附記】

見毛本卷上，注「《清真集》不載」。《集外詞》收，《百家詞》無。《宋詞互見考》云：「案此首晁沖之詞，見《樂府雅詞》。毛本《片玉詞》亦收之，陳注本不收。王鵬運據毛本補《清真集外詞》一卷，是闋亦在其中，蓋亦未辨爲晁詞也。」按前人治詞，大都疏於考訂，惟毛本是從，《宋四家詞選》即收入清真名下，評曰：「白描高手。」

青玉案

良夜燈光簇如豆，占好事、今宵有。酒罷歌闌人散後，琵琶輕放，語聲低顫，滅燭來相就。玉體偎人情何厚，輕惜輕憐轉唧嚠。雨散雲收眉兒皺，只愁彰露，那人知後，把我來僝僽。

【附記】

見毛本卷上，注「《清真集》不載」。《集外詞》、《抄補》皆收。《遺事》云：「僞詞最多，强焕本所增，强半皆是。如《片玉詞》上《青玉案》『良夜燈光簇紅豆』一闋，乃改山谷《憶帝京》詞爲之者，決非先生作。」

水調歌頭　中秋寄李伯紀大觀文

今夕月華滿，銀漢瀉秋寒。風纏霧捲，宛轉天陛玉樓寬。應是金華仙子，又喜今年藥就，傾出月團圓。收拾山河影，都向鏡中蟠。　横霜竹，吹明月，到中天。要令四海，遥望千古此輪安。何處今年無月，惟有謫仙著語，高絶莫能攀。我故唤公起，雲海路漫漫。

【附記】

見毛本卷上，注「《清真集》不載」。《集外詞》、《抄補》並收。《遺事》云：「《片玉詞》上有《水調歌頭》一闋『中秋寄李伯紀大觀文』。按忠定（李綱伯紀之謚號）初罷宣撫使，除觀文殿學士知揚州，在靖康元年九月。其罷左僕射爲觀文殿大學士，在建炎元年八月十日落職，至紹興二年復拜觀文殿大學士。均在先生卒後。」《宋詞互見考》

云：「案《歲時廣記》卷三十一引《本事詞》云：『李丞相伯紀退居三山，寓居東報國寺，門下文士多從游，中秋月讌，座上命何大圭賦《水調歌頭》云云。』據此本事，明爲何詞，《清真詞》收之實誤。」

南柯子　詠梳兒

桂魄分餘暈，檀槽破紫心。曉妝初試鬢雲侵，每被蘭膏香染色深沈。　指印纖纖粉，釵橫隱隱金。有時雲雨鳳幃深，長是枕前不見殢人尋。

【附記】

見毛本卷上，注「《清真集》不載」。《集外詞》、《抄補》並收。又《永樂大典》卷二四〇七梳字韻引周美成《清真集》，録此詞與毛本同，題作「木梳」。是皆以爲清真之作。然楊慎《詞林萬選》題張元幹，毛本《蘆川詞》及雙照樓景宋本《蘆川詞》亦有此：「檀槽」作「檀香」，「曉妝初試」作「高鬟鬆綰」，「每被」作「又被」，「深沈」作「沈沈」，「有時」作「更闌」。按《全宋詞》於周邦彦名下删去此首，注云：「《南柯子》梳兒『桂魄分餘暈』一首，乃張元幹作，見《蘆川詞》卷上，今並不録。」（頁六二三上）又於張元幹此詞後注云：「案此首別誤作周邦彦詞，見《片玉集抄補》。」（頁一〇八四上）其説極是。

鬢雲鬆令　送傅國華奉使三韓

鬢雲鬆，眉葉聚。一闋離歌，不爲行人駐。檀板停時君看取，數尺鮫綃，半是梨花雨。鷺飛遥，天尺五。鳳閣鸞坡，看即飛騰去。今夜長亭臨別處，斷梗飛雲，盡是傷情緒。

【附記】

見毛本卷上，注云：「送傅國華奉使三韓。《清真集》不載。即《蘇幕遮》。」《集外詞》、《抄補》並録。《抄補》注「般涉」調。《遺事》云：「《片玉詞》下《鬢雲鬆令》一闋送傅國華奉使三韓。案《宋史・高麗傳》：宣和四年，高麗王俁卒，詔給事中路允迪、中書舍人傅墨卿奠慰，留二年而歸（徐兢《宣和奉使高麗圖經序》同）。國華當即墨卿字。時爲中書舍人，故詞中有『鳳閣鸞坡，看即飛騰去』之句。時先生已卒，即未卒，亦不應復入京師。此詞必係他人之作。」按《全宋詞》據此，以此首歸無名氏是也。

宋施宿《嘉泰會稽志》十五人物：「傅墨卿字國華，山陰人……擢起居舍人、中書舍人，遂拜翰林學士、給事中，宣和四年，以禮部尚書持節册立高麗王楷有功，還，賜同進士出身……」文長不備録。又宋張淏《會稽續志》卷六《進士》，有「宣和四年賜同進士出身傅墨卿」之名。據昌彼得等《宋人傳記資料索引》（台灣鼎文書局一九七六年出版）云：「傅墨卿字國華，山陰人。初補太廟齋郎，宣和中以禮部尚書持節册立高麗王楷有功，還，賜同進士出身，建炎中，守正奉大夫致仕。凡三使高麗，所過郡縣，輒爲守令道上德意，以寬宥爲務，及卒，高麗人廟祀之。」彼其所據，見《翟忠惠集》卷三《除主客員外郎制》及《嘉泰會稽志》卷十五云。按《宋史》所言與此不盡合，附記於此以補《遺事》云。

十六字令　詠月

眠，月影穿窗白玉錢。無人弄，移過枕函邊。

【附記】

見毛本《補遺》，注云：「詠月。見《天機餘錦》。」《抄補》、《集外詞》不録。此調首句只一字，須協韻。毛本、《詞統》作「明」，非是，楊慎《詞品》引作「眠」，是也。《詞品》云：「周美成《十六字令》云云，詞簡思深，佳詞也。其《片玉集》中不載，見《天機餘錦》。」《宋詞互見考》云：「案此首周晴川詞，見《花草粹編》，《詞品》誤作周邦彦詞。」又《詞綜》卷三十收此詞，注云：「是詞見《天機餘錦》，係周晴川作，今相沿刻周美成，然《片玉集》無此，其不係美成明矣。」又引元人程雪樓曰：「予於近世諸家樂府，惟清真犂然當於心。晴川殊有宗風。雨坐空山，試閲一解，便如輕衫駿馬，上下五陵，花發鶯啼，垂楊拂面時也。」按周晴川名玉晨，元人，生平不詳，朱晞顔有《水龍吟》「簡周晴川教授會飲和韻」，《大聖樂》「至日與周晴川兄弟會飲」，見《全金元詞》。舊説如沈雄《古今詞話·詞辨》上，乃謂周晴川爲邦彦從子，不知相去逾二百年矣。

浣溪沙　春景

水漲魚天拍柳橋，雲鳩拖雨過江皋，一番春信入東郊。　閒碾鳳團消短夢，静看燕子壘新巢，又移日影上花梢。

【附記】

見毛本《補遺》，注云：「春景，見《草堂詩餘》。」《抄補》、《集外詞》不録。《互見考》云：「無名氏詞，見至正本《草堂詩餘》。陳鍾秀本誤作周美成詞。」按《蓼園詞選》本《補遺》而選評之云：「沈際飛曰：此等景徑畫不出。首二句寫景入微，末二句是静眼看人得意，而良時不覺蹉跎矣。神致黯然，耐人玩味也。」蓋不知非清真作也。陳世焜（陳廷焯初名世焜）《雲韶集·宋詞選·周詞評》亦然，云：「入字妙。語極香豔而意極恬淡，中有静機。」

浣溪沙　春景

小院閒窗春色深，重簾未捲影沈沈，倚樓無語理瑶琴。　遠岫出雲催薄暮，細風吹雨弄輕陰，梨花欲謝恐難禁。

【附記】

見毛本《補遺》，注云：「春景，或刻歐陽永叔。」《抄補》、《集外詞》不録。《互見考》云：「案此首李易安詞，見《樂府雅詞》。陳鍾秀本《草堂詩餘》以爲周邦彦詞，毛本《清真詞補遺》收之，《類編》本以爲歐陽修詞，毛本《夢窗詞》又收此首，並非。」

柳梢青　佳人

有箇人人，海棠標韻，飛燕輕盈。酒暈潮紅，羞蛾凝緑，一笑生春。　爲伊無限傷心，更説甚、巫山楚雲。斗帳香消，紗窗月冷，著意温存。

【附記】

見毛本《補遺》，注云：「佳人，見《草堂詩餘》。」《抄補》、《集外詞》不録。《互見考》云：「無名氏詞，見至正本《草堂詩餘》，陳鍾秀本誤作周美成詞。」

憶秦娥　佳人

香馥馥，尊前有箇人如玉。人如玉，翠翹金鳳，内家妝束。　嬌羞愛把眉兒蹙，逢人只唱相思曲。相思曲，一聲聲是，怨紅愁緑。

【附記】

見毛本《補遺》，注云：「佳人，或刻蘇子瞻。」《抄補》、《集外詞》不録。《互見考》云：「案此首無名氏詞，見至正本《草堂詩餘》。《類編》本作周邦彦詞，《草堂詩餘雋》作蘇軾詞，並誤。」《雲韶集》以爲清真詞而評曰：「豔麗無比。」又云：「風流淒豔，令讀者忍俊不禁。」

南鄉子　秋懷

夜闊夢難收，宋玉多情我結儔。千點漏聲萬點淚，悠悠，霜月雞聲幾段愁。　難展皺眉頭，怨句哀吟送客秋。蟋蟀牀頭調夜曲，啾啾，又聽驚人雁過樓。

【附記】

見毛本《補遺》，注云：「秋懷，見《詩林萬選》。」按詩林疑是詞林之誤，然毛刻楊升庵《詞林萬選》亦未有此。《抄補》、《集外詞》不録。《全宋詞》周邦彦存目詞謂見《草堂詩餘别集》卷二，乃明人鄒逢時傳奇《覓蓮記》中詞，非周邦彦作。（頁六三一上）

蘇幕遮　風情

隴雲沈，新月小。楊柳梢頭，能有春多少。試著羅裳寒尚峭，簾捲青樓，占得東風早。　翠屏深，香篆裊。流水落花，不管劉郎到。三疊陽關聲漸杳，斷雨殘雲，只怕巫山曉。

【附記】

見毛本《補遺》，注云：「風情，見《草堂詩餘》。」《詞統》亦有此，題作「初春」，「羅裳」作「羅衣」。《集外詞》、《抄補》不録。《互見考》云：「無名氏詞，見至正本《草堂詩餘》。陳鍾秀本誤作周美成詞。」

晝錦堂　閨情

雨洗桃花，風飄柳絮，日日飛滿雕簷。懊惱一春幽恨，盡屬眉尖。愁聞雙飛燕新語，更堪孤枕宿酲忺。雲鬟亂，獨步畫堂，輕風暗觸珠簾。　多厭，晴晝永，瓊户悄，香銷金獸慵添。自與蕭郎別後，事事俱嫌。短歌新曲無心理，鳳簫龍管不曾拈。空惆悵，常是每年三月，病酒懨懨。

【附記】

見毛本《補遺》，注云：「閨情。見《草堂詩餘》。」按又見《粹編》、《詞的》、《抄補》及《集外詞》不録。《互見考》云：「無名氏詞，見至正本《草堂詩餘》。陳鍾秀本誤作周美成詞。」

女冠子　雪景

同雲密布，撒梨花、柳絮飛舞。樓臺悄似玉，向紅爐暖閣，院宇深沈，廣排筵會。聽笙歌猶未徹，漸覺輕寒，透簾穿户。亂飄僧舍，密灑歌樓，酒帘如故。　想樵人、山徑迷蹤路，料漁父、收綸罷釣歸南浦。路無伴侶，見孤村寂寞，招颭酒旗斜處。南軒孤雁過，嚦嚦聲聲，又無書度。見臘梅枝上嫩蕊，兩兩三三微吐。

【附記】

見毛本《補遺》，注云：「雪景。或刻柳耆卿。」按《樂章集》無此，曹元忠《補樂章集》收入。《詞律》卷三題柳永作，注云：「諸刻或以此詞爲周待制作，然其語確是柳屯田。待制縝密，不作此疏枝闊葉也。」《互見考》云：「無名氏詞，見至正本《草堂詩餘》。陳鍾秀本誤作周美成詞。」

齊天樂 端午

疏疏幾點黄梅雨，佳時又逢重午。角黍包金，香蒲泛玉，風物依然荆楚。形裁艾虎，更釵裊朱符，臂纏紅縷。撲粉香綿，唤風綾扇小窗午。沈湘人去已遠，勸君休對景，感時懷古。慢囀鶯喉，輕敲象板，勝讀《離騷》章句。荷香暗度，漸引入陶陶，醉鄉深處。卧聽江頭，畫船喧韻鼓。

【附記】

見毛本《補遺》，注云：「端午。或刻無名氏。」《抄補》、《集外詞》不録。《互見考》云：「案此首楊補之詞，見《逃禪詞》。《詩餘圖譜》作周美成詞，《片玉詞補遺》亦誤。類編本《草堂詩餘》又誤作蔣元龍詞。」《周詞訂律》云：「今按《草堂詩餘》、《花草粹編》均不著撰人。又此詞乃楊補之作，毛刻《逃禪詞》既載之，而又以爲美成作，誤。」按陳思《清真居士年譜》，據此詞以證清真於元豐元年曾游荆州，不知其爲楊无咎之作也，堪博一笑。《陳譜》但以毛本《片玉詞》爲依歸，不辨真僞，如此類者甚多。張德瀛《詞徵》亦然，説云：「周美成《齊天樂》詞，或病其複韻，非也。上句『佳時又逢重午』，午指節序言；下句『喚風綾扇小窗午』，指氣候言。《逃禪詞》和美成韻上『午』字作『五』。大抵文辭用韻，其異義者原不必以複出爲禁。」按《逃禪詞》題「和美成韻」者，乃和「緑蕪凋盡」一首，非此也，既張冠李戴矣；且既檢《逃禪詞》矣，何以仍誤爲清真之作？其謬殊不可解。

滴滴金

梅花漏泄春消息，柳絲長。草芽碧。不覺星霜鬢邊白，念時光堪惜。蘭堂把酒留嘉客，對離筵，駐行色。千里音書便疏隔，合有人相憶。

【附記】

此晏殊詞，見毛刻《珠玉詞》。《粹編》題美成作，「對離筵」二句作「黛眉顰，愁春色」，末句作「見了方端的」。按《京本通俗小説·西山一鬼窟》：「第十六句道：『見了方端的。』周美成曾有春詞，寄《滴滴金》云云。」引文與《粹編》同。小説出於宋，或爲《粹編》所誤據也。

木蘭花令

殘春一夜狂風雨，斷送紅飛花落樹。人心花意待留春，春色無情容易去。　高樓把酒愁獨語，借問春歸何處所。暮雲空闊不知音，惟有緑楊芳草路。

【附記】

此歐陽修詞，見毛刻《六一詞》，調名原作《玉樓春》，即《木蘭花令》也。毛本《片玉詞》卷上《木蘭花令》「歌時宛轉」闋注云：「原本二首，考『殘春一陣狂風雨』是六一詞，删去。」

憶秦娥

雙溪月，清光遍照雙荷葉。雙荷葉，紅心未偶，緑衣偷結。　背風迎雨淚珠滑，輕舟短棹先秋折。先秋折，煙鬟未上，玉杯微缺。

【附記】

此蘇軾詞，題「湖州賈耘老小妓名雙荷葉」，因以名調，各本《東坡詞》均載。《粹編》刪去標題，改用本調名，以爲清真作，誤。又東坡《水龍吟》楊花詞，《詞學筌蹄》亦居然題清真作，尤謬。

浣溪沙　漁父

新婦磯頭眉黛愁，女兒浦口眼波秋，驚魚錯認月沈鉤。　青箬笠前無限事，緑簑衣底一時休，斜風細雨轉船頭。

【附記】

此黄庭堅詞，各本《山谷詞》均載，《能改齋漫録》卷十六且備載其詞事。《古今詩餘醉》誤題清真作。

如夢令　春晚

池上春歸何處，滿目殘花飛絮。孤館悄無人，夢斷月隄歸路。無緒，無緒，簾外五更風雨。

【附記】 此秦觀詞，各本《淮海詞》均載。《類編草堂詩餘》、《詞的》、《古今詩餘醉》皆誤爲清真作。《草堂》屬春晚類。

如夢令 春晚

花落鶯啼春暮，陌上綠楊飛絮。金鴨晚香寒，人在洞房深處。無語，無語，葉上數聲疏雨。

【附記】 此謝逸詞，見《溪堂詞》，又見《雅詞》、《花庵》、《粹編》諸選。《類編草堂詩餘》入春晚類，誤題清真作。

虞美人 風情

落花已作風前舞，又送黃昏雨。曉來庭院半殘紅，惟有游絲千丈裊晴空。殷勤花下重攜手，更盡杯中酒。美人不用斂歌眉，我亦多情無奈酒闌時。

【附記】 此葉夢得詞，見《石林詞》，題「雨後同幹譽才卿置酒來禽（一作林檎）花下」。毛本及朱本《東坡樂府》亦載此詞。

《類編草堂詩餘》入風情類，題清真作，誤。

憶王孫　夏景

風蒲獵獵小池塘，過雨荷花滿院香。沈李浮瓜冰雪涼，竹方牀，針綫慵拈午夢長。

【附記】此李重元詞，見《花庵》、《粹編》。《類編草堂詩餘》入夏景類，題清真作，誤。

浣溪沙

樓角初銷一縷霞，淡黄楊柳暗棲鴉，玉人和月摘梅花。　笑撚粉香歸洞户，更垂簾幕護窗紗，東風寒似夜來些。

【附記】此賀鑄詞，見朱本《賀方回詞》。楊慎評點本《草堂詩餘》入晚景類，誤爲清真作，《詞的》、《古今詩餘醉》同。「樓角初銷」作「鶯外紅銷」，「暗棲」作「帶棲」，「摘梅」作「折梅」，「洞户」作「繡户」，「更垂」作「半垂」。

石州慢

寒水依痕，春意漸回，沙際煙闊。溪梅晴照生香，冷蕊數枝争發。天涯舊恨，試看幾許銷魂，長亭門外山重疊。不盡眼中青，是愁來時節。　情切，畫樓深閉，想見東風，暗銷肌雪。辜負枕前雲雨，尊前花月。心期切處，更有多少淒涼，殷勤留與歸時説。到得却相逢，恰經年離别。

【附記】此張元幹詞，見《蘆川詞》。《草堂詩餘雋》誤爲清真作。

南鄉子

生怕倚闌干，閣下溪聲閣外山。惟有舊時山共水，依然，暮雨朝雲去不還。　應是躡飛鸞，月下時時整佩環。月又漸低霜又下，更闌，折得梅花獨自看。

【附記】

此潘牥詞，見《中興以來絶妙詞選》，題爲「題南劍州妓館」。《草堂詩餘雋》誤作清真詞。

解語花

行歌趁月，喚酒延秋，多買鶯鶯笑。蕊枝嬌小，渾無奈、一掬醉鄉懷抱。籌花鬬草，幾曾放、好春閒了。芳意闌、可惜香心，一夜酸風掃。　海上仙山縹緲，問玉環何事，苦無分曉。舊愁空杳，藍橋路、深掩半庭殘照。餘情暗惱，都緣是、那時年少。驚夢回、懶説相思，畢竟如今老。

【附記】

此張炎詞，見《山中白雲》，題爲「吴子雲家姬號愛菊，善歌舞，忽有朝雲之感，作此以寄」。此詞《粹編》不著撰人，適與美成詞銜接，删去題字，《歷代詩餘》乃誤爲清真作。

點絳脣　秋千

蹴罷秋千，起來慵整纖纖手。露濃花瘦，薄汗輕衣透。　見客入來，襪剗金釵溜。和羞走，倚門回首，却把青梅嗅。

【附記】此無名氏詞，見《粹編》。《詞的》、《詩餘醉》誤以爲清真作，《詞林萬選》誤爲李清照作，楊金本《草堂詩餘》誤爲蘇軾作。

斷句

露葉煙梢寒色重，攢星低映小珠簾

【附記】宋韓彦直《橘録》卷中《金橘》條云：「周美成詞有『露葉煙梢寒色重，攢星低映小珠簾』，爲是橘作。」

斷句

窗外月照，一方天井

【附記】

《全宋詞》周邦彦《存目詞》云：「出處見鄭元佐《新注斷腸詩集》前集卷八。」附注：「楊澤民作，見《和清真詞》。」（頁六三〇上）按此二句爲楊和清真《側犯》之結拍。

斷句

柳搖臺榭東風軟

【附記】

元無名氏《湖海新聞夷堅續志》（中華書局，一九八六，北京，與《續夷堅志》合册）後集卷二《文華門》（頁二〇七，古句奇對）：「古今奇對甚多，姑摘一二以備觀覽。『乳燕飛華屋』坡詞，『流鶯過短牆』杜詩。『雲山千萬疊』杜詩，『江村八九家』杜詩。『柳搖臺榭東風軟』周詞，『花壓闌干春晝長』古詩。此吉州曾鳳山花圃桃符也。（下略）」按小字脚注「坡詞」、「周詞」，謂東坡、清真也，又按此書多言宋末事，及南宋抗金事，則作者似爲元初人。

集評

陳無己曰： 美成箋奏雜著俱善，惜爲詞掩。（沈雄《古今詞話》引《後山詩話》）按，出《貴耳集》，非《後山詩話》。

王灼云： 賀方回、周美成、晏叔原、僧仲殊各盡其才力，自成一家。賀、周語意精新，用心甚苦。前輩云：「《離騷》寂寞千年後，《戚氏》淒涼一曲終。」《戚氏》柳所作也，柳何敢知，世間有《離騷》，惟賀方回、周美成時時得之。江南某氏者，解音律，時時度曲，周美成與有瓜葛，每得一解，即爲製詞，故周集中多新聲。賀方回初在錢塘，作《青玉案》，魯直喜之，賦絶句云：「解道江南斷腸句，只今惟有賀方回。」賀集中如《青玉案》者甚衆。大抵二公卓然自立，不肯浪下筆，故予謂：「語意精新，用心甚苦。」崇寧間建大晟樂府，周美成作提舉官，而製撰官又有七。万俟雅言元祐詩賦科老手也，三舍法行，不復進取，放意歌酒，自稱大梁詞隱，每出一章，信宿喧傳都下，政和初召試補官，置大晟樂府製撰之職。新廣八十四調，患譜弗傳，雅言請以盛德大業及祥瑞事迹，制詞實譜。有旨：「依月用律，月進一曲。」自此新譜稍傳。時田不伐亦供職大樂，衆謂樂府得人云。（《碧雞漫志》）

樓鑰云：樂府傳播，風流自命，又性好音律，如古之妙解，顧曲名堂，不能自已。（《攻媿集·清真先生文集序》）

强焕云：一觴一詠，句中有眼，膾炙人口者，又有餘聲洋洋乎在耳。公之詞，其樵寫物態，曲盡其妙。（毛刻《片玉詞》序）

劉肅云：周美成以旁搜遠紹之才，寄情長短句，縝密典麗，流風可仰。其徵辭引類，推古誇今，或借字用意，言言皆有來歷，真足冠冕詞林。（朱刻《片玉集》序）

張端義云：美成以詞行，當時皆稱之，不知美成文章大有可觀，惜以詞掩其他文也。（《貴耳集》）

陳郁云：清真二百年來以樂府獨步，貴人學士，市儇妓女，知美成詞爲可愛。（《藏一話腴》）

陳振孫云：清真詞多用唐人詩句檃栝入律，渾然天成，長調尤善鋪叙，富豔精工，詞人之甲乙也。（《直齋書録解題》）

張炎云：古之樂章、樂府、樂歌、樂曲，皆出於雅正。粤自隋、唐以來，聲詩間爲長短句，至唐人則有《尊前》、《花間集》。迄於崇寧，立大晟府，命周美成諸人討論古音，審定古調，淪落之後，少得存者，由是八十四調之聲稍傳。而美成諸人又復增演慢曲、引、近，或移宫换羽爲三犯四犯之曲，按月律爲之，其曲遂繁。美成負一代詞名，所作之詞，渾厚和雅，善於融化詩句，而於音譜且間有未諧，可見其難矣。作者多效其體製，失之軟媚而無所取。此惟美成爲然，不能學也。美成詞，只當看他渾成處，於軟媚中

有氣魄，採唐詩融化如自己者，乃其所長。惜乎意趣却不高遠。所以出奇之語，以白石騷雅句法潤色之，真天機雲錦也。（《詞源》）

沈義父云：凡作詞當以清真爲主。蓋清真最爲知音，且無一點市井氣，下字運意，皆有法度，往往自唐、宋諸賢詩句中來，而不用經史中生硬字面，此所以爲冠絶也。學者看詞，當以《周詞集解》爲冠。古曲譜多有異同，至一腔有兩三字多少者，或句法長短不等者，蓋被教師改换，亦有嘌唱一家多添了字。吾輩當以古雅爲主，如有嘌唱之腔，不必作；且必以清真及諸家目前好腔爲先可也。（《樂府指迷》）

程鉅夫云：予於近世諸家樂府，惟清真犂然當於心。（朱彝尊《詞綜》卷三十周晴川下引）

陸行直云：古人詩有翻案法，詞亦然。詞不用雕刻，刻則傷氣，務在自然。周清真之典麗，姜白石之騷雅，史梅溪之句法，吴夢窗之字面，取四家之所長，去四家之所短，此翁（按指樂笑翁張炎）之要訣，學者所謂刻鵠不成尚類鶩者也。不可與俗人言，可與知者道。（《詞旨》）

王世貞云：《花間》以小語致巧，《世説》靡也；《草堂》以麗字取妍，六朝隃也。即詞號稱詩餘，然而詩人不爲者何也？其婉孌而近情也，足以移情而奪嗜；其柔靡而近俗也，詩嘽緩而就之，而不知其下也。之詩而詞，非詞也；之詞而詩，非詩也。言其業，李氏、晏氏父子、耆卿、子野、美成、少游、易安至也，詞之正宗也。温、韋豔而促，黄九精而險，長公麗而壯，幼安辨而奇，又其次也，詞之變體也。美成能作景語，不能作情語，能入麗字，不能入雅字，以故價微劣於柳。（《藝苑卮言·弇州山人詞評》）

毛晉云：美成於徽宗時提舉大晟樂府，故其詞盛傳於世……若乃諸名家之甲乙，久著人間，無待余備述也。（毛刻《片玉詞》跋）

仲雪亭曰：作詞用意須出人想外，用字如在人口頭，創語新，鍊字響，翻案不雕刻以傷氣，自然遠庸。熟而求生，再以周清真之典麗，姜白石之秀雅，史梅溪之句法，吴君特之字面，用其所長，棄其所短，規模研揣，豈不能與諸公争雄長哉？（王又華《古今詞論》引。按其説自《詞旨》出。）

沈際飛云：作詞當以《清真集》爲主，蓋美成最爲知音，故下字用韻，皆有法度。（馮金伯《詞苑粹編》引。按其説出《樂府指迷》。）

劉體仁云：詞亦有初盛中晚，不以年代也。牛嶠、和凝、張泌、歐陽炯、韓偓、鹿虔扆輩，不離唐絶句，如唐之初未脱隋調也，然皆小令耳。至宋則極盛，周、張、柳、康，蔚然大家。至姜白石、史邦卿則如唐之中，而明初比晚唐。蓋非不欲勝前人，而中實枵然，取給而已，於神味處全未夢見。周美成不止能作情語，其體雅正，無旁見側出之妙。（《七頌堂詞繹》。按後一條乃非《弇州山人詞評》者。）

沈謙云：學周、柳不得見其用情處，學蘇、辛不得見其用氣處，當以離爲合。（《填詞雜説》）

鄒祗謨云：余常與文友論詞，謂小調不學《花間》則當學歐、晏、秦、黄。《花間》綺琢處，於詩爲靡，而於詞則如古錦，紋理自有黯然異色。歐、晏藴藉，秦、黄生動，一唱三歎，總以不盡爲佳。清真、樂章以短調行長調，故滔滔莽莽處如初唐四傑作七古，嫌其不能盡變。至姜、史、高、吴，而融篇煉句琢字之法

無一不備。（《遠志齋詞衷》）

先著云： 美成詞，乍近之覺疏樸苦澀，不甚悦口，含咀久之，則舌本生津。詞家正宗則秦少游、周美成，然秦之去周，不止三舍，宋末諸家皆從美成出。韻小乘也，豔下駟也，詞之工絶處乃不主此，今人多以是二者言詞，未免失之淺矣。蓋韻則近於佻薄，豔則流於褻媟，往而不返，其去《吴騷》市曲無幾。必先洗粉澤，後除琱繢，靈氣勃發，古色黯然，而以情興經緯其間，雖豪宕震激而不失於粗，纏緜輕婉而不入於靡，即宋名家不一種，亦不能操一律以求。美成之集，自標清真，白石之詞，無一凡近，况塵土垢穢乎！（《詞絜》）

賀裳云： 長調推秦、柳、周、康爲協律。然康惟《滿庭芳》冬景一詞，可稱禁臠，餘多應酬鋪叙，非芳旨也。周清真雖未高出，大致匀淨，有柳攲花嚲之致，沁人肌骨處，視淮海不徒娣姒而已。弇州謂其能入麗字、不能入雅字，信然；謂其能作景語、不能作情語，則不盡然，但生平勝景處爲多耳。（《皺水軒詞筌》）

彭孫遹云： 宋人張玉田論詞，極推少游、竹屋、白石、梅溪、夢窗諸家，而稍詘美成……美成詞如十三女子，玉豔珠鮮，正未可以其軟媚而少之也。（《金粟詞話》）

陳子宏曰： 近日詞惟周美成、姜堯章，而以東坡爲詞詩，稼軒爲詞論。此説固當，然詞曲以委曲爲體，徒狃於風情婉戀，則亦易厭，回視蘇、辛所作，豈非萬古一清風哉？（沈雄《古今詞話》引）

汪懋麟云： 予嘗論宋詞有三派，歐、晏正其始，秦、黄、周、柳、姜、史、李清照之徒備其盛，東坡、稼軒放乎其言矣。其餘子無非單詞隻字，可喜可誦，苟求其繼，難矣哉！（《棠村詞》序）

李調元云： 劉克莊詞以才氣勝，迥非翦紅刻翠比，然服膺周清真邦彦，不容於口。見之《最高樓》一詞云：「周郎後，直數到清真……欺賀、晏，壓秦、黄。」人因有小周郎之目，本此。（《雨村詞話》）按所引詞原注「題周登樂府」，起云：「周郎後，直數到清真，君莫是前身。」以下皆美周登之辭，非謂清真也，雨村粗略甚矣。且亦未聞清真有小周郎之目，蓋出杜撰耳。）

《四庫全書總目提要》云： 邦彦妙解聲律，爲詞家之冠，所製諸調，非獨音之平仄宜遵，即仄聲字中上去入三聲，亦不容相混，所謂分刌節度，深契微芒，故方千里和詞，字字奉爲標準。（《集部·詞曲類·片玉詞》）

夏秉衡云： 唐末、五代、李後主、和成績、韋端己輩出，語極工麗，而體製未備。至南北宋而作者日盛，如清真、石帚、竹山、梅溪、玉田諸集，雅正超忽，可謂詞家上乘矣。（《歷代名人詞選》自序）

張惠言云： 宋之詞家，號爲極盛，然張先、蘇軾、秦觀、周邦彦、辛棄疾、姜夔、王沂孫、張炎，淵淵乎文有其質焉；其盪而不反，傲而不理，枝而不物，柳永、黄庭堅、劉過、吴文英之倫，亦各引一端，取重於當世。（《詞選》自序）

包世臣云： 意内而言外，詞之爲教也。然意内不可强致，言外非學不成，是詞説者，言外而已。言成則有聲，聲成則有色，色成而味出焉，三者具，則足以盡言外之才矣。若夫成人之速者莫如聲，故詞名倚聲。聲之得者又有三：曰清，曰脆，曰澀。不脆則聲不成，脆矣而不清則膩，清矣而不澀則浮。屯田、夢窗不以清傷氣，淮海、玉田不以澀傷格，清真、白石則能兼三矣。以言意内，惟白石、玉田耳，淮海時時近之，清真、屯田、夢窗皆去之彌遠。而俱不害爲可傳者，則以其聲之幺眇鏗磬，惻惻動人，無色而豔，無味而甘故也。（《月底修簫譜》序）

田同之云：王漁洋司寇云：「温、韋生而《花間》作，李、晏出而《草堂》興，此詩之餘而樂府之變也。語其正，則南唐二主爲之祖，至潄玉、淮海而極盛，高、史其嗣響也。語其變，則眉山導其源，至稼軒、放翁而盡變，陳、劉其餘波也。有詩人之詞，唐、蜀、五代諸人是也；文人之詞，晏、歐、秦、李諸君子是也；有詞人之詞，柳永、周美成、康與之之屬是也；有英雄之詞，蘇、陸、辛、劉是也。至是，聲音之道乃臻極致。」小調不學《花間》則當學歐、晏、秦、黄。歐、晏藴藉，秦、黄生動，一唱三歎，總以不盡爲佳。清真以短調行長調，滔滔莽莽，嫌其不能盡變。至姜、史、高、吴，而融篇煉句琢字之法，無一不備矣。（按此條全襲《遠志齋詞衷》者）弇州謂美成能作景語，不能作情語。愚謂詞中情景，不可太分，深於言情者正在善於寫景。華亭宋尚木徵璧曰：吾於宋詞得七人焉，曰永叔秀逸，子瞻放誕，少游清華，子野娟潔，方回鮮清，小山聰俊，易安妍婉。若魯直之蒼老而或傷於頹，介甫之劖削而或傷於拗，無咎之規檢而或傷於朴，稼軒之豪爽而或傷於霸，務觀之蕭散而或傷於疏，此皆所謂我輩之詞也。苟舉當家之詞，如柳屯田哀感頑豔而少寄托，周清真蜿蜒流美而乏陡健，康伯可排叙整齊而乏深邃。其外則謝無逸之能寫景，僧仲殊之能言情，程正伯之能壯采，張安國之能用意，万俟雅言之能協律，劉改之之能使氣，曾純甫之能書懷，吴夢窗之能疊字，姜白石之能琢句，蔣竹山之能作態，史邦卿之能刷色，黄花庵之能選格，亦其選也。（《西圃詞説》）

郭麐云：詞之爲體，大略有四：風華流美，渾然天成，如美人臨妝，却扇一顧，《花間》諸人是也，晏元獻、歐陽永叔繼之。施朱傅粉，學步習容，如宮女題紅，含情幽豔，秦、周、晁、賀諸人是也，柳七則靡曼近俗矣。姜、張諸子，一洗華靡，獨標清綺，如瘦石孤花，清笙幽磬，入其境者疑有仙靈，聞其聲者人人自遠；夢窗、竹窗，或揚或沿，皆有新雋，詞之能事備矣。至東坡以横絶一代之才，淩厲一世之氣，間作倚聲，意若不屑，雄詞高唱，別爲一宗，辛、劉則粗豪太甚矣。其餘幺絃孤韻，時亦可喜。溯其派別，不出四者。（《靈芬館詞話》）

周濟云：美成思力獨絶千古，如顔平原書，雖未臻兩晉，而唐初之法至此大備，後有作者，莫能出其範圍矣。讀得清真詞多，覺他人所作都不十分經意。鉤勒之妙，無如清真，他人一鉤勒便薄，清真愈鉤勒愈渾厚。（《介存齋論詞雜著》）清真集大成者也；稼軒斂雄心，抗高調，變温婉，成悲涼；碧山饜心切理，言近指遠，聲容調度，一一可循；夢窗奇思壯采，騰天潛淵，返南宋之清泚，爲北宋之穠摯。是爲四家，一代領袖，餘子犖犖，以方附庸。夫詞非寄託不入，專寄託不出，一物一事，引而伸之，觸類多通。驅心若游絲之罥飛英，含毫如郢斤之斲蠅翼，以無厚入有間，既習已，意感偶生，假類畢達，閱載千百，謦欬弗違，斯入矣。賦情獨深，逐境必寤，醖釀日久，冥發妄中，雖鋪叙平淡，摹繢淺近，而萬感橫集，五中無主；讀其篇者，臨淵窺魚，意爲魴鯉，中宵驚電，罔識東西，赤子隨母笑啼，鄉人緣劇喜怒，抑可謂能出矣。問塗碧山，歷夢窗、稼軒，以還清真之渾化，余所望於世之爲詞人者蓋如此。清真渾厚，正於鉤勒處見，他人一鉤勒便刻削，清真愈鉤勒愈渾厚。少游最和婉醇正，稍遜清真者辣耳。少游意在含蓄，如花初胎，故少重筆；然清真沈痛至極，仍能含蓄。周、柳、黄、晁皆喜爲曲中俚語，山谷尤甚，此當時之軿平勾領，原非雅音。若託體近俳而擇言尤雅，是名本色俊語，又不可抹煞矣。詞筆不外順逆正反，尤妙在複在脱，複處無垂不縮，故脱處如望海上三山妙發。温、韋、晏、周、歐、柳推演盡致，南渡諸公，罕復從事矣。（《宋四家詞選·序論》）

吴衡照云：詞至南宋始極其工，秀水刱此論，爲明季人孟浪言詞者示救病刀圭，意非不足夫北宋也。蘇之大，張之秀，柳之豔，秦之韻，周之圓融，南宋諸老，何以尚兹。（《蓮子居詞話》）

陸鎣云：詞家言蘇、辛、周、柳，猶詩歌稱李、杜，駢體舉徐、庾，以爲標題云爾。無論三唐、五季佳詞林立，即論兩宋，廬陵翠樹，元獻清商，秦少游「山抹微雲」，張子野「樓頭畫角」，竹屋之幽蒨，花影之生新，其見於《草堂》、《花間》不下數百家，雖藻采孤騫，而源流攸別。安得有綜博之士，權輿三李，斷代南渡，爲《唐宋詞派圖》，爰黜淫哇，以崇雅詞，詞學其日昌矣乎？（《問花樓詞話》）

孫麟趾云：高澹、婉約、豔麗、蒼莽，各分門户。欲高澹學太白、白石，欲婉約學清真、玉田，欲豔麗學飛卿、夢窗，欲蒼莽學蘋洲、花外。至於融情入景，因此起興，千變萬化，則由於神悟，非言語所能傳也。（《詞徑》）

謝章鋌云：元祐、慶曆，代不乏人，晏元獻之辭致婉約，蘇長公之風情爽朗，豫章、淮海掉鞅於詞壇，子野、美成聯鑣於藝苑，幽索如屈、宋，悲壯如蘇、李，固已同祖風騷，力求正始。……清真濫觴於其前，夢窗推波於其後，學者宗尚，要非溢美。（《賭棋山莊詞話》。按末數語乃推尊白石者。）

汪稚松云：茗柯《詞選》，張皋文先生意在尊美成而薄姜、張，至蘇、辛僅爲小家，朱、厲又其次者。（《詞學集成》引）

劉熙載云：周美成詞，或稱其無美不備。余謂論詞莫先於品，美成詞信富豔精工，只是當不得一箇貞字。是以士大夫不肯學之，學之則不知終日意縈何處矣。　周美成律最精審，史邦卿句最警鍊，然未得爲君子之詞者，周旨蕩而史意貪也。（《藝概·詞概》）

戈載云：詞學至宋，盛矣備矣，然純駁不一，優劣迥殊，欲求正軌以合雅音，惟周清真、史梅溪、姜白石、吴夢窗、周草窗、王碧山、張玉田七人，允無遺憾。　清真之詞，其意澹遠，其氣渾厚，其音節又復清妍和雅，最爲詞家之正宗。（《宋七家詞選》）

陳廷焯云：唐、五代詞，不可及處正在沈鬱。宋詞不盡沈鬱，然如子野、少游、美成、白石、碧山、梅溪諸家，未有不沈鬱者；即東坡、方回、稼軒、夢窗、玉田等，似不必盡以沈鬱勝，然其佳處亦未有不沈鬱者。詞中所貴，尚未可知耶？詞至美成，乃有大宗，前收蘇、秦之終，後開姜、史之始，自有詞人以來，不得不推爲巨擘。後之爲詞者，亦難出其範圍。然其妙處，亦不外沈鬱頓挫。頓挫則有姿態，沈鬱則極深厚。既有姿態，又極深厚，詞中三昧亦盡於此矣。　今之談詞者，亦知尊美成。然知其佳而不知其所以佳，正坐不解沈鬱頓挫之妙，彼所謂佳者，不過人云亦云耳。　美成小令以警動勝，視飛卿色澤較淡，意態却濃，温、韋之外別有獨至處。　姜堯章詞清虚騷雅，每於伊鬱中饒蘊藉，清真之勁敵，南宋一大家也，夢窗、玉田諸人，未易接武。　美成、白石，各有至處，不必過爲軒輊。頓挫之妙、理法之精，千古詞宗，自屬美成；而氣體之超妙，則白石獨有千古，美成亦不能至。　美成詞，於渾灝流轉中下字用意皆有法度，白石則如白雲在空，隨風變滅，所謂各有獨至處。　詞法之密，無過清真；詞格之高，無過白石；詞味之厚，無過碧山。詞壇三絶也。　少游、美成，詞壇領袖也，所可議者，好作豔語，不免於俚耳。故大雅一席，終讓碧山。　詞法莫密於清真，詞理莫深於少游，詞筆莫超於白石，詞品莫高於碧山。而少游時有俚語，清真、白石，間亦不免，至碧山乃一歸雅正。　史梅溪全祖清真，高者幾於具體而微，論其骨韻，猶出夢窗之右。　白石、梅溪皆祖清真，白石化矣，梅溪或稍遜焉，然高者亦未嘗不化。　西麓亦是取法清真，集中和美成者十有二三，想見服膺之意，特面目全別，此所謂脱胎法。　李易安詞獨闢門徑，居然可觀。其源自淮海、大晟來，而鑄語多生造，婦人有此，可謂奇矣。　周、秦詞以理法勝，姜、張詞以骨韻勝，碧山詞以意境勝，要皆負絶世才，而又以沈鬱出之，所以卓絶千古也。　兩宋詞家各有獨至處，流派雖分，本原則一。　惟方外之葛長庚、閨中之李易安，别於周、秦、姜、史、蘇、辛外，獨樹一幟，而亦無害其爲佳，可謂難矣。　然畢竟不及諸賢之深厚，終是託根淺也。　東坡、稼軒、白石、玉田，高者易見；少游、美成、梅溪、碧山，高者難見，而少游、美成尤難見。　美成意餘言外，而痕迹消融，人苦不能領略。少游則義藴言中，韻流絃外，得其貌者，如鼹鼠之飲河，以爲果腹矣，而不知滄海之外更有河源也。　學周、秦、姜、史不成，尚無害爲雅正，學蘇、辛不成，則入於魔道矣。　發軔之始，不可不慎。　唐、宋名家，流派不同，本原則一。　論其派别，大約温飛卿爲一體，皇甫子奇、南唐二主附之；韋端己爲一體，牛松卿附之；馮正中爲一體，唐、五代諸詞人以暨北宋晏、歐、小山等附之；張子野爲一體；秦淮海爲一體，柳詞高者附之；蘇東坡爲一體；賀方回爲一體，毛澤民、晁具茨高者附之；周美成爲一體，竹窗、草窗附之；辛稼軒爲一體，張、陸、劉、蔣、陳、杜合者附之；姜白石爲一體；史梅溪爲一體；王碧山爲一體，黄公度、陳西麓附之；張玉田爲一體。　其間惟飛卿、端己、正中、淮海、美成、梅溪、碧山七家，殊塗同歸，餘則各樹一幟，而皆不失其正，東坡、白石尤爲矯矯。　温、韋創古者也，晏歐繼温、韋之後，面目未改，神理全非，異乎温、韋者也。　蘇、辛、周、秦之於温、韋，貌變而神不變，聲色大開，本原則一。　南宋諸名家大旨不悖於温、韋，而各立門户，别有千古。　（《白雨齋詞話》）

陳世焜（即陳廷焯）云：　美成鎔化成句，工鍊無比，然不借此見長，此老自有真面目，不以掇拾爲能也。　美成樂府開合動蕩，獨絶千古。南宋白石、梅溪皆祖清真而能出入變化者。　美成詞渾灝流轉中而下字用意皆有法度，故其詞名《清真集》。蓋清真二字最難，美成真千古詞壇領袖。（《詞壇叢話》）　美成詞極頓挫之致，窮高妙之趣，前無古人，後無來者。　詞至美成，開合動蕩，包掃一切。讀之如登太華之山，如掬西江之水，使人品概自高，塵垢盡滌。兩宋作者除白石、方回，莫與爭鋒矣。　美成長調，高據峯巔，下視羣山，盡屬附庸。（《雲韶集》）

嚴沆云：　詩降而爲詞，自《花間集》出而倚聲始盛，其人雖有南唐、楚蜀之殊，叩其音節，靡有異也。迨至宋，同叔、永叔、方回、叔原、子野，咸本《花間》，而漸近流暢。耆卿專主温麗，或失之俚；子瞻專主雄渾，或失之肆。當其時，少游、魯直、補之盡出其門，而正伯蘇氏中表，獨於詞未嘗師蘇氏，寧闌入耆卿之調，工者無論，俚者殆有甚焉。故論詞於北宋，當以美成爲最醇。南渡以後，幼安以負青兕之力，一意奔放，用事不休，改之、潛夫、經國尤而效之，無復詞人之旨。由是堯章、邦卿、別裁風格，極其爽逸芊豔，宗瑞、賓王、幾叔、勝欲、碧山、叔夏繼之，要其源，皆自美成出。（《古今詞選》序）

馮煦云：　陳氏子龍曰：「以沈摯之思，而出之必淺近，使讀者驟遇之，如在耳目之前，久誦之而得雋永之趣，則用意難也。以儇利之詞，而製之必工鍊，使篇無累句，句無累字，圓潤明密，言如貫珠，則鑄詞難也。其爲體也纖弱，明珠翠羽，猶嫌其重，何況龍鸞必有鮮妍之姿，而不藉粉澤，則設色難也。其爲境也婉媚，雖以驚露取妍，實貴含蓄不盡，時在低回唱歎之餘，則命篇難也。」張氏綱孫曰：「結構天成，而中有豔語、雋語、奇語、豪語、苦語、癡語、没要緊語，如巧匠運斤，毫無痕迹。」毛氏先舒曰：「北宋詞之盛也，其妙處不在豪快，而在高健；不在豔冶，而在幽咽。豪快可以氣取，豔冶可以言工，高健、幽咽則關於神理骨性，難可强也。」又曰：「言欲層深，語欲渾成。」諸家所論，未嘗專屬一人，而求之兩宋，惟片玉、梅溪足以備之。周之勝史，則又在「渾」之一字，詞至於渾，而無可復進矣。方千里和清真，亦趨亦步，可謂謹嚴，然貌合神離，且有襲迹，非清真也。其勝處則近屯田，蓋屯田勝處，本近清真，而清真勝處，要非屯田所能到。（《宋六十一家詞選·例言》）

沈祥龍云：詞能幽澀則無淺滑之病，能皺瘦則免癡肥之誚，觀周美成、張子野兩家詞自見。（《論詞隨筆》）

張德瀛云：釋皎然《詩式》謂詩有六至：至險而不僻，至奇而不差，至麗而自然，至苦而無迹，至近而意遠，至放而不遷。以詞衡之，至險而不僻者美成也，至奇而不差者稼軒也，至麗而自然者少游也，至苦而無迹者碧山也，至近而意遠者玉田也，至放而不遷者子瞻也。同叔之詞温潤，東坡之詞軒驍，美成之詞精邃，少游之詞幽豔，无咎之詞雄邈，北宋惟此五子可稱大家。（《詞徵》）

譚獻云：南渡詞境高處，往往出於清真。（《譚評詞辨》）

況周頤云：宋詞深緻能入骨，如清真、夢窗是。（《蕙風詞話》）

陳鋭云：詞如詩，可模擬得也。南宋諸家，回腸蕩氣，絶類建安；柳屯田不着筆墨，似古樂府；辛稼軒俊逸，似鮑明遠；周美成渾厚，擬陸士衡；白石得淵明之性情，夢窗有康樂之標軌。皆苦心孤造，是以被絃管而格幽明。學者但以面貌求之，抑末矣。　屯田詞在院本中如《琵琶記》，清真詞如《會真記》；屯田詞在小説中如《金瓶梅》，清真詞如《紅樓夢》。　讀姑溪詞而後知清真之大，讀古友詞而後歎淮海之清。四君極相合者也，由其合以求其分，庶見廬山真面。（《褒碧齋詞話》）

朱孝臧云： 兩宋詞人，約可分爲疏密兩派，清真介在疏密之間，與東坡、夢窗分鼎三足。（《宋詞三百首箋注》周邦彦下引朱評《清真詞》）

鄭文焯云： 沈伯時論詞，云讀得唐詩多，故語多雅淡。宋人有檃栝唐詩之例。玉田謂取字當從温、李詩中來。今觀美成、白石諸家，嘉藻紛縟，莫不取材於飛卿、玉溪，而長爪郎奇儁語，尤多別裁，嘗究心於此，覺玉田言不我欺。　美成提舉大晟，演爲曼聲，三犯四犯，變調綦繁，美且備矣。　屯田宋詞專家，其高渾處不減清真。（葉恭綽輯録鄭文焯《論詞手簡》，載《詞學季刊》第一卷第三號。）

張祥齡云： 周清真詩家之李東川也，姜堯章杜少陵也，吴夢窗李玉溪也，張玉田白香山也。　詞，詩家之賊，差以毫釐，失之千里，作詞則詞意詞字，不容出入。《片玉》，人稱善融唐詩，稼軒或用《楚辭》，此亦偶然，長處固不在是。　南唐二主、馮延巳之屬，固爲詞家宗主，然是勾萌，枝葉未備。小山、耆卿而春矣，清真、白石而夏矣，夢窗、碧山已秋矣。至白雲，萬寶告成，無可推徙，元故以曲繼之，此天運之終也。（《詞論》）

張其錦云： 詞者詩之餘也，昉於唐，沿於五代，具於北宋，盛於南宋，衰於元，亡於明。以詩譬之，慢詞如七言，小令如五言。慢詞北宋爲初唐，秦、柳、蘇、黄如沈、宋，體格雖具，風骨未遒；片玉則如拾遺，駸駸有盛唐之風矣。（《梅邊吹笛譜》跋）

蔣兆蘭云： 詞家正軌自以婉約爲宗，歐、晏、張、賀，時多小令，慢詞寥寥，傳作較少，逮乎秦、柳，始極慢詞之能事。其後清真崛起，功力既深，才調尤高，加以精通律吕，奄有衆長，雖率然命筆，而渾厚和雅，冠絶古今，可謂極詞中之聖。（《詞説》）

王國維云： 予於詞，五代喜李後主、馮正中，而不喜花間；宋喜同永、永叔、子瞻、少游，而不喜美成；南宋只愛稼軒一人，而最惡夢窗、玉田。介存《詞辨》所選，頗不當人意。（陳乃乾録觀堂舊藏《詞辨》眉批，載《人間詞話·附録》） 美成詞多作態，故不是大家氣象；若同叔、永叔，雖不作態，而一笑百媚生矣。此天才與人力之别也。（同上） 詞之雅鄭，在神不在貌，永叔、少游雖作豔語，方之美成，便有淑女與倡伎之别。周介存謂梅溪詞中喜用偷字，足以定其品格；劉融齋謂周旨蕩而史意貪。此二語令人解頤。詩人對宇宙人生，須入乎其内，又須出乎其外。入乎其内，故能寫之；出乎其外，故能觀之。入乎其内，故有生氣；出乎其外，故有高致。美成能入而不能出，白石以降，於此二事皆未夢見。 美成深遠之致不及歐、秦，惟言情體物，窮極工巧，故不失爲第一流之作者。但恨創調之才多，創意之才少耳。 長調自以周、柳、蘇、辛爲最工。美成《浪淘沙慢》二詞，精壯頓挫，已開北曲之先聲。

若屯田之《八聲甘州》、東坡之《水調歌頭》，則佇興之作，格高千古，不能以常調論也。《滄浪》、《鳳兮》二歌，已開《楚辭》體格。然《楚辭》之最工者，推屈原、宋玉，而此後之王褒、劉向之詞不與焉。五古之最工者，實推《阮嗣宗》、《左太沖》、《郭景純》、《陶淵明》，而前此曹、劉，後此陳子昂、李太白不與焉。詞之最工者，實推後主、正中、永叔、少游、美成，而此後南宋諸公不與焉。唐、五代之詞，有句而無篇；南宋名家之詞，有篇而無句。有篇有句，唯李後主降宋後之作，及永叔、子瞻、少游、美成、稼軒數人而已。（《人間詞話》）先生於詩文無所不工，然尚未盡脱古人蹊徑，平生著述自以樂府爲第一，詞人甲乙，宋人早有定論。惟張叔夏病其意趣不高遠。然北宋人如歐、蘇、秦、黄，高則高矣，至精工博大，殊不逮先生。故以宋詞比唐詩，則東坡似太白，歐、秦似摩詰，耆卿似樂天，方回、叔原則大曆十子之流，南宋惟一稼軒可比昌黎。而詞中老杜，則非先生不可。昔人以耆卿比少陵，猶爲未當也。先生之詞，陳直齋謂其多用唐人詩句，檃栝入律，渾然天成。張玉田謂其善融化唐詩。然此不過一端，不如强焕云：「模寫物態，曲盡其妙。」爲知言也。山谷云：「天下清景，不擇賢愚而與之，然吾特疑端爲我輩設。」誠哉是言，抑豈獨清景而已？一切境界，無不爲詩人設。世無詩人，即無此種境界。夫境界之呈於吾心而見於外物者，皆須臾之物，惟詩人能以此須臾之物，鐫諸不朽之文字，使讀者自得之。遂覺詩人之言，字字爲我心中所欲言，而又非我之所能自言，此大詩人之祕妙也。境界有二，有詩人之境界，有常人之境界，惟詩人能感之，而能寫之。故讀其詩者，亦高舉遠慕，有遺世之意；而亦有得有不得，且得之者亦有深淺焉。若夫悲歡離合，羈旅行役之感，常人皆能感之，而惟詩人能寫之，故其入於人者至深，而行於世者尤廣。先生之詞，屬於第二種爲多。故宋時別本之多，他無與匹，又和者三家，注者二家，自士大夫以至婦人女子，莫不知有清真；而種種無稽之言，亦由此以起。　先生之詞，文字之外，須兼味其音律。惟詞中所注宫調，不出教坊十八調之外，則其音非大晟府之新聲，而爲隋、唐以來之燕樂，固可知也。今其聲雖亡，讀其詞者，猶覺拗怒之中，自饒和婉，曼聲促節，繁會相宣，清濁抑揚，轆轤交往。兩宋之間，一人而已。（《清真先生遺事》）

陳洵云：詞興於唐，李白肇基，温岐受命，五代纘緒，韋莊爲首，温、韋既立，正聲於是乎在矣。天水將興，江南國蹙，心危音苦，變調斯作，文章世運，其勢則然。宋詞既昌，唐音斯暢，二晏濟美，六一專家。爰逮崇寧，大晟立府，制作之事，用集美成，此猶治道之隆於成、康，禮樂之備於公旦，監殷監夏，無間然矣。東坡獨崇氣格，箴規柳、秦，詞體之尊，自東坡始。南渡而後，稼軒崛起，斜陽煙柳與故國明月，相望於二百年中，詞之流變，至此止矣。湖山歌舞，遂忘中原，名士新亭，不無涕淚，性情所寄，慷慨爲多，然達事變，懷舊俗，大晟餘韻未盡也。天祚斯文，鍾美君特，水樓賦筆，年少承平，使北宋之緒，微而復振。尹煥謂前有清真，後有夢窗，信乎其知言矣。　周止庵立周、辛、吴、王四家，善矣。惟師説雖具，統系未明，疑於傳授、家法，或未洽也。吾意則以周、吴爲師，餘子爲友，使周、吴有定尊，然後餘子可取益。於師有未達，則博求之友，於友有未安，則還質之師，如此則統系明，而源流分合之故，亦從可識矣。　清真格調天成，離合順逆，自然中度；夢窗神力獨運，飛沈起伏，實處皆空。夢窗可謂大，清真則幾於化矣，由大而化，故當由吴以希周。（《海綃説詞》）

陳匪石云：周邦彦集詞學之大成，前無古人，後無來者，凡兩宋之千門萬户，《清真》一集，幾擅其全，世間早有定論矣。然北宋之詞，周造其極，而先路之導，不止一家。蘇軾寓意高遠，運筆空虛，非粗非豪，别有天地；秦觀爲蘇門四子之一，而其爲詞，則不與晁、黄同賡蘇調，妍雅婉約，卓然正宗；賀鑄洗鍊之功，運化之妙，實周、吴所自出。（《宋詞舉》）

邵瑞彭云：嘗謂詞家有美成，猶詩家有少陵。詩律莫細乎杜，詞律莫細乎周。觀夫千里次韻以長謡，君特依聲而操縵，一字之微，弗爽累黍，一篇之内，弗紊宫商，良由宋世大晟樂府，創自廟堂，而詞律未造專書，即以《清真》一集，爲之儀埻，後之學者所宜遵循勿失者也。（《周詞訂律》序）

杜少陵《贈鄭十八賁》云：「示我百篇文，詩家一標準。」前人論詞，每以清真爲較，亦詞家一標準也，略舉所見序跋書簡之屬，附載於此。

張鎡《梅溪詞》序：可以分鑣清真，平睨方回，而紛紛三變行輩，幾不足比數。（毛刻《梅溪詞》）

趙師岃《聖求詞》序：《聖求詞集》一編，婉媚深窈，視美成、耆卿伯仲耳。（毛刻《聖求詞》）

黄昇《題白石詞》：詞極精妙，不減清真樂府，其間高處，有美成所不能及。（毛刻《白石詞》）　吴君特：……山陰尹焕序其詞，略曰：「求詞於吾宋者，前有清真，後有夢窗，此非焕之言，四海之公言也。」

（《中興以來絶妙詞選》）

毛晉《竹屋癡語》跋：高竹屋與史梅溪，皆周、秦之詞，所作要是不經人道語，其妙處少游、美成亦未及也。《蘆川詞》跋：人稱其長於悲憤，及讀《花庵》、《草堂》所選，又極嫵媚之致，真堪與片玉、白石並垂不朽。《姑溪詞》跋：小令更長於淡語、景語、情語。……即置之《片玉》、《漱玉》集中，莫能伯仲。《空同詞》跋：叔嶼自號空同詞客，先輩稱其不減周美成。（毛刻《宋六十名家詞》）

朱孝臧《半塘定稿》序：君詞導源碧山，復歷稼軒、夢窗，以還清真之渾化。與周止庵氏説，契若鍼芥。（《清名家詞》）

況周頤《題褎碧齋詞》：沈著沖澹，一洗鉛華靡麗之習，無矜鍊之迹可尋，却無一字不矜鍊，格高律細，允稱乳法清真，抗手西麓。（《清名家詞》）

鄭文焯《與夏吷庵書》：近製兩解，微得周、柳掉入蒼茫之概，急起直追，或能得其彷彿邪？（《大鶴山人論詞遺札》，見《詞學季刊》第二卷第四號）《與朱彊村書》：近作擬專意學柳之疏奡，周之高健；雖神均骨氣不能遽得其妙處，尚不失白石之清空騷雅，取法固宜語上也。（《大鶴山人遺札彙鈔》、見《詞學季刊》第三卷第三號）

嚴復《與朱彊村書》：來教以浣花、玉溪於詩，猶清真、夢窗於詞，斯誠篤論。復於清真詞不盡見。就其得見者言，竊謂夢窗詞旨，實用玉溪詩法，咽抑凝迴，辭不盡意，而使人自遇於至深；鉤鈲雜碎，或學

者之過，猶西崑末流，誠不可歸獄夢窗。至於清真之似子美，則拙鈍猶未之窺也。（《詞學季刊》創刊號）

姚華《與邵伯絅論詞用四聲書》： 五代、北宋詞，歌者皆用絃索，以琵琶色爲主器；南宋則多用新腔，以管色爲主器。絃索以指出聲，流利爲美；管色以口出聲，的皪爲優。此段變遷，遂爲南北宋詞不同之一關鍵。譬如詞變爲曲，南北曲迥然不同，亦是絃索管笛之主器異爾。南曲弋陽、海鹽可勿論已，以崑曲言，則聲情文情之别，一目瞭然，不必細校口齒也。故南曲之格，嚴於北曲，亦猶南宋之詞，嚴於北宋也。主器既因時而異色，歌者亦因地而異音，中州音與吴音之不同，盡人而知矣。南宋詞既用管色，又多準吴音，故其律與北宋又不一例。如入聲之於平仄，中原音可分配三聲，吴音則否；故詞家有入聲尚可出入、而上去不容假借之説。要其折衷，亦無準據，皆由不依色以考聲，但校詞以爲譜，重眼不重耳，故似是而實非也。南北宋之間，最關重要者莫如清真。清真主大晟樂府，往往新腔出於其時，其所用色，尚耐人考校。故北宋舊調，亦有出於清真，而其聲頗與秦、黄異者，豈亦以用色不同故耶？（《詞學季刊》第二卷第一號）

〔宋〕周邦彦 著
羅忼烈 箋注

清真集箋注

下

上海古籍出版社

清真集箋注中編　詩文箋

薛侯馬　并序

薛侯河東土豪也，以戰功累官左侍禁〔一〕。西方罷兵〔二〕，薛歸吏部授官，帶所乘駱馬寓武城坊〔三〕，經年不得調，馬怒敗主人屋，時時踶碎市販盎器，薛悉賣裝以償。傷己困阨，因對馬以泣。鄰居李文士因之爲薛作傳。同舍生賦詩者十一人〔四〕，僕與其一。

薛侯俊健如生猱〔五〕，不識中原生土豪，蛇矛丈八常在手〔六〕，駱馬蕃鞍雲錦袍。往屬嫖姚探虎穴〔七〕，狐鳴蕭蕭風立髮，短鞘淋血斬胡歸，夜斷堅冰濡馬渴。中都久住武城坊〔八〕，屋頭養駱如養羊，枯萁不飽籬壁盡，狹巷怒踶盆盎傷。只今棲棲守環堵，五月溼風柔巨黍〔九〕，千金夜出酬市兒，客帳晝眠聽戲鼓。邊人視死亦尋常，笑裏辭家登戰場，銓勞定次屈壯士〔一〇〕，兩眼熒熒收淚光。齒堅食肉何曾老〔一一〕，騙馬身輕飛一鳥〔一二〕，焉知不

將萬人行，横槊秋風賀蘭道〔一三〕。

【箋注】

〔一〕左侍禁：武官名，見《宋史·職官志》九。

〔二〕西方：指西夏，在今内蒙古鄂爾多斯、阿拉善及甘肅西北部。按《宋史·神宗紀》及《夏國傳》，元豐六年，西夏國主秉常請修貢，許之。詔陝西、河東毋輒出兵，其新復城寨，徼循毋出二三里。罷兵當謂此。

〔三〕駱馬：《詩·小雅·四牡》：「四牡騑騑，嘽嘽駱馬。」毛傳：「白馬黑鬣曰駱。」

〔四〕同舍生：元豐二年頒學令：太學置八十齋，齋各五楹，容三十人；外舍生二千人，内舍生三百人，上舍生百人。見《宋史·選舉志》三。作者時爲内舍生，見《附記》。

〔五〕薛侯句：李賀《申胡子觱篥歌》：「俊健如生猱，肯拾蓬中螢。」

〔六〕蛇矛丈八：李白《送外甥鄭灌從軍三首》：「丈八蛇矛出隴西，彎弧拂箭白猿啼。」

〔七〕往屬句：漢武帝時名將霍去病曾爲嫖姚校尉，擊匈奴，見《史記·衛將軍驃騎列傳》。按此借喻邊將，或指种放也。李白《送羽林陶將軍》：「萬里横戈探虎穴，三杯拔劍舞龍泉。」

〔八〕中都：京師之通稱。《史記·平準書》：「漕轉山東粟以給中都官。」《索隱》：「中都，猶都内也。」

〔九〕巨黍：《荀子·性惡》：「繁弱、鉅黍，古之良弓也。」

〔一〇〕屈壯士：按《宋史·職官志》九、武臣三班叙遷之制，左侍禁右遷轉西頭供奉官，仍屬卑位，故云。

〔一一〕齒堅食肉：韓愈《贈劉師服》：「羡君齒牙牢且潔，大肉硬餅如刀截。」

〔一二〕騙馬句：《集韻》：「騙，躍而乘馬也。」杜甫《送蔡希魯都尉還隴右》：「身輕一鳥過，槍急萬人呼。」

〔一三〕賀蘭道：賀蘭山在今寧夏回族自治區，據戴震《水地記》，宋仁宗景祐以後，爲西夏所佔。

【附記】

宋陳郁《藏一話腴》乙集卷上引録此詩及《天賜白》云：「周邦彦字美成，自號清真，二百年來以樂府獨步，貴人學士，市儇妓女，知美成詞爲可愛，而能知美成爲如何人者，百無一二也。蓋公少爲太學内舍選，年未三十，作《汴都賦》，鋪張揚厲，凡七千言。奏之，天子命近臣讀於邇英閣，遂由諸生擢太學正，聲名一日震耀海内。神宗上賓，哲宗置之文館，徽宗列之郎曹，皆自文章而得。至於詩歌，自經史中流出，當時以詩名家如晁（補之）、張（耒），皆自歎以爲不及。姑以一二篇言之，如《薛侯馬》云……，如《天賜白》云……，若此凡數百篇，豈區區學晚唐者可及邪？樓攻媿謂其《磬鏡》、《烏几》之銘，可與鄭圃、漆園相周旋，而《禱神》之文，則《送窮》、《乞巧》之流亞，不爲溢美矣。擬清真者，又當於樂府之外求之。」

據《遺事》，清真以元豐六年七月獻賦，自諸生一命爲正，詩序云：「同舍生賦詩者十一人，僕與其一。」則詩在太學時作無疑。然序又稱西方罷兵，薛歸吏部授官，所乘騂馬經年不得調云云。按罷兵事在元豐六年閏六月，既經年矣，則詩當作於七年任太學正時也。《宋史·職官志》五：「（太學）正、録，掌舉行學規，凡諸生之戾規矩者，待以五等之罰，考校訓導，如博士之職。」

天賜白　并序

永樂城陷〔一〕，獨王湛、曲真夜縋以出〔二〕。真持木爲兵，且走且戰，前陷大澤中，顧其旁有馬而白，暫騰上馳去，五鼓達米脂城，因以得脱。真名其馬爲天賜白。蔡天啓得其事於西人〔三〕，邀余同賦。

君不見書生鐫羌勒兵入〔四〕，羌來薄城束練急，蠟丸飛出辭大家，帳下健兒紛雨泣。鑿沙到石終無水，擾擾萬人如渴蟻，挽絙竊出兩將軍，虜箭隨來風掠耳。道旁神馬白雪毛，噤口不嘶深夜逃，忽聞漢語米脂下，黑霧壓城風怒號。脱身歸來對刀筆〔五〕，短衣射虎朝朝出〔六〕，自椎雜寶塗箭創，心折骨驚如昨日。轂城魯公天下雄〔七〕，陰陵一跌兵力窮〔八〕，艤舟不渡待亭長，有何面目歸江東〔九〕？將軍偶生名已弱，鐵花暗澀龍文鍔，縞帳肥芻酬馬恩，閒望旄頭向西落〔一〇〕。

【箋注】

〔一〕永樂城：在今陝西省米脂縣。《宋史·外國傳》二：「(元豐五年)五月，沈括請城古烏延城以包橫山，使夏人不得絶沙漠。遂遣給事中徐禧、内侍押班李舜舉往議。禧復請於銀、夏、宥之界築永樂城。永樂依山，無泉水，獨种諤極言不可，禧率諸將竟城之，賜名銀川砦。」按城僅十四日而築成，旋於九月被西夏陷没。永樂事之始末，司馬光《涑水紀聞》卷十四、《資治通鑑長編》卷三二九元豐五年九月甲申條載之甚詳，皆爲《宋史》所本。又卷三三〇：元豐五年「冬十月戊申朔，李秬、种諤、沈據奏：永樂城陷，蕃漢官二百三十人、兵萬二千三百餘人皆没。」

〔二〕曲真：《宋史》作曲珍，卷三百五十有傳，略云：「曲珍字君玉，隴干人，世爲著姓。寶元、康定間，夏人數入寇，珍諸父糾集族黨禦之，敵不敢犯，於是曲氏以材武長雄邊關。徐禧城永樂，珍以兵從，版築方興，羌數十騎濟無定河覘役，珍將追殺之，禧不許。諜言夏人聚兵甚急，珍請禧還米脂，而自居守。明日果至，禧復來，珍曰：『敵兵甚衆，公宜退處内柵，檄諸將促戰。』禧笑曰：『曲侯老將，何怯邪！』夏兵且濟，珍欲乘其未集擊之，又不許。及攻城急，又勸禧曰：『城中井深泉嗇，士卒渴甚，恐不能支，宜乘兵氣未衰，潰圍而出，使人自求生。』禧曰：『此城據要地，奈何棄之？且爲將而奔，衆心摇矣。』珍曰：『非敢自愛，但敕使謀臣同没於此，懼辱國耳！』數日城陷，珍縋而免，子弟死者六人，亦坐貶皇城使。帝察其無罪，諭使自安，以圖後效。元祐初，爲環慶副總管，夏人寇涇原，號四十萬，珍擣虚馳三百里，破之曲律山，俘斬千八百人，解其圍。進東上閤使、忠州防禦使。卒，年五十九。」

〔三〕蔡天啓：蔡肇字天啓，潤州丹陽人，元豐二年進士。初從王安石游，頗受器重，後又與蘇軾交，名益著。哲宗時曾官太學正、衛尉寺丞，徽宗朝爲吏部員外郎，兼編修國史，言者論其學術反覆，出提舉兩浙刑獄。張商英當國，入爲中書舍人，以顯謨閣待制知明州，又爲言者論劾，落職提舉洞霄宮，會赦復官，尋卒。見《宋史·文苑傳》六。按清真又有《天啓惠酥》四首，見後。又按蔡肇有集，今不傳，張耒《張右史文集》中有《同文唱和》五卷，載其與張耒、李公麟、曹輔等酬唱之作頗多，《苕溪漁隱叢話》前集三十七亦載有其詩，蓋亦名家也。

〔四〕書生：指徐禧，《宋史》三三四有傳，略云：「徐禧字德占，洪州分寧人。少有志度，博覽周游，以求知古今事變，風俗利疚，不事科舉。熙寧初，王安石行新法，禧作《治策》二十四篇以獻，時吕惠卿領修撰經義局，遂以布衣充檢討。延帥沈括欲盡城横山，瞰平夏，城永樂，詔禧與内侍李舜舉往相其事，遂城永樂，十四日而成。夏兵二十萬屯涇原北，聞城永樂，即來争邊，人馳告者十數，禧等皆不之信，曰：『彼若大來，是吾立功取富貴之秋也。』禧亟赴之，大將高永亨曰：『城小人寡，又無水，不可守。』禧以爲沮衆，欲斬之，既而械送延獄。比至，夏兵傾國而至，永亨兄永能請及其未陳而擊之，禧曰：『爾何知！王師不鼓不成列。』禧執刀自率士卒拒戰，夏人益衆，分陳，迭攻抵城下。曲珍兵陳於水際，官軍不利，將士皆有懼色。俄夏騎度水犯陳，師大潰，死及棄甲南奔者幾半。遂受圍，水砦爲夏人所據，掘井不及泉，士卒渴死者太半。夏人蟻附登城，尚扶傷拒鬬。珍度不可敵，又白禧，請突圍而南，；永能永勸李稷盡損金帛，募死士力戰以出，皆不聽。戊戌夜大雨，城陷，四將走免，禧、舜舉、稷死之，永能没於陳。禧疏曠有膽略，好談兵，每云西北可唾手取，恨將帥怯爾。吕惠卿力引之，故不次用。禧素以邊事自任，狂謀輕敵，猝與强虜遇，至於覆没。」

〔五〕刀筆：謂刀筆吏，主獄訟之事。《戰國策·秦策》：「臣少爲秦刀筆。」

〔六〕短衣射虎：李廣擊匈奴，曾因兵敗被謫，屏居藍田山中射獵，聞所居郡有虎，常自射之。見《漢書·李廣傳》。杜甫《曲江三章章五句》：「短衣匹馬隨李廣，看射猛虎終殘年。」

〔七〕穀城魯公：《史記·項羽本紀》：「楚懷王初封項籍爲魯公，及其死，魯最後下，故以魯公禮葬項王穀城。」

〔八〕陰陵一跌：《項羽本紀》：「項王渡淮，騎能屬者百餘人耳。項王至陰陵，迷失道，問一田父，田父紿曰左，乃陷大澤中。」

〔九〕檥舟二句：《項羽本紀》：「項王欲東渡烏江，烏江亭長檥船待，謂項王曰：『江東雖小，地方千里，衆數十萬，亦足王也。願大王急渡，今獨臣有船，漢軍至，無以渡。』項王笑曰：『天之亡我，我何渡爲！且籍與江東子弟八千人渡江而西，今無一人還，縱江東父老憐而王我，我何面目見之？』」按永樂之役，將校死者數百，士卒及役夫死者二十餘萬，而曲珍子弟六人陣亡，珍獨得脱，故詩以項羽事譏之。

〔一〇〕旄頭：《史記·天官書》：「昴曰髦（同旄）頭，胡星也。」正義云：「昴七星爲髦頭……摇動若跳躍者，胡兵大起。」李白《幽州胡馬客歌》：「旄頭四光芒，争戰若蜂攢。」按詩句喻西夏征戰未已，惜曲真無用武之地也。

【附記】

出處同上。《宋詩紀事》、《武林往哲遺著後編》（以下簡稱《後編》）並引録，而無前篇，均見《話腴》，不知何以脱漏。按《宋史·外國傳》二，元豐五年九月永樂城陷，徐禧等死之，惟曲珍、王湛、李浦、吕整裸跣走免。詩蓋記事，其叙曲珍事，止於罷黜，未及後來破西夏於涇原一節，當是元豐五六年間所作。案時人樂貴明輯《四庫輯本別集拾遺》頁五七九，引録《永樂大典》卷八千八十九（此卷爲大英博物館藏）張舜民《永洛城記事》，所叙此役本末極詳，與清真詩合。文長千七百餘言，不具録。

元夕

翠華臨闕巷無人〔一〕，曼衍魚龍觸眼新〔二〕。羽蝶低昂萬人醉，木山綵錯九城春〔三〕。閑坊厭聽粻糧鼓〔四〕，曉漏猶飛轣轆塵。誰解招邀狂處士，摻撾驚倒坐中賓〔五〕。

【箋注】

〔一〕翠華句：翠華，天子之儀仗。司馬相如《上林賦》「建翠華之旗」，張揖曰：「以翠羽爲葆也。」臨闕，杜甫《北征》：「都人望翠華，佳氣向金闕。」《説文》：「闕，門觀也。」詩指元夕帝詣宫闕賞燈，按《歲時廣記》卷十引吕原明《歲時雜記》：「真宗以前御東華門，或御角樓；自仁宗來，唯御正陽門，即宣德門。」詩所謂臨闕者，當指宣德門。巷無人，《詩·鄭風·叔于田》：「叔于田，巷無居人。豈無居人？不如叔也，洵美且仁。」

〔二〕曼衍魚龍：《漢書·西域傳》贊：「設酒池肉林以饗四夷之客，作《巴俞》都盧、海中《碭極》、漫衍魚龍、角抵之戲以觀視之。」

〔三〕木山綵錯：汴京元宵之盛，備見《東京夢華録》卷六云：「正月十五元宵，大内前自歲前冬至後，開封府絞縛山棚，立木正對宣德樓。游人已集御街，兩廊下奇術異能、歌舞百戲，鱗鱗相切，樂聲嘈雜十餘里。綵山左右以綵結文殊、普賢，跨獅子、白象，各於手指出水五道，其手摇動。用轆轤絞水上燈山尖高處，用木櫃貯之，逐時放下，如瀑布狀。又於左右門上各以草把縛成戲龍之狀，用青幕遮籠，草上密置燈燭數萬盞，望之蜿蜒如雙龍飛走。自燈山至宣德門樓横大街，約百餘丈，以繒綵結束，紙糊百戲人物，懸於竿上，風動宛若飛仙。宣德樓上皆垂黄緣簾，中一位乃御座，用黄羅設一綵棚，御龍直執黄蓋掌扇，列於簾外。兩朵樓各掛燈毬一枚，約方圓丈餘，内燃椽燭。簾内亦作樂，宫嬪嬉笑之聲，下聞於外。」（節録）詩所謂翠華臨闕，即御宣德門樓，曼衍魚龍，羽蝶低昂，即龍燈蜿蜒，紙糊百戲人物飄動。轣轆，即用轆轤絞水上燈山也。

〔四〕粻粻鼓：粻粻亦作餦餭，油煎食物也，即環餅，又稱寒具，此謂鼓形如之。

〔五〕誰解二句：用禰衡事以自況。《後漢書·文苑傳》下：「禰衡字正平，少有才辯，而尚氣剛傲，好矯時慢物。融既愛衡才，數稱述於曹操。操欲見之，而衡數相輕疾，自稱狂病，不肯往，而又數有恣言。操懷忿，而以其有才名，不欲殺之。聞衡善擊鼓，乃召爲鼓史。因大會賓客，閲試音節，諸史過者，皆令脱其故衣，更著岑牟單絞之衣。次至衡，衡方爲《漁陽》參撾，蹀躡而前，容態有異，聲節悲壯，聽者莫不慷慨。衡進至操前而止，吏訶之曰：『鼓史何不改裝？而敢輕進乎！』衡曰：『諾。』於是先解衵衣，次釋餘服，裸身而立，徐取岑牟單絞而著之，畢，復參撾而去，顔色不怍。操笑曰：『本欲辱衡，衡反辱孤。』」蘇軾《滿江紅·寄鄂州朱使君壽昌》：「江表傳，君休讀，狂處士，真堪惜。」

【附記】

詩見《永樂大典》卷二萬三百五十四夕字韻引周美成《清真集》。按《重進汴都賦表》云:「旋遭時變,不能俛仰取容,自觸罷廢,漂零不偶,積年於兹。」謂神宗既卒,新黨既敗,已不能俛仰取容於舊黨也。詩以禰衡不屈於曹操自比,疑爲元祐二年出都教授廬州前作。

仙杏山〔一〕

仙人藥光明夜燭,種杏碧山如種玉〔二〕。春風裂石鳳收花,赤頰離離照山谷〔三〕。卿雲承日作陰潤,猛虎守山防採劚。高蕣筐筐入時貢〔四〕,拜望通明薦新熟〔五〕。珠旒頷首一破顔,氣壓蟠桃羞若木。自從移植近星榆〔六〕,山水無光靈鬼哭。長松枯倒流液盡,摧穎牽藤多樸樕〔七〕。我思百年訪靈異,羽褐雖存言語俗。本非民土宰官身〔八〕,欲斷人間煙火穀。行尋幽洞覓丹砂,倘見矅仙騎白鹿〔九〕。便應執帚洗仙壇,不用區區掃塵竹〔一〇〕。

【校】

〔高蕣〕四庫本作「高真」,抄者筆誤。〔摧穎牽藤〕四庫本作「擢疏索藤」,非是。〔言語俗〕四庫本作「言語各」,誤。

【箋注】

〔一〕仙杏山：宋張敦頤《六朝事迹類編》下《仙杏山》：「舊經云，絶頂有杏林及仙人脚迹，因以名之。又有仙壇石井，故一名仙壇石山。唐垂拱五年，重修壇三所并石井；聖曆二年，縣令岑仲琢石爲像，設香燈供之。下有清泉，流入丹陽湖。在溧水縣東南四十三里。」又宋周應合《景定建康志》十七：「僊杏山，在溧水縣東南四十三里。舊經云，絶頂有杏林及僊人足跡，因以名之。又有僊壇三所及丹井，一名僊壇山，下有清泉，流入丹陽湖。元祐中，知縣周邦彦有《僊杏山》詩云……。」

〔二〕種玉：楊公伯家於無終山，山高八十里，上無水，公伯汲水作義漿於坂頭。三年，有一人就飲，以一斗石子與之，謂種於高平有石處，當生玉，語畢不見。如其言，數歲後果見玉生石上。見《搜神記》十一。

〔三〕赤頩：謂花色紅豔也。李商隱《石榴》：「可羨瑶池碧桃樹，碧桃紅頩一千年。」《景定建康志》（四庫珍本影印本，以下簡稱《建康志》）作赤顆，非是，兹從《後編》。

〔四〕高奠：連下句謂以仙杏獻玉帝也。

〔五〕通明：玉帝所居，《道藏》本王欽若《翊聖保德傳》：「玉帝通明殿。」按傳出清真之後，而詩已用之，則早有此説矣。若木：《山海經·大荒北經》：「大荒之中有衡石山、九陰山、洞野之山，上有赤樹，青葉赤華，名曰若木。」郭璞注：「生昆侖西極附西極，其華光赤，下照地。」

〔六〕星榆：羣星也。《玉臺新詠》一《隴西行》：「天上何所有，歷歷種白榆。」後因以爲衆星之稱。唐人王初《即夕》：「風幌涼生白袷衣，星榆纔亂銀河低。」

〔七〕樸樕：《詩·召南·野有死麕》「林有樸樕」，傳云：「小木也。」

〔八〕宰官身：《法華經》：「應以宰官身得度者，即現宰官身爲說法。」

〔九〕騎白鹿：王昌齡《就道士問周易參同契》：「仙人騎白鹿，髮短耳何長。」

〔一〇〕掃塵竹：《荆州圖經》：「天門角上生一竹，倒垂拂拭，謂之天帚。」蘇軾《巫山詩》：「次問掃壇竹，云此今尚爾。」

【附記】

詩見《建康志》十七，《後編》引録。按四庫本多舛誤，不及《後編》所據之清嘉慶刊本。

清真之知溧水也，毛刻《片玉詞》强焕序但稱「元祐癸酉春中爲邑長於斯」，故後人不可甚詳，如《遺事》但謂元祐八年春知溧水，至紹聖三年尚在任是也。今按《建康志》二十七有溧水縣《廳壁題名》云：「周邦彦，元祐八年二月到任；何愈，紹聖三年三月到任。」則强序所謂春中，指二月也，至紹聖三年三月前去任，在職適三載矣。其在溧水，所作定多，故樓鑰《送趙南仲丞溧水》有「往題斯立藍田壁，更訪清真溧上詩」（《攻媿集》十）之語。今所見佚詩及長短句之可考者，亦以在溧水時爲多也。又《至大金陵志》卷十二下《古蹟志》有《蕭閒堂碑》，注云「周邦彦作」，即强焕《片玉詞·序》所謂「有亭曰姑射，有堂曰蕭閒，皆取神仙中事揭而名之」者也。又有《插竹亭記》，不題撰人，亦清真作，見《遺事》。又有《周美成會客題名》，注云「溧水丞高舉刻於聽事」。又有《左伯桃墓詩》，注云「唐顔真卿、宋胡宗愈、蔣之奇、周邦彦皆有詩」。今除諸詩外，記及題名皆佚。溧水與江寧、茅山鄰近，方志所引詩，亦當是爲邑長時游蹤所及之作。溧水地邇茅山，道教盛行，元道士劉大彬《茅山志》所謂某代宗師者，不乏溧水人，而邑中之仙杏山、無想山、長壽鄉、思鶴鄉、白鹿鄉，亦以道教之故而名。鄭文焯《清真詞校後録要》，因强焕序謂堂曰蕭閒，亭曰姑射，皆取神仙中事揭而名之，可以想像其襟抱之不凡，遂以爲無想山、長壽鄉亦清真所題名，非也。詳見上編詞中之《滿庭芳》附記，不贅。竊意清真詩文每有道家者言，樓鑰稱其《磬鏡》、《烏几》之銘，可與鄭圃、漆園相周旋；又稱其學道退然，委順知命，人望之如木雞，自以爲喜。蓋薄宦偃蹇，至是已到中年，鋭氣胥盡，又適宰「紛紛流俗尚師仙」（王安石《登大茅山頂》）之土，故託之以理遣，此篇所謂「本非民土宰官身，欲斷人間煙火穀」，亦此時心聲也。清真之號，取義於道家，當非偶然，而其思想之變化，似亦始於溧水也。

過羊角哀左伯桃墓〔一〕

古道久淪喪，末世尤反覆。《谷風》歌焚輪〔二〕，《黄鳥》譬《伐木》〔三〕。永懷左與羊，重義踰血屬。客行干楚王，冬雪無斗粟。傾糧活一士，誓不俱死辱。風雲爲慘變，鳥獸同躑躅。角哀哭前途，伯桃槁空谷。終乘大夫車，千騎下棺櫝。子長何所疑，舊史刊不録〔四〕。獨行貴苟難，義俠輕殺戮。雖云匪中制，要可興薄俗。荒墳鄰萬鬼，溘死皆碌碌。何事荆將軍，操戈相窘逐〔五〕。

【箋注】

〔一〕羊角哀左伯桃墓：《六朝事迹類編》下《左伯桃墓》：「《烈士傳》曰：左伯桃、羊角哀，燕人也，二人爲友，同時游學，聞楚王待士，乃同入楚。至梁山，值雨雪，糧少，伯桃乃併糧與角哀，令往事楚，自入於空樹中餓死。角哀至楚，爲上大夫，乃告楚王，備禮葬左伯桃于此。唐大曆六年，魯公顔真卿經此，以詩弔之，書於莆塘。在溧水縣南四十三里。」《建康志》四十三《諸墓》：「左伯桃、羊角哀墓，並在溧水縣南四十五里儀鳳鄉孔鎮南大驛路西。……劉孝標《廣絶交》云：『續羊、左之徽烈』，正謂是也。唐大曆六年，顔真卿過墓下，作詩弔之，詩今亡。……元祐中，知縣周邦彦詩云云（引詩見上），書此爲《諸墓》先，又加詳焉，非語怪也，將以厲薄俗也。」按所謂加詳，指左伯桃與荆軻戰於地下故事，見下，此處引文從略。

〔二〕《谷風》句：《詩·小雅·谷風》：「習習谷風，維風及穨。」傳云：「穨，風之焚輪者也。風薄相扶而上，喻朋友相須而成。」焚輪，猶紛綸也。

〔三〕《黄鳥》：《詩·秦風·黄鳥》：「交交黄鳥，止於棘。」傳云：「黄鳥以時往來得其所，人以壽命終，亦得其所。」按此用傳義，謂左伯桃死於非命，不得其所也。《伐木》：《詩·小雅》篇名，《詩序》云：「《伐木》，燕朋友故舊也。自天子至於庶人，未有不須友以成者。」

〔四〕子長二句：謂子長疑其事非實，故《史記》削之不載。子長，司馬遷字。

〔五〕荒墳四句：《六朝事迹類編》下《荆將軍廟》云：「舊經：荆軻廟也。《烈士傳》曰：昔左伯桃、羊角哀往楚，併糧於梁山，左伯桃死而角哀達，乃厚葬伯桃于梁山下。一夕，角哀夢伯桃告曰：『幸感所葬，奈何與荆將軍墓相鄰，每地下與吾戰，爲之困迫。今年九月十五日將大戰，至時望子借兵馬于冢上，叫噪相助。』角哀覺而悲之，如期而往，曰：『今在冢上，安知我友地下之勝負？』乃命開棺，自刎而死，報併糧之義也。廟在溧水縣南四十五里。」

【附記】

詩見《建康志》四十三《諸墓》，《宋詩紀事》、《後編》並引録。《紀事》於題下小注云：「溧水縣南，元祐中爲令時作。」蓋編者按語。

楚平王廟〔一〕

奸臣亂國紀，伍奢思結纓〔二〕。殺賢恐遺種，巢卵同時傾〔三〕。健雛脱身去，口血流吴廷〔四〕。達士見幾微，楚郊憂苦辛〔五〕。十年軍入郢，勢如波卷萍〔六〕。賢王國嬰難，王死屍受刑〔七〕。將毁七世廟，先壞百里城〔八〕。子胥雖捐江〔九〕，素車駕長鯨〔一〇〕。驚濤寄怒餘，遺廟羅千楹。王祠何其微，破屋風泠泠。蟄蟲陷香案，飢鼠懸燈檠。淫俗敬魑魅〔一一〕，何人顧威靈。臣冤不仇主，況乃鋤丘塋。報應苦不直，吾將問冥冥〔一二〕。

【箋注】

〔一〕楚平王廟：《六朝事迹類編》下《楚平王廟》云：「《吴越春秋》云，楚平王都於固城。廟今在溧水縣南九十里。昔周成王封熊繹子男之田于蠻荆之地，至莊王時，賜姓爲芊氏。至靈王立，與敵日尋干戈，邊鄙不寧，時吴軍失利，乃陷瀨渚。至平王，用佞臣之言，殺太傅伍奢并其子尚，子胥奔吴，吴用之，破楚而入郢。此廟即平王之舊址也，唐廣明元年重修。」按此詩上半所言史事，見《史記·伍子胥列傳》及《楚世家》，箋不備引。

〔二〕奸臣二句：指費無忌譖伍奢於楚平王，王囚奢而殺之。結纓，從容就死之意。《左傳·哀公十五年》：「子路曰：『君子死，冠不免。』結纓而死。」

〔三〕殺賢二句：費無忌又譖於平王，謂伍奢二子尚及子胥皆賢，不殺恐有後患。於是平王使人召二子，詐稱來則釋其父，不來則誅之。巢卵，《世説新語·言語》：「孔融被收，中外惶怖，時融兒大者九歲，小者八歲，二兒故琢釘戲，了無遽容。融謂使者曰：『冀罪止於一身，二兒可得全不？』兒徐進曰：『大人豈見覆巢之下，復有完卵乎？』尋亦收至。」

〔四〕健雛二句：平王使者至，伍尚以父故，束手就執，子胥知往則俱死，乃以弓矢向使者，使者不敢進，遂逃去。既至吴，説吴王僚伐楚。

〔五〕達士二句：子胥説王僚伐楚，爲公子光所沮。子胥知光思謀僚而自立，未可説以外事，乃進刺客專諸於光，而退耕於野。其後，光遣專諸刺殺僚而自立，是爲吴王闔閭，卒興兵伐楚。

〔六〕十年二句：《楚世家》：「十年冬，吴王闔閭、伍子胥、伯嚭與唐、蔡俱伐楚，楚大敗，吴兵遂入郢。」

〔七〕賢王二句：《伍子胥列傳》：「吴兵入郢，伍子胥求昭王，既不得，乃掘楚平王墓，出其尸，鞭之三百然後已。」

〔八〕將毀二句：吴王闔閭卒，子夫差立。夫差伐越既勝，子胥勸夫差滅其國以絶後患，夫差不聽，尋因伯嚭之譖而賜子胥死，其後吴卒爲越所滅。二句謂夫差殺子胥，自壞長城，終隳其宗廟。《禮記·王制》：「天子七廟，三昭三穆，與太祖之廟而七。」賈誼《過秦論》：「一夫作難而七廟隳。」

〔九〕子胥句：《伍子胥列傳》：「乃使使賜伍子胥屬鏤之劍曰：『子以此死。』伍子胥乃告其舍人曰：『必樹吾墓上以梓，令可成器，而抉吾眼縣吴東門之上，以觀越寇之入滅吴也。』乃自剄死。吴王聞之，大怒，乃取子胥尸盛以鴟夷革，浮之江中。」

〔一〇〕素車句：《録異記》：「夫差殺伍子胥，煮之於鑊，乃以鴟彝橐投之於江。子胥恚恨，驅水爲濤以殺人。今時會稽、丹徒、大江、錢塘、浙江皆立子胥之廟，蓋欲慰其恨心，止其猛濤也。時見子胥素車白馬在潮頭之中，因立廟以祠焉。」長鯨喻巨濤。

〔一一〕淫俗句：《建康志》四十二《風土志》：「溧水縣有山林川澤之饒，民勤稼穡，……信巫鬼，重淫祀。」詩句非泛言也。

〔一二〕臣冤四句：《伍子胥列傳》：「申包胥……使人謂子胥曰：『子之報讎，其以甚乎！吾聞之，人衆者勝天，天定亦能破人。今子固平王之臣，親北面而事之，今至於僇死人，此豈其天道之極乎！』」詩意本此。

【附記】

詩見唐圭璋先生《周清真佚詩補輯》，録自乾隆時所修《溧水縣志》卷十八《藝文志》。

竹城

竹城何檀欒〔一〕，層層分雉堞。王封盡四塹，同有固窮節〔二〕。

【箋注】

〔一〕竹城：《建康志》二十：「竹城在溧水縣東南七十里，環地二里，高五尺。有廟，未詳。」檀欒：竹秀美之貌。《古文苑》枚乘《梁王菟園賦》：「脩竹檀欒，夾池水，旋菟園，並馳道。」

〔二〕固窮節：陶淵明《飲酒詩》：「不賴固窮節，百世當誰傳。」

【附記】

詩見《後編》録自《江寧志》。

無題

石瀨光洄洄〔一〕，沙步平侹侹〔二〕。楓林名一社，春汲共寒影。藩籬曲相通，窈窕花竹靜。茲焉自足樂，未覺丘園迥〔三〕。令尹雖無恩〔四〕，黠吏幸先屏。唯當謹時候，田廬日三省。驕兒休馬足，高廩付牛領〔五〕。無人橫催租，烹鮮會同井。

【箋注】

〔一〕洄洄：水旋流貌。王安石《次韻和甫春日金陵登臺》：「鍾山漠漠水洄洄，西有陵雲百尺臺。」

〔二〕侹侹：長貌。韓愈《答張徹》：「石梁平侹侹，沙水光泠泠。」

〔三〕丘園：指隱居之地。蔡邕《處士圂叔則銘》：「潔耿介於丘園，慕七人之遺風。」

〔四〕令尹：知縣稱縣令或縣尹，合言之曰令尹，非古所謂令尹。

〔五〕高廩：謂積糧也。《詩·周頌·豐年》：「亦有高廩，萬億及秭。」牛領：牛頸。顧況《杜秀才畫立走水牛歌》：「江村小兒好誇騁，脚踏牛頭上牛領。」清真詩謂稚子嬉戲，捨馬而踏牛領，與高廩齊也。

【附記】

詩見《永樂大典》八九九九詩字韻引周美成《清真集》。據詩自稱令尹，當爲知溧水時作，蓋其爲邑長只此一任也。

《建康志》四十二《風俗志》云：「溧水縣有山林川澤之饒，民勤稼穡，魚稻果茹，隨給粗足。雖無千金之家，亦四千凍餒之民，信巫鬼，重淫祀，畏法奉公，各守其分，安業重遷，尤好文學，承平時儒風藹然，爲五邑冠。」足爲此篇注脚。其時清真年在三十八至四十之間，子未長大，故曰驕兒。黠吏先屏，無人催租，則其爲政之道也。

芝术歌 并序〔一〕

道正盧至恭，得芝一本术間，术生石上，根須連絡不可解，遇於白鵠廟之側〔二〕，樵斧取之，猶含石也。邦彦請乞於盧，持壽叔父〔三〕。

華陽之天諸洞府〔四〕，阿穴便門迷處所。三君謁帝不知還〔五〕，帳冷祠空遺鶴羽。玉津寶氣久成腴，靈术神芝時出土。日精潛燭山自明〔六〕，人力窮搜神不與。前年橈棟作新宫〔七〕，坎坎空巖響斤斧〔八〕。君來胎禽舞海雪〔九〕，君去雲山雜川雨。是生朱草示塵寰，故遣樵青入林藪〔一〇〕。蘖膏紫漆自堅栗，下附天蘇蟠石隝。肉人但恐奇禍作〔一一〕，藥籠復憂神物取。盧陵太守藴仙風〔一二〕，健骨清姿欲飛舉。陰功除瘼民正悦，靈藥引年天亦許。願因服餌斷膏粱，未讓南華《養生主》〔一三〕。

【校】

《詩淵》六册頁四五九六録此，題作《壽叔父》。〔之天〕作「陰天」。〔祠〕下脱「空」字。〔靈术神芝〕作「仙术靈芝」。〔橈棟〕作「棟橈」。〔胎禽〕誤作「脂膏」。〔雲山〕作「川雲」。〔川雲〕作「山雨」。〔樵青〕作「樵童」。〔林藪〕作「林莽」。〔紫漆〕訛作「柴漆」。〔蟠〕訛作「磻」。〔肉人〕作「凡軀」。〔藥籠〕作「私室」。〔靈藥〕作「壽藥」。〔未讓句〕作「百越蒼梧訪鐘吕」。

【箋注】

〔一〕芝术：顔延之《又釋何衡陽達性論》：「芻豢之功，希至百齡，芝术之懿，亟聞千歲。」

〔二〕白鵠廟：疑即白鶴廟。《六朝事迹類編》下引《茅山白鶴廟記》云：「此廟即祠三茅君之所也。霓旌屢降，鶴駕時逢，茅君分理於赤城玉洞，每年以十二月二日駕白鶴於此會諸真君，故名焉。在句容縣東南三里。」詩云「三君謁帝」，又云「遺鶴羽」，與《記》合。《建康志》卷四十五：「昇元觀在中茅峯西，本名白鶴廟，劉至孝三遇僊桃之所也。元祐中，桐川道士湯友成、友直居之。政和八年，守臣俞㮚奏改今額。」清真以元祐末知溧水，此詩謂「前年橈棟作新宫」者，或即指元祐中二湯居之而有所營造也。

〔三〕叔父：指周邠。潛説友《咸淳臨安志·人物傳》：「周邠字開祖，嘉祐八年登進士第。熙寧間，蘇軾倅杭，多與酬唱，所謂周長官者是也。軾後自密州改除河中府，過濰州，邠時爲樂清令，以《雁蕩圖》寄軾，有詩，軾和韻有『西湖三載與君同』之句。後軾知湖州，以詩得罪，邠亦坐罰金。元祐初，邠知管城縣，乞復管城爲鄭州，有興廢補敗之力，由是通判壽春府，見蘇轍所行告詞。後知吉州，官至朝請大夫、上輕車都尉，其丘墓在南蕩山。邠係元符末上書人，崇寧初，第爲上書邪等；政和五年，又爲僧懷顯序《錢塘勝蹟記》，蓋歷五朝云。姪邦彦。」按《建康志》卷二十七溧水縣令題名，有「周邠元豐四年四月到任，張常元豐六年九月到任」之語，則亦曾知溧水也。

〔四〕華陽：《六朝事迹類編》下《華陽洞》：「舊《經》云，即第八金壇大洞天也。唐改爲太平觀，在句容縣東南四十里茅山之側。」又《建康志》卷十九：「華陽洞在茅山側，三茅、二許得道於此。此洞其門五，三門顯，二門隱。」按詩云「阿穴便門」，即指五洞門三顯二隱。

〔五〕三君：三茅君，相傳漢時茅盈、茅固、茅衷（一作茅震）得道於茅山。《六朝事迹類編》下《茅君山》：「茅濛字初成，華陽人也，隱華山修道，秦始皇三十一年白日上昇。濛之元孫盈，得道於金陵句曲山，上昇爲東嶽上卿司命真君太元真人，居赤城，時來句曲，邦人改句曲爲茅君山。《圖經》云，漢時有三茅君各乘一白鶴來居其上，故號三茅君，世傳茅盈、茅固、茅震皆濛之後也。」

〔六〕日精：日之精華。宋之問《王子喬》：「白虎摇瑟鳳吹笙，乘騎雲氣嗡日精。」

〔七〕橈棟：《易·大過》：「棟橈，利有攸往。」《正義》：「棟橈者，謂屋棟也，本與末俱橈弱。」按詩言舊棟已橈，故葺作新宫也。

〔八〕坎坎：伐木聲。《詩·魏風·伐檀》：「坎坎伐檀兮，置之河之干兮。」

〔九〕胎禽：相傳仙鶴胎生，故稱胎仙，又曰胎禽。陶弘景《瘞鶴銘》：「相此胎禽，浮丘著經。」

〔一〇〕樵青：顔真卿《浪跡先生玄真子張志和碑》：「肅宗嘗錫奴婢各一，玄真配爲夫妻，名夫曰漁僮，妻曰樵青。人問故，漁僮使捧釣收綸，蘆中鼓枻；樵青使蘇蘭薪桂，竹裏煎茶。」

〔一一〕肉人：病名，指人頭頂生瘡，連皮剥落，自頂至踵。見《道藏》夏子益《奇疾方》。或作凡人解，亦通。

〔一二〕廬陵太守：吉州古之廬陵郡，周邠曾知吉州，故云。

〔一三〕南華：唐玄宗天寶元年，尊莊子爲南華真人，號其書爲《南華經》。《養生主》：《莊子》内篇名。

【附記】

詩見元劉大彬《茅山志》卷二十九，《後編》亦見引録。茅山在句容縣西南，與溧水接境，此及下二首當是清真爲邑時遊蹤所及之作。

宿靈仙觀〔一〕

靈宫眈眈虎守谷，羽褐出山邀客宿。稽首中茅司命君〔二〕，四葉秉符調玉燭〔三〕。鳴金擊石天相聞，游飈倒影聲磷磷。戲上雲崖撼瓊樹，脱葉出溪驚世人。

【箋注】

〔一〕靈仙觀：《太平寰宇記》卷一百二十五：「唐天寶年中元宗夢九天司命真君現於天柱山，置祠宇，有二白鹿現，號曰白鹿洞。洞中有香土色入金，號香泥洞，金基殿在洞之上也。皇朝就修真君祠爲靈仙觀。」然清真詩明言「稽首中茅司命君」，則中茅別有此觀也。

〔二〕中茅：《建康志》卷十七：「中茅峯在積金嶺側，有泉色赤而有味。」又乾隆《句容縣志》：「中茅峯在積金嶺北，即定録二茅君所居。」司命君：茅盈，見《芝术歌》箋。

〔三〕四葉句：四葉，謂茅濛及三茅君。秉符，秉持符瑞，《史記·孝武紀》「以風符應合於天地」，《集解》引晉灼曰：「符，瑞也。」玉燭，《爾雅·釋天》：「四時和，謂之玉燭。」蕭統《七契》：「銅律應度，玉燭調和。」

【附記】

詩見《後編》録自《茅山志》，按不言出處，未詳何本《茅山志》。

投子山〔一〕

緬懷魯將軍，兵敗攜部曲〔二〕。未投衲子衣〔三〕，解甲餘戎菽〔四〕。誰令此名山，異代有餘辱。

【箋注】

〔一〕投子山：《嘉慶一統志》卷七十六：「投子山在桐城縣北二里，相傳孫吳魯肅與曹兵戰敗，投其子與此，故名。宋劉與言、周邦彦俱有詩詠其事。」

〔二〕攜：離也，句謂部曲離散。

〔三〕衲子衣：即僧服。

〔四〕戎菽：《詩·大雅·生民》「藝之荏菽」，傳云：「荏菽，戎菽也。」箋云：「戎菽，大豆也。」

【附記】

亦見《後編》録自《茅山志》，按其詩當有本事載志中，未見其書，不詳其事。

鳳凰臺〔一〕

危臺飄盡碧梧花，勝地淒涼屬梵家。鳳入紫雲招不得，木魚堂殿下飢鴉〔二〕。

【箋注】

〔一〕鳳凰臺：《六朝事迹類編》下《鳳凰山》云：「宋元嘉中，鳳凰集於是山，乃築臺於山椒，以旌嘉瑞。在府城西南二里，今保寧寺是也。」又《建康志》卷二十二云：「鳳凰臺在保寧寺後，寶祐元年倪總領垕重建。宋元嘉十六年，秣陵王顗見三異鳥數集於山，狀如孔雀，文彩五色，音聲諧和，衆鳥附翼而羣集，時謂之鳳，乃置鳳凰里，起臺於山，因以爲名。周邦彦詩云云。」按《類編》成於紹興三十年，去清真知溧水時裁六十餘載，其時臺尚在保寧寺，故詩有「勝地淒涼屬梵家」之語，若《建康志》所記則後九十餘年，臺在寺外，不屬梵家矣。

〔二〕木魚：佛教法器。《摭言》：「有一白衣問天竺長老云：『僧舍悉懸木魚，何也？』答曰：『用於警衆。』白衣曰：『必刻魚，有何因也？』長老不能答，遣僧以問瑯山悟卞師，師曰：『魚晝夜未嘗合目，亦欲修行者晝夜忘寐，以至於道也。』」

【附記】

此詩出處已見箋，《宋詩紀事》及《後編》並引録。按溧水宋時爲江寧府屬邑，或清真當日蹤迹所常至，疑此篇及《越臺曲》皆一時之作。又《建康志》三十七《樂府》，載清真《西河》金陵懷古及《隔浦蓮》溧水縣圃姑射亭避暑作、《鶴沖天》溧水長壽鄉作，疑亦與詩同爲知溧水時作也。

越臺曲〔一〕

玉顔如花越王女〔二〕，自小嬌癡不歌舞。嫁作江南國主妃，日日思歸淚如雨。江南江北梅子黄，潮頭夜漲秦淮江。江邊雨多地卑濕，旋築高臺匀曉妝〔三〕。千艘命載越中土，喜見越人仍越語。人生脚踏鄉土難，無復歸心越中去。高臺何易傾，曲池亦復平〔四〕。越姬一去向千載，不見此臺空有名。

【箋注】

〔一〕越臺：《建康志》卷二十：「古越城一名范蠡城。案《宮苑記》，周元王四年越相范蠡所築，在今瓦棺寺東南、國門橋西北。圖經云，城周迴二里八十步，在秣陵縣長干里。今江寧縣尉廨後遺址猶存，俗呼爲越臺。」又卷二十二：「越臺，舊基在城南江寧尉廨後，范蠡築城長干里，此即古越城內所築臺也。」

〔二〕越王女：《吴越春秋》：「越王……乃使相者國中，得苧蘿山鬻薪之女曰西施、鄭旦，飾以羅縠，教之容步，習於土城，臨於都巷，三年學服而獻於吴。乃使相國范蠡進曰：『越王句踐竊有二遺女，越國洿寢容，願納之供箕帚之用。』吴王大悦。」

〔三〕旋築高臺：《述異記》：「吴王夫差築姑蘇之臺，三年乃成，周旋詰曲，橫亘五里，崇飾土木，殫盡人力，宫妓千人，上别立春宵宫，爲長夜之飲。」

〔四〕高臺二句：《説苑·善説》：「雍門周曰：『千秋萬歲之後，廟堂必不血食矣，高臺既以壞，曲池既以漸，墳墓既以下而青廷矣……衆人見之，無不愀焉爲足下悲之曰：夫以孟嘗君尊貴，乃可使若此乎？』於是孟嘗君泫然泣涕承睫。」按桓譚《新論》作「高臺既已傾，曲池又已平」，見《文選》丘遲《與陳伯之書》李善注引。

【附記】

案《詩淵》第五册頁三三五九，有此《越臺曲》，題「宋周紫芝」作。《方輿勝覽》卷十四：「昔越王女嫁於此，懷土思歸，故取越土築臺以居之，慰其懷土之思。周紫芝古樂府《越臺曲》云云。」文悉同。清真集早佚，無從查證。紫芝《太倉稊米集》卷一有此詩，當是竹坡之作，不知《宋詩拾遺》何以題清真作，姑存之。詩見《周清真佚詩補輯》録自陳世隆《宋詩拾遺》卷十五。唐圭璋先生云：「案《宋詩拾遺》爲八千卷樓藏舊書鈔本，共四册、二十三卷。丁氏提要云：『世隆爲宋睦親坊陳氏之從孫行也，其選輯當代詩篇，猶承《江湖集》遺派，故題曰拾遺。嘗館嘉禾陶氏，至正間殁於兵事。厲樊榭撰《宋詩紀事》，亦未見是書，其中失收不下百家也。』若據此鈔本以校《宋詩紀事》，當得更多之作家與作品，對研究宋詩者亦有助云。」按世隆，陳郁子也，爲宋末元初人，當不及見至正，丁氏提要謂「至正間殁於兵事」者，恐是至元之誤。

二月十四日至越州置酒泛湖欲往諸刹風作不能前〔一〕

青山定厭俗人游，蘿帳雲屏到即收。更欲凌波訪幽刹，疾風已戒早回舟。

【箋注】

〔一〕越州：北宋越州會稽郡，南宋初升爲紹興府，見《宋史·地理志》四。即今浙江紹興。泛湖：在越州所泛之湖，當指鏡湖（又作鑑湖），又名長湖、慶湖。宋施宿等《會稽志》卷十云：「鏡湖在縣東二里，故南湖也，一名長湖，又名大湖。《通典》云：『東漢永和五年，太守馬臻始築塘立湖，周三百十里，溉田九千餘頃，人獲其利。』王逸少又云：『山陰路上行，如在鏡中游。』鏡湖之得名於此。《輿地志》：『山陰南湖，縈帶郊郭，白水翠巖，互相映發，若鏡若圖。』任昉《述異記》云：『軒轅氏鑄鏡湖邊，因得名，或又云黄帝獲寳鏡於此也。』酈道元注《水經》云：『浙江東北得長湖口，北寫大江。』又：『大湖，石帆山下，水深不可測，與海通。』然則長湖、大湖之名，又出鏡湖之先矣。湖兼屬山陰縣，其源實出會稽之五雲鄉也。」案此湖唐時已漸淤，北宋中葉後往往圍墾作田，至南宋初，大半已成農地。

【附記】

詩見《周清真佚詩補輯》。唐圭璋先生按云：「以上六首（指此及下五首），見《永樂大典》卷二千二百七十四湖字韻。案一九三二年袁同禮撰《永樂大典存卷目表》，其中並無卷二千二百七十四湖字韻，此六首皆趙萬里所輯，不知當年趙氏輯自何處。」

按民國初年，日本曾以部份庚子賠欵設東方文化委員會，其中有續修《四庫全書提要》之舉，惟未見成書行世。十年前，台灣商務印書館出版（不著年月）《續修四庫全書提要》一部，題王雲五主修，蓋即當年未成書之資料記録，本與王雲五無涉者也。其中史部有王國維《清真先生遺事提要》一篇，略謂王氏所見佚詩佚文，缺漏尚多，爲補詩八目，此六首即在其中，云見《永樂大典》卷二千二百七十四湖字韻。足證民初此卷尚存，趙萬里先生得而輯之；其後失去，故袁同禮《存目》無之。

次韻周朝宗六月十日泛湖五首〔一〕

霖潦合支流，洲浦迷片段。兩槳入菰蒲，鳧鷗欻驚散。疏林直炊煙，落日斜酒幔。王事得淹留，公私得相半。

風舟挽猶遲，兀若乘款段〔二〕。深行蛟龍國〔三〕，颭蕩光炯散。洲涼扇荷篷，山晚垂雲幔。眷言江海期〔四〕，百年行欲半。

溝塍繞湖干，瑣細分頃段。潮回晚漁集，山静村樵散。沖風偃萑茨〔五〕，獵獵如卷幔。何當飲清光，乘月行夜半。

維舟瞰層波，未忍分練段。人閑好風味，魚鳥同聚散。儒生長窘束，書燈守幽幔。逐樂嗟已遲，早還猶及半。

君才切玉刀〔六〕，一舉成兩段。我如摶沙礫，放手輒星散。傳聞紫貝闕〔七〕，薜荔充帷幔〔八〕。楚吟尚多亡〔九〕，君詩補其半。

【箋注】

〔一〕周朝宗：《宋詩紀事小傳補正》卷二：「周沔，字朝宗，蘇州人，元祐二年進士。」《景定建康志》卷二十一：

「韓熙載讀書堂在溧水無想寺中。……元祐間邑尉周沔嘗題詩有『螢火不知人已去，夜深猶傍竹窗明』之句。」則周乃清真僚屬，次韻之詩當作於知溧水時。

〔二〕款段：馬行遲緩貌。《後漢書·馬援傳》：「士生一世，但取衣食足，乘下澤車，御款段馬，爲郡椽吏，守墳墓，鄉里稱善人，斯可矣。」

〔三〕蛟龍國：陳陶《建溪詩》：「侵星愁過蛟龍國，採碧時逢婺女船。」

〔四〕眷言句：回顧也，言字無義。陸機《贈尚書郎顧彦先》：「眷言懷桑梓，無乃將爲魚。」江海期，謂遺世獨往之期。《南史·隱逸傳》論：「豈其放情江海，取逸丘樊？不得已而然故也。」眷言二句，殆有此旨。

〔五〕沖風：同衝風，大風也。《楚辭·九歌·河伯》：「與女游兮九河，衝風起兮横波。」

〔六〕切玉刀：《十洲記》：「周穆王時，西胡獻昆吾割玉刀及夜光常滿杯，刀長一尺，杯受三升，刀切玉如切泥。……秦始皇時，西胡獻切玉刀，無復常滿杯耳。」後因以喻才思敏捷，獨孤及《代書寄上裴六冀劉二潁》：「疇昔切玉刀，應如新發鉶。」

〔七〕紫貝闕：《楚辭·河伯》：「魚鱗屋兮龍堂，紫貝闕兮朱宫。」王逸注：「言河伯所居，以魚鱗蓋屋，堂畫蛟龍之文，紫貝作闕，朱丹其宫。」

〔八〕薜荔句：《楚辭·九歌·湘夫人》：「罔薜荔兮爲帷，擗蕙櫋兮既張。」

〔九〕楚吟：謝靈運《登池上樓》：「祁祁傷豳歌，萋萋感楚吟。」按楚吟二句，言湖中陸離光怪之事，多《楚辭》所未備，周朝宗詩爲之補缺也。

【附記】

所泛之湖，亦似爲鑑湖，所謂「霖潦合支流」，指南山三十六源之水；而「溝塍繞湖干，瑣細分頃段」云云，當是圍墾而致。吕祖謙《入越記》云：「買舟泛鑑湖，湖多堙爲田，所存僅如溪港。然秋水平岸，菰蒲青蒼，會稽、秦望、雲門諸山，互相映發，城堞樓觀，跨空入雲，耳目應接不暇。」祖謙後清真八十一年，所見尚如是，則清真時湖當更有可觀也。據《遺事》，清真四十八、九歲時猶官校書郎，與詩中所言「百年行欲半」、「書燈守幽幔」合。蓋自建中靖國元年任此官，至是三四載矣，故有「儒生長窘束」之嘆。由是而興丘壑之思，故云「眷言江海期」，與《蓦山溪》詞之「獨愛蓴羹美」同趣。越州毗連杭州，清真或於崇寧二、三年間曾乞假南歸，遂有兹遊也。

贈常熟賀公叔隱士

懷珠崖不枯，韞玉山有輝〔一〕。隱翳不言德，人自知神奇。公叔季真後〔二〕，不爲世網縻。浮沈里閭閒，身晦道同肥。弓旌搜俊良〔三〕，圭衡略無遺〔四〕。難偕集雍鷺〔五〕，寧作曳尾龜〔六〕。慈仁蓋天性，惠澤施鰥嫠。倒困食流冗〔七〕，死葬病有醫。人今泣遺愛，若見峴山碑〔八〕。肯構有材子〔九〕，修德亦庶幾。高風自兹顯，豈病知者希。

【校】

〔同肥〕《琴川志》作「同違」。　〔峴山〕《琴川志》作「峴首」。

【箋注】

〔一〕懷珠二句：《荀子·勸學》：「玉在山而草木潤，珠生淵而崖不枯。」陸機《文賦》：「石韞玉而山輝，水懷珠而川媚。」

〔二〕季真：賀知章字季真，唐越州永興人。聖證元年進士，開元中，累官禮部侍郎，兼集賢院學士，遷太子賓客，祕書監。工文辭，善草書，性曠夷嗜酒，晚尤放誕，自號四明狂客、祕書外監。天寶初，請歸里爲道士，玄宗賜詩以寵其行，命太子百官餞送之。新舊《唐書》均有傳。

〔三〕弓旌：古徵聘之禮，以弓招士，以旌招大夫。《左傳·昭公二十年》：「旃以招大夫，弓以招士。」《孟子·萬章》下：「庶人以旃，士以旂，大夫以旌。」後因以弓旌爲延聘之意，邯鄲淳《後漢鴻臚陳君碑》：「四府並辭，弓旌交至。」

〔四〕圭衡：言衡量不失分毫也。《算經》：「六粟爲圭，十圭爲抄。」

〔五〕集雍鷺：《詩·周頌·振鷺》：「振鷺于飛，于彼西雝。」傳云：「振振羣飛貌，鷺白鳥也，雝澤也。」按雝亦作邕、雍。

〔六〕曳尾龜：《莊子·秋水》：「莊子釣於濮水，楚王使大夫二人往先焉，曰：『願以境内累矣。』莊子持竿不顧，曰：『吾聞楚有神龜，死已三千歲矣，王巾笥而藏之廟堂之上。此龜者，寧其死爲留骨而貴乎？寧其生而曳尾於塗中乎？』二大夫曰：『寧生而曳尾塗中。』莊子曰：『往矣，吾將曳尾於塗中。』」

〔七〕倒囷句：韓愈《答竇秀才書》：「猶將倒廩傾囷，羅列而進也。」《漢書·成帝紀》：「水旱爲災，關東流冗者衆。」師古曰：「冗，散失其事業也。」杜甫《夏日嘆》：「萬人尚流冗，舉目惟蒿萊。」

〔八〕峴山碑：《晉書·羊祜傳》：「襄陽百姓於峴山祜平生游憩之所建碑立廟，歲時饗祭焉。望其碑者，莫不流涕，杜預因名爲墮淚碑。」李涉《過襄陽上于司空頔》：「歇馬獨來尋故事，逢人唯説峴山碑。」

〔九〕肯構：《尚書·大誥》：「若考作室，既底法，厥子乃弗肯堂，矧肯構？」傳云：「以作室喻政治也，父已致法，子乃不肯爲堂基，況肯構立屋乎。」後因以喻子承父業。

【附記】

此詩始見宋孫應時纂修、鮑廉增補、元盧鎮續修之《琴川志》卷十四。琴川即常熟。又見明嘉靖《重修常熟縣志》卷之十三《集詩》。按常熟即今江蘇常熟，在溧水東南，或爲知溧水時所作，或爲往來蘇州時所作，未可知也。

天啟惠酥四首〔一〕

金城良牸不當車〔二〕，特爲人間作好酥。餘湩尚供肥犢子〔三〕，小匳先入太官廚〔四〕。

鄴中鹿尾空名目〔五〕，吴地蓴羹謾僻迂〔六〕。欲比君家好兄弟，不知誰可作醍醐〔七〕。

淺黄拂拂小鵝雛，色好從來説𤘲酥〔八〕。花草偏宜女兒手〔九〕，緘封枉入野人廚。細塗麥餅珍無敵，雜煉猪肪術最迂。臠肉便知全鼎味〔一〇〕，它時不用識醍醐。

南朝珍饌一時無，尚見休文謝北酥〔一一〕。陶甕解湯香出屋〔一二〕，銅鐺掠面乳供廚〔一三〕。中都價重無錢買〔一四〕，京兆書遲怪路迂〔一五〕。聞道加餐最肥澤〔一六〕，異時煩與致醍醐。

高陽太守有遺書，親教齊民煉玉酥〔一七〕。欲出浮膏先臥酪〔一八〕，爲防嚵鼠更薰廚。絶知意重分餘棄，漸見詩多入怪迂。猶恐傖人笑風土〔一九〕，預從貝葉檢醍醐〔二〇〕。

【箋注】

〔一〕天啟惠酥：蔡肇字天啟，見《天賜白》箋。酥，酪酥，以牛羊乳製成之食物。

〔二〕金城良㹀：宋之蘭州金城郡，即今甘肅皋蘭縣。曾陷於西夏，元豐四年收復，見《宋史・地理志》三。《藝文類聚》卷七十二引《西河舊事》曰：「祁連山冬夏寒涼，宜牧，牛羊充肥，乳酪好。」祁連山在蘭州西北。㹀，牝牛也。

〔三〕湩：《説文》：「乳汁也。」

〔四〕太官：掌膳食之官。《藝文類聚》卷七十二引《太康起居注》曰：「詔云：荀勗既久羸，可賜乳酪，太官隨日給之。」

〔五〕鄴中鹿尾：《酉陽雜俎》卷七：「梁劉孝儀食鯖鮓，曰：『五侯九伯，令盡征之。』魏使崔劼、李騫在坐，劼曰：『中丞之任未應，已得分陝。』騫曰：『若然，中丞四履，當至穆陵。』孝儀曰：『鄴中鹿尾，乃酒殽之最。』劼曰：『生魚熊掌，孟子所稱，雞跖猩脣，吕氏所尚，鹿尾乃奇味，竟不載集，每用爲怪。』孝儀曰：『實自如此，或是古今好尚不同。』」

〔六〕吴地蓴羹：《藝文類聚》卷七十二引《郭子》曰：「陸機詣王武子，武子有數斛羊酪，指以示陸：『卿東吴何以敵此？』陸云：『有千里蓴羹，未下鹽豉。』」

〔七〕欲比二句：《舊唐書·穆寧傳》，寧四子贊、質、員、賞，「兄弟俱有令譽而和粹，世以滋味目之：贊俗而有格，爲酪；質美而多入，爲酥；員爲醍醐；賞爲乳腐。」按《本草綱目·獸一·醍醐》，引寇宗奭曰：「作酪時，上一重凝者爲酥，酥上如油者爲醍醐，熬之即出，不可多得，極甘美。」是醍醐乃酥之至美者。按蔡肇有弟二人，一名放，字天固；一名載，字天任，見《嘉定鎮江志》及《至順鎮江志》、《京口耆舊傳》，故末二句云云。

〔八〕雍酥：古雍州當甘肅、陝西一帶，所産酥最有名。黄庭堅有《謝景叔惠冬笋雍酥水梨三物》詩，有「秦牛肥膩酥勝雪」之句。朱弁《曲洧舊聞》：「薛嗣昌以雍酥媚權倖，率用琴光桶子并蓋，多者至百桶，人人皆足其欲。」可見雍酥爲北宋人所尚，以爲饋贈。

〔九〕花草句：婦女滴酥作花卉，亦爲時尚。如李廌《師友談記》云：「蘇過叔黨言，其堂姊嫁蒲澈，澈資政傳正之子也。傳正守長安日，澈之婦閉户不治一事，惟滴酥爲花果等物，每請客，一客二十飣，皆工巧。」又如吴曠《酥花》詩云：「玉指纖纖出後房，似矜隨意得奇芳。只愁暖律争先落，賴有凝脂可旋妝。近比含飴知有味，不須嚼蕊自聞香。未應力欲争春巧，喜士深心庶可將。」（《永樂大典》卷二千四百五酥字韻引）

〔一〇〕臠肉句：《淮南子·説林》：「嘗一臠肉而知一鑊之味。」按《説山》篇亦有此語。南朝珍饌：酥出北方，至南則爲珍羞矣，見下。

〔一一〕尚見句：梁沈約字休文，有《謝司徒賜北酥啟》云：「曠阻陰山之外，眇絶蒲海之東，自非神力所引，莫或輕致。」

〔一二〕陶甕解湯：《齊民要術·抨酥法》：「酪多用大甕，酪少用小甕，置甕於日中，旦起瀉酪著甕中炙，直至日西南角，起手抨之，令把子常至甕底。一食頃，作熱湯水解，令得下手，瀉著甕中，湯多少常令半酪，乃抨之，良久酥出，下冷水，多少亦與湯等，更急抨之。於此時，把子不須復達甕底，酥已浮出故也。酥既偏覆酪上，更下冷水，多少如前，酥凝抨止。」陶甕解湯，謂抨酥時注熱湯甕中，令酪水解也。

〔一三〕銅鐺掠面：亦指造酥之法。《本草綱目·獸部一·酪湩》，李時珍集解引《飲膳正要》云：「用乳半杓，鍋内炒過，入餘乳，熬數十沸，常以杓左右攪之，乃傾出罐盛，待冷，掠取浮皮以爲酥。」銅鐺掠面，謂於鐺中掠取浮皮爲酥也。參看上注。

〔一四〕中都：謂京師也，已見《薛侯馬》箋。按宋時京師有乳酪院，掌供造酥酪，隸光禄寺，見《宋史·職官志》四。

〔一五〕京兆：北宋京兆府轄長安、咸陽等十三縣，治長安，見《宋史·地理志》三。據詩句，蔡肇在長安致書餽酥也。

〔一六〕最肥澤：《釋名·釋飲食》：「酪，澤也，乳汁所作，使人肥澤也。」

〔一七〕高陽二句：後魏高陽太守賈思勰撰《齊民要術》十卷，始於耕農，終於醯醢資生之事，凡九十二篇，是所謂遺書也。其書卷六有《作酪法》、《作乾酪法》、《抨酥法》，是所謂煉玉酥也。

〔一八〕欲出句：謂酪下沈而酥上浮也，參看上注所引《抨酥法》。

〔一九〕傖人：《笑林》：「吴人至京，爲設食者有酪酥，未知是何物也，强而食之，歸吐，遂至困頓。謂其子曰：『與傖人同死，亦無所恨，然汝故宜慎之。』」（《藝文類聚》卷七十二引）按《一切經音義》引《晉陽秋》曰：「吴人謂中州人爲傖人。」

〔二〇〕貝葉檢醍醐：《涅槃經》：「譬如牛出乳，從乳出酪，從酪生酥，從生酥出熟酥，從熟酥出醍醐；醍醐最上。善男子，佛亦如是，從佛出生十二部經，從十二部經出生《修多羅》，從《修多羅》出《方等經》，從《方等經》出《般若波羅蜜》，從《般若波羅蜜》出《大涅槃》。猶如醍醐，言醍醐者喻於佛性。」按末二句謂恐中州人笑吴人不知風土之物，故先檢佛經，識酪酥醍醐之所自也。

【附記】

詩見《永樂大典》卷二千四百五酥字韻引周美成《清真集》。第一首有「小匳先入太官廚」之句，按《宋史·職官志》四：「太官令，掌膳羞割烹之事。……元祐初，罷太官令，二年復置。崇寧三年置尚食局，太官令惟掌祠事。」疑清真於紹聖四年還京之初，曾任斯職，故有此句。蓋若北地貢酥或乳酪院所造以備膳食賞賜者，當車載斗量置太官之廚矣，豈小匳可辦？故太官或是自稱，非泛用。太官秩九品，國子主簿從八品，或先作太官令，旋遷國子主簿也。以其卑屑，故史不具載歟？

游定夫見過晡飯既去燭下目昏不能閱書感而賦之〔一〕

煙草里門秋，暮氣幽人宅。遥知金輪升〔二〕，户牖粲虛白〔三〕。風驅雲將來，市聲落九格〔四〕。連曹屬解鞚〔五〕，一飯已掃迹。餘羶未潔鼎，傲鼠已出頷。銅英洗病眼〔六〕，烏焉畏斷册〔七〕。已爲兒輩翁，兹事豈不迫。昔見羨門生〔八〕，童子身三尺〔九〕。捐象問道要〔一〇〕，顓聲不好劇〔一一〕。頗覩鳥迹書〔一二〕，保氣如保璧。貪餌投禍羅，煎幺廢前績〔一三〕。上慚玄元教〔一四〕，溘死有餘責。濁鏡在兩眸，看朱忽成碧〔一五〕。當時方曈叟〔一六〕，變滅雲霧隔。肝勞憂久錮，瞑坐救昏暮。尚須文字間，侵盡百年客。非圖矚秋毫，所要分菽麥。（原注：孫真人云：「諸以閱細字、刺繡、雕鏤而得目昏者，名爲肝勞，非瞑目三年不可治。」）

【箋注】

〔一〕游定夫：《宋史·道學傳》二：「游酢字定夫，建州建陽人。與兄醇以文行知名，所交皆天下士。程頤之京師，見之，謂其資可以進道。程顥興扶溝學，招使肄業，盡棄其學而學焉。第進士，調蕭山尉。近臣薦其賢，召爲太學録，遷博士。以奉親不便，求知河清縣。范純仁守潁昌府，辟府教授。純仁入相，復爲博士，簽書齊州、泉州判官。晚得監察御史，歷知漢陽軍，和、舒、濠三州而卒。」按游酢與楊時齊名，學者稱廌山先生。餘參看附記。

〔二〕金輪：佛典《俱舍論》：「東方忽有金輪寶現，其輪千輻。」因借喻日或月。《酉陽雜俎》續集卷六《寺塔記》載楊敬之女詩云：「日月金輪動，旃檀碧樹秋。」

〔三〕虚白：《莊子·人間世》：「虚室生白，吉祥止止。」司馬彪注云：「室比喻心，心能空虚則純白獨生也。」江總《借劉太常説文》：「幽居服藥餌，山宇生虚白。」

〔四〕九格：猶言九街、九陌，京城市肆民居之稱。《汴都賦》：「城中則有東西之阡，南北之陌，其衢四達，其塗九軌。」即九格之義。

〔五〕連曹：曹者分職治事官署之通稱，或是周、游二人所在之官署相近，故曰連曹。參看附記。

〔六〕銅英：銅青也，《淮南子·説林》：「銅英青，金英黄，玉英白。」相傳可以治眼疾，《本草》卷五：「銅青，平，微毒。治婦人血氣心痛，合金瘡，止血，明目，去膚赤，息肉。生銅皆有青。」又《本草綱目》卷八：「銅青爲銅之液氣所結，酸而有小毒，能入肝膽，故吐利風痰，明目殺疳。皆肝膽病也。」

〔七〕烏舄：黑革韡，公服也。《宋史·輿服志》五：「烏皮韡，自公王至一命之士通服之。」詩言著烏舄赴祕書監治事也。畏斷册，據《遺事》，清真於哲宗元符元年六月召對崇政殿，除祕書省正字，至元符三年，在職凡三載。旋於徽宗建中靖國元年遷校書郎，至崇寧五年，在職凡六載。正字、校書郎之官，「掌校讎典籍，判正訛謬」（《宋史·職官志》四）。按此詩當作於建中靖國元年至崇寧元年之間（詳附記），是其校讎典籍者蓋四五載矣，故深以董理斷簡殘編爲畏也。按宋百歲寓翁（袁褧）《楓窗小牘》下云：「崇寧二年五月，祕閣書寫成二千八十二部，未寫者一千二百十三部，及闕卷二百八十九，立程限繕録。」可知此年以前，職掌亦繁重也。

〔八〕羨門生：古仙人。《史記·秦始皇本紀》：「始皇至碣石，使燕人盧生求羨門、高誓。」羨門，《集解》引韋昭曰：「古仙人。」陶弘景《真誥》云：「羨門今在蒙山大洞黄金之庭，受書爲中元仙卿。」按羨門生亦稱羨門高或羨門子高。

〔九〕童子句：王利器先生爲余言，疑即《佛仙合宗語録》所謂「黄庭十月産靈童」之意。

〔一〇〕捐象：孟浩然《來闍黎新亭作》：「棄象玄應悟，忘言理必該。」捐象義同棄象，謂捐棄物象，不令縈心也。王弼《明象》云：「象者所以存意，得意而忘象。」王利器先生又言，張伯端《讀參同契》一文，有「本立言以明象，既得象以忘言，猶設象以指意，悟其意則捐象」之語，清真捐象字或本之。

〔一一〕顓聲：王利器先生云，《老子》第十章言「專氣致柔，能嬰兒乎」；專、顓古通，顓聲豈即專氣，亦即所謂内聽耶？

〔一二〕鳥迹書：指古之道書，文字如鳥足迹。李白《遊泰山六首》：「遺我鳥迹書，飄然落巖間，其字乃上古，讀之了不閑。」

〔一三〕煎𢆶：《説文》：「𢆶，微也。」於義無取，或是煎絲之譌，句謂前功盡廢也。待考。

〔一四〕玄元教：唐高宗乾封元年，祠老子，追號太上玄元皇帝，因稱仙道之教爲玄元教。

〔一五〕看朱句：王僧孺《夜愁示諸賓》：「誰知心眼亂，看朱忽成碧。」武則天《如意娘》：「看朱成碧思紛紛，顦顇支離爲憶君。」

〔一六〕方瞳叟：王嘉《拾遺記》卷三：「老聃在周之末，居反景日室之山，與世人絶跡。惟有黄髮老叟五人，或乘鴻鶴，或衣羽毛，耳出於頂，瞳子皆方，面色玉潔，手握青筠之杖，與聃共談天地之數。」

【附記】

詩見《永樂大典》卷一萬七千六百三十三目字韻引宋周邦彦詩。

楊時《楊龜山集·御史游公墓志銘》云：「公於元豐六年登進士第，調越州蕭山尉，用侍臣薦，召爲太學録。」按據《游廌山集》後附《年譜》，謂酢以元豐五年登黄裳榜進士，未知孰是。至用侍臣薦召爲太學録，據《年譜》則在元豐八年，其時清真尚在太學正任；哲宗元祐元年，酢除太學博士，其時清真猶未教授廬州，蓋二人早歲曾共事矣。《墓志銘》又云：「上皇（徽宗）即位，覃恩改承議郎，賜緋衣銀魚袋，還，召爲監察御史。……宣和五年五月乙亥，以疾終正寢，享年七十有一。」據《年譜》，元符三年哲宗卒，徽宗繼位，十一月，酢自泉州召還爲監察御史，時年四十八歲耳，《宋史》本傳謂「晚得監察御史」，非也。

按酢長清真三歲，後卒二載。兩人在京師交遊，前者當在元祐二年之前，蓋是歲清真已赴廬州，而酢亦出知河清縣矣；且方在盛年，與詩所謂「已爲兒輩翁」不合。後者當在元符三年冬至崇寧元年酢自御史出知和州以前，蓋此時二人皆官於京師，酢屬御史臺，清真屬祕書監，是所謂「連曹」也。又詩有「煙草里門秋」之語，而酢始召還在元符三年十一月，已過秋期，當非此年；則「游定夫見過」必在建中靖國元年或崇寧元年秋間。是時清真四十六七歲，可爲兒輩翁矣。

下帷齋〔一〕

官事如拔毛，小稀還復稠。一鼠未易盡，況欲禿九牛。唯應理籤軸〔二〕，偷暇尋孔周〔三〕。維南有頹構，疇昔賓射侯〔四〕。扶傾與丹雘，外好中實不。弦歌廢決拾〔五〕，休王良有由〔六〕。書生本不武，誰言負薪憂〔七〕。古云不執弓〔八〕，防患術已媮。詩書主六藝，中有捍敵謀。至勝不刃血〔九〕，吾將執其柔〔一〇〕。當有中的士〔一一〕，爲辨劣與優。

【箋注】

〔一〕下帷：《漢書·董仲舒傳》：「下帷講誦，弟子傳以久次相授業，或莫見其面。蓋三年不窺園，其精如此。」齋名取義於此，當出清真所號。

〔二〕籤軸：書籍也。《新唐書・藝文志》：「兩都各聚書四部……其本有正有副，軸帶帙籤，皆異色以別之。」

〔三〕孔周：孔子、周公。韓愈《赴江陵途中寄贈》：「生平企仁義，所學皆孔周。」

〔四〕賓射侯：《詩・齊風・猗嗟》：「終日射侯，不出正兮。」侯者，射之正鵠也。《儀禮・鄉射禮》：「天子熊侯白質；諸侯麋侯赤質；大夫布侯，畫以虎豹；士布侯，畫以鹿豕。」又曰：「鄉射之禮，主人戒賓，賓出迎，再拜，主人答拜，乃請。」以爲賓行射侯之禮，故云賓射侯。

〔五〕弦歌句：《禮記・樂記》：「正六律，和五聲，弦歌詩、頌。」後因以弦歌爲誦習之意。《詩・小雅・車攻》：「決拾既佽，弓矢既調。」傳：「決，鉤弦也；拾，遂也。」謂射時先引弦而後縱弦發矢也。此句言以讀書廢習射。

〔六〕休王：王謂王弓，强弓也。《周禮・夏官・司弓矢》：「王弓、弧弓以授射甲革椹質者。」又《考工記》：「往體寡，來體多，謂之王弓之屬，利射革與質。」休王，言置弓不用也。

〔七〕負薪憂：《禮記・曲禮》下：「君使士射，不能則辭以疾曰：『某有負薪之憂。』」《疏》：「言己有擔柴之餘勞，不堪射也。」

〔八〕不執弓：《儀禮・鄉射禮》：「司馬無事不執弓。」此二句意謂平日不講武事，防患之術已屬苟且也。

〔九〕不刃血：《荀子・議兵》：「近者親其善，遠方慕其德，兵不血刃，遠邇來服。」

〔一〇〕執其柔：《老子》：「柔勝剛，弱勝强」；「見小曰明，守柔曰强。」執其柔，言以柔勝剛，以守柔爲强也。

〔一一〕中的士：論事切中者。《文心雕龍·議對》：「言中理準，譬射侯中的，二名雖殊，即議之別體也。古之造士，選事考言。」

【附記】

詩見《永樂大典》卷二千五百四十齋字韻、齋名十六引宋周美成《清真集》。味詩意，考清真仕歷，疑是政和元年任衛尉寺卿時作。

《宋史·職官志》四：「衛尉寺：卿、少卿、丞、主簿各一人。卿掌儀衛、兵械、甲胄之政令，少卿爲之貳，丞參領之。凡内外作坊輸納兵器，則辨其名數，驗其良窳以歸武庫，不如式其罰之。時其曝涼而封籍其數，若進御及頒給，則按籍而出之。每季委官檢視，歲終上計帳於兵部。掌凡幄帟之事，大禮設帷宫，張大次小次，陳鹵簿儀仗。長貳晝夜巡徼，察其不如儀者。押仗官則前期稟差。凡仗衛，供羽儀、節鉞、金鼓、棨戟，朝宴亦如之。宴享賓客，供幕帟、茵席，視其敝者移少府、軍器監修焉。舊制：判寺事一人，以郎官以上充，凡武庫、武器歸納内庫，守宫歸儀鸞司，本寺無所掌，元豐官制行，始歸本寺。分四案，置十吏。元祐三年，召長貳互置，所隸官司十有三：内弓箭庫、南外庫、軍器弓槍庫、軍器弩劍箭庫，掌藏兵杖、器械、甲胄，以備軍國之用。儀鸞司掌供幕帟供帳之事；軍器什物庫掌收貯什物，給用則按籍而頒之；左右金吾街司、左右金吾仗司、六軍儀仗司掌清道、徼巡、排列，奉引儀仗以肅禁衛。凡儀器以時修飭，選募人兵而校其遷補之事。」寺卿職掌如是繁瑣，是詩所謂「官事如拔毛，小稀還復稠，一鼠未易盡，況欲禿九牛」也。以文臣典武備，故有「書生本不武，誰言負薪憂，古云不執弓，防患術已媮」之嘆。而所謂「詩書主六藝，中有捍敵謀，至勝不刃血，吾將執其柔」者，則又書生之見也。意者當時射侯之所在寺中，久棄不用，因丹雘之，以爲閒暇讀書之齋；而得便宜行事者，當屬一寺之長，副貳之官未可擅作主張也。

春帖子〔一〕

鸞輅青旂殿閣寬〔二〕，祠官奠璧下春壇〔三〕。曉開魚鑰朝衣集〔四〕，綵勝飄揚百辟冠〔五〕。

【箋注】

〔一〕春帖子：宋陳元靚《歲時廣記》卷八《撰春帖》引《皇朝歲時雜記》云：「學士院立春前一月，撰皇帝、皇后、夫人閤門帖子，送後苑作院用羅帛縷造，及期進入。」蓋宋制翰林學士書春詞，立春日翦貼於宫中門帳，謂之春帖子，多用絶句，文辭以工麗爲主。

〔二〕鸞輅青旂：《禮記・月令》：「孟春之月……天子居青陽左个，乘鸞路，載青旂。」路同輅，車也。上設鸞鈴，行時有聲如鸞鳴，故稱鸞輅。

〔三〕祠官：掌祭祀之官。《宋史・職官志》四：「太常寺：卿掌禮樂、郊廟、社稷、壇壝、陵寢之事，少卿爲之貳。

其犧牲、幣玉、酒醴、薦獻、器服，各辨其等。歲時朝拜陵寢，則視法式以授祠官。」又云：「太官令掌膳羞割烹之事。元祐初，罷太官令，二年復置。崇寧三年置尚食局，太官令惟掌祠事。」按詩當作於爲文學侍從之時，在崇寧以後，則祠官指太官令也。奠璧，獻玉璧以祭也。韓愈《元和聖德詩》：「宵升於丘，奠璧獻斝。」

〔四〕魚鑰：魚形鎖鑰，宫禁所用。楊炯《崇文館宴集》詩序：「魚鑰則環鎖晨開，雀窗則銅樓旦闢。」按元人陸友《研北雜志》云：「故宋宫中用魚鑰，降魚取匙，降匙取魚，古制也。」

〔五〕百辟：《詩·周頌·清廟》「百辟其刑之」，本指諸侯，後世泛指百官。按孟元老《東京夢華録》卷六《立春》云：「春日，宰執、親王、百官皆賜金銀幡勝，入賀訖，戴歸私第。」詩句正指此故事，詳後。

【附記】

詩見《歲時廣記》卷八《賜春幡》引云：「《東京夢華録》：『立春日，自郎官、御史、寺、監長貳以上，皆賜春幡，勝以羅爲之，宰執、親王、近臣皆賜金銀幡勝。入賀訖，戴歸私第。』周美成内制春帖子云云。」按所引《夢華録》與今本不同。又此詩亦見《事類合璧》，《宋詩紀事》及《後編》據之。《歲時廣記》同卷《翦春花》云：「周美成内制帖云：『明朝春仗當行樂，刻燕催花擲萬金。』」《貼春字》云：「周美成内制春帖云：『夾輦司花百士人，繡楣瓊壁爲宜春。』」蓋斷句也，録存之。

劉克莊《後村先生大全集》卷一百七十五《詩話》云：「春帖子，前輩有絶工者，有不甚工者。坡公欲使秦郎供帖子，豈非以其才思尤宜用於此耶？少游不歷此官，無以驗工拙。周美成亦有才思者，集中有代内制作春帖子三十首，皆平平無警策。余嘗忝僇直，幸不當筆爾，否則亦露拙矣。偶讀誠齋詩云：『玉堂著句轉春風，諸老從前亦寓忠；誰爲君王供帖子，丁寧綺語不須工。』使此老爲之，必有可觀。」據此，知所作共三十首，今惟存一首及二斷句而已。《遺事》云：「案宋制，春帖子詞皆翰林學士爲之，先生未任此官，殆爲代人作耶？」王静安似未見後村語，而所言是也。

春雨

耕人扶耒語林丘，花外時時落一鷗。欲驗春來多少雨，野塘漫水可迴舟。

【附記】詩見劉克莊《分門纂類唐宋時賢千家詩選》卷十二天文門，《宋詩紀事》及《後編》同引録，簡稱劉書爲《後村千家詩》。

曝日

冬曦如村釀，奇温止須臾。行行正須此，戀戀忽已無。

【附記】詩見周密《齊東野語》卷四云：「袁安臥負暄，令小兒搔背，曰：『甚快人意。』」趙勝負暄風簷，候樵牧之歸，故杜詩云：『負暄候樵牧。』又云：『負暄近牆壁。』又《西閣曝日》云：『凜冽倦玄冬，負暄嗜飛閣。』又云：『毛髮且自和，肌膚潛沃若，太陽信深仁，衰氣歘有託，欹傾煩注眼，容易收病腳。』樂天《負日》詩云：『杲杲冬日出，照我屋南隅，負暄閉目坐，和氣生肌膚。初似飲醇醪，又如蟄者蘇，外融百骸暢，中適一念無，曠然忘所在，心與虛空俱。』此皆深知負暄之味者也。冬日可愛，真若可持獻者。晁端仁嘗得冷疾，無藥可治，惟日中炙背乃愈。周邦彥嘗有詩云（見上從略）。余嘗於南榮作小日閣，名之曰獻日軒，幕以白油絹，通明虛白，盎然終日，四體融暢，不止須臾而已。」

按草窗所引清真詩未見標目，《宋詩紀事》探其意題曰「曝日」，《後編》因之，今亦仍之。《遺事》云：「語極自然，而言外有北風雨雪之意，在東坡《和陶》詩中猶爲上乘，惜僅存四句也。」宋吴聿《觀林詩話》云：「東坡：『幾思壓茅柴，禁網日夜急。』蓋世號市沽爲茅柴，以其易着易過。周美成詩云（已見從略），非慣飲茅柴，不能爲此語也。」詩話出野語前，別是一解。

謾成二首

舉頭萬籟號，彈指萬籟寂。欲尋所歸方〔一〕，變滅了無迹。古今何足云，浩劫同一息。曾聞不還義〔二〕，貞定非木石。至樂諒難名〔三〕，所恨羅縠隔。

河聲連底卷黃沙，回首方驚去國賒。唯有客情無盡處，暗隨春水漲桃花〔四〕。

【箋注】

〔一〕所歸方：《周易·序卦》：「得其所歸必大，故受之以《豐》。豐者大也。」

〔二〕不遷義：《國語·越語》下：「天節固然，惟謀不遷。」韋昭注：「謀必素定，不可遷移。」

〔三〕至樂：《莊子·至樂》：「天下有至樂，無有哉？有可以活身者，無有哉？」郭象注：「忘歡而後樂足，樂足而後身存。將以爲有樂耶？而至樂無歡；將以爲無樂耶？而身以存而無憂。」

〔四〕暗隨句：柳宗元《同劉二十八院長述舊言懷感時書事奉寄澧州張員外使君五十二韻之作因其韻增至八十通贈二君子》：「秋原被蘭葉，春渚漲桃花。」

【附記】

詩見《永樂大典》卷八百九十九詩字韻、宋詩八引周美成《清真集》。

謾書三首

窗影蠅飛見，簾花照日成。汗餘胡粉薄〔一〕，香度越羅輕〔二〕。書葉蠶頭密，調笙鳳味鳴〔三〕。情來愁不語，極目雁南征。

舊識回文譜〔四〕，新諧遠調謳。望歸朝對鏡，合飲夜藏鉤〔五〕。融蠟粘花蒂，燒檀煖麝油。雙眉誰與畫，張敞自風流〔六〕。

麗日烘簾幔影斜〔七〕，酒餘春思託韶華。高樓不隔東南望，若霧浮雲莫謾遮。

【箋注】

〔一〕胡粉：《釋名·釋首飾》：「胡粉，胡餬也，脂和以塗面也。」温庭筠《春日野行》：「蝶翎胡粉盡，鴉背夕陽多。」

〔二〕越羅：《新唐書·地理志》五：「越州會稽郡，土貢寶花、花紋等羅。」杜甫《白絲行》：「繰絲須長不須白，越羅蜀錦金粟尺。」

〔三〕鳳咮：鳳喙也，蘇軾有《鳳咮硯銘》。按此句猶言「吹笙作鳳鳴」耳。

〔四〕回文譜：指回文織錦。《晉書·列女傳》下：「竇滔妻蘇氏，始平人也，名蕙，字若蘭，善屬文。滔苻堅時爲秦州刺史，被徙流沙，蘇氏思之，織錦爲迴文旋圖詩以贈滔，宛轉循環以讀之，詞甚悽惋，凡八百四十字。」

〔五〕藏鉤：《藝文類聚》卷七十四引《風土記》：「義陽臘日飲祭之後，叟嫗兒童爲藏鉤之戲，分二曹以效勝負，若人偶即敵對，人奇，即人爲游附，或屬上曹，或屬下曹，名爲飛烏，以齊二曹人數。一鉤藏在數手中，曹人當射知所在，一藏爲一籌，三籌爲一都。」張説《贈崔二安平公主樂世詞》：「十五紅妝倚綺樓，朝承握槊夜藏鉤。」按藏鉤後來多爲女子閨中之戲。

〔六〕張敞：字子高，漢宣帝時爲京兆尹。《漢書·張敞傳》：「敞無威儀，時罷朝會，過走馬章臺街，使御史驅，自以便面拊馬。又爲婦畫眉，長安中傳張京兆眉憮。有司以奏敞，上問之，對曰：『臣聞閨房之内，夫婦之私，有過於畫眉者。』上愛其能，弗備責也。」

〔七〕烘簾：詳《滿路花》詞「簾烘淚雨乾」箋。

【附記】

出處與《謾成》二首同。

偶成

窗風獵獵舉綃衣，睡美唯應枕簟知。忽有黄鸝深樹語，宛如春盡緑陰時。

【附記】

出處與《謾成》二首及《謾書》三首同。

楚村道中二首

林棲野啄散鴉羣，極目風霾亂日曛〔一〕。短麥離離乾憶雨，遠峯黯黯細輸雲。愁逢雜路尋車轍，賴有高林出酒巾。輒得問津凡父老，不應看客廢鉏耘〔二〕。

族雲行太虛，布置初狼藉。彌逢天四維，俄頃同一色。雨形如別淚，含惡未忍滴〔三〕。泥塗頗黏車，行者自朝夕。中央成白道，褭褭踏虵脊。潺湲冒田水，去作澗底碧。高林蔭清快，渴烏時一擲。晚休張莊聚，涇草蒙古驛〔四〕。往時解鞍地，醉墨棲壞壁。孤星探先出，天鏡小摩拭。比鄰忽喧呼，夜磔魯津伯〔五〕。夢歸謖草堂〔六〕，再拜悲喜劇。問言勞如何，嗟我子行役〔七〕。平明看屋霤，兩鵲聲嘖嘖。果逢南使還，馮寄好消息。誰秣百里駒，肯税不論直。

【箋注】

〔一〕風霾：《詩·邶風·終風》：「終風且霾」，毛傳：「霾，雨土也。」《爾雅·釋天》：「風而雨土爲霾」，孫炎曰：「大風揚塵土從上下也。」《魏書·崔光傳》：「風霾暴興，紅塵四塞，白日晝昏，特可驚畏。」

〔二〕輒得二句：《論語·微子》：「長沮、桀溺耦而耕，使子路問津焉。長沮曰：『夫執輿者爲誰？』子路曰：『爲孔丘。』曰：『是魯孔丘與？』曰：『是也。』曰：『是知津矣。』問於桀溺，桀溺曰：『子爲誰？』曰：『爲仲由。』曰：『是魯孔丘之徒與？』對曰：『然。』曰：『滔滔者天下皆是也，而誰以易之？且而與其從辟人之士也，豈若從辟世之士哉？』耰而不輟。」

〔三〕含惡：疑爲含悲之譌。

〔四〕涇草：疑爲溼草之譌。

〔五〕魯津伯：《太平御覽》卷九百零三引《符子》：「朔人獻燕昭王以大豕。曰：『養奚若？』使曰：『豕也，非大圊不居，非人便不珍，今年百二十矣，人謂豕仙。』王乃命豕宰養，六十五年，大如沙墳，足如不勝其體。王異之，令衡官橋而量之，折十橋，豕不量。又命水官舟而量，其重千鈞。其巨而無用，燕相謂王曰：『奚不饗之？』王乃命宰夫膳之。夕見夢於燕相曰：『造化勞我以豕形，食我以人穢，吾患其生久矣！仗君之靈，得化吾生，始得爲魯津之伯。』燕相游夫魯津，有赤龜奉璧而獻。」

〔六〕諼草堂：《詩·衛風·伯兮》：「焉得諼草，言樹之背。」傳：「諼草令人忘憂。背，北堂也。」按北堂爲婦人起居之所，《儀禮·士昏禮》：「婦洗在北堂。」後來俗稱母爲北堂或萱堂本此，諼草堂即萱堂，謂母之所居也。諼同萱。

〔七〕嗟我句：《詩·魏風·陟岵》：「陟彼岵兮，瞻望父兮。父曰嗟予子行役，夙夜無已。」《詩序》曰：「《陟岵》，孝子行役，思念父母也。」

【附記】

詩見《永樂大典》卷三千五百七十九村字韻引宋《周邦彦集》。按此書引録清真之作，多曰《清真集》，而此云周邦彦集，未知所據是否有别本，抑過録時不求甚解，與稱「宋周邦彦詩」者同例。然於卷二萬三百五十三席字韻引《清真集》之《漁家傲》詞，則小注云某一作某者凡四處，似不止一本也。

懷隱堂

昔賢抱奇識，閲世猶鼠肝〔一〕。深韜畏軒冕，自謂山林寬。至今仰高躅〔二〕，凜若冰雪寒。我侯坐少孤，久著聚鶡冠〔三〕。辛勤取微鶡〔四〕，屢費黄金丸〔五〕。歸來長太息，依舊一瓢簞〔六〕。偶逢隱者谷，愛此高巑岏。結廬面絶壁，所幸一枝安〔七〕。侯今未全老，每據伏波鞍〔八〕。曷不持長纓〔九〕，取虜報縣官。功名事不磨，未可樂丘蟠。嗟我如鷦鷯，盡室寄葦萑。謀居轉幽邃，欲把嚴陵竿〔一〇〕。歸乏環堵室，始覺生理難。因侯有華構，彌起百憂端。

【箋注】

〔一〕鼠肝：《莊子·大宗師》：「偉哉，造化又將奚以汝爲？將奚以汝適？以汝爲鼠肝乎？以汝爲蟲臂乎？」《釋文·莊子音義》：「鼠肝，向云：『委棄土壤而已。』王云：『取微蔑至賤。』」按詩句謂視世之富貴名利微不足道也。

〔二〕高躅：高尚之迹。歐陽修《病暑賦》：「知其無可奈何而安之兮，乃聖賢之高躅。」

〔三〕聚鶡冠：武士之冠。《後漢書·輿服志》：「武冠，俗謂之大冠，環纓無蕤，以青系爲緄，加雙鶡尾豎左右，爲鶡冠云。……鶡者勇雉也，其鬬對，一死乃止，故趙武靈王以表武士，秦施之焉。」以其冠加雙鶡尾，故云聚鶡也。按詩所言堂主人，當是武士。

〔四〕微鷃：《莊子·逍遥遊》：「有鳥焉，其名爲鵬，背若太山，翼若垂天之雲，摶扶摇羊角而上者九萬里，絶雲氣，負青天，然後圖南，且適南冥也。斥鴳（一作鷃）笑之曰：『彼且奚適也？我騰躍而上，不過數仞而下，翱翔蓬蒿之間，此亦飛之至也，而彼且奚適也？』」微鷃指斥鷃，小鳥也。

〔五〕黄金丸：《西京雜記》卷四：「韓嫣好彈，常以金爲丸，所失者日有十餘。長安爲之語曰：『苦饑寒，逐金丸。』京師兒童每聞嫣出彈，輒隨之，望丸之所落輒拾焉。」

〔六〕一瓢簞：《論語·雍也》：「一簞食，一瓢飲，在陋巷，人不堪其憂，回也不改其樂。」

〔七〕一枝安：《莊子·逍遥遊》：「鷦鷯巢於林，不過一枝；偃鼠飲河，不過滿腹。」杜甫《宿府》：「已忍伶俜十年事，强移棲息一枝安。」下文「嗟我如鷦鷯」二句，則傷己雖求巢枝而不可得，惟巢於草上而已。

〔八〕伏波鞍：伏波，伏波將軍馬援也。《後漢書·馬援傳》：「武威將軍劉尚擊武陵五溪蠻夷，深入，軍没，援因復請行。時年六十二，帝愍其老，未許之。援自請曰：『臣尚能被甲上馬。』帝令試之，援據鞍顧眄，以示可用。帝笑曰：『矍鑠哉，是翁也！』遂遣援率中郎將馬武、耿舒、劉匡、孫永等，將十二郡募士及弛刑四萬餘人征五溪。」

〔九〕長纓：繫馬頸之帶。《漢書·終軍傳》：「南越與漢和親，乃遣軍使南越説其王，欲令入朝，比内諸侯。軍自請：『願受長纓，必羈南越王而致之闕下。』」師古曰：「言如馬羈也。」

〔一〇〕嚴陵竿：嚴子陵之釣竿。嚴光字子陵，少與漢光武帝同游學，及光武有天下，光變姓名，隱居不見。光武訪得之，除諫議大夫。不就，歸隱富春山，耕釣以終。詳見《後漢書・逸民傳》。

【附記】

詩見《永樂大典》卷七千二百三十九堂字韻、堂名三十五引周邦彦詩。

夙興〔一〕

曈曈海底日〔二〕，赤輝射東方。先驅歛羣翳〔三〕，微露不成霜。早寤厭牀笫，起步東西廂。引手視掌紋，黯黮未可詳。念此閱人傳，三年得跧藏〔四〕。弛擔曾幾時，兹焉忽騰裝〔五〕。問今何所之，意行本無鄉〔六〕。晨鍾神慘悲，夜鼓思飛揚。與俗同一科，何異犬與羊〔七〕。平明催放鑰，利害紛相攘。顛倒走羣愚，豈但渠可傷。

【箋注】

〔一〕夙興：早起也。《詩・衛風・氓》：「夙興夜寐，靡有朝矣。」（參看附記）

〔二〕曈曈：何遜《苦熱》：「曀曀風愈静，曈曈日漸旰。」

〔三〕先驅：指風。《楚辭·九歌·大司命》：「令飄風兮先驅，使涷雨兮灑塵。」翳：指翳日之雲霧。

〔四〕引手四句：意謂掌紋晦暗，相書主三年伏藏而不得用。《説文》：「黯，大污也。」閱人傳，謂人之書。《集韻》：「跧，伏也。」跧藏猶言伏藏，《焦氏易林》：「陰霓伏藏，先歸其鄉。」

〔五〕騰裝：謂整裝待發。《文選》枚乘《七發》：「其波涌而雲亂，擾擾焉如三軍之騰裝。」

〔六〕意行：《管子·内業》：「見利不誘，見害不懼，寬舒而仁，獨樂其身，是謂雲氣，意行似天。」劉禹錫《蠻子歌》：「腰斧上高山，意行無舊路。」

〔七〕何異句：賈誼《弔屈原賦》：「使騏驥可得係羈兮，豈云異夫犬羊。」

【附記】

詩見《永樂大典》卷七千九百六十三興字韻引周美成《清真集》。按引詩未見標題，以其繫夙興條下，前有姚成一《雪坡集·夙興》及葛勝仲《丹陽集·幽居夙興》等篇，後有張鎡《秋日夙興》等篇，意其或因蒙條目而省去，故爲標題如此，未必是。

開元夜遊圖 并序

唐景龍中〔一〕，明皇自潞州别駕來朝〔二〕，遂留京師，中夜發策引萬騎以安宗社〔三〕，易如振臂，其英叡之姿，凜然可想。當是時，如王毛仲、李宜德〔四〕，皆以騎奴執箙房從事〔五〕。一旦乘天威，相附麗以起韋杜之間〔六〕，獵師酒官，封官賜第，賞賚華渥，後宫游燕，未嘗不與。然皆庸人崛起，不得與佐命中興之士比。寵榮極矣，猶怏怏觖望〔七〕，其後多被誅，或貶以死。向使君臣無忘艱難，以相戒勅，則諸臣各保世寵，而天寶之禍，必不至魚爛如此〔八〕。古人以燕安爲酖毒，豈虚也哉！此本李公麟所摹〔九〕，乃歐陽氏舊物也。

潞州別駕年十八，彎弓射鹿無虚發。真龍絶水魚鼈散，參軍後騎鳧鷗没。咸原瑞氣映壺關〔一〇〕，城南書生知阿瞞〔一一〕。解鞍下馬日向夕，炙驢行酒天爲歡。坐上何人識天意，撅帽破靴朝邑尉〔一二〕。旄頭夜轉紫垣開〔一三〕，太白光芒黄鉞利〔一四〕。萬騎齊呼左右分，將軍夜披玄武門〔一五〕，鏖兵三窟盡妖黨〔一六〕，問寢五門朝至尊〔一七〕。羽林蕭蕭參旗折〔一八〕，太極瑶光浄烟雪〔一九〕，殺身志在攀龍鱗〔二〇〕，唾手成功探虎穴。麾下且侯李與王〔二一〕，輕形玉帶持箙房，晉文賞功從悉録〔二二〕，漢光道舊情無忘〔二三〕。與燕宫中張祕戲〔二四〕，複道晴樓過李騎〔二五〕，連催羯鼓汝陽來〔二六〕，一抹鵾絃薛王醉〔二七〕。玉階淒淒微有霜〔二八〕，天雞唤仗參差光，宜春列炬散行馬〔二九〕，長樂疏鐘嚴曉妝〔三〇〕。清絲急管歡未畢，瑶池八馬西南出〔三一〕，捫參歷井行道難〔三二〕，失水回風永相失。君不見當時韋杜間，呼鷹走狗去不還。坐問年少莫大語，臨淄郡王天子父〔三三〕。

【箋注】

〔一〕景龍：唐中宗年號。

〔二〕明皇句：《舊唐書·玄宗紀》：「神龍元年，遷衛尉少卿；景龍二年四月，兼潞州別駕。四年，中宗將祀南郊，來朝京師。」

〔三〕中夜句：景龍四年六月，中宗食餅中毒暴卒，矯詔立温王李重茂爲皇太子，尋即帝位，韋后臨朝攝政，南北軍諸要司皆命韋氏子弟，且將謀害相王李旦。旦子臨淄王李隆基（玄宗）結禁軍豪士發難，殺韋后及其黨，諸韋死者甚衆，武氏宗屬亦誅竄殆盡。旋迫少帝重茂遜位，立相王爲帝，是爲睿宗。事詳新舊《唐書·玄宗紀》及《資治通鑑》卷二百九。

〔四〕王毛仲、李宜德：皆玄宗在潞州時之奴僕，均驍勇善騎射，玄宗還京，二人常負弓矢以從。王毛仲高麗人，性明悟，得玄宗歡。討韋后之役，李宜德隨玄宗，而毛仲匿不出，事定後數日方見。玄宗弗責，拜爲將軍，後且進封霍國公。常與諸王侍禁中，至連榻而坐。卒以恃寵生驕，爲高力士所攻，貶瀼州，賜死於零陵，新、舊《唐書》有傳。宜德後更名守德，官至武衛將軍，封成紀侯，傳見《新唐書·王毛仲傳》。

〔五〕箙房：盛矢器，《説文》：「箙，弩矢箙也。」

〔六〕韋杜：韋曲、杜曲，在長安城南，韋杜二族之所居，故名。

〔七〕觖望：《史記·盧綰傳》：「欲王盧綰，爲羣臣觖望。」《索隱》：「觖望猶怨望也。」

〔八〕魚爛：魏文帝曹丕《伐吴詔》：「蕭牆之變，必自魚爛。」

〔九〕李公麟：字時伯，號龍眠居士，元祐間舉進士，歷南康、長垣尉、泗州録事參軍；用陸佃薦，爲中書門下後省删定官、御史檢法。好學博古，多識奇字，能詩善畫，山水似李思訓，佛像近吴道子。與蘇軾等交游，黄庭堅稱其風流不減古人。然以畫名，故世但以藝傳云。《宋史・文苑》六有傳。

〔一〇〕咸原句：指咸陽郊原，亦京師所屬。《舊唐書・玄宗紀》：「上所居宅外有水池，浸溢頃餘，望氣者以爲龍氣。」瑞氣指此。壺關指宫禁，《説文》：「壺，宫中道。」

〔一一〕阿瞞：《酉陽雜俎》前集卷一：「玄宗，禁中嘗稱阿瞞，亦稱鴉。」

〔一二〕朝邑尉：《舊唐書・劉幽求傳》：「劉幽求，冀州武强人也。聖曆年應制舉，拜閬中尉，刺史不禮焉，乃棄官而歸。久之，授朝邑尉。及韋庶人將行篡逆，幽求與玄宗潛謀誅之。」坐上何人二句指此。

〔一三〕紫垣：指宫禁。權德輿《奉和張舍人閣老閣中直夜》：「紫垣宿清夜，藹藹復沈沈。」旆頭見《天賜白》箋。

〔一四〕太白：即金星，亦稱長庚、啟明，兆戰伐。《史記・天官書》：「太白逮之，破軍殺將。」《索隱》引宋均曰：「太白宿，主軍來衝拒也。」黄鉞：金斧也。《書・牧誓》：「王左杖黄鉞，右秉白旄以麾。」

〔一五〕萬騎二句：從獵之武士。《通鑑》卷二百九：「初，太宗選官户及蕃口驍勇者，著虎文衣，跨豹文韉，從遊獵，於馬前射禽獸，謂之百騎；則天時增爲千騎，隸左右羽林；中宗謂之萬騎，置使領之。」《舊唐書・玄宗紀》：「遂以庚子夜率幽求等數十人自苑南入，總監鍾紹京又率丁匠百餘以從。分遣萬騎往玄武門，殺羽林將軍韋播、高嵩，持首而至，衆歡叫大集，攻白獸、玄德等門，斬關而進，左萬騎自左入，右萬騎自右入，合於凌煙閣前。」

〔一六〕三窟：《戰國策·齊策》四：「狡兔有三窟，僅得免其死耳。」

〔一七〕問寢五門：問寢，謂朝寢門問安也。李善《上文選注表》：「昭明太子業膺守器，譽貞問寢。」杜甫《洗兵行》：「鶴駕通宵鳳輦備，雞鳴問寢龍樓曉。」五門，帝王之居。《周禮·天官·閽人》「掌守王宫之中門之禁」，鄭司農云：「王有五門，外曰皋門，二曰雉門，三曰庫門，四曰應門，五曰路門。」按玄宗既誅韋后及其徒黨，次日比曉「乃馳謁睿宗，謝不先啟之罪。睿宗遽前抱上而泣曰：『宗社禍難，由汝安定，神祇萬姓，賴汝之力也。』」詩句指此。

〔一八〕參旗：一名天旗。《史記·天官書》：「參爲白虎……其西有句曲九星，三處羅，一曰天旗。」《正義》：「參旗九星在參西，天旗也，指麾遠近以從命者。王者斬伐當理則天旗曲直順理，不然則兵動於外，可以憂矣。」按詩句謂韋后陰謀篡政，不當於理，故參旗曲折不順。《通鑑》：「時羽林將士皆屯玄武門。逮夜，葛福順、李仙鳧皆至隆基所，請號令而行。向二鼓，天星散落如雪，劉幽求曰：『天意如此，時不可失。』福順拔劍直入羽林營，斬韋璿、韋播、高嵩以徇，曰：『韋后酖殺先帝，謀危社稷，今夕當共誅諸韋，馬鞭以上皆斬之，立相王以安天下。敢有懷兩端助逆黨者，罪及三族！』羽林之士皆欣然從命。」詩句指其事。

〔一九〕瑶光：一作摇光。《史記·天官書》「北斗七星」，《索隱》引《春秋運斗樞》曰：「斗，第一天樞，第二旋，第三璣，第四權，第五衡，第六開陽，第七摇光。」

〔二〇〕攀龍鱗：《後漢書・光武帝紀》：「天下士大夫捐親戚，棄土壤，從大王於矢石之間者，其計固望攀龍鱗，附鳳翼，以成其所志耳。」

〔二一〕李與王：指李宜德、王毛仲，已見前。

〔二二〕晋文句：晋公子重耳出亡諸侯，狐偃、趙衰、魏武子、顛頡、司空季子等從，見《左傳・僖公二十三年》。及返國繼立，是爲晋文公，賞從亡者，見二十四年《傳》。

〔二三〕漢光句：《後漢書・嚴光傳》：「少有高名，與光武同遊學。及光武即帝位，乃變姓名，隱身不見。帝思其賢，令以物色訪之，舍於北軍，論道故舊，相對累日。」（節録）

〔二四〕祕戲：男女淫褻之戲。《漢書・周仁傳》：「得幸，入卧内，於後宫祕戲，仁常在側。」杜甫《宿昔》：「宫中行樂祕，少有外人知。」正指玄宗張祕戲也。

〔二五〕李騎：指李宜德，曾官右武衛將軍，故云李騎。

〔二六〕汝陽：汝陽郡王李璡也。睿宗長子寧王李憲之子，玄宗之姪，天寶初加特進，杜甫有《贈特進汝陽王二十韻》，即其人。《羯鼓録》：「汝陽王璡，寧王長子也。姿容妍美，秀出藩邸，玄宗特鍾愛焉，自傳授之（按謂教以羯鼓），又以其聰悟敏慧，妙達其旨，每遊幸，頃刻不舍。璡嘗戴砑絹帽打曲，上自摘紅槿花一朵置於帽上笪處，二物皆極滑，久之方安，遂奏《舞山香》一曲，而花不墜落。上大喜笑，賜璡金器一廚。因誇曰：『花奴（璡小名——原注）姿質明瑩，肌髮光細，非人間人，必神仙謫墜也。』寧王謙謝，隨而短斥之。上笑曰：『大哥不必過慮，阿瞞

（上於諸親常自稱此號——原注）自是相師。夫帝王之相，且須有英特越逸之氣，不然有深沈包育之度，若花奴但端秀過人，悉無此相，固無猜也。而又舉止淹雅，當更得公卿間令譽耳。」寧王又笑曰：『若於此，臣乃輸之。』上笑曰：『若此一條，阿瞞亦輸大哥矣。』寧王又謙謝。上笑曰：『阿瞞贏處多，大哥亦不用撝挹。』上性俊邁，酷不好琴，曾聽彈琴，正弄未及畢，叱琴者出曰：『待詔出去！』謂内官曰：『速召花奴將羯鼓來，爲我解穢。』」

〔二七〕鵾絃：本作鶤絃。《樂府雜録·琵琶》：「開元中，賀懷智以石爲槽，鶤雞筋作絃，用鐵撥彈之。」薛王，名李業，睿宗第五子，玄宗弟。以好學，授祕書監，開元初，拜太保。李商隱《龍池》：「龍池賜酒敞雲屏，羯鼓聲高衆樂停。夜半宴歸宫漏永，薛王沈醉壽王醒。」

〔二八〕微有霜：張籍《楚宫行》：「玉階羅幕微有霜，齊言此夕樂未央。」詩用其意，言貪逸樂也。

〔二九〕宜春：宜春院，唐長安宫内歌妓之所居，開元二年置。崔令欽《教坊記》：「妓女入宜春院，謂之内人，亦曰前頭人，常在上前頭也。」行馬：設於門前以障止人之木馬。《周禮·天官·掌舍》：「梐枑再重」，注：「梐枑，謂行馬。」程大昌《演繁露》：「行馬者，一木横中，兩木互穿以成四角，施於門以爲約禁也。」

〔三〇〕長樂：漢宫名。《三輔黄圖》：「長樂宫，本秦之興樂宫也。高皇帝始居櫟陽，七年，長樂宫成，徙居長安城。」按故址在長安城中，東漢稱永樂宫，唐初猶存，天寶後始廢。

〔三一〕瑶池八馬：《穆天子傳》：「天子之駿，赤驥、盜驪、白義、踰輪、山子、渠黄、華騮、绿耳。」又云：「天子之御，造父、參百、耿翛、芍及。」又云：「天子觴西王母於瑶池之上。」後人遂謂周穆王駕八駿之馬，使造父爲御，赴瑶池會西王母。按詩句喻安禄山之亂，玄宗奔蜀。成都在長安西南，故云西南出。白居易《長恨歌》：「九重城闕煙塵生，千乘萬騎西南行。」

〔三二〕捫參歷井：參星爲西方白虎之末宿，井星爲南方朱鳥之首宿，詩以指西南也。蜀道山高崎嶇，若手捫參、足歷井而行，極言蜀道難也。李白《蜀道難》：「捫參歷井仰脅息，以手撫膺坐長嘆。」

〔三三〕坐間二句：錢希白《南部新書》：「開元皇帝爲潞州別駕，乞假歸京，值暮春，戎服臂鷹於野次。時有豪氏子十餘輩，供帳於昆明，上時突會坐中，有持酒船唱令曰：『今日宜以門族官品。』至上，笑曰：『曾祖天子，祖天子，父相王，臨淄郡王李某。』諸輩驚散，上聯舉三船，盡一巨觥而去。」天子父，謂父爲天子也。按嗣聖元年，武則天廢中宗爲廬陵王，立睿宗爲帝，則天仍臨朝稱制；至聖曆元年，中宗還朝，乃稱疾不朝，讓位於中宗。是在誅韋后以前，睿宗亦曾爲天子也。

【附記】

詩見《永樂大典》卷八千八百四十四遊字韻、《開元夜遊》條引宋周美成《清真集》。

遠遊〔一〕

淮西渡兩槳，江左隨一鷗。苦嗟波濤窄，所至膠吾舟〔二〕。借問舟中人，流轉何時休。

帆高風色利，欲止不自由。傳聞弱水外〔三〕，鼎立三神丘〔四〕。鼓柂未可到，載行有潛虯〔五〕。扶桑觀浴日〔六〕，陽精熱東流〔七〕。萬族呈祕怪〔八〕，九土皆飄浮〔九〕。送者安在哉，吾往不可求〔一〇〕。豈比鴟夷子〔一一〕，並湖名遠遊〔一二〕。

【箋注】

〔一〕遠遊：用《楚辭》篇名爲詩題。王逸云：「《遠遊》者，屈原之所作也。屈原履方直之行，不容於世，上爲讒佞所譖毀，下爲俗人所困極，章皇山澤，無所告訴。乃深惟元一，修執恬漠，思欲濟世，則意中憤然，文采鋪發，遂叙妙思，託配仙人，與俱遊戲。」按詩亦隱約用此旨。

〔二〕膠吾舟：《莊子·逍遥遊》：「覆杯水於坳堂之上，則芥爲之舟，置杯焉則膠；水淺而舟大也。」

〔三〕弱水：《十洲記》：「鳳麟洲在西海之中央，方一千五百里，洲四面有弱水繞之，鴻毛不浮，不可越也。」李白《雜詩》：「傳聞海水上，乃有蓬萊山。」

〔四〕三神丘：《史記·秦始皇本紀》：「齊人徐市等上書，言海中有三神山，名曰蓬萊、方丈、瀛洲，仙人居之。」白居易《題海圖屏風》：「突兀海底鼇，首冠三神丘。」

〔五〕鼓柂二句：《史記·秦始皇本紀》：「方士徐市等入海求神藥，數歲不得，費多，恐譴，乃詐曰：『蓬萊藥可得，然常爲大鮫魚所苦，故不得至。』」鮫通蛟，《説文》：「蛟，龍屬也」；又云：「虯，龍子有角者。」按渾言之則蛟虯同。左思《蜀都賦》：「下高鵠，出潛虯。」

〔六〕扶桑句：《淮南子·天文》：「日出於暘谷，浴于咸池，拂于扶桑，是謂晨明。」《楚辭·九歌·東君》：「暾將出兮東方，照吾檻兮扶桑。」王逸注：「東方有扶桑之木，其高萬仞，日出，下浴於湯谷，上拂其扶桑。」

〔七〕陽精：《淮南子·天文》：「積陽之熱氣生火，火氣之精者爲日。」《後漢書·丁鴻傳》：「日者陽精，守實不虧。」

〔八〕萬族：指種種水族。韓愈《南海神廟碑》：「海之百靈祕怪，蜿蜿蜒蜒。」

〔九〕九土：《文選》宋玉《登徒子好色賦》：「臣少曾遠遊，周覽九土。」李善注：「九土，九州之土。」

〔一〇〕送者二句：《莊子·山木》：「君其涉於江而浮於海，望之而不見其崖，愈往而不知其所窮，送者皆自崖而反，君自此遠矣。」詩用其意。

〔一一〕鴟夷子：《史記·越王句踐世家》：「范蠡浮海出齊，變姓名，自謂鴟夷子皮。」

〔一二〕並湖：疑或是五湖之譌。《國語·越語》下：「反至五湖，范蠡辭於王曰：『君王勉之，臣不復入越國矣。』……遂乘輕舟，以浮於五湖，莫知其所終極。」韋昭注：「五湖，今太湖。」

【附記】

詩見《永樂大典》卷八千八百四十五遊字韻引宋周美成《清真集》。詩有淮西、江左之語，復多危苦之辭，疑是教授廬州前後作。

晚憩杜橋館

寒茅愔愔雞啄埸〔一〕，兒啼索衣天隕霜。密林漸放山色入，楓枯振槁聲琅琅。清漿白羽棄已久〔二〕，黄菊紫萸看欲香。歲行及此去愈疾，若決積水難隄防。嗟予齒髮非故物，念此内熱如涫湯〔三〕。願見唐朝吕墨客〔四〕，刲行問道求神方。齋心千日百事畢〔五〕，消我領雪還韶光。豈饒蒿目憂世事〔六〕，黄金綰腰埋土囊〔七〕。

【箋注】

〔一〕雞啄埸：温庭筠《燒歌》：「廢棧豕歸欄，廣埸雞啄粟。」

〔二〕清漿白羽：淡酒、羽扇也。白居易《贈東都諸公》：「法酒澹清漿，含桃嫋紅實。」杜甫《椶拂子》：「不堪代白羽，有足除蒼蠅。」

〔三〕涫湯：《史記·龜策傳》：「寡人念其如此，腸如涫湯。」《索隱》曰：「涫，沸也。」

〔四〕吕墨客：仙人吕洞賓。宋吴曾《能改齋漫録》卷十八：「吕洞賓嘗自傳，岳州有石刻。云：『……世言吾賣墨，飛劍取人頭，吾聞哂之。』」以世言其賣墨，故稱吕墨客。按《漫録》成於紹興間，石刻不知始於何時，大抵墨客之號，清真時已有之。張舜民《郴行録》：「天慶观西廡有石刻二詩，詞致清婉。其道人云，至道中，有賣墨人，儀狀雄偉，嘗此遊息，一日，于扉上題詩二絶句而去，或云吕洞賓所書也。郡人争剜之以治病，今字字剜痕深寸餘，而墨迹不滅。」

〔五〕齋心：即心齋。《莊子·人間世》：「若一志，無聽之以耳而聽之以心；無聽之以心而聽之以氣。聽止於耳，心止於符，氣也者，虚而待物者也。唯道集虚，虚者心齋也。」郭象注：「虚其心則至道集於懷也。」

〔六〕蒿目：《莊子·駢拇》：「今世之仁人，蒿目而憂世之患。」成玄英疏：「蒿，目亂也。」

〔七〕土囊：《文選》宋玉《風賦》：「夫風生於地，起於青蘋之末，侵淫谿谷，盛怒於土囊之口。」李善注：「土囊，大穴也。」按詩借以指墓穴。

【附記】

詩見《永樂大典》卷一萬一千三百十三館字韻引周邦彦《清真集》。以上佚詩四十五首，自《薛侯馬》至《春帖子》二十七首，略比其行誼，粗作詮次，間有所疑，當未盡是。餘十五首，則以出處先後爲次。

壽朱守

鼎□談經世少雙，一時文物動虞庠。江湖雖隔金閨籍，衣袖仍聞玉案香。墨客幾年陪畫隼，板輿平日到諼堂。時清身健堪行樂，未見荆榛見鳳凰。

【附記】

壽朱守二詩見《詩淵》第六册，頁四五六〇。按「鼎」下脱一字，末句「見鳳凰」之「見」不甚清晰。

又

珥筆曾趍殿兩間，冰姿清徹照朝班。民謳在處思廉范，諫疏何人憶賈山。竹簡緇經秋閉閣，玉棋歡客夜留關。直須剩飲邦人壽，天上如今欲賜環。

壽陳運幹

節過中和日有三，台星一點下江南。因仍庴算疏恩寵，多少春風在笑談。頌祝椒花隨以柏，恩袍欺草緑於藍。兒孫更祝無窮壽，齊指莊椿願與參。

【附記】

詩見《詩淵》第六册，頁四五七九。按「庴」字當是「睿」之俗譌。一九八七年七月十日記。（書目文獻出版社景印《詩淵》，逐年出版，共六册，一九八七年方出完，其書亦不注出版年月）

汴都賦〔一〕

臣邦彦頓首再拜曰：自古受命之君，多都於鎬京〔二〕，或在洛邑〔三〕，惟梁都於宣武〔四〕，號爲東都，所謂汴州也。後周因之，乃名爲京。周之叔世，統微政缺，天命蕩杌，歸我有宋。民之戴宋，厥惟固哉，奉迎鑾輿，至汴而上，是爲東京。六聖傳繼〔五〕，保世滋大，無内無外，涵養如一，含牙帶角，莫不得所。而此汴都，高顯宏麗，百美所具，億萬千世，承學之臣，弗能究宣，無以爲稱。伊彼三國，割據方隅，區區之霸，言餘事乏，而《三都》之賦〔六〕，磊落可駭，人到於今稱之；矧皇居天府而有遺美，可不愧哉！謹拜手稽首獻賦曰：

【校】

〔臣邦彦頓首再拜曰〕明單行本（以下簡稱明本）無此句。　〔而上〕明本作「而止」。

【箋注】

〔一〕《汴都賦》：録自宋吕祖謙編《皇朝文鑑》卷七（《四部叢刊》景宋本）。與明刊單行本文字間有小異，其異者於字下注一作某是也。又鄧之誠《東京夢華録注》（中華書局一九八二年版）卷一亦録此賦，云據《文鑑》，然除手民之誤視而可見者外，亦與宋本不盡同也。

〔二〕鎬京：周武王所都，故址在今西安市。《詩・大雅・文王有聲》：「考卜維王，宅是鎬京。」按即古之西都長安也。

〔三〕洛邑：在今洛陽市。《書・召誥序》：「成王在豐，欲宅洛邑，使召公先相宅，作《召誥》。」按即古之東都，周時有二城，一曰王城，在瀍水西，周平王遷都於此；一曰成周，在瀍水東，周敬王曾遷都於此。

〔四〕梁都於宣武：唐建中二年置宣武軍，治所在汴州。五代後梁建東都，改爲開封府，即今開封市。

〔五〕六聖傳繼：宋太祖、太宗、真宗、仁宗、英宗、神宗六朝相繼。

〔六〕《三都》：晉左思《蜀都賦》、《吳都賦》、《魏都賦》，合稱《三都賦》，見《文選》。

發微子客游四方〔一〕，無所適從。既倦游，廼崎嶇邅迴，造於中都〔二〕，觀土木之妙，冠蓋之富，煒爗煥爛，心駴神悸，瞁瞴而不敢進〔三〕。於是夷猶於通衢，彷徨不知所届。適遭衍流先生，目而招之，執其袪，局局然嘆曰〔四〕：「覿子之貌，神采不定，狀若失守。豈非蔽席隱茅，未游乎廣廈；誅草鉏棘，未擷乎蘭菝〔五〕；披褐挾緼，未曳乎綺縠；微邦陋邑，未覩乎雄藩大都者乎？」發微子姡然有赧色曰〔六〕：「臣翺翔乎天下，東欲究扶桑〔七〕，西欲窮虞淵〔八〕，南欲盡反户〔九〕，北欲徹幽都〔一〇〕，所謂天子之都，則未嘗歷焉。今先生訊我，誠有是也。然觀先生類辯士，其言似能碎崑崙而結溟渤，鏤混沌而形罔象〔一二〕，試移此辯，原此汴都可乎？臣固不敏，謹願承教。」

【校】

〔煒爗〕明本作「煒曄」。

【箋注】

〔一〕發微子：辭賦之體，例假設人名相問答，《文心雕龍·詮賦》所謂「遂主客以首引，極聲貌以窮文」是也。此篇中發微子、衍流先生，皆假設之名。

〔二〕中都：京城也。《史記·平準書》：「漕轉山東粟，以給中都官。」《索隱》：「中都，猶都内也。」

〔三〕䁊瞯：驚視貌，見《一切經音義》引《通俗文》。䁊，瞁之譌。

〔四〕局局：《莊子·天地》「季徹局局然笑曰」，成玄英疏：「局局，俛身而笑也。」《釋文》：「一云大笑之貌。」

〔五〕蔎：香草也，見《説文》。

〔六〕媔：面醜也，見《説文》。按段玉裁注本改作面靦是也，愧貌。

〔七〕扶桑：極東之地，日出之處。《離騷》：「飲余馬於咸池兮，總余轡乎扶桑。」又《梁書·扶桑國傳》：「扶桑在大漢國東二萬餘里，地在中國之東，其土多扶桑木，故以爲名。」按賦當本前一義。

〔八〕虞淵：極西之地，日入之處。《淮南子·天文》：「日至於虞淵，是謂黄昏。」

〔九〕反户：極南之地。《淮南子·地形》：「南方曰都廣，曰反户。」高誘注：「言在其鄉日之南，皆爲北鄉户，故反其户也。」

〔一〇〕幽都：極北之地。《書·堯典》：「申命和叔，宅朔方，曰幽都。」疏云：「北稱幽……都謂所聚也。」按陰氣所聚，故稱幽都。

〔一一〕鏤混沌句：混沌，元氣之謂，無形者也。《易乾鑿度》：「太易者未見氣也，太初者氣之始也，太始者形之始也，太素者質之始也。氣似質具而未相離，謂之混沌。」罔象，虛無無像也。《楚辭·遠遊》：「覽方外之荒忽兮，沛罔象而自浮。」洪興祖《補注》：「《文選》云：『馘汨飄淚，沛以罔象兮。』注云：『罔象，即仿像也。』又云：『罔象相求。』注云：『虛無罔象然也。』」按此句意謂善辯者其言能誇飾混沌罔象，變無象爲有形也。

先生笑曰：「客知我哉！」於是申喙據牀，虛徐而言曰：「噫，子獨不聞之歟？今天下混一，四海爲家，令走絶徼，地掩鬼區〔一〕，惟是日月所會，陰陽之中，據要總殊，搹鍵制樞〔二〕，拱衛環周，共安乘輿。而此汴都，禹畫爲豫，周封鄭地〔三〕，觜觿臨而上直，實沈分以爲次〔四〕，惟蓬澤之故境，昔合縻之所至〔五〕。芒、碭、涣、渦截其面〔六〕，金隄、玉渠累其脊〔七〕，雷夏、灉、沮繞其脇〔八〕，疊丘、訾婁夾其胰〔九〕，梁、周帝據而麋沸〔一〇〕，唐、漢尹統而寧一。故此王國，襲故不徙，恢拆甸域〔一一〕，尊崇天體，司徒制其畿疆，職方辨其土地〔一二〕，前千官而會朝，後百族而爲市。分疆十同〔一三〕，提封萬井〔一四〕，舟車之所輻輳，方物之所灌輸，宏基融而壯址植，九鼎立而四嶽位〔一五〕，仰營域而體極〔一六〕，立土圭而測晷〔一七〕。蜀險漢坌，荆惑閩鄙〔一八〕，惟此中峙，不首不尾，限而不迫，華而不侈，環睎睋於郡縣〔一九〕，如岣嶁之迤邐〔二〇〕。

【校】

〔搊鍵〕明本作「揭鍵」。　〔蓬澤〕明本作「逢澤」。　〔故境〕明本作「固境」。　〔恢坼〕明本作「恢圻」。

【箋注】

〔一〕鬼區：《後漢書·章帝紀》：「仁風翔于海表，威霆行乎鬼區。」李賢注：「鬼區即鬼方。」按同書《西羌傳》以鬼方爲西戎地，當在今青海境。

〔二〕搊：《説文》：「把也。」按與搤音義相同。

〔三〕禹畫二句：謂汴都之地古已存之。爲豫，《書·禹貢》：「荆河惟豫州。」鄭注：「豫州界自荆山而北至於河。」《周禮·夏官·職方》：「河南曰豫州。」《爾雅·釋地》同。周封鄭地，《史記·鄭世家》：「鄭桓公友者，周厲王少子而宣王庶弟也。宣王立二十二年，友初封於鄭。」按姬友初封之鄭，在今陝西華縣西北；平王東遷，鄭徙於今河南省新鄭縣，有河南省中部黄河以南之地。春秋時爲鄭國，戰國時滅於韓。

〔四〕觜觿二句：謂汴都地當觜觿、實沈之分野。觜觿即二十八宿之觜宿；實沈爲星次之名，包觜、參、畢及井之一部分。《國語・晉語》：「實沈之墟，晉人是居。」《史記・天官書》：「參爲白虎。三星直者，是爲衡石。下三星兑(同鋭)，曰罰，爲斬艾事。其外四星，左右肩股也。三小星隅置，曰觜觿，爲虎首，主葆旅事。」《正義》：「觜三星，參三星，外四星爲實沈，於辰在申，魏之分野。」按星次分野之魏，本在山西，而戰國時魏徙都於河南開封，稱梁，故借用之耳。

〔五〕惟蓬澤二句：當作逢澤，在開封南。《左傳・哀公十四年》：「迹人來告曰，逢澤有介麇。」《正義》：「《周禮・夏官》，迹人掌邦田之政，凡田獵者受令焉。鄭玄云：『迹之言跡，知禽獸處也。』……介大也，麇獐也。」按此二句用《左傳》，合麋當是介麇之訛。

〔六〕芒碭渙渦：芒山、碭山，相去八里，俱在安徽碭山縣東南，接河南永城縣界。渙水，舊自河南陳留縣東流，經商丘、永城等縣，入安徽匯於淮河；今上流已湮，下流在永城以東者，即今之澮河。渦河，上源曰青岡河，出河南通許縣東南，南流經杞縣、太康爲渦河，亦入安徽而匯淮。兩山兩水皆在汴都東南。

〔七〕金隄玉渠：金隄在河南濬縣西南及滑縣東，一名千里隄。玉渠，疑指隋煬帝所開之永濟渠，源出河南輝縣之衛河，南流合小丹河，東北流合清、淇、洹、漳諸水。隄及渠在汴都之北。

〔八〕雷夏灉沮：《書・禹貢》：「雷夏既澤，灉沮會同。」雷夏又名雷澤，故址在山東荷澤縣。《史記・五帝本紀》：「舜耕歷山，漁雷澤。」《水經注》：「其陂東西二十餘里，南北十五里。」灉河出山東曹縣，東北流至荷澤，與沮水合。沮水爲濟水支流，與灉水俱入雷澤，宋時河決曹濮間，澤及二水皆湮滅矣。按皆在汴都東北。

〔九〕罍丘訾婁：訾婁，春秋衛邑，故址在河南長垣縣西，《左傳·僖公十八年》所謂「師於訾婁」者是也。罍丘，未知所在，疑或爲封丘，古封國地，與長垣毗鄰，俱在汴都正北。《說文》：「胂，夾脊肉也。」胰爲胂之或字，見《集韻》。

〔一〇〕梁周句：五代梁太祖朱温，初爲汴州刺史，及篡唐稱帝，升汴州爲開封府，建爲東都；後周世宗柴榮，初拜開封府尹，後以養子嗣位，故曰帝據。時五代十國紛紛據地稱帝，故曰麋沸。按五代梁晋漢周皆都汴京。

〔一一〕恢圻：恢，大；圻，王畿。《左傳·襄公二十五年》：「天子之地一圻，列國一同。」杜預注：「圻方千里，同方百里。」

〔一二〕司徒二句：謂汴都久立官職。司徒制其畿疆，《周禮·地官·司徒》：「惟王建國，辨方正位，體國經野，設官分職，以爲民極。乃立地官司徒，使帥其屬而掌邦教，以佐王安擾邦國。」職方辨其土地，《周禮·夏官·職方氏》：「掌天下之圖，以掌天下之地，辨其邦國都鄙。」

〔一三〕分疆十同：謂分封諸侯，方百里爲同，已見上箋。

〔一四〕提封萬井：《漢書·刑法志》：「因井田而制軍賦，地方一里爲井，井十爲通，通十爲成，成方十里；成十爲終，終十爲同，同方百里；同十爲封，封十爲畿，畿方千里。」又云：「一同百里，提封萬井。」注引李奇曰：「提，舉也，舉四封之内也。」

〔一五〕九鼎句：九鼎，傳國之寶。《史記·武帝紀》：「禹收九牧之金，鑄九鼎，象九州。」《左傳·昭公四年》：「四嶽、三塗、陽城、大室、荆山、中南，九州之險也。」杜預注：「東嶽岱，西嶽華，南嶽衡，北嶽恒。」位，如《禮記·中庸》「天地位焉」之位，言安於其所也。

〔一六〕仰營域句：古京城布局，多以上應天體爲務。仰營域，言仰觀天象而經營方域也；體極，言察六極而定位也。與班固《西都賦》所謂「體象乎天地，經緯乎陰陽，據坤靈之正位，倣太紫之圓方」相似。按汴京城本唐建中二年重築，五代周世宗顯德二年又增築新城，至宋太祖開寶元年又重修，大其城址。賦所言當指此。

〔一七〕立土圭句：土圭，古用以測日影，正四時，測土地之器。《周禮·地官·大司徒》：「以土圭之法，測土深，正日景，以求地中。」又《春官·典瑞》：「土圭致四時日月，封國則以土地。」又《考工記·玉人》：「土圭尺有五寸，以致日，以土地。」按注及疏謂古又別立八尺之表，視其日影；表北得影若爲一尺五寸，與土圭等，則爲地中，可以建都。賦意指此。晷，日影也。

〔一八〕蜀險二句：謂十國所都，皆不足取。前蜀、後蜀都成都，其地險阻。南漢都廣州，北漢都太原，其地塵下。南平都荆南，楚都長沙，其地易亂。閩都福州，其地鄙遠。

〔一九〕睎睋：望視也。班固《西都賦》：「於是睎秦嶺，睋北阜。」

〔二〇〕岣嶁：衡山之別名，周迴八百里，有七十二峯。主峯名岣嶁峯，故山名以是。

觀其高城萬雉〔一〕，埤堄鱗接〔二〕，繚如長雲之方舒，屹若崇山之礙硊〔三〕，坤靈因贔屭而跼蹐〔四〕，土怪畏榨壓而妥貼，靡胥不可緾而登〔五〕，爵鼠不可噣而穴。利過百二〔六〕，嶮踰四塞，鄙秦人之踐華〔七〕，陋荆州之卻月〔八〕，頓捷步與超足，矧蹣跚與躄躠？闉城爲門，二十有九〔九〕，瓊扉塗丹，金鋪鏤獸〔一〇〕。列兵連卒，呵夜警晝，異物不入，詭邪必究。城中則有東西之阡，南北之陌，其衢四達，其塗九軌〔一一〕。車不理轚互〔一二〕，人不争險易，劇驂崇期〔一三〕，蕩夷如砥，雨畢而除，糞夷薙穢，行者不馳而安步，遺者惡拾而恣棄。跨虹梁以除病涉〔一四〕，列佳木以安怵惕，殊異羊腸之詰曲，或踠蹏而折轊〔一五〕。

【校】

〔頓〕明本作「須」。　〔金鋪〕明本作「金墉」。　〔轚互〕明本作「轂互」。　〔崇期〕明本作「崇朝」。

【箋注】

〔一〕萬雉：《禮記·坊記》：「故制國不過千乘，都城不過百雉。」鄭玄注：「高一丈、長三丈爲雉，百雉爲長三百丈。」

〔二〕埤堄：《廣雅·釋宫》：「埤堄，女牆也。」

〔三〕礹硉：山連續貌，見《集韻》。

〔四〕坤靈句：極言汴城之巨，地神因不勝負載而傴僂恐懼也。楊雄《司空箴》：「昔彼坤靈，併天作合。」張衡《西京賦》「巨靈贔屓」，薛綜注：「作力之貌。」按後世稱負碑之龜趺爲贔屭以此。又《東京賦》「跼高天蹐厚地」，薛云：「跼蹐，恐懼之貌也。《毛詩》曰：『謂天蓋高，不敢不跼。』」（按《小雅・正月》文，下引同）跼，傴僂也。『謂地不厚，不敢不蹐』，蹐，累足也。」按跼者傴僂其身，蹐者小步而行，皆爲戒慎恐懼之貌，乃引伸義。

〔五〕靡胥：當作胥靡。《莊子・庚桑楚》：「胥靡登高而不懼，遺死生也。」成玄英疏：「胥靡，徒役之人也。」《釋文》引司馬云：「刑徒人也。」《漢書・楚元王傳》：「胥靡之」，師古注：「聯繫使相隨而服役之，猶今之役囚徒以鎖聯綴耳。」

〔六〕百二：《史記・高祖本紀》：「秦形勝之國，帶河山之險，縣隔千里，持戟百萬，秦得百二焉。」按百二之義，衆説不一。如《集解》引蘇林曰：「得百中之二焉，秦地險固，二萬人足當諸侯百萬人也。」《索隱》引虞喜云：「百二者，得百之二。言諸侯持戟百萬，秦地險固，一倍於天下，故云得百二焉，言倍之也。蓋言秦兵當二百萬也。」其岐異如此。泛言之，則謂地勢險固耳。

〔七〕踐華：賈誼《過秦論》：「然後踐華爲城，因河爲池。」李善注引服虔曰：「斷華山爲城，美大之也。」

〔八〕卻月：《荆州圖記》：「沌陽縣有卻月城，西一里有馬城。」（《太平御覽》卷一九二引）梁元帝《金樓子・説蕃》：「東西兩岸爲卻月城。」卻月者，狀半月也。

〔九〕二十有九：據《東京夢華録》卷一，東都新城凡十五門，其中陳州、戴樓兩門，其旁各有一蔡河水門，共十七；舊京城凡十二門，合共二十九門也。

〔一〇〕金鋪：《説文》：「鋪，箸門鋪首也。」《漢書・哀帝紀》「孝元廟殿門銅龜蛇鋪首鳴」，注：「鋪首作龜蛇之形，以銜環者也。」段玉裁《説文注》云：「古者箸門爲蠃形，謂之椒圖。以金爲之，則曰金鋪；以青畫瑣文鏤中，則曰青瑣。」

〔一一〕九軌：張衡《東都賦》「經途九軌」，李善注：「《周禮》『國中經途九軌』，鄭玄曰：『塗容九軌，謂轍廣也。』」

〔一二〕轚互：《説文》：「轚，車轄相擊也。《周禮》曰：舟輿轚互者。」段注：「轄者鍵也，鍵在軎頭，謂車軎相擊也。諸書亦言車轂相擊。《秋官・野廬氏》：凡道路之舟車轚互者，叙而行之。」

〔一三〕劇驂崇期：《爾雅・釋宫》：「七達謂之劇驂，八達謂之崇期。」七達者，注謂三道交爲六，復有一道岐出，共爲七道也；八達者，注謂四道交出，共爲八也。《釋名・釋道》：「七達曰劇驂；驂馬有四耳，今此道有七，比於劇也。八達曰崇期；崇、充也，道多所通，人充滿其上，如共期也。」

〔一四〕跨虹梁：《東京夢華録》卷一《河道》：「自東水門外七里至西水門外，河上有橋十三。從東水門外七里，曰虹橋，其橋無柱，皆以巨木虚架，飾以丹艧，宛如飛虹。」下一句所謂列佳木者，即指橋以巨木虚架也。

〔一五〕踠蹏而折轊：馬失蹄而覆車折軸也。《玉篇》：「踠，曲脚也。」轊本字作軎，《説文》：「車軸耑也。」段注：「車軸之末見於轂外者曰軎。」

顧中國之闤闠〔一〕，叢貲幣而爲市，議輕重以奠賈，正行列而平肆。竭五都之瓌富〔二〕，備九州之貨賄，何朝滿而夕除，蓋趨贏而去匱。萃駔儈於五均〔三〕，擾販夫於百隧〔四〕，次先後而置叙，遷有無而化滯，抑彊賈之乘時，摧素封之專利。售無詭物，陳無竊器〔五〕。欲商賈之阜通，迺有廛而不税。銷卓、鄭、猗、陶之殖貨〔六〕，禁乘堅策肥之擬貴。道無游食以無爲，矧敢婆娑而爲戲〔七〕。其中則有安邑之棗，江陵之橘，陳、夏之漆，齊、魯之麻〔八〕，薑桂藁穀，絲帛布縷，鮐鮆鯫鮑〔九〕，釀鹽醯豉。或居肆以鼓鑪橐，或鼓刀而屠狗彘。又有醫無閭之珣玗，會稽之竹箭，華山之金石，梁山之犀象，霍山之珠玉，幽都之筋角，赤山之文皮〔一〇〕，與夫沈沙棲陸，異域所至。殊形妙狀，目不給視，無所不有，不可殫紀。

【校】

〔鯫鮑〕明本作「鮿鮑」。

【箋注】

〔一〕中國：國中也，指汴都中。闤闠左思《蜀都賦》：「闤闠之裏，伎巧之家。」劉淵林注：「闤，市巷也；闠，市外內門也。」蓋市肆之謂。按此段美市易法。

〔二〕五都：班固《西都賦》：「與乎州郡之豪傑，五都之貨殖，三選七遷，充奉陵邑。」李善注：「《漢書》曰，王莽於五都立均官，更名雒陽、邯鄲、臨淄、宛、成都市。」按此雖用《西都賦》，而所謂五都，歷代不一，泛用則指富庶之都市耳。

〔三〕萃駔儈句：《漢書·貨殖傳》「節駔儈」，注云：「儈者合會二家交易者也，駔者其首率也。」即爲商賈居間議價之牙郎。五均，主交易之官，已見上注。

〔四〕百隧：張衡《西京賦》：「旗亭五重，俯察百隧。」薛綜注：「隧，列肆道也。」

〔五〕窳器：粗劣不堅之器皿。《韓非子·難一》：「東夷之陶者器苦窳，舜往陶焉，期年而器牢。」

〔六〕卓鄭猗陶：卓氏、程鄭、猗頓、陶朱公。《史記·貨殖列傳》：「范蠡既雪會稽之恥……乃乘扁舟浮於江湖，變名易姓，適齊爲鴟夷子皮，之陶爲朱公。朱公以陶爲天下之中，諸侯四通，貨物所交易也，乃治産積居，與時逐而不責於人。故善治生者，能擇人而任時。十九年之中三致千金，再分散與貧交疏昆弟，此所謂富好行其德者也。後年衰老而聽子孫，子孫修業而息之，遂至巨萬。故言富者皆稱陶朱公。」又曰：「猗頓用鹽鹽起，而邯鄲郭縱以鐵冶成業，與王者埒富。」又曰：「蜀卓氏之先，趙人也，用鐵冶富。秦破趙，遷卓氏……致之臨邛，大喜，即鐵山鼓鑄，運籌策，傾滇蜀之民。富至僮千人，田池射獵之樂擬於人君。」又曰：「程鄭，山東遷虜也，亦冶鑄，賈椎髻之民，富埒卓氏，俱居臨邛。」

〔七〕婆娑：《文選》宋玉《神女賦》：「既姽嫿於幽静兮，又婆娑乎人間。」六臣注劉良曰：「婆娑，放逸貌。」婆娑爲戲取此義。

〔八〕其中四句：《史記·貨殖列傳》：「安邑千樹棗……江陵千樹橘……陳夏千畝漆……齊魯千畝麻……此其人皆與千户侯等。」安邑、江陵與今同，在山西、湖北。陳、夏、齊、魯古國名，陳、夏在河南，齊、魯在山東。

〔九〕鮐鮆鮿鮑：《史記·貨殖傳》：「鮐鮆千斤，鮿千石，鮑千鈞。」《説文》：「鮐，海魚也。」段注：「即今之河豚也。」《説文》：「鮆，刀魚也，飲而不食，九江有之。」段注：「刀魚，今人語尚如此，以其形像刀也；俗字作魛。」《説文》：「鯫，白魚也。」段注：「白而小之魚也。《史記》鯫千石，徐廣曰鯫鯫魚也，張守節曰雜小魚也。師古於《漢書》作鮿字，蓋未然。」（按《漢書·食貨志》作鮿鮑千鈞）《説文》：「鮑，饐魚也。」段注：「饐，飯傷溼也，故鹽魚溼者爲鮑魚。」

〔一〇〕又有七句：《爾雅·釋地》：「東方之美者，有醫無閭之珣玗琪焉；東南之美者，有會稽之竹箭焉；南方之美者，有梁山之犀象焉；西南之美者，有華山之金石焉；西方之美者，有霍山之多珠玉焉；西北之美者，有崑崙虚之璆琳琅玕焉；北方之美者，有幽都之筋角焉；東北之美者，有斥山之文皮焉。」按醫無閭，山名，亦稱醫巫閭山，又稱廣寧山，在今遼寧省北鎮縣西。會稽山在今浙江省紹興縣東南。華山即今之西嶽。梁山在處甚多，此梁山郝懿行《爾雅義疏》説，即今之衡山。霍山在處亦多，郭璞注云在平陽永安縣東北；即今山西霍縣東南之霍山，古又名太岳者是也。幽都，山名，郝懿行據《一統志》，謂山在昌平縣西北，古之幽州蓋因山爲名也；即今北京市之昌平縣。斥山，在今山東榮成縣南，濱海斥鹵之地，故名；賦作赤山者訛也。

若夫帝居宏麗，人所未聞，南有宣德，北有拱辰，延亘五里，百司雲屯〔一〕，兩觀門峙而竦立，罘罳遐望而相吞〔二〕。天河羣神之闕〔三〕，紫微、太一之宫〔四〕，擬法象於穹昊〔五〕，敞閶闔而居至尊〔六〕。樸桷不斲，素題不枅〔七〕，上圓下方，制爲明堂，告朔朝歷，頒宣憲章。

謂之太廟，則其中可以叙昭穆；謂之靈臺，則其高可以觀氛祥〔八〕。後宫則無非員無録之女，佞倖滑稽之臣。陋甘泉與楚宫，繆延壽與阿房〔九〕，信無益於治道，徒竭民而怠荒。故今上林仙籞〔一〇〕，不聞乎鳴蹕，瓴甋歲久而苔蒼〔一一〕。

【校】

〔宏麗〕明本作「安麗」。　〔仙籞〕明本作「遷籞」。

【箋注】

〔一〕南有四句：《宋會要輯稿·方域》一之一：「大内據闕城之西北，宫城周回五里。」《東京夢華録》卷一《大内》：「大内正門宣德樓列五門，門皆金釘朱漆，壁皆磚石間甃，鐫鏤龍鳳飛雲之狀，莫非雕甍畫棟，覆以琉璃瓦，曲尺朵樓，朱欄彩檻，下列兩闕亭相對，悉用朱紅杈子。入宣德樓正門乃大慶殿，庭設兩樓，如寺院鐘樓，上有太史局保章正測驗刻漏，逐時刻執牙牌奏。每遇大禮，車駕齋宿及正朔朝會於此殿。殿外左右横門曰左右長慶門。内城南壁有門三座，係大朝會趨朝路。宣德樓左曰左掖門，右曰右掖門。左掖門裏乃明堂，右掖門裏西去乃天章、寶文等閣。宫城至北廊約百餘丈，入門東去，街北廊乃樞密院，次中書省，次都堂，次門下省，次大慶殿外廊横門。北去百餘步，又一横門，每日宰執趨朝，此處下馬，餘侍從、臺諫於第一横門下馬，行至文德殿，入第二横門。東廊大慶殿東偏門，西廊中書門下後省，次修國史院（中略）。宣祐門外西去紫宸殿，次曰文德殿，次曰垂拱殿，次曰皇儀殿，次曰集英殿，後殿曰崇政殿、保和殿，内書閣曰睿思殿，後門曰拱辰門。」按此段美宋之新城。

〔二〕罘罳：宮闕上交疏透明之窗櫺。《漢書·文帝紀》：「六月癸酉，未央宮東闕罘罳災。」注：「謂連闕曲閣也……一曰屏也。」按程大昌《雍録》十：「罘罳者，鏤木爲之，其中疏通，可以透明，或爲方空，或爲連瑣，其狀扶梳，故曰罘罳。」

〔三〕天河：星名，《晉書·天文志》：「天高西一星曰天河，主察山林妖變。」

〔四〕紫微太一：《史記·天官書》：「中宫天極星，其一明者，太一常居也。」《索隱》：「案《春秋合誠圖》云：紫微，大帝室，太一之精也。」《正義》：「泰（同太）一，天神之最尊貴者也。」《晉書·天文志》：「紫微，大帝之坐也，天子之常居也。」因以紫微喻宫殿，太一喻天子。

〔五〕穹昊：天也。《北齊書·文宣紀》：「是以仰協穹昊，俯從百姓。」

〔六〕閶闔：《淮南子·原道》：「排閶闔，淪天門。」高誘注：「閶闔，始升天之門也；天門，上帝所居，紫微宫門也。」

〔七〕樸桷二句：《淮南子·精神》：「今高臺層榭，人之所麗也，而堯樸桷不斲，素題不枅。」言桷椽不加斧削，仍其樸質，不施采飾，柱上不加方木以承梁棟。題，額也，椽頭亦曰題。枅，欂櫨，即柱頂承棟之木。

〔八〕上圓八句：此數句言明堂。按明堂乃古帝王宣明政教之所，凡朝會、慶賞、選士、養老、教學各大典，均在此舉行，《禮記·明堂位》所言，即其濫觴。其後宫室漸備，另於近郊東南建明堂，以存古制。按古明堂之制，不一其説，賦中所述，似本《淮南子》高誘注。《本經》篇「古者明堂之制」，高注：「明堂，王者布政之堂，上圓下方，堂四出各有左右房，謂之个，凡十二所。王者月居其房，告朔朝歷，頒宣其令，謂之明堂。其中可以序昭穆，謂之太廟。其上可以望氛祥、書雲物，謂之靈臺。」告朔朝歷：《周禮・春官・大史》「頒告朔于邦國」，鄭玄注：「天子頒朔於諸侯，諸侯藏之祖廟，至朔，朝於廟，告而受行之。」古制，天子每年冬以明年朔政分賜諸侯，諸侯受而藏之祖廟，諸侯每月初祭廟受朔政，謂之告朔。朔政者，一年十二月之施政也，見《公羊傳・文公六年》「不告月者何」何休注。朝歷謂朝告而受政歷也。靈臺：《詩・大雅・靈臺・序》：「靈臺，民始附也。」鄭玄箋：「天子有靈臺者，所以觀祲象，察氣之妖祥也。」

〔九〕陋甘泉二句：《三輔黄圖》：「甘泉宮一曰雲陽宮，史記秦始皇二十七年作甘泉宮及前殿，築甬道自咸陽屬之。《關輔記》曰：林光宮一曰甘泉宮，秦所造，在今池陽縣西故甘泉山，宮以山爲名。宮周匝十餘里，漢武帝建元中增廣之，周十九里，去長安三十里。」楚宮，《詩・鄘風定之方中》：「定之方中，作於楚宮。」其地在楚丘。杜甫《詠懷古迹五首》：「最是楚宮俱泯滅，舟人指點到今疑。」《太平寰宇記》：「楚宮在巫山縣西二百步。」然皆不聞侈麗。據《三輔黄圖》，未央宮有延年殿，甘泉宮有步壽宮，延壽則未悉也，疑或涉此二名而訛耳。阿房，《三輔黄圖》：「阿房宮亦曰阿城，惠文王造，宮未成而亡。始皇廣其宮，規恢三百餘里，離宮別館，彌山跨谷，輦道相屬，閣道通驪山八十餘里，表南山之顛爲闕，絡樊川以爲池。作阿房前殿，東西五十步，南北五十丈，上可坐萬人，下建五丈旗，以木蘭爲梁，以磁石爲門。周馳爲複道，度渭屬之咸陽，以象太極，閣道抵營室也。阿房宮未成，欲更擇令名名之，作宮阿基旁，故天下謂之阿房宮。」

〔一〇〕仙籞：《漢書·宣帝紀》：「又詔池籞未御幸者，假與貧民。」注引蘇林曰：「折竹以繩緜連禁禦，使人不得往來，律名爲籞。」又引應劭曰：「池者陂池也，籞者禁苑也。」以其非凡人所有，故曰仙。

〔一一〕瓴甋：《爾雅·釋宮》：「瓴甋謂之甓。」

其西則有寶閣靈沼〔一〕，巍峩泛灩，繚以重垣，防以回隄，雲屋連簃〔二〕，瓊欄壓墀。池水則溶溶沄沄〔三〕，洋洋湜湜〔四〕，涵潤滉瀁〔五〕，瀟灑浩溔〔六〕。微風過之，則瀾泿瀺灂〔七〕，漫散回淀〔八〕，潛潛漣漪〔九〕。大風過之，則汩湧㳂潗〔一〇〕，瀿渿湢汖〔一一〕，掀鼓渼溢〔一二〕，不見津瀿〔一三〕。儛欄景以斷續〔一四〕，漾金碧而陸離，恍澙浯與方壺〔一五〕，帝令鬼鑿而神移。其中則有菰蒻萑蘆，菡萏蓮蘧〔一六〕，蕢蘋蘮葦〔一七〕。其魚則有鱣鯉鯊鮀〔一八〕，鮤鮅鰋鮧〔一九〕，魴鱒鰼鰝〔二〇〕，鱖鯞王鮪〔二一〕，科斗魁陸〔二二〕，黿鼉鼈蜃〔二三〕，含蟞巨鼇〔二四〕，容與相羊〔二五〕，蔭藻衣蒲。其鳥則有鵯鶋鵝鴣〔二六〕，鵝鷺鳧鷖〔二七〕，鸚鶾鵁鶄〔二八〕，鶤鵜鷳鶴〔二九〕，鶬鶊楚雀〔三〇〕，鸛鶂揮霍〔三一〕，雔雔鸓鸓〔三二〕，羣鴿舂啄〔三三〕。其木則有樧櫝栟櫚〔三四〕，楩楠栒樅〔三五〕，櫨橒檳榔〔三六〕，檿柘桑楊〔三七〕，梓杞豫章〔三八〕，勾科扶疏〔三九〕，蔽芾竦尋〔四〇〕，集弱椅施〔四一〕，挐枝刺條〔四二〕，條榦蟠根，矯躩鱗皴〔四三〕。其下則有申葉蘭茝〔四四〕，芸芝荃蓀，髮布絲勻，馥郁清芬，其氣襲人。

【校】

〔瀟灑〕明本作「瀟灑」。　〔回淀〕明本作「回淀」。　〔湝湝〕明本作「潺潺」。　〔瀰漾〕明本作「瀰潦」。

〔鼓渼〕明本作「鼓漾」。　〔鵯鶋〕明本作「鵯鶋」。　〔鸎鸝〕明本作「鸎鸝」。　〔昏啄〕明本作「昏喙」。　〔條榦〕明本作「修幹」。　〔申葉〕明本作「申苿」。

【箋注】

〔一〕靈沼：《詩·大雅·靈臺》：「王在靈沼，於牣魚躍。」《毛傳》：「沼，池也，言靈道行於沼也。」

〔二〕簃：《爾雅·釋宫》：「連謂之簃。」郭注：「堂樓閣邊小屋。」

〔三〕沄沄：水流回轉貌。《楚辭》王逸《九思》：「窺見兮溪澗，流水兮沄沄。」

〔四〕湜湜：《説文》：「湜，水清底見也。《詩》曰：『湜湜其止。』」

〔五〕潣：《説文》：「水流浼浼也。」水平滿而流之貌。

〔六〕瀟灑浩溔：《説文》：「瀟，深清也」；「灑，冷寒也」，按古通凈；合言之爲水深而清凈也。司馬相如《上林賦》「灝溔潢漾」，郭璞注：「皆水無涯貌。」按浩通灝，謝靈運《山居賦》「吐原泉之浩溔」，杜甫《聶耒陽以僕阻水》詩「半旬獲浩溔」，字作浩。

〔七〕瀾汖瀺灂：《爾雅·釋水》「汶爲瀾」，郭璞注：「皆大水溢出别爲小水之名。」又《釋水》：「氿，泉穴出；穴出，仄出也。」按兩者皆爲小水貌，汖當是氿之訛，汖者水文也，見《玉篇》。《上林賦》「瀺灂霣墜」，李善注引

《字林》曰：「小水聲也。」

〔八〕回淀：淀一作淀，是也。淀今作漩。

〔九〕濬濬：《文選》木華《海賦》「澒濘濼濬」，李善注：「沸聲。」

〔一〇〕㴔濼：《上林賦》「㴔濼鼎沸」，李注引《雜字》云：「水沸貌也。」

〔一一〕瀺滐滀汃：《説文》：「瀺，大波也。」又云：「滐，滐沛也。」《上林賦》「奔揚滯沛」，李注：「奔揚之貌也。」桂馥《説文義證》謂滯爲滐之譌。《文選·上林賦》「偪側泌瀄」，偪側，《史記·司馬相如傳》作滀測，俱訓相迫也。滀汃即偪側、滀測，水勢洶湧相迫貌。

〔一二〕漾溢：一作漾溢，是也。

〔一三〕瀵：《集韻》：「《説文》水草交爲湄。或作瀵。」蓋俗湄字。

〔一四〕僊檐景：僊通舞，檐即檐，景即影。

〔一五〕澋滘：《淮南子·本經》：「曲拂邅迴，以像澋滘。」高誘注：「拂，戾也。邅迴，轉流也。澋，番隅；滘，蒼梧。之二國多水，江湖環之，故多象渠池以自邅迴，故法而象之也。」按此所言乃構宫室之事。方壺：海上仙山，《列子·湯問》：「渤海之東，不知幾億萬里，有大壑焉。……其中有五山焉：一曰岱輿，二曰員嶠，三曰方壺，四曰瀛洲，五曰蓬萊。」方壺即方丈。按賦以澋滘與方壺對擧，乃泛用，非實指水名也。

〔一六〕菡萏蓮蕸：《爾雅·釋草》：「荷，芙渠：其莖茄，其葉蕸，其本蔤，其華菡萏，其實蓮，其根藕。」

〔一七〕蕡蘋薦莩：《説文》：「蕡，大萍也。」字亦作蘋，《爾雅·釋草》：「萍，其大者蘋。」又「薦莩，竊衣。」郭注：「似芹，可食，子大如麥，兩兩相合，有毛著人衣。」

〔一八〕鱣鯉鯊鮀：《爾雅·釋魚》「鱣」，郭注：「大魚，似鱏而短鼻，口在頷下，體有邪行，甲無鱗，肉黃，大者長二三丈，今江東呼爲黃魚。」又「鯊，鮀」，郭注：「今吹沙小魚，體員而有點文。」

〔一九〕鮤鮅鰋鮧：《釋魚》「鮤，鱴刀」，郭注：「今之鮆魚也，亦呼爲魛魚。」又「鮅、鱒」，郭注：「似鯶子，赤眼。」又「鰋、鯷」，二名而同一物，鮧爲鯷之別體，郭注：「江東通呼鮎爲鮧。」

〔二〇〕魴鱒鰼鰝：《釋魚》「魴、魾」，郭注：「江東呼魴爲鯿，一名魾。」鱒已見上。又「鰼、鰌」，郭注：「今泥鰌（音秋）。」又「鰝，大鰕」，郭注：「鰕大者出海中，長二三丈，鬚長數尺，青州呼鰕魚爲鰝。」

〔二一〕鱖鯞王鮪：《釋魚》「鱖、鯞」，郭注：「小魚也，似鮒子而黑，俗呼爲魚婢，江東呼爲妾魚。」又「鮥、鮛、鮪」，郭注：「鮪，鱣屬也，大者名王鮪。」

〔二二〕魁陸：《釋魚》「魁陸」，郭注：「《本草》云，魁狀如海蛤，圓而厚，外有理縱橫，即今之蚶也。」按《本草》蟲魚部，魁蛤一名魁陸。

〔二三〕鼃鼉鼈蜃：《説文》：「鼃，蝦蟆屬。」段注：「鼃則與蝦蟆大別，而其形相似。……今南人所謂水雞，亦曰田雞。」《説文》：「鼉，水蟲，似蜥易，長丈所，皮可以爲鼓。」按俗稱猪龍婆者是也。又云：「鼈，甲蟲也。」按俗稱甲魚，亦稱水魚。又云：「蜃，大蛤」；「蛤，蜃屬，有三，皆生於海，千歲化爲蛤，秦謂之牡厲。」按蜃、蛤皆蚌也。

〔二四〕含螿巨鼇：螿當作漿，亦蚌也。《釋魚》「蚌、含漿」，郭注：「蚌即蜃也。」按以其內含肉而多漿，故名含漿。巨鼇謂蟹。

〔二五〕容與相羊：容與，遊戲自得貌。《楚辭・九歌・湘君》：「時不可兮再得，聊逍遥兮容與。」王逸注：「聊且逍遥而遊，容與而戲。」相羊即徜徉，漫遊徘徊之意。《離騷》：「折若木以拂日兮，聊逍遥與相羊。」王注：「逍遥相羊皆遊也。」

〔二六〕鵯鶋鶆鴣：《爾雅・釋鳥》「鵯鶋」，郭注：「鵶烏也，小而多羣，腹下白。」又「鶆」，郭注：「今之鶆鴣也，好羣飛，沈水食魚，一名洿澤，俗呼之爲淘河。」

〔二七〕鳧鷖：《詩・大雅・鳧鷖》「鳧鷖在涇」，《毛傳》：「鳧，水鳥；鷖，鳧屬。」按鳧即今稱野鴨者是也；鷖即鷗，見《經典釋文》引《蒼頡篇》。

〔二八〕⿰喫鳥⿰薜鳥鵁鶄：⿰喫鳥⿰薜鳥當作⿰契鳥鸊，俗書訛誤也；《說文》：「⿰契鳥鸊，鳧屬。」《釋魚》「鵁鶄」，郭注：「似鳧，脚高，毛冠，江東人家養之以厭火災。」按即俗名赤頸鷺者是也。

〔二九〕鶤鴸鶌鶴：《說文》：「鶤，鶤雞也。」《爾雅・釋畜》：「雞三尺爲鶤。」《淮南子・冥覽》「軼鶤雞於姑餘」，高誘注：「鶤雞，鳳凰之别名。」《山海經・南山經》：「其狀如鴟而人手，其音如痺，其名曰鴸。」畢沅注：「鴸見《玉篇》，云鳥似雞。」《說文》：「鶌，雖也。」段注：「今之鷂鷹也。」

〔三〇〕鶬鶊楚雀：《爾雅·釋鳥》：「倉庚，黧黃也。」郭注：「其色黧黑而黄，因以爲名。」又「黧黄，楚雀。」郭注：「即倉庚也。」蓋一物而異名。

〔三一〕鸛鶉揮霍：《釋鳥》：「鸛鷒鶝鶔，如鵲短尾，射之，銜矢射人。」按鶉字不見於書，疑爲鷒之譌。張衡《西京賦》：「跳丸劍之揮霍，走索上而相逢。」焦竑《字學》云：「摇手曰揮，反手曰霍，極言其動作輕捷也。」

〔三二〕⿱雥𣶒⿱雥𣶒雥雥：《説文》：「雥，羣鳥也。」又云：「⿱雥𣶒，鳥羣也。」段注：「如𣶒爲水聚。」

〔三三〕羣鴿沓啄：鴿同鵮，於義無取，當爲頷之訛。《説文》：「沓，盛貌。」按此句謂羣鳥摇頭啄食也。《左傳·襄公二十年》：「逆於門者，頷之而已。」杜預注：「頷，摇其頭。」

〔三四〕樧櫝栟櫚：《爾雅·釋木》「椴、柂（同樧）」，郭注：「似松，生江南，可以爲船及棺材，作柱埋之不腐。」按即杉木，段玉裁謂杉爲樧之俗字。《説文》：「櫝，楸也。」段注：「《釋木》『槐小葉曰榎』，郭云：『槐當爲楸，楸細葉者爲榎。』……按榎者櫝之或字。」《説文》：「栟櫚，椶也。」按即今之棕櫚。

〔三五〕楩楠栴樅：《説文》：「楩，山枌榆，有束（刺）。」段注：「山枌榆，又枌榆之一種也，有束，故名楩榆，即《齊民要術》所謂刺榆者也。」楠，俗枏字，《説文》：「枏，梅也。」《戰國策·宋衛策》：「荆州有長松文梓，楩楠豫章。」高誘注：「皆大木也。」旃檀，檀香也，旃俗作栴。《釋木》：「樅，松葉柏身。」邢昺疏云：「松葉柏身者名樅，柏葉松身者名檜。」

〔三六〕欞櫺：《玉篇》：「欞，長木也。」又云：「櫺，木文。」《集韻》作「木名」。

〔三七〕檿柘：《釋木》「檿桑、山桑」，郭注：「似桑，材中作弓及車轅。」《説文》：「柘，柘桑也。」段注：「山桑、柘桑皆桑之屬。」

〔三八〕豫章：《史記・司馬相如傳・子虛賦》：「其北則有陰林巨樹，楩枏豫章。」《集解》引郭璞曰：「豫章，大木也，生七年乃可知也。」《正義》：「案《活人》云：豫今之枕木也，章今之樟木也，二木生至七年，枕樟乃可分別。」

〔三九〕勾科：《釋木》：「句如羽，喬。下句曰朻，上句曰喬。」邢疏：「句曲也，樹枝曲卷似鳥毛羽，名喬。樹枝下垂而曲名朻。」勾者句之俗字，科者朻之訛字。

〔四〇〕蔽芾竦尋：謂林木或低小或高竦也。《詩・召南・甘棠》「蔽芾甘棠」，《毛傳》：「蔽芾，小貌。」左思《魏都賦》：「碩果灌叢，圍木竦尋。」《方言》：「自關而西，秦、晉、梁、益之間，凡物長謂之尋。」

〔四一〕集弱椅施：木弱貌。旋疑爲柅之譌，謝朓《芳樹》：「椅柅芳若斯，葳蕤紛可繼。」《説文》：「弱，橈也。」段注：「橈者曲木也，引伸爲凡曲之稱，直者多强，曲者多弱。」集弱未知所本，意謂衆木橈曲耳。

〔四二〕拏枝刺條：枝條糾纏交錯。《楚辭》宋玉《九辯》：「枝煩拏而交横。」王逸注：「柯條糾錯而崱嶷也。」拏，紛拏；刺，乖戾。

〔四三〕矯躩：高躍貌，杜牧《大雨行》：「錚棧雷車軸轍壯，矯躩蛟龍爪尾長。」

〔四四〕申椒：一作申茉是也，茉俗作椒。《離騷》：「雜申椒與菌桂兮，豈維紉乎蕙茝。」王注：「申，重也；椒，香木也。」

上方欲與百姓同樂，大開苑囿〔一〕，凡黄屋之所息，鑾輅之所駐，皆得窮觀而極賞，命有司無得彈劾也。於時則有絶世之巧，凝神之技，恍人耳目，使人忘疲：是故宫旋室浮，⿰舟靈艦移也〔二〕；蛟螭蜿蜒，千橈渡也；虓虎⿱虤日⿰舟⿱虤日〔三〕，角抵戲也〔四〕；星流電掣，弄丸而揮劍也〔五〕；鸞悲鳳鳴，纖麗歌也；鴻驚燕居，綽約舞也；霆震雷動，鈞天作也〔六〕；犇驫駠騣〔七〕，羣馬鬨也；轔輷轆轤〔八〕，萬車轍也；灑天翳日，揚埻塧也〔九〕；杌山蕩海，歡聲同而和氣浹也；震委虵而嘑罔象〔一〇〕，出鮫人而舞馮夷者〔一一〕，潛靈幽怪助喜樂也。

【校】

〔於時〕明本作「於是」。〔⿰舟靈艦〕明本作「艫艦」。〔⿱虤日⿰舟⿱虤日〕明本作「⿱虤日⿱虤日」。〔角抵戲〕明本作「舟抵戲」。〔杌山〕明本作「杭山」。

【箋注】

〔一〕大開苑囿：指開金明池教習水戰，許人遊觀。按此一段所言當年故事，《東京夢華録》卷七所載，足資印證云：「三月一日，州西順天門外，開金明池、瓊林苑，每日教習車駕上池儀範，雖禁從士庶許縱賞，御史臺有榜不得彈劾。池在順天門外街北，周圍約九里三十步，池西直徑七里許，入池門内南岸西去百餘步，有面北臨水殿，車駕臨幸觀争標，錫宴於此。又西去數百步乃仙橋，橋盡處，五殿正在池之中心，大殿中坐各設御幄、朱漆明金龍牀、河間雲水戲龍屏風，不禁遊人。殿上下回廊，皆關撲（按賭博攤子也）錢物、飲食、伎藝人作場勾肆，羅列左右。遊人還往，荷蓋相望。橋之南立欞星門，門裏對立綵樓，每争標作樂，列妓女於其上。門相對街南有磚石甃砌高臺，上有樓觀，廣百丈許，曰寶津樓，前至池門，闊百餘丈，下闞仙橋水殿，車駕臨幸觀騎射百戲於此。北去直至池後門，乃汴河西水門也。習水教罷，繫小龍船於此。池岸正北對五殿起大屋，盛大龍船謂之奧屋。車駕臨幸，往往取二十日，諸禁衛班直簪花披錦綉，撚金線衫袍金帶勒帛之類，結束競逞鮮新。出内府金鎗寶裝弓劍，龍鳳綉旗，紅纓錦轡，萬騎争馳，鐸聲震地。」（節録）又周密《癸辛雜志》别集卷上汴梁雜事，記羅壽可云：「南關外有太祖講武池，周美成《汴都賦》形容盡矣。」

〔二〕艫艦：有屋舟也，見《廣韻》。按即上注所謂奧屋。

〔三〕虓虎：《詩·大雅·常武》「闞如虓虎」，《毛傳》：「虎之自怒虓然。」《説文》：「虓，虎鳴也。」𧇾⿰舟𧇾：⿰舟𧇾一作𧇾是也。《説文》：「𧇾，兩虎争聲。」

〔四〕角抵戲：《漢書·武帝紀》：「三年春，作角抵戲，三百里内皆來觀。」注引應劭曰：「角者角技也，抵者相抵觸也。」又引文穎曰：「名此樂爲角抵者，兩兩相當角力，角技藝射御，故名角抵，蓋雜技樂也。」按即今之所謂武戲。

〔五〕弄丸：古雜技名。取衆丸投空中，下墜則以手接之，隨即拋起，不使墮地。《莊子·徐无鬼》：「市南宜僚弄丸，而兩家之難解。」相傳宜僚善弄丸，八丸常在空中，楚與宋戰，宜僚弄丸軍前，兩軍停戰觀之。

〔六〕鈞天：指天帝之樂。《史記・趙世家》：「趙簡子疾，五日不知人，大夫皆懼。……居二日半，簡子寤，語大夫曰：『我之帝所甚樂，與百神游於鈞天，廣樂九奏萬舞，不類三代之樂，其聲動人心。』」張衡《西京賦》：「昔者，大帝説秦繆公而覲之，饗以鈞天廣樂。」

〔七〕犇驫𩣡驋：犇同奔。《説文》：「驫，衆馬也。」左思《吴都賦》「驫駥飍矞」，李善曰：「衆馬走貌。」《説文》：「𩣡，次弟馳也。」段注：「次弟，成行列之馳也。」驋，《玉篇》謂馬走貌，《集韻》謂馬怒，又馬摇首。按在此疑是騤之譌，《説文》：「騤，馬行威儀也。《詩》曰，四牡騤騤。」馬成行列而馳則有威儀，故下句云羣馬鬪也。

〔八〕[車辡]輷[車彔]轠：《説文》：「輣，樓車也。」（原作兵車，依段注本改）俗字作輣或[車辡]。輷同轟，《説文》「衆車聲也」。[車彔]同轆，與轠皆車聲也。

〔九〕[土孛]壒：《廣雅・釋詁》：「[土孛]，塵也。」班固《西都賦》「軼埃堨之混濁」，李善注：「許慎《淮南子》注曰：『堨，埃也。』堨與壒同。」

〔一〇〕委虵、罔象：皆鬼物名。《莊子・達生》：「水有罔象，丘有峷，山有夔，野有彷徨，澤有委虵。……委虵其大如轂，其長如轅，紫衣而朱冠。其爲物也，惡聞雷車之聲，則捧其首而立，見之者殆乎霸。」罔象，成玄英疏：「注云狀如小兒，黑色，赤衣，大耳，長臂。」

〔一一〕鮫人：《文選》曹植《七啟》「弄珠蜯戲鮫人」，李善注：「劉淵林《吴都賦》注曰，鮫人水底居也。」《述異記》：

「南海中有鮫人室，水居如魚，不廢機織，其眼能泣則出珠。」馮夷：河神，即河伯。《莊子·秋水》「河伯欣然自喜」，《釋文》云：「河伯姓馮名夷，一名冰夷，一名馮遲，已見《大宗師》篇。一云姓呂名公子，馮夷是公子之妻。」《史記·西門豹傳》「苦爲河伯娶婦」，《正義》：「河伯華陰潼鄉人，姓馮氏，名夷，浴於河中而溺死，遂爲河伯也。」

若迺豐廪貫廥〔一〕，既多且富，永豐、萬盈，廣儲、折中，順成、富國〔二〕，星列而棊布。其中則有元山之禾〔三〕，清流之稻〔四〕，中原之菽〔五〕，利高之黍，利下之稌〔六〕，有虋有芑，有秠有秬〔七〕。千箱所運，億廪所露，入既夥而委積，食不給而紅腐。如坻如京，如崗如阜〔八〕，野無菜色，溝無捐瘠，攟拾狼戾〔九〕，足以厭鰥夫與寡婦。備凶旱之乏絕，則有九年之預〔一〇〕。

【箋注】

〔一〕豐廪貫廥：《説文》：「廪，穀所振入也。」段注：「振猶收也。……《周禮》注曰，米藏曰廪。」《廣雅·釋宮》：「廥，倉也。」按此段美行均輸法後，上供米糧之富。

〔二〕永豐句：此及萬盈、廣儲、折中、順成、富國，京師諸倉名，見顧炎武《歷代宅京記》卷十六。

〔三〕元山之禾：元山通作玄山。《呂氏春秋·本味》：「飯之美者，玄山之禾，不周之粟。」高誘注：「玄山，處則未聞。」

〔四〕清流之稻：左思《魏都賦》：「雍丘之粱，清流之稻。」劉淵林注：「清流，鄴西，出御稻。」

〔五〕中原之菽：《詩·小雅·小宛》：「中原有菽，庶民采之。」傳：「中原，原中也；菽，藿也。」

〔六〕利高二句：謂高地利於黍，低地利於稌。黍，黏稷；稌，黏稻。

〔七〕有虋二句：《詩·大雅·生民》：「誕降嘉穀，維秬維秠，維穈維芑。」《爾雅·釋草》：「虋赤苗」，郭注：「今之赤粱粟。」又「芑白苗」，郭注：「今之白粱粟，皆好穀。」邢疏：「虋與穈音義同，即嘉穀赤苗者，芑即嘉穀白苗者。」《釋草》：「秬黑黍」；又「秠，一稃二米」，郭注：「此亦黑黍，但中米異耳。」

〔八〕如坻二句：《詩·小雅·甫田》「如坻如京」，《毛傳》：「京，高丘。」又《小雅·天保》：「如山如阜，如岡如陵。」皆極言其多。

〔九〕攟拾狼戾：言倉廩滿溢而瀉露，狼藉於地，人拾取之。《孟子·滕文公》「樂歲粒米狼戾」，趙岐注：「樂歲，豐年；狼戾猶狼藉也。饒多，狼藉於地。」賦本其義。

〔一〇〕九年之預：《禮記·王制》：「國無九年之蓄曰不足，無六年之蓄曰急，無三年之蓄曰國非其國也。」

又將敦本而勸稼，開帝籍之千畝〔一〕，良農世業，異物不覩，播百穀而克敏，應三時而就緒〔二〕。蹠鎛鎧鬩〔三〕，灌畷雨霔〔四〕，孰任其力，侯疆侯以〔五〕。千耦其耘〔六〕，不怒自力，疏邀其理〔七〕，狼莠不植〔八〕，奄觀堅阜，與與薿薿〔九〕，溝塍畹畦，亘萬里而連繹，醜惡不毛，磽陿荒瘠，化爲好時。

【校】

〔蹠鎛〕明本作「蹠鎛」。　〔狼莠〕明本作「稂莠」。

【箋注】

〔一〕開帝籍句：《詩·周頌·載芟·序》云：「《載芟》，春籍田而祈社稷也。」鄭箋：「籍田，甸師氏所掌，天子千畝，諸侯百畝。籍之言借也，借民力治之，故謂之籍田。」張衡《東京賦》：「躬三推於天田，修帝籍之千畝。」

〔二〕三時：《國語·周語》：「三時務農而一時講武」，韋昭注：「三時，春夏秋。」

〔三〕蹠鎛鎧鬩：鎛，一作鎛是也。《説文》：「楚人謂跳躍曰蹠。」又云：「鎛，一曰田器。」《釋名·釋用器》：「鎛，亦鋤田器也。」蹠鎛猶揮鋤。此句形容羣農揮鋤，若甲士鬩鬥也。

〔四〕灌畷雨霔：《説文》：「畷，兩陌間通道也。」霔，俗注字，言雨下注也。

〔五〕侯疆侯以：疆者彊之訛。《詩·周頌·載芟》「侯彊侯以」，《毛傳》：「彊，彊力也；以，用也。」按侯謂男子，春耕時「父子餘夫（未成年者）俱行，有餘力者相助」也。見鄭箋。

〔六〕千耦其耘：亦《載芟》文。《周禮·冬官·匠人》：「匠人爲溝洫。耜廣五寸，二耜爲耦，一耦之伐，廣尺深尺。」

〔七〕疏遬：《管子·小匡》「別苗莠，列疏遬」，舊題唐尹知章注：「遬，密也。謂苗之疏密，當均列之。」

〔八〕狼莠：一作稂莠是也。《詩·小雅·大田》：「既方既皁，既堅既好，不稂不莠。」《毛傳》：「實未堅者曰皁。稂，童粱也；莠，似苗也。」《說文》：「稂，禾粟之秀生而不成者。」

〔九〕與與薿薿：《詩·小雅·楚茨》「我黍與與」，《正義》：「蕃蕪貌。」按陳奐《詩毛氏傳疏》：「《說文》『旟旟衆也』，是與與有衆義。」又《小雅·甫田》「黍稷薿薿」，《廣雅》：「薿薿，茂也。」

轉名不易，惟彼汴水〔一〕，貫城爲渠〔二〕，並洛而趨。昔在隋葉，禩丁大業〔三〕，欲爲流連之樂，行幸之游，故鑿池導水，南抵乎揚州，生民力盡於畚鍤，膏血與水而争流，鳳艒徒見於載籍，玉骨已朽於高丘〔四〕，顧資治世以爲利，迄今杭筏而浮舟。桃花候漲，竹箭比駃〔五〕，洶湧淈瀄〔六〕，渢𣶢沸潰〔七〕，掏防齧岸〔八〕，渚潏迅邁〔九〕，匪江匪海，而朝夕舞乎滂湃，掀萬石之巨艘〔一〇〕，比坳堂之一芥〔一一〕，舵艣不時而相值，篙師䎸拱而俟敗〔一二〕，智者不敢睥睨而興作，緜千禩而爲害。豈積患切病，待聖人而後除耶？厥有建議〔一三〕，導河通洛，引宜禾之清源，塞擘華之渾濁〔一四〕，蹙廣堤而節暴，紆直行而殺虐，其流舒舒，經炎涼而靡涸。於是自淮而南，邦國之所仰，百姓之所輸，金穀財帛，歲時常調，舳艫相銜，千里不絕，越舲吴艚，官艘賈舶，閩謳楚語，風帆雨楫，聯翩方載〔一五〕，鉦鼓鏜鈴，人安以舒，國賦應節。

【校】

〔淈瀰〕明本作「淈驛」。　〔沸灃〕明本作「沸灃」。　〔舵艕〕明本作「舵艫」。　〔鏜鉿〕明本作「鏜鎝」。

【箋注】

〔一〕汴水：又稱汴河、汴渠、汳水。故道有二：一爲古汴河故道，自河南省舊鄭州、開封、歸德北境，流經江蘇舊徐州，合泗水入淮河；元時爲黃河所奪，今已淤塞。一爲隋以後之汴河故道，由上述故道至河南商丘縣治南，改向東南流，經安徽宿縣、靈壁、泗縣入淮河。隋煬帝幸江都，唐宋漕運東南各地糧粟入京，皆由此道。今久湮廢，僅泗縣尚有汴水斷渠。按此段美導洛通汴。

〔二〕貫城爲渠：《東京夢華録·河道》：「穿城河道有四。……中曰汴河，自西京洛口分水入京城，東去至泗州入淮。運東南之糧，凡東南方物自此入京城，公私仰給焉。」

〔三〕禩丁大業：禩同祀。《爾雅·釋天》：「載，歲也。夏曰歲，商曰祀，周曰年，唐、虞曰載。」大業，隋煬帝年號。

〔四〕欲爲流連之樂等句：《隋書·煬帝紀》，大業元年三月，「發河南諸郡男女百餘萬，開通濟渠，自西苑引穀、洛水達於河，自板渚引河通於淮。遣黃門侍郎王弘、上儀同於士澄往江南採木，造龍舟、鳳艒、黃龍、赤艦、樓船等數萬艘」。「八月壬寅，上御龍舟幸江都……舳艫相接二百餘里」。江都即揚州。

〔五〕桃花二句：桃花候亦稱桃花水。《漢書·溝洫志》：「來春桃華水盛，必羨溢，有填淤反壤之患。」比駃，承上句言水急如箭，其疾比於駃騠也。《上林賦》「駃騠驢騾」，郭璞注：「駃騠生三日而超其母。」

〔六〕淈瀞：《説文》：「淈……一曰水出貌。」瀞，水流也，見《玉篇》。

〔七〕渢渱沸潰：渢，水聲，見《集韻》。渱，水聲，見《玉篇》。左思《吴都賦》「潰渱泮汗」，劉淵林注：「謂直望無涯也。」此又一解。潰者澅之譌體，《水經》匏子河注有澅水，《漢書·功臣表》有澅清侯參。

〔八〕掏防嵻岸：《廣韻》：「掏，擊聲。」《説文》：「嵻，崩聲。」

〔九〕渚瀥：渚，水聲，見《集韻》。瀥，同滈，水激聲，見《玉篇》。

〔一〇〕巨艐：《説文》：「橃，海中大船。」俗从舟作艐。

〔一一〕比坳堂句：《莊子·逍遥遊》：「覆杯水於坳堂之上，則芥爲之舟。」

〔一二〕舵艫二句：按汴水湍急，往往碎舟，蔡絛《鐵圍山叢談》云：「汴口所積舟，不問官私舟柁與士大夫家所座船七百隻，舉自相撞擊，俱碎，死數百人。」賦云舵艫相值，鼯拱俟敗，蓋紀實也。鼯拱，言篙師躬腰刺船，狀如鼯鼠拱立也。韓愈《城南聯句》：「禮鼠拱而立。」

〔一三〕厥有建議：《宋史·河渠志》四，元豐元年五月，范子淵知都水監丞，言「汜水出玉仙山，索水出嵩渚山，合洛水，積其廣深得二千一百三十六尺，視今汴流尚贏九百七十四尺。以河洛湍緩不同，得其贏餘，可以相補。猶慮不足，則旁堤爲塘，每百里置木牐一，以限水勢……起鞏縣神尾山至士家堤，築大堤四十七里以捍大河。起沙谷至河陰縣十里店，穿渠五十二里，引洛水屬於汴渠」。建議指此。

〔一四〕擘華：擘華山爲二，成太華少華。張衡《西京賦》：「綴以二華，巨靈贔屓，高掌遠蹠，以流河曲。」薛綜注：「古語云，此本一山，當河水過之而曲行。河之神以手擘開其上，足蹋離其下，中分爲二，以通河流。」按太華即今華山，少華在其西南。

〔一五〕方載：《説文》：「方，併船也。」方載，以方舟載運也。

若夫連營百將，帶甲萬伍〔一〕，控弦貫石，動以千數。其營則龍衛、神勇，飛山雄武，奉節、拱聖，忠靖、宣効，吐渾金吾，擲颺、萬勝，渤海、廣備，雲騎、武肅〔二〕。材能蹶張〔三〕，力能挾輈〔四〕，投石超距〔五〕，索鐵伸鉤，水執黿鼉，陸拘羆貅〔六〕。異黨之寇，大邦之讎〔七〕，電鶩雷擊，莫不繫纍而爲囚。於是訓以鸛鵝魚麗之形〔八〕，格敵擊刺之法，剖微中虱〔九〕，貫牢徹札，揮鋋擲鏃〔一〇〕，舉無虛發。人則便捷，器則犀利〔一一〕，金角丹漆，脂膠竹木，以時取之，遴棄惡弱，割蛟革以連函〔一二〕，劀兕觡以爲弭〔一三〕，剸魚服以懷鍔〔一四〕。百工備盡，鋥磨鍥削，其成鑒鋼而鋹鏸〔一五〕，植之霜凝而電爍。故有彊衝勁弩〔一六〕，雲梯轒車，脩鍛延鏦〔一七〕，銛戈兑殳〔一八〕，繁弱之弓，肅慎之矢〔一九〕，谿子之弩〔二〇〕，夫差之甲〔二一〕，龜蛇之旐，鳥隼之旟〔二二〕，軍事蚤正，用戒不虞。

【校】

〔兕觡〕明本作「兕觡」。　〔鑒鋼〕明本作「鋻鋼」。　〔銛戈〕明本作「銘戈」。

【箋注】

〔一〕若夫二句：《宋史·兵志一》：「咸平（真宗年號）以後，承平既久，武備漸寬。仁宗之世，西兵招刺太多，將驕士惰，徒耗國用，憂世之士屢以爲言，竟莫之改。神宗奮然更制，於是聯比其民以爲保甲，部分諸路以隸將兵，雖不能盡拯其弊，而亦足以作一時之氣。時其所任者，王安石也。」按此段美新法之整軍經武。

〔二〕龍衛至武肅：皆禁軍及廂軍隊伍之號，如龍衛隸侍衛馬軍司，神勇屬殿前司，飛山雄武屬侍衛步兵司之類。見《宋史·兵志》一。

〔三〕材能蹶張：《漢書·申屠嘉傳》：「以材官蹶張，從高帝擊項籍。」如淳曰：「材官之多力，能脚踏彊弩張之，故曰蹶張。律有蹶張士。」

〔四〕挾輈：《左傳·隱公十一年》：「公孫閼與潁考叔争車，潁考叔挾輈以走。」杜預注：「輈，車轅也。」《正義》：「車未有馬駕，故手挾以走。」

〔五〕投石超距：《史記·王翦傳》「方投石超距」，《集解》引徐廣曰：「超一作拔，《漢書》云：『甘延壽投石拔距，絶於等倫。』張晏曰：『《范蠡兵法》，飛石重十二斤，爲機發行三百步。延壽有力，能以手投之。拔距，超距也。』」《索隱》：「超距猶跳躍也。」

〔六〕索鐵三句：《淮南子·主術》：「桀之力，制觡伸鉤，索鐵歙金，椎移大犧，水殺黿鼉，陸捕熊羆。」《高誘》注：「索，絞也。」按索鐵謂絞鐵成索，伸鉤謂使鐵鉤伸直。《説文》：「黿，大鼈也。」又云：「鼉，水蟲，似蜥易，長大。」即今俗名猪龍婆者。《爾雅·釋獸》：「羆如熊，黄白文。」郭注：「似熊而長頭高脚，猛憨多力，能拔大樹。」《史記·五帝本紀》：「（軒轅）教熊羆貔貅貙虎，以與炎帝戰於阪泉之野。」《索隱》：「此六者皆猛獸。」

〔七〕大邦之讎：《詩·小雅·采芑》：「蠢爾荆蠻，大邦爲讎。」

〔八〕鸛鵝魚麗：戰陣之名。《左傳·昭公二十一年》：「與華氏戰於赭丘，鄭翩願爲鸛，其御願爲鵝。」杜注：「鸛鵝皆陣名。」洪亮吉《春秋左傳詁》云：「案陸佃引舊説，江、淮謂羣鸛旋飛爲鸛井，鵝行亦皆成列，故陣名倣之。」《左傳·桓公五年》：「爲魚麗之陳（陣），先偏後伍，伍承彌縫。」杜注：「《司馬法》，戰車二十五乘爲偏。以車居前，以伍次之，承偏之隙而彌縫闕漏也。五人爲伍。此蓋魚麗陳法。」

〔九〕中虱：《列子·湯問》：「紀昌學射於飛衛。飛衛曰：『爾學視而後可。視小如大，視微如著，而後告我。』昌以氂懸虱於牖，南面而望之，旬日之間浸大也；三年之後，如車輪焉；以覩餘物，皆丘山也。乃以燕角之弧、朔蓬之簳射之，貫虱之心而懸不絶。」（節録）

〔一〇〕揮鋋擲鏢：《説文》：「鋋，短矛也。」鏢，鐵槍，見《玉篇》。

〔一一〕器則犀利：《漢書·馮奉世傳》「器不犀利」，晋灼曰：「犀，堅也。」按此句以下寫製造兵器。元豐間置軍器監，專主其事，《宋史·職官志》五：「凡利器以法式授工徒，其弓矢干戈甲胄劍戟戰守之具，因其能而分任之，量用給材，旬會其數以考程課，而輸於武庫，委遣官詣所隸檢察。凡用膠漆筋革材物必以時，課百工造作，勞逸必均，歲終閱其良否多寡之數，以詔賞罰。」

〔一二〕連函：函，鎧甲。連函，謂連綴皮革爲甲。《周官·考工記·函人》：「函人爲甲，犀甲七屬，兕甲六屬，合甲五屬。」

〔一三〕劇兕觡句：破兕角以飾弓也。《説文》：「劇，判也。」又：「兕，如野牛色，其皮堅厚可制鎧。」又：「觡，骨角之名也。」《爾雅·釋器》：「弓有緣者謂之弓，無緣者謂之弭。」疏引孫炎曰：「緣，謂繳束而漆之；弭，謂不以繳束，骨飾兩頭者也。」

〔一四〕剸魚服句：截魚獸之皮爲刀鞘也。《説文》：「剸，截也。」《詩·小雅·采薇》「象弭魚服」，《正義》：「魚服，以魚皮爲矢服，故云魚服。……陸璣疏曰：『魚服，魚獸之皮也。魚獸似猪，東海有之，其皮背上斑文，腹下純青，今以爲弓鞬步叉者也。』」《説文》：「剚，刀劍刃也。」字又作鍔，懷鍔猶言藏刃，謂鞘也。

〔一五〕鑒鋼：鋻者淬刀劍使堅也，見《六書故》。鋹鐪：鋹，利也，見《玉篇》。鐪，鋭也，見《集韻》。

〔一六〕彊衝：《詩·大雅·皇矣》：「與爾臨衝，以伐崇墉。」毛傳：「臨，臨車也；衝，衝車也。」按衝字本作衝，假借爲幢。《説文》：「幢，陷敶（陣）車也。」

〔一七〕脩鍛延鏦：《説文》：「錏鍛，頸鎧也。」即護頸之甲。又曰：「鏦，矛也。」

〔一八〕銛戈兑殳：銛，鋭也。《漢書·賈誼傳》：「莫邪爲鈍兮，鉛刀爲銛。」兑，通鋭。《説文》：「殳，以杖殊人也。

《周禮》，殳以積竹，八觚，長丈二尺，建於兵車，旅賁以前驅。」按杖亦通謂之殳。

〔一九〕繁弱二句：《左傳·定公四年》：「分魯公以……夏后氏之璜，封父之繁弱。」杜注：「繁弱，大弓名。」《荀子·性惡》：「繁弱鉅黍，古之良弓也。」《國語·魯語》下：「肅慎氏貢楛矢石砮，其長尺有咫。」韋昭注：「楛，木名。……肅慎，北夷之國。」按楛木荆類，作矢榦不易斷。肅慎氏，後來女真之先也。

〔二〇〕谿子之弩：《淮南子·俶真》：「烏號之弓，谿子之弩，不能無弦而射。」高誘注：「谿子爲弩所出國名也。或曰，谿蠻夷也，以柘桑爲弩，因曰谿子之弩也。一曰谿子陽，鄭國善爲弩匠，因以名也。」

〔二一〕夫差之甲：《國語·越語》上：「今夫差衣水犀之甲者，億有三千。」韋昭注：「犀形似象而大。今徼外所送，有山犀水犀，水犀之皮有珠甲，山犀則無。」

〔二二〕龜蛇二句：《周禮·春官·司常》：「鳥隼爲旟，龜蛇爲旐。」鄭注：「鳥隼象其勇捷也，龜蛇象其扞難辟害也。」《爾雅·釋天》「緇廣充幅長尋爲旐」，疏：「以黑色之帛廣全幅，長八尺，屬於杠，名旐。」《釋天》「錯革鳥爲旟」，疏引孫炎云：「錯，置也；革，急也。畫急疾之鳥於縿也。」

其次則有文昌之府〔一〕，分省爲三〔二〕，列寺爲九〔三〕，殊監爲五〔四〕，左選爲文，右選爲武〔五〕，曰三十房〔六〕，二百餘案〔七〕，二十四部〔八〕。黜隋之陋，更唐之故，補弊完罅，剔朽焚蠹。人夥地溥，事若織組，滋廣莫治，亹亹成蠱〔九〕，纖弱不除，將勝戕斧，雖離婁之明〔一〇〕，目迷簿書而莫覩。豪胥倚文以鬻獄〔一一〕，庸吏瘝官而受侮〔一二〕，各懷苟且以逃責，孰肯長慮而却顧？官有隱事，國有遺利，紛訟牘於庭户〔一三〕，縶纍囚於囹圄，此浮彼沉，甲可乙否，操私議而軋沕〔一四〕，各矛盾而齟齬。於是合千司之離散，儼星羅於一宇〔一五〕，千梁負棟，萬楹鎮礎，誅喬松以爲煤，空奥山而劚楮。官有常員，取雄材偉器者以充其數，上維下制，前桉後覆，譬如長虵，抶其脊膂而首尾皆赴〔一六〕。闔户而議，飛檄乎房闥，應答乎秦、楚，披荒榛而成徑，繹繅絇而得緒〔一七〕，崇善廢醜，平險除穢，纖悉不遺乎一羽。於是宣其成式，變亂易守者，刑之所取。貽之後昆，永世作矩。

【校】

〔二十四部〕明本作「三十四部」。〔完鎛〕明本作「完鎛」。〔縶纍囚〕明本作「鷙纍囚」。〔抶其〕明本作「扶其」。〔繹繅〕明本作「繹繅」。

【箋注】

〔一〕文昌之府：尚書省之别稱。唐武則天光宅元年，改尚書省爲文昌臺，又改爲文昌都省，宋亦以文昌天府爲此省之通稱。按《宋史·職官志》一：「熙寧末，始命館閣校《唐六典》。元豐三年，以摹本賜羣臣，乃置局中書，命翰林學士張璪等詳定。八月，下詔肇新官制，省臺寺監領空名者，一切罷去，而易之以階。九月，詳定所上《寄禄格》。會明堂禮成，近臣遷秩即用新制。五年，省臺寺監法成。六年，尚書新省成，帝親臨幸，召六曹長以下詢以職事。」詳定官制及建尚書省新廈，蓋邦彦當時見聞所及，此一段即美其事。

〔二〕分省爲三：門下省、中書省、尚書省。

〔三〕列寺爲九：太常寺、宗正寺、光禄寺、衛尉寺、太僕寺、大理寺、鴻臚寺、司農寺、太府寺。

〔四〕殊監爲五：國子監、少府監、將作監、軍器監、都水監。按本有司天監，共六監，惟元豐官制行，罷之，立太史局，隸祕書省，故止五監也。

〔五〕左選二句：周城《宋東京考》五：「樞密院在闕門之西南、中書省之北，稱西府焉。與中書省對持文武二柄，號爲二府，東府掌文事，西府掌武事。」左爲東，右爲西，選謂選官。

〔六〕三十房：房者辦事處也。門下省及尚書省各十房，中書省本八房，元祐以後增爲十一房，共三十一。按此賦凡三進，故有哲宗時事。曰三十房，舉其成數耳。

〔七〕二百餘案：案者猶今之所謂專案，如禮部侍郎之下分案十，置吏三十五人；同部之膳部郎中之下，分案七，置吏九人之類。共二百餘案。

〔八〕二十四部：即二十四司，屬尚書省，如左司、右司、三司會計司等，共二十四。按元豐改官制前，久不行二十四司之制，故《職官志》云：「咸平中，楊億首言：『文昌會府，有名無實，宜復其舊。』既而言者相繼，乞復二十四司之制。」

〔九〕亹亹成蠱：謂進而成害也。《楚辭·九辯》「時亹亹而過中兮」，王逸注：「進貌。」《説文》：「蠱，腹中蟲也。」

〔一〇〕離婁之明：《孟子·離婁》：「離婁之明，公輸子之巧，不以規矩，不能成方圓。」趙岐注：「離婁古之明目者。……能視於百步之外，見秋毫之末。」

〔一一〕䜛獄：主獄訟者受賄而顛倒是非。《左傳·昭公十四年》：「雍子自知其罪，而賂以買直，鮒也䜛獄。」

〔一二〕瘝官：僞《古文尚書·冏命》「若時瘝厥官」，疏：「若用是行貨之人，則病其官職。」

〔一三〕庭戺：《書·顧命》「夾兩階戺」，注：「堂廉曰戺。」按廉旁側也。又張衡《西京賦》「金戺玉階」，李注：「砌也。」

〔一四〕軋沕：糾纏貌。《上林賦》「縝紛軋芴」，孟康曰：「軋芴，緻密也。」《史記》作「瞋盼軋沕」，《集解》引郭璞曰：「皆不可分貌。」

〔一五〕於是二句：指元豐時建尚書省新廨，集六曹二十四司於其中。宋龐元英《文昌雜録》：「元豐五年七月，始命皇城使、慶州團練使宋用臣建尚書新省，在大内之西，廢殿前等三班，以其地興造，凡三千一百餘間。都省在前，總五百四十二間：中曰令廳一百五十九間；東曰左僕射廳九十六間，次左丞廳五十五間，次左司郎中廳二十間，次員外郎廳二十間；西曰右僕射廳九十六間，次右丞廳五十五間，次右司郎中廳二十間，次員外郎廳二十間。其後分列六曹，每曹四百二十間：東南曰吏部尚書廳在中六十四間，次侍郎廳四十間；其東曰郎中廳四十九間，次員外郎廳三十四間；後曰司勳郎中廳三十四間，次員外郎廳三十四間；其西曰司封郎中廳四十九間，次員外郎廳三十四間；後曰考功郎中廳三十四間，次員外郎廳三十四間。其北曰户部，度支金部倉部在焉。又其北曰禮部，祠部主客膳部在焉。西南曰兵部，職方駕部庫部在焉。其北曰刑部，都官比部司門在焉。又其北曰工部，屯田虞部水部在焉。並如吏部之制。廨在都省之南，東西一百間。華麗壯觀，蓋國朝官府未有如此之比也。」按龐元英於元豐五年官主客郎中，屬尚書省，所記蓋其親歷者，書名《文昌雜録》亦取義於此。

〔一六〕抶其句：《説文》：「抶，笞擊也。」又云：「吕，脊骨也，象形。」或體作膂。《孫子·九地》：「故善用兵者，譬如率然。率然者常山之蛇也，擊其首則尾至，擊其尾則首至，擊其中則首尾俱至。」抶其脊膂即擊其中。

〔一七〕繳絢：繳，《玉篇》訓爲亂絲。絢，《玉篇》訓爲亂，按當是緐（俗作繁）之錯體。

至若儒宫千楹〔一〕，首善四方〔二〕，勾襟逢掖，褒衣博帶〔三〕，盈仞乎其中。士之匿華鏟采者〔四〕，莫不拂巾袩褐，彈冠結綬〔五〕，空巖穴之幽邃，出郡國之遐陋。南金象齒〔六〕，文旄羽翮，世所罕見者，皆傾囊鼓篋，羅列而願售。咸能湛泳乎道實，沛然攻堅而大叩〔七〕。先斯時也，皇帝悼道術之沉鬱〔八〕，患訓詁之荒繆，諸子騰躪而相角，羣言駘蕩而莫守，黨同伐異，此妍彼醜。挈俗學之蕪穢〔九〕，詆淫辭而擊掊〔一〇〕，滅窔突之熒燭，仰天庭而覩晝〔一一〕，同源共貫，開覆發蔀〔一二〕。於是俊髦並作，賢才自厲，造門闈而臻壺奥〔一三〕，騁辭源而馳辨囿。術藝之場，仁義之藪，温風扇和，儒林發秀，宸眷優渥，皇辭結糾。榮名之所作，慶賞之所誘，應感而格，駒行雉呴〔一四〕，磨鈍爲利，培薄爲厚，魁梧卓行，⿰扌秀鋒露穎〔一五〕，不驅而自就。復有珮玉之音，籩豆之容，絃歌之聲，盈耳而溢目，錯陳而交奏。焕爛乎唐、虞之日，雍容乎洙、泗之風，誇百聖而再講，曠千載而復覿。又有律學以議刑制〔一六〕，算學以窮九九〔一七〕，舞象舞勺以道幼稚〔一八〕，樂德樂語以教世胄〔一九〕。成材茂德，隨所取而咸有。

【校】

〔開覆〕明本作「開天」。　〔⿰扌秀鋒〕明本作「透鋒」。　〔舞勺〕明本脱。

【箋注】

〔一〕儒宮千楹：儒宮指國子監太學。按《宋史·選舉志》三：「元豐二年頒《學令》，太學置八十齋，齋各五楹。」是止四百楹耳，謂之千楹，或並監中、學中有司公廨而言，或出之夸飾云爾。若崇寧以來，則祇外舍已千八百七十二楹，又不止千楹矣（見周城《宋東京考》卷九）。

〔二〕首善：《漢書·儒林傳》：「故教化之行者，建首善，自京師始，由内及外。」

〔三〕句襟二句：《淮南子·氾論》：「豈必褒衣博帶句襟委章甫哉。」高誘注：「褒衣謂方與之衣，如今吏人之左衣也。博帶大帶，《詩》云，垂帶若厲。句襟，今之曲領褒衣也。」按褒衣博帶，亦指儒者之服，《漢書·雋不疑傳》：「治《春秋》，爲郡文學，進退必以禮。……褒衣博帶，盛服至門上謁。」師古曰：「褒，大裾也，言着褒大之衣，廣博之帶也。」《禮記·儒行》：「丘少居魯，衣逢掖之衣。」鄭注：「逢猶大也，大掖之衣，大袂襌也。」後因以爲儒者之服。

〔四〕鏦采：《新唐書·高儉竇威傳》贊：「古來賢豪，不遭興運，埋光鏦采，與草木同腐，可勝吒哉！」匿華與鏦采意同，謂華采不彰也。

〔五〕彈冠結綬：言整潔其冠，結束衣帶，以備出仕。《漢書·蕭育傳》：「少與陳咸朱博爲友，著聞當世。往者有王陽貢公，故長安語曰：『蕭、朱結綬，王、貢彈冠。』言其相薦達也。」

〔六〕南金象齒：寶物以喻才士。《詩·魯頌·泮水》：「元龜象齒，大賂南金。」毛傳：「南謂荆、揚也。」

〔七〕大叩：《禮記·學記》：「善待問者如撞鐘，叩之小者則小鳴，叩之大者則大鳴。」

〔八〕皇帝句：《漢書·儒林傳》：「（公孫）弘爲學官，悼道之沈鬱。」《宋史·選舉志》一：「神宗篤意經學，深憫貢舉之弊，……遂議更法。」

〔九〕挈：《史記·司馬相如傳·封禪書》：「挈三神之驩，缺王道之儀。」《集解》：「韋昭曰，挈缺也。」《索隱》：「應劭作絶，李奇、韋昭作闕，意亦不遠。」按挈俗學，謂革絶俗學也。

〔一〇〕淫辭：淫麗之文辭。《宋史·選舉志》一引王安石曰：「今以少壯之時，正當講求天下正理，乃閉門學作詩賦，及其入官，世事皆所不習，此科舉法敗壞人材。」詆淫辭而擊掊，亦此意也。

〔一一〕滅奧突二句：《文選》班固《答賓戲》：「守突奧之熒燭，未仰天庭而覩白日也。」李善注：「應劭曰：『《爾雅》曰，西南隅謂之奧，東南隅謂之突。』熒，小光貌。」按此二句喻改科舉制，罷詩賦、帖經、墨義等科目，考《易》、《詩》、《書》、《周禮》、《禮記》，兼《論語》、《孟子》。詳《選舉志》一。

〔一二〕發蔀：《説文》：「蔀，覆曖障光明之物也。《易》，豐其蔀。」按發蔀即開覆，言去其蒙蔽也。

〔一三〕壺奧：《説文》：「壼，宫中道。」奥爲室之西南隅，已見上。壼奥，屋之深處，以喻事理之精微深奥者。班固《答賓戲》：「及時君之門闈，究先聖之壼奥。」

〔一四〕雊响：《史記·殷本紀》：「帝武丁祭成湯，明日，有飛雉登鼎耳而呴。」《正義》：「呴，雉鳴也。《詩》云，雉之朝呴。」

〔一五〕㨨：與抽、擂同爲一字。《説文》：「擂，引也，从手留聲。抽，擂或从由；㨨，擂或从秀。」

〔一六〕律學以議刑制：《宋史·選舉志》三：「律學，國初置博士，掌授法律。熙寧六年，始即國子監設學，置教授四員。凡命官舉人皆得入學，各處一齋。舉人須得命官二人保任。先入學聽讀而後試補。習斷按，則試按一道，每道叙列刑名五事或七事；習律令，則試大義五道，中格乃得給食。……凡朝廷有新頒條令，刑部即送學。」

〔一七〕算學句：前《志》又云：「算學，崇寧三年始建學，生員以二百一十人爲額，許命官及庶人爲之。其業以《九章》、《周髀》及假設疑數爲算問，仍兼《海島》、《孫子》、《五曹》、張丘建、夏侯陽算法并曆算三式天文書爲本科。本科外，人占一小經，願占大經者聽。公私試、三舍法略如太學。」按此乃徽宗朝新增太學科目。

〔一八〕舞象舞勺：《禮記・内則》：「十有三年，學樂、誦詩、舞勺，成童舞象。」鄭注：「先學勺，後學象，文武之次也。成童，十五以上。」孔疏：「舞勺者，熊氏云：勺，籥也，言十三之時，學此舞籥之文武也。舞象謂舞武也，熊氏云：謂用干戈之小舞也。以其年尚幼，故習文武之小舞也。」

〔一九〕樂德樂語：《周禮・春官・大司樂》：「以樂德教國子中和祗庸孝友，以樂語教國子興道諷誦言語。」國子即世胄。

若夫會聖之宫，是爲原廟〔一〕。其制則般輸之所作〔二〕，其材則匠石之所掄〔三〕，萬指擧築，千夫運斤，揮汗霡霂〔四〕，吁氣如雲，鼛鼓弗勝〔五〕，靡有諗勤〔六〕。赫赫大宇，有若山踊而嶙峋，下盤黃壚，上赴北辰，蘂珠、廣寒〔七〕，黃帝之宫，榮光休氣，籠曨往來〔八〕，葱葱鬱鬱而氤氳。其内則有檐橑榱題，宋賢楹桷〔九〕，閌栱闌閾〔一〇〕，屏宇閎閣，聳張矯踞，龍征虎蹲。延樓跨空，甬道接陳，黝堊備眝〔一一〕，燦爛詭文，菱阿芙蕖之流漫〔一二〕，驚波迴連之瀷淢〔一三〕，飛仙降真之縹緲，翔鵷[illegible]鷗之毲毻〔一四〕。地必出奇，土無藏珍，球琳琅玕，璠璵瑶琨，流黃丹沙，玳瑁翡翠，垂棘之璧〔一五〕，照夜之蠙〔一六〕，鵠象觿角，瑇犀劇玉〔一七〕，鍥刻雕鏤，其妙無倫。焜煌焕赫，璀錯輝映，繁星有爛，彤霞互照。軒廡所繪，功臣碩輔，書太常而銘鼎彝者，環列而趨，造龍章鳳姿，瑰形瑋貌，文有伊周〔一八〕，武有方召〔一九〕，猶如蹇諤以立朝，圖寧社稷，指斥利害，踟躕四顧而不撓。其殿則有天元、太始，皇武、儷極，大定、輝德，熙文、衍慶，美成、繼仁，治隆之名〔二〇〕。重瞳隆準〔二一〕，天日炳明，皇帝步送，百寮拜迎，九卿三公，挾輈扶衡，儀仗衛士，填郛溢城。于時黔首飈集〔二二〕，百作皆停，地震嶽移，波翻海傾，足不得旋，耳不得聽，神既安止，窮閭微巷，惟聞咨嗟歎異之聲。於是山罍房俎〔二三〕，犧樽竹筐，踐列於兩楹，瞽史陳辭〔二四〕，宰祝行牲，案芻豢之肥臞，視物色之犂解〔二五〕，登降祼獻〔二六〕，百禮具成。

【校】

〔舉築〕明本作「舉則」。　〔霏霧〕明本作「飛露」。　〔宋賢〕明本作「宋檻」。　〔備盱〕明本作「備臚」。

〔菱阿〕明本作「菱荷」。　〔鶖鷗〕明本作「翔鷗」。

【箋注】

〔一〕原廟：太廟之外，別立之祖廟。《史記·高祖紀》：「及考惠五年，思高祖之悲樂沛，以沛宮爲高祖原廟。」《集解》：「謂原者，再也。先既已立廟，今又再立，故謂之原廟。」按《宋史·禮志》十二：「神御殿，古原廟也，以奉安先朝之御容。」分散於諸宮觀中，如清真後來提舉之南京鴻慶宮，即有宋太祖之神御殿。元豐五年於京師景靈宮增建十一殿，迎京中寺觀諸神御入內，故賦云「會聖之宮也。」《禮志》又云：「景靈宮，創於大中祥符五年。……元豐五年，始就宫作十一殿，悉迎在京寺觀神御入内，盡合帝后，奉以時王之禮。十一月，百官班於集英殿廷，帝詣蘂珠、凝華等殿，行告遷廟禮，禮儀使奉神御升綵輿出殿。明日，復行薦享如禮，禮儀使奉神輿行，帝出幄導至宣德門外，親王使相宗室正任以上前引，望參官及諸軍都虞候宗室副率以上陪位，内侍省押班整儀衛以從，奉安神御於十一殿。……累朝文武執政官、武臣節度使以上，並圖形於兩廡。」

〔二〕般輸：春秋時魯之巧匠。古書又稱公輸般、公輸盤、公輸班、公輸子、魯班。班固《答賓戲》：「逢蒙絶技於弧矢，般輸摧巧於斧斤。」

〔三〕匠石：匠人名石。《莊子·徐无鬼》：「郢人堊漫其鼻端，若蠅翼，使匠石斲之。匠石運斤成風，聽而斲之，盡堊而鼻不傷，郢人立不失容。」掄謂選取材木，《周禮·地官·山虞》：「凡邦工人入山林掄材，不禁。」

〔四〕䨿：當是俗飛字。

〔五〕鼛鼓弗勝：《詩·大雅·緜》：「百堵皆興，鼛鼓弗勝。」毛傳：「鼛，大鼓也，長一丈二尺。或鼛或鼓，言勸事樂功也。」鄭箋：「百堵同時起，鼛鼓不能止之使休息也。」

〔六〕諗勤：念其勤勞也。《詩·小雅·四牡》「將母來諗」，毛傳：「諗，念也。」《宋書·劉穆之傳》：「北伐之勳，參跡方叔，念勤惟績，無忘厥心。」

〔七〕蘂珠廣寒：《十洲記》：「玉晨大道君治蘂珠貝闕。」按宋亦有蘂珠殿。《洞冥記》：「冬至後，月養魄於廣寒宫。」又《龍城録》：「開元六年，上皇與申天師、道士鴻都客八月望日夜因天師作術，三人同在雲上遊月中，過一大門，在玉光中飛浮，宮殿往來無定，寒氣逼人，露濡衣袖皆濕，頃見一大宮府，榜曰廣寒清虛之府。」

〔八〕籠曨：隱約貌。劉考威《郄縣見人織率爾寄婦》：「曨曨隔淺紗，的的見妝華。」曨一作籠，或作朧。

〔九〕宋賢：賢一作檻是也。《爾雅·釋宮》「宋廇謂之梁」，郭注：「屋大梁也。」栭即枅，柱上方木，用以承梁者。

〔一〇〕閍栱：《釋宮》「閍謂之門」，按閍通祊。疏云：「祊本廟門之名，設祭於廟門，因名其祭亦名祊。」《釋宮》：「樴謂之杙，在牆者謂之楎，在地者謂之臬，大者謂之栱。」按栱即大木柱也。

〔一一〕備盻：《淮南子·齊俗》「抽箕踰備之姦」，高注：「備，後垣也。」《廣雅·釋詁》：「備，極也。」於此亦通解。《方言》「效盻文也」，郭璞注：「盻盻，文采貌也。」張衡《西京賦》「赫盻盻以弘敞」，李注引《埤蒼》曰：「盻，赤文也。」

〔一二〕菱阿句：《淮南子·本經》：「橑檐榱題，雕琢刻鏤，喬枝菱阿，夫容芰荷，五采爭勝，流漫陸離。」高注：「阿，曲屋。」按賦文此節形容宮室之美，多本《淮南》此篇。

〔一三〕驚波句：迴連當作迴漣，與驚波對文。漣乃瀾之或體，本是同字，見《說文》，後人乃別爲二耳。《本經》又云：「贏鏤雕琢，詭文回波，淌游瀷淢，菱杼紾抱。」回波即迴漣也。高注：「淌游瀷淢，皆文畫擬象水勢之貌。」《說文》：「淢，疾流也。」按賦之芰阿四句，亦皆形容新宮之采繪。

〔一四〕翔鵷句：《莊子·秋水》：「南方有鳥，其名爲鵷鶵。」成玄英疏：「鵷鶵，鸞鳳之屬，亦言鳳子也。」《說文》：「鶠，鳥也，其雌皇。一曰鳳皇也。」《廣雅·釋詁》：「翶，飛也。」鷃是錯體。毰毸，繽紛之俗字。

〔一五〕垂棘之璧：《左傳·僖公二年》：「晉荀息請以屈產之乘與垂棘之璧，假道於虞以伐虢。」垂棘晉邑，出美玉，後因以爲璧名。班固《西都賦》：「懸黎垂棘，夜光在焉。」

〔一六〕照夜之蠙：猶夜光之珠。《書·禹貢》「淮夷蠙珠」，《疏》：「蠙是蚌之别名，此蚌出珠，遂以蠙爲名。」

〔一七〕鵠象二句：《爾雅·釋器》：「象謂之鵠，角謂之觷，犀謂之剒，木謂之剫，玉謂之雕。」郭注：「《左傳》曰：『山有木，工則剫之。』五者皆治樸之名。」按謂治象曰鵠，治角曰觷，治犀曰剒，治木曰剫，治玉曰雕，皆未成器之稱也。又按治玉不當曰剫，疑是作者誤記。

〔一八〕伊周：伊尹、周公，佐命之臣。《漢書·諸侯王表序》：「是故王莽……因母后之權，假伊、周之稱。」

〔一九〕方召：方叔召虎，中興之臣。方叔佐周宣王北伐玁狁，南征荆楚，《詩·小雅·采芑》「方叔元老，克將其猶」，即頌其功者。召虎佐宣王伐淮夷，《詩·大雅·韓奕》「江、漢之滸，王命召虎」，即美其事者。《晉書·王鑒傳》上疏：「愚謂尊駕宜親幸江州，然後方、召之臣，其力可得而宣。」

〔二〇〕其殿句：所舉即元豐五年就景靈宫所建十一殿之名，見《宋史·禮志》十二。

〔二一〕重瞳隆準：帝王相貌之徵，指當時奉迎入景靈宫之御容。《史記·項羽本紀》：「吾聞之周生曰，舜目蓋重瞳子，又聞項羽亦重瞳子。」《集解》引《尸子》曰：「舜兩瞳子，是謂重瞳。」又《高祖本紀》：「高祖爲人，隆準而龍顔。」應劭曰：「隆，高也。準，頰權準也。」文穎曰：「準，鼻也。」按以鼻爲通義。

〔二二〕颷集：飆，風也。俗作颷，颷乃錯體俗字。

〔二三〕山罍房俎：《後漢書・馬融傳・廣成頌》：「山罍常滿，房俎無空。」李賢注：「山罍，畫山爲文。《禮記》曰：『山罍，夏后氏之樽也。』又曰：『周以房俎。』鄭玄注云：『房謂足下跗也，有似於堂房矣。』」

〔二四〕瞽史：瞽矇、太史，周官名，見《周禮・春官》。《國語・楚語》上「臨事有瞽史之導」，韋昭注：「事，戎祀也。瞽，樂太師，掌詔吉凶；史，太史也，掌詔禮事。」

〔二五〕宰祝行牲三句：《禮記・月令》：「仲秋之月……乃命宰祝循行犧牲，視全具，案芻豢，瞻肥瘠，察物色，必比類，量小大，視長短，皆中度。」鄭注：「於鳥獸肥充之時，宜省羣牲也。宰祝，太宰、太祝，主祭祀之官也。養牛羊曰芻，犬豕曰豢。五者，謂所視也、所按也、所瞻也、所察也、所量也。皆得其正，則上帝饗之。」犂解，察物色之事，觲當作騂。《論語・雍也》「犂牛之子騂且角」，趙岐注：「犂，雜文；騂，赤也。」按謂牛之雜色者不宜於祭祀，當用赤色者，《禮記・郊特牲》：「牲用騂，尚赤也。」

〔二六〕祼獻：《周禮・天官・內宰》「大祭祀后祼獻」，賈公彦注：「謂祭宗廟，王既祼而出迎牲，后乃從後祼也。」按祼字亦作灌，《説文》：「祼，灌祭也。」獻酒祭奠也。

至於天運載周〔一〕，甲子新曆，受朝萬方，大慶新闢。于時再鼓聲絶〔二〕，按稍收鏑，儼三衛與五仗〔三〕，森戈矛與殳戟，探平明而傳點，趣校尉而唱籍，千官鶩列以就次，然後奏中嚴外辦也。撞黃鍾以啟樂，合羽扇以如翼，佽飛道駕以臨座〔四〕，千牛環帝而屏息〔五〕。爐煙既升，寶符奠瑞〔六〕，聆《乾安》之妙音〔七〕，仰天顏而可覲，羌夷束髮而蹈舞，象胥通隔而傳譯〔八〕，宣表章以上聞，奏靈物之充斥。羣臣乃進萬年之觴，上南山之壽，太尉升奠，尚食酌酒〔九〕。樂有《嘉禾》《靈芝》，《和安》《慶雲》〔一〇〕；舞有《天下大定》，《盛德升聞》〔一一〕。飲食衎衎，燔炙芬芬〔一二〕，威儀孔攝而中度〔一三〕，笑語不譁而有文，故無族譚錯立之動衆，躐席布武之紛紜〔一四〕。蓋天子以四海爲宅。有百姓而善羣，廷內不灑掃而行禮，則天下雲擾而絲棼。故受玉而惰，知晋惠之將卒〔一五〕；執幣以傲，知若敖之不存〔一六〕。聞樂而走者，爲金奏之下作〔一七〕；雖美不食者，爲犧象之出門〔一八〕。賦《湛露》《彤弓》而武子不敢荅〔一九〕，奏《肆夏》《大明》而穆子不敢聞〔二〇〕。蓋禮樂之一缺，則示亂而昭昏。是以定王享士會以殽烝而刑三晋之法〔二一〕，高祖因叔孫之制而知爲帝之尊〔二二〕。豈治朝之禮物，尚或展翳而沉湮？此所以舉墜典而定彝倫者也。

【校】

〔新曆〕明本作「新易」。　〔動衆〕明本作「闕失」。　〔展翳〕明本作「屏翳」。

【箋注】

〔一〕載周：《詩·大雅·文王》「陳錫哉周」，毛傳：「哉，載。」按《左傳·宣十五年》及《昭十年》、《國語·周語》、《史記·周本紀》引詩皆作載周。《周頌·載見》「載見辟王」，毛傳：「載，始也。」按賦意周之天命始於文王，喻宋之受命始於太祖。

〔二〕再鼓：《左傳·莊公十年》：「夫戰，勇氣也，一鼓作氣，再而衰，三而竭。」聲絶，指戰事已息，宋已一統也。

〔三〕儼三衛句：儼通嚴。《舊唐書·職官志》二：「凡左右衛、親衛、勳衛、翊衛，及左右率府親勳翊衛，及諸衛之翊衛，通稱三衛。」又《新唐書·儀衛志》上：「凡朝會之仗，三衛番上，分爲五仗，號衙内五衛。一曰供奉仗，以左右衛爲之；二曰親仗，以親衛爲之；三曰勳仗，以勳衛爲之；四曰翊仗，以翊衛爲之；皆服鶡冠、緋衫裌。五曰散手仗，以親勳翊衛爲之。」又宋時五仗爲大駕鹵簿之一，《宋史·儀衛志》三：「次五仗，左右衛供奉中郎將各二人，親勳翊衛各二十四人，左右衛郎將各一人，散手翊衛各三十人，左右驍衛郎將各一人，翊衛各二十八人。」

〔四〕佽飛：古之勇士，因以爲隊伍之名。《宋史·儀衛志》三：「次清游隊……夾道佽飛，騎，左右金吾果毅都尉各二人分領。虞候佽飛四十八人，鐵甲佽飛二十四人。」

〔五〕千牛：侍衛官名。《新唐書·儀衛志》上：「又有千牛仗，以千牛備身、備身左右爲之。千牛備身冠進德冠，服袴褶；備身左右服如三衛。皆執御刀弓箭，升殿列御座左右。」宋因唐制，亦設千牛，詳《宋史·儀衛志》三。

〔六〕寶符：當是符寶互倒。《宋史·職官志》一：「符寶郎二人，掌外廷符寶之事，禁中别有内符寶郎。官制行，未嘗除。大觀初，八寶成，詔依《唐六典》增置，靖康罷之。」按此所舉官名，皆當時制度，符寶亦然也。

〔七〕《乾安》：曲名。《宋史·樂志》一：「皇帝出入作《乾安》，罷舊《隆安》之曲。」

〔八〕象胥：古翻譯之官。《周禮·秋官·象胥》：「掌蠻夷閩貉戎狄之國使，掌傳王之言而諭説焉。若以時入賓，則協其禮與其辭言傳之。」

〔九〕太尉二句：《宋史·禮志》十九，元豐元年詳定正殿御殿儀注：「尚食奉御設壽尊于殿東楹。……太尉升殿，詣壽尊所，北向，尚食奉御酌御酒一爵授太尉，搢笏執爵詣前跪進，帝執爵，太尉出笏，俛伏，興，少退，跪奏：『文武百寮、太尉具官臣某等稽首言：元正首祚，臣等不勝大慶，謹上千萬壽。』」

〔一〇〕樂有二句：《宋史·樂志》二：「今朝會儀：舉第一爵，宮縣奏《和安》之曲，第二、第三、第四，登歌作《慶雲》、《嘉禾》、《靈芝》之曲。」按此燕樂次第，元豐二年有倡議稍更者，然不行。

〔一一〕舞有二句：《宋史·樂志》二：「《玄德升聞》之舞象揖讓，《天下大定》之舞象征伐。」按賦云《盛德升聞》，當即《玄德升聞》也。

〔一二〕飲食二句：《易·漸》「飲食衎衎」，疏云：「衎衎，樂也。」又《詩·大雅·鳧鷖》：「旨酒欣欣，燔炙芬芬。」毛傳：「芬芬，香也。」

〔一三〕威儀孔攝：《詩·大雅·既醉》：「攝以威儀，威儀孔攝。」毛傳：「言相攝佐者以威儀也。攝，佐也；孔，甚也。」按此詩舊説以謂羣臣佐周成王行禮儀之事，鄭箋：「言成王之臣，威儀甚得其宜。」

〔一四〕故無二句：《周禮·秋官·朝士》「禁慢朝錯立族談者」，疏：「云錯立族談者，族聚也；云違其位，解錯立。」

《禮記·玉藻》「登席不由前曰躐席」，注：「升必由下也。」疏：「失節而踐曰躐席。」《禮記·曲禮》上：「堂上接武，堂下布武。」注：「武，迹也。謂每移足各自成迹，不相躡。」

〔一五〕故受玉二句：《左傳·僖十一年》：「天王使召武公、内史過賜晉侯命，受玉，惰。過歸告王曰：『晉侯其無後乎？王賜之命而惰於受瑞，先自棄也已，其何繼之。』」按《國語·周語》亦載此事。晉侯指惠公，惰謂怠慢於禮。

〔一六〕執幣二句：《左傳·文九年》：「楚子越椒來聘，執幣傲。叔仲惠伯曰：『是必滅若敖氏之宗！傲其先君，神弗福也。』」杜注：「子越椒，令尹子文從子。傲，不敬。十二年《傳》曰：『先君之敝器，使下臣致諸執事。』明奉使皆告廟，故言傲其先君也。爲宣四年楚滅若敖氏張本。」

〔一七〕聞樂二句：《左傳·成十二年》：「晉郤至如楚聘，且涖盟，楚子享之，子反相。爲地室而縣焉。郤至將登，金奏作於下，驚而走出。子反曰：『日云莫矣，寡君須矣，吾子其入也！』賓曰：『君不忘先君之好，施及下臣，貺之以大禮，重之以備樂；如天之福，兩君相見，何以代此？下臣不敢！』」按謂於地下作室懸鐘鼓，奏以迎賓，此重禮也，惟國君方足當之，故郤至驚避也。

〔一八〕雖美二句：《禮記·坊記》：「故君子苟無禮，雖美不食焉。」《左傳·定十年》：「且犧象不出門，嘉樂不野合。」疏：「謂享燕正禮，當設於宫内。」《禮記·明堂位》：「犧象，周尊也。」

〔一九〕賦《湛露》句：《左傳·文四年》：「衛甯武子來聘，公與之宴，爲賦《湛露》及《彤弓》，不辭，又不答賦。使行人私焉。對曰：『臣以爲肄業及之也。昔諸侯朝正于王，宴樂之，於是乎賦《湛露》，則天子當陽，諸侯用命也。諸侯敵王所愾而獻其功，王於是乎賜之彤弓一彤，矢百旅，弓矢千，以覺報宴。今陪臣來繼舊好，君辱貺之，其敢干大禮以自取戾？』」

〔二〇〕奏《肆夏》句：《左傳·襄四年》：「穆叔如晉，報知武子之聘也。晉侯享之，金奏《肆夏》之三，不拜；工歌《文王》之三，又不拜；歌《鹿鳴》之三，三拜。韓獻子使行人子員問之曰：『子以君命辱於敝邑，先君之禮，藉之以樂，以辱吾子。吾子舍其大而重拜其細，敢問何禮也？』對曰：『三《夏》，天子所以享元侯也，使臣弗敢與聞。《文王》，兩君相見之樂也，臣不敢及。……』」杜預注：「《肆夏》樂曲名。《周禮》以鐘鼓奏九《夏》：其二曰《肆夏》，一名《樊》；三曰《韶夏》，一名《遏》；四曰《納夏》，一名《渠》。蓋擊鐘而奏此三《夏》曲。……《文王》之三，《大雅》之首，《文王》、《大明》、《綿》。」

〔二一〕是以句：《左傳·宣十六年》：「晉侯使士會平王室，定王享之，原襄公相禮。殽烝。武子（按士會謚也）私問其故。王聞之，召武子曰：『季氏（按士會字季），而弗聞乎：王享有體薦，宴有折俎；公當享，卿當宴，王室之禮也。』武子歸而講求典禮，以修晉國之法。」杜注：「烝，升也，升殽於俎。」

〔二二〕高祖句：《史記·叔孫通傳》：「漢五年，已并天下，諸侯共尊漢王爲皇帝。羣臣飲酒爭功，醉或妄呼，拔劍擊柱，高帝患之。叔孫通説上曰：『臣願徵魯諸生，與臣弟子共起朝儀。』乃令羣臣習肄。漢七年，長樂宮成，諸侯羣臣皆朝。於是皇帝輦出房，百官執職傳警，引諸侯王以下至吏六百石以次奉賀。自諸侯王以下莫不

振恐肅敬，竟朝置酒，無敢讙譁失禮者。於是高帝曰：『吾迺今日知皇帝之貴也。』」（節録）

其樂則有《咸池》《承雲》《九韶》《六英》，《采齊》《肆夏》，《簫韶》九成〔一〕，神農之瑟，伏羲之琴〔二〕，倕氏之鍾〔三〕，無句之磬〔四〕，鏗鏗鍠鍠，和氣薰烝。于以致祖考之格，于以廣先王之聲。昔王道既弱〔五〕，淳風變澆，樂器遭鄭、衛而毀，矇瞽適秦、楚而逃〔六〕，朝廷慢金石之雅正，諸侯受歌管之敖嘈，文侯聽淫聲而忘倦〔七〕，桓公受齊樂而輟朝〔八〕。季子始無譏於《鄶》〔九〕，仲尼乃忘味於《韶》〔一〇〕。故使制度無考，中聲浸消〔一一〕，非細則槬〔一二〕，非庳則高。惟今也，求器得耕野之尺〔一三〕，吹律有聽鳳之簫〔一四〕，或灑或離〔一五〕，或鼖或鼛〔一六〕，或鏞或棧〔一七〕，或管或筊〔一八〕，衆器俱舉，八音孔調，鸑鷟離丹穴而來集〔一九〕，鳴噰喈而舞脩獢〔二〇〕。又有賨旅巴渝之舞〔二一〕，僸佅狄鞮之倡〔二二〕，遠人面内而進技，踰山海而梯航。故納之廟者，周公所以廣魯〔二三〕；觀之庭者，安帝所以喜其來王〔二四〕。

【校】

〔桓公〕明本作「桓子」。　〔脩蟜〕明本作「脩蹻」。　〔廣魯〕明本作「廣其賜魯」。

【箋注】

〔一〕其樂四句：《咸池》《承雲》《九韶》《六英》：皆古樂名。《禮記·樂記》「《咸池》備矣」，鄭注：「黄帝所作樂名也，堯增修而用之。咸皆也，池之言施也，言德之無不施也。」《周禮·春官·大司樂》：「舞《咸池》以祭地。」《列子·周穆王》「奏《承雲》、《六瑩》、《九韶》、《晨露》以樂之」，張湛注：「《承雲》，黄帝樂；《六瑩》，帝嚳樂；《九韶》，舜樂；《晨露》，湯樂。」按《六瑩》即《六英》。《采齊》《肆夏》，《周禮·春官·樂師》：「教樂儀，行以《肆夏》，趨以《采薺》。」鄭注引鄭司農云：「《肆夏》《采薺》皆樂名，或曰皆逸詩。謂人君行步以《肆夏》爲節，趨疾於步則以《采薺》爲節。」按薺亦作齊，《禮記·玉藻》亦有「趨以《采齊》，行以《肆夏》」，鄭注：「《采齊》，路門外之樂節也；齊當爲楚薺之薺。《肆夏》，登堂之樂節。」（參看上文奏《肆夏》箋）《簫韶》九成，《尚書·皋陶謨》：「《簫韶》九成，鳳皇來儀。」疏引孔安國傳：「《韶》，舜樂名；言簫，見細器之備。……九奏而致鳳皇。」按簫之義，或云肅也，見《釋名·釋樂器》及《説文》韶下段注。

〔二〕神農二句：按舊説謂神農作琴，伏羲作瑟。《説文》：「琴，禁也，神農所作。」又云：「瑟，庖犧所作弦樂也。」《禮記·樂記》則謂：「昔者舜作五弦之琴以歌《南風》。」

〔三〕倕氏之鍾：《説文》：「鐘，樂鐘也。古者垂作鐘。」《白氏六帖》：「倕作鐘。」注「見《世本》」。垂即倕也。《書·堯典》：「帝曰疇若予工，僉曰垂哉。」後因以謂堯時巧工，見《莊子·胠篋》、《吕氏春秋·離謂》、《淮南子·本經》及《道應》。

〔四〕無句之磬：《説文》：「磬，石樂也。古者毋句氏作磬。」《白氏六帖》：「無句作磬。」注「無句堯時人」。毋句即無句也。

〔五〕昔王道句：按以下皆指議樂之事。自太祖至神宗，歷朝皆有之，而熙寧、元豐尤盛，詳見《宋史·樂志》一至三。

〔六〕曚瞽句：《論語·微子》：「太師摯適齊，亞飯干適楚，三飯繚適蔡，四飯缺適秦。」注：「魯哀公時，禮樂崩壞，樂人皆去。」

〔七〕文侯句：《禮記·樂記》：「魏文侯問於子夏曰：『吾端冕而聽古樂，則唯恐卧，聽鄭衛之音，則不知倦。敢問古樂之如彼何也？新樂之如此何也。』」

〔八〕桓公句：《白氏六帖》：「魏侯之聽鄭音，悦而無倦；桓公之受齊樂，荒而不朝。」按賦中此句，桓公一作桓子，是也。《論語·微子》：「齊人歸女樂，季桓子受之，三日不朝，孔子行。」事詳《史記·孔子世家》。桓子即季桓子；三日不朝，謂桓子受齊女樂，魯定公往觀終日，怠於政事也。

〔九〕季子句：吴公子季札聘於魯，請觀於周樂，使工爲之以次歌《國風》，「自鄶以下無譏焉」。事詳《左傳·襄二十九年》。

〔一〇〕仲尼句：《論語·述而》：「子在齊聞韶，三月不知肉味。曰：不圖爲樂之至於斯也。」《史記·孔子世家》：「孔子適齊，爲高昭子家臣，欲以通乎景公。與齊太師語樂，聞《韶》音，學之，三月不知肉味。齊人稱之。」

〔一一〕故使二句：《國語·周語》下：「律所以立均出度也，古之神瞽，考中聲而量之以制。」韋昭注：「考，合也。謂合中和之聲而量度之以制樂者。」按《宋史·樂志》，當時議樂以樂器之音律制度爲主，故云云。

〔一二〕非細則槬：《左傳·昭二十一年》：「鐘音之器也，天子省風作樂，器以鐘之，輿以行之，小者不窕，大者不槬。」杜注：「窕，細；槬，横大。」按此及下一句，謂造鐘若失其制，非太細則太大，非太短則太長也。按《樂志》一：「更造鐘磬，止下一律，樂名《大安》。乃試考擊，鐘聲弇鬱震掉，不和滋甚。」賦所言似指此等事。

〔一三〕耕野之尺：《晉書·樂志》上：「荀勖又作新律笛十二枚，以調律吕，正雅樂，正會殿庭作之，自謂宫商克諧，然論者猶謂勖暗解。時阮咸妙達八音，論者謂之神解。咸常心譏勖新律聲高，以高近哀思，不合中和。每公會樂作，勖意咸謂之不調，以爲異己，乃出咸爲始平相。後有田父耕於野，得周時玉尺，勖以校己所治鐘鼓金石絲竹，皆短校一米，於此伏咸之妙。」

〔一四〕聽鳳之簫：《列仙傳》：「蕭史，秦繆公時，善吹簫，能致白鵠孔雀。公女字弄玉，好之，以妻焉。遂教弄玉作鳳鳴。居數十年，鳳皇來止其屋，爲作鳳臺，夫婦止其上，不下數年，一旦皆隨鳳皇飛去。故秦氏作鳳女祠，雍宫世有簫聲。」

〔一五〕或灑或離：《爾雅·釋樂》：「大瑟謂之灑」，郭注：「長八尺一寸，廣一尺八寸，二十七弦。」又「大琴謂之離」，郭注：「或曰琴大者二十七弦，未詳長短。」

〔一六〕或鼖或毊：《釋樂》「大鼓謂之鼖」，郭注：「長八尺。」又「大磬謂之毊」，郭注：「形似犂錧，以玉石爲之。」

〔一七〕或鏞或棧：《釋樂》：「大鐘謂之鏞，其中謂之剽，小者謂之棧。」

〔一八〕或管或筊：《釋樂》「大簫謂之言」，郭注：「編二十三管，長尺四寸。」按言，俗加竹作管，《廣韻》：「管大簫也。」《釋樂》：「小者謂之筊」，郭注：「十六管，長尺二寸簫，一名籟。」

〔一九〕鸑鷟句：《説文》：「鸑鷟，鳳屬，神鳥也。《春秋國語》曰：『周之興也，鸑鷟鳴於岐山。』」按引文見《周語》，韋昭注：「鸑鷟，鳳之别名。」《山海經・南山經》：「丹穴之山……有鳥焉，其狀如雞，五采而文，名鳳皇。……見則天下安寧。」

〔二〇〕脩獢：《方言》「翻飛也」，《廣雅》作「矯飛也」，飛義於此句中欠解，疑借爲翹。《説文》：「翹，尾長毛也。」脩亦長也，同修。

〔二一〕賨旅巴渝：左思《蜀都賦》：「奮之則賨旅，翫之則渝舞。」李善注：「應劭《風俗通》曰：巴有賨人，剽勇。……閬中有渝水，賨人左右居，鋭氣喜舞，高祖樂其猛鋭，數觀其舞，後令樂府習之。」《漢書・禮樂志》二「巴俞鼓員三十六人」，師古曰：「巴，巴人也；俞（同渝），俞人也。當高祖初爲漢王，得巴俞人，並蹻捷善鬭，與之定三秦，滅楚，因存其武樂也。巴俞之樂因此始。」

〔二二〕僸㑣狄鞮：班固《東都賦》：「僸㑣兜離，罔不具集。」李注：「《孝經鉤命決》曰：東夷之樂曰㑣，南夷之樂曰任，西夷之樂曰林離，北夷之樂曰僸。」《上林賦》：「俳優侏儒，狄鞮之倡。」李注：「郭璞曰：狄鞮，西戎樂名也。」

〔一二三〕故納之二句：《禮記·明堂位》：「成王以周公爲有勳勞於天下，……命魯公世世祀周公以天子之禮樂。……納夷蠻之樂於大廟，言廣魯於天下也。」又《祭統》：「周公既没，成王康王追念周公之所以勳勞者，而欲尊魯，故賜之以重祭。……夫大嘗禘，升歌清廟，下而管象朱干玉戚以舞《大武》，八佾以舞《大夏》，此天子之樂也。康周公，故以賜魯也。」按廣魯一作廣其賜魯，與下句爲排偶，是也。

〔一二四〕安帝句：《後漢書·馬融傳》：「俗儒世士，以爲文德可興，武功宜廢，遂寢蒐狩之禮，息戰陣之法，故猾賊縱横，乘此無備。融乃感激，以爲文武之道，聖賢不墜，五才之用，無或可廢。元初二年，上《廣成頌》以諷諫。」有「明德曜乎中夏，威靈暢乎四方，東鄰浮巨海而入享，西旅越葱嶺而來王」之語。元初漢安帝年號。按賦用《廣成頌》事，蓋亦譏宋室之積弱也。

若其四方之珍，以時修職，取竭天產，發窮人迹，砥其遠邇〔一〕，陳之藝極〔二〕。厥材竹木，厥貨龜貝，厥幣錦繡，厥服絺綌。斿貢羽毛，祀貢祭物，嬪貢絲枲，物貢所出，器貢金錫〔三〕，礪砥砮丹〔四〕，鉛松怪石〔五〕，惟金三品〔六〕，惟土五色〔七〕，泗濱浮磬〔八〕，羽畎夏翟〔九〕，龍馬千里，神茅三脊〔一〇〕。方箱樻篚，肆陳乎殿陛；豐苞廣匱，亟傳乎騎驛。連檣結軌，聅歙終歲而不息〔一一〕。至於羌氐僰翟〔一二〕，儋耳雕腳，獸居鳥語之國〔一三〕，皆望日而趨，累載而至，懷名琛拽馴獸以致於闕下者旁午。迺有帛氎罽毦，蘭干細布，水精琉璃，軻蟲蚌珠〔一四〕，寶鑑洞膽〔一五〕，神犀照浦〔一六〕，《山經》所不記〔一七〕，齊國所不覩者〔一八〕，如糞如壤，軨積乎內府〔一九〕。或致白雉於越裳〔二〇〕，或得巨獒於西旅〔二一〕，非威靈之遐暢，孰能出瑰奇於深阻。蓋徼外能率夾種來以修好〔二二〕，則中土當有聖人出而寧宇。然皇帝不寶遠物〔二三〕，不尚殊觀，抵金於嶄巖之山，沉玉於五湖之川。洞㓷之劍，迺人騎士之鞘；，齧䣛之馬〔二四〕，或服鼓車之轅。

【校】

〔聅歙〕明本作「邪歙」。　〔夾種〕明本作「夷種」。

【箋注】

〔一〕砥其遠邇：砥均也，謂貢賦遠近平均。《詩・小雅・大東》「周道如砥」，毛傳：「如砥，貢賦平均也。」僞《書・旅獒》：「無有遠邇，畢獻方物。」

〔二〕陳之藝極：《左傳・文六年》：「爲之律度，陳之藝極。」杜注：「藝，準也；極，中也。貢獻多少之法。」疏：「藝是準限，極是中正。制貢賦多少之法，立其準限中正，使不多不少。陳之以示民，故言陳之。」

〔三〕厥材九句：用《周禮・大宰》：「以九貢致邦國之用：一曰祀貢，二曰嬪貢，三曰器貢，四曰幣貢，五曰材貢，六曰貨貢，七曰服貢，八曰斿貢，九曰物貢。」厥材、厥貨、厥幣、厥服，即材貢、貨貢、幣貢、服貢也，變其文耳。

九貢何物，則據鄭注及賈疏言之。

〔四〕礪砥砮丹：《禹貢》文。鄭注：「砥細於礪，皆磨石也。砮石中矢鏃。丹，朱類。」

〔五〕鉛松怪石：《禹貢》文。鄭注：「怪異好石似玉者。」

〔六〕惟金三品：《禹貢》文。鄭注：「金銀銅也。」

〔七〕惟土五色：《禹貢》文。鄭注：「王者封五色土爲社，建諸侯則割其方色土與之。」

〔八〕泗濱浮磬：《禹貢》文。《正義》：「泗水旁山而過，石爲泗水之涯石，在水旁。水中見石，似若水中浮然。此石可以爲磬，故謂之浮磬也。」

〔九〕羽畎夏翟：《禹貢》文。鄭注：「夏翟，翟雉名，羽中旌旄。羽山之谷有之。」

〔一〇〕神茅三脊：《史記·封禪書》：「江、淮之間，一茅三脊，所以爲藉也。」《集解》引孟康曰：「所謂靈茅也。」按《宋史·真宗紀》，大中祥符元年九月戊午，「岳州進三脊茅」，則宋人亦以此爲祥瑞也。《本草綱目》十三，李時珍曰：「香茅一名菁茅，一名瓊茅，生湖南及江、淮間，葉有三脊，其氣香芬，可以包藉及縮酒，《禹貢》所謂荆州苞匭菁茅是也。」

〔一一〕歋歈：字書無歋，俗譌，一作邪是也。邪歈同邪揄，《後漢書·王霸傳》：「市人皆大笑，舉手邪揄之。」通作揶揄。

〔一二〕羌氏棘翟：羌氏，古之西戎。《詩·商頌·殷武》「自彼氐羌」，鄭箋：「氐羌，夷狄國，在西方者也。」《說文》：「羌，西戎，牧羊人也。……北方狄。……西南僰人，僬僥。」翟通狄。

〔一三〕儋耳二句：《山海經・大荒北經》：「有儋耳之國，任姓。」郭璞注：「其人耳大，下儋垂在肩上。」《後漢書・南蠻西夷傳》論：「緩耳雕脚之倫，獸居鳥語之類，莫不舉種盡落，回面而請吏。」注：「緩耳，儋耳也；獸居謂穴居。」

〔一四〕迺有四句：亦出《後漢書・南蠻西南夷傳》：「哀牢人皆穿鼻儋耳，……知染采文繡，罽毲帛疊，蘭干細布，織成文章如綾錦。……出銅鐵鉛錫，光珠虎魄，水精瑠璃，軻蟲蚌珠。」按疊即氎，細毛布，注引《外國傳》云：「諸薄國女子織作白疊花布。」毲同毦，即氍之異文，亦罽也，是織毛之物。《華陽國志・南中志》：「有蘭干細布；蘭干，獠言紵也，織成文如綾錦。」軻蟲，海貝也。

〔一五〕寶鑑洞膽：《西京雜記》三：「高祖初入咸陽宫，周行庫府……有方鏡，廣四尺，高五尺九寸，表裏有明。人直來照之，影則倒見；以手捫心而來，則見腸胃五臟，歷然無硋；人有疾病在内，則掩心而照之，則知病之所在。又女子有邪心，則膽張心動，秦始皇常以照宫人。」

〔一六〕神犀照浦：《異苑》七：「晋温嶠至牛渚磯，聞水底有音樂之聲，水深不可測，傳言下多怪物。乃燃犀而照之，須臾，見水族覆火，奇形異狀，或乘馬車著赤衣幘。其夜夢人謂曰：『與君幽明道隔，何意相照耶』。嶠甚惡之，未幾卒。」

〔一七〕《山經》：《山海經》之簡稱。《周書・異域傳》上：「求之鄒説，詭怪之迹實繁；考之《山經》，奇譎之詞匪一。」

〔一八〕齊國：指《齊諧》。《莊子·逍遥遊》：「《齊諧》者，志怪者也。」成玄英疏：「姓齊名諧，人姓名也；亦言書名也，齊國有此俳諧之書也。」按《隋書·經籍志》有《齊諧記》七卷，舊題吴均撰《齊諧記》一卷。齊國所不覩，《齊諧》所未載也。

〔一九〕軨積句：《後漢書·南蠻西南夷傳》「軨積於内府」，言以軨車致貢，堆積於内府也。

〔二〇〕或致句：《太平御覽》九一七引《孝經援神契》：「周成王時，越裳獻白雉。」又卷七八五引《尚書·大傳》：「交阯之南有越裳國。周公居攝六年，制禮作樂，天下和平，越裳以三象重譯而獻白雉(下略)。」按《後漢書·南蠻西南夷傳》文同。

〔二一〕或得句：《尚書序》：「西旅獻獒，太保作《旅獒》。」西謂西戎。旅，客也；以客禮待之，故曰西旅。《旅獒》已逸，後世所傳乃僞書，序云：「西旅厎貢厥獒。」注云：「西旅之長，致貢其獒；犬高四尺曰獒。」

〔二二〕夾種：夾者夷之譌，一作夷是也。

〔二三〕不寶遠物：僞《書·旅獒》：「不寶遠物則遠人格。」

〔二四〕齧郄：王褒《聖主得賢臣頌》：「駕齧膝，驂乘旦。」《漢書》本傳注引孟康曰：「良馬低頭，口至郄，故曰齧郄。」《文選》李注引應劭曰：「馬怒有餘氣，常齧膝而行也。」又引張晏曰：「齧膝、乘旦，皆良馬名。」

至於乾象表貺，坤維薦祉，靈物仍降，嘉生屢起。暈適背遹，虫蜺抱珥〔一〕，鳴星隕石〔二〕，怪飈變氣，垂白鮐背者不知有之〔三〕，況能言孺倪。豈獨此而已也？復有穹龜負圖〔四〕，龍馬載文〔五〕，汾陽之鼎〔六〕，函德之芝〔七〕，肉角之獸〔八〕，簫聲之禽〔九〕，同潁之禾〔一〇〕，旅生之穀〔一一〕，游郊栖庭〔一二〕，充畦冒時。非煙非雲，蕭索輪囷〔一三〕，映帶乎闕角，葱鬱乎城壘。鷙鳥不攫，猛獸不噬，應圖合諜，窮祥極瑞，史不絶書，歲有可紀。」

【校】

〔虫蜺〕明本作「虹霓」。

【箋注】

〔一〕暈適二句：遹當作鐍。虫乃𧈢之錯體，即虹字也。《漢書·天文志》：「暈適背穴，抱珥𧈢蜺，迅雷風袄，怪雲變氣，此皆陰陽之精，其本在地，而上發於天者也。政失於此，則變於彼。」注引孟康曰：「暈，日旁氣也。適，日之將食先有黑之變也。背，形如背字也。穴多作鐍，其形如玉鐍也。抱，氣向日也。珥，形點黑也。」又引如淳曰：「𧈢或作虹。螮蝀謂之虹，雄爲虹，雌爲蜺。凡氣在日上爲冠爲戴，在旁直對爲珥，在旁如半環向日爲抱，向外爲背，有氣刺日爲鐍。鐍，抉傷也。」

〔二〕鳴星隕石：《史記·天官書》：「天鼓，有音如雷非雷，音在地而下及地，其所往者，兵發其下。天狗，狀如大奔星，有聲，其下止地，……千里破軍殺將。」鳴星，天鼓、天狗之屬，凶星也。《洞冥記》：「武帝嘗見彗星，東方朔折指星之木以授帝，持以指彗，彗遂没。星出之夜，野獸皆鳴，或説爲獸鳴星。」《春秋經・僖十六年》：「隕石於宋五。是月，六鷁退飛過宋都。」杜預注：「宋人以爲災，告於諸侯，故書。」

〔三〕鮐背：《爾雅・釋詁》「鮐背壽也」，郭注：「背皮如鮐魚。」郭懿行《義疏》：「鮐魚背有黑文，老人背亦發斑，似此魚。」

〔四〕穹龜負圖：《藝文類聚》九九引《龍魚河圖》：「堯時，與羣臣賢智到翠嫣之川，大龜負圖來投堯。堯敕臣下寫取，寫畢，龜還水中。」《爾雅・釋詁》：「穹，大也。」韓愈《南海神廟碑》：「穹龜長魚，踴躍後先。」

〔五〕龍馬載文：《藝文類聚》九九引《尚書中候》：「堯時，龍馬銜甲，赤文緑色，臨壇上。甲似龜，廣袤九尺，圓理平上，五色，文有列星之分，斗政之度，帝王録記之數。」

〔六〕汾陽之鼎：汾陽當作汾陰。《史記・武帝紀》：「汾陰巫錦爲民祠魏脽后土營旁，見地如鉤狀，掊視得鼎。鼎大異於衆鼎，文鏤毋款識，怪之，言吏。吏告河東太守勝，勝以聞。天子使使驗問巫錦得鼎無姦詐，乃以禮祠，迎鼎至甘泉。」

〔七〕函德之芝：《漢書・宣帝紀》：「金芝九莖，産於函德殿銅池中。」注引服虔曰：「金芝，色像金也。」又引如淳曰：「銅池，承霤也。」

〔八〕肉角之獸：《文選》楊雄《劇秦美新》：「來儀之鳥，肉角之獸。」李注：「肉角，麟也。」《詩・周南・麟之趾》義疏：「瑞獸也。《草木疏》云：麕身、牛尾、馬足、黄色、員蹄、一角，角端有肉，音中鍾吕，行中規矩，王者至仁則出。」按宋王林《燕翼詒謀録》三：「太平興國九年十月癸巳，嵐州獻獸一角，似鹿無斑，角端有肉，性馴善。詔羣臣參驗，徐鉉、滕中正、王佑等上奏曰麟也，宰相宋琪等賀。」

〔九〕簫聲之禽：鳳也。《荀子·解蔽》：「《詩》曰：『鳳凰秋秋，其翼若干，其聲若簫。有鳳有凰，樂帝之心。』此不蔽之福也。」楊倞注：「逸《詩》也。……堯時鳳凰巢於阿閣。言堯能用賢不蔽，天下和平，故有鳳凰來儀之福也。」

〔一〇〕同穎之禾：《尚書序》：「唐叔得禾，異畝同穎，獻諸天子，王命唐叔歸周公于東。作《歸禾》。」孫星衍《尚書今古文注疏》引鄭康成曰：「二苗同爲一穗」，「《歸禾》亡」。

〔一一〕旅生之穀：《東觀漢記》：「建武二年，天下野穀旅生，麻菽尤盛。」《後漢書·光武帝紀》同，李賢注：「旅，寄也。不因播種而生，故曰旅。」

〔一二〕游郊栖庭：《文子》：「鳳皇翔於庭，麒麟游於郊。」

〔一三〕非煙二句：《史記·天官書》：「若煙非煙，若雲非雲，郁郁紛紛，蕭索輪囷，是謂卿雲。卿雲，喜氣也。」

發徵子於是言曰：「國家之有若是歟？意者先生快意於吻舌而及此耶？」先生曰：「國家之盛，烏可究悉，雖有注河之辯〔二〕，折角之口〔三〕，終日危坐，抵掌而譚，猶不能既其萬一。此特汴都之治迹耳，子亦知乎所以守此汴都之術，古昔之所以興亡者乎？」客曰：

「願聞之。」

先生曰：「緊此寰宇，代狹代廣，更張更弛。黄帝都涿鹿而是爲幽州〔三〕，少昊都窮桑迺今魯地〔四〕，伏犧都陳〔五〕，帝嚳都亳〔六〕。堯都平陽，迺若昊天而授人時〔七〕；舜都蒲阪，迺覲羣后而輯五瑞〔八〕。公劉處豳而兆王業之所始〔九〕，太王徙邠者以避狄人之所利〔一〇〕；文王作酆，方蒙難而稱仁〔一一〕；武王治鎬，復戎衣而致乂〔一二〕。蓋周有天下三百餘年而刑措不用，及其衰也，亦三百餘年而五伯更起。星離豆割，各據轂兵以專利，彊侯脇帶於弱國，不領人君之經費，天下日蹙而日裂，中國所有者無幾。當時權謀爲上，雌雄相噬：孰有長距，孰有利觜；兵孰先選，糧孰夙峙；孰有橋關之卒〔一三〕，孰有憑軾之士〔一四〕；孰有素德，孰有彊倚；孰欲報惠，孰欲雪耻；或奉下邑以賂讎〔一五〕，或舉連城而易器〔一六〕。骸骨布野，介胄生蟣，肘血丹輪，馬鞍銷髀，勢成莫格，國墟人鬼。噫彼土宇，凡幾吞而幾奪，幾完而幾弛。

【校】

〔邠者〕明本無「者」字。　〔五伯〕明本作「五霸」。　〔專利〕明本作「專列」。

【箋注】

〔一〕注河之辯：《世説新語・賞譽》：「王太尉云：郭子玄語議如縣河寫水，注而不竭。」韓愈《石鼓歌》：「安能以此上論列，願借辯口如懸河。」

〔二〕折角之口：《漢書·朱雲傳》：「少府五鹿充宗貴幸，爲梁丘《易》。自宣帝時善梁丘氏説，元帝好之，欲考其異同，令充宗與諸《易》家論。充宗乘貴辯口，諸儒莫能與抗，皆稱疾不敢會。有薦雲者，召入，攝齋登堂，抗首而請，音動左右。既論難，連拄五鹿君，故諸儒爲之語曰：『五鹿嶽嶽，朱雲折其角。』」嶽嶽，長角貌。

〔三〕黄帝句：《史記·五帝本紀》「邑於涿鹿之阿」，《集解》引服虔曰：「涿鹿，山名，在涿郡。」按山在今河北涿鹿縣東南，古屬《禹貢》九州之幽州。

〔四〕少昊句：《左傳·昭二十九年》：「少皡（昊）氏有四叔，……世不失職，遂濟窮桑。」杜預注：「窮桑地在魯北。」按在今山東曲阜縣北。

〔五〕伏犧都陳：《帝王世紀》：「太昊帝庖羲氏，風姓也，蛇身人首，有聖德，都陳。」按地在今河南宛丘縣。

〔六〕帝嚳都亳：《史記·五帝本紀》：「帝嚳高辛者，黄帝之曾孫也。」《帝王世紀》：「帝嚳高辛氏，姬姓也。有聖德，年十五而佐顓頊，四十登位，都亳。」按舊説所都乃西亳，在今河南偃師縣。

〔七〕堯都二句：《書·堯典》：「曰若稽古帝堯曰放勳。……乃命羲和，欽若昊天，曆象日月星辰，敬授人時。」《五帝本紀》：「帝嚳娶陳鋒氏女，生放勳。」《帝王世紀》：「帝堯陶唐氏，祁姓也。……二十而登帝位，都平陽。」按其地在今山西臨汾縣南。

〔八〕舜都二句：《史記·五帝本紀》：「帝堯老，命舜攝行天子之政。……揖五瑞，……五歲一巡狩，羣后四朝。」

揖，《書・堯典》作輯。揖五瑞，《集解》引馬融曰：「揖，歛也。五瑞，公侯伯子男所執以爲瑞信也。堯將禪舜，使羣牧歛之，使舜親往班之。」羣后，諸侯。《集解》引鄭玄曰：「四方諸分來朝京師也。」蒲阪，在今山西永濟縣東南。

〔九〕公劉句：《詩・大雅・公劉》：「度其夕陽，豳居允荒。」毛傳：「山西曰夕陽，荒大也。」按故地在今陝西郇邑縣。《史記・周本紀》：「公劉雖在戎狄之間，復修后稷之業。……百姓懷之，多徙而保歸焉，周道之興自此始。」

〔一〇〕太王句：太王即古公亶父，邠同豳。《詩・大雅・緜》：「古公亶父，來朝走馬，率西水滸，至於岐下。」《周本紀》：「古公亶父復修后稷公劉之業，積德行義，國人皆戴之。薰育戎狄攻之，欲得財物，予之。已而復攻，欲得地與民。……乃與私屬遂去豳，度漆沮，踰梁山，止於岐下。豳人舉國扶老攜弱，盡復歸古公於岐下。」

〔一一〕文王二句：《詩・大雅・文王有聲》：「既伐于崇，作邑于豐。」豐亦作酆，故地在今陝西鄠縣東。《周本紀》：「崇侯虎譖西伯於殷紂曰：『西伯積善累德，諸侯皆嚮之，將不利於帝。』帝紂乃囚西伯於羑里。」

〔一二〕武王二句：《詩・大雅・文王有聲》：「考卜維王，宅是鎬京。」毛傳：「武王作邑於鎬京。」故地在今西安市内。《禮記・中庸》：「武王纘大王、王季、文王之緒，壹戎衣而有天下。」鄭注：「戎，兵也。衣讀如殷，聲之誤也。齊人言殷聲如衣。……壹戎殷者，壹用兵伐殷也。」按賦云復戎衣者，蓋武王即位九年，觀兵於孟津，諸侯勸其伐紂，武王以爲未可，乃還師。見《周本紀》。越二年，再伐而克之，故曰復。《書・堯典》「有能俾乂」，注：「乂，治也。」

〔一三〕橋關：劉歆《遂初賦》：「馳太行之嚴防兮，入天井之喬關。」橋通喬，《詩・周南・漢廣》「南有喬木」，《釋文》：「一作橋。」

〔一四〕憑軾之士：指說客。《漢書・酈食其傳》「韓信聞食其馮軾下齊七十餘城」，師古曰：「馮讀若憑；憑，據也。軾，車前橫板隆起者也。云憑軾者，言但安坐乘車而游說，不用兵衆。」

〔一五〕或奉句：下邑，國都以外之城邑。《春秋・莊二十八年》「冬築郿」，杜預注：「郿，魯下邑。」疏：「國都爲上，邑爲下。」《戰國策・趙策》三虞卿曰：「秦索六城於王，王以五城賂齊；齊，秦之深讎也，得王五城，並力而西擊秦也。」

〔一六〕或擧句：《史記・藺相如傳》：「趙惠文王時，得楚和氏璧，秦昭王聞之，使人遺趙王書，願以十五城請易璧。」按此即所謂完璧歸趙事，詳本傳。

秦中形勢之國，加兵諸侯，如高屋之建瓴水〔一〕，神皋天邑〔二〕，以先得者爲上計。其他，或左據函谷，右界褒斜〔三〕，號爲百二之都〔四〕，東有成皋，西有崤澠〔五〕，定爲王者之里。以至置春陵之俠客，興泗上之健吏〔六〕，扼襟控咽，屏藩表裏，名城池爲金湯，役諸侯爲奴隸。拓境斥地，蹂躪荒裔，東包蟠木，西卷流沙，北繞幽陵，南裹交趾〔七〕。厥後席治滋永，泰心益侈，或慢守以啟戎，或朋淫而招宄，横調無藝而垂竭〔八〕，游役不時而就斃。盧令日縱而不紲〔九〕，鷺翿厭觀而常值〔一〇〕。睚眦則覆尸而流血，愉悦則結纓而珮璲〔一一〕，粉墨雜糅，賢才逆曳。腫微紛紜而竊肉食〔一二〕，賊臣迴宄而圖大器，郡國制節，侯伯方軌〔一三〕，或爲大尾而不掉，或爲重膇而屢躓。室有丹楹，城有百雉，朝廷無用於揚燎，冠冕不閑於執贄，天維披裂，地軸杌棿，羣生爨爇而殄瘁〔一四〕。雖有城池，周以鄧林〔一五〕，縈以天漢，曳輦可以陟崇巘，設跗可以濟深水〔一六〕。故魏武侯浮西河而下，自哆其地，而進戒於吴起。蓋秕政肆於廟堂之上，則敵國起於蕭牆之裏。奚問左孟門而右大行，左洞庭而右彭蠡。」〔一七〕

【校】

〔名城池〕明本作「據城池」。〔鷺翿〕明本作「鷺鷁」。〔迴宄〕明本作「迴穴」。〔設跗〕明本作「設泭」。〔魏武侯〕明本無「魏」字。

【箋注】

〔一〕如高屋句：《史記·高祖紀》田肯説高祖曰：「陛下得韓信，又治秦中。秦形勝之國，帶河山之險，縣隔千里，持戟百萬，秦得百二焉。地勢便利，其以下兵於諸侯，譬猶居高屋之上建瓴水也。」《集解》引如淳曰：「瓴，盛水瓶也。居高屋之上而幡瓴水，言其向下之勢易也。」按《漢書·高帝紀》同，王先謙《補注》引沈欽韓曰：「瓴，瓴甋也，屋檐寫水者，或以板爲之。如説誤。」

〔二〕神皋：張衡《西京賦》：「爾乃廣衍沃野，厥田上上，實爲地之奥區神皋。」又任昉《齊竟陵文宣王行狀》：「神皋載穆」，六臣李翰周注：「神皋，良田也，謂京畿之内也。」按謂關中沃野，神之所賜也。

〔三〕其他二句：班固《西都賦》：「左據函谷二崤之阻，表以太華終南之山；右界褒斜隴首之險，帶以洪河涇渭之川。」秦函谷關在今河南靈寶縣南，東自崤山，西至潼津，深險如函，故名。漢武帝元鼎三年别置函谷關，去秦關三百里，在今河南新安縣東北。褒斜谷，陜西終南山谷，南口曰褒，在褒城縣南，北口曰斜，在郿縣西南，長四百五十里。

〔四〕百二：已見上引《高祖紀》。説者不一。《集解》引蘇林曰：「得百中之二焉；秦地險固，二萬人足當諸侯百萬人也。」又引虞喜曰：「百二者，得百之二。言諸侯持戟百萬，秦地險固，一倍於天下，故云得百二焉，言倍之也，蓋言秦兵當二百萬也。」按泛言之，但指險固耳。

〔五〕東有二句：成皋在今河南滎陽縣汜水鎮西，春秋鄭地，初名虎牢，後改成皋。戰國時屬韓，後獻於秦。崤山在今河南洛寧縣西北六十里，西接陜縣界，東接澠池縣界。古澠池在今洛寧縣西，戰國韓邑，後屬秦。《史記·六國年表》趙惠文王二十年：「與秦會於澠池，藺相如從。」即其地。

〔六〕以致二句：《晉書·張載傳·榷論》：「設使秦莽修三王之法，時致隆平，則漢祖泗上之健吏；光武，春陵之俠客耳。」《後漢書·光武紀》：「與李通從弟軼等起於宛，時年二十八。十一月，有星孛於張，光武遂將賓客還舂陵。」《漢書·高帝紀》：「及壯，試吏，爲泗上亭長。」

〔七〕東包四句：《大戴禮記·五帝德》：「顓頊……乘龍而至四海，北至于幽陵，南至于交趾，西濟于流沙，東至于蟠木。」孔廣森《補注》：「幽陵，幽都也。《漢書·地理志》，居延澤在居延縣東北，古文以爲流沙濟涉也。《海外經》曰，東海中有山焉，名曰度索，上有大桃樹，屈蟠三千里。裴駰謂蟠木即此也。」按《史記·五帝本紀》同，惟「濟于」亦作「至於」。

〔八〕横調無藝：《後漢書·左雄傳》上疏陳政事：「特選横調，紛紛不絶。」注：「調，徵也。」按謂横徵暴斂。《左傳·昭二十年》：「布常無藝，徵斂無度。」注：「藝，法制也。言布政無法制。」

〔九〕盧令：獵犬。《詩·齊風·盧令》「盧令令」，傳：「盧，田犬。令令，纓環聲。」

〔一〇〕鷺翿句：《詩·陳風·宛丘》：「無冬無夏，值其鷺翿。」傳：「值，持也。鷺鳥之羽可以爲翳。」又云：「翿，翳也。」《箋》：「翳，舞者所持以指麾。」

〔一一〕珮璲：《詩·小雅·大東》：「鞙鞙佩璲，不以其長。」箋：「佩璲者，以瑞玉爲佩，佩之鞙鞙然。居其官職，非其才之所長也，徒美其佩而無其德。刺其素餐。」

〔一二〕腫微句：《類篇》：「豶豯，頑惡也。」《左傳·莊十年》「肉食者謀之」，杜注：「肉食，在位者。」腫微，未詳。

〔一三〕方軌：兩車不得並行也。《戰國策·齊策》一：「亢父之險，車不得方軌，馬不得並行。」

〔一四〕爂爑：即焦然。

〔一五〕鄧林：《史記·禮書》：「汝、潁以爲險，江、漢以爲池，阻之以鄧林，緣之以方城。」《索隱》：「劉氏以爲今襄陽南鳳林山是古鄧祁侯之國，在楚之北境，故云阻以鄧林也。」按下句天漢即指江、漢。

〔一六〕設跗：《國語·齊語》：「方舟設泭，乘桴濟河。」韋昭注：「編木曰泭。」按即木筏也。跗乃足背。

〔一七〕故魏武侯七句：《史記·吴起傳》：「武侯浮西河而下，中流顧而謂吴起曰：『美哉乎！山河之固，此魏國之寶也。』起對曰：『在德不在險。昔三苗氏左洞庭，右彭蠡，禹滅之。……殷紂，左孟門，右太行，常山在其北，大河經其南，修政不德，武王殺之。由此觀之，在德不在險。若君不修德，舟中之人盡爲敵國也。』」

發微子曰：「天命有德，主此四方，如輻之拱轂，如桷之會極〔一〕。其硈犖者〔二〕，天與之昌；其閜砢者〔三〕，天與之亡；且非易之所能壞，亦非險之所能藏；非愚之所能弱，亦非賢之所能彊。故將吞楚也，白虵首斷於大澤〔四〕；將繼劉也，雄雉先雊於南陽〔五〕。龍漦出櫝而檿弧隱亡周之語〔六〕，蓐收襲門而天帝貽刑虢之殃〔七〕，人力地利信不能偃植而支仆，而皆聽乎彼蒼。故鯨鯢剾解〔八〕，決一死於吻血；兕虎闠闟〔九〕，踐巍嶽爲平岡；蹂生靈如蹋塊，簸天下如揚糠。其敗也抉目而拄骨，其成也頂冕而垂裳。由此觀之，土地足以均沛澤而施靈光而已，易險非所較，賢否亦未可議也。」

【校】

〔拄骨〕明本作「折骨」。　〔而施〕明本無「而」字。

【箋注】

〔一〕會極：言桷皆集於棟也。《説文》：「棟，極也。」又云：「極，棟也。」段注：「極者謂屋至高之處。」

〔二〕硈鞏：《爾雅·釋言》：「硈，鞏也。」《説文》：「硈，石堅也。」

〔三〕閼砢：《上林賦》「坑衡閜砢」，李注引郭璞曰：「閜砢，相扶持也。」按字亦作閼。《説文》：「門傾也。」傾則須扶持，義相因。

〔四〕白虵句：《史記·高祖紀》：「高祖被酒，夜徑澤中，令一人行前。行者還報曰：『前有大蛇當徑，願還。』高祖醉，曰：『壯士行，何畏！』乃前，拔劍擊斬蛇，蛇遂分爲兩。徑開，行數里，醉，因卧。後人來至蛇所，有一老嫗夜哭。人問何哭。……嫗曰：『吾子白帝子也，化爲蛇當道，今爲赤帝子斬之，故哭。』」

〔五〕雄雉句：《搜神記》八：「秦穆公時，陳倉人掘地得物，若羊非羊，若猪非猪，牽以獻穆公。道逢二童子，童子曰：『此名爲媦，常在地中，食死人腦，若欲殺之，以柏插其首。』媦曰：『彼二童子，名爲陳寶，得雄者王，得雌者伯。』陳倉人捨媦逐二童子，二童子化爲雉，飛入平林。陳倉人告穆公，穆公發徒大獵，果得其雌。又化爲石，置之汧、渭之間。至文公時，爲立祠陳寶。其雄者飛至南陽，今南陽雉縣是其地也。秦欲表其符，故以名縣。每陳倉祠時，有赤光長十餘丈從雉縣來，入陳倉祠中，有聲殷殷如雄雉。其後，光武起於南陽。」光武南陽蔡陽人。

〔六〕龍漦句：《史記·周本紀》：「幽王嬖愛褒姒。……周太史伯陽讀史記曰，周亡矣。昔自夏后氏之衰也，有二神龍止於夏帝庭而言曰，余褒之二君。夏帝卜殺之與去之與止之，莫吉。卜請其漦而藏之，乃吉。於是布幣而策告之，龍亡而漦在，櫝而去之。夏亡，傳此器殷；殷亡，又傳此器周；比三代，莫敢發之。至厲王之末，發而觀之，漦流於庭不可除。厲王使婦人裸而譟之，漦化爲玄黿，以入王後宮。後宮之童妾既齔而遭之，既笄而孕，無夫而生子，懼而棄之。宣王時之童女謠曰：『檿弧箕服，實亡周國。』於是宣王聞之，有夫婦賣是器者，宣王使執而戮之。逃於道，而見鄉者後宮童妾所棄妖子出於路者，聞其夜啼，哀而收之，夫婦遂亡犇於褒。褒人有罪，請入童妾所棄女子者於王以贖罪。棄女子出於褒，是爲褒姒。」《集解》引韋昭曰：「漦，龍所吐沫；沫，龍之精氣也。」又曰：「山桑曰檿；弧，弓也。」

〔七〕蓐收句：《國語·晉語》二：「虢公夢在廟，有神人面白毛虎爪，執鉞立於西阿。公懼而走，神曰：『無走，帝命曰：使晉襲於爾門。』公拜稽首。覺，召史嚚占之，對曰：『如君之言，則蓐收也，天之刑神也，天事官成。』……六年，虢乃亡。」韋昭注：「蓐收，西方白虎金正之官也。《傳》曰，少皞氏有子該，爲蓐收。刑神，刑殺之神也。」

〔八〕齵解：惡鬥而傷殘之意。《集韻》：「齵，惡怒也。」

〔九〕闐闕：皆訛體字。《説文》門部：「闐闕，門連結繽紛相牽也。」

先生曰：「以易險非所較者，固已乖矣，以賢否非議者，烏乎可哉！客不聞王公設險以守其國，有德則昌者乎？地欲得險，勢欲參德〔一〕；迫隘卑陋則無以容萬乘之扈從，供百司之廩餼，據偏守隅則無以限四方之貢職，平道理之遠邇。膴原申區〔二〕，割宅製里〔三〕，走八極而奔命，正南面而負扆〔四〕，擧天下於康逵，力士轒輼而不敢取〔五〕，貪夫汗縮而不敢睨者，恃德之險也。襟馮終南太華之固，背負清渭濁河之注，搤人之吭而拊人之脊，一日有變而萬卒立具。然而布衣可以窺隙而試勇，匹夫可以争衡而號呼，彼天府之衍沃，適爲人而保聚，此以地爲險者也。地嚴德暢，然後爲神造之域，天設之阻。

【校】

〔非議〕明本無「非」字。　〔道理〕明本作「道里」。　〔申區〕明本作「中區」。　〔製里〕明本作「制里」。

〔奔命〕明本作「奔走」。　〔康逵〕明本作「康達」。

【箋注】

〔一〕參德：《禮記·中庸》：「可以贊天地之化育，則可以與天地參矣。」《晉書·樂志》：「參德天地，比功四時。」

〔二〕膴原：《詩·大雅·緜》「周原膴膴」，傳：「膴膴，美也。」膴亦作腜，肥也。箋：「周之原，地在岐山之陽，膴膴然肥美。」

〔三〕割宅製里：《漢書·鼂錯傳》上書言當世急務：「營邑立城，製里割宅，通田作之道，正阡陌之界。」割宅謂畫分居宅之區域。

〔四〕負扆：《史記·主父偃傳》徐樂上書：「南面負扆攝袂而揖王公，此陛下之所服也。」《淮南子·氾論》「負扆而朝諸侯」，高注：「負，背也；扆，户牖之間。言南面也。」

〔五〕𩏂䩞：軟貌，見《廣韻》。

大哉炎宋〔一〕，帝眷所矚，而此汴都，百嘉所毓，前無湍激旋淵吕梁之絶流，後無太行石洞飛狐句望浚深之岩谷〔二〕，豐樂和易，殊異四方之俗。兵甲士徒之須，好賜匪頒之用，廟郊社稷百神之祀，天子奉養、羣臣稍廩之費〔三〕，以至五穀六牲，魚鼈鳥獸，闔國門而取足。甲不解纍，刃不離韣〔四〕。秉鉞匈奴而單于奔幕〔五〕，抗旌西僰而冉駹螘伏〔六〕，南夷散徒黨而入質，朝鮮畏菹醢而修睦〔七〕，解編髮而頂文弁，削左衽而曳華服。逆節躑躅而取禍者，折簡呼之而就戮。眈眈帝居〔八〕，如森鍉利鏃之外向，死士逡巡而莫觸。仁風冒於海隅，頌聲溢乎家塾。

【校】

〔大哉〕明本作「大者」。〔刃不〕明本作「刀不」。〔匈奴〕明本作「北陬」。〔單于〕明本作「敵人」。

〔冉駹〕明本作「冉驪」。〔南夷〕明本作「蠻夷」。〔而頂〕明本作「而預」。

【箋注】

〔一〕炎宋：《宋史·太祖紀》：「（建隆元年三月）壬戌，定國運以火德王，色尚赤。」

〔二〕前無二句：《淮南子·俶真》：「唯道體能不敗，湍瀨旋淵呂梁之深，不能留也；太行石澗飛狐句望之險，不能難也。」高注：「湍瀨，急流。旋淵，深淵也。呂梁，水名也，在彭城。皆水險留滯也。太行在野王北，上黨關也。石澗，深谿。飛狐在代郡，句望在雁門。皆隘險也。」按石洞當是石澗之誤。

〔三〕稍廩：俸禄也。《周禮·天官·宮正》「均其稍食」，注：「稍食，禄稟（廩）。」疏：「云稍食禄稟者，稍則稍稍與之，則月俸是也。」

〔四〕甲不二句：謂偃武修文也。《國語·齊語》：「諸侯甲不解纍，兵不解翳，弢無弓，服無矢，隱武事，行文道，帥諸侯而朝天子。」韋昭注：「纍，所以盛甲也。」《説文》：「韣，弓衣也。」

〔五〕秉鉞句：《漢書·終軍傳》：「大將軍秉鉞，單于犇幕；票騎抗旌，昆邪右衽。」秉鉞，奉命征伐；奔幕，走降於軍幕。

〔六〕抗旌句：抗旌，舉旌旗，言征伐也。《史記·西南夷傳》：「巴蜀民或竊出商賈，取其筰馬僰僮髦牛。」又云：「自筰以東北，君長以什數，冉駹最大。」《正義》：「今益州南戎州北臨大江，古僰國。」又引《括地志》云：「蜀西徼外羌，茂州、冉州本冉駹國地也。」《文選》楊雄《長楊賦》「扶服蛾伏」，李善注：「蛾伏，如蟻之伏地也。蛾，古蟻字。」

〔七〕葅醢：《楚辭·九章·涉江》：「伍子逢殃兮，比干葅醢。」《漢書·刑法志》：「梟其首，葅其骨肉於市。」師古曰：「葅謂醢也」，蓋死刑之極者，即後世所謂凌遲。

〔八〕眈眈：《文選》左思《魏都賦》「眈眈帝宇」，李注：「沈與眈音義同」，引應劭曰：「沈沈，宮室深邃之貌。」

伊昔天下阽危，王猷失度，皇綱解紐，嗥豺當路。帝懷寶曆，未知所付，可受方國，莫越藝祖〔一〕，圖緯協期，謳謠扇孺。赤子雲望而風靡，英雄螽趯而蠅附〔二〕，玉帛駿奔者萬國，冠冕塞乎寰宇，絶塞稅鎧而免軸〔三〕，障壘熄燧而摧櫓。拜檻神威〔四〕，有此萬旅，奕世載德〔五〕，蔑聞過舉。髮櫛禾耨〔六〕，子攜稚哺，擊菓懋穗〔七〕，疏惡鑒嫵，銚觚角之硶刻〔八〕，剚攙搶而牧圉〔九〕。爰暨皇帝，粉飾樸質，稱量纖鉅，鍠鍠奏廟之金玉，璨璨夾楹之簠簋，財本豐阜，刑罰糾虔〔一〇〕，布施優裕。田有願耕之農，市有願藏之賈，草竊還業而斂迹，大道四通而不皷〔一一〕。車續馬連，千百爲羣，肩輿襁載〔一二〕，前卻而後跙，搏壤歌咢者萬井〔一三〕，未聞歐嘎而告痡〔一四〕，雖立壝爲界〔一五〕，其誰敢擲膊以批捭，况此汴都者乎！抑又有天下之壯，客未嘗覩其奥也。

【校】

〔寶曆〕明本作「寶極」。　〔扇孺〕明本作「扇懦」。　〔疏惡〕明本作「疏拔」。　〔銚觚〕明本作「銚骨」。

〔剕攙搶〕明本作「刑攙搶」。　〔纖鉅〕明本作「纖矩」。　〔綑載〕明本作「捆載」。　〔後跙〕明本作「後阻」。　〔摶壤〕明本作「膞壤」。　〔批捭〕明本作「批押」。

【箋注】

〔一〕帝懷四句：指陳橋兵變，周恭帝禪位於宋太祖。寶曆，曆數也，以喻國祚。《論語·堯曰》：「堯曰咨爾舜，天之曆數在爾躬。」《隋書·煬帝紀》詔曰：「朕肅膺寶曆，纂臨萬邦。」《詩·大雅·大明》：「厥德不回，以受方國。」箋：「方國，四方來附者。」藝祖開國之君，《書·堯典》：「歸格于藝祖。」

〔二〕螽趯：《詩·召南·草蟲》「趯趯阜螽」，傳：「趯趯，躍也。阜螽，蠜也。」疏：「《草木疏》云，今人謂蝗子爲螽。」

〔三〕稅鎧而免軸：《漢書·叙傳》下：「叔孫奉常，與時抑揚，稅介免胄，禮義是創。」師古曰：「稅，舍也。介，甲也。」按鎧亦甲也；軸，古胄字。

〔四〕神威：宋軍名。《宋史·兵志》一：「神威，咸平三年，選京師諸司庫務兵立。上下指揮十三：陳留三，許、鞏各二，雍丘、考城、咸平、河陽、廣濟、白波各一。」按神威本唐禁衛之稱，至是及於畿輔。拜檻未詳。

〔五〕奕世載德：語見《國語·周語》上。韋昭注：「奕，奕前人也。載，成也。」按《後漢書·楊震傳》「奕世受恩」，注「奕猶重也」，猶言累世。

〔六〕髮櫛禾耨：謂鋤禾成列，如櫛髮然。

〔七〕懋穗：美穗。擊菓未詳，疑擊字或訛。

〔八〕鈋觚角：《説文》：「鈋，吪圜也。」段注：「吪，動也。謂本不圜，變化而圜也。《廣韻》曰：『鈋，刓也，去角也。』」按此句以變磣削之棱角使成圓，喻平天下也。

〔九〕制攙搶句：《説文》：「制，擊也。」攙搶亦作欃槍，《爾雅・釋天》：「彗星爲欃槍。」《左傳・僖二十八年》：「不有居者，誰守社稷？不有行者，誰扞牧圉？」杜注：「牛曰牧，馬曰圉。」按此句意謂靖妖氛以安國也。

〔一〇〕糾虔：《國語・魯語》下「糾虔天刑」，韋昭注：「糾，恭也；虔，敬也。」按此句言刑罰謹慎也。

〔一一〕不斁：不閉塞。《説文》：「斁，閉也。」段注：「杜門字當作此，杜行而斁廢矣。」

〔一二〕稛載：《玉篇》：「稐稛，束禾也。」

〔一三〕搏壤：《論衡・藝增》：「傳曰，有年五十擊壤於路者。觀者曰：『大哉，堯德乎！』擊壤者曰：『吾日出而作，日入而息，鑿井而飲，耕田而食，堯何等力？』」按又見《感虚》，是《帝王世紀》及《擊壤歌》所本。歌咢：《詩・大雅・行葦》「或歌或咢」，傳：「歌者，比於琴瑟也。徒擊鼓曰咢。」

〔一四〕欭嚘而告痡：《説文》：「欭，嚘也。」嘆息時氣窒塞不暢之貌。《詩・小雅・正月》「胡俾我痡」，傳：「痡，病也。」

〔一五〕壝：《周禮・地官・封人》「掌詔王之社壝」，注：「壝謂壇及堳埒也。」即祭壇及其四邊之土牆。

且宋之初營是都也，上睇天時，下度地制，中應人欲，測以聖智，建以皇極〔一〕，基以賢傑，限以法士，垣以大師，屏以大邦〔二〕，扞以公侯，城以宗子〔三〕。以義爲路，以禮爲門〔四〕，鍵鑰以柄，開闔以權，掃除以政，周裹以恩，迺立室家，以安吾君。有庭其桓，社稷臣也〔五〕；有梴其桷〔六〕，衆材會也；有闈孔張，通厥明也；有牖孔陽，達厥聰也。其檻如衡，前有憑也；其壁如削，後有據也；其陛則崇，止陵踐也；其極則隆，帝居中也。

【校】

〔初營〕明本作「初建」。　〔周裹〕明本作「周懷」。

【箋注】

〔一〕建以皇極：《書·洪範》「建用皇極」，注：「皇，大；極，中也。凡立事當用大中之道。」

〔二〕垣以大師二句：《詩·大雅·板》：「大師維垣，大邦維屏。」箋：「大師，三公也；大邦，成國諸侯也。……王當用公卿諸侯及宗室之貴者爲藩屏垣幹，爲輔弼，無疏遠之。」

〔三〕扞以二句：《詩·周南·兔罝》：「赳赳武夫，公侯干城。」傳：「干，扞也。」《詩·大雅·板》：「懷德維寧，宗子維城。」箋：「宗子，謂王之適子。」

〔四〕以義二句：《孟子·萬章》：「夫義，路也；禮，門也。」

〔五〕有庭二句：言武將爲社稷之臣。庭謂庭氏。《周禮·秋官·庭氏》：「掌射國中之夭鳥。」《詩·周頌·桓》，

《正義》云：「桓者威武之志，言講武之時，軍功皆武，故取桓字名篇也。」

〔六〕有梃其桷：《説文》：「梃，長木也。《詩》曰，松桷有梃。」按引《詩》見《商頌・殷武》。

邑都既周，宮室既成，於是上意自足。迺駕六龍〔一〕，乘德輿〔二〕，先警蹕，由黄道〔三〕，馳騁乎書林，下觀乎學海，百姓欣躍，莫不從屬車之塵而前邁。妙技皆作，見者膽碎。迺使力士提挈乎陰陽，搏捥乎剛柔，應乎成器，方圓微碩，或粉或白，隨意所裁。上方咀嚼乎道味，斟酌乎聖澤，而意猶未快。又欲浮槎而上〔四〕，窮日月之盈昃〔五〕，尋天潢之流派〔六〕，操執北斗之柄，按行二十八壘之次，奪雷公之枹，收風伯之韛，一瞬之間而甘澤霶霈〔七〕。囚孛彗於幽獄，敷景雲而黯靄，統攝陰機，與帝唯諾而無閡。如此淫樂者十有七年，疲而不止，諫而不改〔八〕。吾不知天王之用心，但聞夫童子之歌曰：『孰爲我尸〔九〕，孰釐我載〔一〇〕，茫茫九有〔一一〕，莫知其界。』」

【校】

〔提挈〕明本作「提擊」。　〔應乎〕明本作「應手」。　〔或白〕明本作「或由」。　〔盈昃〕原作「盈具」，據明本改。　〔我尸〕明本作「我巳」。

【箋注】

〔一〕六龍：《易·乾·文言》：「時乘六龍，以御天也。」按《周禮·夏官·庾人》「馬八尺以上爲龍」，駕六龍亦駕六馬也。

〔二〕德輿：《左傳·襄二十四年》：「夫令名德之輿也，德國家之基也。」

〔三〕黄道：《漢書·天文志》：「日有中道，月有九行。中道者，黄道，一曰光道。」因之亦稱帝王巡行之道爲黄道，宋之問《奉和幸神皋亭應制》：「清蹕喧黄道，乘輿降紫宸。」

〔四〕浮槎：《博物志》十：「舊説云天河與海通。近世有人居海渚者，年年八月有浮槎去來不失期，人有奇志，立飛閣於槎上，多齎糧，乘槎而去。十餘日中猶觀星月日辰，自後茫茫忽忽，亦不覺晝夜。去十餘日，奄至一處，有城郭狀，屋舍甚嚴。遥望宫中多織婦，見一丈夫牽牛渚次飲之。牽牛人乃驚問曰：『何由至此？』此人具説來意，並問此是何處，答曰：『君還至蜀郡訪嚴君平則知之。』竟不上岸，因還如期。後至蜀，問君平，曰：『某年月日有客星犯牽牛宿。』計年月，正是此人到天河時也。」

〔五〕盈昃：《説文》：「昃，日在西方時昃也。」

〔六〕天潢：《史記·天官書》：「王良……旁有八星，絶漢，曰天潢。」又云：「西宫咸池，曰天五潢。」潢者積水池也，以水爲喻，故下云流派。

〔七〕操執五句：喻功同天帝，使星辰不失度，止風雷之災，甘雨時降也。枹，擊鼓杖。鞴，韋橐，所以鼓氣者。霶霈，俗滂沛字。

〔八〕如此三句：蓋反言之。其所謂淫樂者，即上文操執北斗之柄至與帝唯諾而無閡也。云十有七年者，蓋英宗卒於治平四年正月，神宗繼位，次年始改元熙寧，至元豐六年獻賦時，共十七年也。

〔九〕孰爲我尸：《詩·召南·采蘋》「誰其尸之」，傳：「尸，主。」《大雅·板》：「善人載尸」，義同。按賦語但取字義，非本詩意。

〔一〇〕孰釐我載：釐，福也。載謂地之所載。《易·坤·象》：「地勢坤，君子以厚德載物。」《正義》：「君子用此地之厚德，容載萬物。」

〔一一〕九有：《詩·商頌·玄鳥》「奄有九有」，傳：「九有，九州也。」

客迺覤覤然驚〔一〕，拳拳然謝曰：「非先生無以刮吾之矇，藥吾之瞶，臣不能究皇帝之盛德，謹再拜而退。」

【校】

〔覤覤〕明本作「覷覷」。

【箋注】

〔一〕覤覤然驚：《莊子·天地》篇文，成玄英疏：「覤覤，驚貌。」《釋文》：「或云驚懼之貌。」

【附記】

《清真先生文集序》云：「以一賦而得三朝之眷，儒生之榮莫加焉。」三朝謂神宗、哲宗、徽宗也。始獻賦在神宗朝，史傳皆有記載；重進賦在哲宗朝，有重進賦表爲證；獨三進賦事，樓序外未見其他載籍。今按賦中有「算學以窮九九」之語，考《宋史・選舉志》三云：「算學，崇寧三年始建學，生員以二百一十人爲額，許命官及庶人爲之。」是立算學蓋徽宗朝事，則今所見之賦，疑爲徽宗朝所進之本也。隨進賦之年而附益時事，以求切合，亦理所當然者。然附益之處必極少，一以初賦爲準，亦復理所當然。

至於神宗時獻賦歲月，前説不一。《清真先生遺事》云：「案先生獻賦之歲，本傳及《揮麈餘話》皆云在元豐初。《餘話》所載先生《重進汴都賦表》，則云元豐元年七月。而近時錢塘丁氏《武林先哲遺書》中重刊明單刻本《汴都賦》，前有重進賦表，則作六年七月。《直齋書録解題》又作元豐七年。余案元年當爲六年之誤，賦中所陳有疏汴洛、改官制、修景靈宮三事。案《宋史・河渠志》，元豐二年三月，以宋用臣提舉導洛通汴。《神宗紀》，元豐二年六月甲寅，清汴成；三年六月丙午，詔中書省詳定官制，五年夏四月癸酉，官制成；三年九月乙酉，詔即景靈宮作十一殿，以時王禮祀祖宗，五年十一月景靈宮成，告遷祖廟神御。此三事皆在元年之後，此一證也。樓攻媿《清真先生文集序》云：『未及三十，作《汴都賦》。』時先生方二十八歲，若在元年，則才二十三歲，當云年踰二十，不得云未及三十。此二證也。《樓序》、《咸淳志》、《直齋書録》，皆云賦奏命左丞李清臣讀於邇英殿。案清臣官至門下侍郎，此云左丞，非稱其最後之官，乃以讀賦時之官稱之；而《神宗紀》及《宰輔表》，清臣以元豐六年八月辛卯，自吏部尚書除尚書右丞，至元祐初乃遷左丞。則左丞當爲右丞之誤。獻賦在七月，而讀賦則在八月以後，亦與事實合，此三證也。若直齋所云七年，則又因六年七月而誤也。」按所考極確，則賦始進於神宗元豐六年七月，殆無疑義也。自熙寧變法至是已十五年，規模已備，成效頗著，故此賦頌美之。

《樓序》稱其「富哉壯哉，鋪張揚厲之工，期月而成，無十稔之勞；指陳事實，無夸詡之過。……而皇朝太平之盛觀備矣」。按此賦非無夸飾，終與《兩都》、《二京》、《三都》之泛陳侈麗之言者不同，所謂指陳事實，誠不誣耳。

神宗時亦有關景暉者獻《汴都賦》，帝命宰相官之，以貧故，不能留京師待命，乃官於河北。及神宗死，景暉抱賦以泣，屬晁補之爲之序。其賦不傳，而《濟北晁先生雞肋集》卷三十四有《汴都賦序》一文，言之甚詳。大抵其賦主諷諫，「而其末歸之清淨」，補之用是稱之，謂「夫固安爲侈麗閎衍者」云云，隱然似因清真而發。

徽宗時又有李長民獻《廣汴都賦》，由此進用，文載王明清《玉照新志》卷二，蓋廣清真之賦而作。有序云：「昔在元豐中，太學生周邦彥嘗草《汴都賦》，奉御神考，遂託國勢之重，傳播士林。然所紀述，大率略而未備。若乃比歲以來，宮室輪奐之美，禮樂容與之華，則又有所未及。臣愚不才，出入都城十年於兹矣，耳目所聞見，亦麤得其梗概，輒鼓舞陰陽，以鳴國家之盛，因改前賦而推廣焉。」蓋清真之作，於徽宗未見貢諛，故長民得藉以干禄也。然其所賦，實遜周製。又周煇《清波雜志》卷四，言王觀效《汴都賦》作《揚州賦》。按王於周爲先輩，亦及見此賦而仿之也。

呂祖謙編《皇朝文鑑》採入此賦。其從子喬年撰《太史成編皇朝文鑑始末》有云：「本朝文士比之唐人，正少韓退之、杜子美；如柳子厚、李太白，則可與追逐者。如周美成《汴都賦》，亦未能侈國家之盛，止是別無作者，不得已而取之。蓋以其年之已遠，議論之已定，而無去取之嫌也。」蓋南宋孝宗之時，士大夫皆攘熙寧變法，此賦既頌新政，故喬年曲爲祖謙辯護耳。若謂別無作者，則前有楊侃《皇畿賦》，同時有關景暉《汴都賦》，後有李長民《廣汴都賦》矣。喬年語見《皇朝文鑑》卷首。

葉適《習學記序目》卷四十七云：「《汴都》惟盛稱熙、豐興作，遂被賞識。……自與虜通和，太行皆爲禁山，坐失地利，故此賦感之。」所指蓋「後無太行石洞飛狐句望」等語也。王銍《默記》卷中云：「神宗初即位，慨然有取山後之志。……一日語及北虜事，曰：『太宗自燕京城下軍潰，北虜追之，僅得脱。凡行在服御寶器盡爲所奪，從人宮嬪盡陷没。股上中兩箭，歲歲必發，其棄天下竟以箭瘡發云。蓋北虜乃不共戴天之讎，反捐金繒數十萬以事之爲叔父，爲人子孫當如是乎！』已而泣下久之，蓋已有取北虜大志。其後永樂、靈州之敗，故鬱鬱不樂者尤甚。」今賦中反言「異黨之寇，大邦之讎，電鷙雷擊，莫不繫纍而爲囚」；又言「秉鉞匈奴而單于奔幕……逆節躑躅取禍者，折簡呼之而就戮」；其文約，其辭微，蓋亦憾國勢之不振也。

此賦雖非始進本，今仍弁於佚文之首，從其初也。（參看《重進汴都賦表》）

足軒記

太學齋率容三十人〔一〕，几席鱗比，諷誦之聲相續。於是各□□齋後之隙地，裒衆財購小軒〔二〕，爲講肄游□□□□□□□覿德之後，真積□術之兩□□□□□□□□□構軒如他齋。撓桷曲桓，因其□□□□□□□□□□湖景，孤嶼圯岸，幽藻隨波，寒蘆懷風，羣雁上下。□□□□軒之左右皆鑿地爲池，植蒲荷，泛青萍，取小魚置其中，□外有榆有柳，軒之兩傍，各有雜花木數十本。觀其露重而荷翻，萍密而魚跳，土簿而筍見〔三〕，草疎而蟲躍，孤花自媚，乍開乍□，蜂吟蝶停，井幹而遶幽叢〔四〕，蕞然有可喜者。於是衆友環坐於軒，或議而争，或笑而譁，或相視而默，起觀池魚之游詠〔五〕，坐指花實之榮謝。既已，復執卷以深思，以是終日。雖景象至微，而意態自足。錢塘周邦彦於是爲名其軒曰足軒，命同齋友咸賦詩以道其意。

客有詆是名者曰：「孰爲斯名？豈不太迫哉！以室屋爲足耶？君不見乎充堂衍宇，華甍雕欂，□□馬而容旗旐者乎？以得處此爲足耶？君不見乎升金門，上玉堂〔六〕，□□微而謁承明乎〔七〕？以景物爲足耶？君見夫□濤怒瀾，蕩雲沃日，渻漎無際〔八〕，謂之東海者乎？君見夫渭川千畝，洛陽萬本，西湖十里，條幹拂雲漢，奇豔照城郭，清陰蔭龜魚者乎？以是爲足，彼之足也豈勝計哉！」

邦彦徐笑而謂之曰：「客少止，試爲君道其崖略：今夫天地之廣，未始有極，物之賦形，不可殫名。耳目之用，厭故而玩新，惡常而好異。以既見爲故，以未見爲新；以故者爲常，以新者爲異。地廣物衆，亘古而無窮，以有限之身，慕無窮之物，則奚時而不新？奚時而不故？奚時而不常？奚時而不異哉？然子所謂足者，豈非志願終畢，無復餘覬者乎？」客曰：「然。」「心爲物役，景與時變，志願所逐，至死而已，豈得爲足？若欲盡物而後爲足者，天下無有也。」客曰：「然則如之何而足耶？」曰：「請爲君□其足。今夫巨浪負舟，杯水容芥〔九〕，同爲浮而已矣；□□□半，蟲吟秋暮，同爲鳴而已矣。令□□□□□□□□□昔煩，則凡植物之生，如纖羅縟錦，□□□□□□□□吾軒側之花，盛者萎，綴者脱，則凡植物之死，如□□□□者，亦若是衰而已矣。觀魚之泳，朝浮而夕沉，出没噞喁〔一〇〕，則横海吞舟，噴浪飛涎者，亦若是得其所而已矣。觀蜂蝶之往來緣撲，則物之逐擾擾以終其生者，亦若是勞而已矣。吾於萬物，不觀其色而觀其真，不觀其形而觀其理。天下之廣，山海之富，有形之象，不必目歷而物數，故無往而不足。是以清宮洞房，安牀弱席〔一一〕，人之所息，足於一寐；熊蟠鯉膾，紫蘭丹椒，羞炰調芼〔一二〕，人之所食，足於一飫。如有隱憂，則目眵而不瞑，咽結而不下，雖有奇居異饌，尚能寄支節而潤舌乎？則知所足者在此而不在彼也。越内外之度而馳之萬物，是爲漏卮洞管〔一三〕，其中欿然無物可實〔一四〕，故無往而足。若夫男子之時乘肥衣輕〔一五〕，握符節以役臣僕者〔一六〕，不識果欲竊是物以足其志乎？託是具以行其志乎？若竊是物以足其志者，是亦小丈夫而已矣，烏可以名足？則是軒之名，復何嘲哉！」

客曰：「吾益矣，請書諸壁以告來者。」邦彦曰：「唯唯。」

某年某月某日記。

【箋注】

〔一〕太學句：《東京夢華録》二《朱雀門外街巷》：「出朱雀門……過龍津橋南去，路心又設朱漆杈子如内前，東劉廉訪宅，以南太學國子監，過太學又有横街，乃太學南門。」清周城《宋東京考》九：「按太學在南宫城之蔡河灣，建隆中立，後爲國子監。真宗以書庫迫隘，易其鄰吴越王錢俶所居禮賢宅中隙地十步以廣之，設二十齋，每齋各有爐亭。元豐三年，增置八十齋。」《宋史·選擧志》三：「元豐二年頒學令，太學置八十齋，齋各五楹，容三十人。外舍生二千人，内舍生三百人，上舍生百人。」

〔二〕購小軒：購當是構之誤，下文「構軒如他齋」可證。

〔三〕土簿：簿當是薄之誤，萍密、土薄、草疏相對成文。

〔四〕井幹：《莊子·秋水》：「出跳梁乎井幹之上」，成玄英疏：「幹，井欄也。」郭慶藩集釋：「幹，當從木作榦。」

按井幹上疑脱一字，當作「□井幹而遶幽叢」。

〔五〕游詠：詠當是泳之誤，下文「觀魚之泳」可證。

〔六〕升金門上玉堂：《文選》揚雄《解嘲》：「歷金門、上玉堂有日矣。」李善注引應劭曰：「待詔金馬門。」又引晋灼曰：「《黃圖》有大玉堂、小玉堂。」班固《西都賦》：「又有承明、金馬，著作之庭，大雅宏達，於兹爲羣。」唐、宋以後，翰林院又稱玉堂。

〔七〕承明：《三輔黃圖》：「未央宫有承明殿，著述之所也。班固《西都賦》云：『内有承明，著作之庭。』即此也。」

〔八〕涾沲：《文選》木華《海賦》：「長波涾沲，迤涎八裔。」李善注：「涾沲，相重之貌。」

〔九〕杯水容芥：《莊子·逍遥遊》：「覆杯水於坳堂之上，則芥爲之舟。」

〔一〇〕噞喁：《文選》左思《吴都賦》：「泝洄順流，噞喁沈浮。」劉淵林注：「噞喁，魚在水中羣出動口貌。」李善注：「《淮南子》曰：『水濁則魚噞喁。』」（按原文無喁字）

〔一一〕弱席：當是蒻席之譌。《淮南子·主術》：「匡牀蒻席，非不寧也。」高誘注：「蒻，細也。」顔師古《急就篇》注：「蒻謂蒲之柔弱者也，蒲蒻可以爲席。」

〔一二〕羞炰調芼：《文選》枚乘《七發》：「羞炰膾炙，以御賓客。」《禮記·内則》「芼羹」，注：「芼，菜也。」疏：「按公食大夫禮，三牲皆有芼者，牛藿、羊苦、豕薇也。是芼乃爲菜也，用菜雜肉爲羹。」調芼，言以菜調羹也。

〔一三〕漏卮洞管：《淮南子·氾論》：「今夫霤水足以溢壺榼，而江河不能實漏卮。」洞管即洞簫，《漢書·元帝紀》贊：「鼓琴瑟，吹洞簫。」如淳曰：「洞簫，簫之無底者。」

〔一四〕欿然：不自滿之意。《孟子·盡心》上：「如其自視欿然，則過人遠矣。」

〔一五〕乘肥衣輕：乘肥馬、衣輕裘也。范雲《贈張徐州謖》：「儐從皆珠玳，裘馬悉輕肥。」

〔一六〕握符節：《戰國策·燕策》樂毅報燕惠王書：「臣乃口受令，具符節，南使臣於趙。」

【附記】

文見宋刊《新雕聖宋文海》卷第七。《文海》爲江鈿（一作佃）所編，凡一百五十卷，現殘存五卷，北京圖書館藏，屬罕有善本類，蓋海内外孤本也。中有此記及《續秋興賦》並序，荷北京大學中文系季鎮淮教授影寄，附此志謝。

周必大《淳熙玉堂雜紀》卷中云：「丁酉……十一月壬寅，輪當内直，申時二刻，宣召至清華閣……奏事既畢，問：『陛下命臨安府開雕《文海》，有諸？』上曰：『然。』奏云：『《文選》之後有《文萃》，已遠不及。所謂《文海》，乃近時江鈿編類，殊無倫理，書坊刊行可也。今降旨校正刻板，事體則重，恐難傳後，莫若委館閣官銓擇本朝文章，成一代之書。』上大以爲然。」據此，則《文海》成書於孝宗淳熙四年丁酉（一一七七）以前，惟不知其時是否已有刊本。官本開雕事既爲周必大所阻，則今本當出坊刻，無怪一篇之中，誤字及俗字頗多也。

據記文，爲邦彦在太學時所作無疑。軒名既出所題，又有「命同齋友咸賦詩」之語，其時似已任學正矣。

友議帖

邦彦叩頭：

罪逆不死，奄及祥除〔一〕。食貧所驅，未免禄仕。言念及此，益深哀摧。此月末挈家歸錢唐，展省墳域，季春遠當西邁。寖遠友議，豈勝依依！尋即奉書，以候動静〔二〕。邦彦叩頭。

【箋注】

〔一〕祥除：帝、后之喪大祥除服，宋時謂之祥除。若王安石《慈聖光獻皇后朞祥除慰皇帝表》、周南《壽皇祥除代某官慰太上皇表》之類是也。按嗣君於朝，以二十七日爲祥除，蓋以日代月也；於宫中則仍服三年之喪，二十七月方除服。詳《宋史·禮志·凶禮》一。

〔二〕動静：猶言行止，書札常用語。《三國志·許靖傳》裴松之注引《魏略》：「王朗與文休（許靖字）書曰：『往者隨軍到荆州，見鄧子孝、桓元將，粗聞足下動静。』」

【附記】

帖見岳珂《寶真齋法書贊》卷二十一。注云：「行書九行。」跋云：「右宣和大晟令、徽猷閣待制，清真周公邦彦字美成《友議帖》真蹟一卷。《汴都》始賦，公以文藝動人主，而卒以詞名天下，豈雕蟲篆刻之所推歟？字畫之傳，斯亦稱矣。嘉泰甲子十二月，舟過吴門，遇公之孫某，同上蘭省，道中相從，訪而得之。」贊曰：「左太沖賦《三都》十年，門牆藩溷，皆著紙筆。予意其因以寓墨池模倣之妙，而未必徒以詑記事備言之述，不然則焉用是物也？如公書法，或者得太沖之髣髴乎！有鳳樓之手以侈其標度，有香匳之澤以醞其風骨，體具態全，夫豈一日。清真之名，公所自出，世不當徒以攷公之詞賦，尚可因是著公之翰墨也。」惜此帖真蹟今不傳。

《清真先生遺事・尚論》三云：「此帖歲月雖不可考，味西邁一語，或即在客荆州之際。果爾，則在荆州亦當任教授等職。」按據罪逆二句，其説未可通也。清真歷仕三朝，見神宗、哲宗之祥除，不及見徽宗之卒。哲宗卒於元符三年，其時方以前年重進《汴都賦》而除祕書省正字，雖「奄及祥除」，而無「罪逆不死」之可言。惟有神宗卒後，舊黨當政，清真以右新法見斥，始有罪逆可言。故其《重進汴都賦表》云：「旋遭時變，不能俛仰取容，自觸罷廢。」是所謂罪逆也。彼以元祐二年教授廬州，此時已逾神宗之喪二十餘月，故云「奄及祥除」也。味帖意，當是二年春間出都，先返錢塘，然後赴任；廬州在杭州之西，故云西邁也。若如《遺事》所言在客荆州之際，則去神宗祥除已四五年，而哲宗方在位，何得謂之奄及耶？此帖似爲元祐二年春將出都前致友人者。

重進汴都賦表〔一〕

六月十八日，賜對崇政殿，問臣爲諸生時所進先帝《汴都賦》〔二〕，其辭云何。臣言曰：「賦語猥繁，歲月持久，不能省憶。」即敕以本來進者。雕蟲末技，已玷國恩；芻狗陳言〔三〕，再干睿覽〔四〕。事超所望，憂過於榮。

竊惟漢、晋以來，才士輩出，咸有頌述，爲國光華。兩京天臨，三國鼎峙，奇偉之作，行於無窮。恭惟神宗皇帝，盛德大業，卓高古初，積害悉平，百廢再舉。朝廷郊廟，罔不崇飾；倉廩府庫，罔不充牣；經術學校，罔不興作；禮樂制度，罔不釐正；攘狄斥地，罔不流行；理財禁非，動協成算；以至鬼神懷，鳥獸若〔五〕。縉紳之所誦習，載籍之所編記，三五以降〔六〕，莫之與京。未聞承學之臣，有所歌詠，於今無傳，視古爲愧。

臣於斯時，自惟徒費學廩，無益治世萬分之一，不揣所堪，裒集盛事，鋪陳爲賦，冒死進投。先帝哀其狂愚，賜以首領〔七〕，特從官使，以勸四方。臣命薄數奇，旋遭時變〔八〕，不能俛仰取容，自觸罷廢〔九〕，漂零不偶，積年於兹〔一〇〕。臣孤憤莫伸，大恩未報，每抱舊槀，涕泗橫流。不圖於今，得望天表，親奉聖訓，命録舊文。退省荒蕪，恨其少作，憂懼惶惑，不知所爲！

伏惟陛下，執道御有，本於生知；出言成章，匪由學習。而臣也欲晞雲漢之麗，自呈繪畫之工，唐突不量，誅死何恨！陛下德侔覆燾〔一一〕，恩浹飛沈，致絶異之祥光，出久幽之神璽〔一二〕，豐年屢應，瑞物畢臻。方將泥金泰山〔一三〕，嗚玉梁父〔一四〕，一代方策，可無述焉？如使臣殫竭精神，馳騁筆墨，方於茲賦，尚有靡者焉。其元豐元年七月所進《汴都賦》並書共二册〔一五〕，謹隨表上進以聞。

【校】

〔言曰〕明本作「對曰」。〔不能〕明本作「不得」。〔陳言〕明本作「塵言」。〔頌述〕明本作「賦頌」。

〔久幽〕明本作「九幽」。〔成章〕明本作「定章」。〔元年〕明本作「六年」。

【箋注】

〔一〕《重進汴都賦表》：此篇傳世者有二本，首見宋王明清《揮麈餘話》卷一，無標題。次見清丁立中光緒庚子刊本《武林往哲遺箸後編》、嘉惠堂重刊明本《汴都賦》，標題如此，篇首有「臣邦彦上言」一句。二者文字但小有異同，茲據《餘話》本，以其先出也；至於文字異同處謂一作某者，則見於《後編》本。

〔二〕先帝：指宋神宗趙頊。

〔三〕芻狗：《莊子·天運》：「夫芻狗之未陳也，盛以篋衍，巾以文繡，尸祝齊戒以將之。及其已陳也，行者踐其首脊，蘇者取而爨之而已。」郭象注：「廢棄之物，於時無用。」成玄英疏：「芻，狗草也，謂結草爲狗。……芻狗未陳，致斯肅敬，既祭之後，棄之路中，故行人履踐其頭脊，蘇者取供其炊爨。」

〔四〕睿覽：猶言聖覽，《尚書・洪範》：「睿作聖。」

〔五〕鳥獸若：僞《古文尚書・伊訓》：「山川鬼神亦莫不寧，暨鳥獸魚鼈咸若。」疏：「謂鬼神安人君之政，政善則神安之，安之則降福人君，無妖孽也。鳥獸魚鼈咸若者，謂人君順禽魚，君政善而順彼性，取之有時，不夭殺也。鳥獸在陸，魚鼈在水，水陸所生，微細之物，人君爲政皆順之，明其餘無不順也。」

〔六〕三五：三皇五帝。《楚辭・九章・抽思》：「望三五以爲像兮，指彭咸以爲儀。」

〔七〕首領：首領官。孫楷第《元曲家考略・張小山》：「首領官之稱，宋金已有之，如都事、經歷、知事等，掌省署文牘。」按此所謂首領，指太學正。《宋史・職官志》五：「正、録掌舉行學規，凡諸生之戾規矩者，待以五等之罰，考校訓導如博士之職。」學正之階與學録、博士等，則省監下僚亦通稱首領也。

〔八〕旋遭時變：按清真以元豐六年七月獻賦，一命爲正。不及兩載，元豐八年三月，神宗卒，哲宗十歲嗣位，太皇太后高氏垂簾聽政，召司馬光爲門下侍郎，次年春拜宰相，於是罷新法，斥逐新黨之人。旋遭時變者指此。

〔九〕不能俛仰取容二句：按清真《汴都賦》頌美新法，蓋亦右新黨者，故不容於舊黨，終於元祐二年被擯，教授廬州。樓鑰《清真先生文集序》亦謂：「未幾，神宗上賓，公亦低徊不自表襮。」

〔一〇〕漂零二句：按自元祐二年教授廬州，至紹聖四年還京爲國子主簿，浮沈州縣已十載，故云。

〔一一〕覆燾：燾同幬，亦覆也。《禮記・中庸》：「辟如天地之無不持載，無不覆幬。」

〔一二〕出久幽句：《宋史·哲宗紀》：「元符元年春正月……咸陽民段義得玉印一紐。」詳附記。

〔一三〕泥金泰山：謂封禪泰山也。泥金，以金粉爲書，《舊唐書·禮儀志》乾封二年詔：「檢玉泥金，升中告禪，百蠻執贄，萬國來庭。」

〔一四〕鳴玉梁父：玉謂六玉，古祭祀所用。《周禮·春官·大宗伯》：「以玉作六器，以禮天地四方。以蒼璧禮天，以黄琮禮地，以青圭禮東方，以赤璋禮南方，以白琥禮西方，以玄璜禮北方。」梁父，泰山下之小山，《史記·封禪書》：「管仲曰：『古者封泰山禪梁父者七十二家，而夷吾所記者十有二焉。』」

〔一五〕元豐元年：《清真先生遺事》：「案先生獻賦之歲，本傳及《揮麈餘話》皆云在元豐初，《餘話》所載先生《重進汴都賦表》，則云元豐元年七月。而近時錢塘丁氏《武林先哲遺書》中，重刊明單刻本《汴都賦》，前有《重進賦表》，則作六年七月。余案元年當爲六年之誤。」甚是。

【附記】

《揮麈餘話》卷一：「周美成邦彦，元豐初以太學生進《汴都賦》，神宗命之以官，除太學録。其後流落不偶，浮沈州縣三十餘年。蔡元長用事，美成獻生日詩，略云：『化行《禹貢》山川内，人在周公禮樂中。』元長大喜，即以祕書少監召，又復薦之，上殿契合，詔再取其本來。進表云（已見從略）……表入，乙覽稱善，除次對内祠。」《遺事》非之云：「案此條所記，抵牾最甚。太學録，當依《宋史》、《東都事略》諸書作太學正；浮沈州縣三十餘年，亦無此事。其重進《汴都賦》，參考諸書，當在哲宗元符之初，而不在蔡元長用事之後，徵之表文，事甚明白。壽蔡元長詩云『化行《禹貢》山川内，人在周公禮樂中』，必作於崇寧、大觀制禮作樂之後，時先生已位列卿。若於此時進賦，不得云『漂零不偶，積年於兹』，一也。表文又云：『陛下德侔覆燾，恩浹飛沈，致絶異之祥光，出久幽之神璽。』此正哲宗元符事。案咸陽段義得玉璽，《宋史·哲宗紀》云在元符元年正月；《輿服志》謂在紹聖三年，四年上之。《志》説較是。《志》又云：『元符元年三月，翰林學士蔡京及講議官十三員奏按所獻玉璽云：今得璽於咸陽，其玉乃藍田之色，其篆與李斯小篆體合，飾以龍鳳魚鳥，乃蟲書鳥跡之法，於今所傳古書，莫可比擬，非漢以後所作明矣。今陛下嗣守祖宗大寶，而神璽自出，其文曰——受命於天，既壽永昌——則天之所畀，烏可忽哉。漢、晋以來，得寶鼎瑞物，猶告廟改元，肆青上壽，況傳國之器乎。遂以五月朔御大慶殿，降坐受寶，羣臣上壽稱賀。』所謂出久幽之神璽，正指此事，若徽宗崇寧五年，雖得玉印，然未嘗以爲神璽，則重進《汴賦》，明在哲宗時；二也。若《重進賦表》作於徽宗時，不應及哲宗朝誦賦之事；三也。明清通習宋時掌故，不知何以疏漏若此。《咸淳志》亦仍其誤，幸有《宋史》及表文可證耳。樓攻媿《清真先生文集序》云：『哲宗始寘之文館，徽宗又列之郎曹，皆以受知先帝之故，以一賦而得三朝之眷』云云，則先生非由元長進用亦可知。至云『表入，乙覽稱善，除次對内祠』，則又并前後數事爲一事。又後日提擧鴻慶宫，亦外祠而非内祠，其紕繆不待論也。」此説極是。

又評此篇云：「《重進汴都賦表》高華古質，語重味深，極似荆公制誥表啟之文，末段倣退之《潮州謝上表》，在宋四六中頗爲罕覯。」

又《年表》云：「元符元年戊寅六月十八日召對崇政殿，重進《汴都賦》，除祕書省正字。」按此表與賦同進，當在召對之後，其時章惇爲相，則進用亦與蔡京無涉也。然今本《汴都賦》有及徽宗時事者，詳賦箋「算學以窮九九」條。疑出後來更定者，非哲宗時重進之原本也。

睦州建德縣清理堂記〔一〕

淛西之壤〔二〕，與江而接者，窮於新定。大江渺綿，陸地險阻，其勢若與下流諸郡斗絶。重山複嶺，環抱萬室，朝霏夕嵐，與人俯仰。長谿瀉其前，大路絙其後，過客舟車，非有故不止，故傳舍長虚〔三〕。民俗靖雅，善蓄其産而易慴以威，故鬬訟常簡。苟爲治者明以察其隱，柔以保其良，剛以禁其暴，無苛取滋事以擾之，其息訟弛刑，視他郡爲易。

奉議郎陸令之爲建德也〔四〕，資稟粹和，習於吏事，既兼三長〔五〕，加以不擾，愷悌之政，能宜其民，尚乎訟息而刑弛矣。公事退，乃休於西堂，日以考經史，接賓客爲務。嘗試過其堂，則令在焉；又往過之，令亦在焉；數過之，無不在也。退而語人曰：「兹所謂樂土良民也歟？不干於有司而能佚其令也如此。」或對曰：「不然，是誠在人。爲簡簡應；爲繁繁至。治絲者繹之則理，棼之則亂〔六〕；烹鮮者静之則全，撓之則碎。十室之邑〔七〕，可使智者勞；三人之衆，可使勇者怯；況此（一作兹——原注）邑之鉅哉？今吾令之施教也，清而不煩；其區處也，要而歸理；民咸愛之，相戒以無犯，然後土始樂，民始良。無關決之勞〔八〕，知江山之勝，享爲吏之樂，而若是其佚也。」

某聞之曰：「美哉，是不可以無述。」堂固無名，因名之曰清理，書其語以告來者，以致斯民之意焉。令名遠，字潛聖云。

建中靖國元年七月十日，錢塘周某記。

【箋注】

〔一〕睦州建德縣：宋鄭瑶等《景定嚴州續志》卷一：「嚴州，在國初仍唐舊爲睦州……宣和三年，改州爲嚴州。」宋陳公亮《嚴州圖經》（一稱《新定志》）卷一：「嚴州新定郡，遂安軍節度，治建德縣。」建德縣即今浙江建德縣。按作記時未有嚴州之名，故此篇及《敕賜唐二高僧師號記》，俱稱新定，《一寸金》詞題「新定作」亦然。清真卒於宣和三年春，更名嚴州，當在其卒後。

〔二〕淛西：淛同浙，浙江以西也。浙江古稱漸水，有二源，北爲新安江，南爲蘭溪，匯於建德縣城之東南而北流，曰浙江。

〔三〕傳舍：客館也。《史記・酈生傳》：「沛公至高陽傳舍，使人召酈生。」

〔四〕奉議郎：宋官階名，正八品，見《宋史・職官志》九。

〔五〕三長：《魏書・高祖紀》：「初立黨、里、鄰三長，定民户籍。」王應麟《小學紺珠》：「三長，五家立鄰長，五鄰立里長，五里立黨長。」

〔六〕棼之則亂：《左傳·隱公四年》：「臣聞以德和民，不聞以亂。以亂，猶治絲而棼之也。」注：「棼，亂也。」

〔七〕十室之邑：《論語·公冶長》：「十室之邑，必有忠信如丘者焉。」《正義》：「十室之邑，邑之小者也。」

〔八〕關決：裁決政事之意。《史記·萬石君傳》：「桑弘羊等致利，王温舒之屬峻法，兒寬等推文學至九卿，更進用事，事不關決於丞相（石慶），丞相醇謹而已。」

【附記】

記見《永樂大典》卷七千二百四十一堂字韻、堂名二十七云：「清理堂，《東郡白馬縣志》：『縣令元起立，遺址尚存。』宋周美成《清真集·睦州建德縣清理堂記》云云。」

按《東都事略》及《咸淳臨安志》，皆謂清真「徽宗即位，遷校書郎」，故《清真先生遺事》據之云：「徽宗建中靖國元年辛巳，四十六歲，遷校書郎。」前此在祕書省正字任，當是乞假南遊，據記所題年月，則建中靖國元年七月尚在新定，赴校書郎任，至早亦在是歲秋也。

敕賜唐二高僧師號記

有二大士〔一〕，顯於有唐，在新定城〔二〕，住阿蘭若〔三〕，咸舉宗教，轉大法輪〔四〕。曰陳尊宿〔五〕，舍衆居守，今賜號兜率〔六〕。以圓通門〔七〕，隨彼機緣，引接沈冥，度無量衆。曰善導大師〔八〕，乞食城中，處高峯山〔九〕，築壇誦佛，從者三千，開口發聲，一一化佛〔一〇〕。重累而出，方便善巧〔一一〕，修淨土行〔一二〕，故其道場，皆有遺像。而奉事弗虔，稱號無聞，爲日久矣。

【箋注】

〔一〕大士：《四教儀集解》：「大士者：大，非小也；士，事也。運心廣大，能建佛土，故云大士。」按大士亦菩薩之通稱。

〔二〕新定城：睦州新定郡治建德，城即建德城。參看《睦州建德縣清理堂記》。

〔三〕阿蘭若：比丘僧之居所，即寺院。《大乘義章》：「阿蘭若者，此翻名爲空閑處也。」《一切經音義》：「阿蘭拏，或云阿蘭若，或云阿練若，皆梵音輕重耳。」《武林往哲遺箸後編》作（以下省曰一作）阿練若。

〔四〕轉大法輪：佛之説法，能摧破衆生之惡業，如轉輪王之輪寶，能輾摧山岳巖石，故謂之法輪。又其説法不停滯於一人一處，展轉傳人，如車輪然，故亦譬作法輪。《智度論》：「佛轉法輪，一切世間天及人中無礙無遮，其見寶輪者，諸災惡害皆滅。遇佛法輪，一切邪見疑悔災害，皆悉消滅。」

〔五〕陳尊宿：《觀無量壽經序》：「德高曰尊，耆年曰宿。」《景德傳燈録》：「陳尊宿初居睦州龍興寺，晦迹藏用，常製草屨密置於道上，歲久人知，乃有陳蒲鞋之號焉。時有學人叩激，隨問遽答，詞語峻嶮，既非循轍，故淺機之流往往嗤之，唯玄學性敏者欽伏。由是四方歸慕，謂之陳尊宿。」《嚴州圖經》：「兜率寺在天慶觀西，唐神龍元年建，名中興；景龍元年，改龍興；開元中，又改開元；國朝大中祥符元年，改今名。唐末有僧道明居此寺，因號陳尊宿道場。寺有靈香閣，元祐宰相蘇公頌爲之記。又有陳尊宿庵，紹興五年寺爲火爇，蕩然無遺。八年，稍有即其舊基建屋，有僧守越築室山上，復名尊宿庵。」《景定嚴州續志》：「道場山以陳尊宿得名，西連西山。」

〔六〕兜率：欲界六天之第四天，譯義爲妙足、知足、喜足，其内院乃彌勒菩薩之浄土，見《法華經·勸法品》。

〔七〕圓通門：圓通之法門。《三藏法數》：「性體周偏曰圓，妙用無礙曰通，乃一切衆生本有之心源，諸佛菩薩所證之聖境也。」

〔八〕善導大師：姓朱，泗州人，唐初光明寺僧，浄土宗大師。初師明勝，學《三論》，聞西河道綽講浄土之《觀經》，遂往師之，發心於念佛一門。後歸京師，激發道俗，專使願求往生。曾寫《阿彌陀經》十萬餘卷，畫浄土變相三百餘堵，著有《觀無量壽經疏》、《法事讚》、《往生禮讚》、《觀念法門》、《般舟讚》等。唐高宗永隆二年，忽謂此身可厭，將西歸，乃登柳樹向西祝願，自投而死。高宗知之，頒寺額曰光明。見《續高僧傳》、《蓮宗寶鑑》。按善導其人近年佛教亦加崇敬，一九八零年五月十四日，西安香積寺曾爲舉行法會，紀念其逝世一千三百年，與會者除我國僧侶外，有日本浄土宗團體多人。見是年五月十六日香港《大公報》轉載中國新聞社西安十五日電。

〔九〕高峯山：《嚴州圖經》：「高峯院在東津山上，距城五里，唐善導和尚之道場，院有靈感觀音像，遇旱禱雨有應。」《景定嚴州續志》：「高峯山，去縣東五里許，仁安山之支也，圓通院居之，累甓爲浮圖，在其巔。」又云：「圓通院即前志高峯院。」據此及山去城五里，東津山當即高峯山之别稱。

〔一〇〕一一化佛：《觀無量壽經》：「觀世音菩薩……其圓光中有五百化佛，如釋迦牟尼佛，一一化佛，有五百化菩薩。」化佛者，謂佛及菩薩以神通力化作佛形也，《法華經》：「若有國土衆生應以佛身得度者，觀世音菩薩即現佛身而爲説法。」按化佛一作像佛，非是。

〔一一〕方便善巧：善巧便用之方法。《法華經·義疏》：「方便是善巧之名，善巧者智之用也。」按釋典有《大方廣善巧方便經》。

〔一二〕修浄土行：持往生浄土之修行，即浄土宗，爲我國佛教之一宗派。浄土者，指聖者所住之國土，無五濁之垢染，故名。此一宗派，以普賢爲初祖，主於念佛往生。晋高僧慧遠專倡浄土法門，居廬山，結蓮社，得一百二十三人，同願往生極樂國土。唐之道綽、善導皆此派之大師。以蓮社故，又名蓮宗。陶淵明、謝靈運均與慧遠交游。

元符二年，馬公玗來守是邦，始致崇敬，雨暘請禱，如響答聲，請命於朝，乞加褒顯。

元符三年十二月二十四日命下〔一〕，賜尊宿號曰悟空禪師，善導爲廣道大師。明年三月十七日，具花幢威儀，表揭新號，爲僧伽梨被服二像〔二〕。州民大集，巷無居人。時方霪雨，昏翳充塞，導迎之初，黃霧搴除〔三〕，赫日顯照，開闔陰陽，成於奄忽，萬口嗟異，得未曾有。

【箋注】

〔一〕元符八句：元符，宋哲宗年號；二年，當公元一零九九年。馬玗，《嚴陵集》漸西村舍本（見《叢書集成》初編）及《四庫珍本》皆如此，《後編》引《嚴陵集》作馬玕，《嚴州圖經》作馬玗。《圖經》云：「下塔院在望雲門外五里，有善導和上塔，建中靖國元年知州馬玗於此祈禱有應，請于朝，封廣道大師。」按《記》謂元符三年十二月命下；哲宗卒於是年正月，其時徽宗雖已嗣位，尚未改元。蓋元符二年請命於朝，三年命下，建中靖國元年表揭新號耳，《圖經》乃併爲一談，當以《記》爲實。

〔二〕僧伽梨：比丘三衣之一，譯義爲重或合，以僧衣所用之布，先割裁成條而後重合爲衣故也。僧伽梨用九條至二十五條，爲三衣之大衣；次曰鬱多羅僧，七條之中衣；又次曰安陀會，五條之下衣也。

〔三〕黃霧搴除：一作黃霧塞涂，非義，形近致誤。

竊聞真一法中〔一〕，毫芒不立，況此名謂，何以加損？然諸聖諦〔二〕，雖譚實相，不廢假名〔三〕。故雖有漏世界〔四〕，十二類生〔五〕，外道狂解，十禪那目〔六〕，業果酬答〔七〕，一十八天〔八〕；乃至信、住、向、行、地〔九〕，爲位五十；菩提〔一〇〕、涅槃〔一一〕、真如〔一二〕、佛性、唵摩羅識〔一三〕、空如來藏〔一四〕、大圓鏡智〔一五〕，七種名字；乃至過去無量億數果地正覺〔一六〕，莊嚴名稱；皆依空建立，初無實義，以假名字引導衆生從佛，至佛所不能已。則二大士加號崇飾，義亦復然，法身現前，亦應攝受〔一七〕。而馬公夙植德本，深達苦空〔一八〕，示宰官身而作佛事〔一九〕。平等施德，如物蒙雨，與者不有而受者不懷；平等施刑，如人觸刀，割者無怒而傷者無怨。故能嗣續真風，尊禮先覺，開發勝利，爲四衆首〔二〇〕，因緣會遇，適當斯時。知其由者，可無人乎！

年月日錢塘周邦彦記〔二一〕。

【箋注】

〔一〕真一法：唐慧苑所倡《苑公四教》之一，謂於真如及隨緣不變兩義之中，但得隨緣一分，名爲真一。

〔二〕聖諦：聖者所見真實不虛之諦理。《俱含論》：「何義經中説爲聖諦？是聖者諦，故得聖名。」

〔三〕假名：《大乘章義》：「諸法無名，假與施名，故曰假名。如貧人假稱富貴。」

〔四〕有漏世界：漏者煩惱之謂，含有煩惱之事物有漏。世界指欲界、色界、無色界，即所謂三界，爲一切迷惑衆生之住處，謂之有漏世界。

〔五〕十二類生：輪迴界中之卵生、濕生、胎生、化生、有色、無色、有想、無想、若非有色、若非無色、若非有想、若非無想，共十二類。

〔六〕十禪那目：禪那，譯義爲静慮，言心定於一境而審爲思慮也，亦即禪定之意。十目指禪定之十種利益：一安住儀式，二行慈航界，三無煩惱，四守護諸根，五無食喜樂，六遠離愛欲，七修禪不空，八解脱魔羂，九安住佛境，十解脱成熟。

〔七〕業果酬答：業謂善業、惡業；果爲其業之所感應，而致人天鬼畜等之果報。《楞嚴經》：「唯殺盜婬三爲根本，以是因緣業果相續。」酬答即相續之意。

〔八〕一十八天：色界之十八天，即梵衆天，梵輔天、大梵天、少光天、無量光天、光音天、少浄天、無量浄天、徧浄天、無雲天、福生天、廣果天、無想天、無煩天、無熱天、善見天、善現天、色究竟天。

〔九〕信住向行地：菩薩乘之階位，諸佛經所言不盡同。據《仁王般若經》，有十信、十住、十行、十迴向、十地、妙覺，共五十一位。向即迴向之省稱，妙覺位統攝於十地之第十位中，故下句曰爲位五十。

〔一〇〕菩提：譯義爲覺悟。《維摩經》注：「道之極者稱曰菩提，秦（按謂中國）無言以譯之。菩提者，蓋是正覺無相之真智乎。」

〔一一〕涅槃：其義通譯爲滅度，謂脱離一切煩惱而進自由無礙之境界。僧肇《涅槃無名論》：「涅槃，秦言無爲，亦名滅度。無爲者取乎虚無寂寞，妙絶於有爲；滅度者言乎大患永滅，超度四流。」

〔一二〕真如：永恒常在之實體、實性。宇宙全體，即是一心，不生不滅，故名爲真。此真心無異無相，故名爲如。《成唯識論》：「勿謂虚幻，故説爲實；理非妄倒，故名真如。不同餘宗，離色心等，有實常法，名曰真如。」

〔一三〕唵摩羅識：唯識宗九識説中之第九識，譯義爲清浄無垢者。

〔一四〕空如來藏：如來藏，真如之德名。真如之體性空寂，如明鏡内無一實質，故謂之空，非謂真如之體本無也。

〔一五〕大圓鏡智：唯識宗四智之一，以大圓鏡爲喻，言其智體清浄，離有漏雜染、衆生善惡之業報，顯現萬德之境界，如大圓鏡，故名大圓鏡智。

〔一六〕果地正覺：依因位之修行，而得某悟結果之位，謂之果地。《玄義》：「果地圓極，非復因位。」正覺，梵語三菩提之譯義，一切諸法之真正覺智也；故成佛曰成正覺。《法華玄贊》：「三云正，菩提云覺。」

〔一七〕攝受：又曰攝取，佛以慈心攝取衆生也。《唐華嚴經》：「普能攝受一切衆生。」

〔一八〕苦空：有漏果報四相之二。有漏之果報爲三苦八苦之性，故曰苦；無男女一異等諸實相，故曰空。

〔一九〕宰官身：《法華經》：「應以宰官身得度者，即現身宰官而爲説法。」

〔二〇〕四衆：亦曰四部衆，指比丘、比丘尼、優婆塞、優婆夷。《景德傳燈録・祖慧可》：「一音演暢，四衆歸依。」

〔二一〕年月日：雖略去某年某月某日字，然據文中元符三年十二月二十四日命下，明年三月十七日云云，則當爲建中靖國元年三月某日也。

【附記】

文見宋董棻所編《嚴陵集》卷八。據自序，書成於紹興九年，去清真之世猶未遠也。此篇及《清理堂記》皆建中靖國元年作於新定，建德縣令陸遠、知睦州馬玗，皆不見於此州方志之知州知縣題名録，兩記可補闕遺也。而清真交游，又得二人焉。

續秋興賦 并序

某既遊河朔〔一〕，三月而見秋。居僻近郊，雖無崇山峻嶺之崔嵬，飛泉流水之潺湲，而蔬園禾畹，棋布雲列，圍木蓊欝而竦尋〔二〕，野鳥鳴侶而呼儔，紵麻桑柘，充茂蔭翳。間或步屧於高原〔三〕，前阻危壘，下俯長濠，寓目幽蔚，心放形適，似有可樂。今既秋也，草衰而微徑見，露冷而丹葉隕，薄日黯淡而映野，遊飈蕭瑟而鳴條。其既夜也，宇宙澄寂，纖雲不飛，庭木蕭疏，素月流光，穿予窗而照余席，弄嬋娟而助淒涼。闃兮不聞人聲，唯腐牆敗壁之隈，有唧唧然鳴者，若吟若嘯，若嘆若泣，其作而忽輟，若倦而自止，其斷而復續，若怨未已而再訴。予方開軒以迎風，鈎簾以延月，隱几而坐〔四〕，愀然變容，亦將有所感者。既而悟曰：彼物爲陰陽所役，有口者不得嘿，有身者不得息，故爲此唧唧也。今予又將爲唧唧者役乎？因思古人之悲秋，豈非情之爲累！不唯見役於陰陽，而更爲物役者耶？將有終身之憂，託意於秋而發其狂言耶？將有幽憤滿心，戚醮遇景而增劇耶〔五〕？不然，則所以悲秋者果焉在耶？古人已死，不可得而問，請斷之以理。因抽毫進牘，作賦以自廣。

潘岳嘗有《秋興賦》〔六〕，故此賦謂之續賦焉。其辭曰：

【箋注】

〔一〕河朔：古泛指黄河以北之地。《書·泰誓》：「惟戊午，王次於河朔。」按其時清真知真定府，在今河北省正定縣，宋時屬河北路，非泛指也。

〔二〕圍木句：左思《魏都賦》：「碩果灌叢，圍木竦尋。」古謂環周八尺爲一圍，長八尺爲一尋。圍木竦尋極言樹之高大耳，非實指。

〔三〕步屧：猶言步履。《南史·袁粲傳》：「嘗步屧白楊郊野間。」屧即今之木屐，謂着屐而行。

〔四〕隱几：《莊子·齊物論》「南郭子綦隱几而坐」，《釋文》：「隱，憑也。」

〔五〕戚醮：醮通憔，謂憂戚憔悴也。

〔六〕潘岳句：潘岳《秋興賦序》云：「僕野人也。……譬猶池魚籠鳥，有江湖山藪之思。於是染翰操紙，慨然而賦，于時秋也，故以《秋興》命篇。」

嗟時之不可留兮，儵如飛筈之離弦。忽此素秋之來兮，氣憭慄而淒然。奪青爲黄兮，而變盛爲蔫〔一〕。萬實離離兮，大者如杯而小者如拳。萬葉飄颻兮，上者游空而下者淪淵。蚊蠅收聲而離席，鶗鴂得勢而盤天。微雨供涼而蕭颯，鮮雲結陰而連綿〔二〕。余方縱步乎高明而遊目於虛曠，見其爲氣也，非煙非霧，非氛非坱〔三〕，森然骨清而肌慄，慠然意適而神爽。嗟鉗口而結舌，不能託物以形像。嘉哉秋之爲氣也，不媚不嫮，不煩不縟，虛曠而澄鮮，簡勁而嚴肅，幾乎壯士之凝思，烈女之守獨。其靜聽也，如塤如篪〔四〕，如笙如竽，清清泠泠，不類乎人聲，而在乎刌斬之比竹與穿穴之枯株〔五〕。其下視也，水生漣漪，瀰漫織文，細如魚鱗，滉瀁乎萍面而縈環乎蘆根。尋余衣而沐余髮〔六〕，攬之不得，但欲輕舉而飛騰。

【箋注】

〔一〕蔫：《說文》：「蔫，菸也。」段注：「不鮮也。」按字亦作殕，《大戴禮·用兵》：「甘露不降，百草殕黃。」

〔二〕鮮雲：微雲也。陸機《悲哉行》：「和風飛清響，鮮雲垂薄陰。」

〔三〕坱：《說文》：「塵埃也。」

〔四〕如塤如篪：《詩·小雅·何人斯》：「伯氏吹壎，仲氏吹篪。」《爾雅·釋樂》「大塤（壎）謂之嘂」，郭注：「塤，燒土爲之，大如鵝子，銳上，平底，形如稱錘，六孔，小者如雞子。」又「大篪謂之沂」，郭注：「篪以竹爲之，長尺四寸，圍三寸，一孔上出一寸三分，名翹，橫吹之。小者尺二寸。」

〔五〕刌斬之比竹：《說文》：「刌，切也。」《莊子·齊物論》「人籟則比竹是已」，成玄英疏：「簫管之類。」按排比竹管爲樂器，故曰比竹，如編簫之類是。

〔六〕尋余衣：《文選》陸機《悲哉行》：「女蘿亦有託，蔓葛亦有尋。」李注：「尋猶緣也。」

曰：豈非所謂秋風者耶？造化密移，不可察知，變四時爲寒暑，記北風而噓吹。徒見春花之綺靡，秋葉之離披，文禽嚶嚶於佳木，寒螿切切於空幃，妄追逐於外物，淫思慮而歡悲。豈知夫衰樂榮盛，相尋反衍〔一〕，伊四時之去來，猶人事之展轉，來兮不可推，去兮不可挽，知已毀者不完，故甑墮而不覘〔二〕。胡用逃江湖而長逝，啜糟粕而沉湎。乃欲銷日而忘憂，可嗟除患而術淺。天下之患，金木爲輕，陰陽之患，無甚人情〔三〕，其熱焦火，其寒凝冰。不息其火兮而與火增明，不釋其冰兮而與冰凝。或局局然而笑〔四〕，或覷覷然而驚〔五〕。凡一得一失，則一死一生。居處狹隘，則勃蹊而不寧〔六〕，方寸不虛，則宜乎爲哀樂之所嬰，故覩節物之畹晚，則索然而涕零。彼物之枏者復茂〔七〕，而黃者復青，唯汝豐膚改而憔悴，美鬢變而星星。知彫年急景之易盡，何以銜哀懷恤，撐腸柱腹而填膺！吾將倘佯乎馮閎〔八〕，盱衡乎太清，開襟延佇，冒秋氣而嘗秋風，觀物色而聽秋聲，豈知有哀樂得喪之不平。

【箋注】

〔一〕反衍：《莊子·秋水》「是謂反衍」，成玄英疏：「反衍，猶反覆也。」

〔二〕甑墮而不覘：《後漢書·郭太傳》：「孟敏字叔達，鉅鹿楊氏人也。客居太原，荷甑墮地，不顧而去。林宗（郭太字）見而問其意，對曰：『甑已破矣，視之何益？』林宗以此異之。」

〔三〕天下四句：意謂刑罰於人不如陰陽之甚。《莊子・列禦寇》：「爲外刑者，金與木也；爲内刑者，動與過也。宵人之離外刑者，金木訊之；離内刑者，陰陽食之。」郭象注：「金謂刀鋸斧鉞，木謂捶楚桎梏。……動過分，則性氣傷於内，金木訊於外也。」成玄英疏：「離，罹也。……若不止分則内結，寒暑陰陽殘食之也。」

〔四〕局局：《莊子・天地》「季徹局局然笑曰」，成玄英疏：「局局，俛身而笑也。」《釋文》：「一云大笑之貌。」

〔五〕覤覤然驚：亦《莊子・天地》篇文，成疏：「覤覤，驚貌也。」《釋文》：「或云驚懼之貌。」

〔六〕居處二句：《莊子・外物》：「室无空虛，則婦姑勃谿。」成疏：「勃谿，争鬭也。屋室不空則不容受，故婦姑争處，無復尊卑。」《釋文》：「勃，争也；谿，空也。司馬云：勃谿，反戾也。無虛空以容其私，則反戾共鬭争也。」按谿一作徯，蹊與徯同。

〔七〕枿：原文從手旁，誤。《爾雅・釋詁》「烈、枿餘也」，疏引李巡曰：「枿，槁木之遺也。《商書・盤庚》云：『若顛木之有由蘖。』枿、蘖音義同。」

〔八〕倘佯乎馮閎：《莊子・知北遊》「彷徨乎馮閎」，成疏：「彷徨是放任之名，馮閎是虛曠之貌。」《文選》宋玉《風賦》「然後倘佯中庭」，李注：「倘佯猶徘徊也。」按倘佯與彷徨義亦相近。

【附記】

賦見《聖宗文海》卷第五。《樓序》云：「見《續秋興賦》後序，然後知平生之所安。」按此賦序文在前不在後，所謂後序者，或并序之刊誤耳。傅增湘《藏園羣書經眼録》集部下云：「《新雕聖宋文海》一百二十卷，宋江佃輯，存卷四至九，計六卷，影寫宋本。……其文字多爲罕見者，如周美成之《續秋興賦》、《足軒記》……皆不見他書。」《東都事略·文藝傳》謂清真於擢徽猷閣待制提舉大晟府後，知真定府，改順昌府。《宋史》本傳誤以爲未到真定，即改知順昌，故但云：「進徽猷閣待制，提舉大晟府，未幾，知順昌府。」《遺事·年表》四，於重和元年云：「出知真定府，改順昌府。」亦誤。按吴廷燮《北宋經撫年表》卷二云：「真定府路安撫使、馬步兵都總管、知鎮州成德軍真定府，領真定一府、磁、相、邢、趙、洺六州。……重和元年，周邦彦；宣和元年，周邦彦；宣和二年，盛章。……」是則去真定而赴順昌，最早亦當在宣和元年，非前一年也。按所謂「改」者，史書通語，指未赴任，此則不然。賦序首云：「某既遊河朔，三月而見秋。」遊河朔指赴真定，以重和元年夏初抵任，故閱三月而見秋也。余前説《蘭陵王》詞，謂當是重和元年自京師赴真定之作，故有「人在天北」之語。蓋以暮春出都，故有「梨花榆火催寒食」句。夏初抵任所，三月而見秋，歲月亦吻合。

禱神文 并序〔一〕

胥山子既弱冠〔二〕，得健忘疾，坐則忘起，起則忘所適。與人語則忘所以對，行於塗，懵懵然趨之，躓趚蹈〔三〕，抵植木，僮僕在後叱叱然呼之，然後知返。比年尤劇，自以爲苦，莫知所以治者。有老子之徒教之曰：「人身各有神，神各有司，而心爲主。神之不靈，衆事錯焉。澡雪其心〔四〕，則君明令嚴，百官仰流，纖事不遺。然孰不涉事，而無此疾者，其君不撓也。子非撓其君乎？時血并於上，氣并於下，而爲此疾乎？心明識還，血蘇氣蒸，殆可以已此乎。然人之所知者止此耳，吾得法於海上：以時祭其神，酒一茗一，割鹿爲脯，藉以白茅，香杭肥菽〔五〕，於閴室以意力遣神出〔六〕。既食既享，於是有道家法，并以呪語，其輪祭五神各有日，又於某日合祭之，其法有差焉，至某時而後驗。」胥山子難之曰：「神豈道飲食而後靈耶？」彼曰：「男女飲食，所好者神也。神無形也，以意力遣神出，則神亦爲人出。即其所好，廼見吾神，因施吾法焉。非若祭欺魄，徒媚以飲食也。子勿深詰，吾弗敢告子矣。」吾固以爲妄，而苦此疾也久矣，聊一試之，因一日行其法，作文以禱神。其辭曰：

【箋注】

〔一〕禱神：謂禱於己之心神。

〔二〕胥山子：杭州吴山上有伍子胥祠，故又名胥山。清真乃杭州錢塘人，因自號焉。

〔三〕躓趎⿰土舀：《淮南子·原道》：「凡人之志，各有所在而神有所繫者，其行也，足蹪趎埳，頭抵植木，而不自知也。」高注：「蹪，躓也。」按趎通疇，《莊子·庚桑楚》「南榮趎蹵然正坐曰」，《淮南子·脩務》及《漢書·古今人表》中上類並作南榮疇，師古注云：「即南榮趎也。」趎埳者，田疇間之坎井也。⿰土舀，埳（同坎）之譌。

〔四〕澡雪其心：《魏書·釋老志》：「道家之原，出於老子。……其爲教也，咸蠲去邪累，澡雪心神。」雪，洗滌也。

〔五〕胾：《説文》：「大臠也。」段注：「切肉之大者也。」

〔六〕闃：闃之俗譌，寂靜也。

緊人之生，秉靈懷奇。戴高趾厚〔一〕，參相二儀〔二〕。上推晷躔〔三〕，下泄化機。衆隳嵯峨〔四〕，巧龍游蜚〔五〕。食虎則馴〔六〕，豢龍而肥〔七〕。擷英已疾，播策窮微。布灰闕暈〔八〕，秉莿逃魑〔九〕。創物制形，任意莫違。儼靈府之曠深，包百怪之參差。一拂則鳴，一染則緇。事關古今，書傳孔、姬。《金縢》《豹韜》〔一〇〕，鳥迹龍圖〔一一〕。聯編比簡，句枏章離。漫爛五車，參羅是非。匪誦匪習，一念則隨。至於識簡知陵，探環悟兒。部曲萬人，一目謂誰。口存亡書，手覆壞棋。意者魂收其亡，尸録其遺。納之黄庭〔一二〕，闔以靈扉。以時閉開，以應時用；分曹隸屬，各有攸司。胡爲乎血氣則均，獨分頑鄙，四體不勤〔一三〕，又不强記。今則捐昔，夜則昧晝，嗒然都忘，廢若委衣。

【箋注】

〔一〕戴高趾厚：《詩·小雅·正月》：「謂天蓋高，不敢不局；謂地蓋厚，不敢不蹐。」在上曰戴。趾足也，履地之意。高厚指天地。

〔二〕参相二儀：傅亮《感物賦》：「彼人道之爲貴，参二儀而比靈。」二儀，天地也。

〔三〕晷躔：晷，日景也。躔，日月星辰運行之軌迹。《漢書·律曆志》：「日月初躔，星之紀也。」

〔四〕衆隳嵯峨：未詳。按以下數句，大旨謂人多心智而虚誕生也。

〔五〕巧龍游蜚：蜚通飛。《論衡·亂龍篇》：「魯般、墨子刻木爲鳶，蜚之三日而不集，爲之巧也。使作土龍者若魯般、墨子，則亦將有木鳶蜚不集之類。夫蜚鳶之氣，雲雨之氣也。氣而蜚木鳶，何獨不能從土龍？」

〔六〕食虎：《亂龍篇》又云：「上古之人有神荼、鬱壘者，昆弟二人，性能執鬼，居東海度朔山上，簡閲百鬼。鬼無道理，妄爲人禍，荼與鬱壘縛以盧索，執以食虎。」按此説又見同書《訂鬼篇》及《風俗通義》卷八。

〔七〕豢龍：《左傳·昭二十九年》：「龍見於絳郊。魏獻子問於蔡墨曰：『吾聞之，蟲莫知於龍，以其不生得也。謂之知，信乎？』對曰：『人實不知，非龍實知。古者畜龍，故國有豢龍氏，有御龍氏。』獻子曰：『是二氏者，吾亦聞之，而知其故是何謂也？』對曰：『昔有飂叔安，有裔子曰董父，實甚好龍，能求其耆欲以飲食之，龍多歸之，乃擾畜龍以服事帝舜。帝賜之姓曰董，氏曰豢龍。……及有夏，孔甲擾于有帝，帝賜之乘龍，河漢各二，各有雌雄。孔甲不能食，而未獲豢龍氏。陶唐氏既衰，其後有劉累，學擾龍于豢龍氏，以事孔甲，能飲食之。夏后嘉之，賜氏曰御龍，以更豕韋之後。龍一雌死，潛醢以食夏后，夏后饗之。既而使求之，懼而遷于魯縣。』」按《論衡·龍虚篇》引此文，説云：「由此言之，龍可畜又可食也。可食之物，不能神矣。」

〔八〕布灰闕暈：《淮南子·覽冥》：「畫隨灰而月運（暈）闕，鯨魚死而彗星出。」高誘注：「運者軍也。將有軍事相閫守，則月運出也。以蘆草灰隨牖下月光中令圜，畫缺其一面，則月運亦缺於上也。」

〔九〕秉茢逃魑：《禮記·檀弓》下：「君臨臣喪，以巫祝桃茢執戈，惡之也。」鄭注：「爲有凶邪之氣在側。……桃茢，桃，鬼所惡；茢，萑苕，可埽不祥。」

〔一〇〕《金縢》《豹韜》：《淮南子·精神》：「故通許由之意，《金縢》《豹韜》廢矣。」高注：「《金縢》《豹韜》，周公太公陰謀圖王之書也。許由輕天下不受，焉用此書，故曰廢矣。」《金縢》，《尚書》篇名。《書序》：「武王有疾，周公作《金縢》。」《正義》曰：「武王有疾，周公作策書告神，請代武王死。事畢，納書於金縢之匱。」《豹韜》，《六韜》之一。其書記周文王及武王問太公兵戰之事，故舊説太公望撰，蓋僞託也。

〔一一〕鳥迹龍圖：謂上古之文書。張懷瓘《書斷》：「按古文者，黄帝史蒼頡所造也。……仰觀奎星圜曲之勢，俯察龜文鳥跡之象，博采衆美，合而爲字，是曰古文。」《竹書紀年》：「龍圖出河，龜書出洛，赤文篆字，以授軒轅。」任昉《禪梁册文》：「皇雄大庭之辟，赫胥尊盧之后，斯並龍圖鳥跡以前，慌忽杳冥之世，固無得而詳焉。」

〔一二〕黄庭：《雲笈七籤》：「黄者中央之色也，庭者四方之中也。指腦中、心中、脾中，故曰黄庭。」道書有《黄庭内景經》、《黄庭外景經》等，蓋道家言養生之書也。

〔一三〕四體不勤：《論語·微子》：「四體不勤，五穀不分，孰爲夫子？」

唯汝心君，不紀不綱，訓下不齊，餘官回冗〔一〕，並棄爾典，嗟爾職藏。不吝不嗇，盜發告竭，弗究弗追，日厭甘芳。自懌自嬉，使吾繆妄昏塞，既得復失，逮壯已然，垂白奈何！今者不決汝讎，更惠以德，既來既享，曷以報我？

靜聽久之，忽若嬰兒之聲，既噎復吐，欲揚而抑。聞其言曰：「嗚呼，子之愚也甚矣！乃不自尤，而尤我哉！子之幼時，髧髦垂帶〔二〕，父仁母慈，弗鞭弗笞。常人所庸，乃獨捨之，究思詭奇，樂而忘疲。乳虎玄駒〔三〕，已志驀馳，既冠既碩，弗悔所爲。譬如萌蘖，得雨益滋。鉗制其形，束之禮儀，解構萬事，了無出期。星移歲遷，物必異姿，大化則然，誰使汝悲？朝煙暮靄，臺高榭危，景物自然，誰使汝思？貪饕多欲，久淫不還，事左願違，動觸憂患。身輕如毛，責重如山，愁居懾處，精爽不完，造化一模，天不汝慳。今者脈絡甚順，腠理縝密〔四〕，却刺無功，焉用砭石，五毒弗主〔五〕，百品奚益〔六〕。能經鳥伸〔七〕，自疲脅脊，非腫非瘍，不羸不疾，日用不廢，何苦區區務去之也？

【箋注】

〔一〕回冗：《後漢書·盧植傳》：「頗知今之《禮記》，特多回冗。」李賢注：「回冗，猶紆曲也。」

〔二〕髧髦：《詩·鄘風·柏舟》「髧彼雨髦」，毛傳：「髧，兩髦之貌。髦者，髮至眉。」

〔三〕玄駒：《爾雅·釋畜》：「玄駒，褭驂。」郭注：「玄駒，小馬，別名褭驂耳。」

〔四〕腠理：《素問・舉痛論》「寒則腠理閉」，張志聰集注：「腠理者，肌肉之文理。」《後漢書・郭玉傳》「腠理至微」，李注：「腠理，皮膚之間也。」此又一解。

〔五〕五毒：《周禮・天官・瘍醫》：「凡療瘍，以五毒攻之。」鄭注：「石膽、丹砂、雄黄、礬石、慈石，謂之五毒。」

〔六〕百品：《周禮・天官・内饔》：「掌王及后世子膳羞之割亨煎和之事，辨體名肉物，辨百品味之物。」

〔七〕熊經鳥伸：《莊子・刻意》：「吹呴呼吸，吐故納新，熊經鳥申，爲壽而已矣。」成玄英疏：「如熊攀樹而自經，如鳥飛空而伸腳；斯皆導引神氣以養形魄，延年之道。」《釋文》：「司馬云，若熊之攀樹而引氣也，若鳥之嚬呻也。」

子不聞乎方寸八達，磊如明珠，又復如鑑，物去則無。一塵爲傷，況復塗塗〔一〕？損實攻堅，日夜求虚，緣念速起，亦貴速滅，豈容旅賓而奪主居。九流百家，大道裔餘，多積緐蕴〔二〕，衹益自困，萬事不留，欣戚亦除。人呼而譍，經目則視，脱此羈羈，騰踴自如。脩者弗臻，子何苦諸！昔人以聖智爲疾，以妄寇真，既寤而愠，操戈逐儒。於子觀之，乃知非誣。然子自知其忘，其忘未甚也；并此不知，廼其至歟？」

胥山子愯然起謝曰〔三〕：「神姑寧止，吾不求其他矣。」於是亟棄其法。

【箋注】

〔一〕塗塗：《楚辭》劉向《九歎》：「白露紛以塗塗兮，秋風瀏以蕭蕭。」王逸注：「塗塗，厚貌。」按賦謂積塵厚也。

〔二〕縑蘊：兼收並蓄之意。《釋名·釋采帛》：「縑，兼也。其絲細緻，數兼於絹，染兼五色，細緻不漏水也。」

〔三〕愯然：《説文》：「愯，懼也。从心，雙省聲。」按不省則爲愯也。

【附記】

文見《永樂大典》卷三千九百五十一神字韻引宋《周美成集》。樓鑰《清真先生文集序》云：「《禱神》之文，則《送窮》、《乞巧》之流亞也。驟以此語人，未必遽信，惟能細讀之者，始信斯言之不爲溢美耳。」

祭王夫人文

婉静柔嘉，由生而知。母儀婦則，宗黨所推。氣温色莊，門内諧熙。家肥子良，侍養孔時〔一〕。凡所可願，無一或虧。雖究百年，孰云非宜。云何不淑，奄及大期。嗚呼哀哉！某託婚自昔，德門是歸。銜哀去職，蒙被恩私。空館見居，飲哺寒衣。日月幾何，終天永違。恤隱之仁，莫報毫釐。設餟告誠〔二〕，又遠繐幃〔三〕。緘辭千里，用寫我悲！

【箋注】

〔一〕孔時：《詩·小雅·楚茨》：「孔惠孔時，維其盡之。」箋：「惠，順也。甚順於禮，甚得其時。」

〔二〕設餟：《説文》：「餟，祭酹也。」俗亦作醊。

〔三〕繐幃：靈帳。《文選》陸機《弔魏武帝文》：「於臺上施八尺牀，繐帳。」李善曰：「鄭玄《禮記》注曰，凡布細而疏者謂之繐。」

【附記】

文見《永樂大典》卷一萬四千五十祭字韻引周美成《清真集》。據此，知清真妻氏王，賢淑，卒時清真服官於外。

代謝伏日賜早出表〔一〕

瘴暑寖隆，進履流金之候〔二〕；皇慈深軫，特先退食之期〔三〕。上體眷私，伏增感幸。中謝〔四〕。臣等猥聞大政，蔑著微勞，念鼎實之未充〔五〕，憂隙駒之易失，顧雖盡瘁，豈足稱勤！此蓋伏遇皇帝陛下，善政阜民，遠邁歌風之作〔六〕；至誠愛物，下卑扇暍之仁〔七〕。蔭廣夏之靖深〔八〕，閔羣居之奧渫〔九〕，務令休憩，用遠疾痾。緩帶偷安，心不忘於夕惕〔一〇〕；程功自力，時敢棄於分陰！

【箋注】

〔一〕伏日：《漢書·東方朔傳》「伏日詔賜從官肉」，注：「三伏之日也。」又《郊祀志》「作伏祠」，注引孟康曰：「六月伏日也。」師古曰：「伏者，謂陰氣將起，迫於殘陽而未得升，故爲藏伏，因名伏日也。」

〔二〕進履句：意謂優禮老臣於暑熱之日。《漢書·賈山傳·至言》：「天子之尊，四海之内，其義莫不爲臣。然養三老於大學，親執醬而餽，……公卿奉杖，大夫進履。」《楚辭》宋玉《招魂》：「十日代出，流金鑠石些。」王逸注：「其熱酷烈，金石堅剛，皆爲銷釋也。」

〔三〕退食：退朝而食於家。《詩·召南·羔羊》：「退食於公，委蛇委蛇。」傳：「公，公門也。」

〔四〕中謝：上表中之成語。周密《齊東野語》卷十三云：「今臣僚上表，所稱誠惶誠恐、誠歡誠喜、頓首稽首者，謂之中謝、中賀，自唐以來，其體若此。蓋臣某以下，亦略叙數語，便入此句，然後敷陳其詳。」

〔五〕鼎實：《易·鼎》：「鼎折足，覆公餗。」疏：「餗，糝也。八珍之膳，鼎之實也。……鼎足既折，則覆公餗也。……施之於人，知小而謀大，力薄而任重，如此必受其至辱，災及其身也。」

〔六〕歌風之作：《禮記·樂記》：「昔者，舜作五弦之琴以歌《南風》。」鄭注：「南風，長養之風也，言父母之長養己。其辭未聞。」後所傳《南風歌》云：「南風之薰兮，可以解吾民之愠兮；南風之時兮，可以阜吾民之財兮。」蓋出王肅《聖證論》引《尸子》及《孔子家語》以難鄭氏者，實則《尸子》既不足信，《家語》亦王肅所僞託。

〔七〕扇暍：《説文》：「暍，傷暑也。」《帝王世紀》：「武王見暍人，王自左擁而右扇之。」

〔八〕廣夏：《楚辭》宋玉《招魂》「冬有突夏」，王注：「夏，大屋也。《詩》云，於我乎夏屋渠渠。」夏、廈古今字。

〔九〕奥渫：《漢書·王褒傳》「去卑辱奥渫而升本朝」，注引張晏曰：「奥，幽也。渫，狎也，汙也。言敝奥渫汙，不章顯也。」

〔一〇〕夕惕：《易·乾》：「君子終日乾乾，夕惕若厲。」疏：「夕惕者，謂至向夕之時，猶懷憂惕。」

【附記】

表見《永樂大典》卷一萬九千七百八十三伏字韻引周美成《清真集》。

屏跡帖

邦彦頓首啟：

前日特辱降顧，閒冷之中，倍增感激。負痾屏跡，造謁不易，第深悚惕。邦彦頓首啟。

【附記】

帖見《御刻三希堂石渠寶笈法帖》第十五册，行書六行。明人所編《郁氏書畫題跋記》卷一但載帖文。原皆無標目，杜甫有《屏跡》詩，帖中又有「負痾屏跡」一語，因仿古帖標目之例，謂之《屏跡帖》。

田子茂墓志銘

嘉祐己亥季夏終旬之六〔一〕，忽白氣起於忻州之向陽〔二〕，是也公誕焉。繼有星明於室，父母族人皆知公他日必貴。雖幼已穎異於羣兒，稍長便能武事。

元豐中，朝廷體成周鄉兵之法，建置保甲〔三〕，公以門役出〔四〕，未幾，以弓馬被薦。天子臨軒試之，中第一，特賜袍帶，加之問勞，時六年七月二十七日也。踰月五日，補三班差使〔五〕，命爲本路提舉保甲司隨行〔六〕，教閱本都保内人兼部轄。再陞代州繁畤縣巡捡〔七〕，教保甲官，下指使；又歷光州指使〔八〕。會仙居闕尉〔九〕，憲司以公往，又兼主簿；俄而宰罷，亦攝之。有婦人狠戾，不分與夫之弟財者，稱非舅之子；争經數政，裏外計購，凡十餘年不決。至公，推之即得其實。諸以事繫禁者百餘人，不日斷去，獄告空。吏民驚喜，一境稱治。久之，愈得人譽，合土士衆詣郡請留，以公武弁，毋例，遂寢。

拜涇原路弟四將隊將〔一〇〕。是時延帥吕公惠卿方爲邊事〔一一〕，搜究豪傑，然帥素未面公，久知其名，遂奏辟焉。及見，覩公舉止閑雅，語論明白，遺聲而歎曰：「此天下之奇男子也，可用焉。」欣而内之，置於左右，待極優異，差充弟六將准備使唤。

【箋注】

〔一〕嘉祐句：謂宋仁宗嘉祐四年六月二十六日。

〔二〕忻州：今山西忻縣。向陽鎮在忻縣比鄰之陽曲縣西北三十里。

〔三〕朝廷二句：《周禮·地官·大司徒》：「令五家爲比，使之相保。」宋之保甲法蓋託古改制也，故云。神宗熙寧三年行保甲法，改募兵爲保甲。其法十家爲一保，有保長；五十家爲一大保，有大保長；十大保爲一都保，有正副都保正。家有兩丁以上者，選一人爲保丁，自備弓箭，習武藝戰陣。詳《宋史·兵志》六。體，用也。

〔四〕門役：即保丁也。

〔五〕三班：宋時武臣職官分東、西、横三班，見《文獻通考》卷六十四《職官》十八。三班差使，供役於三班者。

〔六〕提舉保甲司：《宋史·職官志》七：「提舉保甲司，掌什伍其民，教之武藝，視其優劣而進退之。」隨行當是其屬下小吏之名。

〔七〕繁畤縣：今山西繁畤縣。巡捡：當是巡檢之屬吏，亦司訓練甲兵，捡捕盜賊者。

〔八〕光州：宋亦稱光山軍，故治在今河南潢川縣。

〔九〕仙居：宋縣，故治在今河南光山縣西。

〔一〇〕涇原路：《宋史·地理志》三：「熙寧五年……仍以永興、鄜延、環慶、秦鳳、涇原、熙河分六路，各置經略、安撫司。」涇原路在今甘肅省涇川、固原縣一帶之地。

〔一一〕延帥吕公惠卿：吕惠卿字吉甫，泉州晉江人，事蹟詳《宋史·姦臣傳》。按惠卿知延州前後歷時甚久，神宗熙寧十年至元豐三年，哲宗紹聖二年至元符三年，均在任。（據吴廷燮《北宋經撫年表》）

紹聖三年七月，隨路分張，公誠討成平，當迎夏人，接戰，大破之，兼蕩其寨。九月，戎主親將衆百萬圍延安等城，破金明〔一〕。公從本將逼逐，至十月初二日，兩軍大戰于鐵冶，公先謂軍曰：「此乃報國之處也，可盡節矣！」遂荷戈首入，衝動陣勢。以賊兵衆，羣衆來敵，自朝徂昏相持不解，始兵稍勝，久復遭圍，馬斃箭絶，肢體被傷，公猶氣不少挫，乃與殘卒數人再戰，奪路致捷而出。哲宗聞而壯之，賜銀合香藥茶絹，及進官一階，減二年磨勘〔二〕。帥司又以公權弟六將部將，成威戎城。四年秋，改經略司准備差使，破宥、夏二州並汝密囉一帶〔三〕。五年正月，出大吴堆，公又破賊，兼親獲級，築平羌、臨夏二寨，征大沙堆及青嶺、板井。元符元年，以前後戰功積官至供備庫副使；又築暖泉，加如京副使，勳武騎尉，權龍安、永平二寨主，升莊宅副使。

【箋注】

〔一〕破金明：《宋史·吕惠卿傳》：「紹聖中，復資政殿學士，知大名府。加觀文殿學士，知延州，夏人復入寇，將以全師圍延安，惠卿修米脂諸砦以備。寇至，欲攻則城不可近，欲掠則野無所得，欲戰則諸將按兵不動，欲南則懼腹背受敵，留二日即拔栅去，遂陷金明。惠卿求詣闕，不許。以築威戎、威羌城，加銀青光禄大夫，拜保寧、武勝兩軍節度使。」金明故城在今陝西安塞縣北。

〔二〕磨勘：唐宋時定期勘驗官吏政績，以定升遷，謂之磨勘。范仲淹《奏重定臣僚轉官及差遣體例》：「舊制京朝官三周年磨勘，私罪並曾降差遣者四周年，贜罪者五周年。今後内外差遣京朝官無贜私罪者，依舊三周年。」

〔三〕宥夏：宥州故治在今陝西靖邊縣東，夏州故治在横山縣西。

上即位，轉右騏驥副使，以磨勘爲西京作坊使。陸公師閔□延〔一〕，舉公爲綏德軍臨夏寨主，又辟准備將領。公轉薦同僚而讓之，人已德公者多。三年，姦臣范純粹來延〔二〕，以與吕公有隙，又嘗於元祐中與兄純仁曾有棄地迹狀〔三〕，目鄜延有功〔四〕，輒生沮意。欲飾前非，乃奏于朝，稱本路自軍興以來，詐冒功賞。又置獄嚇脅戰士，出牓諭人，意要虚首。一路震恐，晨夕不遑，致使立功之人，但且脱禍，不敢顧禄，悉皆曲從。惟公與皇城使范宏及黄彦等數人不伏，公獨尤甚，遂陷之於獄，抑勒要認。公曰：「首可舍，冒賞則無；不必某，一路皆然。若本路無功，斬虜數萬，闢地千里，不知自何而得也！」更頗有及帥之語。純粹既知其不能屈，即釋之，乃辟綏德軍暖泉寨主。公曰：「帥以此收余，情非公也。」遂不就。故天下之人聞公之風者，識與不識，皆推爲大丈夫矣。公猶欲詣闕以雪臯冤，遇臣寮上言廢純粹，是非既明，公遂已。吕公由是知之，語人曰：「余曩日厚待此人，誠不誤矣。」自爾公愈光，徙同管勾黑水堡公事。陶節夫守延〔五〕，性酷貪饕，始不知公，怒其不奉以威。戎蕃官逃背，不問本土，反以公鄰寨爲不覺察衝替，又褫一官。公擬行，方悟公正人，悔而復留修威德軍，並御謀翩武等城。

【箋注】

〔一〕陸師閔：陸詵子，附《宋史·陸詵傳》。據《北宋經撫年表》，於元符三年繼呂惠卿帥延安，爲時甚短。《邵氏聞見録》十五：元符末，呂惠卿罷延安帥，陸師閔代之。有訴惠卿多以人冒功賞者，師閔以其事付有司，未竟，罷去。曾布爲樞密使，素與惠卿有隙，特自太原移范德孺延安，蓋德孺於惠卿亦有隙也。德孺至，取其事自治，有自皇城使追奪至小使臣者，德孺自是大失邊將之心。議者謂其詞於前政，事已在有司，德孺乃取以自治，失矣。德孺聰明過人，而爲曾布所使，惜哉！未幾，德孺亦以論免役法罷。

〔二〕范純粹：仲淹子，附《宋史·范仲淹傳》。據《北宋經撫年表》，前於元祐六年、七年及紹聖元年知延安府，後復於元符三年繼陸師閔任，至次年（建中靖國元年）改知永興軍。墓誌稱「三年」者，指元符三年，蓋哲宗卒於是年正月，徽宗已繼位矣，故上文云「上即位」也。稱純粹爲姦臣者，蓋自崇寧三年立元祐黨人碑於朝堂，目爲奸黨，純粹在黨籍中也。純粹興獄事，《邵氏聞見録》卷十五亦言之，蓋出曾布授意以陷呂惠卿者。

〔三〕與兄純仁曾有棄地迹狀：《宋史·范純仁傳》（亦附《仲淹傳》）：「元祐初……純仁與議西夏，請罷兵棄地，使歸所掠漢人，執政持之未決。至是乃申前議，又請歸一漢人予十縑。事皆施行。」又《范純粹傳》：「時與夏議分疆界，純粹請棄所取夏地，曰：『爭地未棄，則邊隙無時可除。如河東之葭蘆、吴堡，鄜延之米脂、義合、浮圖，環慶之安疆，深在夏境，於漢界地利形勢，略無所益。而蘭、會之地，耗蠹尤深，不可不棄。』所言皆略施行。」可見墓誌所言非虛。

〔四〕鄜延：路名，已見前箋。統四州一軍，其地在今陝西鄜縣及延安市一帶。

〔五〕陶節夫：據《北宋經撫年表》，以崇寧二年至五年知延安。其人乃蔡京之黨，《宋史》有傳云：「崇寧初，爲講義司檢討官，進虞部員外郎，遷陝西轉運副使，徙知延安府。……節夫在延安日久，蔡京、張康國從中助之，故唯京之意是徇。」

繼聞父喪，五日不食，號泣而歸，行路之人，見皆感涕。自是居憂，前任之事更不復辯也。將葬之期，河冰初坼，淺深未定，人皆病涉，隔其墳壠。公祈之，是夕風大作，水復堅，車轝既過，隨跡如故，鄉里共知公之至孝之所致也。人欲聞於官，公迎使人止之。鄜延築銀州〔一〕，又自服中辟。及迴太原，帥王公端繼鍾公傅之太原〔二〕，皆欲奏公起復爲麟州銀城寨都監，公固辭。服除，尚廬墓，了無仕宦意。親戚鄉人遂强起之，復舊官，進勳飛騎尉。鄜延又築龍泉、土門、鎮邊三寨，亦差公焉。

【箋注】

〔一〕築銀州：築銀州城。故址在今陝西米脂縣西北八十里。

〔二〕鍾傅：《宋史》作鍾傳，有傳，謂其人「從布衣至通顯，所行事大抵欺妄，故屢起屢償云」。據《北宋經撫年表》，鍾傅於崇寧四年至五年知太原府，繼任者爲徐彦孚。然墓誌謂是王端，當不誤，或在鍾後徐前耳。其人未詳，然非畫家王端也。

大觀初，朝廷以河朔據大虜〔一〕，遴擇人材，非有能聲者不使其任，公首以應議，除真定府路准備將領。尋遷六宅使，升勳驍騎尉，又差同管轄訓練河北弟十二將軍馬，磁州駐劄。李進、李免作亂，殺官吏趙鑌等，用河東、定州、真定三路兵捕之。諸將惟以搜求山谷爲事。公曰：「衆兵既舉，賊勢日弱，更焉能與王師爲敵？今裹逼既急，必逃于外。」遂將兵數百上承天閣〔二〕，以斷入北諸路。初，人以爲迂迴，後賊果欲適，聞公已截其道，乃失計匍匐而返。異日詔下：不管透漏，若賊入北，帥以下並以軍法處置。人又服公有先見之明。始寇纔發，帥王公博聞方論乞諸鎮兵以助捉殺，請諸將議之。嘗獻言曰：「此一鼠寇，烏足能爲吾國之患！若衆兵既舉，遠邇震動，以爲賊能如何也，愈長聲勢。又諸道兵至紛紜錯雜，遞不相認，寧知其賊别無姦詐？不若只揀擇精鋭千人，付有心力將以將之，日夕追捕，非久必困，自可俯拾也。」帥意務速，不用謀焉。果諸藩兵至，混而不辯，賊亦易衣，亦如天兵，僞爲捉殺，往來稱路分，竟不能獲。國家念河朔久爲賊擾，以恩招之，賊遂歸。遇公於塗，問人曰：「此非田公乎？」對者然，猶不敢正視。久之，謂其同者云：「當時若用此公謀，今日豈有我曹也！」尚有懼色。上受八寶進內藏庫使，改同管轄訓練河北弟十三將軍馬，治州駐劄，又移趙州。

四年，北賊盧六斤、蘇蛾兒聚黨數百人於兩界之間，凡出入作過，官吏不敢追捕，幅圓千里，民不安堵。既又刦北寨，朝廷聞而患之，下本路令選有謀略將官以爲統領捉殺。時帥梁公子美曰〔三〕：「非田仲堅則不可。」遂見委，自爾賊更無南犯。拜皇城使。北朝賀正使回，值趙州闕守，安撫司以公權領郡事，兼接待人使，人皆以爲差得其當。遷河東路弟六副將。天子更正官號，改武功大夫。會錢公即帥太原〔四〕，雅知公才美，遂舉充正將。

因按兵遼澤，不幸致疾，歸隆德而不起〔五〕，實政和四年正月二十一日也，享年五十有六。聞者歎吁。踰月扶柩以歸，□□遮路哭祭，皆慟。擇以政和六年五月初三日，葬于寶羅之平。

【箋注】

〔一〕大虜：宋人通稱遼國爲虜，西夏爲羌。

〔二〕承天閣：在今山西平定縣東八十五里之承天砦。

〔三〕梁子美：《宋史》有傳（附《梁適傳》）。據《北宋經撫年表》，梁子美以政和元年至二年知大名府，其委任田仲堅當在此時。

〔四〕錢即：《宋史》有傳（附《錢惟演傳》）。據《北宋經撫年表》，錢即於政和三年至五年知太原府，其舉田充正將當在三年。

〔五〕隆德：今山西長治市。《宋史·地理志》：「隆德府，大都督府，上黨郡，昭義軍節度。舊領河東路兵馬鈐轄，並提舉澤、晉、絳州威勝軍屯駐泊本城兵馬巡檢事。本潞州。建中靖國元年改爲軍，崇寧三年升爲府。……縣八：上黨、屯留、襄垣、潞城、壺關、長子、涉、黎城。」按清真於政和二年至四年知隆德軍府，田氏蓋其轄下將官也。

公爲人敦厚有常，寡言笑。雖任右列，未□□□□，暇日亦看書，酷好教子弟。嘗曰：「汝輩復以武進，吾亦不喜，如有衣青衣而入門，則我心□矣。」既而次子試挽，曲加獎顧，蓋務以激發其衆也。昔人所謂賢父者，公於是可以當之矣。公待士尤有禮，見寒者，不必言而濟之。凡親戚之窘，分俸以養，不能婚嫁葬祭者，又皆以助。然世又稱公獨能有以大過人者，兒孫未官，恩澤先及。他房凡所爲事，大率如此。且公所以不永乎壽者，以公生平歷官，退食視事，日夕不怠，故致勞役其心神，戕賊其天年也。公得疾，至殁不昏，容顔言語皆如平昔，家人對泣，亦無甚憐之色。曰：「死生亦常事也。」凡留語數句，皆不及私，惟稱所恨者，有君恩未報。嗚呼，公之臨盡尚出此言，可謂忠矣！可謂忠矣！

公初諱茂，後諱子茂，字仲堅。曾祖□皆不仕。父日顔，以公貴，累贈左驍騎將軍。妣任氏，亦累贈太室人。三娶：彭氏，贈仙居縣君；張氏，贈仁和縣君；李氏，封室人。男四人：泰寧，承節郎；泰靖，登仕郎；泰中、泰孝，未仕，皆業儒道。一女，已嫁。公寔唐雁門郡王承嗣之苗裔□〔一〕，其五代祖知本者，五季廣運間來任定襄縣主簿〔二〕，因家秀容焉〔三〕。

銘曰：顔回至善兮，不永乎壽。李廣無雙兮，不封乎侯。公之無異兮，中道而止。我今悲之兮，以銘其幽。

【箋注】

〔一〕承嗣：田承嗣，初爲安禄山部將，後降唐，授魏博節度使，封雁門郡王。割據一方，擁有魏、博等七州，自署官吏，税賦不入於朝，爲藩鎮之雄。新舊《唐書》有傳。

〔二〕廣運：五代北漢年號。

〔三〕秀容：古縣名，在今山西忻縣西北五十里。

【附記】

此墓誌銘一九五七年八月下旬在山西忻縣出土，詳見馮文海《山西忻縣北宋墓清理簡報》，文載《文物參考資料》一九五八年第五期。《簡報》謂石刻字頗清晰，尚見當年填朱痕迹，而拓本照片縮影過小，文字不能辨識者十之七八。老友饒宗頤教授舉以見告，年前復荷友好顧鐵符兄覓得原拓本寄惠，始能通讀，然猶殘缺數字。以具銜太長，省稱《田子茂墓志銘》。

此碑第一行標目爲「宋故武功大夫河東第六將管轄訓練澤州隆德府威勝軍遼州兵馬隆德府駐劄田公墓誌銘」，第二行署「奉直大夫直龍圖閣權知隆德軍府管勾學事賜紫金魚袋周邦彦撰」，第三行署「朝奉大夫直祕閣權發運河東路計度轉運副使公事賜紫金魚袋王勤書」，第四行署「朝散大夫權發河東路轉運副使公事賜紫金魚袋崔鈞篆蓋」。碑末具名，有堪輿者「陰陽人温運」，「刊字竇祕並男竇」。碑文共五十四行，滿行四十三字，書法以楷爲主，時兼行草，間用簡字俗字，筆法秀勁，惜不知王勤爲如何人也。

清真於政和二年至四年知隆德軍府，「其賦役、錢穀、獄訟之事，兵民之政皆總焉」（《宋史職官志》七《府州軍監》）；又鈐轄威勝軍之駐隆德府者（已見箋），則死者蓋其僚屬也。

頗疑兹篇非清真自製：文詞庸俚，與清真他作之高華者相去不啻天壤，一較便知，此其一。其人名位不振，事功不稱，諛墓之文，雖據死者後人所作行狀，亦不當猥瑣至是，又況爲屬僚而作？此其二。墓志作者所署官銜，通例當以現職；政和六年，清真已任祕書監、進徽猷閣待制，而此志猶署知隆德軍府，是可疑也，此其三。然其時清真尚在世，自非僞託，或由他人代筆耳。

清真集箋注下編　參考資料

宋吕陶《周居士墓誌銘》元豐八年二月

居士諱原，字德祖，姓周氏，錢塘人。少居鄉黨，自好，慈祥，易感，勇於赴人之急。家有藏書，清晨必焚香發其覆拜之。有笑者，輒曰：「聖賢之道盡在是，敢不拜耶！」晚習導引衛生之經，頗能察脈治病。人有疾，聞而藥之，輒愈。嘗遭異人，得祕訣，以奇草化水銀爲銀，而諱之，焚其方，戒子孫不得學。四世祖仕錢氏，卒，錢氏納國，大父仁禮尚幼，隨流散遷徙，遂迷其墳墓。父維翰，受遺言求之，及其將死，又以囑居士曰：「吾嘗問墳而祖，當於何所求之。若祖疾甚，語已艱難，屢稱曰『黄山』。終吾身求之而不得，豈嘗須臾忘此也。」居士因野服往來里社間，陰訪其地，距城五十餘里，偶入微徑，漸見牛羊廬舍，問其地，則曰黄山。居士乃佯與父老狎，爲無町畦，真若其儕者，徐詢周氏前世。有翁九十餘，嘻嘆久之，曰：「周氏名某者，昔爲某官，死葬於此，兒孫每欲夷之，輒見變怪。墳今具在，此其域也。」居士矍然起曰：「我周氏後，求此墳三世矣，乃今得之！」及見其家古券，又驗於封其故壠之誌，曰：「雖即死，無恨矣。」春秋五十有一，熙寧丙辰四月辛亥以疾卒。居士頃嘗感夢魘去，初有使者呼召，遽甚，闇中行數里，然後有白光圓如規。尋光又行數里，忽大明，見二道士，有童子執象齒授之，曰：「弟子未應至此。」令賦詩爲盟，詩成，使人導還，曰：「後二紀當復會此。」既寤，猶能記其詩，皆非世間語。迨今亡，果二紀也。娶張、陳二氏。女適里人陶漑。男曰邦直、鎮、邦彦。鎮早死。邦彦有軼才，在太學久，獻賦闕下，天子嘉之，命以太學正，諸生莫不榮願焉。將以元豐八年二月壬辰葬居士於錢塘縣黄山之原，於是問余以銘。余聞之也，人無顯晦，道在則爲尊。故雖生芻一束，益可想見君子，《詩》曰「其人如玉」是也。若居士者，雖隱約之中，而能自好，雖微吾言，譬如藏香匿光，其將自聞自見。雖然，不銘無以慰其孤之思。銘曰：

嗟若人兮，無爵齒兮。天職爲之，曷其爾兮？匪天不庸，睠言子兮。耆定厥家，相在此兮。

元脱脱等《宋史·文苑傳》

周邦彦字美成，錢塘人。疎儁少檢，不爲州里推重，而博涉百家之書。元豐初，游京師，獻《汴都賦》萬餘言，神宗異之，命侍臣讀於邇英閣，自太學諸生一命爲正。居五歲不遷，益盡力於辭章。出教授廬州，知溧水縣，還爲國子主簿。哲宗召對，使誦前賦，除祕書省正字。歷校書郎，考功員外郎，衛尉、宗正少卿，兼議禮局檢討，以直龍圖閣知河中府，徽宗欲使畢禮書，復留之。踰年，乃知隆德府，徙明州，入拜祕書監，進徽猷閣待制、提舉大晟府。未幾，知順昌府，徙處州。卒，年六十六，贈宣奉大夫。邦彦好音樂，能自度曲，製樂府長短句，詞韻清蔚，傳於世。

《遺事》云：「案先生獻賦之歲，本傳及《揮麈餘話》皆云在元豐初，《餘話》所載先生《重進汴都賦表》則云元豐元年七月。而近時錢塘丁氏《武林先哲遺書》中，重刊明單刻本《汴都賦》，前有《重進賦表》，則作六年七月。《直齋書録解題》又作元豐七年。余案元年當爲六年之誤。賦中所陳，有疏汴洛、改官制、修景靈宫三事。案《宋史·河渠志》，元豐二年三月以宋用臣提舉導洛通汴；《神宗紀》，元豐二年六月甲寅，清汴成。三年六月丙午，詔中書省詳定官制，五年夏四月癸酉，官制成。三年九月乙酉，詔即景靈宫作十一殿，告遷祖宗神御。此三事皆在元年之後，此一證也。樓攻媿《清真先生文集序》云：『未及三十，作《汴都賦》。』時先生方二十八歲；若在元年，則才二十三歲，當云年踰二十，不得云未及三十。此二證也。《樓序》、《咸淳志》、《直齋書録》皆云，賦奏，命左丞李清臣讀於邇英殿。案清臣官至門下侍郎，此云左丞，非稱其最後之官，乃以讀賦時之官稱之。而《神宗紀》及《宰輔表》，清臣以元豐六年八月辛卯自吏部尚書除尚書右丞，至元祐初乃遷左丞，則左丞當爲右丞之誤。獻賦在七月，而讀賦則在八月以後，亦與事實合，此三證也。若直齋所云七年，則又因六年七月而誤也。」

周應合《東都事略·文藝傳》

周邦彦字美成，錢塘人也。性落魄不羈，涉獵書史。元豐中，獻《汴都賦》，神宗異之，自諸生命爲太學正。紹聖中，除祕書省正字。徽宗即位，爲校書郎，遷考功員外郎，衛尉宗正少卿，又遷衛尉卿，出知隆德府，徙明州。召爲祕書監，擢徽猷閣待制，提舉大晟府。未幾，知真定，改順昌府，提舉洞霄宫。卒，年六十六。

邦彦能文章，世特傳其詞調云。

潛説友《咸淳臨安志·人物傳》

周邦彦字美成，少涉獵書史，游太學，有儁聲。元豐中，獻《汴都賦》七千言，多古文奇字，神宗嗟異，命左丞李清臣讀於邇英閣，多以邊旁言之，不盡悉也。由諸生擢太學正，其後流落不偶。紹聖中除秘書省正字，徽宗即位，爲校書郎，累遷衛尉卿，出知隆德府，徙明州。以祕書監召，賜對崇政殿，上問《汴都賦》其辭云何，對以歲月久，不能省憶。用表進，帝覽表稱善，除徽猷閣待制，提舉大晟府。知真定府，改順昌府，提舉洞霄宮。卒，年六十六。邦彦能文章，妙解音律，名其堂曰顧曲，樂府盛行於世，人謂之落魄不羈，其提舉大晟亦由此。然其文，識者謂有工力深到處，《磬鏡》、《烏几》之銘，有《鄭圃》、《漆園》之風，《禱神》之文，倣《送窮》、《乞巧》之作，不但詞調而已。自號清真居士，有集二十四卷。

《遺事》云：「以《東都事略》本傳、王明清《揮麈録》、樓鑰《清真集序》、陳直齋《書録解題》修。案此以重進《汴都賦》在官祕書監後，本《揮麈餘話》誤，辨見後條。提舉洞霄宮，當從《玉照新志》王銍所手記者爲正，乃南京鴻慶宮，非杭州洞霄也。樓鑰文集序稱其旅死，亦合。」按提舉杭州洞霄宮之説，始出王明清《揮麈餘話》，周應合《東都事略》及潛説及《咸淳臨安志》因之，而明清《玉照新志》則又稱提舉南京鴻慶宮，固已自相矛盾矣。查當時清真方避亂居揚州，正月過天長赴南京（今河南商丘），有《西平樂》詞序可證；若往杭州洞霄宮，則背道而馳矣，其誤不待言也。

王灼《碧雞漫志》卷二

周美成初在姑蘇，與營妓岳七楚雲者游甚久，後歸自京師，首訪之，則已從人矣。明日，飲於太守蔡巒子高，坐上見其妹，作《點絳脣》曲寄之云：「遼鶴歸來，故鄉多少傷心事。短書不寄，魚浪空千里。　憑仗桃根，説與相思意。愁何際，舊時衣袂，猶有東風淚。」

《遺事》云：「案《吴郡志》，自元豐至宣和，蘇州太守並無蔡巒其人，僅崇寧間有蔡渭耳。渭，故相蔡確之子，後改名懋，與巒字不類，義亦與子高之字不相應。以他書所記先生事觀之，則此説疑亦附會也。」按蔡巒當是蔡密之譌，詳詞箋此首附記。

洪邁《夷堅三志》壬七《周美成楚雲詞》

周美成頃在姑蘇，其營妓岳七楚雲者追遊甚久，後從京師歸，過蘇省訪之，則已從人數年矣。明日，飲於太守蔡巒子高，坐上因見其妹，作《點絳脣》詞寄之云：「遼鶴西歸，故人多少傷心事。短書不寄，魚浪空千里。　憑仗桃根，説與相思意。愁何際，舊時衣袂，猶有東風淚。」楚雲覽之，爲之累日感泣。

按此事最先見於《碧雞漫志》，而《夷堅》所志稍詳，故後來詞話之書多引之。

莊綽《雞肋編》中

周邦彦待制嘗爲劉昺之祖作埋銘，以白金數十斤爲潤筆，不受。昺無以報之，因除户部尚書，薦以自代。後劉坐王寀訞言事得罪，美成亦落職，罷知順昌府，宫祠。周笑謂人曰：「世有門生累舉主者多矣，獨邦彦乃爲舉主所累，亦異事也。」

《遺事》云：「案《揮麈後録》三云：『王、劉既誅竄，適鄭達夫與蔡元長交惡，鄭知蔡之嘗薦二人也，忽降旨應劉炳所薦，並令吏部具姓名以聞，當議降黜。宰執既對，左丞薛昂進曰：劉炳臣嘗薦之矣，今炳所薦尚當坐，而臣薦炳，何以逃罪！京即進曰(中略)，上笑而止，由是不直達夫。即再降旨，劉炳所薦並不問。』則先生此時但外轉，並未落職，亦未奉祠，季裕所記但一時之言。故王銍記先生晚年事，猶云以待制提舉南京鴻慶宫也。」

王明清《揮麈餘話》卷一

周美成邦彦，元豐初以太學生進《汴都賦》，神宗命之以官，除太學録，其後流落不偶，浮沈州縣三十餘年。蔡元長用事，美成獻生日詩，略云：「化行《禹貢》山川内，人在周公禮樂中。」元長大喜，即以祕書少監召，又復薦之，上殿契合，詔再取其本來。進表云：「六月十八日賜對崇政殿，……(文見《重進汴都賦表》，從略)其元豐元年七月所進《汴都賦》並書共二册，謹隨表上進，以聞。」表入，乙覽稱善，除次對内祠。

《遺事》云：「案此條所記，牴牾最甚。太學録，當依《宋史》、《東都事略》諸書作太學正。浮沈州縣三十餘年，亦無此事。其重進《汴都賦》，參考諸書，當在哲宗元符之初，而不在蔡元長用事之後，徵之表文，事甚明白。壽蔡元長詩，云『化行《禹貢》山川内，人在周公禮樂中』，必作於崇寧、大觀制作禮樂之後。時先生已位列卿，若於此時進賦，不得云『漂零不偶，積年於兹』，一也。表文又云：『陛下德侔覆燾，恩浹飛沉，致絶異之祥光，出久幽之神璽。』此正哲宗元符事。《宋史·哲宗紀》云在元符元年正月，《輿服志》謂在紹聖三年，四年上之，《志》説較是。《志》又云：『元符元年三月，翰林學士蔡京及講議官十三員，奏按所獻玉璽云：今得璽於咸陽，其玉乃藍田之色，其篆與李斯小篆體合，飾以龍鳳鳥魚，乃蟲書鳥跡之法，於今所傳古書，莫可比擬，非漢以後所作明矣。今陛下嗣守祖宗大寶而神璽自出，其文曰，受命於天，既壽永昌。則天之所畀，烏可忽哉。漢、晋以來，得寶鼎瑞物，猶告廟改元，况傳國之器乎？遂以五月朔御大慶殿，降坐受寶，羣臣上壽稱賀。』所謂出久幽之神璽，正指此事，則重進《汴賦》，明在哲宗時，二也。若《重進賦表》作於徽宗時，不應及哲宗朝誦賦之事，三也。明清通習宋時掌故，不知何以疏漏若此。《咸淳志》亦仍其誤，幸有《宋史》及表文可證耳。樓攻媿《清真先生文集序》云：『哲宗始置之文館，徽宗又列之郎曹，皆以受知先帝之故，以一賦而得三朝之眷』云云。則先生非由元長進用亦可知。至云表入乙覽稱善，除次對内祠；則又并前後數事爲一事。又後日提舉鴻慶宫，亦外祠而非内祠，其紕繆不待論也。』

《揮麈餘話》卷二

周美成爲江甯府溧水令，主簿之室有色而慧，美成常欵洽於尊席之間，世所傳《風流子》詞蓋所寓意焉。（詞略）詞中新緑、待月，皆簿廳亭軒之名也。俞義仲云。

詳詞箋《風流子》（新緑小池塘）詞附記。《遺事》云：「案明清記美成事，前後牴牾者甚多，此條疑亦好事者爲之也。《御選歷代詩餘·詞話》引此條，作主簿之姬，疑所見别有善本也。」

《揮麈餘話》卷二又一條

周美成晚歸錢塘鄉里，夢中得《瑞鶴仙》一闋（詞略）。未幾，方臘盜起，自桐廬擁兵入杭。時美成方會客，聞之倉皇出奔，趍西湖之墳庵。次郊外，適際殘臘，落日在山，忽見故人之妾徒步，亦爲逃避計，約下馬小飲于道旁，聞鶯聲于木杪，分背少焉抵庵中，尚有餘醺，困臥小閣之上，恍如詞中。逾月賊平，入城則故居皆遭蹂踐，旋營緝而處，繼而得請，提舉杭州洞霄宫，遂老焉，悉符前作。美成嘗自記甚詳，今偶失其本，姑記其略而書於編。

王明清《玉照新志》卷二

明清《揮麈餘話》，記周美成《瑞鶴仙》事，近於故篋中得先人所叙，特爲詳備，今具載之。

美成以待制提舉南京鴻慶宫，自杭徙居睦州，夢中作長短句瑞鶴仙一闋，既覺猶能全記，了不詳其所謂也。未幾，青溪賊方臘起，逮其鴟張，方還杭舊居，而道路兵戈已滿，僅得脱死。始得入錢塘門，但見杭人倉皇奔避，如蜂屯蟻沸，視落日半在鼓角樓簷間；即詞中所云「斜陽映山落，斂餘紅猶戀，孤城闌角」者，應矣。當是時，天下承平日久，吴越享安閑之樂，而狂寇嘯聚，徑自睦州直擣蘇杭，聲言遂踞二浙，浙人傳聞，内外響應，求死不暇。美成舊居既不可住，是日無處得食，饑甚。忽於稠人中有呼待制何往者，視之，鄉人之侍兒素所識者也，且曰：「日昃未必食，能捨車過酒家乎？」美成從之，驚遽間連引數杯，散去，腹枵頓解。乃詞中所謂「凌波步弱，過短亭何用素約，有流鶯勸我，重解繡鞍，緩引春酌」之句，驗矣。飲罷覺微醉，便耳目惶惑，不敢少留，徑出城北江漲橋諸寺，士女已盈滿，不能駐足，獨一小寺經閣偶無人，遂宿其上。即詞中所謂「上馬誰扶，醉眠朱閣」，又應矣。

既見兩浙處處奔避，遂絶江居揚州。未及息肩，而傳聞方賊已盡據二浙，將涉江之淮泗，因自計方領南京鴻慶宫，有齋廳可居，乃挈家往焉。則詞中所謂「念西園已是花深無路，東風又惡」之語應矣。至鴻慶，未幾，以疾卒。則「任流光過了，歸來洞天自樂」，又應於身後矣。

《遺事》云：「案此二條，以《玉照新志》明清父銍所手記者爲正。」詳見詞箋《瑞鶴仙》（悄郊原帶郭）闋附記。

陳鵠《耆舊續聞》

周美成至汴京，主角妓李師師家，爲作《洛陽春》，師師欲委身而未能也。與同起止，美成復作《鳳來朝》云：「逗曉看嬌面，小窗深、弄明未辨。愛殘妝宿粉雲鬟亂，暢好是帳中見。　說夢雙娥微斂，錦衾温、獸煙未斷。待起難拋捨，任日炙畫樓暖。」一夕，徽宗幸師師家，美成倉卒不能出，匿複壁間，遂製《少年游》以紀其事，徽宗知而譴發之。師師餞送，美成作《蘭陵王》云「應折柔條過千尺」至「斜陽冉冉春無極」，人盡以爲詠柳，淡宕有情，不知爲别師師而作，便覺離愁在目。徽宗又至，師師歸遲，更誦《蘭陵王》别曲，含淚以告，乃留爲大晟府待制。

此條見沈雄《古今詞話》卷上《宋詞話》引録，按今各本《耆舊續聞》均無，不知所據何本，抑張冠而李戴也。疑出好事者因《貴耳集》之言（見下）而增演之耳，詳詞箋《一落索》（眉共春山争秀）闋附記。

張端義《貴耳集》卷下

道君幸李師師家，偶周邦彦先在焉，知道君至，遂匿於牀下。道君自攜新橙一顆，云江南初進來，遂與師師謔語，邦彦悉聞之，檃括成《少年遊》云：「并刀如水，吴鹽勝雪，纖手破新橙。」後云：「城上已三更，馬滑霜濃，不如休去，直是少人行。」李師師因歌此詞，道君問誰作，李師師奏云：「周邦彦詞。」道君大怒，坐朝，諭蔡京云：「開封府有監税周邦彦者，聞課額不登，如何京尹不案發來？」蔡京罔知所以，奏云：「容臣退朝，呼京尹叩問，續得覆奏。」京尹至，蔡以御前聖旨諭之，京尹云：「惟周邦彦課額增羨。」蔡云：「上意如此，只得遷就。」將上，得旨：「周邦彦職事廢弛，可日下押出國門。」

隔一二日，道君復幸李師師家，不見李師師，問其家，知送周監税。道君方以邦彥出國門爲喜，既至不遇，坐久至更初，李始歸，愁眉淚睫，憔悴可掬。道君大怒云：「爾往那裏去？」李奏：「臣妾萬死，知周邦彥得罪，押出國門，略致一杯相別，不知官家來。」道君問曾有詞否，李奏云：「有《蘭陵王》詞。」今「柳陰直」者是也。道君云：「唱一徧看。」李奏云：「容臣妾奉一杯，歌此詞爲官家壽。」曲終，道君大喜，復召爲大晟樂正，後官至大晟樂府待制。

邦彥以詞行，當時皆稱美成詞，殊不知美成文筆大有可觀，作《汴都賦》，如箋奏雜著，皆是傑作，可惜以詞掩其他文也。當時李師師家有二邦彥，一周美成，一李士美，皆爲道君狎客，士美因而爲宰相。吁，君臣遇合於倡優下賤之家，國之安危治亂可想而知矣。

《遺事》云：「案此修所言尤失實。《宋史·徽宗紀》宣和元年十二月：『帝數微行，正字曹輔上書極論之，編管郴州。』又《曹輔傳》：『自政和後，帝多微行，乘小轎子，數内臣導從，置行幸局，局中以帝出日謂之有排當，次日未還，則傳旨稱瘡痍不坐朝。始民間猶未知，及蔡京謝表，有輕車小輦，七賜臨幸，自是邸報聞四方。』是徽宗微行，始於政和而極於宣和。政和元年先生已五十六歲，官至列卿，應無冶遊之事。所云開封府監税，亦非卿監侍從所爲。至大晟樂正與大晟樂府待制，宋時亦無此官也。」按《貴耳》之謬，尚不止此，已詳詞箋《少年遊》（并刀如水）附記。

周密《浩然齋雅談》卷下

宣和中，李師師以能歌舞稱，時周邦彦爲太學生，每游其家。一夕，祐陵臨幸，倉猝隱去，既而賦小詞，所謂「并刀如水，吴鹽勝雪」者，蓋記此夕事也。未幾，李被宣唤，遂歌於上前，問誰所爲，則以邦彦對，於是遂與解褐，自此通顯。

既而朝廷賜酺，師師又歌《大酺》、《六醜》二解，上顧教坊使袁祹問，祹曰：「此起居舍人、新知潞州周邦彦作也。」問《六醜》之義，莫能對。急召邦彦問之，對曰：「此犯六調，皆聲之美者，然絶難歌。昔高陽氏有子六人，才而醜，故以比之。」上喜，意將留行，且以近者祥瑞沓至，將使播之樂府。命蔡元長微叩之，邦彦云：「某老矣，頗悔少作。」會起居郎張果與之不咸，廉和邦彦嘗於親王席上作小詞贈舞鬟云：「歌席上，無賴是横波。寶髻玲瓏欹玉燕，繡巾柔膩掩香羅，何況會婆娑。無箇事，因甚斂雙蛾？淺淡梳妝疑是畫，惺鬆言語勝聞歌，好處是情多。」爲蔡道其事，上知之，由是得罪。

師師後入禁中，封瀛國夫人，朱希真有詩云：「解唱《陽關》别調聲，前朝惟有李夫人。」即其人也。

《遺事》云：「案此條失實與《貴耳集》同。云宣和中先生尚爲太學生，則事已距四十餘年；且苟以《少年游》致通顯，不應復以《憶江南》詞得罪，其所自記亦相牴牾也。師師未嘗入宮，見《三朝北盟會編》。」按李師師不惟未曾入宮封夫人，且被抄家，事見《三朝北盟會編》卷三十引録「聖旨」。

王國維《清真先生遺事・尚論》三

先生家世錢塘，自祖父以上，均不可考。有名邠者，乃先生之從父。《咸淳志》云：「邠字開祖，嘉祐八年登進士第，熙寧間，蘇軾倅杭，多與醻唱，所謂周長官者是也。軾後自密州改除河中府，過濰州，邠時爲樂清令，以《雁蕩圖》寄軾，有詩，軾和韻有『西湖三載與君同』之句。後軾知湖州，以詩得罪，邠亦坐贖金。元祐初，邠知管城縣，乞復管城爲鄭州，有興廢補敗之力。由是通判壽春府，見蘇轍所行告詞。後知吉州，官至朝請大夫、上輕車都尉。其丘墓在南蕩山。邠係元符末上書人，崇寧初第爲上書邪等，政和五年又爲僧懷顯序《錢塘勝蹟記》，蓋歷五朝云。姪邦彦。」《咸淳臨安志・人物傳》以《九朝通略》、《東坡年譜》

及《乾道志》修。案《茅山志》載先生《芝术歌序》云：「道正盧至恭得芝一本於术間，邦彥請乞於盧，持壽叔父。」中有句云：「盧陵太守蘊仙風。」邠嘗知吉州，故云「盧陵太守」。然則邠乃先生叔父也。《咸淳志·人物》尚有周邦式字南伯，著名錢塘，中元豐二年進士，官至提點江東刑獄，知宿州、滑州，皆不赴，提舉南京鴻慶宮，十二年，起知處州，不行，積官中大夫。其傳即在先生傳後，蓋先生兄弟行，而亦知處州，亦提舉鴻慶宮，可謂盛事。（忼案：周邠於元豐四年曾知溧水，見《景定建康志》卷二十七。）

先生子姓無考。《四庫全書總目》：「《清波雜志》十二卷、《別志》三卷，宋周煇撰，煇字昭禮，邦彥之子。」案煇書中載其父事至紹興中尚存，又事絶不與先生類，決非一人也。

先生有孫與岳倦翁相知。《寶真齋法書贊》云：「嘉泰甲子十二月，舟過吳門，遇公之孫某同上蘭省。」但名字官階均不可考。曾孫鑄，則嘉泰中與樓忠簡共編定先生文集者也。案《桯史》云：「辛稼軒守南徐，予來筮仕委史，時以乙丑南宮試，歲前莅事，僅兩旬即謁告去」云云，則倦翁於甲子十二月過吳門，實應乙丑省試，時先生之孫尚赴南宮，而曾孫已與攻媿編定先生文集，可知先生有數孫也。先生冢墓在杭南蕩山，《咸淳志》、《夢粱録》均同。故後裔自明州復徙於此。《咸淳志》云：「子孫今居定山之北鄉」是也。

先生卒年，《宋史》、《東都事略》、《咸淳志》皆云「年六十六」。而據《玉照新志》，則先生實以宣和三年辛丑卒，以此上推，則當生於仁宗嘉祐二年也。（忼案：嘉祐元年方得六十六歲，此誤。）

宋太學生額，熙寧初九百人，後稍增至千人，至元豐二年詔增太學生舍爲八十齋，齋三十人，外舍生二千人，内舍生三百人，上舍生百人。《宋史·選擧志》。先生入都爲太學生，當在此時。詞中《西平樂序》：「元豐初，予以布衣西上，過天長道中」，亦足證也。

先生所歷之官，爲太學正、國子主簿、秘書省正字、校書郎、考工員外郎、衛尉少卿、宗正少卿、衛尉卿、秘書監。所帶之職，則爲直龍圖閣、徽猷閣待制。所任之差遣，則在朝爲議禮局檢討官，提擧大晟府；在外則教授廬州，知溧水縣，知河中府，知隆德府，知明州，知真定府，知順昌府，知處州。河中、真定、處州均未之官，故樓攻媿《序》但云「三綰州麾」。至《揮麈餘話》謂先生嘗爲秘書少監，《浩然齋雅談》謂嘗爲起居舍人，均不足信。胡仔《漁隱叢話》、王楙《野客叢書》稱先生爲周侍郎，亦誤也。（忼案：知真定非未曾之官，參看《續秋興賦》附記。）

先生交遊殊不易考，其見於遺詩者，則有蔡天啟、賀公叔。《片玉詞》下《鬢雲鬆令》一闋「送傅國華奉使三韓」，案《宋史·高麗傳》，宣和四年，高麗王俁卒，詔給事中路允迪、中書舍人傅墨卿奠慰，留二年而歸，徐兢《宣和奉使高麗圖經序》同。國華當即墨卿字，時爲中書舍人，故詞中有「鳳閣鸞坡看即飛騰去」之句。時先生已卒，即未卒亦不應復入京師，此詞必係他人之作。又《片玉詞》上有《水調歌頭》一闋「中秋寄李伯紀大觀文」，案忠定初罷宣撫使，除觀文殿學士，知揚州，在靖康元年九月，其罷左僕射爲觀文殿大學士，在建炎元年八月，十月落職，至紹興二年復拜觀文殿學士、湖廣宣撫使，均在先生卒後。且忠定爲觀文殿大學士，僅歷兩月，其詞亦不似建炎倥傯時之作，其僞無疑。則先生與二人有交際否，殊不可考。其在議禮局則上官同僚有鄭居中等十數人，其提舉大晟府則僚屬有徐伸幹臣、典樂。田爲不伐、初爲製撰官，後爲典樂大司樂。姚公立、協律郎。晁沖之叔用、大晟府丞，然大晟府官制無丞，疑即大樂令官，與太常寺丞同。江漢朝宗、万俟詠雅言、晁端禮次膺，均製撰官，次膺後爲協律郎。其在順昌則與王性之相知。交遊可考者如此而已。徐伸見《揮麈餘話》，田爲見《宋史·樂志》、《方技·魏漢津傳》，姚公立見《直齋書録》，晁沖之見《獨醒雜志》，江漢諸人見《鐵圍山叢談》、《碧雞漫志》，唯徐伸、晁沖之官大晟府在政和初，未必與先生提舉同時耳。（忼案：據佚詩尚有游酢及周朝宗，據《宋會輯稿》二一七七九所載大觀四年十二月詔，則議禮局同僚凡二十八人。靜安先生未及檢也。）

先生於熙寧、元祐兩黨均無依附，其於東坡爲故人子弟，哲宗初，東坡起謫籍掌兩制時，先生尚留京師，不聞有往復之跡，其賦汴都也頗頌新法，然紹聖之中不因是以求進。晚年稍顯達，亦循資格得之，其於蔡氏亦非絶無交際。蓋文人脱略，於權勢無所趨避，然終與强淵明、劉昺諸人由蔡氏以躋要路者不同。此則强焕政事之目，或屬諛詞，攻媿委順之言，殆爲篤論者已。徽宗時，士人以言大樂頌符瑞進者甚多，樓《序》、《潛志》均謂先生妙解音律，其提舉大晟府以此，然當大觀、崇寧製作之際，先生絶不言樂，至政和末蔡攸提舉大晟府，力主田爲而排任宗堯。事見《宋史·樂志》及《方伎·魏漢津傳》。先生提舉適當其後，不聞有所建議，集中又無一頌聖貢諛之作，然則弁陽翁所記頗悔少作之對，當得其實，不得以他事失實而并疑之也。

先生少年曾客荆州，《片玉詞》上有《少年遊》「南都石黛掃晴山」一闋，注云：「荆州作。」《片玉集》無此注。又《渡江雲》詞云「晴嵐低楚甸」，《風流子》詞云「楚客慘將歸」，均此時作也。其時當在教授廬州之後知溧水之前，集中《齊天樂》「緑蕪凋盡臺城路」一首作於金陵，當在知溧水前後，而其换頭云：「荆江留滯最久，故人相望處，離思何限」，此其證也。又《瑣窗寒》詞云：「似楚江暝宿，風燈零亂，少年羇旅」，時先生方三十餘歲，雖云少年可也。

先生《友議帖》：見《寶真齋法書贊》「罪逆不死，奄及祥除，食貧所驅，未免禄仕。此月挈家歸錢塘展省墳域，季春遠當西邁。」此帖歲月雖不可考，味西邁一語，或即在客荆州之際。果爾，則在荆州亦當任教授等職。

先生游蹤或至關中，故有《西河》「長安道」一闋，惟此詞真僞尚不可定，又無他詞足證。至《蘇幕遮》詞所云：「家在吴門，久作長安旅」，則以汴都爲長安也。

先生出知隆德府當在政和二三年之交，《五禮新儀》進於政和三年四月二十九日，書中不列銜，蓋已莅潞州矣。至五年，徙知明州，則在潞州蓋及二年以上。

先生以直龍圖閣知明州，在政和五年，其次年即以顯謨閣待制毛友代之，見《乾道四明圖經》《太守題名記》。《寶慶》、《延祐》二志同。則其入爲祕書監，即在次年也。

先生出知順昌府，據《雞肋編》在王寀、劉昺獲罪之後，而《揮麈後録》載開封尹盛章命其子并釋昺，和寀詩有「來年庚子」之語，則必在宣和己亥元年以前。又案昺傳，「昺免死，長流瓊州」，乃刑部尚書范致虚爲請。考致虚於重和元年九月自刑部尚書爲尚書右丞，則寀、昺獲罪必在重和元年九月前，先生出外，亦在是歲矣。

先生晚年自杭徙居睦州，故《嚴陵集》有先生《勅賜唐二高僧師號記》，《景定嚴州續志》載州校書板有《清真集》、《清真詩餘》，以此集中《一寸金》詞恐亦在睦州時改定也。

宋時，錢塘詞人以先生與潘閬爲最著，而二人身後毁譽適得其反，可謂有幸有不幸矣。逍遥獲罪之事，宋人所記亦不一，謂太宗晚年燒煉丹藥，潘閬嘗獻方書，懼誅，匿舒州潛山寺爲行者，《劉貢父詩話》之説也。謂閬爲秦王記室參軍，王坐罪下獄，捕閬急，閬自髠其髮，後編置信上者，葉紹翁《四朝聞見録》之説也。謂坐盧多遜黨追捕，變姓名僧服入中條山者，沈括《夢溪筆談》之説也。謂太宗大漸時，閻與内侍王繼恩等謀立太祖之孫惟吉，尋悉誅竄者，《揮麈餘話》之説也。《宋史·王繼恩傳》言閻與繼恩交通狀而不及易儲事，《吕端傳》言繼恩等謀立楚王元佐而不及太祖孫惟吉。案元佐亦字惟吉，疑即一事。參考諸説，知閻曳裾王門，納交宦侍，至以布衣與人家國事，決非高蹈之士，徒以東坡盛稱其詩，陸子遹跋《逍遥集》遂以楊朴、魏野比之，殊爲失實。先生立身頗有本末，而爲樂府所累，遂使人間異事，皆附蘇秦；海内奇言，盡歸方朔。廓而清之，亦後人之責矣。

先生《汴都賦》變《二京》、《三都》之形貌，而得其意，無十年一紀之研鍊，而有其工。壯采飛騰，奇文綺錯。二劉博奥，乏此波瀾；兩蘇汪洋，遜其典則。至令同時碩學，只誦偏旁；異世通儒，或窮音釋。然在先生猶爲少作已。

《重進汴都賦表》高華古質，語重味深，極似荆公制誥表啓之文，末段傚退之《潮州謝上表》，在宋四六中頗爲罕覯。《五禮新儀劄序》語尤簡古，又與《重進汴都賦表》同一機杼，時先生雖已在外，疑亦出其手也。

先生詩之存者，一鱗片爪，俱有足觀。至如《曝日》詩云：「冬曦如村釀，微温只須臾。行行正須此，戀戀忽已無。」語極自然，而言外有北風雨雪之意，在東坡《和陶》詩中猶爲上乘，惜僅存四句也。

陳元靚《歲時廣記》有先生内制《春帖子》三斷句。案宋制《春帖子》詞均翰林學士爲之，先生未任此官，殆爲人代作耶。

先生詩文之外，兼擅書法，岳倦翁《法書贊》稱其體具態全，董史皇《宋書録》謂其正行皆善，又石刻鋪叙《鳳墅堂帖》第二十卷中，刻有周清真書，古人能事之多，自不可測也。

先生於詩文無所不工，然尚未盡脱古人蹊逕。平生著述，自以樂府爲第一，詞人甲乙，宋人早有定論。惟張叔夏病其意趣不高遠，然北宋人如歐、蘇、秦、黄，高則高矣，至精工博大，殊不逮先生。故以宋詞比唐詩，則東坡似太白，歐、秦似摩詰，耆卿似樂天，方回、叔原則大曆十子之流，南宋惟一稼軒可比昌黎，而詞中老杜，則非先生不可。昔人以耆卿比少陵，猶爲未當也。

先生之詞，陳直齋謂其「多用唐人詩句，檃括入律，渾然天成」；張玉田謂其善於融化詩句，然此不過一端。不如强焕云「模寫物態，曲盡其妙」，爲知言也。

山谷云：「天下清景不擇賢愚而與之，然吾特疑端爲我輩設。」誠哉是言！抑豈獨清景而已，一切境界無不爲詩人設，世無詩人，即無此種境界。夫境界之呈於吾心而見於外物者，皆須臾之物，惟詩人能以此須臾之物，鐫諸不朽之文字，使讀者自得之，遂覺詩人之言，字字爲我心中所欲言，而又非我之所能自言，此大詩人之祕妙也。境界有二：有詩人之境界，有常人之境界，詩人之境界惟詩人能感之而能寫之，故讀其詩者亦高舉遠慕，有遺世之意；而亦有得有不得，且得之者亦各有深淺焉。若夫悲歡離合，羈旅行役之感，常人皆能感之，而惟詩人能寫之，故其入於人者至深，而行於世也尤廣。先生之詞屬於第二種爲多，故宋時别本之多，他無與匹，又和者三家，注者二家，强焕本亦有注，見毛跋。自士大夫以至婦人女子，莫不知有清真，而種種無稽之言，亦由此以起，然非入人之深，烏能如是耶。

樓忠簡謂先生妙解音律，惟王晦叔《碧雞漫志》謂：「江南某氏者解音律，時時度曲，周美成與有瓜葛，每得一解，即爲製詞，故周集中多新聲。」則集中新曲，非盡自度，然「顧曲」名堂，不能自已，固非不知音者。故先生之詞，文字之外，須兼味其音律，惟詞中所注宮調，不出「教坊十八調」之外，則其音非大晟樂府之新聲，而爲隋、唐以來之燕樂，固可知也。今其聲雖亡，讀其詞者猶覺拗怒之中，自饒和婉，曼聲促節，繁會相宜，清濁抑揚，轆轤交往。兩宋之間，一人而已。

先生逸詞，除毛氏所録《草堂》數闋外，罕有所見，祇《樂府雅詞拾遺》下《南歌子》一首，《能改齋漫録》載先生增王晉卿《燭影摇紅》半闋耳。惟僞詞最多，强焕本所增，强半皆是。如《片玉詞》上《青玉案》「良夜燈光簇紅豆」一闋，乃改山谷《憶帝京》詞爲之者，決非先生作，不獨《送傅國華》、《寄李伯紀》二首歲月不合也。

詩文雜著書録

《清真先生文集》二十四卷

宋樓鑰編，詳《樓序》，宋晁公武《郡齋讀書志》及陳振孫《直齋書録解題》所録即此本。今皆不傳。

樓鑰《清真先生文集序》：「班孟堅之賦兩都，張平子之賦二京，不獨爲《五經》鼓吹，直足以佐大漢之光明，誠千載之傑作也。國家定都大梁，雖仍前世之舊，當四通五達之會，貢賦地均，不恃險阻，真得周家有德易以王之意。祖宗仁澤深厚，承平百年，高掩千古，異才間出，曾未有繼班、張之作者。神宗稽古有爲，鼎新百度，文物彬彬，號稱盛際。錢唐周公少負庠校雋聲，未及三十，作《汴都賦》凡七千言，富哉壯哉，鋪張揚厲之工，期月而成，無十稔之勞，指陳事實，無夸詡之過。賦奏，天子嗟異之，命近臣讀於邇英閣，由諸生擢爲學官，聲名一日震耀海内，而皇朝太平之盛觀備矣。未幾，神宗上賓，公亦低徊不自表褽，哲宗始寘之文館，徽宗又列之郎曹，皆以受知先帝之故。以一賦而得三朝之眷，儒生之榮莫加焉。公之殁，距今八十餘載，世之能誦公賦者蓋寡，而樂府之詞盛行於世，莫知公爲何等人也。公嘗守四明，而諸孫又寓居於此，嘗訪其家集而讀之，參以他本間見手藁，又得京本文選，與公之曾孫鑄裒爲二十四卷。中更兵火，散墜已多，然足以不朽矣。公壯年氣鋭，以布衣自結於明主，又當全盛之時，宜乎立取貴顯；而考其歲月仕宦，殊爲流落，更就銓部，試遠邑，雖歸班於朝，坐視捷徑，不一趨焉；三綰州麾，僅登松班而旅死矣。蓋其學道退然，委順知命，人望之如木雞，自以爲喜，此又世所未知者。樂府傳播，風流自命，又性好音律，如古之妙解，顧曲名堂，不能自已，人必以爲豪放飄逸，高視古人，非攻苦力學以寸進者。及詳味其辭，經史百家之言盤屈於筆下，若自己出，一何用功之深，而致力之精耶！故見所上獻賦之書，然後知一賦之機杼；見《續秋興賦》後序，然後知平生之所安；《磬鏡》、《烏几》之銘，可與鄭圃、漆園相周旋；而《禱神》之文，則《送窮》、《乞巧》之流亞也。驟以此語人，未必遽信，惟能細讀之者，始知斯言之不爲溢美耳。居閒養痾，爲之校讎三數過，猶未敢以爲盡。方淇水李左丞讀賦上前，多以偏旁言之，因爲考之羣書，略爲音釋，闕其所未知者，以俟博雅之君子，非敢自比張載、劉逵爲《三都》之訓詁也。鑰先世與公家有事契，且嘗受廛焉，公之詩文幸不泯没，鑰之願也。公諱邦彦，字美成，清真其自號，歷官詳見志銘云。制使待制陳公，政事之餘，既刊曾祖賢良都官家集，又以清真之文並傳，以慰邦人之思。君子謂是舉也，加於人數等，類非文吏之所能爲也。」

（《攻媿集》卷五十一）

宋晁公武《郡齋讀書志》：「《清真先生文集》二十四卷。右周邦彦字美成之文也。神宗時嘗奏《汴都賦》七千言，上命近臣讀於邇英閣，由諸生爲學官。哲宗置之文館，徽宗列之郎曹。嘗守四明，故樓忠簡公鑰序而刻之。」

宋陳振孫《直齋書録解題》：「《清真集》二十四卷，徽猷閣待制錢塘周邦彦撰。元豐七年進《汴都賦》，自諸生命爲太學正。邦彦博文多能，尤長於長短句自度曲，其提舉大晟府亦由此，而他文未傳。嘉泰中，四明樓鑰始爲之序，而太守陳杞刊之，蓋其子孫家居四明故也。《汴都賦》已載《文鑑》，世傳賦初奏御，詔李清臣讀之，多古文奇字，清臣讀之如素所習熟者，乃以偏旁取之耳。鑰爲音釋，附之卷末。」《遺事》云：「案杞曾刻其曾祖舜俞《都官集》三十卷，《都官集》爲先生叔邠所編，邠爲舜俞女夫，見蔣之奇《都官集序》。故并及先生集耳。」

《清真居士集》十一卷

見《宋史·藝文志》集類四，今不傳。《遺事》云：「疑即樓序中所謂家集。」

《周美成文集》

見明正統六年楊士奇等修《文淵閣書目》，不著卷數，注云：「一部五册，殘闕。」今不傳。

《清真雜著》三卷

《直齋書録解題》：「邦彦嘗爲溧水令，故邑有詞集，其後有好事者取其在邑所作文記詩歌併刻之。」今不傳。

《文淵閣書目》：「周美成《清真雜著》一部，缺一册。」今亦不傳。

《操縵集》五卷

《直齋書録解題》：「周邦彦撰，亦有前集中所無者。」今不傳。

《遺事·箸述二》云：「國維案：右詩文集四種（按王先生未見《文淵閣書目》，故云四種），今皆不傳。《宋志》文集僅十一卷，疑即《樓序》中所謂家集，而二十四卷本則宋世通行之本也。今遺文尚存者則有《汴都賦》、《重進汴都賦表》、《勅賜唐二高僧師號記》。遺詩則錢塘丁立中重刻《汴都賦》附録，除録《宋詩紀事》外，尚有補輯，其目爲《過羊角哀左伯桃墓》一首、《鳳凰臺》一首、《僊杏山》一首、《曝日》一首、《天賜白》一首、《春帖子》一首、《春雨》一首、《贈常熟賀公叔隱士》一首、《竹城》一首、《投子山》一首、《宿靈仙觀》一首、《芝术歌》一首；而陳元靚《歲時廣記》中尚有内制春帖子二斷句，爲丁氏所未録。又《寶真齋法書贊》、《郁氏書畫題跋記》各有一帖，涇陽端制軍方藏有先生手蹟，亦未見。至遺文則《聖宋文海》、《播芳文粹》尚有之，未及檢也。」按所舉諸目，缺漏尚多，並見本書中編佚詩佚文，不贅補；宋魏齊賢、葉棻所編《播芳文粹》，其中並無清真之作。

長短句書録

清真詞宋時已多有刻本流行，可考者尚有十種，傳世者惟《片玉集》而已。元、明、清諸本雖亦源於宋，然屢經改編，真面目殊難考辨矣，餘詳已故吴則虞先生《版本考辨》一文。

《片玉集》十卷

宋劉肅《片玉集序》：「辭不輕措，辭之工也；閲辭必詳其所措，工於閲者也。措之非輕而閲之非詳，工於閲而不工於措，胥失矣，亦奚胥望焉。是知雌霓之誦，方脱諸口，而見謂知音；白題、八滑之事既陳，而當世之疑已釋。楛矢萍實，苟非推其所從，則是物也，棄物耳，誰歟能知？觸物而不明其原，覩事而莫徵所自，與冥行何别？故曰，無張華之博，則孰知五色之珍；乏雷煥之識，則孰辨衝斗之靈？况措辭之工，豈不有待於閲者之箋釋耶。周美成以旁搜遠紹之才，寄情長短句，縝密典麗，流風可仰。其徵辭引類，推古誇今，或借字用意，言言皆有來歷，真足冠冕詞林，歡筵歌席，率知崇愛，知其故實者幾何人？斯殆猶屬目於霧中花、雲中月，雖意其美，而皎然識其所以美則未也。章江陳少章，家世以學問文章爲廬陵望族，涵泳經籍之暇，閲其詞，病舊註之簡略，遂詳而疏之。俾歌之者究其事，達其辭，則美成之美益彰；猶獲崑山之片珍，琢其質而彰其文，豈不快夫人之心目也！因命之曰《片玉集》云。少章名元龍。時嘉定辛未杪臘，廬陵劉肅必欽序。」按此乃宋本之僅存者，通行本見《彊邨叢書》覆刻本。

清阮元《四庫未收書目提要》：「《詳註周美成片玉集》十卷。周邦彦所撰《片玉詞》二卷，《四庫全書》已著録。此宋陳元龍註釋本。元龍字少章，廬陵人。是書分春夏秋冬四景及單題、雜賦諸體爲十卷，元龍以美成詞借字用意，言言俱有來歷，乃廣爲考證，詳加箋註焉。」

朱孝臧《片玉集跋》：「周美成詞《片玉集》十卷，陳元龍少章集注，汲古閣舊藏，半塘翁目爲元板者也。美成詞刻於宋世者：一爲嚴州本，名《清真詩餘》，《景定嚴州續志》載州校書板，有《清真集》復有《詩餘》是也；黄昇《花庵詞選》據之。一爲溧水本，名《清真詞》，《直齋書録解題》謂邦彦嘗爲溧水令，故邑有詞集，即晉陽强焕爲序者是也；西麓《繼周集》據之。一爲《圈法美成詞》，見《詞源》。一爲《美成長短句》，見毛子晉跋語。又有《三英集》，乃與方千里、楊澤民和作同刻者。皆無注。若曹杓注《清真詞》，亦見《書録解題》，其書久佚。然兹集劉必欽序謂病舊注之簡略，詳而疏之，所云舊注，疑即曹注。嘗見士禮居別藏本，與兹本悉同，惟卷五注中有異，又序尾有嘉定辛未云云，今已據補，其爲宋刻無疑。兹本雖削嘉定辛未字，詞中譌脱較尠，注亦加詳，卷五注尤多增改，其爲少章手訂覆刻亦無疑。毛氏祕本書目謂爲元刻，半塘翁因之，蓋未睹黄本標明嘉定也。毛刻用强焕序，本《清真詞》，乃以兹集之名名之。老友曹君直，謂其跋中最後得宋刻云云，明指强本；余見評注龎雜云云，復指陳本。懸牛頭市馬脯，令人迷罔。而所謂《長短句》者，未知視兹集增損如何，亦湮没不可考，爲尤可惜也。庚申小除日，歸安朱孝臧跋於禮霜堂。」

溧水本《清真詞》

見前《清真雜著》下引《直齋書録解題》：「邦彦嘗爲溧水令，故邑有詞集。」今佚，朱彊邨謂即强焕爲之序者。

《清真詞》二卷續集一卷

見《直齋書録解題》云：「周美成邦彦撰。多用唐人詩語檃括入律，渾然天成，長詞尤善鋪叙，富豔精工，詞人之甲乙也。」今佚。

《注清真詞》二卷

亦見《直齋書録解題》云：「曹杓季中注。自稱一壺居士。」今佚。

嚴州本《清真詩餘》

見《景定嚴州續志》四《書籍》，《花庵詞選》七：「周美成名邦彦，初進《汴都賦》得官，徽廟時提舉大晟府，官至待制。詞名《清真詩餘》。」今佚。《遺事》云：「先生晚年自杭徙居睦州……《景定嚴州續志》載州校書板，有《清真集》、《清真詩餘》，以此。」

《圈法周美成詞》

張炎《詞源》卷下《雜論》：「近代楊守齋神於琴，故深知音律，有《圈法周美成詞》。」今佚。

《周詞集解》

沈義父《樂府指迷》：「凡作詞當以清真爲主……學者看詞，當以《周詞集解》爲冠。」今佚。按張炎、沈義父雖已入元，然其所舉，當是宋末已有者。

《清真集》《美成長短句》

明毛晋《宋六十名家詞·片玉詞》跋：「美成於徽宗時提舉大晟樂府，故其詞盛傳於世。余家藏凡三本，一名《清真集》，一名《美成長短句》，皆不滿百闋，最後得宋刻《片玉集》二卷，計調百八十有奇，晋陽强焕爲序。」前二今並佚。

《三英集》

毛晋跋方千里《和清真詞》：「美成當徽廟時提舉大晟樂府，每製一調，名流輒依律賡唱，獨東楚方千里、樂安楊澤民有和清真全詞各一卷，或合爲《三英集》行世。」按以上十種皆宋刊，除陳注《片玉集》外，今皆不傳。

元巾箱本《清真集》二卷

明無名氏跋:「隆慶庚午用復所司李藏元人巾箱本,命胥魯頌照録訖。盟鷗園主人記。」今存。按此書編次與陳注《片玉集》十卷悉同,惟分作二卷,所注宫調及標題偶有小異而已。清王鵬運益以《清真集外詞》一卷,收入《四印齋所刻詞》中,因而流行。有跋,録於下。

王鵬運跋:「右影元巾箱本《清真集》二卷,坿《集外詞》一卷。案美成詞傳世者,以汲古毛氏《片玉詞》爲最著,近仁和丁氏《西泠詞萃》所刻即汲古本。此本二卷百二十七闋,爲余家所藏,末有盟鷗主人誌語,蓋明鈔元本也,編次體例與《片玉詞》迥别,而調名字句亦多不同。陳振孫《書録解題》云:『《清真集》二卷、後集一卷。』又毛子晋《片玉詞跋》:『美成詞一名《清真集》,一名《美成長短句》,皆不滿百闋。』與此均不合。久欲刊行,以舊鈔剥蝕過甚,無本可校而止。去年,從孫駕航京兆丈假得元刻廬陵陳元龍《片玉詞》注本,編次體例與鈔本正同,特分卷與題號異耳。爰據陳注校訂,依式影寫,付諸手民。其集中所無而見於毛刻者,共五十四闋,爲《集外詞》一卷坿後。毛本强序、陳本劉序,鈔本不載,今皆補入。美成集又名《片玉詞》,據序即劉必欽改題也。光緒丙申春三月十有三日,臨桂王鵬運鶩翁記。」

《遺事·箸述二》：「案先生詞集行於世者，今惟毛刻《片玉詞》二卷、王刻《清真集》二卷，陳注《片玉集》十卷則元刻僅存。（按静安先生未見《彊邨叢書》本，故云）。又見仁和勞巽卿手鈔振綺堂藏《片玉集》十卷，目録之下，略有注釋，詞中注多已削去，殆亦從陳本出。其古本見於《景定嚴州續志》、《花庵詞選》者，曰《清真詩餘》；見於《詞源》者，曰《圈法美成詞》；見於《直齋書録》者，曰《清真詞》，曰曹杓《注清真詞》；又與方千里、楊澤民《和清真詞》合刻者，曰《三英集》，見毛晋方千里《和清真詞跋》。子晋所藏《清真集》，與王刊元本不同，其《氏州第一》一首，作《熙州摘徧》，此宋人語，非元以後人所知，則其源出於宋本；加以溧水本，是宋時已有七本。而陳注《片玉集》十卷、王刻《清真集》二卷，則爲元本。毛跋之《美成長短句》，不識編於何時。别本之多，爲古今詞家所未有。溧水本編於淳熙庚子，故闋數雖多，頗有僞詞。陳注十卷與王刻二卷編次均同。方千里、楊澤民和詞，既不據溧水本，又題《和清真詞》則必據《清真詞》；今其次序與陳注本、王刊本正同，則此二本，疑即出於直齋著録之《清真詞》三卷。今以此數卷比較觀之，方、楊和詞均至《滿路花》而止，而陳注本、王刊本尚有《綺寮怨》以下三十一闋。疑宋本《清真詞》二卷當至《滿路花》止，而《綺寮怨》以下即所謂後集。王刊元本以後集一卷合於下卷，而陳本則分前集爲八卷，後集爲二卷，雖皆出於《清真詞》，然皆非《清真詞》之舊矣。由此觀之，則《清真詞》三卷之編次，亦復不難推測。至毛刻《片玉詞》，子晋謂出宋本，或據陳注本，劉必欽序，謂《片玉》之名，乃必欽所改題，溧水舊本不應先有此名。然此本編次既與他本絶異，而所增詞甚多，其中僞作間出，而其佳者又絶非清真不辦，且陳允平《西麓繼周集》全從此本次第，足證宋末已有此本；又子晋未見陳注本，則亦無從改題爲《片玉》。余疑劉序乃釋片玉二字，特措辭不倫，此又元明人常態，無足怪也。又疑《清真詞》三卷篇篇精粹，雖非先生手定，要爲最先之本。考王灼《碧雞漫志》成於紹興己巳，而書中已有美成集中多新聲一語，則先生詞集，紹興間已盛行矣。《片玉》本强焕所編，又益以未收諸詞，既編於數十年後，羼入他作，自不能免；惟子晋宋本之説，固無可疑也。」

明汲古閣本《片玉詞》二卷《補遺》一卷

宋强焕《題周美成詞》：「文章政事，初非兩途，學之優者，發而爲政，必有可觀，政有其暇，則游藝於詠歌者，必其才有餘辨者也。溧水爲負山之邑，官賦浩穰，民訟紛沓，似不可以絃歌爲政。而待制周公，元祐癸酉春中爲邑長於斯，其政敬簡，民到於今稱之者，固有餘愛。而其尤可稱者，於撥煩治劇之中，不妨舒嘯，一觴一詠，句中有眼，膾炙人口者，又有餘聲洋洋乎在耳側，其政有不亡者存。余慕周公之才名，有年於兹，不謂八十餘載之後，踵公舊蹤，既喜且媿。故自到任以來，訪其政事，於所治後圃得其遺致，有亭曰姑射，有堂曰蕭閒，皆取神仙中事，揭而名之，可以想像其襟抱之不凡。而又睹新緑之池，隔浦之蓮，依然在目。抑又思公之詞，其槪寫物態，曲盡其妙，方思有以發揚其聲之不可忘者而未能。及乎暇日從容式燕嘉賓，歌者在上，果以公之詞爲首唱，夫然後知邑人愛其詞，乃所以不忘其政也。余欲廣邑人愛之之意，故裒公之詞，旁搜遠紹，僅得百八十有二章，釐爲上下卷，迺輟俸餘，鳩工鋟木，以壽其傳。非惟慰邑人之思，亦蘄傳之有所託，俾人聲其歌者，足以知其才之優於爲邑如此，故冠之以序而述其意云。公諱邦彦，字美成，錢塘人也。淳熙歲在上章困敦孟陬月圉赤奮若，晉陽强焕序。」按此本今存，且流行最廣。

明毛晋跋：「美成於徽宗時提舉大晟樂府，故其詞盛行於世。余家藏凡三本，一名《清真集》，一名《美成長短句》，皆不滿百闋，最後得宋刻《片玉集》二卷，計詞一百八十有奇，晋陽强焕爲序。余見評注龐雜，一一削去，釐其訛謬，間有兹集不載，錯見清真諸本者，附《補遺》一卷，美成庶無遺憾云。若乃諸名家之甲乙，久著人間，無待予備述也。湖南毛晋識。」

《四庫全書總目提要》集部詞曲類：「《片玉詞》二卷《補遺》一卷，宋周邦彦撰。邦彦字美成，錢塘人。元豐中獻《汴都賦》，召爲太學正；徽宗朝仕至徽猷閣待制，出知順昌府，徙處州，卒。自號清真居士。《宋史·文苑傳》稱邦彦疏儁少檢，不爲州里推重，好音樂，能自度曲，製樂府長短句，詞韻清蔚。《藝文志》載《清真居士集》十一卷，蓋其詩文全集久已散佚，其附載詩餘與否，不可復考。陳振孫《書録解題》載其詞有《清真集》二卷後集一卷。此編名曰《片玉》，據毛晉跋，稱爲宋時刊本，所題原作二卷，其補遺一卷，則晉採各選本成之。疑舊本二卷，即所謂《清真集》，晉所掇拾，乃其後集所載也。卷首有强焕序，與《書録解題》所傳合。其詞多用唐人詩句檃括入調，渾然天成，長篇尤富豔精工，善於鋪叙。陳郁《藏一話腴》，謂其以樂府獨步，貴人學士市儈妓女，皆知其詞爲可愛，非溢美也。又邦彦本通音律，下字用韻皆有法度，故方千里和詞，一一按譜填腔，不敢稍失尺寸。今以兩集互校，如《隔浦蓮近拍》『金丸落驚飛鳥』句，毛本註云：『案譜，此處宜三字兩句。』然千里詞作『夷猶終日魚鳥』，則周詞本是『金丸落驚飛鳥』，非三字二句。又《荔枝香近》『兩兩相依燕新語』，句止七字，千里詞作『深澗斗瀉飛泉洒甘乳』，句凡九字。觀柳永、吴文英二集，此調亦俱作九字句，不得謂千里爲誤，則此句尚脱二字。又《玲瓏四犯》『細念想夢魂飛亂』句七字，毛本因舊譜誤脱細字，遂註曰：『案譜宜是六言。』不知千里詞正作『顧鬢影翠雲零亂』七字，則此句細字非衍文。又《西平樂》『争知向此征途，區區佇立塵沙』二句共十二字，千里和云『流年迅景，霜風敗葦驚沙』，止十字，則此句實衍二字。至於《蘭陵王》尾句『似夢裏淚暗滴』，六仄字成句，觀史達祖此調此句作『欲下處似認得』，亦止用六仄字，可以互證。毛本乃於夢字下增一魂字，作七字句，尤爲舛誤，今並釐正之。《書録解題》有曹杓字季中，號一壺居士者，曾註《清真詞》二卷，今其書不傳。」

戈載《宋七家詞選》清真詞跋

清真詞凡有三本：一曰《美成長短句》，一曰《清真集》，一曰《片玉集》。《片玉》爲晋陽强焕所輯，搜羅最富，汲古又補遺十餘首，可爲完璧矣。然子晋刻時，欠校讐之功，譌謬頗多，幸其詞散見於各集，余因將《花庵詞選》、《樂府雅詞》、《陽春白雪》、《樂府指迷》、《詞源》、《草堂詩餘》、《花草粹編》、《歷代詩餘》、《詞綜》、《詞潔》、《詩餘圖譜》、《詞律》、《詞苑》詞話諸書，參互考訂，擇其善者從之，各詞下俱未注出，以省繁重。惟諸本有大誤之處，於此略標一二：如《秋蕊香》「探新燕」，「探」汲古作「貪」。《蝶戀花》「轣轆牽金井」，「轣轆」《花庵》作「轆轤」。《蘇幕遮》「斷雨殘雲」，《草堂》、《圖譜》落去「雨」、「殘」二字。《華胥引》有「鳳箋盈篋」，汲古落去「有」字。《又》「夜來和淚雙疊」，「夜來」《圖譜》作「夜夜」。《掃花游》「問一葉怨題」，汲古、《草堂》落去「問」字。《渡江雲》「漸漸可藏鴉」，《圖譜》落去「可」字。《玉燭新》「好亂插繁華盈首」，《圖譜》落去「好」字。《花犯》「冰盤同燕喜」，「同」字《草堂》、《詞潔》作「共」。《宴清都》「風翻暗雪」「淮山夜月」《草堂》、《詞潔》「雪」作「雨」，「山」作「水」。《氏州第一》「欲夢高唐」，「唐」《詞潔》作「堂」。《瑞鶴仙》「不記歸時早暮」，「暮」《歷代詩餘》作「著」。《拜星月慢》「似覺瓊林玉樹相倚」，《草堂》、《詞綜》落去「相倚」二字。《解連環》「拚今生、對花對酒，爲伊淚落」，《清真集》作「拚今生、爲伊對花對酒淚落」。《霜葉飛》「度日如歲難到」，《草堂》落去「難到」二字，下又多一「嘆」字。《蘭陵王》「似夢裏」汲古多一「魂」字。《大酺》「望極頻驚」，「頻」《草堂》作「頓」。《浪淘沙慢》「念漢浦離鴻」，《詞律》「漢」作「溪」，「鴻」作「魂」。《瑞龍吟》「盡是傷離意緒」，《詞綜》落去「意」字。凡此不可不亟爲改正，且可借此以正彼耳。其有介于兩可者，則以方千里、楊澤民、陳允平和詞相證。如《南鄉子》「颼颼」，汲古於第二「颼」字作「飀」，和詞皆作「颼」。《荔支香近》「閒看兩兩相倚燕新乳」，「閒」字汲古落去，和詞皆作「九」字，結句「共翦西窗蜜炬」，《片玉集》作「如今誰念淒楚」，和詞皆作「炬」字。《西河》「酒旂戲鼓甚處市」，「市」汲古作「是」，和詞皆作「市」。《六醜》「静繞珍叢底成嘆息」，《陽春白雪》「底」作「祗」，作四字二句，和詞皆作一五一三，是皆據以爲準。惟《解連環》「記得當日音書」，方和詞亦六字，《花庵》則多一「漫」字，此字必不可少，故從《花庵》。至「小雨收塵」一首，諸本皆作《月下笛》，予細按之，並非《月下笛》，實是《瑣窗寒》也。換頭與結句稍異，乃一調而異體者，改爲《瑣窗寒》，或不謬與？清真之詞，其意淡遠，其氣渾厚，其音節又復清妍和雅，最爲詞家之正宗，所選更極精粹無憾，故列爲七家之首焉。

鄭文焯《清真詞校後録要》

一、「清真」爲美成自號以名其集者也，見於《宋史·藝文志》，集十一卷，蓋合其集之全者而言，或詩餘即附載其中。自陳振孫《書録解題》有《清真集》二卷、《後集》一卷，始專以《清真集》之名屬其詞，其篇目不可復考。虞山毛子晋所云：「家藏三本，一名《清真集》，未詳卷數。」又云：「最後得宋刻《片玉集》二卷，計調百八十有奇，晋陽强焕爲叙。」《直齋書録》所記，卷首亦有强焕，未知汲古傳本與陳録合否？至所稱篇數，則與强焕序所言僅得百八十有二章相類，但增其二及補遺十首耳。顧「片玉」之名，始見於元刻廬陵劉肅之叙、漳江陳元龍《詳註》之本，其叙云：「猶獲崑山之片珍，琢其質而彰其文，因命之曰《片玉集》。」是《清真詞》實自陳刻始改題號，宋時刊本斷無「片玉」之名可證。如方千里、楊澤民、陳君衡三家和作，及見諸夢窗、玉田詞叙者，并稱「清真」，强叙前亦止云「題周美成詞」，諸子皆南宋時人，可知「片玉」爲後起之號，信而有徵也。且説部中如胡仔《苕溪漁隱叢話》、王灼《碧雞漫志》、龐元英《談藪》、陳藏一《話腴》、毛幵《樵隱筆録》及《揮麈録》、《浩然齋雅談》、《詞源》諸書所稱引，楊守齋之《圈法》、曹季中之《箋注》，於其詞并云「清真」，更未聞以「片玉」稱也。毛刻乃據多本而羼亂其名，戈氏順卿未見元本，輒稱「片玉」爲强焕所輯，搜羅最富，其疏妄已甚。後之襲謬沿訛者，昧厥淵源，無復正名之議，此宋、元本題號先後之證也。

一、《清真集》當以淳熙官本爲美贍。蓋以强公繼踵美成，廣邑人之遺愛，聆歌者之雅聲，遠紹旁搜，手校墨版，陳義甚高，故視諸本所得倍之。嘗謂兩宋詞刻，善本流傳，在南宋爲《白石道人歌曲》，雲間錢布武以嘉泰壬戌刻於東巖之讀書堂；北宋則《清真集》，晋陽强焕以淳熙庚子刻於溧水縣齋者。獨是姜詞宋本有傳刻，而清真闕然，亦一憾事。陳藏一《話腴》稱：「邦彦以樂府獨步，學士貴人市儈伎女皆知其詞爲可愛。」蓋其提舉大晟，每製一曲，名流輒依律賡唱，可知在宋時傳抄裒刻，各本異同，不名一格，今行世者，最初爲汲古本，亦最踳駮。其跋云：「一名《清真集》，一名《美成長短句》，皆不滿百闋。」余證以方千里和詞才九十四首，楊澤民又次之，其叙第并與元巾箱本相符，惟闕卷末二首及雜賦類三十二首。當時未睹其全，好事輒合方、楊和章爲《三英集》刊行。陳君衡《西麓繼周集》追步在後，所得差多。將毛本所謂「不滿百闋者」，豈南宋坊刻罕覯足本耶？迨强焕爲溧水長，網羅放失，釐爲上下卷，始廣其傳，今毛本所輯百八十有四闋，證以强叙所稱，數雖冥合，然强叙不言有注，而毛本則校注間存，疑多出子晉删節之餘，其所斥評注龐雜者，豈陳元龍補注即在其中？而詞下每注「《清真集》不載」，或云「見《清真集》」，必其就詞之多者雜連彙刊，又獨嫁名於「片玉」，目元刻爲宋槧，抑亦謬已。其《補遺》一卷十首，自謂取之清真諸本，與此錯見者。近臨桂王給諫半塘老人影明抄元巾箱本附集外詞五十四首，即從汲古補入，又删其卷下《鎖陽臺》三首及補遺十首。惜陳振孫所録《後集》一卷，其書不傳，無從勘其出入耳。至《四庫》集部所收，近今丁氏《西泠詞萃》所重刻，篇卷題號，悉仍汲古之舊，於其譌舛，尠所校正。其作十卷附注者，惟阮氏《揅經室外集》録目及汪閬原《藝芸書目》載之，其編分四時、單題、雜賦諸體，而阮、汪二家皆誤以爲宋槧。汪目稱：「宋本《詳注》十卷」，阮録謂「此宋陳元龍注釋本」，并題曰「《詳注片玉詞》十卷」。按元龍乃元人，爲美成詞補注，因命之曰《片玉集》，即孫京兆篤航所藏元刻《片玉詞》，廬陵劉必欽叙稱「漳江陳少章」其人也。半塘據以校明隆慶庚午盟鷗園主人影抄復所司李藏元人巾箱本，其編次百二十七首并分類體例，一一相符，特分卷與題號異耳。蓋孫氏所藏元刻陳注十卷之本，即出於汪、阮舊録，以其分類卷數集注命名，考之悉合。按自《直齋書録》已標二卷，其《後集》當是續編，强刻釐爲上下，則亦二卷，王刻明影抄元巾箱本，卷第正同。毛刻雖合三本爲之，未必盡依舊次，而《汲古秘本書目》固稱元板《片玉詞》二本，昔黄蕘翁嘗謂所見毛氏珍藏之本，不必盡合於所刻，信然。今觀其《跋刻片玉集》曰「宋刻二卷」，其《祕目》則稱「元板二本」，實一書而前後自紊其標題，此宋、元本篇目多寡之證也。

一、《清真集》在宋時已有注本，《直齋書録》云：「有曹杓字季中，號一壺居士，曾注《清真詞》二卷。」元本已無稱曹注者，則其書不傳久矣，此爲注本之初桄。玉田《詞源》言：楊守齋有《圈法美成詞》，蓋取其詞中字句融入聲譜，一一點定，如《白石歌曲》之旁譜，特於其拍頓加一墨圍，故云圈法耳。夢窗《惜黄花慢》詞叙云：「吴江夜泊惜别，邦人趙簿攜伎侑尊，連歌數闋，皆清真詞。」毛幵《樵隱筆録》云：「紹興初，都下盛行清真詠『柳』《蘭陵王慢》，西樓南瓦皆歌之。」玉田詞叙亦兩記杭伎沈梅嬌、吴伎車秀卿能歌美成曲，得其音旨。强焕叙言：「式燕嘉賓，歌者果以公之詞爲首唱。」可知其詞當南渡後，頗以雅管流傳，一時勝寄。自元以來，大晟餘韻，嗣音闃然，學者但賞其文藻，率於其舉典隸事，强作解人，雖習見者，亦多所牋釋。要之，詞原於比興，體貴清空，奚取典博。美成詞切情附物，風力奇高，玉田謂其取字「皆從唐之温、李及長吉詩中來」一語，思過半矣。故詞之有注，轉爲贅疣，且有因注而誤者：如清真詞《西河》「金陵懷古」、「傷心東望淮水」，此數語實檃括劉夢得《金陵五題詠石頭城》詩句，融會分明，而《草堂詩餘》及毛刻注皆以「傷心」爲「賞心」，草堂本引《詩話總龜》賞心亭故實，頓失作者本義。又《六醜》「斷鴻」句，諸本「鴻」字確是「紅」之譌，而汲古注引詩「天南斷雁」之句以實之。考宋龐元英《談藪》云：「本朝詞人用御溝紅葉故事，惟清真樂府《六醜》『詠落花』見之，云：恐斷紅上有相思字，何由見得。」是宋人所見原本爲「斷紅」可證。此類尚多，并是注者妄有所掎摭，以亂其真，甚無謂也。元劉肅叙稱，陳少章病舊注之簡略，遂詳而疏之。宋以後所見注本僅此，其間舊注固無從條晰，而毛本删存及草堂所有者，同一猥雜，此宋、元本注釋存佚之證也。

一、《清真集》分類體例，蓋宋時已有刊行，據方千里和詞次第，以考元巾箱本及陳注本，自「四時」至「單題」類，若合符節，千里固宋人，是宋本有分類可知。其「雜賦」一類三十二首，疑出於後之續編，校刻者不欲羼敓舊次，遂附卷末，別立一門，或陳振孫所謂「後集一卷」者此歟？否則「雜賦」諸詞，儘可分入前編諸類，奚事他題，千里未見，故無和作耳。考分類之體，昉於昭明，宋人編訂前賢專集，多沿其例，如劉後村《分門纂類唐宋時賢千家詩選》二十二卷，列十四門；趙孟奎《分類唐歌詩百卷》亦然。至於少陵、香山、東坡之集，皆有分類本行世。《士禮居藏書記》有乾道本《山谷詞》一卷，亦是分類編纂。是《清真集》在宋已有類編之刻，可類推矣。元本未詳所自，蓋亦依據舊格，附注以行，非創體也。至强刻或從溧水官本搜輯，故視諸坊刻爲多，論世知人，當時必以編年之例刊行於世，惜淳熙本世無傳刻，僅見一叙。毛本義近編年，第所據宋刻多本，仍是元板之《片玉詞》，其所謂「清真《美成長短句》不滿百闋者」，必非强刻百八十二章之本可知，是編年宋本散佚久矣。此宋、元本體例出入之證也。

曩嘗取《白石詞》爲之編年補傳，以其詞叙自注歲月，旁徵宋、元説部事跡，易於考見。今欲仿其義例，編訂《清真集》，爲之詮第。其見諸説部者，集外軼事寥寥，惟王灼《碧雞漫志》謂：「《點絳脣》爲美成歸自京師飲於太守蔡巒子高坐中，見營伎岳楚雲之妹，作此曲以寄之。」龐元英《談藪》謂：「本朝詞人用御溝流紅葉故實，惟清真樂府《六醜》『詠落花』見之。」又《揮麈録》載《瑞鶴仙》「悄郊原帶郭」一首，謂是美成晚歸泉唐鄉里，夢中所得，後兆方臘盜起，倉皇出奔，趨西湖之墳巷，遇故人之妾，小飲旗亭，歸臥菴閣，恍如詞中情境，繼得提舉洞霄宮，悉乎前作，美成因自記之。毛幵《樵隱筆録》云：「紹興初，都下盛行周清真詠柳《蘭陵王慢》，西樓南瓦皆歌之，謂之

《渭城三疊》。以周詞凡三換頭，至末段聲尤激越，惟教坊老笛師能倚之以節歌者。其譜傳自趙忠簡家。忠簡於建炎丁未九日南渡，泊舟儀真江口，遇宣和大晟樂府協律郎某，叩獲九重故譜，因令家伎習之，遂流傳於外。」玉田《國香詞叙》云：「沈梅嬌，杭伎也，忽於京都見之，把酒相勞苦，猶能歌周清真《意難忘》、《臺城路》二曲，因屬余記其事。詞成，以素羅帨書之。」又《意難忘詞叙》：「中吴車氏秀卿，樂部中之翹楚者，歌美成曲，得其音旨，余每聽，輒愛歎不已。」此數事尚足爲詞中佳證。至草窗《浩然齋雅談》云：「宣和中，李師師以善歌稱，時邦彦爲太學生，游其家，祐陵臨幸，倉皇避去，賦《少年游》詞所謂并刀如水吴鹽勝雪者，蓋記此夕事也。未幾，李被宣唤，歌於上前，遂與解褐。」按强焕《叙》言「元祐癸酉春，公爲溧水邑長」，是其作宰已在哲宗朝。癸酉屬元祐八年，距宣和前二十餘年，且《宋史》稱其元豐中獻《汴都賦》，召爲太學正，安所謂宣和中始爲太學生，其誣一也。《雅談》又云：「朝廷賜酺，師師又歌《大酺》、《六醜》二解，上顧教坊使袁綯問之，綯曰：『此起居舍人新知潞州周邦彦作也。』上意將留行，且以近多祥瑞，將使播之樂章，命蔡元長叩之。邦彦云：『某老矣，頗悔少作。』」按《宋史·文苑傳》言邦彦仕至徽猷閣待制，出知順昌府，徙處州卒，未嘗稱其知潞州。玉田《詞源》云「崇寧立大晟府，命美成諸人討論古音，八十四調之聲稍傳。美成復增慢曲引近，或爲三犯、四犯之曲，依月律進之，其曲遂繁。」是其《六醜》犯六調之曲，當在提舉大晟時所製，既非少作，且未嘗以老辭，信而有證，其誣二也。《雅談》又云：「起居郎張果廉知邦彥嘗於親王席上作小詞贈舞鬟，即《望江南》『歌席上無賴是橫波』一闋，爲蔡道其事，上知之，由是得罪。」按此又與前記師師事相反，豈出於一人之詞一時之事，而一官榮落，以詞始終。且祐陵既於宣幸之坊伎聞歌詞而賞音，詎以藩邸之舞鬟因贈詞而株累，時主愛才，必不出此，其誣三也。餘書如《鶴林玉露》引楊東山言，《道藏經》「蝶交粉退、蜂交黃退」，而誤以爲美成詞「蝶粉蜂黃」出典，且斥其以「退」爲「褪」之繆。《墨莊漫録》謂：「今人家閨房遇春秋社日，不作組紃，謂之忌作，引美成《秋蕊香》『聞知社日停針線』之句爲證。」又《西湖游覽志》稱其以「顧曲」名堂，獨載《意難忘》一曲，率評其詞格類此。《詞苑叢談》又記其爲溧水令，主簿之室有色而慧，每款洽於尊席之間，世所傳《風流子》，蓋所寓意，至妄謂其詞中「新淥」「待月」皆簿廳亭軒之名。又載：邦彥在師師家，聞道君至，匿牀下，道君自攜新橙一顆，云是江南初進，遂與諧謔。邦彥悉聞之，檃括成《少年游》。因師師歌，以直對。道君大怒，因加遷謫，押出國門。越日復幸，聞歌其《蘭陵王》留別詞，乃大喜，復召邦彥爲大晟樂正。凡此皆小説家附會，或出之好事忌名，故作訕笑，等諸無稽。倘史傳所謂邦彦疏雋少檢，不爲州里推重者此歟？《苕溪漁隱》謂「小詞紀事，率多舛誤，豈復可信」，洵知言也。若夫集中自叙，惟《西平樂》一詞歲月可考。其云「元豐初，予以布衣西上」，是其未獻賦通籍時可知。又云「後四十餘年辛丑正月，避賊復游故地」，考神宗元豐元年戊午，汔徽宗宣和三年辛丑，正得四十四年，時以金狄之亂，中外騷然，美成至是，蓋已老矣，故詞云：「身與塘蒲共晚。」其徙處州，當在宣和之季，又集中《隔浦蓮近》題云：「中山縣圃姑射亭避暑作。」《滿庭芳》題云：「夏日溧水無想山作。」《鶴沖天》題云：「溧水長壽鄉作。」此三闋當屬元祐癸酉官溧邑時所作，證以强《叙》，稱其所治後圃，有亭曰「姑射」，堂曰「蕭閑」，皆取神仙中事，揭而名之，則所注「無想山」「長壽鄉」，亦其遺跡，足補强《叙》所未及。他如《少年游》題「荆州作」，《西河》題「金陵懷古」，《水調歌頭》題「中秋寄李伯紀觀文」，《鬢雲鬆令》題「送傅國華奉使三韓」，《一寸金》題「新定作」，其人與地，間可考見時事，而未足盡爲編年之助。足則能徵，仍蓋闕之例焉耳。綜核其身世，蓋生於治平之初，通顯於元豐之季，哲宗一朝，官游南北，多見諸詞，崇寧内召，名在樂官。時已躬歷三朝，迴翔近侍，一麾江海，終老青田。至其詞賦知遇，不可謂非遭際昌明，而少壯至老，蹤蹟所之，即《西平樂》一叙，亦略具顛末，感歎歲月，不啻自述其生平矣。光緒上章困敦之年大梁月既望，叔問校竟，附記。

鄭文焯《片玉詞》批本（據吴則虞本過録）

戊戌閏三月，邂逅王侍御幼遐前輩，出元巾箱本《清真集》見示，證以元鈔明刻盟鷗園主人校本，詳爲考定。

清真風骨，原於唐詩人劉夢得、韓致光，與屯田所作異甚而同工，其格調之奇高，文采之深美，亦相與頡頏，未易軒輊也。夢華論詞，獨以梅谿、片玉並提，而謂周之勝史又在「渾」之一字。己酉九月鶴道人記。

「片玉」定名，實昉於元人陳少章補注之刻。見劉必欽後叙。阮文達、汪閬源並稱宋《片玉集》，疏於考古如此。

南宋後，大晟遺譜久歎畸零。丁酉仲夏逭暑西園，取諸宋人詞譜研究校訂，正其沿譌，比例詳證，不無一得，讀者審之。叔問。

按强煥《叙》刻於淳熙時，得詞八十有二首，今毛本實多二首，又補遺十首，陳振孫所記《清真集》二卷、《後集》一卷，不知與此章數合否？《書録解題》又云：「曹杓曾注

《清真詞》二卷。」毛刻後跋稱「最後得宋刻二卷，見評注龐雜，一一削去」。今毛本猶存其一二，似非一壺居士注本，惜毛氏未著其厓略耳。光緒涒灘之歲七月既望叔問記於齊玉堪。

許增《片玉詞跋》（見《西泠詞萃》）

聲音之學，至明季不絶如線，故宋人詞集散佚幾半，使非汲古閣彙刊《六十家詞》流傳海内，此事遂成《廣陵散》矣。

《四庫》著録亦以汲古爲藍本，毛氏之有功於詞學實非淺尠。丁君松生刻杭人詞屬爲校訂，其表章鄉邦文獻之盛心，實與子晋後先媲美。頃以《片玉詞》屬校，瀏覽永夕，似汲古本亦尚有踳謬者，因取《清真集》、《美成長短句》按之圖譜，暨杜氏校勘《詞律》，句櫛字比，一一釐政之。不敢謂駕汲古而上之，要之繼汲古而起者，不得不謂之善本矣。松生屬書數語於後，似蒙之不學，烏足以語此，若視諸鈔胥之儔，則不敢辭焉。光緒丁亥正月仁和許增跋。

王國維《片玉詞跋》（據吴則虞本過録）

美成詞之存於今者：《片玉詞》二卷，虞山毛氏所刻者是也。《清真集》二卷，臨桂王氏所刊者是也。《片玉集陳元龍注》十卷，阮文達《四庫未收書目》所著録者是也。此本十卷，當自陳注本出，今以數本比較觀之，知陳注本十卷亦自宋本《清真集》出。而王刻《清真集》已非宋人舊本。何以知之？陳氏《書録解題》云：「《清真集》二卷、《後集》一卷，今王刻無《後集》，一也。方、楊和清真詞均至《滿路花》（陳本第八卷末闋）而止，而無《綺寮怨》以下三十一闋，今王刻均有之，闋數較多而卷數反少，其不同二也。竊意宋本《清真集》二卷當終於《滿路花》一闋，故方、楊和詞皆從之，至《綺寮怨》以下三十一闋，殆即所謂《後集》，王刻以《後集》合於下卷，而陳注本則分《前集》二卷爲八卷，《後集》爲二卷，二本雖皆出於《清真集》，然皆非《清真集》之舊矣。至毛刻之《片玉詞》，雖云出於宋本，然據陳注本劉肅《序》則《片玉集》之名乃陳少章所改題，强焕何自用之？且美成詞之佳者已略盡於《清真集》，而强本所收頗多潦倒之作，在三本中當爲最下，然陳允平《西麓繼周集》已據其次序，則宋本之説，又似不誣，校勘既竟，因以所疑者拉雜書之。國維。宣統改元秋九月爲伯宛先生校於宣武城南之學山海居。

王國維《片玉詞題跋》

曩讀周清真《片玉詞》《訴衷情》一闋(原文句下小注謂《片玉集》、《清真集》均不載),曰:「當時選舞萬人長。玉帶小排方。喧傳京國聲價,年少最無量。」按「排方」「玉帶」乃宋時乘輿之服。岳倦翁《愧郯録》十二:「國朝服帶之制,乘輿東宫以玉,大臣以金,勳舊間賜以玉,其次則犀、則角,此不易之制。考之典故,玉帶,乘輿以排方,東宫不佩魚,親王佩玉魚,大臣勳舊佩金魚。」《石林燕語》七亦云:「國朝親王皆服金帶,元豐中官制行,上欲寵嘉、岐二王,乃詔賜方團玉帶,著爲朝儀。先是乘輿玉帶皆排方,故以方團别之,二王力辭,乞寶藏於家而不服用,不許,乃請加佩金魚,遂詔以玉魚賜之,親王玉帶佩玉魚自此始。故事,玉帶皆不許施於公服,然熙寧中收復熙河,神宗特解所繫帶賜王荆公,且使服以入賀,荆公力辭久之,不從,上待服而後追班,不得已受詔。次日,即釋去。(維案:《臨川集》卷十八荆公《賜玉帶謝表》末云:「退藏唯謹,知燕及於雲來。」知釋去之説不妄。)大觀中收復青、唐,以熙河故事,復賜蔡魯公而用排方。時公已進太師,上以爲三師禮當異特,許施於公服,辭,乃乞琢爲方團。

既以爲未安，或誦韓退之『玉帶垂金魚』之禮，告以請，因加佩金魚。」《鐵圍山叢談》、《揮麈前録》所記略同。　則帶之賜者可以指數，太祖時則有李彝興、符彥卿、王審琦、石保吉，英宗時則有王守約，保吉、守約均以主壻賜。　神宗時則有王安石、嘉岐二王，徽宗時則有蔡京、何執中、鄭居中、王黼、蔡攸、童貫、趙仲忽，欽宗時則有李綱。上皇所賜。　南宋得賜者，文臣則有張浚、秦檜、史浩、史彌遠、鄭清之、賈似道，宗室則有居、廣、士輵、璩、伯圭、師揆、師彌，勳臣則有劉光世、張俊、楊存中、吴璘，外戚則有吴益、謝淵、楊次山。　何執中以下五人賜玉帶事，見《石林燕語》，史彌遠、趙師揆見《四朝聞見録》，賈似道、師彌見《癸辛雜志》。　餘見《宋史》本傳及《玉海》卷八十六。　此外罕聞。　唯《太祖紀》載「建隆元年正月以犀玉帶偏賜宰相樞密使及諸軍列校」。　此行佐命之賞，未可據爲典要。　又《夢溪筆談》二十二云：「丁晉公從車駕巡幸禮成，有詔賜輔臣玉帶，時輔臣八人，行在祗候庫只有七帶，尚衣有帶，謂之比玉，價直數百萬，上欲以賜輔臣，以足其數。」《容齋隨筆》四駁之曰：「景德元年真宗巡幸西京，大中祥符元年巡幸太山，四年幸河中，丁謂皆爲行在三司使，未登政府。　七年幸亳州，謂始以參知政事從，時輔臣六人，王旦、向敏中爲宰相，王欽若、陳堯叟爲樞密使，皆在謂上，謂之下尚有樞密副使馬知節，即不與此説合。　且既爲玉帶，而又名比玉，尤可笑。」洪氏之言如此。　案《宋史·真宗紀》：「大中祥符二年五月癸亥，以封禪慶成，賜宗室輔臣襲衣金帶器幣」，不云玉帶。《舊聞證誤》四引某書謂「真宗嘗徧以玉帶賜兩府大臣」，蓋亦襲《筆談》之誤。夫以乘輿御服，大臣所不得賜，宰相親王所不敢服，僭侈如蔡京猶必琢爲方團，加以金魚，而後敢用，何物倡優，乃以此自炫於萬人之中，（指詞句中有云：「佯向人前，不認周郎。」）此事誠不可解。蓋嘗參互而得其説焉。《宋史·輿服志》：「太平興國七年，翰林學士承旨李昉奏奉詔詳定車服制度，請從三品以上服玉帶。」《舊聞證誤》四引《慶元令》云：「諸帶三品以上得服玉，臣僚在京者不得施於公服。」蓋宋時便服並無禁令，故東坡曾以玉帶施元長老，有詩見集中。（《東坡集》十四）其二曰：「此帶閲人如傳舍，流傳到我亦悠哉。錦袍錯落真相稱，乞與佯狂老萬回。」味其詩意，不獨東坡可服，似了元亦可服矣。《至順鎮江志》十九載此事云：「公便服入方丈。」又云：「師急呼侍者收公所許玉帶。」則爲便服束帶之證。東坡贈陳季常《臨江仙》詞云：「細馬遠馱雙侍女，青巾玉帶紅靴。」亦其一證。陳后山《談叢》（《后山集》十九）亦云：「都市大賈趙氏，世居貨寶，言玉帶有刻文者，皆有疵疾以蔽映耳，美玉蓋不琢也。比歲杭、揚二州，化洛石爲假帶，色如瑾瑜，然可辨者，以其有光也。」觀此知宋時上下便服通用玉帶，故人能辨之，漫至倡優服飾，上僭乘輿，雖云細事，亦可見哲、徽以後政刑之失矣。

曩作《清真先生遺事》，頗辨《貴耳集》、《浩然齋雅談》記李師師事之妄，今得李師師

「金帶」一事，見於當時公牘，當爲實事。案《三朝北盟會編》三十：「靖康元年正月十五日，聖旨：應有官無官諸色人，曾經賜金帶，各據前項所賜條數，自陳納官，如敢隱蔽，許人告犯，重行斷遣。」後有尚書省指揮云：「趙元奴、李師師、王仲端曾經祗候倡優之家……，曾經賜金帶者，并行陳納。」當時名器之濫如是。則「玉帶」「排方」亦何足爲怪。頗疑此詞或爲師師作矣。然當時制度之紊，實出意外，《老學庵筆記》一言：「宣和間，親王公主及他近屬戚里入宮輒得金帶關子，得者旋填姓名賣之，價五百千，雖卒伍屠酤，自一命以上皆可得。方臘破錢塘時，太守客次有服金腰帶者數十人，皆朱勔家奴也。時諺曰：金腰帶，銀腰帶，趙家天下朱家壞。」然則徽宗南狩時，盡以太宗時紫雲樓金帶賜蔡攸、童貫等（見《鐵圍山叢談》），更不足道。以公服而猶若是，則便服之僭侈更何待言。「國家將亡，必有妖孽」，殆謂是歟？

林大椿《清真集跋》

右《清真集》二卷，百二十七闋，據王半塘鵬運四印齋景刊元巾箱本，刻於光緒二十二年。補遺一卷，六十七闋，從毛子晉汲古閣刊《片玉詞》本增入。案周美成爲一代宗匠，當時刻本，不一其處，具詳於毛《跋》及朱《跋》中。今世流傳之本，以余所見，最初爲汲古閣彙刊《六十家詞》中之《片玉詞》二卷百八十四闋、《補遺》一卷十闋，刻於崇禎二年。後《四庫全書》所箸録，書成於乾隆四十七年。及丁松生丙之《西泠詞萃》，刻於光緒十三年。均依之。近人鄭叔問文焯之大鶴山人校本《清真集》二卷、《補遺》一卷，刻於光緒二十六年。雖改題「清真」，而序次篇數與毛本悉同，并參校諸家，訂正亦精。以上五本，均無註釋。至庚申間民國九年。朱古微詞宗孝臧，原名祖謀。得宋嘉定刻本陳元龍集註之《片玉集》十卷，刊於《彊村叢書》中，此爲美成詞有註之僅存者也。顧陳註與元槧均屬分類，故序次篇數亦相同。方千里、楊澤民所和即據此本。若陳允平之《西麓繼周集》，則與毛刻《片玉詞》粗合。由此三家之和詞，可以窺見宋刻兩本之面目。至於各家之紀録，或古存今佚，與諸氏之藏庋，或侈稱溢實，凡未經寓目，概不敢涉及。今羅列諸本，以毛刻爲最備，朱刻爲最善，然審觀元槧與陳註以及方、楊之所和，均爲分類，實便研讀，特弗及毛刻之備。兹依録王刻元巾箱本兩卷，其字句則參酌鄭、朱二家之所校，至毛刻未見於元本者，别爲《補遺》一卷。若夫强焕及劉肅二序，雖所題各異，仍録以弁首，各註其所自出，以免混同。又采方千里《和詞》一卷，九十三闋，汲古閣《六十家詞》本。楊澤民《和詞》一卷，九十二闋，江標刻汲古閣未刊本。陳允平《西麓繼周集》一卷，百二十八闋，内五闋有目無詞，乃《彊村叢書》刻勞巽卿傳録本。附焉。宋人之和全詞者，方、楊、陳三家之和清真及陳三聘之和石湖外，實不多觀。美成深精律吕，其所作皆具有法度，惜乎音譜失傳，後世讀其遺篇，徒驚歎其文字之工妙，末由窺見古人辨音審韻之苦衷，今佐以三家所賡和，則細繹美成之佳製，句櫛字比，其或庶幾焉。中華民國十六年二月立春日，閩侯林大椿識。

楊鐵夫《清真詞選箋釋序》

余箋釋《夢窗詞選》竟，因思夢窗之學，源本清真。尹惟曉云：「求詞於吾宋，前有清真，後有夢窗。」周止庵教人由夢窗以幾清真，是則學夢窗者，又不可不以清真爲歸宿也。夢窗詞極得清真神似，但清真用典渾成，不如夢窗之破碎；清真用意明顯，不如夢窗之晦澀；清真用筆鉤勒清楚，不如夢窗縱横穿插，在若斷若續或隱或見之間。至於起伏頓挫，開合照應，格局神氣，無不酷肖而吻合。所以分者，一則峭健，一則雍容。譬之於文，夢窗其柳州，清真其六一乎？抑余更有説者，夢窗之詞出清真，知之者多；清真之詞出自何人，知之者少。今細心潛玩，知於小山爲近，不獨語摹句倣，即神氣亦在即離之間。然則謂清真之小令源出小山可也。至合吴、周、晏三家而通之，譬之於河，清真者，夢窗之龍門，小山者，清真之星宿海歟？憶前數年研夢窗未入時，意清真之詞較淺而易入也，竊有所窺測，寫爲眉評，今一覆視，殊堪噴飯，因棄而再釋之，特不知後之視今，不猶今之視昔，他人之視我，不猶今我之視昔我否耳。壬申仲秋序於紅香爐峯之麓。鐵夫識。

邵瑞彭《周詞訂律序》

詞律之義有二：一爲詞之音律，一爲詞之格律。所謂詞之音律，如宫調，如旁譜，宋人詞集中往往見之，然節奏已亡，鏗鏘遂失。近百年來，有凌氏廷堪、方氏成培、陳氏澧、張氏文虎、鄭氏文焯諸家，鉤稽遺譜，細繹祕文，縱未由全復舊觀，然較之冥行擿埴，固已勝矣。若夫詞之格律，本爲穌繩音律而起，但音律既難臆測，不能不於字句聲響間尋其格律，格律止求諧乎喉舌，音律兼求諧乎管弦，世未有喉舌不諧而能諧乎管弦者。詞律云者，就格律言，大氏與詩律略同，而精嚴過之。自來言詩律者，如《文鏡祕府論》等書，所揭聲病，罕涉四聲，殆由風會使然，抑詩之格律固寬於詞也。詞有四聲，宋人亦未暢言，金、元以來，詞餘踵興，凡論曲律之書，如《太和正音譜》等，屢言曲有四聲，清初官撰曲譜，間採詩餘，即依其法。《四庫總目》於方千里和美成詞，稱其四聲，不易一字。其後戈氏載撰

《詞林正韻》，盡取宋詞，參伍比較，觀其會通，仿《中原音韻》、《菉斐軒詞韻》之例，於四聲代用者别録之，詞家如周氏之琦、蔣氏春霖諸家，皆能按譜覓句，恪守四聲，學者漸知萬氏《詞律》不足以盡聲家之窾要。其餘圖譜之屬，自檜以下無譏焉。洎王、朱、鄭、況四家比肩崛起，詞學益盛。朱、況二老，晚歲尤嚴四聲，詞之格律，遂有定程。七百年之隊響，至是絶而復續，豈不褘哉。嘗謂詞家有美成，猶詩家有少陵，詩律莫細乎杜，詞律亦莫細乎周。觀夫千里次韻以長謡，君特依聲而操縵，一字之微，弗爽累黍，一篇之内，弗紊宫商，良由宋世大晟樂府創自廟堂，而詞律未造專書，即以清真一集爲之儀埻，後之學者，所宜遵循勿失者也。犍爲楊易霖從余問故，且十載，精鞏《倉》、《雅》，尤通韻學，偶爲詩餘，能窺汴宋堂奥。聞余言，爰有《周詞訂律》之作，書凡十二卷，專論清真格律，審音揆誼，析疑匡謬，凡見存詞籍足供質證者，甄采靡遺，於同異之辨，是非之數，尤三致意焉。猶之匠石揮斤，必中隱栝，離俞縱目，弗失豪芒，翼羽前修，衣被來學，不惟美成之功臣，抑亦詞林之司南也。綴學之士，若由美成之格律，進而治唐、宋諸大家之格律，並由詞之格律，進而治詞之音律，行見前人《碧雞漫志》、《樂府指迷》等書，將以粃糠塵垢視之，即萬律戈韻，亦成附綴懸疣矣。易霖寫稿既訖，擬刊版以行，因述所懷，書於卷端。

陶湘《宋金元明本詞四十種叙録》

景宋本《詳註周美成詞片玉集》十卷。湘案：文達所據宋本，光緒中在濟寧孫駕航京兆揖家，臨桂王氏四印齋別得元人所鈔無注本《清真集》二卷，曾以孫本互校，篇次字句略同，取汲古《片玉詞》輯爲集外詞而未録陳注。江安傅沅叔復從南中收勞巽卿手寫一本，亦分十卷，詞目下稍采注語，似前人所最録。近歲孫本散出，紙墨頗有渝損，適又出一宋槧，爲黄蕘圃舊藏，精整遠過之，有「丕烈」「蕘夫」「士禮居」「惟庚寅吾以降」「汪士鐘印」「閬源真賞」諸印，每半葉十行，行十七字，景寫上版。北宋詞有注者惟此獨爲完本，亦前賢未見之秘帙也。

蕘圃多收宋詞，恆以自詡。此本獨無題識，蓋其晚歲所得，故僅有印記，附識以補《百宋一廛》著録。

吴則虞《清真詞版本考辨》

《清真詞》自毛晋、朱孝臧、王鵬運、鄭文焯以迄於林大椿、楊鐵夫、楊易霖，沓録校訂且備矣。王國維並爲《清真先生遺事》，考論精詳。惟於詞集之版刻源流，偶有未逮。茲考辨如左，《版本源流表》殿其後，或於讀《清真詞》者問有小補。

《清真詞》在宋紹興間已別行，今可考者，宋刻得十有一種。王國維謂「宋有七本」，未詳察也。

《清真詩餘》《景定嚴州續志》及《花庵詞選》。

《圈法美成詞》《詞源》。

《美成長短句》毛扆明本《片玉詞跋》，見《静嘉堂祕籍志》卷五十，又見毛晉《片玉詞跋》。

《注清真詞》二卷曹杓注，見《直齋書録解題》。

《三英集》見毛晉《跋方千里〈和清真詞〉》。

《清真集》不詳卷數，見毛晉《跋〈片玉詞〉》。其云「不滿百闋」，又汲古閣《片玉詞》內《氐州第一》注：「《清真集》作《熙州摘遍》」，此宋人語，非元以後人所知，此《清真集》必屬宋本無疑。

《清真詞》二卷《後集》一卷見《直齋書録解題》。

《詳注周美成詞片玉集》十卷陳元龍注、劉肅序，後有「嘉定辛未」年號，朱孝臧所據之本如此。覆刻本削去此四字。

《覆刻陳注本》汲古閣藏。朱孝臧謂：「劉肅序尾削去『嘉定辛未』，字句中譌脱較尠，注亦加詳，卷五尤多增改。」案《望江南》「詠妓」，各本皆作《掩香羅》，惟此本作《染香羅》，其爲覆刻無疑。涉園即據此影印。

《清真詞》二卷一百八十二首，强焕序，淳熙庚子溧水刊本。

《片玉集》二卷有詳註，見毛晋《〈片玉詞〉跋》，蓋宋翻强本也。

元有二：

元版《片玉詞》二卷汲古閣舊藏。《珍藏秘書目》：「元版《片玉詞》二本，一兩二錢」，毛扆《跋明〈片玉詞〉》云：元刻本《片玉集》，又《結一廬書目》：「《片玉詞》二卷，元刊本，汲古閣藏書。」案：此即元翻强本。

《元巾箱本清真集》二卷明無名氏跋：「隆慶庚午用復所司李藏元人巾箱本，命胥魯頌照録訖。」

明有五：

《片玉詞》十卷，又抄補吴訥《唐宋名賢百家詞本》。

《片玉詞》二卷毛斧季手校，汲古閣藏，見《皕宋樓藏書志》及《静嘉堂秘籍志》，有强焕序及庚午胡震亨序，知爲明刻無疑。毛刻《片玉詞》中屢云「時刻」，疑即指此。

《影鈔元巾箱本》明鷗園主有志語，王鵬運藏。

《片玉集》十卷明鈔本，汲古閣藏，見《文録堂訪書記》卷五。

《片玉詞》二卷附《補遺》汲古閣《六十名家詞》本。

清有八：

錢塘汪氏翻刻汲古閣《六十名家詞》本

丁丙《西泠詞萃》本許增校。

《彊村叢書》校印陳注本附校記。

涉園影宋覆刊本《陳元龍注片玉集》十卷

四印齋刻元巾箱本《清真集》二卷《集外詞》一卷

大鶴山人校刻《清真集》二卷《補遺》一卷《校録》一卷

勞權寫十卷本傅增湘藏。十卷收詞一百首，拾遺六首，共一百零六首。題下略有注語，皆釋詞調之名。

《周邦彦詞録》周之琦選，心日齋《十六家詞録》第七册。

余有劉耐紅影鈔本。

近人校印者十：

邵章批校本批在汪刻《六十名家詞》之上。

王國維校本批校在甘遯村居鈔勞權寫本之上。

徐乃昌校本有校記一本，藍格鈔，存其女處，未刻。

楊壽枏過大鶴山人校本與刻本不盡同，藏余處。

林大椿校《清真集》二卷附《補遺》、《校記》商務印書館排印本。

《四部備要》翻印汲古閣本中華書局排印本。

影印汲古閣本商務印書館版。

《周詞訂律》楊易霖　開明書店版。

《全宋詞》本依四印齋本，略有删校。

《清真詞選箋釋》楊鐵夫　抱香室自印本。

不詳者二：

沈義父《樂府指迷》云「學者看詞，當以《周詞集解》爲冠」，此《集解》未知何人所撰。

毛扆《跋〈片玉詞〉》云：「及一鈔本校。」此鈔本未知何本？

今可考者，都凡三十八種，擇其要者，考辨如次：

一曰《清真詞》之祖本二種　《宋史·藝文志》有《清真集》十一卷，《攻媿集》及《郡齋讀書志》有《清真先生文集》二十四卷，《直齋書録解題》有《清真雜著》三卷，書皆不傳。王灼《碧雞漫志》云「美成集中多新聲」，《直齋書録解題》云「《清真雜著》在溧所作文記詩歌」，二者之中俱有長短句在内，盧炳、陳允平、强焕所據之本，疑從此出，此第一本也。《嚴州續志》有《清真詩餘》，此清真詞最早别行之本，黄昇《花庵詞選》即據以選録，《清真詩餘》收詞若干不可知，然《花庵》所選各詞，方、楊皆有和，似亦衹九十餘首，後之《三英集》及毛晉所見不滿百闋之《美成長短句》與《清真集》，似俱從此出，此第二本也。祭海先河，後來各本，要皆此二者之支裔耳。《皇宋書録》「美成正行皆善有詞稿藏張宮講宓家」，今則不可考矣。

二曰不滿百闋之本二種　毛晉《跋〈片玉詞〉》有云：「余家藏凡三本，一名《清真集》，一名《美成長短句》，皆不滿百闋，最後得宋刻《片玉集》二卷。」案汲古閣所藏《清真詞》，今可考見者有八種之多，一、《清真集》、二、《美成長短句》、三、宋刻《片玉詞》、四、陳注本、五、元版《片玉詞》、六、明鈔本《片玉集》、七、明刻《片玉詞》、八、一《鈔本》，俱見前。而題跋獨舉此三者，蓋指宋本言，非泛及他本耳。楊澤民和詞九十二首，方千里和詞九十三首，俱不滿百闋，然則此之不滿百闋之長短句，恐即當時方、楊所見之本。此書今不見，鄭文焯與朱孝臧合校《西麓繼周集》，書衣之上，大鶴有批云：「不滿百闋《清真長短句》，竟無傳本。」藏書家亦無著録。而許增《詞萃》本《〈片玉詞〉跋》云「因取《美成長短句》按之圖譜」，書既久佚，邁孫獲自何處，又未明言，語極含混，此事殊不足信。至於子晉所藏不滿百闋之《清真集》，亦早佚。幸於毛刻《片玉詞》注中猶得窺見其端倪，如《氐州第一》《清真集》作《熙州摘遍》，《掃花遊》作《掃地花》，《倒犯》作《吉了犯》，皆宋人舊稱，後人所不易知。又《少年遊》注云：「《清真集》作『相對坐調箏』。」方、楊和詞無作『箏』者，是不滿百闋之《清真集》，不但與元龍注本强焕刻本俱不同，抑且與方、楊所見者相異，其輯刻必甚早。鄭文焯校《繼周集》批云：「毛云《清真集》不滿百闋，即今元巾箱本也。」案元巾箱本收詞百廿七首，不但版式不同，而收詞之多寡亦相懸甚遠，其言誤矣。

三曰陳振孫著録之本　《直齋書録解題》著録「《清真詞》二卷《後集》一卷」，竊疑即陳元龍作注所據之底本也。書早佚，注本之一至八卷，疑即此之前二卷，注本收詞九十五首，較千里和詞多《歸去難》、《黄鸝遶碧樹》二首，其餘之九十三首，蓋與不滿百闋之《美成長短句》相同。九、十兩卷，即此之後一卷，注本收詞三十二首，當亦不滿百闋本所未有。不曰「第三卷」，而題曰「後集」者，以示於《清真詩餘》《嚴州續志》之外，別有增録，且以明輯録之先後耳。《後集》之詞，方、楊皆無和，是此書輯刻之年，必早於元龍而後於方、楊。

四曰陳元龍注本　少章之注，前人評述者多矣，以余論之，佳勝處有三：一則分類纂輯之存舊例也，分類纂録詩詞，宋人常用之，周詞分類，似亦不始於元龍，蓋元龍之前，不滿百闋之本已有分類排纂者，故注本一至八卷所分諸類，悉仍舊貫。春、夏、秋、冬、單題五類。九、十兩卷所收之詞，并非前類無可歸附，而特標曰「雜賦」者，蓋元龍欲以存「《清真詞》前後集」之疆畛，不使厠雜耳。二則校録之佳也，如《解語花》「望千門如畫」，千里、澤民和詞猶作「畫」，《花草粹編》亦作「畫」，而元龍注曰：「易齋云，舊本作千門如畫者，誤也。」易齋何人不可考，足見其旁搜遠詔校訂之勤矣。三則多存舊注也，美成詞注者不止一家，曹杓而外有其人，故少章題曰「集注」，又曰「詳注」，必欽序亦稱其：「病舊注之略，詳而疏之。」是輯補之外，固未嘗摒棄舊注也。此書於宋時甚通行，猶怪西麓却未之見，注本收詞一百二十七首，西麓和詞百二十八首（和詞百二十三首，又有有調無詞者《蘇幕遮》、《驀山溪》、《玉團兒》、《三部樂》、《玉燭新》等五首）。注本内《歸去難》、《黃鸝遶碧樹》二首，西麓無和，而和詞中《過秦樓》、《琴調相思引》、《玉團兒》，注本復未收，是其未見之證。此書有二刻：初刻本，劉肅《序》末有「嘉定辛未」四字，士禮居舊藏，見朱孝臧《〈片玉詞〉跋》。覆刻本此四字削去，汲古閣所藏，亦見朱跋。王國維謂子晋未見注本，誤也。少章、必欽，姓名不彰，其書之版式字體又介乎宋元之間，子晋《跋〈片玉詞〉》歷舉宋本，獨無一語及此，意者誤以爲元槧耶？鄭文焯謂少章係元人，蓋亦如是。此注沉晦，殆數百載矣。

五曰元巾箱本附四印齋本　元巾箱本《清真集》二卷，實即元龍之十卷本也，惟分卷編次不同。此分爲上下兩卷，上卷收詞四十七首，下卷收詞八十首，共一百二十七首，與注本同。四印齋刻本悉依從之。其集中所無而見於毛刻者凡五十四闋，別爲集外詞一卷，置列於後。共百八十一首。半塘翁一代詞宗，號爲精審，然此集之刻，殊有三失：毛本之九十四闋，其《鎖陽臺》等三首及補遺十首，王氏悉删去，或取或舍，欲全反缺，其失一也。又五十四闋中《水調歌頭》「今夕月華滿」乃何大圭詞，《感皇恩》「小閣倚晴空」乃晁沖之詞，《鬢雲鬆》亦贋品，半塘翁欲去僞存真，而真僞雜糅，其失二也。《清真詞》分卷雖亂於元龍，而本來面目猶髣髴見之，元巾箱本釐爲二卷，宋本堂廡從此全毁，半塘翁既見陳注，而棄宋從元，舍刻從鈔，其失三也。所喜者，《清真詞》自宋以來，注本與强本分道揚鑣者已久，此刻而後，兩本漸匯而爲一，林大椿復事綜集，牉以合矣。

六曰盧炳陳允平所見之本　《清真詞》自紹興以來，傳刻頗多，已如上述。其纂輯體例有二：一則分門纂録，如前後卷之《清真詞》暨陳元龍注本，俱與方、楊和詞之序次合。二則不分門類纂者，如盧炳與陳允平所見本（《烘堂詞》有《玉團兒》用美成韻，毛氏云「《清真集》所無」，元龍注本亦未收，《西麓繼周集》和詞佚，而存其調，是西麓與叔陽所據者同一本，又西麓《如夢令》作《宴桃源》，又有《過秦樓》、《琴調相思引》，亦皆注本所無。）及晉陽强焕本。竊疑分類纂録者，或依不滿百闋之《清真詩餘》《清真集》；其不依類纂録者，或本諸《清真先生文集》之舊。宋人專集著録詩詞，分類者稀見，分類之體，往往用之於選集或詩詞別行之本。如東坡詩、山谷詞等。是知西麓與方、楊所據者固不同本也。如《解語花》「千門如書」，千里、澤民和詞皆作「畫」，元龍本作「晝」，而西麓獨押「艷」字，此又得其一證。校《清真詞》者，當以方楊還方楊，以盧陳還盧陳。

七曰强焕本附翻本　强本分上下兩卷，收詞一百八十餘首，較西麓和詞溢出六十餘闋，試以兩本相勘，西麓所和百二十餘闋，皆在强本上下卷之前半。嘗疑强焕之前原祇此數，其上下卷卷末增附之詞，蓋晉陽所裒次。毛刻《木蘭花令》下注云「原本二首，考『殘春一陣狂風雨』是六一詞」。毛氏所謂原本，殆指强本，足見强焕所附各詞，多誤入。《清真集》以强本最贍備，然不免採真及濫，其功在此，其過亦在此。此書淳熙間刻於溧水官廨，故後人號曰官本，元本《四園竹》注云：「官本作《西園竹》。」宋有翻本，改易故名，并附陳注。毛晉《跋〈片玉詞〉》所謂「宋刻《片玉集》二卷，計調百八十有奇，晉陽强焕爲序，余見評注龐雜」。翻强本也。元亦仍之，汲古閣藏有二卷本之「元版《片玉集》」即此。亦翻强本也。明季胡震亨又爲之重刊，亦翻强本也。其書固在。曹元忠諸老不知宋有翻强本，而譏子晉「懸牛頭市馬脯」，朱孝臧、鄭文焯更誚毛氏擅改名目，豈非智者有所蔽耶？

八曰毛晉本　汲古本《片玉詞》最佳，猶《説文解字》之有大徐本也。毛本詞下注語，尤爲可寶，凡舊刻之無傳者，若《清真集》，宋翻强本，元版《片玉集》以及明刻、注中所謂「時刻」當即此。坊刻、如《應天長》注。古本古注，賴以廑存，注語與元龍之注，亦間有不同，可資以校理。奈何許邁孫以次，於版本源流辨之未晰，致於毛本勝處，每每輕忽，或相率而唾棄，余故表而出之。

綜上觀之，《清真詞》刻本之原委得失可得而言焉：祖本明，則《清真詞》之二源衆流，以及後來裒合增輯之迹斯覩矣。直齋著録之前後集本《清真詞》之面目得見，則周詞之真贋，可於此以推考之。而强焕之功過亦著明矣。方、楊、盧、陳所見之本，即不相同，校字斠律者，當各從其當，毋相膠滯矣。元本雖早，未必佳，毛本雖遲而精善，評隲頗異於前人，於前人校理之事，或有所平反矣。鄭文焯謂不滿百闋之《清真集》即元巾箱本，又云陳少章爲元人；曹元忠、朱孝臧譏子晉擅改名目；王國維謂《清真詞》宋廑七本，又云子晉未見元龍之注，賢者千慮之一失，今俱得以辨明。然則此篇之文，固不敢僭居於《片玉》之功臣，而寸莛蹄涔，惟冀竊附於前修之諍友。

清真年表

羅忼烈

宋仁宗至和三年 嘉祐元年丙申（公元一〇五六年）　一歲

按清真生年凡三說。其一，最先見於《遺事》，據《宋史》、《東都事略》、《咸淳臨安志》本傳均謂卒年六十六，復據《玉照新志》所記《瑞鶴仙》詞事卒於宣和三年（一一二一），合而而推之，謂生於嘉祐二年。其二，卒於宣和三年極是，《宋會要輯稿》亦有明文（詳下），壽六十六亦不誤，而《遺事》於上推時少算一年，故誤；其後唐圭璋先生《全宋詞》及譚正璧先生《中國文學家大辭典》匡正之，謂生於嘉祐元年是也。其三，陳思《清真居士年譜》謂生於嘉祐三年、卒於宣和五年，殊屬無稽；考《宋會要輯稿》一九一二七《儀制》十三引録徽宗朝檔案，有云：「通議大夫、徽猷閣待制周邦彦，（宣和）三年五月贈宣奉大夫。」蓋宣和三年已膺朝廷贈官矣，焉能待五年始卒耶。又按至和三年九月改元嘉祐，清真生月失考，若在九月以前，則當云生於至和三年也。

清真生當宋詞至盛之世，是年張先六十七歲，歐陽修四十九，王安石三十五，晏幾道約二十六，蘇軾二十，黃裳十二，黃庭堅十一，晁端禮十歲，秦觀七歲，趙令畤五歲，賀鑄四歲，晁補之、陳師道三歲，張耒二歲。至於生卒不可確考，而並世相及者，亦所在多有。

宋仁宗嘉祐二年丁酉（一〇五七）　二歲

是年蘇軾舉進士。陳瓘生。

宋仁宗嘉祐三年戊戌（一〇五八）　三歲

是年歐陽修加龍圖閣學士，權知開封府。

宋仁宗嘉祐四年己亥（一〇五九）　四歲

是年李廌生。

宋仁宗嘉祐五年庚子（一〇六〇）　五歲

是年歐陽修因《新唐書》成，轉禮部侍郎，兼翰林侍讀學士，尋拜樞密副使。詩人梅堯臣卒。

宋仁宗嘉祐六年辛丑（一〇六一）　六歲

是年歐陽修參知政事。蘇軾應制科入三等，授大理評事、簽書鳳翔府。宋祁卒。

宋仁宗嘉祐七年壬寅（一〇六二）　七歲

宋仁宗嘉祐八年癸卯（一〇六三）　八歲

是年三月，仁宗死，英宗立。

宋英宗治平元年甲辰（一〇六四）　九歲

宋英宗治平二年乙巳（一〇六五）　十歲

是年蘇軾差判登聞鼓院。

宋英宗治平三年丙午（一〇六六）　十一歲

是年蘇洵卒。

宋英宗治平四年丁未（一〇六七）　十二歲

是年正月，英宗死，神宗立；　九月，以王安石爲翰林學士。　黄庭堅舉進士，爲葉縣尉。

宋神宗熙寧元年戊申（一〇六八）　十三歲

是年正月，太學置外舍生百員；　四月，詔王安石越次入對；　九月，詔國子監生以九百人爲額。　是歲，歐陽修轉兵部尚書，改知青州，充京東東路安撫使。

宋神宗熙寧二年己酉（一〇六九）　十四歲

是年二月，以王安石參知政事，安石及陳升之創置三司條例，議行新法。　七月，立淮、浙、江、湖六路均輸法；　十一月，頒《農田水利約束》。

宋神宗熙寧三年庚戌（一〇七〇）　十五歲

是年三月，行青苗法；　十二月，立保甲法。　是歲，韓絳、王安石並同中書門下平章事。　歐陽修改知蔡州，自號六一居士。

宋神宗熙寧四年辛亥（一〇七一）　十六歲

是年二月，罷詩賦及明經諸科，以經義論策試進士。是歲，歐陽修以觀文殿學士太子少師致仕。蘇軾通判杭州，與清真叔父周邠交游。釋惠洪生。

宋神宗熙寧五年壬子（一〇七二）　十七歲

是年三月，行市易法；五月，行保馬法。是歲，蘇軾在杭州任，據傅幹本東坡詞編年，始作詞。歐陽修卒。葛勝仲生。

宋神宗熙寧六年癸丑（一〇七三）　十八歲

三月，置經義局，修《詩》、《書》、《周禮》三經義，令進士諸科並試明法注官；四月，置律學；五月，置軍器監。是年，蘇軾仍通判杭州。晁端禮登進士第。周敦頤卒。

宋神宗熙寧七年甲寅（一〇七四）　十九歲

四月，王安石罷相，知江寧府。是年蘇軾仍在杭州，與張先以詞酬唱；十月，移知密州。

宋神宗熙寧八年乙卯（一〇七五）　二十歲

二月，王安石入爲同中書門下平章事，復相；六月，頒王安石《三經新義》於學官，令應試者必宗其説；七月，與遼議河東分界，棄地七百里。是歲，徐俯、王安中生，韓琦卒。

宋神宗熙寧九年丙辰（一〇七六）　二十一歲

十月，王安石再罷相，判江寧府。是年蘇軾在密州。宋哲宗生。

宋神宗熙寧十年丁巳（一〇七七）　二十二歲

正月，蘇軾自密州至京師，四月後赴徐州任。六月，王安石以使相爲集禧觀使。是年，葉夢得生。邵雍、張載卒。

宋神宗元豐元年戊午（一〇七八）　二十三歲

正月，以王安石爲尚書左僕射、集禧觀使。是年，蘇軾在徐州，秦觀將入京應舉，過徐謁之；黄庭堅以《古風二首》呈之；蘇與秦、黄交游始於此。

宋神宗元豐二年己未（一〇七九）　二十四歲

入都爲太學生。

《宋史·神宗紀》，八月甲寅，詔：「增太學生舍爲八十齋，齋三十人。外舍生二千人，内舍生三百人，上舍生百人。月一私試，歲一公試，補内舍生。間歲一舍試，補上舍生。」《遺事》云：「增太學生千人爲二千四百人。入都爲太學生，當在是歲。」《藏一話腴》：「公少爲太學内舍選，年未三十，作《汴都賦》。」

是年三月，蘇軾自徐州移知湖州。四月杪到任，旋以詩被構陷，七月遣中使追攝，八月赴詔獄，十二月責授黄州團練副使。王詵是年亦坐罪責授昭化軍行軍司馬，均州安置。

是年，晁補之、陳瓘成進士。劉一止、王庭珪生。

按清真自此年入都，至元祐二年春出都教授廬州，在汴京凡八載。當時汴京繁庶，歌臺舞榭，競賭新聲，宴遊之盛，備見載籍，應歌之作，詞人皆有之。龍沐勛先生《清真詞叙論》云：「清真軟媚之作，大抵成於少日居汴京時。……似《少年游》一類温柔狎暱之作，自不似五六十歲人所爲。」斯言是也，少年豔詞，大都出於此數年中，雖無明文，亦視而可見。

宋神宗元豐三年庚申（一〇八〇）　二十五歲

太學生。

二月，詔即景靈宮作十一殿，以時王禮祠祖宗。是年，以王安石爲特進，封荆國公。蘇軾至黄州貶所，寓居定惠院。

宋神宗元豐四年辛酉（一〇八一）　二十六歲

太學生。叔父周邠是年四月知溧水（今浙江溧水縣）。

是年，蘇軾在黄州，始營雪堂於東坡，自號東坡居士。朱敦儒、陳克生。

宋神宗元豐五年壬戌（一〇八二）　二十七歲

太學生。《天賜白》并序當作於此年或次年。

是年九月，夏人三十萬寇永樂，曲珍與戰不利，裨將寇偉等死之；永樂陷，給事中徐禧、内侍李舜擧、陝西轉運判官李稷等死之，損將士輜重無算。十月，知延州沈括以措置乖方，責授均州團練副使，隨州安置；鄜延路副總管曲珍以城陷敗走，降授皇城使。詩蓋紀其事。

是年，宋徽宗生。黄裳進士第一。

宋神宗元豐六年癸亥（一〇八三） 二十八歲

七月，獻《汴都賦》，神宗異之，命尚書右丞李清臣讀於邇英殿。召赴政事堂，自太學諸生一命爲正。《足軒記》疑是任太學正後作。

是年，李綱生。曾鞏卒。

宋神宗元豐七年甲子（一〇八四） 二十九歲

任太學正。《薛侯馬》并序當作於此年。

是年四月，蘇軾量移汝州。十二月，端明殿學士司馬光上《資治通鑑》。李清照、吕本中生。

宋神宗元豐八年乙丑（一〇八五） 三十歲

任太學正。

是年三月，神宗卒，哲宗以十歲嗣位，太皇太后高氏垂簾聽政，始罷新法。四月，詔寬保甲、養馬法。五月，以司馬光爲門下侍郎。十月，罷義倉、方田。

蘇軾是年五月復朝奉郎，知登州；到郡五日，以禮部郎官召；到省半月，除起居舍人。秦觀成進士。趙鼎、向子諲生。程顥卒。

宋哲宗元祐元年丙寅（一〇八六）　三十一歲

任太學正。

是年閏二月，以司馬光爲相，吕公著爲門下侍郎。七月，立十科取士法，復常平舊法，罷青苗法。詔齊、廬、宿、常等州各置教授一員。

九月，蘇軾自中書舍人除翰林學士，知制誥。張耒以試太學録召，試授祕書省正字；晁補之以試太學正召，亦試授祕書省正字；秦觀除祕書省正字，兼國史館編修官；賀鑄由武官轉文職，爲承事郎；皆因蘇軾之薦。史云元祐初，當在此年或次年。

是年四月，王安石卒；九月，司馬光卒。

宋哲宗元祐二年丁卯（一〇八七）　三十二歲

是年春，出都教授廬州（今安徽合肥市），先返杭，然後赴任。《元夕》詩疑是未出都時作，《友議帖》疑是將出都時作，《宴清都》（地僻無鐘鼓）詞，似爲是年秋冬間作於廬州。

是年四月，以徐州布衣陳師道爲亳州司户參軍，亦因蘇軾薦。

宋哲宗元祐三年戊辰（一〇八八）　三十三歲

教授廬州。

是年，蘇軾以翰林學士知貢舉。洪皓、蔡伸生。

宋哲宗元祐四年己巳（一〇八九）　三十四歲

教授廬州。秋間赴荆州（今湖北江陵市），有《玉樓春》（桃溪不作從容住）詞，留别廬州之作也。

是年，蘇軾以龍圖閣學士知杭州。李彌遜生。

宋哲宗元祐五年庚午（一〇九〇）　三十五歲

在荆州。《遺事》云：「在荆州亦當任教授等職。」其説近是。清真客荆，史無明文，而其詞涉及荆地，可考而粗知者近十闋：《少年游》（南都石黛）、《少年游》（臺上披襟）、《掃花游》（曉陰翳日）、《虞美人》（廉纖小雨），皆此時作。《風流子》（楓林凋晚葉）、《玉樓春》（大堤花豔），則將離荆時作。《渡江雲》（晴嵐低楚甸）、《綺寮怨》（上馬人扶殘醉）、《六幺令》（快風收雨），則異日過荆州作也。

是年，蘇軾在杭州任，於西湖築蘇堤。陳與義生。

宋哲宗元祐六年辛未（一〇九一）　三十六歲

在荆州。

是年三月，蘇軾還京官翰林承旨，旋出知潁州。張元幹生。

宋哲宗元祐七年壬申（一〇九二）　三十七歲

在荆州。《風流子》似作於是年秋，故起調有「楓林凋晚葉，關河迥、楚客慘將歸」之句。《玉樓春》

當是留別荆州之作，起云「大堤花豔驚郎目」，結云「臨分何以祝深情」，可見。

是年蘇軾在潁州，與趙令畤同治西湖；　九月，召爲兵部尚書兼侍讀，尋遷禮部尚書、端明殿侍讀學士。

宋哲宗元祐八年癸酉（一〇九三）　三十八歲

知溧水，是年二月到任。見《景定建康志》卷二七《溧水縣廳題壁記》，强焕《片玉詞序》同。按繼任者爲何愈，以紹聖三年三月到任，則清真在任三年也。

此三年中，佚詩及詞可考者頗多，惟歲月則不能確定。詩有：《仙杏山》、《過羊角哀左伯桃墓》、《楚平王廟》、《竹城》、《無題》、《芝术歌并序》、《宿靈仙觀》、《投子山》、《鳳凰臺》、《越臺曲》。詞有：《滿庭芳》（夏日溧水無想山作）、《隔浦蓮》（中山縣圃姑射亭避暑作）、《鶴沖天》二首（溧水長壽鄉作）、《風流子》（新緑小池塘）、《紅林檎近》（高柳闋及風雪闋）二首、《醜奴兒》（肌膚綽約）、《玉燭新》（溪源新臘後）、《菩薩蠻》（銀河宛轉）、《三部樂》（浮玉霏瓊）、《花犯》（粉牆低）、《品令》（夜闌人靜）、《西河》（佳麗地）。說明已具各篇附記中，不贅。文有《蕭閒堂記》及《插竹亭記》，已佚。

是年八月，蘇軾以端明、侍讀二學士知定州。九月，高太后卒，哲宗始得親政。復新法、逐舊黨於是乎始。

宋哲宗紹聖元年甲戌（一〇九四）　三十九歲

在溧水任。

是年四月，改元紹聖。以章惇爲尚書左僕射兼門下侍郎。蘇軾落兩學士職，追一官，知英州；未到任，再貶寧遠軍節度副使，惠州安置；九月，過廣州，十月初至惠州，寓居嘉祐寺。

是年七月，奪司馬光、吕公著贈謚。詔：「大臣朋黨，司馬光以下各輕重議罰，布告天下。」

宋哲宗紹聖二年乙亥（一〇九五）　四十歲

在溧水任。是年冬，還京命下，將去溧水，《花犯》詞疑爲是年杪或次年早春作。

是年，續謫元祐巨僚。蘇軾在惠州，遷居合江樓。

宋哲宗紹聖三年丙子（一〇九六）　四十一歲

二月秩滿，當在秩滿前已先離溧水。《遺事》謂此年尚在溧水任。然據前引《景定建康志》，新令何愈是年三月已到任矣，非全年皆在溧水也。

是年蘇軾仍在惠州，冬，營白鶴峯新居。

宋哲宗紹聖四年丁丑（一〇九七）　四十二歲

還京爲國子主簿。疑先爲太官令，旋遷國子主簿。《天啟惠酥》詩四首，《瑞龍吟》（章臺路）、《應天長》（條風布暖）諸詞，或是此年作。

是年正月，頒内外學制，禁錮元祐被貶諸人子弟。五月，蘇軾責授瓊州別駕，昌化軍安置。葉夢得成進士。楊無咎生。

宋哲宗元符元年戊寅（一〇九八）　四十三歲

六月十八日，召對崇政殿。重進《汴都賦》，除祕書省正字。有《重進汴都賦表》。

是年三月，詔翰林學士承旨蔡京等辯驗咸陽民段義所獻玉璽。六月，改元元符。九月，秦觀被除名，移雷州編管。蘇軾在儋州貶所。曹勛生。

宋哲宗元符二年己卯（一〇九九）　四十四歲

任祕書省正字。

是年，毛滂知武康縣。蘇軾在儋州。

宋哲宗元符三年庚辰（一一〇〇）　四十五歲

任祕書省正字。

是年正月，哲宗死，弟佶立，是爲徽宗。皇太后權同聽政，漸收召責降元祐舊黨。蘇軾在儋州，五月大赦，量移廉州安置；又自廉州移舒州節度副使，永州居住；行至英州，復朝奉郎，提舉成都玉局觀，任便居住，於是經廣州，過韶州，度嶺北歸。是年秦觀復宣德郎，放還，行至藤州，卒。

宋徽宗建中靖國元年辛巳（一一〇一）　四十六歲

遷校書郎。是年曾至睦州（今浙江建德縣），有《睦州建德縣清理堂記》、《敕賜唐二高僧師號記》、《一寸金》（州夾蒼崖）詞。

是年正月，皇太后向氏死，徽宗親政。以修宫觀，令蘇、湖二州採太湖石，遂啟後來花石綱之禍端。是年，陳師道爲祕書省正字，扈從南郊，以寒疾卒。蘇軾北歸，至常州病卒。

宋徽宗崇寧元年壬午（一一〇二）　四十七歲

任校書郎。《游定夫見過》詩或作於此年秋。

是年七月，以蔡京爲尚書右僕射兼中書侍郎。九月，籍元祐及元符末宰相文彦博等、侍從蘇軾等、餘官秦觀等、内臣張士良等、武臣王獻可等凡一百二十人，刻石於端禮門。是年，胡銓生。

宋徽宗崇寧二年癸未（一一〇三）　四十八歲

任校書郎。

是年四月，詔毁《唐鑑》並三蘇、秦、黄等文集。五月，貶曾布爲廉州司户參軍。八月，貶韓忠彦爲磁州團練副使。蔡京從此專政。九月，詔宗室不得與元祐姦黨子孫爲婚姻，令天下監司長吏廳各立《元祐姦黨碑》。是年岳飛生。

宋徽宗崇寧三年甲申（一一〇四）　四十九歲

校書郎秩滿，遷考功員外郎當在此年。

是年六月，以王安石配饗孔子廟。置書學、畫學、算學。詔重定元祐、元符黨人合爲一籍，通三百九人，刻石於朝堂。十二月，改封孔子後爲衍聖公。

宋徽宗崇寧四年乙酉（一一〇五）　五十歲

任考功員外郎。

是年，立大晟府。置應奉局於蘇州，總花石綱事。令呂惠卿致仕。章惇、黃庭堅卒。

宋徽宗崇寧五年丙戌（一一〇六）　五十一歲

任考功員外郎。

是年正月，以星變，毁《元祐黨人碑》，復謫者仕籍，除一切黨人之禁。罷書畫算醫四學。史浩生。晏幾道約卒於此年。趙鼎成進士。

宋徽宗大觀元年丁亥（一一〇七）　五十二歲

遷衛尉宗正少卿，兼議禮局檢討。

是年，置議禮局於尚書省，命詳議、檢討官具禮制本末，議定請旨。曾布、程頤、米芾卒。

宋徽宗大觀二年戊子（一一〇八）　五十三歲

任衛尉宗正少卿，兼議禮局檢討。是年或次年，曾遊吴，有《點絳脣》（遼鶴歸來）詞。

是年正月，蔡京進太師。二月，詔建徽猷閣，藏哲宗御集。

宋徽宗大觀三年己丑（一一〇九）　五十四歲

任衛尉宗正少卿，兼議禮局檢討。

是年七月，詔謫籍人除元祐姦黨及得罪宗廟外，餘並録用。是年，議禮局成《吉禮》二百三十一卷、《祭服制度》十六卷。曾覿、黄公度生。

宋徽宗大觀四年庚寅（一一一〇）　五十五歲

任衛尉宗正少卿，兼議禮局檢討。以畢禮書二種，展兩官。

《宋會要輯稿》卷一九七七九《職官》五，大觀四年十二月二十八日詔：「議禮局編修禮書了畢。詳議官白時中、姚祐、汪澥、蔡薿、宇文粹中、承受賈，檢討官周邦彦、胡仲、張邦光、孫元賓、李邦彦、王俣、張淙、丁彬、郭昭，雜務官段處信、兼管雜務趙彦通，各展兩官。」

是年，晁補之卒。

宋徽宗政和元年辛卯（一一一一）　五十六歲

以直龍圖閣知河中府，徽宗欲使畢禮書，留之。遷衛尉卿。《下帷齋》詩或作於此年。

《宋會要輯稿》卷二〇四八〇《選舉》三三，政和元年十月二十七日：「朝請大夫太府卿張勵爲集賢殿修撰，知福州；奉直大夫宗正少卿周邦彦直龍圖閣，知河中府。」

是年，議禮局《分秩五禮》成書四百七十卷。徽宗始微行。

宋徽宗政和二年壬辰（一一一二）　五十七歲

以奉直大夫直龍圖閣知隆德軍府（府治今山西長治市）並管勾學事。

是年，李綱成進士。蘇轍、張耒卒。

宋徽宗政和三年癸巳（一一一三）　五十八歲

知隆德軍府。

是年，議禮局成《五禮新儀》二百二十卷，罷局。陳與義登上舍甲科。晁端禮卒。

宋徽宗政和四年甲午（一一一四）　五十九歲

知隆德軍府。

是年二月，徽宗以手詔訓誡蔡京、何執中。十二月，定朝議，奉直大夫以八十員爲額。以大晟樂頒於天下。

宋徽宗政和五年乙未（一一一五）　六十歲

徙知明州（州治今浙江鄞縣）。劉昺遷户部尚書，薦以自代，不用。《解語花》（風消焰蠟）詞，疑作於任所。宋張津等《乾道四明圖經》卷十二《太守題名記》：「周邦彦，直龍圖閣，政和五年。毛友，顯謨閣待制，政和六年。」宋羅濬等《寶慶四明志》卷一郡守：「周邦彦，直龍圖閣，政和五年。毛友，顯謨閣待制，政和六年。」悉同。袁桷《延祐四明志》卷二亦悉同。

是年正月，女真阿古打稱帝，改名完顔旻，國號金，年號收國。

宋徽宗政和六年丙申（一一一六）　六十一歲

還京爲祕書監。按《遺事》以進徽猷閣待制提舉大晟府並繫於此年，蓋以《宋史》及《東都事略》、《咸淳臨安志》本傳，皆以祕監、待制、提舉三職連書，中間不言歲月，此乃史傳行文簡略故爾。以理度之，當不在同一年之内。又李文郁《大晟府考略》（見《詞學季刊》第二卷第二號），謂清真提舉，爲時甚暫，其言頗確。若依《遺事》則爲時二載，非短矣。

宋徽宗政和七年丁酉（一一一七）　六十二歲

進徽猷閣待制，提舉大晟府。《春帖子》當作於待制時。

是年四月，徽宗命道籙院上章玉帝，册己爲道君皇帝。十二月，作萬歲山（又曰艮嶽）。是年，洪适生，李之儀卒。

宋徽宗重和元年戊戌（一一一八）　六十三歲

出知真定府（府治在今河北正定縣）。暮春出都，賦《蘭陵王》（柳陰直）詞留别。到任三月，作《續秋興賦》並序。

是年，韓元吉生。

宋徽宗宣和元年己亥（一一一九）　六十四歲

知真定府，改順昌府（府治在今安徽阜陽縣）。按吴廷燮《北宋經撫年表》，下一年盛章繼知真定。

當是此年清真在任較久，故繼者不在同年莅任也。由是亦可見其知順昌爲時頗短。

宋徽宗宣和二年庚子（一一二〇）　六十五歲

徙知處州（州治在今浙江麗水縣），旋罷，提舉南京（今河南商丘縣）鴻慶宫。是年，居睦州（州治在今浙江建德縣）；方臘起事於睦州青溪，遂返杭州；方臘陷杭州，又避地揚州。《瑞鶴仙》（悄郊原帶郭）詞蓋居睦州時作。

宋徽宗宣和三年辛丑（一一二一）　六十六歲

正月赴鴻慶宫，過天長（今安徽天長縣），有《西平樂》（稚柳蘇晴）詞，蓋絶筆也。至南京，卒於鴻慶宫之齋廳。按天長在安徽之最東，鄰近揚州，自揚州西行過天長，貫安徽省境然後至河南商丘（南京），當非同月可到，故其卒必在正月以後。又宋廷追贈，事在五月，其卒又當在五月前也。

《宋會要輯稿》頁一九一二七《儀制》十一：「通議大夫徽猷閣待制周邦彦，（宣和）三年五月，贈宣奉大夫。」

宋章如愚《羣書考索》後集卷十九寄禄官：「宣奉大夫，元豐新制未有此階。大觀初，改左光禄大夫爲宣奉大夫。」《宋史・百官志》九，金紫光禄大夫，正三品。

是年，同輩詞人黄裳、趙令時、賀鑄等尚在，友人道學家游酢亦在。

《夢粱録》卷十五《古今忠烈孝義賢士墓》：「都尉周仰、待制周邦彦、少師元絳三墓，俱在南蕩山。」

《咸淳臨安志》卷六十「古今人表」：「周邦彦，邠之姪。周邦彦因守四明，其後家焉。」又卷八十七冢墓：「周待制邦彦墓，並在南蕩山（上爲周都尉邠墓，故曰並），子孫今居定山之北鄉。」定山見同書卷八云：「定山，舊圖經云，在錢塘舊治之西南四十七里一百四十七步，高七十五丈，周迴七里一百二步。」

引用書簡目

（一）清真詩文詞出處

田子茂墓志銘　一九五七年山西忻縣出土
新雕聖宋文海　宋・江佃編　宋刊本　北京圖書館藏
皇朝文鑑　宋・吕祖謙編　四部叢刊初編
嚴陵集　宋・董棻編　叢書集成初編
分門類纂唐宋時賢千家詩　宋・劉克莊輯　康熙四十五年揚州書局刊
宋詩拾遺　宋元・陳世隆輯　八千卷樓舊藏鈔本
景定建康志　宋・周應合　四庫珍本　台灣商務印書館景印
歲時廣記　宋・陳元靚　叢書集成初編
寶真齋法書贊　宋・岳珂編撰　叢書集成初編
玉照新志　宋・王明清　學津討原

揮麈前録後録餘話　宋・王明清　四部叢刊續編
藏一話腴　宋・陳郁　適園叢書
齊東野語　宋元・周密　津逮祕書
茅山志　元・劉大彬　明正統道藏景本
永樂大典　明・解縉等編輯　北京中華書局景本
明嘉靖重修常熟縣志　四庫珍本
郁氏書畫題跋記　明・郁逢慶輯　上海順德鄧氏風雨樓依舊鈔本排印
御刻三希堂石渠寶笈法帖　景印本
宋詩紀事　清・厲鶚馬曰琯輯　萬有文庫
乾隆溧水縣志　清刊本
武林往哲遺箸後編　清・丁立中輯　光緒庚子嘉惠堂刊本
片玉集　宋・陳元龍注　彊村叢書本
片玉集　明・吴訥輯　唐宋名賢百家詞本
片玉詞　明・毛晉輯　汲古閣宋六十名家詞本
清真集　清・王鵬運四印齋所刻詞覆刻元巾箱本

（二）經子之屬

周易正義　十三經注疏本
易緯　台灣新興書局景印　一九六三年
尚書正義　十三經注疏本
尚書今古文注疏　清・孫星衍　四部備要
毛詩正義　十三經注疏本
詩毛氏傳疏　清・陳奐　皇清經解續編
周禮注疏　十三經注疏本
儀禮注疏　十三經注疏本
禮記注疏　十三經注疏本
大戴禮記補注　清・汪照　皇清經解續編
春秋左傳正義　十三經注疏本
春秋左傳詁　清・洪亮吉　皇清經解續編
爾雅注疏　十三經注疏本
爾雅義疏　清・郝懿行　四部備要

方言疏證　清・戴震疏證　萬有文庫
釋名疏證　清・畢沅疏證　叢書集成初編
説文解字　清・段玉裁注　四部備要
説文詁林　丁福保輯　台灣商務印書館景印　一九六六
廣雅疏證　清・王念孫疏證　台灣五洲出版社景印
玉篇　梁・顧野王　四部備要
經典釋文　唐・陸德明輯　台灣藝文印書館景印
一切經音義　唐・釋玄應　台灣「中央研究院」歷史語言研究所專刊　一九六二
廣韻　宋・陳彭年等修　周祖謨校本　北京中華書局　一九六〇
集韻　宋・丁度等修　台灣新興書局景印　一九五九
論語注疏　十三經注疏本
論語正義　清・劉寶楠　四部備要
孟子注疏　十三經注疏本
孟子正義　清・焦循　四部備要
荀子集解　清・王先謙　諸子集成

莊子集釋　清・郭慶藩　諸子集成
列子　晋・張湛注　台灣廣文書局景印　一九六〇
管子　唐・尹知章注　清・戴望校　台灣世界書局景印　一九六六
韓非子集解　清・王先慎　諸子集成
吕氏春秋　漢・高誘注　四部叢刊初編
淮南子　漢・高誘注　四部備要
説苑　漢・劉向　四部叢刊初編
論衡　漢・王充　四部叢刊初編
新論　漢・桓譚　四部備要
孔子家語　晋・王肅注　四部叢刊初編
風俗通義　漢・應劭　王利器校注　北京中華書局　一九八一
齊民要術　後魏・賈思勰　繆啟愉校釋　北京農業出版社　一九八二
荆楚歲時記　梁・宗懔　四部備要
山海經　袁珂校注　上海古籍出版社　一九八〇
黄帝内經素問　清・張隱庵集注　上海科學技術出版社　一九八〇

穆天子傳　晋・郭璞注　四部叢刊初編
列仙傳　舊題漢・劉向　叢書集成初編
神仙傳　晋・葛洪　漢魏叢書
真誥　梁・陶弘景　道藏本
翊聖保德傳　宋・王欽若　道藏本
高僧傳　梁・釋惠皎　宋・釋贊寧　清刊本
景德傳燈録　宋・釋道原　四部叢刊三編
蓮宗寶鑑　元・釋普度　光緒五年刊本
古今樂録　陳・釋智匠　玉函山房輯佚書
教坊記　唐・崔令欽　上海中華書局　一九五九
北里志　唐・孫棨　北京中華書局　一九五九
樂府雜録　唐・段安節　叢書集成初編
羯鼓録　唐・南卓　叢書集成初編
香譜　宋・洪芻　百川學海
本草綱目　明・李時珍　北京人民衛生出版社　一九七五

（三）史地之屬

史記　中華書局標點本二十四史

漢書　同上

後漢書　同上

三國志　同上

晉書　同上

宋書　同上

南齊書　同上

梁書　同上

陳書　同上

隋書　同上

魏書　同上

北齊書　同上

南史　同上

北史　同上

舊唐書　同上

新唐書　同上

舊五代史　同上

新五代史　同上

宋史　同上

遼史　同上

資治通鑑　香港中華書局　一九七一

國語　吴・韋昭注　四部叢刊初編

戰國策　漢・高誘注　四部備要

吴越春秋　漢・趙曄　四部叢刊初編

東觀漢記　四部備要

續晋陽秋　劉宋・檀道鸞　廣雅叢書

宋會要輯稿　清・徐松輯　北京中華書局景印　一九五七

北宋經撫年表　吴廷燮編　二十五史補編　台灣開明書店　一九五七

東都事略　宋・王偁　四庫珍本

三朝北盟會編　宋・徐夢莘輯　台灣文海出版社景印　一九六二
清真先生遺事　王國維　見王觀堂先生全集
清真居士年譜　陳思　遼海叢書
三輔黄圖　陳直校證　陜西人民出版社　一九八〇
水經注　後魏・酈道元　四部叢刊初編
太平寰宇記　宋・史樂　台灣文海出版社景印　一九六三
六朝事迹類編　宋・張敦頤　台灣世界書局景印　一九六三
吴郡志　宋・范成大　叢書集成初編
嚴州圖經　宋・陳公亮修　叢書集成初編
景定嚴州續志　宋・鄭瑶等修　叢書集成初編
會稽志　宋・施宿等修　四庫珍本
會稽續志　宋・張淏修　四庫珍本
咸淳臨安志　宋元・潛説友　四庫珍本
延祐四明志　元・袁桷　四庫珍本
至大金陵志　元・張鉉　四庫珍本

姑蘇志　明・王鏊等修　台灣學生書局景印　一九六五
清修一統志　四部叢刊三編
江寧府志　清嘉慶十六年修　清刊本
蘇州府志　清同治重修　光緒刊本
續修廬州府志　清・黄雲等修　光緒刊本
宋東京考　清・周城　雍正九年刊本

(四) 類書

初學記　唐・徐堅輯著　北京中華書局　一九六二
白氏六帖　舊題唐・白居易輯著　台灣新興書局景印　一九六九
藝文類聚　唐・歐陽詢輯著　上海中華書局　一九六五
太平御覽　宋・李昉等輯　北京中華書局景印　一九六三
太平廣記　宋・李昉等輯　台灣新興書局景印　一九六二
全芳備祖　宋・陳景沂編著　北京農業出版社景印　一九八二
直齋書録解題　宋・陳振孫　叢書集成初編

四庫全書總目提要　清・紀昀等修　清刊本

（五）詩文總集別集及評論

全漢三國晋南北朝詩　丁福保編　北京中華書局　一九五九

全唐詩　清康熙四十四年敕編　北京中華書局　一九六〇

全五代詩　清・李調元輯　萬有文庫

宋詩鈔　清・吕留良等編　上海商務印書館　一九三五

玉臺新詠　梁・徐陵編　北京文學古籍刊行社景印　一九五五

樂府詩集　宋・郭茂倩編　四部叢刊初編

全上古三代秦漢三國六朝文　清・嚴可均編　台灣世界書局景印　一九六三

文苑英華　宋・李昉等奉敕編　北京中華書局景印　一九六六

全唐文　清嘉慶十九年敕編　台灣經緯書局景印　一九六五

古文苑　宋・章樵注　四部叢刊初編

昭明文選　唐・李善注　四部備要　唐・六臣注　四部叢刊初編

楚辭　漢・王逸章句　宋・洪興祖補注　四部叢刊初編

曹集詮評　魏・曹植　清・丁晏纂　台灣廣文書局景印　一九六一
陸士衡文集　晉・陸機　四部叢刊初編
陶淵明集　晉宋・陶潛　逯欽立校注　北京中華書局　一九七九
鮑參軍詩集注　劉宋・鮑照　錢振倫、錢仲聯注　上海古籍出版社　一九八〇
謝宣城詩集　齊・謝朓　四部叢刊初編
梁昭明太子集　梁・蕭統　四部叢刊初編
徐孝穆集　梁・徐陵　四部叢刊初編
庾子山集　北周・庾信　清・倪璠注　台灣中華書局景印　一九六八
王子安集　唐・王勃　四部叢刊初編
幽憂子集　唐・盧照鄰　四部叢刊初編
駱臨海集箋注　唐・駱賓王　清・陳熙晋注　香港中華書局　一九七二
曲江張先生文集　唐・張九齡　四部叢刊初編
孟浩然集　唐・孟浩然　四部叢刊初編
王右丞集箋注　唐・王維　清・趙殿成注　上海中華書局　一九六二
高常侍集　唐・高適　四部叢刊初編

李太白全集　唐·李白　清·王琦注　北京中華書局　一九七七
杜少陵集詳注　唐·杜甫　清·仇兆鰲注　香港中華書局　一九七四
岑參集校注　唐·岑參　陳鐵民、侯忠義校注　上海古籍出版社　一九八一
劉隨州集　唐·劉長卿　四部叢刊初編
韋江州集　唐·韋應物　四部叢刊初編
錢考功集　唐·錢起　四部叢刊初編
韓昌黎全集　唐·韓愈　香港廣智書局景古本
柳先生文集　唐·柳宗元　四部叢刊初編
劉夢得文集　唐·劉禹錫　四部叢刊初編
賈浪仙長江集　唐·賈島　四部叢刊初編
元氏長慶集　唐·元稹　四部叢刊初編
白氏長慶集　唐·白居易　四部叢刊初編
張司業集　唐·張籍　四部叢刊初編
李長吉歌詩　唐·李賀　清·王琦等注　香港中華書局　一九七六
樊川詩集注　唐·杜牧　清·馮集梧注　上海古籍出版社　一九七八

玉溪生詩集箋注　唐・李商隱　清・馮浩注　上海古籍出版社　一九七九
温飛卿詩集箋注　唐・温庭筠　清・曾益等注　上海古籍出版社　一九八〇
丁卯集　唐・許渾　四部叢刊初編
李羣玉詩集　唐・李羣玉　四部叢刊初編
司空表聖文集　唐・司空圖　四部叢刊初編
玉樵山人集　唐・韓偓　四部叢刊初編
皮子文藪　唐・皮日休　四部叢刊初編
禪月集　五代・釋貫休　四部叢刊初編
范文正公集　宋・范仲淹　四部叢刊初編
梅堯臣集編年校注　宋・梅堯臣　朱東潤校注　上海古籍出版社　一九八〇
蘇舜欽集　宋・蘇舜欽　沈文倬校點　上海古籍出版社　一九八一
歐陽文忠公文集　宋・歐陽修　四部叢刊初編
嘉祐集　宋・蘇洵　四部叢刊初編
臨川先生文集　宋・王安石　四部叢刊初編
蘇文忠公詩編注集成　宋・蘇軾　清・馮浩注　清刊本

濟北晁先生雞肋集　宋・晁補之　四部叢刊初編
具茨集　宋・晁沖之　宋詩鈔
游廌山集　宋・游酢　四庫珍本
龜山集　宋・楊時　四庫珍本
屏山集　宋・劉子翬　四庫珍本
攻媿集　宋・樓鑰　四部叢刊初編
習學記序目　宋・葉適　北京中華書局　一九七七
後村先生大全集　宋・劉克莊　四部叢刊初編
王觀堂先生全集　王國維　台灣文華出版公司景印　一九六八
文心雕龍　梁・劉勰　范文瀾注　香港商務印書館　一九六〇
詩話總龜　宋・阮閲編　四部叢刊初編
西清詩話　宋・蔡絛　台灣廣文書局景印　一九七三
庚溪詩話　宋・陳巖肖　百川學海
宋詩話輯佚　郭紹虞輯　北京中華書局　一九八〇

（六）詞籍

唐宋名賢百家詞　明・吴訥輯　台灣廣文書局景印　一九七一

宋六十名家詞　明・毛晉輯　汲古閣刊本　上海商務印書館景印

四印齋所刻詞　清・王鵬運編印

彊村叢書　朱祖謀校編　壬戌（一九二二）第三次校補本

西泠詞萃　清・丁丙輯　光緒刊本

全宋詞　唐圭璋編　北京中華書局　一九六五

全金元詞　唐圭璋編　北京中華書局　一九七九

清名家詞　陳乃乾編　香港太平書局　一九六三

花間集　五代・趙崇祚編　四部叢刊初編

樂府雅詞　宋・曾慥編　四部叢刊初編

陽春白雪　宋・趙聞禮編　粤雅堂叢書

唐宋諸賢絶妙詞選　宋・黄昇編　四部叢刊初編

增修箋注草堂詩餘　宋・無名氏編　四部叢刊初編

元草堂詩餘　宋・無名氏編　粤雅堂叢書

草堂詩餘　宋・無名氏編　上海中華書局　一九五八
草堂詩餘雋　明・吴從先輯　師信堂刊本
草堂詩餘正集　明・沈際飛評　明刊本
詞林萬選　明・楊慎輯　明刊本
詞的　明・茅暎輯　明刊本
花草粹編　明・陳耀文輯　清刊本
古今詞統　明・卓人月輯　明崇禎刊本
古今詩餘醉　明・潘游龍輯　明崇禎刊本
歷代詩餘　清・沈辰垣等輯　石印本
詞綜　清・朱彝尊等輯　北京中華書局景印　一九七五
詞選　清・張惠言輯　四部備要
歷代名人詞選　清・夏秉衡輯　清綺軒本　香港海鷗出版社景印
宋七家詞選　清・戈載輯　光緒曼陀羅華閣重刊本
宋四家詞選　清・周濟輯　香港商務印書館　一九五九
宋六十一家詞選　馮煦輯　上海掃葉山房石印　一九三四

雲韶集　清・陳世焜（廷焯）輯　南京圖書館藏鈔本

蓼園詞選　清・黄蓼園輯

宋詞三百首　朱古微（祖謀）選　唐圭璋箋注　香港中華書局　一九六一

歷代詞選集評　徐珂輯　香港商務印書館　一九五九

唐宋名家詞選　龍榆生編選　上海古典文學出版社　一九五六

藝蘅館詞選　梁令嫻輯　廣東人民出版社　一九八一

（以上詞叢書及總集）

李璟李煜詞　南唐・李璟、李煜　詹安泰注　北京人民文學出版社　一九五八

張子野詞　宋・張先　彊村叢書

樂章集　宋・柳永　彊村叢書

珠玉詞　宋・晏殊　宋六十名家詞

六一詞　宋・歐陽修　宋六十名家詞

小山詞　宋・晏幾道　宋六十名家詞

東坡樂府箋　宋・蘇軾　龍沐勛（榆生）箋　上海商務印書館　一九五八

淮海居士長短句　宋・秦觀　彊村叢書

清真集　宋・周邦彦　清鄭文焯校　大鶴山人刻本
清真集　宋・周邦彦　吴則虞校點　北京中華書局　一九八一
李清照集　宋・李清照　王學初校注　北京人民文學出版社　一九七九
梅溪詞　宋・史達祖　宋六十名家詞
白石道人歌曲　宋・姜夔　彊村叢書
龍洲詞　宋・劉過　彊村叢書
和清真詞　宋・方千里　宋六十名家詞
和清真詞　宋・楊澤民　清江標宋元名家詞　光緒刊本
竹屋癡語　宋・高觀國　彊村叢書
西麓繼周集　宋・陳允平　彊村叢書
山中白雲　宋元・張炎　清江昱疏證　彊村叢書
蒼梧詞　清・尤侗　清名家詞
復堂詞　清・譚獻　清名家詞
（以上詞别集）
詞話叢編　唐圭璋編　台灣廣文書局景原刊本　一九六七

碧雞漫志　宋・王灼　詞話叢編

能改齋漫録　宋・吴曾　上海古籍出版社　一九七九

苕溪漁隱叢話　宋・胡仔　四部備要

浩然齋雅談　宋元・周密　聚珍版叢書

詞源　宋元・張炎撰　夏承燾校注　北京人民文學出版社　一九八一

樂府指迷　宋元・沈義府　蔡嵩雲箋釋　北京人民文學出版社　一九八一

詞旨　元・陸輔之　詞話叢編

渚山堂詞話　明・陳霆　香港商務印書館　一九六一

弇州山人詞評　明・王世貞　詞話叢編

詞品　明・楊慎　香港商務印書館　一九六一

古今詞論　清・王又華　詞話叢編

詞絜　清・程洪　上海世界書局　一九三三

七頌堂詞繹　清・劉體仁　詞話叢編

詞苑叢談　清・徐釚輯　唐圭璋校注　上海古籍出版社　一九八一

填詞雜説　清・沈謙　詞話叢編

遠志齋詞衷　清・鄒祇謨　詞話叢編
花草蒙拾　清・王士禛　詞話叢編
皺水軒詞筌　清・賀裳　詞話叢編
金粟詞話　清・彭孫遹　詞話叢編
古今詞話　清・沈雄輯　詞話叢編
歷代詩餘詞話　清・沈辰垣等輯　詞話叢編
雨村詞話　清・李調元　詞話叢編
西圃詞説　清・田同之　詞話叢編
靈芬館詞話　清・郭麐　詞話叢編
詞綜偶評　清・許昂霄　詞話叢編
介存齋論詞雜著　清・周濟　詞話叢編
本事詞　清・葉申薌輯　詞話叢編
蓮子居詞話　清・吴衡照　詞話叢編
樂府餘論　清・宋翔鳳　詞話叢編
問花樓詞話　清・陸鎣　詞話叢編

詞徑　清・孫麟趾　詞話叢編
詞學集成　清・江順詒輯　詞話叢編
賭棋山莊詞話　清・謝章鋌　詞話叢編
芬陀利室詞話　清・蔣敦復　詞話叢編
藝概詞概　清・劉熙載　台灣廣文書局景印　一九六四
白雨齋詞話　清・陳廷焯　北京人民文學出版社　一九五九
詞壇叢話　清・陳世焜（廷焯）　南京圖書館藏鈔本
譚評詞辨　清・譚獻　徐珂等校刊　台灣廣文書局景印　一九六二
清真詞校後録要　清・鄭文焯　鄭校清真詞附録
蕙風詞話　況周頤　香港商務印書館　一九六一
論詞隨筆　清・沈祥龍　詞話叢編
詞論　清・張祥齡　詞話叢編
詞徵　張德瀛　詞話叢編
褒碧齋詞話　陳鋭　詞話叢編
詞説　蔣兆蘭　詞話叢編

人間詞話　王國維　香港商務印書館　一九六一
海綃説詞　陳洵　詞話叢編
抄本海綃説詞　陳洵　見拙著詞曲論稿　香港中華書局　一九七七
喬大壯手批周邦彦片玉集　喬大壯　齊魯書社　一九八五
唐宋詞簡釋　唐圭璋　上海古籍出版社　一九八一
宋詞紀事　唐圭璋　上海古籍出版社　一九八二
（以上詞話詞評）
詞學通論　吴梅　萬有文庫
宋詞舉　陳匪石　上海正中書局
唐宋詞人年譜　夏承燾　上海古典文學出版社　一九五六
唐宋詞論叢　夏承燾　上海古典文學出版社　一九五八
宋詞四考　唐圭璋　江蘇文藝出版社　一九五九
詞學季刊第一二三卷　龍沐勛主編　上海民智書局　一九三三至一九三六
詞譜　清・王奕清等奉敕纂　石印本
詞律　清・萬樹編　四部備要

詞調溯源　吴藕汀編著　北京中華書局　一九五八
周詞訂律　楊易霖編著　香港太平書局　一九六三
（以上詞學論著及譜書）

（七）筆記小説

十洲記　舊題漢・東方朔　説庫
漢武故事　舊題漢・班固　説庫
洞冥記　舊題漢・郭憲　説庫
博物志　晋・張華　范寧校證　北京中華書局　一九八〇
搜神記　晋・干寶　台灣世界書局景印　一九六二
西京雜記　晋・葛洪　四部叢刊初編
拾遺記　晋・王嘉　齊治平校注　北京中華書局　一九八一
搜神續記　舊題陶潛　學津討原
異苑　劉宋・劉敬叔　説庫
述異記　梁・任昉　説庫

書斷　唐・張懷瓘　百川學海
會真記　唐・元稹　見魯迅唐宋傳奇
酉陽雜俎　唐・段成式　方南生點校　北京中華書局　一九八一
集異記　唐・薛用弱　説庫
國史補　唐・李肇　台灣新興書局景印　一九七七
録異記　五代・杜光庭　津逮祕書
摭言　五代・王保定　説庫
開元天寶遺事　五代・王仁裕　説庫
北夢瑣言　宋・孫光憲　林艾園校點　上海古籍出版社　一九八一
南部新書　宋・錢易　粤雅堂叢書
夢溪筆談　宋・沈括　胡道静校注　香港中華書局　一九七五
師友談記　宋・李廌　百川學海
湘山野録　宋・釋文瑩　擇是居叢書
侍兒小名録　宋・洪遂　續百川學海
文昌雜録　宋・龐元英　上海中華書局　一九五八

談藪　宋・龐元英　學海類編
墨莊漫録　宋・張邦基　四部叢刊三編
雞肋編　宋・莊綽　琳瑯祕室叢書
東京夢華録　宋・孟元老　鄧之誠注　香港商務印書館　一九六一
淳熙玉堂雜記　宋・周必大　百川學海
夷堅志　宋・洪邁　北京中華書局　一九八一
鶴林玉露　宋・羅大經　涵芬樓排印
貴耳集　宋・張端義　上海中華書局　一九五八
耆舊續聞　宋・陳鵠　叢書集成初編
楓窗小牘　宋・百歲寓翁(袁褧)　叢書集成初編
夢粱録　宋・吴自牧　浙江人民出版社　一九八〇
武林舊事　宋元・周密　西湖書社　一九八一
説庫　王文濡選輯　台灣新興書局景印　一九六三
唐宋傳奇　魯迅校録　北京人民文學出版社　一九五三

（八）常引書名簡稱

陳本　陳元龍注本片玉集　彊村叢書本

元本　四印齋所刻詞覆元巾箱本清真集

毛本　毛晉汲古閣宋六十名家詞本片玉詞

雅詞　樂府雅詞

白雪　陽春白雪

花庵　唐宋諸賢絶妙詞選

草堂　增修箋注草堂詩餘

百家詞　唐宋名賢百家詞

粹編　花草粹編

詞統　古今詞統

詩餘醉　古今詩餘醉

詞萃　西泠詞萃

朱校　彊村叢書片玉集校記

鄭校　鄭文焯校本清真集

吴校　吴則虞校點本清真集

建康志　景定建康志

後編　武林往哲遺著後編

遺事　清真先生遺事

甌北集	[清]趙翼著　李學穎、曹光甫校點
惜抱軒詩文集	[清]姚鼐著　劉季高標校
兩當軒集	[清]黄景仁著　李國章校點
惲敬集	[清]惲敬著　萬陸、謝珊珊、林振岳標校　林振岳集評
茗柯文編	[清]張惠言著　黄立新校點
瓶水齋詩集	[清]舒位著　曹光甫點校
龔自珍全集	[清]龔自珍著　王佩諍校點
龔自珍詩集編年校注	[清]龔自珍著　劉逸生、周錫䪖校注
水雲樓詩詞箋注	[清]蔣春霖著　劉勇剛箋注
人境廬詩草箋注	[清]黄遵憲著　錢仲聯箋注
嶺雲海日樓詩鈔	[清]丘逢甲著　丘鑄昌標點

牧齋初學集詩注彙校	[清]錢謙益著　[清]錢曾箋注 卿朝暉輯校
李玉戲曲集	[清]李玉著 陳古虞、陳多、馬聖貴點校
吴梅村全集	[清]吴偉業著　李學穎集評標校
歸莊集	[清]歸莊著
顧亭林詩集彙注	[清]顧炎武著　王蘧常輯注 吴丕績標校
安雅堂全集	[清]宋琬著　馬祖熙標校
吴嘉紀詩箋校	[清]吴嘉紀著　楊積慶箋校
陳維崧集	[清]陳維崧著　陳振鵬標點 李學穎校補
屈大均詩詞編年校箋	[清]屈大均著　陳永正等校箋
秋笳集	[清]吴兆騫撰　麻守中校點
漁洋精華録集釋	[清]王士禛著 李毓芙、牟通、李茂肅整理
聊齋志異會校會注會評本	[清]蒲松齡著　張友鶴輯校
敬業堂詩集	[清]查慎行著　周劭標點
納蘭詞箋注	[清]納蘭性德著　張草紉箋注
方苞集	[清]方苞著　劉季高校點
樊榭山房集	[清]厲鶚著　[清]董兆熊注 陳九思標校
劉大櫆集	[清]劉大櫆著　吴孟復標點
儒林外史彙校彙評	[清]吴敬梓著　李漢秋輯校
小倉山房詩文集	[清]袁枚著　周本淳標校
忠雅堂集校箋	[清]蔣士銓著　邵海清校 李夢生箋

揭傒斯全集	[元]揭傒斯著　李夢生標校
高青丘集	[明]高啓著　[清]金檀注 徐澄宇、沈北宗校點
唐寅集	[明]唐寅著　周道振、張月尊輯校
文徵明集(增訂本)	[明]文徵明著　周道振輯校
震川先生集	[明]歸有光著　周本淳校點
海浮山堂詞稿	[明]馮惟敏著 凌景埏、謝伯陽標校
滄溟先生集	[明]李攀龍著　包敬第標校
梁辰魚集	[明]梁辰魚著　吴書蔭編集校點
沈璟集	[明]沈璟著　徐朔方輯校
湯顯祖詩文集	[明]湯顯祖著　徐朔方箋校
湯顯祖戲曲集	[明]湯顯祖著　錢南揚校點
白蘇齋類集	[明]袁宗道著　錢伯城校點
袁宏道集箋校	[明]袁宏道著　錢伯城箋校
珂雪齋集	[明]袁中道著　錢伯城點校
隱秀軒集	[明]鍾惺著　李先耕、崔重慶標校
譚元春集	[明]譚元春著　陳杏珍標校
張岱詩文集(增訂本)	[明]張岱著　夏咸淳輯校
陳子龍詩集	[明]陳子龍著 施蟄存、馬祖熙標校
夏完淳集箋校(修訂本)	[明]夏完淳著　白堅箋校
牧齋初學集	[清]錢謙益著　[清]錢曾箋注 錢仲聯標校
牧齋有學集	[清]錢謙益著　[清]錢曾箋注 錢仲聯標校
牧齋雜著	[清]錢謙益著　[清]錢曾箋注 錢仲聯標校

東坡樂府箋	[宋]蘇軾著　[清]朱孝臧編年　龍榆生校箋
東坡詞傅幹注校證	[宋]蘇軾著　[宋]傅幹注　劉尚榮校證
欒城集	[宋]蘇轍著　曾棗莊、馬德富校點
山谷詩集注	[宋]黄庭堅著　[宋]任淵、史容、史季温注　黄寶華點校
山谷詩注續補	[宋]黄庭堅著　陳永正、何澤棠注
山谷詞校注	[宋]黄庭堅著　馬興榮、祝振玉校注
淮海集箋注	[宋]秦觀撰　徐培均箋注
淮海居士長短句箋注	[宋]秦觀著　徐培均箋注
清真集箋注	[宋]周邦彦著　羅忼烈箋注
石林詞箋注	[宋]葉夢得著　蔣哲倫箋注
樵歌校注	[宋]朱敦儒著　鄧子勉校注
李清照集箋注(修訂本)	[宋]李清照著　徐培均箋注
陳與義集校箋	[宋]陳與義著　白敦仁校箋
蘆川詞箋注	[宋]張元幹著　曹濟平箋注
劍南詩稿校注	[宋]陸游著　錢仲聯校注
放翁詞編年箋注(增訂本)	[宋]陸游著　夏承燾、吴熊和箋注　陶然訂補
范石湖集	[宋]范成大撰　富壽蓀標校
于湖居士文集	[宋]張孝祥著　徐鵬校點
稼軒詞編年箋注(定本)	[宋]辛棄疾撰　鄧廣銘箋注
辛棄疾詞校箋	[宋]辛棄疾著　吴企明校箋
姜白石詞編年箋校	[宋]姜夔著　夏承燾箋校
後村詞箋注	[宋]劉克莊著　錢仲聯箋注
雁門集	[元]薩都拉著　殷孟倫、朱廣祁校點

長江集新校	[唐]賈島著　李嘉言新校
張祜詩集校注	[唐]張祜著　尹占華校注
三家評注李長吉歌詩	[唐]李賀著　[清]王琦等評注
樊川文集	[唐]杜牧著　陳允吉校點
樊川詩集注	[唐]杜牧著　[清]馮集梧注
温飛卿詩集箋注	[唐]温庭筠著　[清]曾益等箋注
玉谿生詩集箋注	[唐]李商隱著　[清]馮浩箋注 蔣凡校點
樊南文集	[唐]李商隱著　[清]馮浩詳注 錢振倫、錢振常箋注
皮子文藪	[唐]皮日休著　蕭滌非、鄭慶篤整理
鄭谷詩集箋注	[唐]鄭谷著 嚴壽澂、黄明、趙昌平箋注
韋莊集箋注	[五代]韋莊著　聶安福箋注
李璟李煜詞校注	[南唐]李璟、李煜著　詹安泰校注
張先集編年校注	[宋]張先著　吴熊和、沈松勤校注
二晏詞箋注	[宋]晏殊、晏幾道著　張草紉箋注
乐章集校箋	[宋]柳永著　陶然、姚逸超校箋
梅堯臣集編年校注	[宋]梅堯臣著　朱東潤編年校注
歐陽修詩文集校箋	[宋]歐陽修著　洪本健校箋
歐陽修詞校注	[宋]歐陽修著　胡可先、徐邁校注
蘇舜欽集	[宋]蘇舜欽著　沈文倬校點
嘉祐集箋注	[宋]蘇洵著　曾棗莊、金成禮箋注
王荆文公詩箋注	[宋]王安石著　[宋]李壁箋注 高克勤點校
王令集	[宋]王令著　沈文倬校點
蘇軾詩集合注	[宋]蘇軾著　[清]馮應榴注 黄任軻、朱懷春校點

玉臺新咏彙校	吴冠文、談蓓芳、章培恒彙校
王梵志詩集校注(增訂本)	[唐]王梵志著　項楚校注
盧照鄰集箋注	[唐]盧照鄰著　祝尚書箋注
駱臨海集箋注	[唐]駱賓王著　[清]陳熙晉箋注
王子安集注	[唐]王勃著　[清]蔣清翊注
陳子昂集(修訂本)	[唐]陳子昂撰　徐鵬校點
孟浩然詩集箋注(增訂本)	[唐]孟浩然著　佟培基箋注
王右丞集箋注	[唐]王維著　[清]趙殿成箋注
李白集校注	[唐]李白著　瞿蜕園、朱金城校注
高適集校注(修訂本)	[唐]高適著　孫欽善校注
杜詩趙次公先後解輯校	[唐]杜甫著　[宋]趙次公注 林繼中輯校
杜詩鏡銓	[唐]杜甫著　[清]楊倫箋注
錢注杜詩	[唐]杜甫著　[清]錢謙益箋注
杜甫集校注	[唐]杜甫著　謝思煒校注
岑參集校注	[唐]岑參著　陳鐵民、侯忠義校注
戴叔倫詩集校注	[唐]戴叔倫著　蔣寅校注
韋應物集校注(增訂本)	[唐]韋應物著　陶敏、王友勝校注
權德輿詩文集	[唐]權德輿撰　郭廣偉校點
王建詩集校注	[唐]王建著　尹占華校注
韓昌黎詩繫年集釋	[唐]韓愈著　錢仲聯集釋
韓昌黎文集校注	[唐]韓愈著　馬其昶校注 馬茂元整理
劉禹錫集箋證	[唐]劉禹錫著　瞿蜕園箋證
白居易集箋校	[唐]白居易著　朱金城箋校
柳宗元詩箋釋	[唐]柳宗元著　王國安箋釋
柳河東集	[唐]柳宗元著　[宋]廖瑩中輯注
元稹集校注	[唐]元稹著　周相録校注

《中國古典文學叢書》已出書目

詩經今注	高亨注
楚辭今注	湯炳正、李大明、李誠、熊良智注
司馬相如集校注	[漢]司馬相如著　金國永校注
揚雄集校注	[漢]揚雄著　張震澤校注
張衡詩文集校注	[漢]張衡著　張震澤校注
阮籍集	[魏]阮籍著　李志鈞等校點
陸機集校箋	[晉]陸機著　楊明校箋
陶淵明集校箋(修訂本)	[晉]陶潛著　龔斌校箋
世説新語箋疏(修訂本)	[南朝宋]劉義慶撰　余嘉錫箋疏　周祖謨等整理
世説新語校釋(增訂本)	[南朝宋]劉義慶撰　[南朝梁]劉孝標注　龔斌校釋
鮑參軍集注	[南朝宋]鮑照著　錢仲聯增補集説校
謝宣城集校注	[南朝齊]謝朓著　曹融南校注集説
江文通集校注	[南朝梁]江淹著　丁福林、楊勝朋校注
文心雕龍義證	[南朝梁]劉勰著　詹鍈義證
詩品集注(增訂本)	[梁]鍾嶸著　曹旭集注
文選	[梁]蕭統編　[唐]李善注
蕭繹集校注	[南朝梁]蕭繹著　陳志平、熊清元校注